Dieter Stork

365 mal Gott

Das ganz andere Andachtsbuch

Luther-Verlag

Bibliographische Information Der Deutschen Bibliothek

Die Deutsche Bibliothek verzeichnet diese Publikation
in der Deutschen Nationalbibliographie;
detaillierte bibliographische Daten sind
im Internet über http://dnb.ddb.de abrufbar.

ISBN: 3-7858-0501-2

Umwelthinweis:
Dieses Buch wurde auf chlorfrei gebleichtem Papier gedruckt.

Umschlaggestaltung: Media-Team k + p
Titelbild: Hans Möhler
Druck, Bindung: Hans Kock Buch- und Offsetdruck GmbH, Bielefeld
Printed in Germany

Inhalt

Vorwort

Unser Bibeltagebuch hat etwas Traditionelles und zugleich Revolutionäres an sich. *Traditionell* heißt: Ein Andachtsbuch zu Texten der Bibel entstand mit Text, Auslegung und Gebet. *Revolutionär* meint: Ungeniert wird auf Erbauliches verzichtet, Nacherzählung und stocknüchterne Betrachtung treten an die Stelle von vorschneller Nutzanwendung. Die Emotionen, der eigene Glaube, die eigene Hoffnung leuchten dann im Gebet auf.

Das Biblische Tagebuch – das *ganz andere Andachtsbuch*, lädt zum selbstständigen, selbstbewussten Bibellesen ein. Es geht davon aus, dass jeder Mensch so viel Exegese wie möglich braucht. Eine Anleitung zu einem historischen und symbolhaften Verstehen von Bibeltexten zerstört dabei nicht den Glauben, wie manche meinen, im Gegenteil, es stärkt und fördert ihn. „Wenn ich verstanden habe, unter welchen Bedingungen und mit welchen Absichten, in welchen Zeitverhältnissen ein Bibeltext verfasst wurde, beginne ich einzigartig und spannend zu verstehen", ruft dieses Buch in 366 Bibelandachten seinen Leserinnen und Lesern immer aufs Neue zu. Alle Erbauung wächst aus diesem Begreifen, kommt über Einsichten in die Zusammenhänge zustande: „Ein Eindringen in aktuelle Bibelwissenschaften macht den Glauben fester, fröhlicher und unkomplizierter."

Was auf Kalenderblättern nicht zu lesen ist, was in moderner Exegese sprachwissenschaftlich verkabelt wird, greift jeder Tagestext in verständlicher Sprache auf. Er schlägt Verbindungen zur Symbolik der alten Orientvölker und Israels, bettet die Texte des Ersten und des Zweiten Testaments ohne Zögern in jüdische Geschichte und Religion ein. Stets bleibt die Auslegung nahe am biblisch-jüdischen Ursprung.

Deutlich malt der Inhalt vor Augen, wie tief das Zweite Testament im Ersten verwurzelt ist, das Zweite Testament erweist sich so als messianischer Kommentar zum Ersten, zur Bibel der Juden. Die Schreiber des Zweiten Testaments sind der jüdischen Denkweise, Lebensphilosophie und Auslegungspraxis des Ersten Testaments tief verbunden. Bleiben wir in ihrer Nähe, ersparen wir uns Auslegungsirrwege und Denkversperrungen. Die Auslegung wird einfacher, so wird sich zeigen: Die Bibel legt sich durch sich selbst aus.

Wer mit diesem Buch auf biblische Entdeckungsreise geht, wird vieles finden, was er bisher anders las, anders deutete oder gar nicht deutete und überlas. Sie und er werden ihre Bibel mit neuen Augen durchstöbern, mit anderen Ohren hören. Eine spannende Forschungsreise ins „Grace-Land Bibel"
wird das, vom Schöpfungsbericht des Ersten bis zum Schlussruf
des Zweiten Testaments: „Ja, Herr Jesus, komm!"

Die Bibel ist eben nicht dogmatisch. Sie erzählt Geschichten. So lädt sie zum Atmen und Singen, zum Hoffen und Glauben, zum Leben und Tun ein. Sie ist die Tür zu einer umfassenden Gottes- und Menschheitsbeziehung des einzelnen Menschen, seiner Gemeinde und Umwelt auf Erden. Sie will um keinen Preis einen Kadavergehorsam heranzüchten, man müsse glauben, was in der Bibelstehe, das genüge! Sie möchte vielmehr in ein verstehendes Vertrauen einladen, um aus diesem Vertrauen die Zukunft zu gewinnen. Ein ganz anderes Andachtsbuch entstand, ein Arbeitsbuch, das Bibelwissen vertieft und so Glauben stiften möchte.

Hinweise zur Handhabung

1. *Alphabetseiten* setzen die einzelnen Leseabschnitte voneinander ab, leiten in sie ein, bereiten vor und erläutern.

2. Im *Sachregister* werden Zusammenhänge erklärt, auf die im Tagestext oder auf den Alphabetseiten nicht eingegangen werden kann. Im Tagestext wird auf das Sachregister durch ein (i) hingewiesen.

3. Findet sich im Sachregister keine Erläuterung für dieses (i), suche man im *Stichwortverzeichnis* weiter. Dort wird zu bestimmten Stichworten auf Alphabetseiten und Tagestexte hingewiesen, in denen der gesuchte Sachverhalt erörtert wurde.

4. Wer Lust auf zusätzliche Informationen hat, schaue im Internet nach, wo unter www.365malgott.de oder unter www.dieterstork.de ein *Internet-Lexikon* zu finden ist, das vertieft und weitere Aufschlüsse gibt. Es lohnt sich, einen Blick in dieses Internet-Lexikon zu werfen, das eigens für 365 mal Gott entstand.

5. In einigen wenigen Bereichen wurden die Textfolgen dem Rhythmus des *Kirchenjahres* angepasst. Das Stichwortverzeichnis gibt Hinweise darauf, welche Bibel- und Tagestexte sich besonders für die jeweilige Kirchenjahreszeit und für Fest- und Gedenktage anbieten.

6. Ein Bibelstellenregister listet die Bibelstellen der Tagestexte und Alphabetseiten auf.

Die tägliche Andacht wird in einem Dreischritt vorgestellt. Ein Bibeltext eröffnet eine Situation. Es folgt eine Auslegung, die Bibelinhalte weitererzählt, Zusammenhänge beleuchtet, den Text deutet. Die Auslegung mündet in ein Gebet, in eine Meditation ein: Bibeltext, Auslegung, Gebet. Eins führt zum anderen.

 Bünde, im Oktober 2005 *Dieter Stork*

Alle Morgen neu

Ich bin ein Mensch, den Gott zwingt, dem Elend ins Auge zu schauen. Unbarmherzige Stockschläge sausen auf mich nieder, Gottes Grimm. Er treibt mich ins Finstere. Licht sehe ich nicht. Täglich erhebt Gott seine Hand gegen mich, schlägt mich. Er sticht mir ins Fleisch, macht meine Haut lederalt, zerschlägt mir meine Körperteile einzeln (...) Er brachte mich ins Finsterloch, wo sich nur Tote aufhalten (...)

Und doch hält mich seine Güte am Leben, seine Barmherzigkeit nimmt kein Ende. Jeden Morgen erwacht sie neu. Ja, deine Treue ist groß, Gott! Du bist ein Teil von mir geworden, das spüre ich tief drinnen. Darum höre ich nicht auf zu hoffen. Klgl 3,1–6. 22–24

Die Verse sind Teil eines Alphabetpsalms, jedem Buchstaben wird ein Vers, ein Gedanke gewidmet. Im Alphabet sind nach jüdischer Auffassung das ganze Leben, alle Klage gegen und alle Hoffnung auf Gott versteckt. Diese Klageliturgie entstand, als die Restgemeinde in Jerusalem auf den Trümmern des Tempels (i) hockte und nicht mehr weiter wusste. Sie hatten miterlebt, wie der Babylonierkönig (i) Nebukadnezar die Stadt Jerusalem zerstört hatte (587 v. Chr.). In Trauer und Angst um die Zukunft tritt das Volk vor Gott, zagend und doch vertrauend.

Die zentrale Botschaft der Bibel (i), treffend formuliert! Über Tausende von Jahren wenden sich Menschen an Gott Jahwe. „Er ist ein Gott für euch, der das Elend seines unterdrückten Volkes nicht mehr anschauen mag", wie sich Gott Mose in der Wüste offenbart (Ex 3,12.14; 6,6 ff.).

Menschen geraten in Not, Todesgefahr, Unfreiheit, finden sich im Gefängnis ihrer Leiden – und wenden sich an den einen Gott der Armen und kleinen Leute. Der rettet, segnet, befreit. Vergangenheit wird aufgearbeitet, Gegenwart geheilt, Zukunft eröffnet, mitten im Leben Einzelner, im Dasein von Gruppen und Völkern, im Zweiten Testament in der Berufung aller Menschen und Völker durch den Messias Jesus. Der befreiende Gott ereignet sich, mir zugute. Das wird notiert, von Tausenden von Menschen in Tausenden von Jahren. Die Bibel, das Buch der Bücher.

Gott, du bist mein Lebensalphabet! In dir sind A und O, Anfang, Ende und Mitte meines Lebens verfasst. Ich danke dir, halleluja! Amen.

Himmel und Erde

Gen 1,31 *Gott sah alles an, was er geschaffen hatte. Siehe, es war sehr gut.*

Die Bibel (i) der Juden, unsere Bibel, beginnt so: (hebr.) bereschit, *am Anfang*. Wie alle Bücher der Bibel wird das 1. Buch Mose auf Hebräisch nach seinem Anfangswort benannt. Am Anfang? Diese Überschrift erweckt den Eindruck, als ob sich die Bibel von der ersten Seite an gradlinig entwickelt habe. Zunächst habe Mose die Schöpfung beschrieben, dann das, was folgt. Die Bibel entstand anders. Israels zentrale Erfahrung liegt in der Befreiung aus Ägypten (i) unter Mose. Hier begann Israels Glaube. Aus dieser Mitte entwickelte sich das Gesetzeswerk Israels, das die Befreiung des Menschen neu beschreiben und für die Zukunft festschreiben möchte.

Die Frage nach der Entstehung und Weiterentwicklung von Welt, Natur und Mensch (Gen 1,1–2,4) stellt sich Israel erst später, in der Auseinandersetzung mit den ägyptischen Schöpfungsmythen und babylonischen Weltentstehungsgeschichten: Die Gestirne sind nicht Gottheiten, wie es die Babylonier glauben, sondern Himmelslampen, die Gott herstellte. Anstatt dass es zu einem sagenhaften Schöpfungskampf der Gottheiten kommt, spricht Gott sein Wort. Licht und Finsternis trennen sich in diesem Akt.

Wichtiger als Schöpfungssagen ist die Frage: Was wird aus der Welt, die Gott gut erschuf, in der sich der Mensch seinen Weg sucht? Es scheint sich alles gut zu entwickeln. Aber den Menschen ergreift der Allmachtswahn. Er verliert seine ihn beschützende Unschuld. Er lernt die Macht der Aggression kennen, wirft sein Selbstvertrauen weg, wird zum Mörder, zum Flüchtling. Rache eskaliert zum Endloskampf übersteigerter Vergeltung. Götter wollen die Menschen werden, stürzen dabei ins Bodenlose. Böse ist das Treiben der Menschen, Gott straft und rettet. Trotz Gottes Gnadenzusage macht der Mensch weiter mit wirrbösem Treiben. Gier und Schamlosigkeit vernichten menschliche Scheu. Siebenfache Schöpfung, siebenfacher Verfall und doch siebenfache Barmherzigkeit des barmherzigen Gottes.

Die Urgeschichte öffnet mir die Augen für meinen siebenfachen Zerstörungsweg. Sie zeigt mir auch deinen Rettungsweg, Gott. Wie kann es mit mir und den Menschen weitergehen, ohne dass Hass und Vernichtung eskalieren? Wie kann ich Zukunft und Leben gewinnen? Indem ich täglich umkehre zu dir, dem barmherzigen Gott, meinem Schöpfer, Retter, Erhalter. Lehre mich die Umkehr, dass ich sie tue. Amen.

Am Anfang

Am Anfang machte Gott Himmel und Erde. Die Erde war ein großes Durcheinander. Es war finster über der Tiefe. Gottes Geist fuhr über das Wasser. Gott sprach: „Es werde Licht!" Wort und Geist vermählten sich. Es wurde Licht. Gott sah, dass das Licht gut war. Er trennte das Licht von der Finsternis (…) Es wurde Abend, es wurde Morgen, der erste Tag (…)

Gott sah alles, was er geschaffen hatte. Es war sehr gut. Es wurde Abend, es wurde Morgen, der sechste Tag. Himmel und Erde und alles Geschaffene vollendeten sich. Ja, Gott vollendete am siebenten Tag sein Schöpfungswerk. Er ruhte von seinem Tun aus. Er segnete den siebenten Tag, machte ihn zu einem heiligen Tag, zum Tag der Ruhe. Er selbst ruhte von allem aus, was er geschaffen und gemacht hatte.

Gen 1, 1–4.5b.31; 2,1–3

Der erste Schöpfungsbericht (Gen 1,1–2.4) ist eine Symbolgeschichte. Sie spiegelt die Entwicklung des Kosmos im Wissensstand der israelitischen Priester wider, die in der Verbannung in Babylon (i) hockten und eine Antwort auf den gewaltigen Schöpfungsmythos der Babylonier suchten: Die Weltenschlange Tiamat (i) stürmt. Aus Kampf und Chaos wächst der Kosmos im Ringen der Götter und Kosmoskräfte.

Im biblischen Schöpfungsbericht schafft das eine Wort des einen Gottes diese Welt, Himmel und Erde, entmachtet die Himmelskörper, weist ihnen ihren Platz als Lampen zu. Das *Wort*, (hebr.) dabar, vermählt sich mit der (hebr.) ruach Jahwe, der *Geistin Gottes*. Im Hebräischen wird das Wort männlich, der Geist weiblich definiert. Der Mythos wird entmythologisiert, der Schöpfungsakt auf die Begegnung von Wort und Geist reduziert.

Es wird ein antikes Weltbild überliefert, aber aufs Schärfste versachlicht. Gottes siebenstufiger Schöpfungsakt meint keine spannenden Götterdöneken vom Anfang der Welt, nicht die magische Allmacht, in sieben mal vierundzwanzig Stunden die Welt erfunden zu haben. Schöpfung ist das Gespräch Gottes mit dem Leben, in, mit und unter der Evolution. – Und der Rhythmus der sieben Tage? Gott gibt das Anrecht auf seine Schöpfung nie auf. Und ruht doch am siebenten Tage, lässt los. Gott ist kein Workaholiker. Er ist frei und will mich frei machen zur Muße.

Gott, oft zweifle ich an der Qualität deiner Schöpfung, meiner Mitmenschen, an mir. Diese Schöpfung, auch mein Leben, trägt dein Gütesiegel, unauslöschlich. Lass mich deiner Güte trauen. Amen.

Garten

Gott Jahwe machte den Menschen aus Ackererde und blies ihm den Lebensatem in die Nase. So wurde der Mensch eine lebendige Seele. Und Gott baute einen Garten in Eden, nach Osten hin. In den setzte er den Menschen, den er gemacht hatte (…) Gott wünschte, der Mensch solle den Garten bebauen, bewahren, bewachen. Er wies den Menschen an: „Von allen Bäumen im Garten darfst du essen, nur vom Baum der Erkenntnis des Bösen und des Guten nicht. An dem Tag, an dem du davon isst, wirst du sterben."

Gen 2,7 f. 15–17

Gut und böse zu unterscheiden, ist das verderbenbringend? Bedeutet dieser Akt nicht, Menschsein, Menschlichkeit definieren zu können? Anders gefragt: Kann ich mich uneingeschränkt für das Tun des Guten entscheiden? In dem Augenblick, da ich Gut und Böse festlege, mute ich mir selbst Macht zu: alles zu wissen, alles zu können. Alles tun zu können, was ich für gut befinde, die Welt so oder so zu deuten und zu gestalten. Mein Wille zur Macht meldet sich. Ich, Titan Mensch, der Terminator, der das Böse tut, weil er das Gute will. Es bleibt mir doch oft nichts anderes übrig, oder? Ich wähle, entscheide, handle! Ich wähle zu oft den selbstzündenden Tod, betreibe, indem ich das, was ich als böse, bedrohlich, schlimm ansehe, vernichten möchte, auch meine eigene Selbstzerstörung.

Ich, in den Gottesgarten gesetzt, ein lebendiges Wesen, mit Gottes atmendem Geist beseelt, soll stattdessen *beschützen, bewahren, bewachen*, so heißt das hebräische Verb schamar. Ich werde berufen, die Ehrfurcht vor dem Leben neu zu entdecken, zu kultivieren. Gut, wenn ich bei allem titanischen Geist mich dieser Ehrfurcht zuwende, der Ehrfurcht vor Menschen, vor der Natur, vor Gott. Im zweiten Schöpfungsbericht (Gen 2,4–25), älter als der erste, wird der Mensch in Gottes guten Garten gestellt, Gesprächspartner Gottes, Freund und Mitarbeiter.

Gott haucht mir seinen Lebensatem ein. Ich werde zur lebendigen Seele, erhalte diese unverwechselbare Identität. Der selbst das Leben ist, Gott, inspiriert mich zum Leben. So wird die Menschheit in die Geschwisterschaft mit Gott gerufen (Gen 4,26).

Vater, deinen Garten Erde, den ich bewohne, soll ich beschützen, bewahren, bewachen, mich selbst, meinen Nächsten, die Natur. Hilf mir, die Ehrfurcht vor dem Leben neu zu lernen. Amen.

Fall

Listiger als alle Feldtiere, die Gott gemacht hatte, war die Schlange. Die sprach zur Frau: „Sollte Gott wirklich gesagt haben, ihr sollt nicht von allen Bäumen im Garten essen?" Die Frau antwortete: „Wir essen von den Früchten aller Bäume im Garten. Nur, was die Früchte des Baumes in der Gartenmitte betrifft, befahl uns Gott: Davon esst nichts, rührt auch nichts davon an, damit ihr nicht sterbt."

Da meinte die Schlange zur Frau: „Nicht doch, wer wird denn gleich umkommen! Ihr werdet nicht sterben. Gott weiß, in dem Augenblick, da ihr von dieser Frucht esst, werdet ihr die Welt mit eigenen Augen sehen. Ihr werdet wie Gott sein und unterscheiden, was gut und böse ist." Gen 3,1–5

Die Vermutung, wen die Schlange darstelle, wird durch einen Hinweis auf die Religion Ägyptens eingegrenzt. In Ägypten ist die Anophis-Schlange Staatssymbol. Sie kennzeichnet die Macht des Pharao, die ihm von der Sonne zufließt: die Schlange, Übermittlerin göttlicher Sonnenmacht. Unsere Geschichte (Gen 3,1–24) wurde zur Zeit des Salomo aufgeschrieben. Der stellte seinen ausländischen Frauen heidnische Gottes-Symbole auf, auch im Tempel (1Kön 11,1 ff.), darunter eine Schlange, Nehuschtan (i) (2Kön 18,4). Israel missbilligte Salomos Entscheidungen. So ist in unserer Erzählung die Schlange nicht eine Verkörperung des Bösen schlechthin. Sie spielt auf die Versuchung zur Machtanmaßung an, der Salomo erlag. Er, zum Knecht Gottes berufen, macht sich zum König von Gottes Gnaden, verleiht sich göttlichen Glanz.

Zu sein wie Gott, diese Allmachtsphantasie, die Versuchung schlechthin: „Ich brauche niemanden um Rat zu fragen. Keine Schranke trennt mich von meiner Macht, nicht das Gesetz, nicht die Moral, nicht das Erbarmen. Ich, eine absolute Person, setze fest, was gut und was böse ist." So bringt sich die Menschheit aufs Schafott.

Darum muss der Mensch seine Grenzen erkennen. Sie müssen ihm gezeigt werden. Das Gebot, nicht vom Baum der Erkenntnis zu essen, warnt: „Über meine Lebensmitte soll ich dialogisch nachdenken, im Gespräch mit Gott, mit dem Mitmenschen, mit der Schöpfung entscheiden. Setze ich meine Lebensmitte eigenmächtig fest, werde ich zum egomanischen Kämpfer, der nur Feinde sieht."

Gott, deine Weisung soll mir Wegweisung sein. Entlass mich nicht aus der Verpflichtung, zu fragen, zu hören, was du von mir erwartest. Ich bin nicht mein eigener Herrgott. Amen.

Eskalation

Kain lud seinen Bruder Abel aufs Feld ein. Als sie dort ankamen, machte sich Kain über Abel her und ermordete ihn. Da fragte Gott: „Wo ist dein Bruder Abel?“ Kain antwortete: „Bin ich meines Bruders Aufpasser?“ Gott rief: „Was hast du getan? Das Blutes deines Bruders schreit zu mir zum Himmel“ (...)

Da erschrak Kain, er flehte Gott an: „Meine Strafe ist zu schwer. Ich kann sie nicht aushalten. Du vertreibst mich von meinem Grund und Boden. Ich muss mich vor dir verstecken, werde zum Flüchtling auf der Erde. So wird es kommen: Wer mich findet, schlägt mich tot.“ Gott antwortete ihm: „Nein, so wird es nicht kommen. Wer dich totschlägt, soll siebenmal totgeschlagen werden.“ Gott machte ein Schutzzeichen an Kain. Niemand sollte ihn erschlagen, wer ihn auch fände.

Gen 4,8 bis 11.13–15

Das Wort Kain enthält im Hebräischen den Wortstamm *erwerben, erjagen, besitzen wollen*. Kain, der Bauer, ist ebenso der Erfinder des Erzes. Auch das steckt im Kainsnamen: *Erzmensch!* Mit geschickten Händen schmiedet Kain den Pflug, und auch das Schwert. Und Abel? *Flüchtigkeit, Nichtigkeit, Nebel* bedeutet dieser Namen. Abel weiß: Ich bin Gast auf der Erde, muss weiterziehen, ein Viehhirt, ein Flüchtling.

Gott nimmt Abels Opfer an, Kains lehnt er ab. Hat der Starke, Kain, Angst vor dem Schwachen und wird gewalttätig, weil Gott Sympathien für den Schwachen, Abel, zeigt? Nach dem Mord zählt auch Kain zu den Schwachen. Gott tritt auf seine Seite. Er schützt den Mörder. Blutrache und Todesstrafe werden auf der vierten Seite der Bibel verboten (Gen 4,1–16). Ich bin Kain und Abel, Opfer und Täter. Kain steht tausendmal in mir auf, tausendmal lebe ich gegen Liebe und Menschlichkeit und werde immer wieder Opfer.

Aufschlussreich ist die Passage, die von weiteren Entwicklungen erzählt (Gen 4,17–26): Gewalt eskaliert, wenn ich mit ihr weiter spiele. Lamech, ein Nachfahre Kains, singt: „Einen Mann erschlug ich für meine Wunde, einen Jüngling für meine Beule.“ Die Eskalation der Gewalt führt in den Völkermord. Ich muss die Versöhnung suchen, sonst gehe ich mit unter. In der Menschheitskrise beginnen die Menschen, den Namen Gottes, *Jahwe*, anzurufen. (Hebr.) Enosch, *der Mensch, der Jahwe anruft*, wird geboren (Gen 4,26).

Gott, ich soll Leben bilden und schützen. Bewahre mich davor, dass ich Gewalt anwende. Ich bitte um die Kraft, mich mit jedem Menschen versöhnen zu können. Amen.

ZEICHEN

„Ich will die Erde nicht länger verfluchen, weil auf ihr Menschen leben. Das menschliche Denken und Fühlen ist böse von Jugend an. Ich will damit aufhören, alles Lebendige zu töten, wie ich es tat. Solange die Erde steht, sollen Saat und Ernte, Frost und Hitze, Sommer und Winter, Tag und Nacht nicht aufhören", versprach Gott.

„Ich schenke ein Zeichen! Einen Bund habe ich mit euch und allen lebenden Tieren geschlossen, einen Bund für alle Zeiten! Ich setze meinen Bogen in die Wolken. Er soll mein Bundeszeichen zwischen mir und der Erde werden."

Gen 8,21b bis 22; 9,12–13

Die Frage lautet nicht: Wieso kann Gott das zulassen, sondern veranlassen? Er rottet alles Lebendige aus, um neu zu beginnen? Nur wenige Lebewesen erhalten eine Überlebenschance und alle anderen gehen unter? Menschheitserfahrungen spiegeln sich in der Erzählung von der Sintflut: der ewige Kampf ums Überleben, die bittere Erfahrung: Das Leben kann sich nicht vor todbringenden Naturkatastrophen schützen.

Und, der Mensch versucht stets neu, den Übermenschen herauszukehren und gerät so unaufhaltsam in Katastrophen. Ich Übermensch werde am eigenen Untergang schuldig. Zwei Weltkriege im vergangenen Jahrhundert bezeugen es. Nie vorher gab es ein solches Gemetzel auf Erden, einschließlich des Holocaust, einschließlich der Atombombenabwürfe auf Hiroshima und Nagasaki. Diesen Katastrophenweg zeichnet die Urgeschichte vor. Wie Gott die Welt in sieben Stufen aufbaut, reißt der Mensch in sieben Sündenfällen alles zu Boden. Grenzüberschreitung (Gen 3,1–24) führt vom Brudermord zu höchster Gewalteskalation und Inzest, zum Machtmenschen und seinem Symbol, dem Turm zu Babel (Gen 4,1–16; 4,17–24; 6,1–8; 9,18–27; 10,8–10; 11,1–9).

Das Ende der Fluterzählung ist wichtiger als ihr Anfang: Aus dem enttäuschten Gott, der über den schlimmen Menschen wütet, wird der den Menschen und seine Gewaltphantasien ertragende Gott, der barmherzig handelt, ein Gott für uns, mein Bundesgott (Gen 6,5–9,29).

Gott, bewahre mich vor der Verbitterung, alles laufe verkehrt. Lass mich die siebenfarbige Brücke des Regenbogens betreten: hoffen, vertrauen, lieben. Amen.

Verwirrung

Alle Welt verständigte sich durch eine einzige Sprache. Alle Worte klangen gleich. Als die Menschen nach Osten aufbrachen, stießen sie im Land Schinar auf eine Ebene. Dort siedelten sie. Sie schlugen gemeinsam vor: „Auf, wir formen Ziegel und brennen sie." Diese Ziegel dienten ihnen als Bausteine. Als Mörtel verwendeten sie Asphalt. Sie schlugen weiter vor: „Auf, wir bauen für uns eine Stadt und einen Turm! Die Spitze dieses Turms soll bis zum Himmel reichen. So setzen wir uns ein Denkmal, machen uns einen Namen. Sonst werden wir noch in alle vier Winde zerstreut."

Jahwe sagte: „Siehe, ein Volk und eine Sprache! Und sie haben erst angefangen, aufzutrumpfen. Nun werden sie immer weiter und höher hinaus wollen. Keiner kann ihrem Größenwahn noch Einhalt gebieten, bei alldem, was sie sich vorgenommen haben. Auf, lasst uns niedersteigen und ihre Sprache verwirren. Keiner soll mehr die Sprache des Anderen verstehen können."

Gen 11, 1–4.6–7

Wie sie später Ziegel für den Pharao brennen müssen, machen sich die Menschen jetzt freiwillig zu Sklaven einer großen Idee? Es sieht so aus. Wo wir Sklaven einer Idee werden, versklaven wir uns untereinander, Führer und Verführer stehen auf. Die schlimmen Ideologien des 20. Jahrhunderts bezeugen es.

Verwirrung ist Gottes Ziel? Verwirrung ist die vom Menschen sich selbst auferlegte Methode! Wo der Mensch nicht Mensch bleibt, sondern das religiöse, ideologische, wirtschaftliche oder politische Ziel in den Vordergrund rückt, verwirrt sich die Geschichte. Aus lachenden, vertrauenden Menschen werden ängstliche, sich einander misstrauende Wesen, die sich nicht mehr verstehen, schnell missverstehen, noch schneller aneinander geraten und rasend schnell auseinander laufen. Im Nu sind wir verschiedene Nationen, die ihre jeweilige Leitkultur marktschreierisch anpreisen. Der nächste Krieg ist nicht mehr fern. Verwirrung, die in mir selbst beginnt.

Gott, bewahre mich vor selbstgemachten Leitbildern, dies und das sei das erstrebenswerteste Lebensziel: Geld, Macht, Größe, die Rasse, die Nation! Ich bitte um Klarheit und Vernunft, Mensch zu werden, Mensch bleiben zu können. Amen.

Übergang

Sem war hundert Jahre alt, als er zwei Jahre nach der Sintflut Arpachschad zeugte. Danach lebte er fünfhundert Jahre, zeugte Söhne und Töchter. Arpachschad war fünfunddreißig Jahre alt, als er Schelach zeugte. Danach lebte er vierhundertunddrei Jahre, zeugte Söhne und Töchter (...) Serug war dreißig Jahre alt, als er Nahor zeugte. Danach lebte er zweihundert Jahre und zeugte Söhne und Töchter. Nahor war neunundzwanzig Jahre alt, als er Terach zeugte. Danach lebte er einhundertneunzehn Jahre und zeugte Söhne und Töchter. Terach war siebzig Jahre alt, als er Abram, Nahor und Haran zeugte.

Gen 11, 10b–12. 22–26

Nomen est omen. Für den Bibelleser, der Hebräisch versteht, kommt in den Namen und Zahlen (i) der Bibel geheimnisvolle Geschichte auf ihn zu. Das Erste Buch Mose, (griech.) Genesis, *Ursprung*, hat im Hebräischen den Namen Bereschit, *Am Anfang*. Wir sind noch in den Anfängen, stecken in den Vornamen, die zu den Hauptnamen führen. Erst das Zweite Buch Mose, (griech.) Exodus, *Auszug*, trägt im Hebräischen den Namen Toledoth, *Namen*. Dieser Name spielt auf Personen an, von denen im zweiten Buch der Bibel erzählt wird: Aus dem Hebräer Jakob wird Israel, *Gottesstreiter* (Gen 32,29; 35,10)!

Auch im ersten Bibelbuch bedeuten Namen etwas: Sem, einer der Söhne Noahs, wird zum Stammvater der Hebräer. Es führt eine Linie aus dieser Menschheitssippe nach der Sintflut zu Abram, dem Sohn Terachs dem Enkel Nahors. Von Sem bis Isaak, dem Sohn Abrahams, der in unserem Text noch Abram heißt, sind es zehn Generationen.

Unser Text meint dabei keine historische Datenüberlieferung. Er ist eine Anspielung: Gott macht sich mit seinen Menschen auf den Weg. Zwar sterben die Urpatriarchen immer jünger – analog den Götter- und Königstafeln der Chaldäer (i), jenem Urvolk, aus dem Abram auswandert –, ein Symbol für den inneren Abstieg der Menschheit. Dennoch schlägt das Geschlechtsregister eine Brücke zum „Vater des Glaubens", zu Abraham, schafft den Übergang: Gottes Geschichte erfüllt sich. Er bleibt treu, obwohl die Menschheit weiter zerfällt, schenkt einen Neubeginn (Gen 11,10–26).

Vater, dein Wort wuchs in die Gedanken und Taten von Menschen verschiedener Zeiten und Welten hinein. Aus deinem Wort rufst, trägst, erhältst, segnest und führst du mich, auf die Zukunft hin. Amen.

Gen 12 bis 50
Abraham, Isaak und Jakob

Versammelt euch! Ich will euch bekannt geben, was auf euch zukommt. Strömt zusammen und lauscht, Söhne Jakobs, hört, was euch eurer Vater
Gen 49,1 f. *Israel zu sagen hat.*

Ein Segenswort aus späterer Zeit, das den Weg der Erzväter und ihrer Familien nachzeichnet – und, aus der Perspektive des Erzählers, vorausentwirft (Gen 49,1–28).

Ursprünglich werden charismatische Stammesfürsten verschiedene Stämme mit einer jeweils eigenen Geschichte geführt haben. Deren Stammessagen wurden getrennt erzählt, Geschichten von Abraham (i), Isaak, Jakob und Esau. Später verbinden sich Sklaven, die aus dem Staat Ägypten ausbrechen, mit diesen verschiedenen Wüstenstämmen und Nomadensippen zum Verbund der zwölf Stämme Israel. Diese Menschen verknüpfen ihre Stammeserzählungen zur gemeinsamen Sippengeschichte. Abraham, Isaak und Jakob wachsen zu einer Linie zusammen, aus der das Volk Israel, *Gottesstreiter* (Gen 32,29; 35,10), wächst. Stammestraditionen verschmelzen zur Erzvätergeschichte. In dieser Geschichte tun sich Bündnisse und Konflikte kund, Bündnisse der Stämme untereinander, Konflikte mit Völkern, wie sie Ismael und Esau verkörpern. Die zwölf Stämme Israel sickern ins Gebirge Ephraim ein, siedeln dort, ein Nomadenvolk auf dem Weg ins Kulturland. Aus Hirten werden Bauern.

Jahwe ist tatsächlich der Name eines Nomadenstammes am Sinai. Die Glaubenstraditionen dieses Wüstenstammes, wie er namentlich auf einer ägyptischen Königsstele im letzten Drittel des 12. Jahrhunderts v. Chr. auftaucht, gelangen auf dem Umweg über Ägypten nach Kanaan. Dieser Gott Jahwe begegnet Mose in der Wüste.

Dagegen haben die Erzväter, jene Nomadengenerationen der Frühzeit, eigene Namen für ihren Gott, den Gott der Väter. Den sehen sie als den *höchsten Gott* an, (hebr.) El schaddaj. So wie die Stämme zusammenwachsen, tun es auch deren Glaubenstraditionen: Israel wird später zu Jahwe beten, der der *höchste Gott* ist, El schaddaj (Gen 14,19 f.; 17,1), dann zugleich der Gott der Väter, dem die Erzväter schon dienten (z. B. Gen 31,5).

Du, Gott der Väter, du höchster Gott, du Gott Jahwe, der aus der Wüste kommt, ein Gott für mich, dich bete ich an, dir diene ich, du Gott der Menschen und Völker, mein Gott. Amen.

Abraham wird berufen

Gen 12,1 bis 25,11

Gott redete mit Abram: „Zieh aus deinem Vaterland, aus deiner Verwandtschaft, aus deinem Vaterhaus in ein Land, das ich dir zeigen werde. Ich will dich zu einem großen Volk machen. Ich will dich segnen. Dein Name soll zum Segenswort werden. Ich will die segnen, die dich segnen, und verfluchen, die dich verfluchen. Alle nachfolgenden Generationen auf Erden sollen durch deinen Namen gesegnet werden."

Da brach Abram auf, wie Gott ihm gesagt hatte. Lot zog mit ihm. Abram war fünfundsiebzig Jahre alt, als er aus Haran wegzog. Und Abram nahm Sarai, seine Frau, und seinen Neffen brüderlicherseits, Lot, mit sich. Sie zogen mit allem, was sie erworben hatten und ihnen gehörte. Auch das Gesinde, das zu ihrem Hausstand gehörte, nahmen sie mit. Sie zogen aus Haran aus, um ins Land Kanaan zu kommen. Gen 12,1 bis 6

Gott hat sich Abram ausgesucht, dessen Name bedeutet *Dein Vater ist erhaben*. Gott gibt aber einen neuen Namen, einen Ehrennamen, Abraham, weil der zum Vater vieler Völker werden wird: Königreiche werden aus der Abrahamslinie wachsen.

Und Sarai wird Sara heißen. Die wie ein Mann – ohne Kinder – lebende Nomadenfrau wird zur Fürstin geadelt. Aus ihrem Schoß kriechen Völker und Könige. So steht es im Text schwarz auf weiß (Gen 17,5.15). Ein dauerhafter Bund wird geschlossen! Land und Kinder werden zugesprochen! In immer neuen Varianten wird es erzählt. Doch die Realität sieht anders aus. Der hochbetagten Sara, kinderlos, bleibt die Nachkommenschaft versagt. Bis ...?

Auch ist kein Land zur eigenen Ansiedlung in Sicht. Als Sara stirbt, ist Abraham gezwungen, einem Hethiter, einem Ausländer, nach klugen Verhandlungen eine Grabhöhle abzukaufen. Abraham (i) bleibt ein Ausländer unter Ausländern. Sein Vertrauen ist gebrochen, fast! Und es keimt doch ein Vertrauen auf Zukunft hin, das belohnt wird (Gen 12,1–9)! Es wachsen aus Abraham drei Religionen, Judentum, Christentum, Islam, auch meine Religion, die mich lehrt, aus Abrahams Vertrauen mit Gott und meinem Nächsten zu leben.

Gott, ich will wie Abraham auf Zukunft hin leben. Ich will warten, hoffen, vertrauen. Drei Religionen wachsen aus Abrahams Vertrauen, die geschwisterlich miteinander leben könnten: Judentum, Christentum, Islam. Ich danke dir, Gott, du zeigst mir den Weg, barmherzig zu werden, andere zu verstehen und mich zu versöhnen. Amen.

Vertrauensängste

Eine Hungersnot kam übers Land. Da zog Abraham nach Ägypten, in der Absicht, sich dort als Fremdarbeiter zu verdingen. Denn der Hunger wütete gewaltig im Land. Als er an die Grenze Ägyptens kam, redete er mit seiner Frau Sarai: „Du bist sehr schön, Sarai, eine schöne Frau. Die Ägypter werden dich anstarren und sagen: ‚Das ist seine Frau!' Sie werden mich umbringen. Dich lassen sie leben. Erzähl ihnen doch, du seiest meine Schwester! Das erleichtert die Situation. Mir geht es besser damit und du hast auch etwas davon. Wir beide profitieren! Ich möchte jedenfalls überleben, damit wir zusammenbleiben können!"

Gen 12,10 bis 13

Schonungslos wird die Geschichte erzählt: Die wunderschöne Sara wird ins Schlafzimmer des Pharao gebracht, trifft sich zum Schäferstündchen mit diesem Gottkönig, der Abram reich belohnt. Das passiert, weil Abram in Panik gerät. Man werde ihm seine Frau wegnehmen und ihm das Leben. Freilich ist der Pharao dieser ironischen Legende großherziger als Abram glauben will. Das ist das Thema: Der starke, mutige Abram klappt bei der erstbesten Schwierigkeit wie ein Taschenmesser zusammen. Er, der großartig mit allen Traditionen bricht und vertrauend in unbekanntes Land aufbricht, hat beim ersten Schritt Angst um die Zukunft, Angst um seine Frau, Angst um sich selbst vor allem (Gen 12,10–20).

Noch bitterer ist, dass nach tausend guten Bundeserfahrungen sich dieselbe Situation nochmals ereignet, nun mit Abimelech, einem König, mit dem Abraham befreundet sein wird. Das ganze Elend eines Schlaumeiers, der auszieht, weil er Gott vertraut und doch diesem Gott misstraut, wird deutlich. Nochmals und nochmals muss Gott diesen Abraham (i), wie er nun heißt, beschämen, dass aus dieser Scham endlich ein reiferes Leben wachse (Gen 20,1–17). Da hilft alle Namensadelung nichts. Angstmeier bleibt Angstmeier, Schlaumeier bleibt Schlaumeier. Gott muss es richten, dass aus Abram Abraham wird, der Vater des Glaubens, wie ihn das Erste und das Zweite Testament kennzeichnen (Gen 15,6; Mt 8,11; Gal 3,7).

Mein Gott, du lädst mich ein, ins Unbekannte aufzubrechen. Gehe ich, zögere ich, fliehe ich zurück in alte Verhältnisse? Berechne ich, statt zu vertrauen? Hilf mir, mach mir Mut! Lass mich ausziehen und vertrauen. Und wenn ich wie Abraham zum Angsttypen gerate? Wenn Angst das Vertrauen erstickt? Richte mich auf, Gott, gehe voran. Amen!

Trennung zum Frieden

Abram redete mit Lot: „Es soll kein Streit zwischen mir und dir und zwischen meinen und deinen Viehhirten aufkommen. Wir sind doch Brüder. Liegt nicht das ganze Land vor dir? Ich schlage vor, wir trennen uns! Willst du links, gehe ich rechts. Willst du rechts, gehe ich links."

Lot sah sich um. Ihm gefiel die Gegend am Jordan Denn bevor Gott Sodom und Gomorra untergehen ließ, gab es dort viel Wasser. Bis unten nach Zoar lag das Land wie ein Gottesgarten, Ägypten gleich. Lot wählte die Gegend am Jordan aus und zog nach Osten. So trennte sich einer vom andern, Bruder vom Bruder. Abram wohnte im Lande Kanaan und Lot in den Städten am unteren Jordan. Lot zog mit seinen Zelten bis nach Sodom. Gen 13,8 bis 12

Die Herden werden zu groß, das Land zu eng. Die verwandtschaftlichen Bande, so eng geschnürt, werden zur gegenseitigen Bedrohung. Abram tut das einzig Richtige. Er bedient sich einer klugen Friedensstrategie. Er lässt dem anderen die Wahl und den Vortritt. Lot entscheidet sich für die blühende Ebene. Abram muss sich mit Felsenlandschaft und Wüstensteppe zufrieden geben. Er tut es, weil für ihn im Frieden die größere Chance liegt. Merkwürdig, der so ängstliche, kurzsichtige Abram zeigt Augenblicke später Klugheit und Weitsicht. Ein Trost für uns, die wir aus Vorsicht oder Angst Fehler machen. Und können doch zu klugen, weitsichtigen, weil friedfertigen Menschen werden!

Lot hat sich vordergründig die bessere Zukunft ausgesucht. Aber bald wird er in einen Krieg verwickelt werden und verliert alles. Abram rettet ihn schließlich. Das ist nicht nur Ironie des Schicksals, sondern ein Fingerzeig: Wer stur seinen Vorteil im Auge hat, kann unerwartet an einen Punkt kommen, an dem er Hilfe braucht. Dann ist es gut, Freunde zu haben (Gen 13,1–13; 14,1–24).

Abram trägt dazu bei, dass der König von Sodom diesen Krieg gewinnt, was Lot das Leben rettet. Abram soll, so drängt der Mann aus Sodom, sich seinen Beuteteil aus dem Krieg nehmen. Aber Abram wehrt ab. Niemand soll sagen, der König von Sodom habe ihn reich gemacht. Abram ist stark und klug, aber auch weise und weitsichtig, Eigenschaften, die wir heute wieder benötigen (Gen 14,21–24).

Gott, ich plane, berechne, errechne. Ich denke, du lenkst. Gib mir Klugheit und Weitsicht, Frieden zu denken, einzuplanen, zu tun. Lass mich Menschen finden, mit denen ich den Frieden lebe. Amen.

Leihmutter gewollt

Sarai, Abrams Frau, blieb kinderlos. Aber sie hatte eine ägyptische Magd mit Namen Hagar. Sarai redete mit Abram unter vier Augen: „Siehe, Gott hat mich vertrocknen lassen. Ich werde keine Kinder kriegen. Leg dich doch zu meiner Magd. Sie wird dann für mich einen Sohn bekommen, ihn in meinem Schoß hinein gebären." Abram tat, was Sarai ihm riet. Sarai, Abrams Frau, nahm die ägyptische Magd und legte sie Abram, ihrem Mann, ins Bett. Das geschah im zehnten Jahr ihres Aufenthalts in Kanaan. Abram schlief mit Hagar, die wurde schwanger.

Als sie merkte, dass sie schwanger war, sah sie auf Sarai herab. Da wandte sich Sarai an Abram: „Ich fühle mich mies behandelt. Das Unrecht, das ich erleide, soll auf dich fallen. Immerhin habe ich dir deine Magd zugeführt. Jetzt, wo sie merkt, dass sie schwanger ist, verachtet sie mich. Gott soll Richter zwischen mir und dir sein." Abram beschwichtigte Sarai: „Mach mit ihr, was du willst. Sie ist doch deine Magd." Als Sarai Hagar erniedrigen wollte, floh Hagar vor ihr.

Gen 16,1 bis 6

Eine ekelhafte Geschichte. Zunächst läuft alles normal. Es ist Landessitte, sich eine Leihmutter zu nehmen, wenn die eigene Frau keine Kinder bekommt. Das war gesetzlich geregelt, irgendwie o.k. Aber was sich daraus entwickelt: Neid, Bosheit, Unterdrückung, Mordversuch, ist schlimmste Intrige.

Mordversuch? Auch der, denn nachdem Isaak, Saras und Abrahams Sohn, geboren ist, wird die Situation für Hagar und ihr Kind immer prekärer. Leihmutter und Sohn werden mit einem Brot und einem Liter Wasser, in eine Ziegenhaut eingenäht, in die Wüste geschickt, dem Tod ausgeliefert. Abraham hat das auf Saras Bitten hin veranlasst.

Wie schon beim ersten Fluchtversuch der schwangeren Hagar werden auch diesmal Hagar und ihr Sohn Ismael von Gott geschützt. Gott ist nicht blind auf der Seite Abrahams. Er ist auf der Seite der Schwachen, Verfolgten, Elenden. Der Engel des Herrn bewahrt Hagar und Ismael, den Stammvater aller Araber (Gen 16,1–16; 21,8–21). Kann ich diese Erzählung nicht so sehr verinnerlichen, dass sie meine Lebensgeschichte wird? Ich bin Bruder und Schwester jedes Juden, jeder Jüdin, jedes Muslims, jeder Muslima, in Abraham, in Gott, den Vater aller Elenden!

Ich danke dir, Gott. Diese Geschichte lehrt mich deine Freiheit. Du bist nicht blind auf meiner Seite. Du bist bei denen, die verfolgt und unterdrückt werden. Erinnere mich, dass dein Schutzengel unbestechlich ist. Amen.

Fürbitte für Sodom

Die Männer erhoben sich von ihren Sitzen, wandten sich und brachen nach Sodom auf. Abraham stellte sich vor Gott und bettelte: „Willst du den Gerechten mit dem Gottlosen töten? Vielleicht sind fünfzig Gerechte in der Stadt. Die willst du umbringen und dem Ort keine Gnade schenken, obwohl in ihm vielleicht fünfzig Gerechte leben? Das tust du nicht! Du bringst nicht den Gerechten zusammen mit dem Gottlosen um. Der Gerechte hätte keine andere Chance vor dir als der Gottlose? Sollte sich der Richter aller Welt so schwer vertun?"

Gott sagte: „Finde ich in dieser Stadt Sodom fünfzig Gerechte, so soll ihretwegen Sodom eine Chance kriegen." Gen 18,22 bis 26

Abram wird nun Abraham (i) genannt, Vater vieler Völker, weil Gott mit ihm nochmals und nochmals einen Bund schloss (Gen 15,1 ff.; 17,1 ff.); und Sarai heißt nun Sara, Fürstin (Gen 17,15). Abraham feilscht mit Gott, wie er die Quote der Gerechten, die in Sodom leben könnten, niedriger und niedriger ansetzt. Ob sich nicht zehn Gerechte finden ließen, fragt er endlich kleinlaut (Gen 18,16–33). Die Antwort wird in der nachfolgenden Geschichte gegeben.

Drei Männer, Repräsentanten Jahwes, haben Abraham besucht und gehen nun nach Sodom, zu Lot, der sie einlädt, bei ihm zu übernachten. Lot bittet die Fremden, nicht im Freien zu bleiben, sondern in sein Haus zu kommen. Aber die Fremden, bei Lot als Ausländer zu Gast, werden vom Mob auf die Straße gezerrt, sollen in dieser Nacht vergewaltigt werden. Lot, der sich gegen den Bruch des Gastrechtes mit allen Mitteln wehrt, wird angegriffen: „Du, einziger Fremder hier, willst uns regieren?" So schafft sich Sodom sein eigenes Urteil: „Schuldig!" Sodom ist verloren (Gen 19,1–29).

Und Lot, seine Frau, seine zwei Töchter? Sie werden vom Engel gedrängt, zu fliehen. Sie sollen nicht in Sodoms Missetaten umkommen. Mit geheimnisvoller Gewalt werden sie entführt. Lot hängt an Vertrautem, am Gewinn, den er aus dieser Stadt zog. Und zieht doch in ungewisse Felseneinöde. Seine Frau, die sich aus Vergangenem nicht lösen will, erstarrt zur Salzsäule. Ewiger Tränenfluss lässt sie sterben, zuerst innerlich, dann ganz und gar (Gen 19,17–26).

Gott, in einer Welt, die Vergewaltigung der Zärtlichkeit vorzieht, den Schutz des Schwachen aufgibt, die Willkür beklatscht und Rechtsbruch auf Rechtsbruch häuft, heule ich oft mit den Wölfen. Vergib mir! Mach mich zu Recht und Liebe fähig, damit gerettet werde, was zu retten ist, durch mich. Amen.

Geboren, um geopfert zu werden?

Gott suchte Sara heim, wie er es ihr versprochen hatte. Er tat an ihr, was er vorausgesagt hatte: Sara wurde schwanger und brachte dem Abraham trotz des hohen Alters einen Sohn zur Welt. Das geschah um die Zeit, von der Gott mit Abraham gesprochen hatte.

Abraham stand morgens früh auf, legte seinem Esel das Zaumzeug an. Er nahm zwei Knechte und seinen Sohn Isaak mit sich. Er hatte Holz gespalten, das er für ein Brandopfer brauchte. Er brach zu dem Ort auf, den Gott ihm gezeigt hatte. Am dritten Tage blickte Abraham auf und sah den Opferort von Weitem. Zu seinen Knechten sagte er: „Bleibt mit dem Esel hier. Ich und der Knabe wollen dorthin gehen. Wenn wir angebetet haben, kehren wir zu euch zurück.“

Gen 21,1–2; 22,3–5

Sara *lacht*, das bedeutet der Name Isaaks, ihres Sohnes! Ein Lachen steht am Anfang? Ein Weinen am Schluss? Soll der einzige Sohn, den Sara und Abraham miteinander haben, geopfert werden? Alles kommt auf Lügenbeinen daher. Den Knechten wird vorgespielt, Vater und Sohn kämen zurück. Dabei hat der Vater längst entschieden, den Sohn umzubringen (Gen 22,1–19).

Elende Ideologie, elendes Dogma, die uns blind und verderbenbringend handeln lassen! Bis zu diesem Donnerwetter über politischen und religiösen Zwänge lesen wir gern mit. Schimpfen auf die Religion, die zur Unmenschlichkeit zwingt. Aber was ist mit unserer Religion des Nationalismus, die Europa im 20. Jahrhundert über 100 Millionen Menschenopfer kostete?

Auch überlesen wir geflissentlich das Ende der Geschichte. Gott verbietet sich und Abraham das Menschenopfer! Abraham lernt: Einem wie ihm, der mit Rechtsbruch sein Schicksal in die Hand nimmt, wird die Zukunft genommen: Den einen Sohn, Ismael, setzt Abraham dem Tod aus, den zweiten, Isaak, nimmt ihm Gott fast weg. Als Abraham in dieser Tiefe anlangt, fängt Gott mit ihm neu an. Sein Sohn wird ihm zurückgeschenkt und damit die Zukunft. Isaak war verloren und ist wiedergefunden, war tot und ist wieder lebendig. Ich überlese leicht diese Geschichte vom verlorenen und wiedergefundenen Sohn im Ersten Testament, die meine Geschichte ist (vgl. Lk 15,11–32).

Gott, das Elend unseres Zeitalters steht in dieser Geschichte auf! Wen und was hätten wir nicht geopfert? Erwecke mich, Leben zu schützen und zu bewahren, geborene und ungeborene Kinder. Amen.

Ein umherirrender Aramäer

So sollst du Gott, deinem Herrn, bekennen: „Mein Vater war ein umherirrender Aramäer, dem Umkommen nahe. Er zog nach Ägypten und wurde ein Fremdarbeiter. Er kam dort mit wenigen Leuten an. Die wuchsen zu einem großen, starken Volk heran. Die Ägypter gingen schlimm mit uns um, unterdrückten, bedrängten uns. Harten Frondienst mussten wir leisten. Da schrien wir zu Jahwe, dem Gott unserer Väter. Er hörte, wie wir stöhnten. Er sah unser Elend, unsere Angst und Not und führte uns mit mächtiger Hand und ausgerecktem Arm und unter großen Schreckenstaten aus Ägypten heraus. Zeichen und Wunder geschahen.

Gott brachte uns an diesen Ort und schenkte uns dieses Land, in dem Milch und Honig fließen. Nun schenke ich dir die Erstfrucht, die das Land, das du mir gabst, hervorbringt!" Du sollst die Früchte vor Jahwe, deinem Gott, niederlegen, ihn anbeten (…) So glaube und bekenne, mit dir Levit und Fremdarbeiter, die bei dir leben.

Dtn 26,5 bis 11

Umherirrende Heimatlose, Ausländer, Asylsuchende, Sklaven finden eine Heimat: die Hebräer. Sie müssen sich bücken und ducken, um irgendwie durchzukommen. Abraham gehört zu ihnen. Und später? Das Grab, das Abraham für seine Frau ersteht, erwirbt er von Hethitern, von Ausländern wie er (Gen 14,13; 23,1–20).

Wann werden die Hebräer zum Volk Israel: „Spät schmolzen wir aus Sklaven und Flüchtlingen zusammen. Nicht Rasse und Blut noch eine glorreiche Geschichte verbinden uns, sondern der Umstand, die Underdogs der Antike zu sein. Jahwe ist unser Gott, ein Gott für uns, unser Befreier.

Wir erzählen unsere Geschichte nicht, um unsere Kinder zum Hass aufzustacheln. Sie sollen lernen: Sklaven, Vertriebene und Flüchtlinge heute benötigen wie wir einen Freiheitsplatz in freier Gesellschaft. Was an uns verbrochen wurde, wollen wir an Bedürftigen, Hungernden, Rechtlosen unserer Zeit wiedergutmachen, als Dank an Gott, der uns mit Zukunft beschenkte. Darum laden wir z. B. Leviten, Angehörige einer besitzlos gewordenen Priesterkaste, Fremde, Flüchtlinge, Sklaven und Ausländer ein, mit uns den Feiertag zu halten" (Dtn 26,11).

Gott, schärfe mir die Erinnerung: Fast jeder ist Flüchtling in jedem Land! Unsre Vorfahren waren es. Daran soll ich mich erinnern, wenn ich einem Flüchtling in die Augen schaue. Amen.

Gen 25,19 bis 36

Zwei Völker

Geschlechtsregister Isaaks, des Sohnes Abrahams: Abraham zeugte Isaak. Er war vierzig Jahre alt, als er Rebekka heiratete, die Tochter des Aramäers Betuel aus Mesopotamien. Sie war die Schwester des Aramäers Laban.

Isaak betete zu Gott, weil Rebekka kinderlos blieb. Gott erhörte Isaak. Rebekka, seine Frau, wurde schwanger. Die Kinder behinderten sich gegenseitig im Bauch der Mutter. Da fragte sich Rebekka: „Wenn es für mich so gefährlich wird, warum wurde ich schwanger?" Sie brach auf, Gott zu befragen. Der Herr antwortete ihr: „Zwei Völker hocken in deinem Leib, zwei Völker werden aus deinem Bauch heraustreten. Das eine wird dem anderen überlegen sein. Der Ältere wird dem Jüngeren dienen."

Gen 25,19 bis 24

Zwillinge werden geboren. Der Erste, der aus dem Mutterleibe kriecht, hat eine rötliche raue Haut: *Esau*. Der Zweite, der kommt, hält die Ferse des Ersten fest: *Jakob*. Esau wird Jäger, Jakob lebt bei den Zelten, wie es heißt. Isaak liebt Esau, Rebekka Jakob (Gen 25,19–34).

Diese kurzen Zeilen bergen eine Völkergeschichte, die bis heute als Spannung, als Feindschaft andauert. Nomadische Randvölker kommen aus Aram (i), wie der Südrand Mesopotamiens später heißt, haben an der großen aramäischen Wanderung um 1500 v. Chr. teil, die den eingesessenen Städtern in Mesopotamien Angst machen. Nun weichen die Nomaden in die Wüste aus, versuchen im Westen, wo in Kanaan fruchtbares Land lockt, sesshaft zu werden. Sie suchen für ihre Viehherden Weide und Wasser.

Esau wird zum Stammvater der Araber erklärt wie vor ihm schon Ismael (Gen 25,12–18). Esau, der sich in zerklüfteten Steppen aufhält, ist ein Jäger und Nomade, der Begründer von Edom (Gen 36,11 ff.). Jakob bleibt bei den Viehherden, ein Viehzüchter und fast Sesshafter. Ein vorprogrammierter Konflikt? Ein Streit zwischen zwei Kulturen, Religionen, Lebensweisen? Zwischen Arabern und Juden? (Gen 25,23)

Gott, sollen sich Völker ewig misstrauen, hassen, streiten, Kriege gegeneinander führen? Und wie lebe ich mit Misstrauen und Vorurteil? Rette mich aus selbstgemachten Zukunftsängsten, aus der Furcht vor dem Fremden! Amen.

Handel und Wandel

Jakob kochte ein Essen. Esau kam vom Felde dazu. Er war müde und bat Jakob: „Gib mir von dem roten Gericht zu essen, ich bin müde." Darum heißt Esau auch Edom, der Rote. Jakob schlug vor: „Verkaufe mir zuerst dein Erstgeburtsrecht." Esau überlegte: „Ich muss sowieso sterben. Was kann ich mit meiner Erstgeburt überhaupt anfangen?" Jakob verlangte: „Schwöre!" Er schwor Jakob und verkaufte ihm sein Erstgeburtsrecht. Da gab Jakob ihm Brot und Linsen. Er aß und trank, stand auf und ging weg. So leichtsinnig ging Esau mit seinem Erstgeburtsrecht um. Gen 25,29 bis 34

Der Konflikt wächst in die Geschichte hinein. Der eine, der zivilisierte Westler, schaut weit voraus, kauft ab, kauft auf: Jakob in Kanaan. Der andere, der Ostler, lässt sich auskaufen, verkaufen: Esau aus Edom. Hauptsache, er hat zu essen und zu trinken? Es scheint also zu stimmen, dass zwei Kulturen, zwei Lebensweisen – Schäferdasein und Jägerleben, Kapitalismus und Sklavendasein – sich nicht vertragen? Dass Schwarz und Weiß, Industrienationen und so genannte Dritte-Welt-Völker nicht zusammenkommen können? Dass der Klügere, Stärkere, Gerissenere den Spontanen, Ursprünglichen, Arglosen überlistet und ausbeutet?

Das verkaufte Erstgeburtsrecht, mit List erschlichen, wird weiter mit List in die Tat umgesetzt: Mutter und Sohn gehen ein verschwörerisches Verhältnis ein, übertölpeln den alten Vater, der blind und halbtot im Bett liegt. Isaak will Esau, den Erstgeborenen, segnen, aber Rebekka stachelt Jakob an, seinen sterbenden Vater zu betrügen: Mit Fellen umwickelt Jakob seine Arme, gibt sich so als rauer Esau aus und serviert dem Alten ein schnell geschlachtetes Böckchen. Als Esau heimkommt, ist es zu spät. Der Segen ist verschenkt. Gegeben ist gegeben (Gen 27,1–40).

Und doch soll mir die weitere Erzählung zu denken geben: List, Betrug, Gewalt ziehen Rache, Verfolgung, Krieg nach sich. Wer sich auf Betrug einlässt, muss sehen, wo er bleibt, muss schauen, was am Ende dabei herauskommt. Jakob hatte sein Heimatrecht verwirkt (Gen 27,41–45).

Schlechtigkeit geht um, zwischen Geschwistern, Nachbarn, Völkern. Der eine betrügt den anderen, täuscht und hintergeht ihn. Du bist ein gerechter Gott, der Lügner entlarvt und Betrüger bloßstellt! Lass mich an die Macht deiner Gerechtigkeit glauben! Lass mich gerecht leben und für die Rechte der Schwachen mit Kopf, Herz und Hand eintreten. Ich, ein Global Player, muss meinem Nächsten und Fernsten noch in die Augen schauen können. Amen.

Auf einen Tag

Esau konnte Jakob nicht mehr ausstehen. Er vergaß nicht, dass sein Vater Jakob gesegnet hatte, nicht ihn, Esau. Er grübelte: „Bald kommt die Zeit, da halten die Leute am Grab meines Vater die Totenklage. Dann bringe ich meinen Bruder Jakob um.“ Rebekka wurde hinterbracht, was ihr älterer Sohn Esau redete. Sie ließ ihren jüngeren Sohn Jakob zu sich rufen, informierte ihn und riet ihm:

„Schau, dein Bruder Esau will dich umbringen. Hör auf mich, mein Sohn. Du musst eine Zeit lang untertauchen, flieh zu meinem Bruder Laban nach Haran. Versteck dich bei ihm, bis sich der Ärger deines Bruders gegen dich gelegt und er vergessen hat, wie du ihn betrogst. Ich lasse von mir hören und hole dich zurück. Warum soll ich euch beide an einem Tage verlieren?“

Gen 27,41 bis 45

Sie rufen Friede und ist kein Friede, lese ich bei Jeremia (Jer 6,14). Unterschwellig läuft der Krieg immer mit, weil die böse Tat fortwährend Böses gebiert. Jakob, der mit einem Betrug seinen Bruder bestiehlt, muss ein Leben lang unter dieser Intrige leiden. Was ist schon ein weggestohlener Segen, hat er wohl gedacht. Dem Bruder, auf den der Segen fallen sollte, wird der Betrug eine schwer zu sühnenden Untat. Jakob, der Listige, hat ein Leben lang Angst vor dem Bruder.

Eine merkwürdige Spannung steigt auf. Jakob, der sich nur durch Betrug zu helfen weiß, wird in seinem Betrug auch noch von Gott gesegnet. Er ist erwählt, der Jüngere vor dem Älteren. Dabei bleibt es.

Doch dafür muss der erwählte Erbe unter seinem Bruderbetrug lange leiden. Denn lauthals kündigt Esau an: „Ich bringe ihn um!“ (Gen 27,41). In endlosen Flüchtlings- und Heimatlosengeschichten wird erzählt, wie sich Jakob wegen seines Betrugs vor dem Bruder in Acht nehmen muss (Gen 29,1–31,54). Jakob und seine Söhne geraten tiefer und tiefer in ein Fluidum von Betrug und Hinterlist, obwohl Jakob es verhindern will! Auch die Mutter leidet, am Betrug beteiligt. Ihr Leben wird von Angst überschattet, die Söhne brächten sich gegenseitig um (Gen 27,1–46).

Gott, die Welt ist voller Lug und Trug. Einer haut den anderen übers Ohr. Einer? Oft wäge ich meinen Vorteil ab und entscheide mich für den Gewinn, dem anderen zum Nachteil. Vergib, statt zu vergelten! Was ich unrechtmäßig gewann, will ich zurückgeben. Ich soll so leben und die Völker auch. Amen.

Haus Gottes

Jakob floh aus Beerscheba und setzte sich nach Haran ab. Auf seiner Flucht kam er an eine Stätte, die er als Nachtlager wählte. Die Sonne war bereits untergegangen. Er nahm einen Stein, der dort lag, als Kopfkissen und legte sich zum Schlafen nieder.

Ihm träumte: Siehe, eine Leiter stand auf der Erde, die ragte bis zum Himmel. Siehe, Gottes Engel stiegen auf und nieder. Gott stand vor ihm und sagte: „Ich bin Jahwe, der Gott deines Vaters Abraham und Isaaks Gott. Das Land, auf dem du ruhst, will ich dir und deinen Nachkommen geben. Deine Nachkommen sollen so zahlreich wie Erdstaub werden. Nach Westen und Osten, Norden und Süden sollst du dich ausbreiten. Durch dich und deine Nachkommen sollen alle Geschlechter auf Erden gesegnet werden. Siehe, ich bin bei dir und beschütze dich, wo du auch hinfliehst. Ich bringe dich in dieses Land zurück. Ich werde dich gewiss nicht verlassen, bis ich vollendete, was ich dir versprach.“

Als Jakob erwachte, sagte er: „Gott wohnt an dieser Stätte und ich ahnte nichts.“ Er fürchtete sich: „Diese Stätte ist heilig. Sie macht mir Angst! Siehe, das Haus Gottes, eine Himmelspforte.“ Gen 28,10 bis 17

Bet-El, *Haus Gottes,* nennt Jakob den Zufallsort, an dem er, der Flüchtling, einschläft. Er richtet den Schlaf- und Traumstein zum religiösen Mal auf, schwört dem offenbarten Gott Treue. Am *Steinort,* früher Lus, *Mandelort,* werde ein Gotteshaus gebaut werden.

Und was ist mit Jakobs Traum? Eine Himmelsleiter steigt auf. Welche Gegensätze: Im Land, in das er flieht, ragt die mächtig gebaute Zikkurat auf, der Gottesberg der Völker Mesopotamiens, mit abgestufter Himmelsleiter, auf der gewaltige Prozessionen auf und ab wallen, Macht, Stärke und Reichtum dieser Völker und ihrer Götter symbolisierend. Am Rand der Wüste dagegen lesen wir von einem Flüchtling, von einem Traum, einem mit Öl übergossenen Steinmal! Doch liegt in diesem Bild die Hoffnung auf einen einzigartigen Gott, der Land, Menschen und Zukunft schenken wird. Der steigt vom Himmel hernieder, nicht etwa die Menschen zu ihm empor ,und wohnt bei uns (Gen 28,10–22).

Gott, der ich auf das von Menschen gemachte Sichtbare schaue, lass mich erkennen: Deine Zukunft meint mich! Welch ein Reichtum, welche Kraft: Diese Welt ist dein Bethel, dein Haus, und ich darf darin wohnen. Amen.

Dienst

Jakob weilte bereits einen Monat bei Laban, seinem Onkel. „Mein Verwandter", meint er, „warum solltest du bei mir umsonst arbeiten müssen? Sag mir, welchen Lohn verlangst du?" Laban hatte zwei Töchter, die ältere hieß Lea, die jüngere Rahel. Leas Augen waren ohne Glanz. Rahel war schön. Sie hatte eine gute Figur, ihr Gesicht strahlte. Jakob verliebte sich in sie und schlug Laban vor: „Ich arbeite sieben Jahre für dich, wenn du mir deine Tochter Rahel gibst." Laban meinte: „Es ist besser, ich gebe sie dir als einem Fremden. Bleib bei mir!"

Gen 29,14 bis 19

Der Flüchtling kommt zu einem etablierten Verwandten, auch ein Nomade. Gleich verliebt sich Jakob in die hübsche Tochter des Verwandten, Rahel. Onkel Laban, ein Schlitzohr wie sein zukünftiger Schwiegersohn, sieht seine Chance. Sieben Jahre muss Jakob für Rahel schuften. Jakob aber kommt es vor, als wären es sieben Tage. Als der Hochzeitstag naht, wird ihm allerdings die Ältere, die mit dem stumpfen Blick, untergeschoben. Jakob muss nochmals sieben Jahre für die Hübsche schwitzen. Dann bekommt er sie.

Rahel bleibt zunächst kinderlos, während Lea, die Pflichtfrau, sich zu einer lebendigen Gebärmaschine entwickelt. Es werden Nebenfrauen aktiv, die Familie wächst, elf Söhne, eine Tochter. Nun will Jakob in die Heimat zurück. Labans Herden, für die er verantwortlich ist, wurden riesengroß. Der Lohn für Jakob? Er will gar keinen, nur die schwarzen und gesprenkelten Tiere, die sich in Labans Herde vorfinden. Aber er hilft nach, ein Zauber, ein Gentrick? Er sorgt dafür, dass die bunten und schwarzen Schafe und Ziegen sich gewaltig vermehren. Nach der Vereinbarung gehören sie Jakob. Das bringt Unruhe in Labans Familie. Wie reich will dieser Fremde auf unsere Kosten noch werden? Jakob merkt die Missstimmung. Und flieht wieder einmal. Mitsamt seinen Frauen und Nebenfrauen und dem Buntvieh. Laban stellt ihm nach. Ein Familienkrieg am Wüstenrand droht, ein Blutbad. Schließlich siegt im Namen Gottes Vernunft, ein Vertrag winkt: Alles soll Laban gehören, aber Jakob soll es mitnehmen dürfen, und soll die Töchter gut behandeln (Gen 29,1–31,54).

Mein Gott, das Leben schreibt Geschichten, und ich bin mittendrin. Gib Weisheit und Vernunft, dass ich einigermaßen ehrlich durch den Alltag komme. Amen.

Kampf

Jakob stand in der Nacht auf, nahm seine zwei Frauen und die zwei Nebenfrauen und seine elf Söhne. Er zog mit ihnen an die Jabbokfurt. Er brachte seine Familie sorgsam über den Fluss. Was er hatte, gelangte ans andere Flussufer. Jakob blieb allein zurück.

Da rang ein Mann mit ihm, bis die Morgenröte anbrach. Der Unbekannte merkte, dass er nicht mit Jakob fertig wurde. Da schlug er ihm im Ringkampf aufs Hüftgelenk und Jakobs Hüfte verrenkte sich. Der Fremde bat: „Lass mich ziehen, der Morgen steigt auf." Aber Jakob antwortete: „Ich lasse dich nicht eher ziehen, bis du mich segnest." Er fragte: „Wie heißt du?" Er antwortete: „Jakob!" Er bestimmte: „Du heißt nicht länger Jakob, sondern Israel, Gottesstreiter. Du hast mit Gott und Menschen gerungen und bliebst Sieger." Jakob fragte ihn: „Wie heißt du?" Er antwortete: „Warum willst du wissen, wie ich heiße?" Kein Name fiel, aber er segnete Jakob.

Der nannte die Stätte Penuel, denn er sagte: „Ich sah Gott von Angesicht zu Angesicht und überlebte." Als er von Penuel aufbrach, ging die Sonne auf. Aber er hinkte in der Hüfte. Der Name Penuel bedeutet „Gottes Angesicht".

Gen 32,23 bis 32

Jakob bricht alle Brücken hinter sich ab, rettet sein Leben, seine Familie, flieht vor den neidischen Verwandten im Osten in den gefahrvollen Westen. Denn da hockt sein Bruder Esau, der nicht vergessen kann. Jakob, der kluge, sorgt vor, teilt seine Viehherden in mehrere Haufen auf, sendet sie dem Bruder entgegen, will sie ihm eine nach der anderen zum Geschenk machen. Werden diese Gesten ihre Wirkung zeigen? Versöhnung ist nötig. Nimmt Esau sie an? Wie schwer ist ein Leben, dessen Vergangenheit nicht bewältigt wurde?

Der Überlebenskünstler Jakob gerät in einen Einsamkeitsschock. Alles umsonst? Überall Feinde? Allein am Jabbok, von der Familie getrennt, überkommt Jakob eine Krise, lebensbedrohend, lebensrettend. Er ringt und verlässt gezeichnet den Kampfplatz, hinkend, mit neuem Namen Israel, Gottesstreiter. Er hat nicht mit seinem Schicksal, sondern mit Gott gerungen, der ihn zeichnet und doch segnet. Deshalb heißt es: Am Penuel geht ihm die Sonne auf (Gen 32,23–33; 33,1–16).

Gott, ich will meine Krise als Chance begreifen, meine Einsamkeit als Begegnung mit dir. Zeige mir meine Vergangenheit, wie sie ist, meine Zukunft, wie du sie siehst. Ich werde kämpfen! Amen.

Uneinsichtig

Jakob kam nach Lus in Kanaan, heute Bet-El. Er kam dort mit seinen Leuten an, die mit ihm gezogen waren. Er richtete einen Altar auf und nannte die Stätte El-Bet-El, *das heißt* Dem Gott des Gotteshauses. *Gott*
Gen 35,6–8 *hatte sich ihm dort offenbart, als er vor seinem Bruder floh.*

Ende gut, alles gut? Wer voreilig den Schlussstrich zieht, betrügt sich selbst. Vergessen wir nicht, wie sich Esau und Jakob beobachten und nicht aus den Augen lassen? Esau möchte den Bruder auf seinem Weg begleiten, aber der schützt diverse Gründe vor. Esau will dem Bruder einen Trupp Bewacher mit auf den Weg geben, Jakob lehnt dankend ab. Er fürchtet einen Hinterhalt. Misstrauen und Vertrauen spielen mit beiden Brüdern Katze und Maus.

Schlimmer bedrücken Heimtücke und Niedertracht aus den eigenen Reihen, Feindschaft von innen. Jakob lässt sich bei Sichem nieder. Dina, Jakobs einzige Tochter, des Vaters Augapfel und der Brüder Stolz, wird vergewaltigt, aus Liebe, wie Hamor, ihr Vergewaltiger, ein Sohn des Kanaanäers Sichem, versichert. Hamor möchte Dina heiraten. Jakob, einer Versöhnung nicht abgeneigt, stößt sich mit seinen Söhnen. Die wollen Rache für ihre entehrte Schwester, lassen sich aber zum Schein auf einen Versöhnungshandel ein. Die beiden sollen heiraten. Brautpreis und Geschenk werden vereinbart. Ja, Sichem, der Kanaanäer, und seine Familie sind bereit, Juden zu werden. Die ganze Stadt Sichem will sich auf die Judaisierung einlassen. Gegen die anstehende Beschneidung gibt es keine Einwände. Der Friede im Land ist wichtiger als religiöse, kultische und ethnische Differenzen. Die Beschneidung aller Männer Sichems findet statt. Am dritten Tage nach der Beschneidung, als die Schmerzen eintreten, überfallen die Brüder der Dina die friedliche Stadt und bringen alle Männer heimtückisch um, auch Sichem und Hamor, ihren Schwager. Sichem wird geplündert, ausgeraubt. Jakob jammert, aber kann nichts machen (Gen 33,17–34,31; 35,1–15).

Wie lange suchst du, Gott, die Sünden der Väter an Kindern und Enkelkindern heim? Gibt es Familienstrukturen, die sich von einer Generation auf die andere vererben? Mein Gott, lass aus Vergebung Neues wachsen, deine Liebe, deinen Frieden, deine Offenheit. Mach dieses Weltenhaus, dein Bet-El, zum Haus der Geschwisterlichkeit für alle, auch für mich, durch mich. Schütze mich vor Gewalttat, vor Gewaltgedanken. Amen.

Neid

Israel liebte Josef mehr als die anderen Söhne, weil Josef zur Welt kam, als Jakob schon alt war. Jakob machte ihm einen bunten Rock. Die Brüder sahen, dass ihr Vater Josef mehr als sie liebte. Sie fingen an, Josef zu hassen. Sie redeten kein vernünftiges Wort mehr mit ihm.

Und dann hatte Josef diesen Traum. Den erzählte er seinen Brüdern. Dadurch vertiefte sich die Feindschaft. „Hört her", rief Josef, „was mir im Traum passiert ist: Wir banden Garben auf dem Felde. Meine Garbe richtete sich hoch auf, aber eure Garben stellten sich im Kreis um meine Garbe herum und verneigten sich vor ihr." Da schimpfen seine Brüder mit ihm: „Du willst unser König werden und über uns herrschen?" Immer schärfer verfeindeten sie sich mit Josef. Er hatte ihnen seinen Traum erzählt und sonst noch allerhand. Gen 37,3–8

Familienstrukturen bleiben lange erhalten, innerfamiliäre Zwiste wachsen über Generationen hin. Wie es eine Rivalität zwischen den Frauen Jakobs gab, so auch zwischen deren Söhnen. Rahel, Josefs Mutter, starb bei der Geburt ihres zweiten Sohnes, Benjamin. Jakob baut ihr ein Grabmal, das bis heute erhalten blieb. Ihr fraulicher Stolz und Jakobs abgöttische Liebe zu ihr setzen sich im Umkreis ihrer Söhne als Neid und Streit fort. Jakob bevorzugt Josef. Der provoziert seine Brüder.

Neben den ersten Traum tritt ein zweiter. Sonne, Mond und elf Sterne verneigen sich vor Josef. Die Brüder lachen, ärgern sich, der Vater behält die Traumepisode im Herzen. Trotzdem, der Riss ist da, lässt sich nicht so leicht vernähen, die Missstimmung steigt. Die Arroganz des Josef wird den Brüdern unerträglich. Ein Wunder, dass nicht schon eher etwas passiert ist (Gen 37,1–11).

Nahtlos scheinen sich die Josefsgeschichten in den Kanon der Erzvätergeschichten einzufügen, als ob eine durch nichts unterbrochene Erzählung fortbesteht. Tatsächlich bilden sie eine in sich geschlossene Erzählung, eine kunstvolle Novelle mit Einschüben (Gen 37,1–50,26).

Diese Rollenspiele zwischen Menschen auf engstem Raum, in Ehe und Familie, unter Geschwistern. Einer macht den anderen lächerlich, beleidigt ihn, unterdrückt ihn. Und der zahlt es dem Ersten heim. Bis in alle Ewigkeit setzen sich diese Spiele fort, Verletzungsspiele, mit welchem Ausgang? Gott befreie mich aus solchen Todesritualen, hilf mir, den Nächsten versöhnt anzunehmen, versöhnt mit ihm zu leben. Amen.

Verraten und verkauft

Die Brüder sahen von Weitem, wie Josef durch die Steppe daherkam. Sie planten, ihn umzubringen. Sie ratschlagten: „Seht, da kommt der Träumer! Wir wollen ihn umbringen und seine Leiche in ein Wasserloch werfen. Zu Hause erzählen wir dann, ein wildes Tier habe ihn zerrissen. So begreift er endlich, was seine Träume wert sind."

Ruben hörte, was sie vorhatten. Er wollte Josef vor ihren Machenschaften bewahren und schlug vor: „Wir wollen ihn nicht töten!" Und weiter: „Kein Blutvergießen! Werft ihn hier in ein Wüstenwasserloch, aber tut ihm sonst nichts!" Er wollte ihn nämlich vor ihnen bewahren und ihn zu seinem Vater zurückbringen.

Gen 37,18 bis 22

Die Brüder verstehen keinen Spaß. Wie sie schon in Sichem unter Fremden zuschlugen, tun sie es jetzt in der eigenen Familie mit der ihnen eigenen Brutalität. Josef muss seinen bunten Rock ausziehen, wird in die Zisterne geworfen, die Gott sei Dank kein Wasser führt. Die Brüder setzen sich in aller Gemütsruhe zum Essen nieder. Nichts verbindet mehr als ein gemeinsames Verbrechen. Es folgt der berühmt-berüchtigte Verkauf des Josef an die Karawane der Ismaeliter. Für zwanzig Silberlinge wird der Knabe verschachert und weiterveräußert an Potifar, den Kämmerer, den Obersten der Leibwache des Pharao in Ägypten.

Und Ruben? Als er zu den Brüdern kommt, ist das Unglück geschehen. Josef ist nicht mehr da. Ruben, der Angst um Josef hat und trauert, kann nichts mehr ausrichten. Er heult mit den Wölfen. Josefs Rock wird zerrissen, mit dem Blut eines geschlachteten Ziegenbocks getränkt und als Beweisstück nach Hause gebracht. Ob das etwa Josefs Rock sei, in der Wüste habe man ihn gefunden? Jakob, der lange Zeit und aus tiefstem Herzen um Josef trauert, muss glauben, Josef sei tot, von wilden Tieren zerrissen. Jakobs Töchter und Söhne kommen, um ihn zu trösten, Jakob aber will sich nicht trösten lassen. Tot ist tot, hin ist hin. Und niemand verrät sich noch den Anderen. So weint Jakob um einen Lebendigen wie um einen Toten und wird von seinen Söhnen betrogen, wie er seinen Vater betrog (Gen 37,12–36).

Gott, wie lange soll das Elend weitergehen? Lügen, Täuschungen, Enttäuschungen, Mobbing, bei dem einer den anderen schädigt, übervorteilt; Familien- und Bürofilme im engsten Kreise mit schlimmstem Ausgang. Mein Gott der Liebe, des Verzeihens, mein Gott der Barmherzigkeit, rette, befreie, hilf mir heraus! Amen.

Gestiegen, gefallen, gestiegen

Josefs Vorgesetzter Potifar vernahm, was ihm seine Frau erzählte: Josef hätte sie verführen wollen. Er schäumte über, nahm Josef gefangen, ließ ihn in das Gefängnis schaffen, in dem Gefangene des Königs eingesperrt waren. So lag nun Josef im Gefängnis. Aber Gott war mit ihm. Alle Herzen flogen ihm zu, weil Gott es fügte. Fügung war es, dass der Gefängnis-Oberaufseher auf Josef aufmerksam wurde. Er konnte Josef gut leiden, machte ihn zum obersten Gefangenen. Josef war für alle Insassen im Gefängnis zuständig. Was dort geschah, veranlasste und kontrollierte er. Der Gefängnis-Amtmann kümmerte sich um gar nichts mehr. Gott war auf Josefs Seite. Was Josef tat, war vom Glück begünstigt. So wollte es Gott. Gen 39,19 bis 23

Josef macht eine steile Karriere als Hausverwalter des Potifar, eines höheren Beamten in Ägyptens Hierarchie. Alles, was Josef unter die Hände kommt, gelingt. Potifars Amt und Anwesen blühen, dank Josef. Wenn nur nicht die Frau des Potifar gewesen wäre, die den hübschen, jungen Fremden gern in ihr Bett gezogen hätte. Josef will nicht, er sträubt sich. Ehrgefühl steckt in ihm. Wieso soll er den Menschen betrügen, der ihm alles anvertraute und überließ: Haus und Hof, Amt und Verantwortung? Nur nicht seine Frau. Die enttäuschte, um ihr ehebrecherisches Liebesglück betrogene Ehefrau dreht den Spieß um: Nicht sie habe ihm nachgestellt, er ihr. Enttäuschte Liebe wandelt sich zur bitteren Rache. Das Gefängnis für den primitiven geilen hebräischen Sklaven, ordnet der empörte Ehemann an.

Nur sparsam erzählt die biblische Novelle vom wirksamen Eingreifen Gottes. Zum Schluss gibt es eine Rückbesinnung auf die gesamte Entwicklung. Der Erzähler lässt Josef die Lebenssumme ziehen: „Ihr hattet Böses mit mir im Sinn. Gott machte Gutes daraus!“ (Gen 50,20). So hat Gott seine Hand ungenannt im Spiel! Unsere Erzählung blendet auf: Gott beschützt und fördert Josef im Gefängnis, in dem dieser unschuldig einsitzt – und aufsteigt. Ob er Gefängnisakten führt oder Management betreibt, ob er Aufseher beaufsichtigt oder Träume seiner Mitgefangenen deutet, Gott ist sein Schutz: „Ich, Gefangener, erlebe den rettenden Gott. Seine Güte und Erwählung ruhen auf mir“ (Gen 39,1–40,23).

Oft stecke ich im Gefängnis, denke: Hier komme ich nie mehr heraus! Dann spüre ich deine Kraft, Zukunft durch dich, Gott! Mitten in der Angst bist du mir nahe, rettest. Amen.

Ein Hebräer an die Spitze!

Zwei Jahre vergingen. Da hatte der Pharao einen Traum, er stünde am Nil und sähe sieben fette Kühe aus dem Wasser steigen. Die weideten in saftigem Gras. Danach sah er sieben weitere Kühe aus dem Wasser steigen; die sahen krank und mager aus. Diese stellten sich neben die anderen. Nun fraßen die kranken, mageren die sieben festen, fetten Kühe auf.

Der Pharao wurde wach und schlief wieder ein. Er träumte ein zweites Mal. Er sah, wie sieben fette Ähren aus einem vollen Halm wuchsen. Darauf sah er sieben dünne Ähren aufgehen, die der Ostwind versengt hatte. Die sieben dünnen verschlangen die sieben fetten Ähren. Der Pharao erwachte und merkte, dass er ein zweites Mal geträumt hatte.

Gen 41,1–7

Der Pharao will seine Träume gedeutet bekommen. Aber es gibt keinen ägyptischen Weisen, der diese riskanten Träume zu erklären wagt. Da erinnert sich der Mundschenk des Pharao, dem Josef im Gefängnis, kurz vor dessen Entlassung, einen Traum richtig ausgelegt hatte: Gab es da nicht diesen hebräischen Sklaven im königlichen Gefängnis, von Gott und der Welt vergessen? Josef wird gerufen, gewaschen, gekämmt und angemessen gekleidet – und er deutet. Der Pharao soll sich auf sieben Magerjahre einrichten und die Vorratswirtschaft einführen. Das ist Josefs Rat, den er aus den Träumen des Herrschers zieht.

Dem Pharao leuchten diese Ideen ein. Es soll ein Antikatastrophenplan ausgearbeitet werden. Auf der Suche nach einem Organisationschef für das geniale Vorhaben bleibt der Pharao an Josef hängen. Dieser wird zum obersten Wesir über Ägypten bestellt, steigt zur rechten Hand des Pharao auf, befehligt das ausführende Organ zur Entwicklung und Durchführung der Vorratswirtschaft. Dreißig Jahre ist Josef alt, als er in die ägyptische Karriere eintritt. Er heiratet, natürlich ägyptisch, und er, der verkaufte, verlassene, vergessene hebräische Sklave, gehört nun zu den Arrivierten: Kinder kommen, Macht und Ansehen sind auf dem Höhepunkt (Gen 40,1–41,57).

Mein Traum vom Glück, das große Los zu gewinnen, oben, vorn zu sein! Oft laufe ich ins Runde, suche und finde nichts. Oft übersehe ich das kleine Glück dicht bei mir, weil ich nach grandiosen Fernzielen ausschaue. Zeige mir, Gott, kleine Atemzüge der Liebe, dass ich so den großen Atem des Glücks finde. Zeige sie mir, indem du mir meine allernächsten Nächsten zeigst. Amen.

Und die Brüder, die Familie?

Josef konnte nicht länger an sich halten. Allen, die um ihn waren, rief er zu: „Raus mit euch!“ Niemand war nun bei ihm, außer den Brüdern. Jetzt gab er sich ihnen zu erkennen. Er weinte lauthals. Alle Ägypter im Pharaonenpalast hörten es. Josef schluchzte: „Ich bin Josef. Lebt mein Vater noch?“ Seinen Brüdern versagte die Stimme. Sie bekamen kein Wort heraus. So erschrocken waren sie, als sie Josef wiedererkannten. Gen 45,1–3

Die Brüder, Viehhirten in Kanaan, geraten wie die Ägypter in Hungersnot. Kein Futter fürs Vieh, kein Korn für die Menschen, Der Hunger diktiert das Geschehen. So rät Jakob seinen Söhnen, nach Ägypten zu ziehen, um dort einzukaufen. In Ägypten begegnen die Brüder Josef, der dem Hungerkrisenstab vorsteht. Josef erkennt seine Brüder, sie ihn nicht.

Josef spielt mit ihnen, indem er ihnen ihre Vergangenheit spiegelt. Er belehrt, indem er schockt. Er erzieht nachträglich zu geschwisterlicher Solidarität. Er unterstellt, sie seien Kundschafter, fragt sie nach dem Vater und weiteren Söhnen. Sie gestehen, dass Benjamin, der Jüngste, zu Hause blieb. Gerade den will Josef sehen. Er nimmt Simeon in Schutzhaft und wartet auf die zweite Bitttour der Brüder. Zum Überfluss legt er ihnen heimlich ihr Geld obenauf in die Kornsäcke zurück, inszeniert eine Kontrolle! Sie stehen als Diebe da.

Zu Hause angekommen will Jakob Benjamin nicht reisen lassen. Aber die Not ist groß und sie müssen ziehen. Juda verbürgt sich, dass Benjamin wieder heil zurückkommt. Beim zweiten Bittgang werden den Brüdern zunächst Ehren zuteil. Freilich, der Unterschied zwischen hilfesuchenden Nomaden und reichen Ägyptern ist groß. Das spüren sie. Schließlich wird auf Josefs Befehl dem Benjamin Josefs Orakelbecher in den Kornsack eingebunden. Wieder Kontrolle, Entdeckung, Bedrohung! Die Jakobsbrüder müssen Rede und Antwort stehen! Benjamin, der Dieb, soll Josefs Sklave werden! Aufruhr, Verzweiflung bei den Brüdern, Teileingeständnisse ihrer Schuld, Solidaritätserklärungen! Die Brüder wollen statt Benjamin büßen. Da weint Josef lauthals los, gibt sich zu erkennen. Alle sollen sich in Ägypten wiederfinden. Gott habe alles wunderbar gefügt und ihn, Josef, vorausgeschickt (Gen 43,1–45,28).

Es ist gut, im Kreis der Familie seine Wurzeln zu haben, sie neu zu entdecken. Aber was ist mit Verletzungen, die ich verdrängte? Ich möchte erkennen und bekennen, vergeben und mir vergeben lassen, dass Friede werde aus deiner Hand. Amen.

Eine Spottgeschichte

Es gab kein Brot mehr. Hunger drückte das Land. Ägypten und Kanaan verhungerten. Josef jedoch scheffelte alles Geld zusammen, das es in Ägypten und Kanaan noch gab. Er nahm es fürs Getreide ein, das die Leute beim Staat kauften. Josef überwies das eingenommene Geld auf die pharaonische Staatsbank. Als kein Geld mehr in Ägypten und Kanaan aufzutreiben war, kamen alle Ägypter zu Josef und baten: „Bitte, gib uns Brot! Warum willst du uns vor deinen Augen im Hunger umkommen lassen, nur, weil wir kein Geld mehr haben?"

Josef schlug vor: „Bringt mir euer Vieh. Ich werde es euch mit Brot bezahlen. Geld habt ihr ja nicht mehr." Da brachten sie ihm ihr Vieh. Er gab ihnen Brot. Das bezahlten sie mit ihren Pferden, Schafen, Rindern und
Gen 47,13 *Eseln. So hielt er sie mit Brot ein Jahr lang am Leben und nahm ihnen dafür*
bis 17 *ihr Vieh ab.*

Der Spott dieser Geschichte ist ätzend, ihre Ironie beißend! Ein Hebräer, von den Ägyptern versklavt, macht die gesamte Bevölkerung Ägyptens zu staatsabhängigen Leibeigenen? Der ausländische Primitivling, so werden die semitischen Nomaden auf ägyptischen Bildtafeln dargestellt, ist klüger als ganz Ägypten? Der unfreie Ausländer formt das freie Ägypten zu einer Diktatur des Kapitals um, in der dem Einzelnen Rechte und Besitz genommen werden?

So jedenfalls wird es erzählt. Nachdem das gesamte Vieh Ägyptens in Staatsbesitz übergegangen war, ist das Land dran. Felder und Äcker gehören ab jetzt dem Staat. Sie werden von den bisher freien Bauern dem Staat aus Not übereignet, nachdem dieser den Bauern Saatgut leiht, dafür aber schlau die Leibeigenschaft aller Landbesitzer einhandelt. Eine einfache Regel, ein Fünftel aller Einnahmen gehören ab sofort dem Pharao. Nur die Priester dürfen sich als Ausnahme in einer kapitalistischen Wirtschaftsdiktatur eine gewisse Selbstständigkeit bewahren (Gen 47,1–26).

Ein Mechanismus, typisch für unser Zeitalter? Oder war es schon immer so? Gott, ich möchte nicht diesen Globalmechanismen verfallen, weder als Täter noch als Opfer, auch nicht in der Täter-Opferrolle. Du, ein Gott der Befreiung, bringst die Freiheitsidee in mein Denken zurück. Ich will nicht nur beten, sondern mein Gebet auch tun. Amen.

Gott gedachte es gutzumachen

Jakob war gestorben und Josefs Brüder bekamen es mit der Angst zu tun. Sie fürchteten, Josef werde sich erinnern, Bitterkeit möchte in ihm aufsteigen: „Er wird uns das Böse vergelten, das wir ihm antaten." Darum ließen sie ihm mitteilen: „Dein Vater ordnete vor seinem Tod an: Ihr sollt Josef bitten: Vergib deinen Brüdern ihre Untat und Schuld, alle Bosheit. Vergib uns! Wir beten doch wie du zum Gott deines Vaters!" Josef weinte, als ihm diese Botschaft überbracht wurde. Danach gingen seine Brüder selber zu ihm, fielen vor ihm nieder und baten: „Wir gehören dir, mach uns zu deinen Sklaven!"

Josef richtete sie auf: „Habt keine Angst! Bin ich denn an Gottes Stelle? Ihr hattet Böses mit mir vor, aber Gott wendete alles zum Guten. Er lenkte unser Leben so, wie ihr es jetzt seht: Einem großen Volk wurde das Leben neu geschenkt. So habt nun keine Angst! Ich werde mich um euch und eure Kinder kümmern." Er tröstete und begütigte sie. Gen 50,15 bis 21

Die Angst vor einer Vergeltung, die Josef seinen Brüdern antun könnte, steht nach Zeiten argloser Freundschaft wieder auf. Es ist wie bei Jakob am Penuel (Gen 32,22 ff.). Die Schatten der Vergangenheit holen die Menschen ein. In plötzlich aufkeimenden Krisen meldet sich das Misstrauen zurück. Schutzmechanismen werden entwickelt, vergessene Versprechen beschworen, Versöhnung solle über der Untat von damals wie ein bunter Baum aufwachsen. Manchmal funktionieren diese Gesellschaftskontrakte, oft nicht. Völker verstricken sich in Hass und Vernichtung, weil sie von ihrer Vergangenheit nicht loskommen, nicht zuletzt das deutsche.

Ist Josef gegen solche Entwicklungen gefeit? Josef legt offen, wo seine Wurzeln liegen: in seinem Familiensinn, auch in seiner Zielstrebigkeit, aber vor allem in seinem Vertrauen auf Gott. Der führte ihn diesen Josefsweg, brachte die Jakobsfamilie auf die gemeinsame Straße des Glücks und des Friedens: Gott schuf das Böse zum Guten um. Er, Josef, sollte Gottes Friedensweg in eine gute Zukunft mutwillig stören? So wird er Gott nicht ins Handwerk pfuschen. Nein, so nicht! (Gen 50,1–26)

Wege, die ich nicht gehen will, weil sie Mühe machen, sind deine Wege zu meinem Herzen, Gott, zu meinem Glück, zu meiner Zukunft. Und ich sollte mich quer stellen, wenn du es gut mit mir meinst? Amen.

Seine Güte währet ewiglich

Sagt Jahwe Dank! Er ist freundlich. Seine Treue währt von Zeitalter zu
Ps 136,1 *Zeitalter.*

Ich wähle aus dem Psalter einen Kehrvers aus dem „Großen Hallel" aus, dem Großen Lobgesang, der beim jüdischen Passah gesungen wird. Das letzte Gebet, das letzte Lied, das Jesus mit seinen Jüngern vor seinem Sterben als Ausklang des Passah sang, war dieser Psalm. Die Aufforderung zum Dank klingt in der christlichen Eucharistie-Liturgie nach. Jahwe ist unser Gott, der Menschen aus der Gefangenschaft befreit und durch alle Gefahren sicher geleitet. Das ist die Mitte dieses Psalms – und aller Weisheitsliteratur.

Wir nennen die Gruppe der biblischen Bücher, aus der dieser Text stammt, *Weisheitsliteratur* (i), früher: Lehrbücher. Gemeint sind der Psalter, das Buch Hiob, Sprüche, Prediger und das Hohelied Salomos, so die jüdische Einteilung. In der *Vulgata* (i), der lateinischen Übersetzung des Ersten Testaments, werden das Buch der Weisheit und das Buch Jesus Sirach angehängt. Diese Schriften werden nach der jüdischen Tradition zu den *Apokryphen* gezählt, zu den – wortwörtlich übersetzt – *Verborgenen Büchern*, ein Titel, der ihrem Inhalt nicht gerecht wird.

Die Weisheitsliteratur setzt es sich zur Aufgabe, den einen Herrn dieses Kosmos, Schöpfer, Bewahrer und inniger Bundespartner seines Volkes, seiner Menschen, zu preisen und zu loben. Auch wenn lexikalisches Wissen und kluge Menschheitserfahrung aneinander gereiht werden, wenn Liebeslieder erklingen, die inbrünstig die Schönheit des Menschen und der Liebe besingen, bleibt dies die Mitte: In, mit und unter seiner Schöpfung soll der Mensch den einen, barmherzigen Gott und seine zu bewundernde Thora suchen, preisen, tun. Gottes Liebe wird beschrieben, seine Barmherzigkeit wahrgenommen, seine Versöhnungsbereitschaft gelobt. Der einzigartige Gott bleibt ein Gott für mich, der bittet und mahnt, dass ich die Straße seiner Gerechtigkeit zu meinem Wohl gehe.

Gott, Hofschranzentexte liebst du nicht. Vor deinem Thron wird nicht lobgehudelt. Ich bin dein Bundespartner, Sohn und Tochter, ein Mensch, der Fragen stellen, dir klagen, ja, dich anklagen darf. Mit dir zu reden, zu streiten lässt du zu. Du willst keine Gebetslakaien. Amen!

Hiob, die Legende

Eines Tages traten die Gottessöhne vor Jahwe. Auch der Widersacher, der Satan, mengte sich unter sie. Jahwe fragte ihn: „Woher kommst du?" Der Satan erwiderte Jahwe: „Ich bin hin und her über die Erde gezogen." Jahwe fragte ihn: „Ist dir nicht mein Knecht Hiob aufgefallen? Es gibt niemanden auf der Erde wie ihn, er lebt ohne Skandale, ist anständig, fürchtet und ehrt mich und lässt sich auf nichts Böses ein."

Der Satan zuckte mit den Achseln: „Glaubst du wirklich, Hiob ehre Gott umsonst? Kein Wunder! Denn bisher hast du um ihn, um sein Haus und seinen Besitz einen Schutzzaun gezogen. Du segnetest das Werk seiner Hände. Seine Herden im Land wurden größer und größer. Aber streck deine Hand aus! Taste alles an, was ihm gehört! Wir wollen wetten, er wird dir seine Flüche ins Gesicht schreien." Jahwe erwiderte dem Satan: „Was ihm gehört, gebe ich in deine Hand! Nur ihn selbst sollst du nicht antasten und ihm nicht wehtun!" Da verließ der Satan Jahwe. Hi 1,6–12

Das Buch Hiob ist kompliziert aufgebaut. Eine ältere Hioblegende wird von einem Dichter des 5. bis 3. Jahrhunderts v. Chr. zum Buch ausgestaltet. In Brüchen, Sprüngen und Ausschweifungen fragt es nach dem Sinn des Lebens:

Hiob, ein Mann im Land Uz, hat Familie, Vermögen und Ansehen. Hiob ist fromm und ehrt Gott. Nun provoziert der Satan, ein aufrührerischer, jedoch Gott unterstellter Gottessohn: Hiob sei nicht umsonst fromm. Gott will es wissen. Satan erhält die Erlaubnis, Hiob ins Leiden zu bringen, sein Leben darf er aber nicht antasten. Die Leidensprobe beginnt – und führt in verwickelte Dialoge über Glück und Unglück. Ein Lexikon meint, das Buch Hiob frage nach der „Rechtfertigung Gottes gegenüber den Einwänden, die aus der Tatsache des physischen und moralischen Übels in der Welt gegen seine Weisheit, Liebe und Gerechtigkeit erhoben werden können". Ich meine, das Hiobbuch fragt einfach meine drängende Frage: Gibt es einen gerechten Gott?

Gott, ich verstehe diese Welt nicht, diese unbegreifliche Mischung aus Heil und Unheil. Ich gerate selbst in Krisen Angst und Leid. Wie kann ich in solch einer Welt, mit solch einem Leben, trotzdem an dich, Gott, glauben? Gott, der du mir oft verdunkelt bist, zeige dich mir im Licht deiner Liebe. Amen.

Schweigende Freunde

Der Satan entfernte sich aus Jahwes Gesichtsfeld. Er peinigte Hiob mit bösartigen Geschwüren. Vom Kopf bis zum Fuß war dessen Körper von Schwären bedeckt. Hiob nahm eine Scherbe und schabte sich damit den Eiter aus. Er hockte dabei in der Asche. Seine Frau verhöhnte ihn: „Hältst du weiter an deinem Gottesglauben fest? Fluche Gott und geh zu Grunde!" Hiob entgegnete: „Du rätst mir, was alle unklugen Frauen raten! Aber, das Gute nehmen wir von Gott an! Und sollten das Böse nicht auch von ihm entgegennehmen?"

Drei Freunde Hiobs hörten von dessen Unglück. Sie eilten herbei, jeder aus seinem Wohnort: Elifas von Teman, Bildad von Schuach und Zofar von Naama. Sie hatten sich ohne Zögern verabredet, Hiob zu besuchen. Sie wollten Anteil an seinem Leid nehmen und ihn trösten. Als sie aber näher kamen, erkannten sie ihn nicht wieder. Da begannen sie zu weinen und setzten sich zu ihm auf den Boden. Jeder von ihnen zerriss seine Kleidung. Sie klaubten Staub auf, den sie auf ihre Köpfe niederrieseln ließen. Sieben Tage und sieben Nächte hockten sie mit Hiob auf der Erde und bekamen kein einziges Wort heraus. Sie sahen, wie unermesslich groß Hiobs Kummer war.

Hi 2,7–13

In der älteren Rahmenerzählung, eine kunstvoll geformte Kleinnovelle, möchte der Erzähler vermitteln: Gott will seine Macht nicht immer zeigen. Aber kann ich wie Hiob Gott vertrauen, wenn mich Unheil wie aus heiterem Himmel grundlos trifft? Wird Gott mir meine Lage erklären, aufhellen? Im ersten Augenblick verstummen die Freunde, sind betroffen. Sie beklagen weder Hiobs Schicksal noch rechtfertigen sie Gottes Handeln an Hiob. Sie schweigen. Und kommen im Schweigen dem schwer getroffenen Hiob nahe. Staub und Asche bringen sie Hiob näher als Worte.

Später spielen sie sich als kluge Theoretiker auf. Aber mit ihren eilfertigen Theologien helfen sie Hiob nicht. Sie verbittern ihn eher mit ihren raffinierten Erklärungen. Auch ein vierter Freund, Elihu, bringt wenig Neues (Hi 32,1–37,24, ein Einschub). Hiobs Glaubenskraft wird auf eine harte Proben gestellt. Es ist zu verstehen: Der fromme Mann wandelt sich zum Rebell gegen Gott, der freilich an seinem Gesprächspartner Gott festhält.

Du, Gott, bleibst mir verborgen. Warum die Weltgeschichte so und so geschieht, bleibt mir rätselhaft. Mein eigenes Leben scheint auf Zufälligkeiten zu beruhen. Hilf mir, zeige dich, öffne dich! Amen.

Warum?

Warum ging ich nicht bei meiner Geburt drauf? Warum kam ich nicht um, als ich aus dem Mutterleib hervorkroch? Warum nahm mich meine Mutter überhaupt auf den Schoß? Warum lag ich an ihrer Brust und wurde von ihr gesäugt? Ohne dieses alles läge ich jetzt stumm da. Alles Lärmen hätte ein Ende. Ich schliefe, wäre zur Ruhe gekommen, vielleicht wie Könige und ihre Ratgeber auf Erden, die sich stolze Grabdenkmäler erbauten. Oder ich hätte mich mit Herrschern niedergelegt, die in Gold schwammen und sich Häuser voller Silberschmuck bauten. Oder ich wäre als Fehlgeburt, die man einsam verscharrt, verkommen. Ich hätte nie gelebt, wie Kinder, die das Licht der Welt nicht erblickten. Im Tod werden alle eins. Die Gottlosen hören mit ihrem Getobe auf. Die Mühsal tragen, werden im Tod entlastet. Die Gefangenen finden ihren Frieden, das Geschrei ihrer Oberaufseher gellt ihnen nicht mehr in den Ohren. Im Tod werden Klein und Groß gleich. Auch kommt der Sklave von seinem Sklaventreiber frei. Hi 3,11–19

Hiob gerät in Todessehnsüchte. Erst der Tod bringe Ruhe, Erlösung, wie wir heute sagen? Immer neu versuchen die Freunde Hiob zu trösten. Zu trösten? Sie rechtfertigen Hiobs Schicksal, Hiob habe viele fromm unterwiesen, nun , da er selbst ins Leiden komme, breche er zusammen? „So geht das nicht. Hiob soll sich zusammenreißen. Außerdem, wer weiß denn, ob nicht doch irgendwo in Hiobs Leben eine verborgene Sünde hockt, für die er nun bestraft wird? Vielleicht soll das Leid ihn läutern?“

Hiob bäumt sich auf, zunächst gegen die Freunde, dann gegen Gott. Im öffentlichen Rechtsstreit stellt Hiob seine Freunde und ihre Theologien und schließlich Gott in Frage. Alle, die eilig ausrufen, Gott habe immer Recht! Die neunmalklugen theologischen Abspeisungen durch diese Besserwisser bringen Hiob auf die Palme. Und doch hält er an Gott als seinem Freund und Freikäufer fest. Hiobs Aufbäumen gegen das Leid und seine Anklagen gegen Gott werden kaum hörbar, aber doch von der Hoffnung auf Gott durchzogen.

Der eine weiß dies, der andere das. Sie reden klug, reden und reden. Schweigende Freunde tun mir gut, ein stummer Händedruck, die mitgeweinte Träne. Die mir alles erklären wollen, machen mich mit ihrem Gerede misstrauisch. Gott, gib mir vor den Leuten deine Liebe zurück. Ich will dir vertrauen, ohne zu sehen. Amen.

Weberschiffchen

Ist nicht das Leben des Menschen eine ununterbrochene Sklavenarbeit? Sind nicht seine Lebenstage eine unendliche Kette von Tagelöhnertagen? Wie ein Sklavenarbeiter in der Sommerglut nach Schatten seufzt und ein Tagelöhner bei Sonnenuntergang um seinen Lohn bettelt, so habe ich Monat um Monat umsonst gearbeitet! Zum Elend werden mir die Nächte. Wenn ich mich schlafen lege, frage ich mich: „Wann kommt endlich der Morgen?" Stehe ich dann auf, klage ich: „Wann wird es endlich Nacht?" Unruhe quält mich bis zum Abend. Mein Körper ist von Fäulnis umkleidet. Meine Haut fühlt sich rissig und verklebt an, Eiter tropft. Meine Tage jagen schneller als ein Weberschiffchen dahin. Sie zerreiben sich ohne Hoffnung.

Hi 7,1–6

Kann ich aus meinem Arbeits- und Lebensrhythmus ausscheiden, einfach so? Der arbeitslos gewordene Vorarbeiter, der vorzeitig entlassen wird? Die Mutter, die ein Leben lang für ihre Kinder sorgte und nun an der Gehhilfe hängt, allein im Altenpflegeheim? Kann ich aus globalen Systemen aussteigen und überleben?

Hiob stellt die Sinnfrage: Ein Leben lang geschuftet, und nun? Das Unrecht auf Erden starrt Hiob an, die Leiden der Menschen gellen ihm in den Ohren, sein eigener kranker Körper schreit zu Gott. Gott ist gerecht? Das muss man einfach glauben? Die theologische Rechtfertigung von Leid, Unrecht, Krankheit und Tod zerfällt in sich, wird sinnlos. Reden ist Silber, Schweigen wäre Gold. Was ich nicht verstehe, darüber soll ich still sein. Die erste Reaktion der Freunde Hiobs – betroffen zu verstummen – war instinktiv richtiger als ihre nachfolgenden langatmigen Erklärungen. Zu erkennen, dass Gott oft verdunkelt ist, auch in meinem Leben, wäre mir ein erster Schritt zum Licht!

Gott, die Erde ist voller Leid und Hunger, Elend und Ausbeutung. Die Menschheit zerfleischt sich. Ich musste nicht in die Gaskammer, wurde nicht als Flüchtling aus meiner Heimat ausgewiesen, meine Kinder starben nicht im Hunger. Ich danke dir. Aber meine Frage beantwortet sich so nicht, ob du ein gerechter, ein ungerechter oder gar kein Gott bist. Du dunkler, ferner, unbewiesener Gott, hilf mir, rede mit mir. Ja, ich werde wie ein Weberschiffchen von einer Schicksalsecke in die andere geworfen und vertraue doch dir, Gott. Amen.

Erlöser, Auslöser

Erde, deck mein Blut nicht zu! Mein Schreien verstumme nicht! Siehe, jetzt habe ich noch einen Zeugen im Himmel, einen Mitwisser dort droben. Meine Freunde spotten, dass mein Tränenauge noch nach Gott Ausschau hält. Ja, ich warte immer noch darauf, dass Gott mir Recht schafft, er mir, dem Menschen, gegen sich selbst, des Menschen Freund. Meine Zeit wird knapp. Ich werde auf den Weg gedrängt, von dem ich nichtzurückkehre. Würden meine Reden doch aufgeschrieben, als Inschrift aufgezeichnet, mit einem Stahlgriffel in Blei geritzt, als dauerhaftes Zeugnis in Fels gehauen!

Ich weiß, dass mein Anwalt lebt. Wenn alles im Staub versinkt, wird er mich als einer, der mich vor sich selbst vertritt, aus dem Staub erheben. Auch wenn meine Haut von Striemen zerschlagen wird und meine Muskeln dahinsiechen, werde ich Gott sehen. Meine Augen werden ihn schauen. Er ist nicht mein Feind! Ich sehne mich danach, von ihm auf Herz und Nieren geprüft zu werden. Wenn ihr meint, ihr könntet mich verfolgen und etwas gegen mich erfinden, so habt ihr selbst Angst vor dem Schwert. Denn eure Schlechtgedanken sind Vergehen, die das Schwert straft! Ihr sollt wissen, dass es ein Gericht gibt.

Hi 16, 18–22; 19,23–29

Das Hiobbuch denkt irdisch, nicht himmlisch. Hier und jetzt wird Gott Gerechtigkeit wirken. Und der Erlöser, von dem Hiob redet, bedeutet, im Bild gesprochen, den Auslöser: das Familienmitglied, das für andere Familienmitglieder geradestehen und das Lösegeld zahlen wird, wenn es hart auf hart kommt. Hiob, bis ins Sterben herausgefordert, hält an Gott fest, dass der ihm seine Gerechtigkeit zu Lebzeiten zeige und schenke. Hiob klagt vor Gott sein Leben und seine Zukunft ein. Ein Rechtsstreit spitzt sich zum Widerspruch zu, der sich nicht auflösen lässt. Gott ist unerklärbar, widersprüchlich in sich selbst. Und doch bleibt Hiob Gott treu. Er weiß nicht, wie, aber Gott wird ihm, Hiob, Recht schaffen. Darauf vertraut er. Hiob schaut Gott, erkennt ihn, nicht erst im Himmel. Halleluja!

Gott, es gibt keine Gerechtigkeit auf Erden, die Unrecht in Recht auflöste. Vieles bleibt ungeklärt. Doch hoffe ich auf dich, jetzt. Deine Gerechtigkeit schaffe mir Recht heute, deine Liebe segne mich hier. Ich weiß, mein Erlöser lebt! Amen.

Auge in Auge

Jahwe stand Hiob Rede und Antwort: „Wer will mit dem allumfassenden Gott einen Rechtsstreit beginnen, ohne sich vor ihm zu verbeugen? Wer will Gott zur Rede stellen, ohne ihm antworten zu können!"

Hiob wurde still vor Jahwe: „Ich bin dir nicht gewachsen, Gott. Was soll ich antworten? Ich halte mir selbst den Mund zu. Einmal machte ich ihn auf und will nun meine Klappe halten. Ein zweites Mal begann ich und will jetzt endgültig auf Widerrede verzichten." (…)

Hiob beendete seine Rede vor Gott: „Ich erkenne, du kannst alles. Es gibt nichts, was du nicht in die Tat umsetzen könntest. Wer verhüllte deine Entscheidungen mit Worten ohne Verstand? Das war ich selbst. Ich redete von Erfahrungen, die mir zu hoch waren. Hör mir zu, ich will aussagen. Aber was ich aussage, sind Fragen, nicht Antworten. Dich frage ich, werde du mein Lehrer. Gott, ich hörte bisher von dir vom Hörensagen. Nun habe ich dich von Auge zu Auge gesehen – und lebe! Darum widerrufe ich, bereue und büße in Staub und Asche."

Hi 40,1–5; 42,1–6

Kann der Mensch die Gründe seines Unheils begreifen? Gott stellt sich dem ihn verklagenden und bedrängenden Hiob, hört zu, steht Rede und Antwort, zweimal. Gott gibt sich dem Hiob zu erkennen? Hiob schaut Gott?

Aus dem Gespräch mit Gott wird Hiob und auch mir bewusst: Mir wird geschenkt, Gott in die Augen zu schauen – und ich lebe auf! Ein Wunder, ich komme ins Vertrauen zurück. Das schließt Klage und Anklage, Zuversicht und Liebe, alle lebendigen seelischen und körperlichen Beziehungen zu Gott ein. Hiob, Gottes Knecht, wird aus dem Gespräch mit Gott neu geboren, ein Neuanfang, den Gott aus Gnade gibt. Kein bedingungsloser Unterwerfungsakt unter Gottes Allmacht ist das. Hiob kehrt in das Staunen über sein Leben, in das Gespräch mit Gott um. Er schaut Gott ins Auge, erkennt sich selbst und bekommt einen neuen Anfang geschenkt.

Vater, soll ich mich blind deiner Allmacht unterwerfen? Soll ich Verstand und Gefühle opfern, damit du Recht behältst? Ich bin dein Knecht, dein Kind, das dich anschaut, dir zuhört. Und du antwortest mir in den Ereignissen meines Lebens und dieser Welt, in Jesus, deinem Knecht und Sohn. Amen.

Rechtfertigung

Jahwe hatte mit Hiob gesprochen. Nun redete er mit Elifas von Teman: „Ich brenne vor Zorn gegen dich und deine beiden Freunde. Denn ihr spracht von mir mit falschem Zungenschlag, anders als mein Knecht Hiob. Nehmt sieben Jungstiere und sieben Böcke und sucht meinen Knecht Hiob auf. Bringt ein Brandopfer für euch dar. Hiob, mein Knecht, soll für euch Fürbitte halten. Auf ihn will ich hören. Ich selber will nicht das, was euch in Schande brachte, gegen euch ins Unendliche fortsetzen. Tatsächlich, ihr habt Unsinn von mir erzählt, nicht das, was mein Knecht Hiob wagte."

Darauf gingen Elifas von Teman, Bildad von Schuach und Zofar von Naama hin und taten, was Jahwe ihnen aufgetragen hatte. Jahwe hörte auf Hiob und nahm seine Fürbitte an. Hi 42,7–9

Kann das Vertrauen zu einem rettenden Gott in Untergang, Krankheit und Sterben, im allgemeinen Unrecht durchgehalten werden? Hiob antwortet, persönlich betroffen: Gar nicht, wenn ich von mir ausgehe! Gehe ich von Gott aus, hoffe ich gegen den Augenschein: Gott wird sich mir schenken, mit mir reden, mich heilen! Und das wird schließlich auch erzählt.

Das Revolutionäre: Hiob wird vor Gott gerechtfertigt, nicht, obwohl er Gott anklagt, sondern weil er es tut. Während seine theologisch gebildeten Freunde Hiob Schuld einzureden versuchen, sie sei der Grund für sein Unheil, verurteilt Gott diese Freunde zu einem Bußopfer. Hiob soll Fürbitte für sie tun, damit sie aus ihrer Schuld befreit werden. Sie sind mit ihren Schuldzuweisungen an Hiob im Unrecht. Nicht der Gott anklagende, Gott widersprechende, ja, Gott alle Schuld am Elend dieser Welt zusprechende Hiob wird von Gott bestraft, sondern die Freunde, die Gott entlasten, reinwaschen möchten.

Hiob, der es wagt, mit Gott und seinen Vertretern in eine Gerichtsverhandlung einzutreten, bei der er seine Unschuld beweisen und sich wie ein Fürst Gott nähern will (Hi 31,35–37), wird von Gott erhört und neu mit dem Leben beschenkt. Gott braucht keine devoten Staatsanwälte, er will aufrechte, streitbare Menschen (Hi 42,10–16). Was für ein Gott, was für ein Knecht Gottes, Hiob! Hiob trägt seinen Namen zu Recht. Sein Leben webt an einer einzigen Frage: „Wo ist der Vater?"

Ich danke dir, Gott, für Hiob. Alle Unterwürfigkeit vor dir hat in ihm ein Ende. Alle Versuche, die Schuld bei mir selber suchen zu müssen, hört in ihm auf. Wie ein Fürst will ich mich dir nähern, wie Hiob es tat. Du bist doch mein Gott. Amen.

Ps 1–150

Atem

Ps 150,6 *Alles, was atmet, lobe Jahwe. Halleluja!*

Der Psalter ist das Gebetbuch Israels. Er entstand in den Jahrhunderten vor Christus, nach und nach in den verschiedenen Zeitläufen. Die uns vorliegende Sammlung religiöser Lieder hat ihre literarischen Anfänge in der Davidzeit, vielleicht sogar eher. David ist auch Poet und Sänger. So stammen einige Psalmen direkt aus seiner Zeit. Wie Lieder, die in die Erzählbücher des Ersten Testaments eingestreut wurden, belegen, hat es lange vor der Entstehung des Psalters Liedsammlungen gegeben, die aber verloren gingen.

In der Zeit nach dem Exil (i), nachdem die Juden aus der Babylonischen Gefangenschaft heimkehren, findet die Endredaktion des Psalters statt. In diesen Jahren wagen es nur wenige, noch einen Bibelpsalm zu erfinden. Psalmen, die nach dem Exil entstehen, werden meistens aus Teilen vorhandener Lieder nach den liturgischen Notwendigkeiten zusammengefügt. Oft spielt das jüdische Alphabet eine Rolle. Einige nachexilische Psalmen werden entlang dem jüdischen Alphabet gedichtet. Im Alphabet steckt nach jüdischer Lehre der Kosmos, alle Weisheit.

So entwickelte sich der Psalter über einen langen Zeitraum der israelitisch-jüdischen Geschichte. Die Texte, die uns als Sammlung von 150 Psalmen vorliegen, wurden als Lieder gesungen, deren Melodien wir nicht mehr kennen. Doch gibt es Nach- und Neudichtungen. Viele Lieder der Kirchen sind Nachdichtungen von Psalmen. Wie verschiedene Dichter im Laufe der Geschichte Psalmen nachkomponieren, so sind auch die vorliegenden Paraphrasen als Nachdichtungen zu lesen, moderne Gebete, die aus der jüdischen Tradition kommen. Betend, sozusagen musizierend tasten sich die Texte am Leben entlang. Einzelne singen, Gruppen, ganze Völker. Die Psalmen sind Lieder für Gott, zu ihm hin, auf dieser Erde, für sie und unser Zusammenleben auf ihr.

Alles, was atmet, lobe Gott! Darum will ich mitsingen, mitbrummen, mittrommeln, mitmusizieren und ordentlich auf die Pauke hauen, nicht so, wie jetzt vielleicht einige denken, dass ich Gott den Marsch blasen möchte. Nein, leise will ich mit den Insekten mitsummen, laut mit den Ochsen mitbrüllen und mit allen Heiligen und Aposteln, die vielleicht doch weniger gut singen konnten, als wir gemeinhin annehmen, so gut ich kann mitmusizieren. Alles, was Odem hat, lobe Gott. Halleluja! Amen.

Glücklich der Mensch

Glücklich, wer denen nicht nachläuft, die Gott außen vor lassen! Glücklich, wer sich nicht auf die Seite derer schlägt, die nach nichts mehr fragen, die sich über alles lustig machen. Glücklich, wer sein Lebensglück im Lebensgesetz Jahwes sucht und Tag und Nacht diesem Lebensgesetz nachsinnt. Ps 1,1–2

„Glücklich der Mensch, der nicht denkt, was alle denken, der nicht sagt, was alle sagen, der nicht tut, was alle tun – und so seinen Vorteil sucht.

Glücklich der Mensch, der Gott alles Gute zutraut und gern hört, was Gott ihm sagt, und gern tut, was Gott von ihm erbittet.

Ein Baum am Bachufer ist er. Blätter grünen. Blüten reifen. Früchte wachsen. Was er tut, wird gesegnet sein. Wer nicht in Gott gründet, wird vergehen, verdursten, verfliegen: Spreu, die der Wind verweht. Wie ein Baum seine Wurzeln in das Erdreich senkt, so versenke ich mich, Gott, in deine Liebe. Ich beginne zu vertrauen. Ich fange an zu leben." (nach Ps 1,1–6).

Das Lehrgedicht eines Weisheitslehrers, der Jahwes Weisungen als Quelle aller Weisheit verehrt. Der Psalm ist als Überschrift über den Psalter anzusehen. Die Thora, Mitte des jüdischen Glaubens, wird zur Mitte des Psalters erklärt: Aus den Geboten Gottes kommt alles Leben. Gerechtigkeit kann nur so entwickelt werden: „Ich gebe Gott die Ehre, der mich ins Leben rief, mich trägt und hält. Ich ehre Gott und gewinne das tiefe Leben, indem ich mich von ihm zum Tun seiner Gebote herausfordern lasse!" Ich werde mit einem Baum verglichen, der am Bachufer wächst, blüht und gedeiht, in Gottes Garten, aus Gottes Wort gespeist. Wer anders lebt, kommt um.

Dieser Erfahrung kommt nicht chefideologisch zustande. Die Psalmenredakteure leben in harter Zeit. Soeben sind die Juden in einem dreißigjährigen Freiheitskrieg (i) Sieger geblieben. Nun stellen sie fest: Der Krieg im Land geht weiter, die einen rotten die anderen aus, die mächtigen Juden die frommen. Zu den Frommen zählen sich die Psalmenredakteure. In solcher Verwirrung ist es den so genannten Gerechten wichtig, Gottes Thora als Mitte des Leben neu zu entdecken und aus ihr zu leben.

Lass mich Baum sein in deinem Land, speise mich aus der Quelle deiner Liebe, lass mich Früchte tragen zu deiner Zeit. Amen.

Beistand

Ps 12,2 *Einer heckt mit dem Anderen Lug und Trug aus.*

„Menschen, deren Leben in sich stimmt – die tun, was sie reden – werden weniger auf dieser Erde. Lug und Trug nehmen zu. Wem kann ich noch trauen? Die Leute machen aus Schwarz Weiß und aus Weiß Schwarz. Ins Gesicht hinein sind sie freundlich. Hinterm Rücken hetzen sie.

Einer hat vor dem anderen Angst. Ich muss aufpassen wie ein Luchs, wenn ich nicht untergehen will. Immer heißt es: ‚Der Stärkere gewinnt!' Das erzeugt Misstrauen und Hass. Schließlich mische ich selbst bei diesem tödlichen Spiel mit! Die Mächtigen, die das Sagen haben, unterdrücken die Wahrheit. Sie lügen sich an die Macht! Alle leben so, als ob wir noch eine zweite Erde im Kofferraum hätten. Jeder tut, was er will – als ob niemand für das Morgen sorgen müsste! Befreie uns, Gott, von denen, die mit glatter Zunge den Leuten ein X für ein U vormachen. Sie lachen zynisch: ‚Was wollt ihr – wir bringen etwas auf den Markt. Das setzt sich durch – Gedanken, Worte, Produkte! Wir werden alles so drehen und wenden, wie wir es haben wollen!'

Die kleinen Leute werden geduckt. Sie stöhnen und weinen. Die Arbeitslosen verlieren ihre letzte Hoffnung. Die jeden zweiten Tag beim Sozialamt antreten müssen, gaben längst auf. ‚Darum will ich aufstehen und kommen und denen beistehen, die Hilfe so dringend brauchen!', spricht Gott, unser Helfer. Was Gott sagt, ist wie Silber, das siebenmal geläutert wurde! Du, Gott, wirst Wort halten und uns retten. Die anderen aber, die es so schlimm treiben, werden sich wundern, wenn du erscheinst und uns Menschen deine neue Gerechtigkeit schenkst" (nach Ps 12,2–9).

Ein nachexilisches (i) Klagelied liegt vor uns, das die schlimmen gesellschaftlichen Zustände jener Zeit schildert. Gott verspricht den Armen und Unterdrückten Hilfe. Wird er sich ihnen wirklich zuwenden? Die biblische Religion nennt auch mich hilflos und arm. Gott verspricht mir: „Ich will deine Lage verbessern, nicht erst im Himmel, sondern heute." Sie mahnt mich Reichen und Wohlhabenden, meine harten Urteile gegen Ärmere aufzugeben und mit dem Teilen zu beginnen, jetzt.

Mein Gott, das Erste Testament kennt kein Jenseits, eine heilsame Lehre für mich. Ich suche die Lösung meiner Probleme zu oft in ferner Zukunft, im Himmel oder auf Erden. Jetzt, jetzt willst du mich aufrichten. Jetzt kann ich deine Wahrheit und Gerechtigkeit tun. Amen.

Ich schreie nach Gerechtigkeit

Jahwe, wie lange willst du mich noch vergessen, so ganz und gar? Ps 13,2

„Wie lange vergisst du mich? Auf immer?
Du verbirgst dich vor mir,
dass ich nichts, aber auch gar nichts von dir erkenne, Gott!
Wie lange muss ich noch in mir herumbohren
und meinen dunklen Kummer am hellen Tag beweinen?
Wie lange noch triumphieren meine Feinde über mich?
Schau mich an, Gott, hör mich an, zeige deine Gerechtigkeit!
Ich habe tausend finstere Tode vor Augen.
Lass mich endlich das Licht sehen!
Meine Feinde prahlen: ‚Wir haben ihn erledigt!'
Meine Widersacher freuen sich, wenn ich stürze!
Ich schreie nach Gerechtigkeit
und verlasse mich auf dich, Gott. Du bist treu!
Mein Herz jubelt. Du vergibst. Ich will erzählen,
was du mir Gutes tust! Halleluja!" (nach Ps 13,2–6)

Ein Psalm zum Thema Gerechtigkeit. Dem Liederdichter geht es schlecht, er fühlt sich allein gelassen, sieht keine Chance mehr für sich. Und doch hofft er. Seine Hoffnung setzt er auf Gott, weil dieser Gott für ihn ein Gott ist, der Gerechtigkeit schenkt. Der Dichter hat nicht nur seinen persönlichen Gott vor Augen, der sich um ihn als einzelnen Menschen kümmerte. Dieser Gott hat sich die Gerechtigkeit insgesamt zur Aufgabe gemacht.

Daran glaubt der Beter, hält daran fest: „Mir, einem Einzelwesen, wird Gerechtigkeit widerfahren. Indem er mir, dem einzelnen Menschen, Gerechtigkeit tut, wird der gesamten Menschheit bewusst: Gott ist gerecht. Er setzt seine Gerechtigkeit durch! Halleluja!"

Gott, Schmutz, Kungelei, Selbstbeweihräucherung, Übertölpelung, Lüge, Gewalt, mit einem Wort: Finsternis, das ist unsere Welt, unser Leben. Jeder mischt mit, zieht jeden über den Tisch, wie er es für richtig hält, auch ich. Reinige mich von Schuld.

Fang mit mir neu an. Mach mich zum Berg der Lauterkeit, zum Fels der Wahrheit, zur Burg der Gerechtigkeit, zum Licht auf dem Leuchter, in deinem Land, Gott, in dieser Welt. Amen.

So sind wir Menschen!

Ps 14,1 *Nur Narren reden sich ein: „Es gibt keinen Gott!"*

„Es gibt Leute, die denken von sich: ‚Wir haben Ahnung – es gibt keinen Gott!' Ja, so sind die Menschen! Jeder denkt an sich, stört sich an nichts und drückt sich davor, das Gute, das so notwendig wäre, zu tun. Gott schaut aus dem Himmel auf uns Menschen: ‚Kommt keiner zur Vernunft?', bittet er. ‚Fragt niemand nach mir – nach seiner eigenen Zukunft?'

Es ist so, wie es ist: Die Menschheit sitzt auf einem absteigenden Ast. Einer versteckt sich hinter dem anderen, entschuldigt sich mit der Schlechtigkeit des Nächsten. Da will keiner, auch nicht einer, Verantwortung übernehmen! Wissen denn alle diese Weiße-Kragen-Täter nicht, wohin ein solches Leben führt? Wenn wir Menschen alles verbrauchen, was heute noch da ist, verbrauchen wir die Zukunft mit – und fordern Gott aufs Äußerste heraus!

Mit Schrecken werdet ihr gepeinigt, die ihr so mit Blindheit geschlagen seid! Die Geister, die ihr rieft, werdet ihr nicht los! Was euch zu Macht und Geld verhelfen sollte, wendet sich gegen euch und vernichtet euch!

Ihr werdet es zu spüren bekommen! Eure schamlose Ausbeutung des schwächeren Teiles der Menschheit, hier und in der so genannten Dritten Welt, wird wie ein Bumerang auf euch zurückfliegen! Gott ist bei denen im Schatten! Er stellt sich auf die Seite derer, die ein Gespür für das Recht behielten, das doch gerade den Schwächeren zusteht!

Stifte uns neu dein Heil, Gott! Wende unser Schicksal, das Schicksal deines Volkes, deiner Menschen! Wenn du zurückkehrst, werden die Menschen jubeln und singen und deine Zukunft gern leben" (nach Ps 14,1–7).

Ein Volksklagelied nach Art der Prophetendichtung, mit Beziehungen zur Weisheitsliteratur (i). Der Text ist nachexilisch, gegen die Feinde Gottes im eigenen Land gerichtet. Gottes Feinde sind nicht etwa die Leute, die Gott stupide leugnen, sondern einheimische Menschen, die sich in Korruption und Intrige verwickeln lassen – und stumpf bei diesem Spiel bleiben, oft genug im Namen Gottes. Der Psalm wirbt um einen Neuanfang mit Gott. Gott tritt für Entrechtete ein! Er wird aufräumen! Auch in meinem Leben?

Mein Gott, ich wende mich an dich! Das ganze Elend dieser Welt macht mich fertig, schlimmer: reißt mich mit. Ich mache mit, schwimme kaum gegen den Strom! Hilf mir, stärke mich, mach mich kämpferisch für dein Recht. Amen.

Wer hat ein Anrecht auf Zukunft?

Wer hat Wohnrecht auf heiliger Anhöhe? Ps 15,1

„Wer hat Anrecht auf Zukunft?
Wer wird das einundzwanzigste Jahrhundert gewinnen?
Wer tut, was recht ist und nicht im Strom des Unrechts schwimmt.
Wer kritisch bleibt gegenüber allen Propagandareden.
Wer sich bemüht, Feindbilder zu durchschauen und sie abzubauen.
Wer sich nicht blind mit der Macht verbündet.
Wer auf Taktik verzichtet
und den Schwachen zu seinem Freund macht.
Wer zu seinem Versprechen hält,
auch wenn es ihm Verluste bringt.
Wer mit seinem Vermögen andere nicht ausbeutet,
sondern teilt und auf Zinsen verzichtet.
Wer unbestechlich bleibt und keine Geschenke annimmt
und so die Freiheit behält, den Unschuldigen zu schützen.
Wer der Unsitte ‚Eine Hand wäscht die andere!'
Einhalt gebietet und einen geraden Weg geht.
Wer in jedem Menschen seinen Partner,
Gottes Ebenbild, erkennt.
Wer dem zur Seite steht, der sein Vertrauen auf Gott setzt.
Eine Gesellschaft, die so lebt, wird Zukunft finden,
weil Hoffnung und Vertrauen in ihr wachsen können" (nach Ps 15,1–5).

Eine Thora-Liturgie. Die Bedingungen zum Eintritt in das Heilige werden genannt: Religion und Alltag gehören zusammen. Die Religion bestimmt das Zusammenleben der Menschen. Gerechtigkeit, Frieden, Schutz des Lebens stehen obenan. Wer sich diesen Grundsätzen verweigert, wird keinen Zugang zur Zukunft erhalten. Unser Psalm versteht sich als ein Psalm in der Tradition der Propheten und der biblischen Weisheitslehre: „Die eine Menschheitsfamilie gehört vor Gott zusammen. Einer ist auf den Anderen angewiesen, braucht ihn als Freund und Helfer und soll ihn unterstützen." Sehe ich das auch so?

Mein Gott, ich will heilen und helfen, auf dass ich selbst geheilt werde und deine Gerechtigkeit leben kann. Gott, eine Gesellschaft, in der die Ehrfurcht vor dem Leben wächst, überlebt! Ich möchte leben! Amen.

Was wird aus mir?

Ich liebe dich von Herzen, Jahwe. Du bist meine Stärke, mein Fels und meine Burg, die mich aufnehmen, wohin ich mich retten kann. Mein Hort, dem ich vertraue, Schild und Berg, die mich schützen und heilen! Das alles
Ps 18,2 f. *bist du mir, mein Gott!*

„Was wird aus mir in einer übervölkerten Welt, in einer atomverseuchten Zukunft, zwischen Müll und Schutthalden, in Ölpest und vergifteten Gewässern?

Was wird aus mir? Ich bin ein Mikrokosmos, ein wesenloses Etwas im Mechanismus der Weltgeschichte, ein Mensch im Gefängnis seiner Illusionen!

Was wird aus mir? Ich werde gehetzt und getrieben durch ein unbekanntes Schicksal, durch Zufälle, durch die Macht anderer Menschen, durch Abhängigkeiten. Ich bin im Gefängnis. Was wird aus mir? Ich möchte leben! Ich möchte das Wort deiner Liebe hören, dass du mir vergibst. Ich möchte deine Hand spüren, an der ich schon so lange gehe.

Was wird aus mir? Dein Licht leuchtet. Du zeigst mir den Weg. Du machst mich stark. Mit meinem Gott kann ich über die Mauer springen. Du machst meinen Schritt sicher. Du stellst meine Füße auf weiten Raum. Du gehst vor mir her. Du bist da. Du, Gott, forderst mich heraus, Schritte des Friedens zu wagen, Wege der Gerechtigkeit zu bahnen, die Zärtlichkeit deines Atems an alles auszuteilen, was lebt, damit Finsternis Licht und die dunkle Nacht zum hellen Morgen wird“ (nach Ps 18,2–51).

Der Psalm wird in der Bibel ein zweites Mal überliefert (2Sam 22,2–51). Die Gemeinde dankt mit diesem Siegespsalm für eine im Krieg erfahrene Rettung. Mit dem hier vorgestellten Heilskönig ist zugleich der historische und zukünftige David gemeint, mit dem sich die nachexilische (i) Gemeinde identifiziert. Der Beter fragt nach seiner eigenen Zukunft, realistisch und genau. In der Gewissheit, dass sich Gott auf seine Seite stellt, webt er biblische Hoffnungsbilder in seinen Klagetext ein!

Gott, es sieht dunkel aus auf der Erde, Finsternis bedeckt das Erdreich, Dunkel die Völker. Fluten überschwemmen Dörfer und Städte, Hurrikane zerfetzen Siedlungen, Wälder werden entholzt. Ich bin mitschuldig an diesen Entwicklungen, habe auf warnende Stimmen nicht gehört, habe mich kaum eingeschränkt. Hilf zur Umkehr, Gott, mir und Anderen, dass wir gemeinsam neu beginnen. Amen.

Du lädst mich ein

Der Herr ist mein Hirte, mir wird nichts fehlen. Ps 23,1

„Ein Weide mit frischem Gras,
ein Wald atmet, ein Garten leuchtet, ein Acker trägt –
eine Welt voller Lachen, Brot und Arbeit,
so viele Möglichkeiten!
Eine Quelle sprudelt,
klares, frisches Wasser: Ich trinke.
Ich vertraue.
Du bringst mich in eine gute Zukunft,
Gott, mein Hirte, mein Beschützer.
Manchmal ist es dunkel. Dann habe ich Angst.
Aber du suchst und findest mich,
bringst mich ins Vertrauen zurück.
Ich habe Hunger und Durst:
Ein Tisch wird für mich gedeckt.
Du, Gott, machst mich satt.
Brot und Wein sind meine Speise,
und mein Feind muss zuschauen.
Du lädst mich in deine Gemeinde ein,
zu Brüdern, Schwestern, Freunden.
Ich bin gern hier, fühle mich geborgen.
Ich danke. Ich werde fröhlich sein.
Ich will dir singen mein Leben lang“ (nach Ps 23,2–6).

Ein Vertrauenslied, das selbst in der Übertragung seine hochsensible Note behält, ein Lied, das Millionen Menschen Halt und Heil schenkt, eine der bekanntesten Dichtungen. Viele Menschen kennen diesen Psalm auswendig. Besonders beliebt ist die Fassung in der Übersetzung Martin Luthers. Ich entwickelte eine freie Gestaltung, die sich an die Inhalte des Psalms hält und vertraute Bilder aufnimmt.

Gott, wird mein Leben bedroht? Steigt Angst in mir auf? Wächst Dunkelheit? Deine Hand hält mich. Dein Tisch, den du mir deckst, wartet auf mich. Dein Wort lädt mich ein. Ich bin geborgen, bei dir und deinen Menschen. Mein Leben wird gut. Und meine Feinde staunen, welch ein Segen deiner Thora, wenn ich sie lebe, entwächst. Halleluja! Amen.

Ich möchte Licht sein

Jahwe ist mein Licht und mein Heil. Sollte ich mich vor irgendjemand fürchten? Zu Jahwe, meiner Lebenskraft, flüchte ich. Sollte ich vor irgend-
Ps 27,1 *etwas Angst haben?*

„Ich möchte Licht sein in einer Welt der Dunkelheiten.
Ich möchte Licht sein, die Ecken ausleuchten und mir und anderen zur Klarheit verhelfen.
Ich möchte Licht sein und allem, was Licht scheut, heimleuchten.
Ich möchte Licht sein und Menschen in meiner Nähe zum Leuchten bringen.
Ich möchte Licht sein und Angst in Hoffnung und Treue in Freude verwandeln.
Ich möchte Licht sein und Hass in Liebe, Verzweiflung in Zuversicht verändern.
Gott, du bist mein Licht. Du machst meine Finsternisse hell. Du tröstest mich. Du heilst mich. Du ermutigst mich. Vor wem sollte ich Angst haben? Dein Leuchten hat mich angesteckt. Du birgst mich. Meine Furcht verwandelt sich in Lachen“ (nach Ps 27,1–6).

Es liegt kein einheitliches Lied vor. Der erste Abschnitt (Ps 27,1–6) bildet einen in sich geschlossenen Vertrauenspsalm. Ein Klagelied folgt (Ps 27, 7–13). Der Abschluss ist geformt als eine Aufforderung ins Vertrauen (Ps 27,7–14). Bekannte Bilder werden anthologisch aufgenommen. Es handelt sich also um eine Sammlung vorhandener biblischer Metaphern, die zu einem Lied zusammengefügt werden: eine Liturgie. Das Bild vom Licht, das leuchtet, steht im Mittelpunkt dieser Neufassung.

Der Psalm insgesamt nimmt die Situation eines verfolgten Menschen auf. Sitzt dieser im Gefängnis, im Konzentrationslager, ist er auf der Flucht? Dieser Mensch sehnt sich nach Heil und Heilung, nach der bergenden Nähe Gottes und der Menschen. Feinde und Widerwärtigkeiten können dem Bedrohten nicht bis ins Letzte bedrohen. Er weiß sich in Gott geborgen. Diese Geborgenheit fordert heraus, das Leben anzunehmen und anderen Geborgenheit zu schenken.

Gott, wer leuchtet den Bösen heim? Wer zerrt geheime Strategien der Vernichtung ans Licht? Wer wird zum guten Stern über dunklem Land? Wer könnte durch dich in deinem Sohn zum Leuchten gebracht werden? Mache du mich zum Licht, das tröstet, wärmt, erhellt. Amen.

Ich lerne

Schmeckt es auf eurer Zunge, seht es mit eigenen Augen: Jahwe ist freundlich. Glücklich ist der zu preisen, der ihm vertraut. Ps 34,9

„Mir zerbrach alles, die Geschichte, Ideologien, meine Lebenskonzepte,
die selbst ernannte, so sicher geplante Zukunft.
Und nun soll ich sagen: ‚Du bist mir nahe!?'
Dieser scharfe Schmerz, diese dunkle Höhle des Leidens!
Ich lerne. Ich lerne, das Große vom Kleinen zu unterscheiden,
das Bleibende vom Vergehenden. Ich lerne aus dir, Gott!
Jetzt, in diesen harten Zeiten, lerne ich die Güte.
Heute, da immer noch Mauern ragen, lerne ich zu vertrauen.
Nun, da ich mit leeren Händen dastehe, lerne ich die Hoffnung.
Nun, da Hass die Welt regiert, lerne ich zu lieben.
Du bist mein Lehrer, Gott! Du bist denen nahe, die zerbrochenen Herzens sind, und hilfst denen, die ein zerschlagenes Gemüt haben.
Du leitest mich ins Leben zurück! Danke" (nach Ps 34,2–23).

Nochmals ein nachexilisches weisheitliches (i) Lehrgedicht, nach der Buchstabenfolge des hebräischen Alphabets aufgebaut, also wieder ein Alphabetgedicht, das mein Lebensalphabet werden will. In diesem Alphabet ist alle Weisheitsfülle. Der Anthologiecharakter wird schon deutlich, wenn ich in das Original schaue, in diesem Fall in die deutsche Bibelübersetzung: Verschiedene Psalmenweisheiten werden aufgesammelt. Diese Spruchgedanken werden in alphabethischer Reihenfolge aneinander gereiht.

Ich entschied mich zu einer freien Interpretation mit großem Mut zur Lücke. Ein Vertrauenslied entstand, das sich aus meinem Konfirmationsspruch (Ps 34,9) entwickelt: „Ich, Mensch, kann schmecken und fühlen, sehen und erleben, wie freundlich Gott ist!" Das ist ein Vers, den ich bei jedem Abendmahl vernehme, ein Wort, das mich an meinen Weg mit Gott erinnert. Genauer: Es ist Gottes Weg mit mir, auf den er mich einlädt. Ich sehe und schmecke, wie freundlich Gott ist, täglich neu, nicht nur im Abendmahl.

Gott, in einer dunklen Welt wird es hell. Wie du am ersten Schöpfungstag das Licht über die Finsternis wirfst, sie erhellst, so wird mein Leben aus deinem Wort hell. Mit deinem Wort über meinem Leben leuchtet ein heller Hoffnungsschimmer über der Welt auf, von Abend zum Morgen, von der Nacht zum Tag. Lob sei dir, mein Gott! Amen.

Die wirklichen Herren

Gott ist unsere Zuflucht, unsere Kraft, eine Rettung in großer Not, die so
Ps 46,2 *schwer auf uns liegt.*

„Wer die wirklichen Herren der Welt sind? – Nicht die Politiker, denn sie sind von der Wählergunst und dem Wohlwollen ihrer Militärs abhängig. Keiner von ihnen regiert länger als eine halbe Generation.

Nicht die Wissenschaftler, denn sie gehorchen den Industriebossen, müssen deren Ideen verwirklichen – Rüstungsforschung und Genmanipulation anstatt die Wüste zu bewässern und die Felsen zu bewalden. Nicht die Pressemenschen, denn sie machen sich jeden Tag aufs Neue unglaubwürdig mit ihren Sensationen, die man sowieso übermorgen wieder vergessen hat. Nicht die Wirtschaftsmagnaten, denn oft genug wird ein Konzern von dem anderen gefressen. Das mächtige Wirtschaftsimperium von heute ist vielleicht morgen nur noch ein Clou von gestern.

Nicht die Künstler und Poeten, denn sie sind häufig bezahlte Abenteurer, die sich nach dem Geschmack der Masse richten, um wirtschaftlich zu überleben, Propheten, die dem Volk nach dem Munde reden.

Nicht Parteien und Vereinsvorstände, Öffentlichkeitsreferenten und Meinungsforscher, die nach Publicity süchtig sind, ihre Chancen nach Bruchteilen von Prozenten ausrechnen – und so ihr Gewissen verkaufen.

Du, mein Gott, schaust hinter die Kulissen. Alle, die so mit ihrer Macht spielen, sind ohnmächtig vor deinem Namen, vor deinen Ideen. Wer sich zu dir bekennt, erkennt, dass diese Weltgeschichte nur einen Herrn hat, der allein wert ist, Herr genannt zu werden: Du, mein Gott. Andere Herren gehen, unser Herr kommt! Halleluja“ (nach Ps 46,1–12).

Ein hymnisches Vertrauenslied des Volkes, ein poetisches Meisterwerk: Gott selbst schützt sein Volk, indem er den Krieg steuert und den Feind abwehrt. Gottes Stadt wird beschützt. Ein Schutzlied für Jerusalem, für Gottes heilige Stadt, wird angestimmt, hier als freie Interpretation, die heutige Konfliktpotentiale überdeutlich auflistet. Doch setzt der Beter sein Vertrauen auf Gott allein.

Gott, die Welt ist, wie sie ist. Sie kämpft mit sich selbst, gegen sich selbst. Umso lauter wird mein Rufen vor dir. Umso stärker wächst meine Hoffnung zu dir. Nicht, dass ich mich in den Himmel flüchtete. Du wirst erscheinen, aufräumen, wirken – dein Reich hier. Das glaube ich. Amen.

Einsichten

Horcht auf, all ihr Völker! Hört her, all ihr Erdenbewohner! Ps 49,2

„Hört zu, ihr Völker, Bewohner der Welt, einfache Leute und ihr oberen Zehntausend, Reich und Arm, hört zu! Was ich berichte, wuchs aus meinen Erfahrungen und Einsichten: Manche Menschen verlassen sich auf ihre Macht und ihr Geld. Sie geben mit ihrem Reichtum und ihren Ämtern an: ‚Jeder kümmere sich um seine eigenen Angelegenheiten! Uns überlasse man die Sorge für die Zukunft! Wir haben den größeren Überblick!‘

Vor diesen Leuten habe ich Angst. Warum? – Niemand kann Gott die Zukunft abkaufen, weder die eigene noch die anderer Leute. Der Preis ist zu hoch, unbezahlbar! Keiner wird ewig jung bleiben. Alle werden älter, werden eines Tages zu Staub und Asche! Die Klugen sterben, die Großen, die armen Wichte und die Toren. Alle überlassen, was sie erwarben, ob nun viel oder wenig, anderen. Sechs Bretter aus Holz in dunkler Erde sind ihre endgültige Wohnung, auch wenn diese Leute ganze Länder regierten.

Der Mensch wird einfach nicht einsichtig. Er putzt sich heraus – und gleicht doch dem Vieh, das abgeschlachtet und als Fleischpaket verkauft wird. Auch der Stärkste und Klügste macht sich zum Narren, wenn er Gott aus dem Spiel lässt. So voll Sicherheit sind diese Leute, so vermessen, so selbstherrlich. Sie trauen sich die ganze Zukunft zu. Und sind nur sterbliche Menschen, die sich vom Tod nicht loskaufen können. Ein Mensch mag Macht und Geld zusammenraffen. Aber wenn er nicht offen ist für die Einsichten des Lebens, die Gott ihm schenken will, geht er zugrunde wie das liebe Vieh! Der Tod ist sein Hirte, die Totenwelt sein Weidegrund auf ewig, der ihn gefangen hält.

Aber daran wird man sich erinnern, wie du ehrlich gelebt und Gutes getan hast, während der Andere im Dunkel bleibt. Also, werde nicht bange, wenn jemand reicher wird und der Glanz seines Hauses sich vermehrt. Mich hat Gott dem Tod von der Schüppe springen lassen. Dafür danke ich“ (nach Ps 49,1–21).

Ein Lehrpsalm über Leben und Sterben, eine nachexilische (i) Abfassung mit dem Thema: „Das letzte Hemd hat keine Taschen. Im Sterben werden alle gleich. Der Tod stellt ein Stück Gottesgerechtigkeit dar. Auch wenn diese Wahrheit schwer fällt, sie gehört in mein Leben hinein.“

Mein Gott, du erinnerst mich: Ich werde vergehen. Lehre mich mein Leben so zu gestalten, dass ich zu leben lerne und zu sterben. Amen.

Ich möchte!

Schaffe in mir, Gott, ein reines Herz! Gib mir einen neuen Geist, der Vertrauen zurückgewinnt. Wirf mich nicht weg! Schau mich noch an! Zieh
Ps 51,12 *deinen Heiligen Geist nicht von mir ab!*

„Ich möchte aus meiner Haut heraus! Ich möchte vieles anders machen, als ich es bisher tue! Hilf mir, Gott! Ich möchte anders leben! Ich habe Schwierigkeiten mit mir selbst und mit den Menschen um mich her. Manchmal denke ich: ‚Ich mache alles falsch! Niemand mag mich.' Dann fühle ich mich einsam. Es ist dunkel um mich. Ich sitze in einer Enge, aus der ich nicht herauskann!
Du, Gott, befreist und hilfst. Du nimmst mich an deine Hand.
Du führst mich aus der Enge in die Weite.
Du lässt mich Menschen neben mir entdecken.
Du sagst mir, dass sie mich brauchen. Du zeigst mir Wege zu ihnen.
Du machst sie mir zu Geschwistern!
Du öffnest mir die Türen zu deiner Gemeinde,
in der du gegenwärtig bist. Ich danke dir!
Darauf vertraue ich: Ich kann nicht glauben, dass alles beim Alten bleibt:
dass Menschen Menschen ausnutzen,
dass Menschen Menschen mißtrauen,
dass Menschen Menschen bekämpfen,
dass Menschen Menschen quälen,
dass Menschen Menschen umbringen!
Ich kann nicht glauben, dass ich so bleibe, wie ich bin:
einer, der so lebt wie alle anderen. Ich kann nicht glauben, dass ich in meiner Haut stecken bleibe. Lass mich aus meiner Haut herauskommen!
Du, Gott, bist mitten unter uns, in deinem Sohn Jesus Christus, der am Kreuz starb, der auferstand und lebt und uns zur Freiheit befreit!
In ihm öffnet sich alle Zukunft. In ihm sind alle Chancen, dass ich ein neuer Mensch werde. Danke, dass du rettest und hilfst" (nach Ps 51,1–21).

Ein persönliches Klage- und Bittlied, ein Bußpsalm. Ein Formular für eine nachexilische Bußliturgie, hier als freie Interpretation gestaltet.

Gott, wer will ich vor dir sein? Und wer bin ich wirklich? Ein Mensch, der sich vom Leben missbrauchen lässt, jemand, der selbst das Leben missbraucht? Lass mich neu und klar Mensch werden, Mensch bleiben, jemand, der das Leben ehrt und liebt! Amen.

Mein Gott!

Wenn ich mich schlafen lege, wandern meine Gedanken zu dir hin. Wenn ich nachts wach werde, meditiere ich über dich und dein Werk. Ps 63,7

„Mein Gott, lass mich nicht stolz und überheblich werden und schließlich einsam. Lass mich Freunde finden, die mir vertrauen, die mich mögen. Lass mich freundlich leben, bescheiden bleiben, den anderen als Freund und Bruder, als Freundin und Schwester achten, Menschen mit großen Gaben und Möglichkeiten.

Mein Gott, ich suche dich, meine Seele dürstet nach dir, eine trockene Wüste, die nach Wasser lechzt. Ich kann mich erinnern: Ich sah deine Herrlichkeit, schaute deinen Lichtglanz in deinem Heiligtum und weiß seitdem: Deine Gnade ist besser als Leben. Davon will ich singen, immer neu. Dich will ich loben, solange ich bin, will meine Hände erheben, dich preisen! Nachts, wenn ich einsam auf dem Bett liege und nicht schlafen kann, rufe ich dich an. Ich hänge mich an dich. Du liebst mich.

Meine Feinde, die einsame Dunkelheit der Nacht, das nicht gesprochene Wort, das ungesungene Lied werden Neuem Platz machen. Feinde in mir, die mich umbringen wollen, Angst und Depressionen, Alptraumfetzen und fliehende Bilder aus Schande und Schrecken, beißen vor mir ins Gras. Schon sind sie Leichen auf den Feldern meiner Erinnerung, von Schakalen zerfressen!

Mein Gott, mit deinen Waffen, mit Liedern und Lachen, strecke ich sie nieder! Angst verwandelt sich in Vertrauen, Einsamkeit in Freundschaft. Ich werde Freunde finden, die sich mit mir verbinden, Menschen meines Vertrauens. Ich werde den heraufziehenden Morgen, das scheue Glück der reinen Dämmerung, schauen und singen und singen.

Aber denen, die mich und sich selbst und alle mit der Angst belügen, wird es die Sprache verschlagen“ (nach Ps 63,1–12).

Wieder beten wir ein persönliches Klagelied nach: Ein Verfolgter findet in Gott, der seine ganze Sehnsucht ausmacht, Frieden und Schutz. Der Psalm ist nachexilisch. Ich stelle eine an den ursprünglichen Textbildern haftende Nachdichtung vor.

Gott, ich kenne die Menschen. So sind sie, ziemlich übel. Aber ich kenne auch mich. Ich gehörte zur Art und Rasse menschlicher Lebewesen. Ich bin nicht besser als andere. Darum bitte ich inmitten dieser Menschheit um Gnade, Vergebung, Neubeginn. Amen.

Versöhnung

Lobt Jahwe, all ihr Völker! Preist ihn, all ihr Nationen! Wie eine unüberwindliche Macht waltet seine Gnade über uns. Er bleibt uns treu durch alle Ps 117,1 f. *Zeiten hindurch. Halleluja!*

„Krieg und Kriegstote, Wirtschaftskriege und ihre Folgen trennen uns Menschen voneinander und vernichten die Zukunft: Zerstörte Länder, zerbombte Städte und der Rauch brennender Raffinerien bleiben zurück.
Armut und Reichtum, Hunger und Überfluss, High-Tech-Wissen und Analphabetismus spalten die Menschheit. So beseitigen wir Menschen uns gegenseitig, durch Kriege, Bürgerkriege, Völkermord.
Du, Gott, begründest ein neues Zusammenleben der Menschen. Krieg soll nach deinem Willen nicht sein. Du schenkst uns Einsichten zum Überleben: Aus Hass und Vernichtung, aus Krieg und Zerstörung, aus Untergang und millionenfachem Tod rufst du zum Frieden, zur Versöhnung: Völker vergeben sich, versöhnen sich miteinander. Vertrauen wird aus deinem Schoß geboren, die Zukunft deines Heils, du, Gott, unsere Mutter, unser Vater!
Gemeinsam loben wir dich. Dich zu preisen verbindet uns Menschen.
Du wirst uns Zukunft schenken, uns selbst zur Zukunft des Friedens werden!
Halleluja“ (erweiternde Nachdichtung von Ps 117,1–2).

Die Befreiung Israels aus der Babylonischen Gefangenschaft (i) erfolgt 538 v. Chr. Das Lied nimmt Anlass, dieses Ereignis zu besingen. Aber nicht nur Israels Befreiung, sondern die aller Völker wird besungen, das ist das Großartige an diesem Psalmenlied. Ein Weltfriede kündigt sich an, kein jüdischer Separatfriede. Der kurze Gesang, der kürzeste Psalm der Bibel ist wahrscheinlich ein Wallfahrtslied. Er wird in Bildern von heute breit entfaltet.

Mach mich bereit, Gott, jetzt aufzubrechen, mitzugehen, hinzupilgern an den Ort der Welt, den du, Gott des Friedens und der Versöhnung, du, Gott der Liebe und des Vertrauens, du, Gott der Barmherzigkeit und der Freundlichkeit, du, Gott des Verstehens und der Toleranz als deine Stadt gegründet hast: Jeruschalajim, Stadt des Gottes, der Frieden heißt, Jeruschalajim, *Weltfriedensstadt*! Ich bitte dich, Gott, brich mit mir zum Frieden auf! Amen.

 Jes 40 ff., Jona 1–4

Propheten schauen Heil: Deuteroiesaja, Jona

Zion klagt: „Jahwe verließ mich, mein Herr vergaß mich." Vergäße eine Frau ihr Baby und kümmerte sich nicht mehr um das kleine Wesen, liebte es nicht mehr, was aus ihrem Leib kroch? Und wenn es so wäre, dass eine Mutter ihr Kind vergäße, so will ich dich doch nicht vergessen. Siehe, ich habe dich in meine Handhöhlen gezeichnet, ein ewiges Tattoo. Deine Mauern habe ich stets vor Augen. Die deinen Wiederaufbau betreiben, eilen herbei. Jes 49,14
Die dich verwüsteten, machen sich aus dem Staub. bis 17

Propheten wirkten während der Königszeit, im Exil (i), bis in die Rückkehrzeit hinein. Wenn Israel arrogant und hochmütig ist, warnen und kritisieren sie. In Notzeiten dagegen trösten sie und rufen das zukünftige Heil aus. Im Exil weisen sie auf den ankommenden Retter, die baldige Rettung hin. Gemeint sind historische Personen und Gruppen der Zeitgeschichte.

Wir wissen, dass nicht der historische Jesus aus Nazareth, der Jahrhunderte später wirkte, gemeint war, sondern zeitgenössische Helfer und Heilungsprozesse. Doch fanden die ersten Christen die Möglichkeit, das angekündigte messianische Reich auf Jesus und seine Bewegung zu beziehen: Er selbst berief sich doch auf Prophetentexte, seine Jünger mit ihm. Als die Gefangenen 538 v. Chr. auf Rückkehr und Neubeginn hoffen, wird der rettende Gott Mittelpunkt ihres Glaubens. Er hat sein Volk nicht vergessen, wird ihm eine neue Chance bescheren, mit ihm einen neuen Anfang riskieren. Das ist die Heilsbotschaft der Propheten, die die Rückkehr aus der Gefangenschaft ansagen.

In poetischen Bildern wird von *Deuterojesaja* (i) die Liebe des rettenden Gottes beschrieben. Gottes Wesen ist Liebe, sein Gemüt Vergebung, seine Seele heißt Neubeginn, sein Herz Fürsorge. Ohne diese sensiblen Wortspiele, die von seiner Zärtlichkeit und Barmherzigkeit berichten, hätte Israel keinen Neuanfang aus der Verbannung wagen noch hätten die ersten Christen ihre Hoffnung auf eine messianische Gotteszukunft mit allen Menschen und Völkern schöpfen können!

Das *Jonabuch* erzählt auf seine Weise, wie der Gott Israels schon immer alle Welt, auch die Heiden ruft, sie liebt und rettet. Vom Jahwisten (i) an zieht sich der Gedanke durch die Bibel: „Gott ist ein Gott aller Völker" (Gen 4,26).

Vater, du sprichst zu mir durch das Wort und die Bilder deiner Propheten. Sie bitten mich, meinen Nächsten aus Not zu befreien, ihn aufzurichten, dass er Zukunft und Frieden gewinnen. Alle Menschheit ist gemeint. Amen.

Jes 40 ff.

Ein erstes Lied des Knechts

Siehe, mein Knecht, den ich stütze, mein Auserwählter, von dem ich begeistert bin! Ja, ich legte meinen Geist auf ihn. Er wird den Völkern die Wahrheit, das Recht bringen. Er schreit nicht, lärmt nicht, hält keine Propagandareden in der Öffentlichkeit. Ein angeknicktes Rohr zerbricht er nicht. Einen glimmenden Docht löscht er nicht aus. Treu trägt er die Wahrheit, das Recht hinaus. Er selbst verlöscht nicht und bricht nicht zusammen, bevor er nicht der Erde die Wahrheit, das Recht einprägte. Selbst die Inseln warten auf seine Botschaft.

Jes 42,1–4

Ein Text des Zweiten Jesaja, eines Propheten, dessen Namen wir nicht kennen, dessen Prophezeiungen im Buch Jesaja ab Kapitel 40 zu finden sind. Dieser predigt zweihundert Jahre vor dem Zweiten, der aus der Schule des Ersten kommt.

Jerusalem liegt fünfzig Jahre oder länger zerstört. Die verbannten Juden hocken in der dritten Generation in Babylon (i), hoffen kaum noch auf Rückkehr. Da tritt ein Prophet auf, der den Deportierten Mut zuspricht. Er tut es in wunderbaren Bildern wie im obigen ersten Gottesknechtlied (i). Diese Lieder spiegeln in Sprache und Theologie Deuterojesajas (i) Botschaft. Der tritt in Babylon auf, als das babylonische Reich zu bröckeln beginnt. Er weissagt als Hoffnungsprophet den Verbannten: „Die Deportation wird rückgängig gemacht! Ihr kehrt heim! Jerusalem wird aufgebaut! Gottes Knecht sagt euch dies an!“ Wer ist mit dem Bild vom Knecht Gottes gemeint? Der Prophet selbst? Ja, aber auch der König des aufkommenden Perserreiches (i), Kyros, der Babylon auflöst und die Juden in ihre Heimat ziehen lässt (Jes 48,12–16)!

Das Bild vom Knecht Gottes (i) meint auch den engagierten, der Gottheit verbundenen Mitarbeiter. Ebenso das Volk der Juden, das stellvertretend für alle Völker Friedensaufgaben in der Welt übernimmt. Der Knecht ist Statthalter und Sohn. Er kündigt das neue Zeitalter an, ist Mittler, der das Neue verwirklicht. Macht paart sich mit Zärtlichkeit. Zukunft baut sich aus dem Verstehen auf. Bis zu fernsten Inseln bringt er das Reich einer neuen, vorsichtigen und liebevollen Gottesgerechtigkeit. Israels Gott wird zur universellen befreienden Liebe für alle Völker, für immer. Der Knecht ist Jahwes Anwalt, Repräsentant dieser Zukunft.

Gott, dein Prophet sagt dein Reich an, mitten in Not und Angst den Neuanfang, das neue Zeitalter der Liebe, Zärtlichkeit und Versöhnung, dein Reich in unseren Herzen, in unserer Welt. Keiner wird ausgeschlossen. Halleluja! Amen.

Licht der Völker

So spricht Gott Jahwe, der den Himmel schuf und bis heute ausspannt, der die Erde gründete mit allem ihrem Erdgrün, der die Menschheit, die sie bevölkert, mit Atem beseelt und denen Lebensgeist einhaucht, die auf ihr heranwachsen: „Ich, Jahwe, griff deine Hand und berief dich in Treue, in Gerechtigkeit! Ich halte sie fest, behüte dich, bevollmächtige dich. Ich mache dich zur leibhaftigen Bündniszusage für das Volk, bestelle dich zum Licht der Völker. Den Blinden wirst du die Augen öffnen, die Gefangenen aus dem Gefängnis befreien. Die in finsterer Kerkerhaft hocken, wirst du von da herausholen." Jes 42,5–7

Jahwe, Israels Gott, lässt Neues, noch nie Gehörtes, noch nie Dagewesenes ausrufen. Was er ansagt, wird er verwirklichen. Die Ankündigungen der Gottespropheten erfüllten sich. Die Vertreibung hört auf, Rückkehr wird möglich. Das ist zu Israel gesagt! Die neue Gottesbotschaft geht aber nicht nur Israel an. In den Sog des Neuen, Unerhörten werden alle Völker mit hineingerissen.

Jakob, der Knecht, bisher ins Ghetto eingesperrt, sagt unverblümt den von Babel (i) unterdrückten Völkern die Befreiung an. Die Bilder des Propheten muten mythologisch an, alles Bisherige übersteigend. Sie sind aber real gemeint: „Die Welt wird vom Geist Gottes überflutet werden. Nicht wenige Auserwählte sind betroffen, sondern alle hoffen auf Befreiung!" So sprengen die Gottesknechtlieder (i) den gemeindlichen Rahmen der im Ghetto lebenden Deportierten. Sie sind weit von apokalyptischer Weltentsagung entfernt. Sie freuen sich auf die politische Wende, die die Perser (i) einleiten werden. Diese bieten einen anderen Regierungsstil als die Babylonier. Die Lieder beschreiben einen stürmisch herannahenden politischen Alltag der Hoffnung, zu dem der Prophet ermuntert, keinen Jenseitsnebel: „Gottes Gerechtigkeit kommt auf menschenfreundliche Art zu den Menschen. Wo bisher Gericht waltete, blüht Gnade auf. Wo brutale Zerstörung das letzte Wort behielt, wird blühender Frieden die Zukunft zieren!" Die Lieder, hymnenhafte Entwürfe, besingen ankommende Geschichte, knüpfen an bekannte Formen an: Klagelied, Gerichtslied, Liebeslied!

Gott, deine Hoffnungen durchdringen mein Leben, deine Zuversicht durchwebt meinen Tag. Ich weiß, dass meine Träume, die doch aus dir stammen, wahr werden. Amen.

Zu wenig

„Es reicht mir nicht, dass du zu meinem Knecht wirst, der nur Jakobs Stämme aufrichtete und die, die von Israel übrig blieben, zurückbrächte. Ich mache dich zum Licht der Völker, damit durch dich mein Heil bis an die
Jes 49,6 *Grenzen der Erde gelangt.“*

Unerhörte Inhalte kommen zu Gehör: Als er noch im Mutterleib steckte, wurde der Prophet bereits von Gott berufen. Er soll als dessen scharfes zweischneidiges Schwert wirken, Jakob soll heimgeholt, Israel gesammelt werden! Darüber hinaus sollen ferne Inseln und Völker auf den Propheten aufmerksam werden!

Zweifel werden wach: Alles nur Phantastereien? Utopien? Nein, singen die Gottesdienstliturgien, Gott selbst wird aktiv (Jes 49,1–6). Dieses Kommen zeichnet die neue Zukunft aus: „Gott bahnt durch die Wüste seinem Volk einen Weg, wirkt einen Friedensweg aller Völker. Zum Heil erscheint er, nicht zum Verderben, zu guter Zukunft, die die schlimme Gegenwart übersteigt“ (Jes 40,6 ff.). Die bevorstehende Wende malt der Prophet in glühenden Farben aus. Gemeint ist ein realer politischer Umschwung ohne Gewalt.

Und welche Inhalte verbergen sich in Gottes ankommendem Knechtssystem? Der Knecht (i), Gottes Anwalt auf Erden, setzt sich anders als bisherige Herrscher durch. Das Bild vom geknickten Rohr (vgl. 19.2.), das bewahrt wird, kündigt eine Politik der Behutsamkeit und Gewaltfreiheit an. Nicht durch Zerstören, Krieg und politische Morde werden Ziele durchgesetzt, sondern in Einsicht, Verständigung und Partnerschaft. Schwache, kranke und bereits verurteilte Menschen werden überleben, aufleben! Alle Welt wird von der Politik der Freundlichkeit profitieren. Das neue Menschenbild, von dem der Prophet hofft, dass es die Politik prägen werde, entspringt seinem Gottesbild. Ein durch und durch barmherziger Gott hat ihn berufen, blinde Augen aufzutun, Gefangene zu befreien. Der Knecht weiß, dass er im Auftrag des Gottes, der in ihm einen neuen Bund (i) mit seinen Menschen stiftet, handelt (42,5–7). Menschen- und Gottesbild werden von Barmherzigkeit, Vergebung und von überströmendem Lebenswillen geprägt. Eine neue Zukunft bricht an (Jes 49,1–6).

Gott, dein Anwalt der Menschenrechte ist zu mir unterwegs. Präge diese Erde, präge mich neu durch deine Liebe! Mitten in Weltaggressionen, mitten in Völkervernichtungen warte ich, hoffe ich, Gott, auf deinen Knecht, auf dein Knechtsprinzip: Gewaltfreiheit, Versöhnung. Amen.

Nicht ungehorsam

Gott, der Herr, hat mir die Gabe gegeben, wie sie Jünger haben sollten, nämlich die Einfühlung, mit den Resignierten zu reden, das rechte Wort zur rechten Zeit zu finden. Jeden Morgen weckt er mir das Ohr, macht er mich sensibel für meinen Auftrag. Ich sträube mich nicht, weiche nicht aus, renne nicht weg. Ich hielt meinen Rücken denen hin, die mich prügelten. Meine Wange bot ich denen dar, die mir mit Fäusten ins Gesicht schlugen. Mein Gesicht schützte ich nicht vor Schimpf und Schande, nicht vor denen, die mir ins Gesicht spuckten. Jes 50,4–6

Diesem Lied folgt ein Trostruf. Gott ist dem verfolgten Propheten nahe. Darum durchsteht der sein Leiden, macht es ohne Angst öffentlich. Jeder darf sehen, wie ihn die Folterknechte zugerichtet haben. Wer will ihn verklagen, fertig machen, erledigen? Alle diese großartigen Großen, die ihm jetzt nachstellen, werden zerfressen werden, wie Motten alte Kleider zerfressen (Jes 50,7–9). Und warum gerät der Prophet unter den Büttel? Er sprach sich für die neuen Verhältnisse aus, besang deutlich Kyros, den Feind, als Befreier. Nun ist er dran. Babels (i) Spitzel sind unterwegs. Vielleicht kommen diese Spürhunde sogar in die Gottesdienste, in denen er singt und predigt, vielleicht gibt es Verräter in den eigenen Reihen. Wer sich mit diesen neuen politischen Ideen der Befreiung identifiziert, hat mit Schlägen und Folter zu rechnen. Noch ist Babel auf dem Plan (Jes 50,10 f.).

Dass der Knecht unter die Staatsfolter kommt, sagt nichts über die Wahrheit seiner Botschaft aus. Er bleibt das scharfe Schwert, das in der schützenden Hand Gottes liegt! Einmal zum spitzen Pfeil gemacht, der im Köcher Gottes vor dem Zerbrechen bewahrt bleibt (Jes 49,1–9), wird seine Botschaft Wirkung zeigen, trotz aller augenblicklichen Erfolglosigkeit! In ankommender Zukunft wird Gott sichtbar machtvoll wirken.

Er hat es dabei – das sieht der Knecht – mit dem eigenen Volk am schwersten, „dass ich Jakob wieder zu ihm brächte und ihm Israel versammelte“ (Jes 49,5). Die Fremdvölker sind noch am ehesten an der Messiasbotschaft interessiert! Nicht nur Babel bedroht den Knecht! Im Gottesdienst der Deportiertengemeinde wird er von den eigenen Leuten angepöbelt, ausgebuht, bespitzelt. Die Gemeinde distanziert sich von ihm. Das trifft ihn. Der Prophet, immer einsamer werdend, beruft sich nur noch auf seinen Gott (Jes 50,4–9).

Gott, was weiß ich vom Leiden, isoliert, verfolgt, gefoltert zu werden? Bewahre mich, und mehr: Lass mich solidarisch werden! Amen.

Wer?

Wer unter euch fürchtete Jahwe und hörte auf die Stimme seines Knechts? Der Knecht kam in das Finsterloch und sieht das Licht nicht wieder, obwohl er auf Jahwes Namen vertraute und sich auf seinen Gott verließ. Siehe, ihr alle habt das Feuer entfacht und die Brandpfeile angespitzt! Nun verbrennt ihr selbst in der Feuersglut, die ihr mit euren Brandpfeilen entzündet habt. Das bekommt ihr von meiner, Jahwes, Hand zu spüren, die euch in Qualen bringen wird.

Jes 50,10 f.

Wer ist der Gottesknecht (i), der Prophet? Der Perserkönig (i) Kyros? Das Volk Gottes in der Diaspora? Alles möglich, wenn wir die Sprachtradition von (hebr.) Ebed Jahwe, *Knecht Gottes*, im Hinterkopf haben. Gott ist in allem, was geschieht, in Menschen und Entwicklungen, in politischem Neuaufbruch und gesellschaftlicher Veränderung unterwegs zu seinem Volk, zu den Völkern.

Vorerst sieht es düster aus! Die Misshandlungen gehen über Schläge und Folter hinaus. Entweder liegt der Prophet im finsteren Kerker oder er ist schon tot, auf dem Scheiterhaufen verbrannt. Das Schlimmste, was er nicht erwartet hatte: Seine Leute haben den Scheiterhaufen mit aufgebaut, Brandpfeile abgeschossen, das Feuer entfacht. Sie opfern den Knecht der babylonischen (i) Staatsräson, um selbst mit heiler Haut davonzukommen. Können sie damit leben?

Der Spruch stammt nicht aus dem Mund des Propheten, er wurde in seinem Sinne von seinen restlichen Anhängern formuliert. So musste es ja kommen! Der Gott der Gewaltfreiheit erhebt einen universalen Anspruch. Fernste Inseln – Symbole für Globalität und Ökumenizität – sehnen sich nach Befreiung. Die Herrschaft des befreienden Gottes wird aufgerichtet (Jes 42,4; 49,6). Ein universeller Gott stiftet der Menschheit eine universelle Freiheit ein. Dem entspricht eine harte Leidensrealität des Knechtes. Wie könnte es anders sein? Wer auf Gewaltfreiheit setzt, setzt zunächst Gewalt frei! Aggressionen, die bislang unterdrückt wurden, toben sich offen aus! Der Knecht muss durch das Nadelöhr des Märtyrertodes. Aber die ihm dieses Ende einbrachten, werden Gleiches zu spüren bekommen, ihren eigenen Untergang (50,4–11).

Gott, alle Welt schreit: „Keine Gewalt, keinen Krieg!“ Und setzt doch heimlich auf Gewalt, als Ultima Ratio dürfe sie gelten. So denke auch ich, heimlich und offen. Befreie mich zu dem lebenslangen Versuch, Gewalt ohne Gewalt zu besiegen, im Großen wie im Kleinen. Amen.

Requiem

Siehe, mein Knecht wird vom Glück gesegnet sein: Er wird erhöht werden, emporsteigen, über alles Leid erhaben sein. Viele entsetzten sich über ihn. Sein Körper war verunstaltet, entstellt. Der Knecht sah nicht mehr wie ein Mensch aus. Aber wie sie ihn folterten und in den Dreck zogen, so bringt ihn gerade sein Leiden, das er erlitt, nach oben: Seine Ideen werden Völker benetzen, sie zum Staunen bringen. Könige werden vor ihm verstummen. Sie schauen das, wovon niemand bisher berichtete. Sie erfahren das, wovon sie niemals bisher hörten. Jes 52,13 bis 15

Auch dieses wohl bekannteste Gottesknechtlied stammt nicht vom Propheten. Ein Requiem, das nach seinem Tod entstand und im Gottesdienst zur Aufführung kam. Wir stellen uns die Liedabschnitte als Wechselgesang zwischen Chor, Sänger und Gemeinde vor. Nach der Rückkehr der Deportierten (i) erkennt Israel sein Fehlurteil: „Zum Schweigen bringen, verbannen, umbringen wollten wir die Propheten – eine Fehleinschätzung! Sie mahnten, wir hörten nicht hin!" Erst die Zurückgekehrten tun Buße. Sie formen aus den Klageliedern des Jeremia und den Angstschreien anderer Verfolgter Bußliturgien, die im Gottesdienst der Gemeinde aufklingen. Die Leidenden, deren Errettung und Erhöhung besungen wird, tragen in vielen Liturgien den Namen (hebr.) Ebed Jahwe, *Knecht Gottes*!

Unser Text (Jes 52,13–53,12) steht in solcher Tradition. Das Requiem entstand, weil sich Einstellungen änderten: „Der unbekannte Prophet, dessen Lieder wir als politisch gefährlich ansahen, hatte allein den Durchblick! Und wir verrieten ihn! Wir glaubten: ‚Wie sie ihn in der Folter zurichteten, sein entstelltes Gesicht – eine gerechte Strafe.' Wir dachten: ‚Die Furunkeln, die den Inhaftierten übersäten, sind ein Zeichen, dass Gott ihn verstieß!' Es war anders! Er ließ das Martyrium schweigend über sich ergehen, sagte nicht aus, riss keinen anderen Menschen mit ins Unglück. Sein Tod, von dem wir dachten, er bilde eine gerechte Strafe für seine Anmaßungen gegen Babylon (i), ähnelte einem Stellvertretertod. Er opferte sich an unserer Stelle. Mit seinem Tod haben wir uns unsere Ruhe erkauft – und seine universelle Botschaft abgelehnt!"

Gott, wenn ich erkenne, was in meinem Leben, in meinem Volk, auf dieser Erde falsch läuft, und ich kehre um, ist deine Treue größer als meine Schuld, deine Gnade stärker als mein Versagen. Ich danke dir für diese Chance zum Neubeginn. Amen.

Fürwahr

Es ist wahr: Er trug unsere Krankheit, lud unsere Schmerzen auf sich, während wir ihn für jemanden hielten, den Gott selbst zeichnete, erniedrigte, folterte, quälte. Aber sie durchbohrten ihn, weil wir versagten. Sie misshandelten ihn, weil wir enorme Fehler machten. Das Strafurteil wurde über ihn gefällt – und wir kamen mit heiler Haut davon. Ja, seine Folterstriemen brachten uns die Rettung. Wir rannten alle wie Irre herum, verängstigte Schafe. Jeder suchte sich seinen eigenen Ausweg, suchte die eigene Haut zu retten. Aber Jahwe hat unser aller Versagen, unser aller Verschulden ihm auf die Schultern gepackt.

Jes 53,4–6

Dieser Text zieht magisch an (Jes 52,13–53,12). Hier habe Gott im Ersten Testament eine Vorhersage des Martyriums Jesu gegeben, eine Deutung seines Leidens, eines Leidens für uns. In der Tat, ohne dieses Bild, wie es im Requiem auf einen unbekannten Knecht Gottes (i) gezeichnet wird, wäre das Zweite Testament nicht so entstanden. Auch wenn der Jesajatext historisch Anderes meint, Jesu Weg in Kreuz, Opfertod und Erhöhung wird aus diesem (und ähnlichen Texten des Ersten Testaments) erzählt, gedeutet, geglaubt. Die Evangelien verstehen sich als ausführliche Entfaltungen unseres Textbildes, das urchristliche Messiasbekenntnis wächst aus ihm heraus. Das Schweigen des Knechts bei seiner Verhaftung, seine Folter, sein Tod, der denen, die ihn im Stich lassen, das Überleben verschafft, auch das Bild seiner Erhöhung (Jes 52,13) werden im urchristlichen Dogma zitiert (Apg 2,33; 5,31).

Warum wird eine Zitation der Gesamtvorlage vermieden? Bruchstücke werden aufgenommen, warum nie der Text zusammenhängend? Als das Neue Testament entstand, hatte das Wort (griech.) pais, *Knecht, Sohn, Kind, Sklave* in der hellenistischen Sprache einen schlimmen Beigeschmack. Es bezeichnete den *Lustsklaven*, ein Schimpfwort, eine schwere Beleidigung. Da viele Juden außerhalb von Juda lebten, lasen sie die Bibel auf Griechisch, kannten nur den griechischen Text. Jesus als Lustknabe Gottes? Das ging nicht! Darum fällt die Benennung Jesu als Knecht Gottes so sparsam aus (Mt 12,18; Jes 42,1 ff.; vgl. Apg 3,13.26; 4,27.30)!

Gott, es ist spannend, in deinem Buch von deinem Knecht Jesus zu lesen. Es ist spannend, zu hören, zu lesen, zu verstehen, zu glauben, im Namen deines heiligen Knechtes Jesus zu leben. Amen.

Jona, mein Täubchen?

Es kam Jahwes Wort zu Jona, dem Sohn Amittais: „Auf, geh nach Ninive, in die große Stadt, und halte ihr eine Strafpredigt! Wie abgrundtief böse sie ist, das ist längst zu mir vorgedrungen.“ Jona 1,1 f.

Wenn ich diesen Text flott nacherzähle, gemäß den Textintentionen, kommt eine hübsche Persiflage auf die stramme Prophetenexistenz des Jona und vieler anderer Frommer heraus. Eine Prophetenlegende wird erzählt, von Jona, der *Taube*, die gar keine Taube ist, sondern ein Hardliner Gottes, was sein Name auch hergeben könnte. Aber leider ist dieser angeblich fromme Jona hoch inkonsequent. Er denkt von zwölf bis mittags, weiter nicht. Sein Glaube spielt meist verrückt. Es stellt sich heraus: Jona ist ein Totalegoist, der nur will, dass er, Jona, um seiner Botschaft willen Recht behält. Vom gnädigen Gott hat er im Leben noch nie etwas gehört – und hätte diesen gnädigen Gott, der sich aller Menschen und Völker erbarmt, selbst am nötigsten, nötiger als all die Heiden von Ninive, der Stadt, die die ganze Völkerwelt symbolisiert, die „jahwefreie Zone“!

So wird erzählt! Jahwes Wort erging an Jona, den Sohn des Amittais: „Auf, nach Ninive, der großen Stadt! Ich habe von ihrer Bosheit gehört.“ Jona brach auf. Er wollte vor Jahwe weglaufen, nach Tarschisch fliehen. Er ging darum nach Jaffo. Tarschisch, das heißt *Edelsteinstadt*. Die Stadt liegt im Westen, in Spanien, und ist sehr reich. Alle Schiffe, die kostbare Ware transportieren, nannte man Tarschisch-Schiffe. Jeder kleine Stadtkönig träumte davon, einmal ein solches Schiff zu bauen, es lossenden zu können und durch die Ladung, die es zurückbringen würde, steinreich zu werden. Ein solches Schiff bestieg Jona in Jaffo, ein Tarschisch-Schiff, ein Schiff voller Goldsucher, Glücksritter. Jona möchte also in die Goldstadt fliehen, in den goldenen Westen. Jaffo, das heißt die *Schöne*, liegt am Meer. Damit wir noch mehr von Namen erfahren: Jonas Vater heißt Amittais, der *Wahrhaftige*. Und Ninive? Eine Riesenstadt! Alle frommen Leute denken, Ninive sei der Mittelpunkt der Feindschaft gegen Gott, eine Teufelsstadt, der Abgrund des Bösen. Und da soll Jona hin? Lohnt sich das?

Gott, ich bin wie Jona, laufe vor dir weg, drehe dein Wort zu meinen Gunsten, zu deinen Lasten um. Dein Wort, das mich doch trifft und mich begleiten will; ich suche Ausflüchte, erzähle mir, den Menschen und dir dies und das und komme mir großartig vor. Und bin doch nur dein armseliges Kind, das auf dich hören sollte. Amen.

Erstens kommt es anders ...!

Aber Jona floh nach Jaffo, suchte sich dort im Hafen ein Schiff, bezahlte die Schiffspassage und wollte auf diesem Schiff nach Tarschisch fliehen. Er wollte sich davonmachen, weg aus Gottes Augen.

Jona 1,3

Jona, das Täubchen, hat keine Lust auf das Prophetenamt in Ninive, sucht ein Tarsis-Schiff, legt den Fahrpreis auf den Tisch, steigt ein, um nach Tarschisch zu kommen, weg aus Jahwes Augen, hin zum Edelstein- und Goldglück! Rein in das Land, in dem Gott Jahwe, der Gott der Hebräer, der Gott der kleinen Leute, nichts zu suchen und zu sagen hat?

Aber Jahwe wirft einen wilden Wind auf das Meer. Es kommt ein Wahnsinnssturm auf. Das Schiff droht zu kentern. Die Schiffsleute bekommen es mit der Angst zu tun. Sie beginnen, ihre Gottheiten anzurufen. Jeder schreit zu seinem Gott. Sie werfen alle Schiffsgeräte über Bord, ums Schiff zu erleichtern. Jona aber ist in den Schiffsbauch hinuntergestiegen, hat sich dort hingelegt und schläft. Da kommt der Kapitän zu ihm: „Was fällt dir ein, hier herumzuschlafen? Steh auf, rufe deinen Gott an! Vielleicht nimmt er Rücksicht auf uns, dass wir nicht untergehen." Dann beraten die Schiffsleute miteinander: „Wir wollen das Los werfen, damit wir herauskriegen, an wem es liegt, dass wir so im Unwetter stecken." Sie werfen das Los. Es fällt auf Jona. Da fragen sie ihn: „Was für einen Beruf hast du? Woher kommst du? Zu welchem Volk gehörst du?" – Jona antwortet ehrlich: „Ich bin ein Hebräer, einer, der in dieser Welt umherirrt, ein Flüchtling. Aber ich verehre Gott Jahwe, den Himmelsgott, der Wasser und Land schuf und der uns Israeliten als sein Volk erwählte!" Mit feiner Ironie zeichnet das Jonabuch Jonas Frommprahlerei wie den Respekt der Schiffsleute vor dem Gott des Jona und vor Jona selbst. So genannte Atheisten zollen dem fremden Gott erhebliche Aufmerksamkeit. Es ist, wie es später in Ninive sein wird: Die Völker, die Heiden, sind besser als ihr Ruf. Sie fragen mit wachem Sinn nach Jahwe, während Jona nur dumpfbackig rumredet.

Ich bin wie Jona, gebe an wie ein Sack Sülze, was mir der Glaube an dich, Gott, alles bedeute: Ich gehörte zu den Leuten, die den Glauben noch hoch halten. So prahle ich, Gott, wie Jona vor den Leuten. Wenn es darauf ankommt, dir zu dienen, dir zu gehorchen, deinem Ruf zu folgen, kneife ich, renne fort, wie Jona, dieser fromme Großkotz, der so schnell bösartig wird. Vergib Schuld, erneuere mich, zeige mir deinen Weg, sende mich zum zweiten und dritten Mal. Amen.

... UND ZWEITENS ALS MAN DENKT

Verzweifelt strengten sich die Matrosen beim Rudern an. Sie wollten an Land kommen. Das gelang ihnen aber nicht. Das Meer wütete immer stürmischer und trieb das Schiff vom Ufer ab. Jona 1,13

Die Schiffsleute bekommen es mit der Angst zu tun. Sie rufen: „Was hast du getan?“ Sie wissen inzwischen, dass Jona vor seinem Gott Jahwe flieht. Er hat es ihnen gesagt. Sie fragen ihn: „Was sollen wir mit dir machen, damit das Meer ruhiger wird und von uns ablässt?“ Denn das Meer wütete immer wilder. Jona antwortet: „Nehmt mich und werft mich ins Meer. Danach wird das Meer still werden. Ich weiß, dieser wilde Sturm braust meinetwegen.“ Die Seeleute strengen sich an, das Schiff an Land zu bringen. Aber sie schaffen es nicht. Das Meer tobt immer wütender gegen sie an. Da rufen die Schiffsleute Gott Jahwe an. Sie beten: „Ach, Jahwe, lass uns nicht umkommen, wenn wir diesen Mann umbringen. Sag nicht, wir hätten unschuldiges Blut vergossen. Du scheinst es ja selbst so zu wollen.“ Sie nehmen Jona und werfen ihn ins Meer. Da hört das Meer mit Wüten auf. Die Männer überfällt eine große Ehrfurcht vor Gott. Sie schlachten Jahwe ein Opfer und schwören ihm dies und das.

Spätestens jetzt wird deutlich, dass es sich beim Buch Jona nicht um hochbedeutsame Prophezeiungen handelt. Vielmehr wird in einer Persiflage erzählt, zu welch skurrilen Situationen es kommt, wenn man einen gewissen Prophetenfanatismus, der nur um das eigene Ego kreist, ernst nimmt oder selbst auslebt. Auch sind die Grenzen zwischen dem Jahwegläubigen und dem der fremden Schiffsleute, die doch von Jahwe nichts wissen, fließend. Gott Jahwe ist unter Umständen den Heiden näher als dem Frommen?

Mein Gott, du packst mich, der ich vor dir weglaufe wie Jona, am Kragen und bringst mich zu dir zurück. Ich sage, ich wüsste um alles Bescheid, um Leben und Tod, um Oben und Unten, um Hell und Dunkel. Aber du wirfst mich ins Dunkle, dass ich im Dunkel dein Licht suche. Du lässt mich die Nacht schmecken, dass ich den hellen Tag finde. Du zwingst mich in Todesnähe, dass ich erlebe, wie du mich birgst und rettest. Gott, gib, dass ich dich erfahre, wenn ich unten bin, am tiefsten Punkt, im finstersten Loch, im ausweglosen Erdinnern. Gerade dort willst du bei mir sein, mich halten, tragen und mich aus der Tiefe ans Licht ziehen, dass mir der Tag leuchte und mich aufwecke, jetzt und hier. Amen.

Im Zeichen des Fisches

Jona 2,1 *Jahwe ließ einen große Fisch heranschwimmen. Der verschlang Jona. Drei Tage und drei Nächte war Jona im Bauch des Fisches.*

Jahwe lässt einen Fisch herbeischwimmen, der Jona verschlingt. Jona ist drei Tage und drei Nächte im Bauch des Fisches. Er betete zu Gott ...!

Viele haben sich um diese Legende gemüht, Jona sei von einem Wal verschluckt worden, dessen Schlund einen Menschen aufnehmen könne, diese Walart gebe es nicht mehr, die Kehlen der heutigen Wale seien, zugegeben, enger, aber damals ...! Und vergessen dabei den Sinn, den Juden, auch Jesus, Matthäus und Lukas der Erzählung abgewinnen. Die Jonageschichte wird zur Geschichte der ersten Christen. Hat Jesus nicht gesagt, dieser Generation sei kein anderes Zeichen gegeben als das des Jona? Matthäus deutet die drei Tage, die Jona im Bauch des Fisches gewesen sei, auf die drei Tage, die der Christus Gottes im Totenreich weilte, bis er Ostern auferstand (Mt 12,39). Lukas legt die gesamte Jonalegende auf die großartige Barmherzigkeit Gottes aus, der im Messias allen Menschen und Völkern als rettender Gott begegnet und zum Leben befreit (Lk 11,29). Ist es Zufall, dass im Johannesevangelium Simon Petrus „Simon, des Jonas Sohn", heißt (Joh 1,42), ein Name, der im angehangenen Johannesschluss bereits zum Eigenname wurde (Joh 21,15)? Sind wir nicht alle mit Simon Menschenfischer (Lk 5,1–11)? Ich darf mein Leben im Zeichen des Fisches neu finden: Ich bin berufen, werde errettet, den Messiasweg zu gehen!

So betet Jona mit mir: „In Not schrie ich zu dir, Gott Jahwe. Du warfst mich in die Tiefe, mitten ins Meer. Fluten umschlossen mich. Deine Wogen und Wellen schlugen über mir zusammen. Schon dachte ich: ‚Ich bin verloren. Alles ist aus!' Wasser überströmte mich. Tiefe zog mich hinab. Meertang umschlang mein Haupt. Ich fuhr zu den Unterwasserbergen, fuhr ins Erdinnere, kam dort bei den anderen Toten hinter Schloss und Riegel. Du zogst mein Leben aus dem Dunkelschlamm, Jahwe, mein Gott! Du hörtest mein Schreien, das aus dem Schoß der Unterwelt zu dir kam. Als ich nicht mehr an das Leben glaubte, fiel mir dein Name ein. Du bist ein Gott für mich. Was ich betete, drang zu dir. Wer sich an Nichtigkeiten hält, erkennt dich nicht. Ich will mich an dich halten. Du bist doch meine Heimat. Meine Hilfe kommt von dir, Gott. Amen."

Gott, ich bin Jona. Im Ende erfahre ich den Anfang, im Schluss den Neubeginn, im Untergang die Auferstehung zum Leben. Ich danke dir, Gott. Du rettest, heilst, lässt mich neu beginnen. Danke! Amen.

Gott denkt um ...!

Jahwe redete ein zweites Mal mit Jona: „Auf, nach Ninive! Geh in diese große Stadt und predige ihr, was ich dir sagen werde!" Jona 3,1 f.

Jahwe gebietet dem Fisch. Der spuckt Jona an Land, so erzählt die Legende. Es ergeht Gottes Wort ein zweites Mal an Jona. Er soll in Ninive predigen! Jona bricht auf. Diesmal gehorcht er Gottes Befehl. Aber auch nur halb. Ninive ist eine Riesenstadt. Man braucht drei Tagen, um zu Fuß durch sie hindurchzukommen. Jona bricht auf, geht in die Stadt, aber er marschiert nur einen Tag. Dann beginnt er gleich zu predigen: „Noch vierzig Tage und Ninive ist zerstört!"

Nun passiert Unerwartetes. Die Menschen Ninives, dieser angeblich üblen Stadt, reagieren anders als Jona es erwartet hat. Sie hören auf ihn, beschließen zu fasten. Jung und Alt, Groß und Klein legen Trauerkleider an. Auch der König hört von den Ereignissen. Er fragt, was los sei. Und begreift. Er steht von seinem Thron auf, legt seinen Königsmantel ab, zieht ein Trauergewand an und setzt sich in die Asche. Dann lässt er in Ninive ausrufen: „Der König und seine Minister ordnen an: ‚Mensch und Vieh, auch Rinder und Schafe sollen nicht länger gedankenlos in den Tag hineinleben und immer nur *Genuss jetzt!* schreien. Die Tiere sollen aufhören zu grasen, nicht mehr saufen. Alles hülle sich in Trauer, Mensch und Vieh. Mit ganzer Kraft sollen die Menschen Gott anrufen. Jeder lasse von seinem bösen Lebenswandel ab, von all dem Blut, das an seinen Händen klebt. Jeder kehre um zu Gott! Wer weiß, vielleicht ändert Gott seinen Sinn und hört auf, zornig zu sein, dass wir nicht untergehen!'"

Gott sieht, dass die Leute von Ninive tatsächlich von ihrem Lasterleben ablassen und ein neues Leben beginnen. Da reut ihn das Unheil, das er der Stadt, seinen Menschen und seinem Vieh androhte, und er führt es nicht aus!

Mit einer ironischen Erzählung werden wir nachdenklich gemacht. Jahwe ist ein eifriger Gott? Das betonen übereifrige Fromme. Aber er ist doch der barmherzige Gott, vom ersten Tag seiner Schöpfung an. Schon vergessen? Und Umkehr ist bei den Fremdvölkern eher möglich als in Israel?

Gott, ich will anders leben als Jona. Der lief vor dir weg und maulte dich an, du seiest zu lasch. Ich möchte vertrauen: Deine Gnade ist tiefer als das Meer! Dein Erbarmen ist größer als meine Schuld, deine Liebe stärker als mein Vergehen, deine Großmut mächtiger als meine Kleingeisterei. Hilf mir zu einem offenen Leben. Amen.

… aber Jona nicht

Jona wurde wegen dieser Entwicklung der Geschichte sauer. Er geriet in Wut, fing an, Jahwe zu kritisieren: „Jahwe, es kommt, wie ich es bereits ahnte, als ich noch daheim im Land war. Deshalb wollte ich auch unbedingt nach
Jona 4,1 f. *Tarschisch fliehen (…)!"*

Irgendetwas passt Jona nicht. Ihm kommt die Galle hoch. Er kriegt sich nicht wieder ein, so wütend ist er. Er mault Gott an: „Genauso habe ich mir das vorgestellt! Ich habe alles so kommen sehen. Deshalb bin ich überhaupt damals nach Tarschisch geflüchtet. Ich hab es geahnt, dass du ein gnädiger und barmherziger Gott bist. Du hast zu viel Geduld mit den Menschen, bist so voller Güte, viel zu lasch! Alles, was du Schlimmes androhst, reut dich und du nimmst es zurück! Ich, Jona, habe von dir die Schnauze voll! Du müsstest mehr auf den Putz hauen, mit der Faust auf den Tisch knallen, die Todesstrafe unausweichlich verhängen! Aber du – bereust deine Schärfe! Nun habe ich keine Lust mehr zu leben. Ich will lieber sterben, als dass ich so weitermache!"

Gott hört zu und fragt: „Ist es richtig, Jona, meine Taube, dass du so scharf reagierst? Dein Name ist wirklich goldrichtig, Taube! Vielleicht solltest du lieber Adler heißen oder Falke? Oder Löwe oder Atomschlag?"

Jona lief aus der Stadt heraus. Irgendwo östlich der Stadt ließ er sich nieder. Er baute sich dort einen elenden Unterstand, zog sich in dessen Schatten zurück und wollte zusehen, wie es der Stadt erginge. Aber Gott denkt sich für Jona etwas Besonderes aus: Jahwe schickt einen Rizinus. Das ist eine Pflanze, die schnell hochschießt und bald zu einem Baum wird. Der Rizinus wächst über Jona tagsüber empor. Er soll Jona Schatten spenden und Jonas schlechte Laune vertreiben. Über diesen Rizinus freut sich Jona. Der Schatten tut ihm gut. Aber am nächsten Tag schickt Gott gleich in der Morgenröte einen Wurm, der knabbert den Rizinus an. Der trocknet prompt ein. Und Jona mault und mault. Gott kann es ihm einfach nicht recht machen. Jona weiß alles besser. Er, Jona, wünscht sich einen Gott, der eine härtete Gangart wählt, andere Saiten aufzieht gegenüber diesen Ausländern in Ninive. Muss Gott Jona vor diesen Fremden so blamieren?

Rede ich wie Jona, Gott? Du solltest endlich beweisen, niemand könne dir ein X für ein U vormachen, solltest zeigen, wer du bist, ein Machtgott? Und du antwortest mir, ich wolle nur mit meinem negativen Denken Recht behalten? Du bliebest der Barmherzige, der Schuld vergibt und Neuanfänge schenkt, der Gnädige? Amen.

Widerspruch von oben

Gott fragte Jona: „Meinst du, dass du im Recht bist, wenn du dich wegen dieses Gesträuchs so aufregst und Streit anfängst?" Jona 4,9

Als nun die Sonne aufsteigt, lässt Gott einen schwülen Ostwind wehen. Die Sonne sticht Jona auf den Kopf. Und der stickige Wind dazu! Jona bekommt Kopfschmerzen. Ihm wird ganz elend zumute. Da wünscht er sich gleich wieder den Tod, diesmal ernsthaft. Er sagt sich: „Es ist mir lieber, ich sterbe, als dass ich so weiterlebe!"

Gott aber fragt vorsichtig: „Ist es wirklich richtig, dass du dich wegen des dummen Rizinus aufregst?" – „Ja", sagt Jona, „ich bin vollkommen im Recht. Außerdem ist das meine Sache, wenn mir mein Mistleben nicht gefällt!" Jahwe überlegt. Er entgegnet Jona: „Du jammerst, weil dieser Rizinus einging, mit dem du nicht die geringste Mühe hattest. Du hast ihn weder gepflanzt noch großgezogen. Er ist in einer Nacht gewachsen und am nächsten Tag wieder eingegangen. Deswegen willst du dich selbst umbringen! Und mir sollte nicht die große Stadt Ninive leidtun, in der über 120.000 Menschen leben? Das ist schließlich die ganze Menschheit, die in dieser Zahl steckt: 1000 mal 10 mal 12. Du kennst die jüdische Zahlensymbolik (i). Alle diese Menschen, die nicht zwischen rechts und links unterscheiden konnten, dazu all das schöne Vieh sollten sterben?"

Es ist wahr, mitten im Ersten Testament beginnt das Zweite, Gottes Frohbotschaft an mich und alle Menschen. Die Gnade leuchtet hervor und sie wärmt und segnet die Heiden, die Fremden, die Ausländer.

Ich glaube an Gott, der barmherzig ist. Er schafft alles Leben und schenkt es. Er schuf auch mein Leben, gibt es, verschont, bewahrt, behütet, bewacht es.

Ich glaube an Jesus, den Messias, der den Ängstlichen ein Bruder, den Zögernden ein Freund, den Versagern ein Helfer wird, der alles Verlorene sucht und alles Vergessene heimholt. Er meint alle, alles Leben und Sterben, allen Glauben und Unglauben. Er begnadigt den Schuldigen, weist den Irrenden zurecht, leitet uns Verwaiste zu neuem Leben an. Am Kreuz umschließt er alle Menschen, den ganzen Kosmos.

Ich glaube an den Heiligen Geist, der mich Armen zum Tun der Liebe befreit, der alle Menschen liebt, auch die mir fremd und feind sind. Sie sollen mit mir in einer Menschheit leben, so will es Gott. Ich darf Bruder und Schwester werden, dem Nächsten neben mir und allen Menschen. Amen.

Erster und Zweiter Bund

„Siehe, es kommt die Zeit", spricht Jahwe, „da will ich mit dem Haus Israel einen neuen Bund schließen ... Ich werde mein Gesetz in ihre Erinnerung graben, ich will es in ihr Herz schreiben. Sie sollen mein Volk sein und ich will ihr Gott sein. Dann brauchen sie sich nicht mehr gegenseitig zu belehren, kein Bruder den anderen! Niemand wird mehr in den anderen dringen: Erkenne doch Jahwe! Aus freien Stücken wird mich jeder erkennen
Jer 31,31. *und lieben, Klein und Groß", spricht Jahwe, „denn ich vergebe ihnen ihre*
33–34 *Schuld und krame ihre Sünde nicht länger hervor."*

Die Bibel (i) der Christen ist in das Alte und Neue Testament zweigeteilt. Testament heißt Bund (i). Es gibt also einen alten und einen neuen Bund? Der alte wäre veraltet, kaum noch von Belang? Der neue bedeute frischen Wind in alten Segeln? Vorsicht! Der Erste Bund hat seinen Wert in sich. Ursprünglich war der Text auf die jüdische Gemeinde in Babylon (i) und ihre Hoffnungen gemünzt: Der Wiederaufbau des Staates und der Stadt wird von innerer Erneuerung des Volkes getragen sein. Diese Erneuerung ist Gottes Werk, der Schuld vergibt und Klassenunterschiede aufhebt. Unter der Erfahrung, dass die Gefangenen überleben und heimkehren, nimmt die Idee eines radikalen Neuanfangs aus der Treue Gottes Gestalt an.

Die Urgemeinde bezieht die Verheißung des Jeremia auf sich. Indem Gott seinen Messias Jesus schickt, erfüllt sich die Weissagung, so die Botschaft. Der Text wird messianisch gedeutet: Schuld wird vergeben, Dünkel aufgehoben, der Dünkel der Frommen gegen die Gottfernen, der Reichen gegen die Armen, der Großen gegen die Kleinen. Niemand wird den Anderen noch sektiererisch vom Glauben, von der Kirche überzeugen wollen. Die Logik der Liebe setzt sich wie von selbst durch.

Diese Themen der Jesusbewegung nimmt die nachwachsende Kirche auf – und bezieht sie auf das Erste Testament. Also doch ein Neuer Bund? Ich nenne ihn *Zweiter Bund!* Die erste Chance, die Gott gab, wirkt weiter. Ich lebe aus der zweiten Chance, im Messias. Die Schriften, die aus der Jesusbewegung herauswuchsen – das Zweite Testament –, entstanden als messianische Kommentare zum Ersten Testament, als Halacha und Haggada (i), zumeist nach 70 n. Chr., als der Tempel (i), die geistliche Heimat der jüdischen Messiasanhänger, verloren ging.

Gott, unser Gott! Wir sollen auch das Zweite Testament mit Augen von Menschen lesen, die im Ersten Testament zu Hause sind, adoptierte Brüder und Schwestern Israels. Amen.

Das Gesetz und die Propheten

Ihr sollt nicht denken, ich sei gekommen, das Gesetz und die Propheten aufzulösen. Ich komme nicht, um aufzulösen, sondern um zu erfüllen. Ja, ich bekenne euch: Himmel und Erde werden vergehen. Aber bis dahin wird auch nicht der kleinste Buchstabe, nicht ein Tüpfelchen vom Gesetz ungültig werden. Mt 5,17 f.

Das Wort, das in der Bergrede Jesu bei Matthäus in aufwühlender messianischer Ansprache auftaucht, mahnt im Sinne jüdischen Glaubens, die Brücken nicht abzubrechen. Bis der Menschensohn (i) in den Wolken des Himmels erscheint (Dan 7,13), gilt das Gesetz! Jesus erfüllt es, legt es revolutionär aus, radikalisiert es. Es kann nicht mehr als raffiniertes religiöses Versteck benutzt werden. Jesus lebt es aus, lebt es vor, das Gesetz gewinnt atemberaubende Gültigkeit. Wer meint, es vernachlässigen zu können – ein späterer Streit zwischen Jakobus und Paulus spiegelt sich wider –, wird im Reich Gottes am Katzentisch, nicht an der Haupttafel sitzen.

Die Christen hatten also keine Veranlassung, sich augenblicklich eine neue Bibel zu schaffen. Sie hatten eine: die Thora und die Propheten. Es galt, diese Texte messianisch zu verstehen, messianisch mit Leben zu füllen. Und doch prägte sich das Bedürfnis aus, Worte und Situationen dessen, der die messianische Bewegung in Gang setzte und dann plötzlich starb, zu notieren. Worte des Auferstandenen, die in geisterfüllter Gemeindeversammlung in seinem Namen verkündet wurden, traten hinzu. Die Redenquelle (i) entstand, die heute verloren ist, jedoch in den synoptischen Evangelien aufging.

Früh muss es eine Passah-Haggada (i) gegeben haben, die sich um die messianisch erweiterte jüdische Passahliturgie mit den Themen von Verurteilung, Folter und Tod Jesu rankt: Jesus, unser Passah (1 Petr 1,18 f.). Zeugenlisten der Osterereignisse treten hinzu.

Als Paulus seine Briefe schrieb, gab es diese Sammlungen schon. Er zitiert aus ihnen (1 Kor 11,23 ff.; 1 Kor 15,3 ff.). Aus diesen verschiedenen Sammlungen von Worten Jesu, einer Passah-Haggada und aus Zeugenlisten der Auferstehung (i) wachsen die synoptischen Evangelien: Markus, Matthäus und Lukas. Die Evangelien sind tatsächlich Passionsgeschichten mit verlängerten Einleitungen! Später erkennt die Kirche, dass die Briefliteratur, die aus konkreten Anlässen früh entstand, unentbehrlicher Bestandteil der messianischen Schriftensammlung sein würde.

Christus, aus deinem Sterben begründet sich meine Hoffnung.
Amen.

Evangelium

So fängt das Evangelium von Jesus, dem Messias, dem Sohn Gottes, an, wie es der Prophet Jesaja niederschrieb: Siehe, ich sende meinen Boten vor dir her. Der wird dir den Weg bereiten. Stimme eines Rufers in der Wüste: Bereitet
Mk 1,1–3 *dem Herrn den Weg, ebnet ihm den Weg!*

So beginnt die Schrift, die wir Evangelium nach Markus nennen. Hat Markus die Literaturgattung des Evangeliums erfunden? Ein ähnliches Werk ist vor Markus nicht zu entdecken. Das Verb (griech.) euangelidsein charakterisiert in der LXX (i) eine *Freudenbotschaft*, den Sieg in einer Schlacht. Politisches, Religiöses, Kultisches wird angesagt. Beim Zweiten Jesaja (i) deutet das Verb die Thronbesteigung Gottes an, der seine Herrschaft mit Armen und Elenden aufrichtet. Blinde, Lahme, Krüppel werden eingeladen. Die Gottesherrschaft der Lädierten gelangt aus der Wüste zur Stadt Gottes nach Jerusalem (Mal 3,1; Jes 40,3; 61,1 f.). Es gibt den Begriff (griech.) euaggelion auch in der Öffentlichkeit. Auf einem Torbogen der Stadt Priene, Kleinasien, steht zu lesen, Cäsar Augustus, Friedensbringer und Heiland, komme in diese Stadt, das sei eine Freudenbotschaft. Mit (griech.) euaggelion wird also die Aufrichtung der Pax Romana (i) umschrieben, die politisch-religiösen Charakter trägt.

Markus schreibt sein Evangelium in den Wirren des Judäischen Krieges (i) um 70 n. Chr. Juda will die Gottesherrschaft in einem revolutionären Freiheitskampf gegen Rom verwirklichen. Immer neue Messiasse stehen auf – und gehen in Massakern unter. Jerusalem und der Tempel (i) werden zerstört. Die messianisch-politische Revolutionsidee scheitert. Markus zeigt einen dritten Weg auf. „Dies ist das Evangelium des Messias Jesus, des Sohnes Gottes“, beginnt er. Neben dem Weg der zeitgenössischen Juden, den messianischen Kampf gegen Rom zu führen, und neben dem Weg des Römerreiches, die Pax Romana mit militärischer Gewalt aufzurichten, ruft Markus das Evangelium des Jesus von Nazareth aus, des Messias der Kranken und Armen. Der verwirklicht Gottes Reich unerwartet anders. Er lebt eine Gesellschaftsordnung des Friedens – und wird gekreuzigt. Dabei lässt Markus den aufsichtführenden römischen Hauptmann angesichts des sterbenden Jesus bekennen, dieser Mensch sei ein Sohn Gottes gewesen (Mk 15,39): Aus der Kreuzigung Jesu wächst Neues. Ein anderer Sieg leuchtet auf, die Alternative eines Friedens aus der Zärtlichkeit.

Jesus, Messias am Kreuz, du rufst das Gottesreich aus, verwirklichst es. Es kommt anders als wir es uns ausmalen, deine Macht gründet in der Ohnmacht. Amen.

Der Himmel tut sich auf

Zu dieser Zeit ereignete es sich, dass Jesus aus dem galiläischen Nazareth an den Jordan kam und sich dort von Johannes taufen ließ. In dem Augenblick, als er dem Wasser entstieg, sah er, wie der Himmel zerriss. Der Geist kam einer Taube gleich auf ihn herab. Eine Stimme erscholl aus dem Himmel: „Du bist mein geliebter Sohn. Du gefällst mir!“ Gleich trieb ihn der Geist in die Wüste. Vierzig Tage wurde er dort vom Satan versucht. Er war mitten unter den wilden Tieren. Engel dienten ihm. Mk 1,9–13

Jesus kommt aus der Gemeinschaft Johannes des Täufers. Der lehrt am Jordan, am Rand der Wüste, bereitet die Menschen auf Gottes Ankunft vor. Seine Predigt ruft zu den Wurzeln zurück. Eine Erneuerung aus der Thora, dem befreienden Gesetz Gottes, soll im Volk beginnen. Die Predigt des Johannes und die Taufe durch ihn sind Signale dieses Anfangs, der den Einzelnen anspricht und doch die endzeitliche Gemeinde ins Leben ruft.

Markus konzipiert sein Evangelium so: Jesus aus Nazareth wird in seiner Taufe von Gott zum Sohn Gottes berufen, mit dem Geist begabt, in das Messiasamt gestellt. Freilich, nur Jesus hört diese Stimme, niemand sonst. Für ihn wird die Taufe zum Zeichen, dass sein Messiasweg beginnt: „Das Gottesreich ist nahe herbeigekommen.“

Wie wird Jesus seinen Sohnesweg gehen? Anders als andere Messiasse seiner und der nachfolgenden Zeit! Jesus fühlt sich nicht zum jüdischen Revolutionshelden berufen, nicht zum Magier der Gesundbetung, nicht zum Weltenherr nach Art der Römerkaiser. Er wird seinen Sohnesweg als Knecht Gottes (i) gehen, der Menschen begegnet, heilt, segnet und dafür am Kreuz stirbt. So vollendet er den Gottesweg unter uns Menschen. Gott ist unten, können wir beten, er leidet mit den Leidenden, weint im Elend mit den Elenden, stirbt mit den Sterbenden. In diesem Knechtsweg wird die Sohnesherrschaft begründet. Im Wirken Jesu und im Leben der Gemeinde nach Ostern wird sie sichtbar. Der Gekreuzigte, der aufersteht, wirkt in seiner Gemeinde.

Markus, der sein Evangelium in Kriegswirren verfasst, schreibt auch die Geschichte der Messiasgemeinde nach Ostern, die Geschichte des Gekreuzigten, der im Glauben in seine Gemeinde hinein aufersteht.

Gott, du berufst Jesus von Nazareth zu deinem Sohn. In ihm gewinne ich die Chance, deine Tochter, dein Sohn zu werden, heute. Amen.

Vertraut!

Johannes wurde in ein Gefängnis eingeliefert. Da kam Jesus nach Galiläa und verkündete Gottes Heilsbotschaft, das Evangelium. Er lehrte: „Die Zeit hat sich erfüllt. Das Reich Gottes ist nahe herbeigekommen. Tut Buße und
Mk 1,14 f. *vertraut dem Evangelium!"*

Eggidzein steht im griechischen Text, *nahe herbeikommen*. (Griech.) engüs bezeichnet die *absolute Nähe*. Das Gottesreich kommt mir hautnah. Auch andere Wortbilder sagen: Die Zeit treibt auf ihre Spitze zu, die Weltzeit wird in die Enge getrieben, in die Gotteszeit verwandelt, gedrängt.

Mit der Gefangensetzung Johannes des Täufers beginnt diese stürmische Ära: Gottes Reich bricht in diese Weltzeit ein, das Messiaszeitalter. Mit dem Reden und Wirken Jesu, mit seinem öffentlichen Auftreten beginnt dieser Messiasweg, wie ihn Markus zeichnet.

Wo war Jesus vorher, wer war er? Im Gegensatz zu Matthäus und Lukas ist Markus die Familiengeschichte des Messias Jesus gleichgültig. Der Messias Jesus, ein Zimmermann, Marias Sohn und ein Bruder des Jakobus, des Joses, Judas und Simon, macht sich von seiner Familie frei (Mk 6,2 f.). Die möchte Jesus für verrückt erklären lassen, vielleicht weil sie ihn vor sich selbst schützen will? Zum Überfluss klagen Schriftgelehrte ihn wegen Bündelei mit dem Teufel an (Mk 3,21 ff.). Jesus reagiert abwehrend und einladend: „Wer den Willen Gottes tut, ist mein Bruder, meine Schwester, meine Mutter" (Mk 3,35). Und diesen Willen tut Jesus, indem er die Menschheit von dämonischen Kräften befreit.

Wer ist Markus, der die Jesusbotschaft als Evangelium entfaltet? Markus, berichtet die Apostelgeschichte, habe zunächst die Missionsfahrten des Paulus mitgemacht (Apg 12,12.25; 15,37), sei dann zum Reisebegleiter des Petrus geworden, der auch Missionsreisen unternahm (1Petr 5,13). Paulus und Markus trennen sich im Streit (Apg 15,39), später harmonieren sie wieder (Kol 4,10) und Markus wird rehabilitiert (2 Tim 4,11). Es wird sichtbar: Markus entwickelt sein Evangelium analog der paulinischen Theologie. Immerhin kommt das Wort Evangelium bei Paulus 39 Mal vor. Markus bebildert die Theologie des Paulus.

Messias Jesus, Sohn Gottes, du lädst mich ein, dir nachzufolgen. In deiner Berufung berufst du mich, als Gottes Sohn und Tochter zu leben, mit dir, aus dir, für dich. Lass mich dein Evangelium hören und tun, in das Meer deiner Barmherzigkeit eintauchen, auf dass ein neuer Mensch auferstehe, ein Täufling, ich. Amen.

Vollmacht

Sie gingen nach Kapernaum. Gleich am nächsten Sabbat ging er in die Synagoge und lehrte. Seine Lehre beunruhigte sie. Denn er lehrte voller Macht, nicht wie Schriftgelehrte auslegten. Mk 1,21 f.

Der Rabbi Jeschua (das ist der alte Name Josua, *Gott hilft*) oder Jesus ergreift am Sabbat (i) das Wort in der Synagoge. Er hat seine Jünger und Jüngerinnen um sich gesammelt, legt die Thora aus – und es rumort in der Gemeinde. Dieser Rabbi wägt seine Auslegung nicht vorsichtig ab, bleibt nicht im Rahmen des Bisherigen, ist kein Interpret wie andere. Er predigt und handelt in Vollmacht.

Ein Besessener schreit los, Jesus vertrete den heiligen Gott. Der Besessene soll nicht weiterschreien. Jesus verbietet es. Es kommt zum Tumult! Die Umstehenden spüren: Von Jesus geht eine nahezu unheimliche Macht aus! Er heilt die Schwiegermutter des neuen Jüngers Simon, am Abend kommen Kranke und Besessene; er hilft – sie sollen aber bezüglich der Heilung den Mund halten. Deshalb weicht er in andere Städte aus, predigt und heilt dort, zieht sich erneut in die Einsamkeit zurück, kommt schließlich nach Kapernaum (Mk 1,14–45). Sie bringen einen Gelähmten zu ihm. Es umstehen Jesus – nun in einem normalen Wohnhaus – so viele Menschen, dass die Krankenträger nicht herankommen. Die Helfer brechen deshalb das Lehmdach auf und lassen den Kranken in einem Laken vom Dach herunter zu Jesu Füßen. Der vergibt dem Lahmen die Lebensschuld, bereinigt seine Lebenssituation und stellt ihn wieder auf die Beine. Das Entsetzen ist groß. Kein Mensch hat je so etwas erlebt (Mk 2,1–12).

Markus erzählt Jesusgeschichten: Erfahrungen und Szenen aus seinem Wirken. Zugleich berichtet er von der Gegenwart des auferstandenen Herrn in der nachösterlichen Christenheit. „Was damals durch Jesus geschah, geschieht heute in der Gemeinde“, will er verdeutlichen: „Vergebung der Schuld, Tilgung der Schulden, Lebensneubeginn. Der Auferstandene wirkt unter uns. Er will aber nicht durch Sensationen auffallen, weder als himmlischer Übermensch noch als übermenschlicher Halbgott tätig sein, wie es bei den Griechen üblich ist. Er ist und bleibt der Gottesknecht (i), den viele ablehnen, der verdächtigt und verfolgt und am Kreuz sterben wird; der Sohn Gottes, chancenlos, und der gerade darin – in irdischer Verborgenheit – Gottes Macht und Herrlichkeit aufleuchten lässt.“

Gott, verborgen in das Irdische leuchtet in Jesus dein Evangelium auf und macht, so verborgen, doch die Welt warm und hell, auch für mich. Danke. Amen.

Sabbat

Es ereignete sich, dass er am Sabbat durch ein Kornfeld ging. Seine Jünger begannen, während sie mit ihm gingen, Ähren abzureißen. Pharisäer fragten ihn: „Sieh dir das an! Warum tun deine Jünger am Sabbat Dinge, die uns nicht erlaubt sind?“

Mk 2,23 bis 24

Ernten am Sabbat (i) ist verboten. Jesu Antwort ist biblisch. Er verweist auf David. Das Beispiel sprengt alle Normen. Es wird nicht gesagt, David habe auch Kornähren am Sabbat ausgerauft und so seinen Hunger gestillt. David stiehlt Schaubrote vom Altar (!), um sich und seine Mannschaft zu sättigen. Diese Brote sind Gottes Brot, das vom Erntedankfest her auf dem Altar liegt. Niemand darf es wegnehmen oder essen, weder am Alltag noch am Sabbat (1Sam 21,2 ff.).

Der Streit, ob man am Sabbat dieses oder jenes tun darf oder nicht, wird eher nebenbei beantwortet. Die Pharisäer (i) hätten zu Recht von einem unpassenden Beispiel sprechen können. Die Geschichte macht eine über den Sabbatstreit hinausgehende Aussage. Jesus hebt die Unterschiede zwischen Heiligem und Profanem auf. Der Mensch rückt in die Mitte, sein Hunger, sein Durst, sein Leben, seine Zukunft. Um des Menschen Bedürftigkeit willen darf Heiliges profaniert werden, so Jesus. Was dem Menschen gut tut, ist heilig. Der Mensch ist nicht für den Sabbat da, sondern umgekehrt, der Sabbat für den Menschen, so Jesus: „Der Mensch ist Herr über den Sabbat!“ Es wird jede fromme Abgrenzung und Einteilung hinterfragt, das Heilige an sich. Das Heilige heiligt sich in lebensbejahender Menschlichkeit. Das Religiöse wird am Maßstab des Menschlichen, wie es sich aus dem Glauben an den biblischen Gott entfaltet, gemessen. Jesus stellt so jeden religiösen Kodex in Frage, nicht nur die Sabbatheiligung. Die Überlegungen, ob Heilungen am Sabbat erlaubt sind, ob gefastet werden soll oder nicht, sind Fragen von gestern!

Die Radikalität Jesu tritt offen zu Tage. Jeder kann sie wahrnehmen – und wird sich für oder gegen den Rabbi Jesus entscheiden müssen. Die Frage, ob Jesus und seine Nachfolgerinnen und Nachfolger – Menschen, die wie er denken – am Galgen enden oder noch einmal glimpflich davon kommen, ist bis heue aktuell.

Gott, bringe deine, meine, unsere Menschlichkeit in den Mittelpunkt, auch in meinem Leben, dass ich Mensch werde, Menschlichkeit ausstrahle an Mensch und Natur. Denn du wurdest Mensch in Jesus. Danke. Amen.

Berufung

Er stieg auf einen Berg und berief die zu sich, die er um sich haben wollte. Diese kamen zu ihm. Er bestimmte zwölf. Die sollten bei ihm bleiben. Diese würde er aussenden. Sie sollten predigen und die volle Macht haben, Dämonen auszutreiben. Mk 3,13 bis 15

Indem Markus die literarische Gattung des Evangeliums schuf, entwickelte er erzählend die Kernbotschaft des Paulus weiter: „Jesus, Gottes Sohn, leidet, wird verfolgt und zum Tod verurteilt, stirbt am Kreuz und wird gerade aus dieser verheerenden Niederlage zu einer Zukunftshoffnung für seine Jünger."

Aus der Grabeshoffnung wächst die messianische Bewegung. Zu deren engerem Kreis gehören zwölf Jünger. Einer von ihnen, Judas, verrät Jesus, nimmt sich anschließend das Leben. Matthias wird aus dem Kreis der nachösterlichen Gemeinde hinzugewählt, sodass die Zwölfzahl wieder stimmt (Apg 1,2 ff.). Sie steht für die zwölf Stämme Israels: Ganz Israel soll in dieser Endzeit wiederhergestellt werden. So wie Mose auf einen Berg steigt, um die befreiende Gottesordnung, die Gebote, zu empfangen (Ex 19,20 ff.) und wie Mose vor seinem Tod die Zukunft Israels von einem Berg herab schaut (Dtn 34,1 ff.), so auch Jesus, dessen Vision vom Reich Gottes in der Tradition des Ersten Testaments ankert. Jesus aktualisiert die biblische Botschaft für sein Zeitalter.

Vier Zwölferlisten bietet das Zweite Testament, die nur leicht variieren. Ein Name, Taddäus, taucht bei Lukas – im Evangelium und in der Apostelgeschichte – nicht auf. Dafür steht bei ihm der Name Simon, der Zelot (i). Es lohnt, sich die Jüngernamen anzuschauen. Zwei Untergrundkämpfer gehören zum Kreis, Simon, der Zelot, Judas Iskariot, der zu den Sikariern (i), den *Dolchleuten*, zählt, die bewaffnet gehen und Römer, auf die sie treffen, hinterrücks ermorden. Zeloten und Sikarier stürzen dreißig Jahre später Juda in einen gnadenlosen Krieg. Jakobus und Johannes nennt Jesus (griech.) Boanerges, *Donnersöhne*, keine Sanftmutengel. Was für ein Haufen! Sie kommen aus verschiedenen Berufen, gehören verschiedenen Klassen an. Matthäus ist Zöllner, vielleicht sprach er Griechisch. Auch Philippus redete wohl Griechisch, er hätte sonst nicht zwischen Jesus und Heiden, wie Johannes erzählt, vermitteln können (Joh 6,5 ff.). Simon und Andreas sind Fischer. Einige kommen aus der Schule Johannes des Täufers (vgl. Joh 1,35).

Mein Gott, so ist Kirche, und ich mittendrin! Was für ein Haufen, was für Leute! Sammle uns, deine bunte Gemeinde! Amen.

Eine Heilung besonderer Art

Sie fuhren an das jenseitige Seeufer in die Gegend der Gerasener. Als er aus dem Boot stieg, rannte ihm sofort ein Mensch aus den Grabhöhlen vor der Stadt, in denen er hauste, entgegen. Ein unreiner Geist hielt ihn gefangen.
Mk 5,1–3 *Keine Ketten konnten ihn binden.*

Niemand kann den Rasenden bändigen, zu oft zerriss er die Ketten. Er ist nicht zur Vernunft zu bringen, schlägt sich mit Steinen blutig. Als er Jesus sieht, fällt er nieder und bittet ihn, wegzugehen. Jesus, der den Rasenden heilen will, fragt nach seinem Namen. „Legion!“ lautet die Antwort. Die unreinen Geister, die im Besessenen hausen, wollen in der Gegend bleiben. Jesus verbannt sie in eine Schweineherde, die sich in den See stürzt und ersäuft. Die Leute erleben, wie der Verrückte Vernunft annimmt, erfahren vom Tod der Säue. Sie bitten Jesus, er möge sie verlassen. Der Mensch, der zur Vernunft kommt, will sich Jesus anschließen. Jesus rät, er solle im Zehnstädtebund berichten, was ihm geschehen sei (Mk 5,1–20).

Wie macht Markus seine Botschaft plastisch? Indem er real und zugleich verborgen erzählt. Es gibt eine Geschichte in der Geschichte. Josephus (i), der die Geschichte des Judäischen Krieges (i) aufschrieb, berichtet: Nach Ausbruch der Revolte wurden Gerasa und umliegende Städte von jüdischen Rebellen angegriffen. Die Städte rächten sich an jüdischen Einwohnern, die Gerasener nicht. Sie entließen ihre Juden in das Niemandsland, wo einige elend zwischen den Fronten hausten. Indem Markus die Heilung eines Besessenen aus Gerasa erzählt, verdeutlicht er, wie Jesus in Kriegswirren Frieden stiftet, zur Vernunft bringt, den jüdischen Gerasener und andere. Jesus verzichtet auf militärische Gewalt. Der Name der unreinen Geister aber, Legion, weist auf die Römische Legion hin, die dort kämpfte, deren Standarten und Helme ein Eber als Legionssymbol ziert. Und der wilde Typ aus Gerasa, den Jesus bändigt? Der Aufständische Simon, der noch im belagerten Jerusalem gegen die Zeloten (i) um die Macht kämpft, ein Verrückter, der mit seinen Räubern zeitweilig in Höhlen wohnte, kommt aus Gerasa.

Und die Botschaft des Markus? Die Macht Gottes wirkt im auferstandenen Jesus, bringt Menschen zur Vernunft, lässt Militärmacht im Meer ersaufen, wie es den Ägyptern geschah, nun den Römern. Das Evangelium von Jesus, dem machtlos Mächtigen, steht im Zehnstädtebund auf. Einer, der es erfuhr, ruft es vor Ort aus und eine Gemeinde entsteht.

Gott, du verhüllst deine Macht und zeigst sie doch dem, der dir vertraut, auch mir. Amen.

Zwei Frauen

Als Jesus an das andere Ufer zurückgesegelt war, sammelte sich eine große Volksmenge um ihn. Noch am See stürzte einer der Synagogenvorsteher auf ihn zu, Jairus. Als der Jesus sah, warf er sich vor ihm nieder und flehte: „Mein Töchterchen liegt im Sterben. Komm, lege ihr deine Hände auf. Nur so kann sie noch gerettet werden und bleibt am Leben!" Jesus ging mit ihm. Mk 5,21–24

Zwei Geschichten werden verwoben. Die Erzählung von der Auferweckung der Tochter des Jairus und der Bericht von der Heilung der blutflüssigen Frau sind ineinander gefügt, um die Spannung zu steigern. Ich lese mehr. Die Tochter des Synagogenvorstehers ist zwölf Jahre alt: jetzt eine (jüd.) Batmizwa, eine *Tochter der Pflicht*, Konfirmandin würden wir sagen. Sie erfährt zugleich, dass sie eine Frau ist. Bisher durfte sie in der Synagoge spielen, war bei allem dabei. Nun, da sie erwachsen wird, spürt sie den Unterschied zwischen Mann und Frau. Eine Frau hat in der Synagoge nur eine zweitrangige Heimat. Sie ist wenig, die Männerwelt ist alles. Von einem Tag auf den anderen steht sie draußen, hat ihre Frauen-, ihre Außenseiterrolle. Diese Erfahrung verkraftet sie nicht. Ein Trauma fällt auf sie: „Warum wurde ich als Frau geboren? Warum kommt dieses Verhängnis über mich, ein seelischer Tod, der körperliche Verwüstungen nach sich zieht?" Die andere Frau ist so lange krank, wie die Tochter des Jairus alt ist: zwölf Jahre. Sie gehört nicht zu den normalen Kranken: Husten, Schnupfen, Heiserkeit. Sie hat Blutungen, zwölf Jahre lang, ohne aufzuhören. Blutungsunreinheit, schlimmste Pest in den Augen der Männer, macht sie krank, nicht gesellschaftsfähig, kultisch unrein!

Durch die Zwölfzahl ihrer Leidensjahre sind die Frauen verbunden, Symbolgestalten für das feminine Außenseitertum in den zwölf Stämmen Israels. Jesus macht beide gesund, stellvertretend für alle Frauen dieser Erde. In seiner Messianität richtet er das Reich Gottes für Frauen auf. Sie werden freigesprochen, sind gleichberechtigte Partnerinnen des Lebens! In der Messiasgemeinde, die sich noch über die Frauenemanzipation entsetzt, wird sich nach Ostern das Frauenwunder weiter entfalten (Mk 5,21–43; Apg 21,9; 9,36). Talita kumi, *Mädchen, steh auf!*, sagt Jesus. Weggeschobene, Frauen, werden in das soziale Leben der Gemeinde geholt, in die heilende Mahlgemeinschaft: die Gemeinde – ein Ort der Frauenbefreiung. Im Messias Jesus wird sie vorbereitet und erlebt.

Du lädst uns gemeinsam an deinen Tisch, schließt uns zur Gemeinschaft aller Frauen und Männer zusammen, Gleichberechtigte in deiner Gemeinde! Halleluja! Amen.

Aussendung

Er rief die Zwölf zu sich, um sie auszusenden, je zwei zu zwei. Er gab ihnen Macht über die Dämonen. Sie sollten nur einen Wanderstab mitnehmen, kein Brot, keine Tasche, kein Gürtelgeld. Schuhe ja, aber nicht einmal ein
Mk 6,7–9 *Wechselhemd.*

Die Urgemeinde missioniert. Mit glühendem Eifer wird das Evangelium vom Messias Jesus in die Welt getragen. In die Welt? Zunächst sind die Zwölf zu den zwölf Stämmen Israels gesandt. Ehe es ein Gottesreich aller Völker geben wird, soll Israel zum Herrn umkehren. Diesen Weg zu den verlorenen und vergessenen zwölf Stämmen Israels ist Jesus gegangen. So stellt es Markus dar. Das Itinerar, die Skizze des Weges, den Markus Jesus mit seinen Jüngern ziehen lässt, ist aufschlussreich: Jesus und seine Jünger besuchen das Altstammesland Israels, wo Juden wohnen.

Und die Predigt der Zwölf? Sie bleibt nicht Predigt. Sie greift ins Leben. Die verödete, verwüstete Soziallandschaft wird von Grund auf erneuert. Alle Unreinheit, Einsamkeit, Abschiebung wird in Reinheit, Gemeinschaft und Integration verwandelt. Menschen werden neu zum Frieden, zur Liebe und Gemeinschaft geboren. Der messianische Weg der Jünger ist ein Weg in Wort und Tat. Daraus wächst Gemeinde in Wort und Tat, in Israel und überall (Mk 6,7–13).

Nichts wächst, keine Saat geht auf ohne Vorbild. Zum (hebr.) am ha arez, zum armseligen *Landvolk*, kommen die (hebr.) anawim, die *Armen* (i), deren Lebensstil die freiwillige in Gott begründete Armut ist, wie Jesus selbst als Armer lebt, als Demütiger (Ps 25,9), worauf Paulus fünfzehn Jahre nach dem Tod Jesu verweist (2Kor 8,9).

Jesus steht in einer Linie mit Menschen der Bibel, die sich als Arme, auch als Gerechte bezeichnen, Juden, die von ihren Landsleuten kritisch gesehen und oft genug umgebracht werden, weil sie nicht in das Konzept ihrer Regierungen passen. Fast alle Propheten gehen diesen Weg. Jesus sieht sich in dieser Rolle: ein Jude, ein Gerechter, der in selbst gesuchter Armut mit anderen lebt. Er stirbt gewaltsam unter dem Druck von Menschen, an ein Kreuz genagelt, von Gott berufen, zum Messias erhöht.

Jesus, in deinem Namen sind Menschen unterwegs, dass dein Messiasreich wachse, hier und jetzt, auf dieser Erde. Ich soll in deinem Namen leben, gestalten, ein Armer unter Armen, ein Helfer, dem selbst geholfen wird, Jünger, Jüngerin, trotz Leid, Dunkelheit, Hunger, Krieg und Tod. Dein Reich komme! Ja, komm, Herr Jesus. Amen.

Stille auf dem Meer

Am Abend dieses Tages schlug er ihnen vor: „Wir wollen an das andere Ufer fahren.“ Sie schickten das Volk weg und nahmen ihn, wie er war, an Bord. Es waren andere Boote in seiner Nähe. Es kam ein großer Windsturm auf. Die Wellen schlugen in das Boot, es lief voll. Er befand sich achtern, schlief auf dem Steuermannskissen. Mk 4,35 bis 38

Zweimal kommt diese Geschichte bei Markus vor: Jesus und die Jünger im Boot, das wütende Meer. Der Messias bedroht Wind und Wellen, das Meer wird still. Beide Geschichten spielen auf dem See Genezareth, in der ersten fährt Jesus mit hinaus, in der zweiten geht er zu den Jüngern im Boot über das Meer (Mk 4,35–41; 6,45–56). Zweimal bittet er seine Jünger, sich nicht zu fürchten. Nach der ersten Erfahrung heilt er, aus Galiläa kommend, im Zehnstädtebund den Gerasener (vgl. 10.3.). Nach der zweiten Stillung heilt er Menschen, die ihm auf Tragen gebracht werden, in der Gegend von Kapernaum und Magdala – eine Sammmelnotiz über Heilungen.

Ein und dasselbe Motiv kommt bei Markus zweimal vor, ein Charakteristikum des Markus, Jesusgeschichte zu schreiben, die verhüllt Kirchengeschichte erzählt. Er schildert Erfahrungen, die Menschen mit dem irdischen Jesus machen, die zugleich Christuserfahrungen der Urgemeinde sind, vom auferstandenen Gottessohn gewirkt. So, wie die Jünger zu Lebzeiten Jesu zweifeln und verzweifeln, so erst recht, wenn das Boot, ein Schiff, das sich Gemeinde nennt, allein im Meer der Zeit treibt. Der Herr ist gegenwärtig, kommt über das Meer – das Meer der Zeit, des Alltags, beschwört es. Das Meer wird still.

Steigerungen sind in beiden Geschichten verborgen. Mose ging durch das Wasser (Ex 14,15 ff.), Jesus kommt über das Wasser. Der Rabbi kann aufkommende Unruhe vom Boot aus stillen. Vor Ostern ist er im Boot. Nach Ostern erscheint er der Gemeinde, kommt aus der Ferne auf sie zu. Man empfindet ihn als Gespenst. Was ist der Auferstandene? Ein Untoter? Er offenbart sich als der lebendige Gott, der Gemeinde bildet, sie segnet und heilt. Die Menschen eilen zu ihm, vertrauen ihm. Jesus glättet Wogen, stillt Stürme des Lebens, bringt der Gemeinde Boden unter die Füße. Er ist der Herr, Gott selbst, der Jona aus dem Meer errettet (Jona 1,1–16; 2,1–11; 3,1), im Seesturm Rettung schafft (Ps 107,23–32).

Jesus, Messias des Vertrauens und des Friedens, du kommst über das tobende Meer und machst es still. Du verführst nicht, du führst nicht ins Verderben. Du rettest, heilst, stiftest Frieden, danke! Du bist bei mir. Amen.

Zwei Mahlzeiten

Die Apostel sammelten sich um Jesus. Sie berichteten ihm alles, ihre Taten und ihre Lehre. Er sprach zu ihnen: „Sammelt euch an einsamer Stätte, ruht euch dort aus." Denn viele kamen und gingen. Sie hatten nicht einmal Zeit
Mk 6,30 f. *zum Essen.*

Die Apostel fahren mit dem Boot an eine einsame Stätte, ohne Jesus. Jesus ist da, als sie aussteigen. Die Leute laufen ihnen nach. Sie tun Jesus leid, Schafe ohne Hirten. Er predigt. Am Abend wissen die Apostel nicht, was sie mit den Leute machen sollen. Predigen? Ja! Den Hunger stillen? Nein! „Gebt ihr ihnen zu essen", ruft Jesus. Fünf Brote und zwei Fische zeigen sie vor. Jesus gebietet, die Leute sollen sich tischweise lagern. Er segnet Brot und Fisch. Alle essen und werden satt, fünftausend Menschen. Zwölf Körbe voll bleiben übrig. Zwei Kapitel später findet sich eine ähnliche Geschichte, wieder in der Wüste. Drei Tage predigt Jesus, die Leute sind hungrig, durstig, müde. Wieder lagert sich das Volk auf Jesu Bitte. Diesmal weisen die Jünger sieben Brote und etwas Fisch vor. Viertausend werden satt. Sieben Körbe voll bleiben übrig.

Der irdische Jesus hält mit den Jüngern Mahlzeiten, feiert das ankommende Reich Gottes. Beide Markusgeschichten spiegeln das wider (Mk 6,30–44; 8,1–9). In der Urgemeinde werden diese Liebesmahle fortgesetzt, vertieft (Apg 2,42–46). Es gibt Streit zwischen aramäisch und griechisch sprechenden Gemeindemitgliedern. Sieben Männer werden gewählt, die Tisch- und Verkündigungsdienste bei den Griechen übernehmen (Apg 6,1–7). Die Markusberichte erzählen also auch Erfahrungen der Urgemeinde im Gewand einer Jesusgeschichte. Fünf Brote? Zwei Fische? Der Fisch ist das Zeichen messianischen Glaubens, aus der Jonageschichte entwickelt. Fünf Brote stehen für die fünf Bücher der Thora! Gib zwei messianischen Menschen die fünf Bücher Mose in die Hand, sie werden durch alle Weltzeitalter die Menschen satt machen. Tausend ist im Jüdischen Synonym für ein Zeitalter, davon gibt es nach der Tradition fünf, also fünftausend!

Die zweite Geschichte spielt im griechischen Raum: Sieben Brote, sieben Diakone, etwas Fisch, etwas Glauben! Warum werden diesmal viertausend satt? Die Griechen kennen vier Weltzeitalter.

Gott, dein Wort ist geheimnisvoll und groß. Lass mich die verborgene Sprache des Messiasglaubens lernen. Lehre mich zu teilen, bis die Not aufhört und alle satt werden, das größte Geheimnis dieser Geschichten. Amen.

Unrein und rein!

„Was der Mensch ausscheidet, verunreinigt ihn. Denn von innen, aus dem Herzen der Menschen, treten schmutzige Gedanken: Geilheiten, Diebstähle, Morde, Ehebrüche, Begehrlichkeiten, Bosheiten; List, Zügellosigkeit, Neid, Lästerei, Stolz, Unbesonnenheit. All dieses Böse scheidet der Mensch aus, und das verunreinigt ihn." Mk 7,20 bis 23

Markus bringt in seine Erzählgeschichten Reden und Aphorismen Jesu ein. Oft geht er von einer Lebenssituation aus und kommt zu einer Spruchweisheit. Oder er illustriert eine Erkenntnis durch eine Geschichte, wie hier.

Die Auseinandersetzung mit den Pharisäern (i) über Vorrangiges und Nachrangiges, über Rein und Unrein (Mk 7,1–13.14–23) mündet in die Erzählung von einer Syrophönizierin und ihrem Kind (Mk 7,24–37). Sie, eine vornehme Griechin, eine Ausländerin, trifft Jesus, bittet ihn öffentlich, er möge ihrer Tochter helfen, die von einem bösen Geist besessen sei. Man solle nicht den Kindern das Brot wegnehmen und es den Hunden hinschmeißen, reagiert Jesus scharf. „Und doch", entgegnet die Frau demütig, „fressen die Hunde von den Resten, die die Kinder übrig lassen!" Die kluge Ausländerin zitiert ein jüdisches Sprichwort, zugleich eine jüdische Tierschutzregel. Wenn man bedenkt, dass „Hund" eine bösartige Bezeichnung für einen Fremden ist! „Wegen dieses Wortes fährt der böse Geist aus deiner Tochter aus", antwortet Jesus. Die Frau geht nach Hause und findet ihre Tochter auf der (griech.) kline, nicht auf dem Krankenbett, wie man meinen könnte, sondern auf einem der *Liegesofas*, die den Symposiumsraum schmücken und zum Mahl einladen.

Die Erzählung, die Anhalt am historischen Jesus sucht, wird in die Entwicklung der nachösterlichen Gemeinde hinein erzählt. Diese, eher eine Gemeinschaft der Armen, hält ihr Festmahl. Das integriert schließlich auch dieses Ausländerkind, das bisher alle wegschoben und ausluden. Die messianische Hausgemeinde nimmt alle auf, sogar ausländische Kinder und Jugendliche. Während Jesus Ausländermission kaum ins Auge fasst, sondern die Reste des Judenvolkes zum Gottesreich sammelt, drängen nach Ostern Sympathisantinnen und Sympathisanten des Judentums in die Messiasgemeinde hinein. Soll sie aufnehmen oder doch abwehren? Wo Syrer und Griechen jüngst Pogrome gegen Juden anzettelten?

Gott, wenn die Gemeinde dem Messias treu bleiben will, öffnet sie sich allen. Ich soll jeden und jede annehmen, aufnehmen und lieben und so rein werden und leuchten von innen. Amen.

Verflechtungen

Jesus wanderte mit seinen Jüngern weiter in die Dörfer bei Caesarea Philippi. Unterwegs befragte er seine Jünger: „Für wen halten die Leute mich?" Sie gaben ihm zur Antwort: „Einige halten dich für Johannes den Täufer, einige für Elia, andere für einen der Propheten." Da fragte er sie: „Und ihr, für wen haltet ihr mich?"

Mk 8,27 bis 29

Ein Blinder erkennt Menschen, die wie Bäume umhergehen, dann sieht er schärfer. Das geschieht in Betsaida, in *Fischershausen*, einen Ort am See Genezaret (Mk 8,22 ff.). Aus Betsaida stammen auch Petrus, Philippus und Andreas: Fischer werden zu Menschenfischern und können doch, wie die Pharisäer, weniger erkennen als dieser Blinde (Mk 8,14–26; Joh 1,44; 12,21).

Jesus wandert in die Gegend von Caesarea Philippi. Dort erklärt Petrus Jesus zum Messias! Was er bekennt, darf nicht publik werden. Zu riskant sind diese Vorstellungen. Jesus bedeutet daraufhin seinen Jüngern: Der Menschensohn (i) müsse leiden, werde vom Establishment verworfen, getötet, am dritten Tage auferstehe er. Dieses Bekenntnis ist öffentlich. Petrus aber will keinen leidenden, sterbenden Menschensohn, sondern einen Siegermessias. Jesus weist ihn deshalb scharf zurecht. Er soll die landläufige Meinung, der Messias werde zum Volksbefreier, aufgeben. Ein solches Messiasbild sei satanisch, Versuchung und Irrtum in einem (Mk 8,27–33).

Es folgen Verse über die notwendige Leidensbereitschaft der Jünger in der Spur Jesu: „Was hilft es dem Menschen, wenn er die Welt gewinnt und seine Seele nimmt Schaden?" Nachfolge ist Kreuzesnachfolge, Widerstand gegen Lärm und Gewalt der Welt. Trotzdem erleben Menschen im Leiden das Gottesreich, das jetzt in den Wehen liegt (Mk 8,34–9,1).

Die Ortsnamen Betsaida und Caesarea Philippi schlüsseln auf: Petrus, aus Betsaida stammend, blinder als ein Blinder aus dem gleichen Ort (Joh 1,44; Mk 8,22–26), kreiert Jesus an dem Ort zum Siegesmessias, an dem die Römer ihren Antiterrorfeldzug gegen das aufständische Juda beginnen, in Caesarea! Dort sagt Jesus zum landläufigen Messiasbild nein. Im Bild des Menschensohns zeichnet er eine andere Hoffnung: Die zukünftige Menschheit steht im Bild des Menschensohns auf, im mitleidenden Menschen, der gewaltfrei Frieden schafft, der Messias in uns.

Gott, wir Christen sind nicht deine kämpfende Truppe, sondern Menschen, die dem Messias der Liebe folgen, unterwegs in die neue, menschenwürdige Zukunft des Menschensohns unter uns. Mach mich sehend, aus täglicher Berührung! Amen.

Verklärung

Und nach sechs Tagen nahm Jesus mit sich Petrus, Jakobus und Johannes und führte sie auf einen hohen Berg, nur sie allein. Und er wurde vor ihnen verklärt: Seine Kleider wurden hell und sehr weiß, wie sie kein Bleicher auf Erden so weiß machen kann. Und es erschien ihnen Elia mit Mose und sie redeten mit Jesus. Mk 9,2–4

Petrus, verwirrt, will sofort ein Fest initiieren. Für die drei religiösen Führer des Messiasvolkes, Mose (i), Elia (i) und Jesus, soll je eine Laubhütte errichtet werden. Eine Wolke überschattet sie. Das Verb (griech.) episkiadsein wird in der Bibel gebraucht, um darzustellen, wie Gott *verhüllt nahe kommt* (Ex 40,35). Eine Stimme geschieht: „Dies ist mein lieber Sohn, den sollt ihr hören!" Als die Jünger um sich blicken, sehen sie nur Jesus.

Die Gottesstimme erklärt Jesus tatsächlich zum Propheten und Sohn, rückt ihn in die Nähe von Mose und Elia. Freilich sind die Jünger anschließend wieder mit Jesus allein (Mk 9,2–13). Elias und Moses Anwesenheit bestätigt den Messias in seinem Führungsamt, versieht ihn mit der Autorität des Mose und des Elia. Jesus, der aus Gottes Wort des Ersten Testaments lebt, ist der Bringer des Heils, Ausleger und Täter des Gesetzes Gottes auf zeitgenössische Weise.

Ob denn nicht Elia vorher komme. „Elia", lautet die Antwort, „ist erschienen. Sie machten mit ihm, was sie wollten, wie die Schrift es sagt", eine Anspielung auf das Schicksal Johannes des Täufers, der von Herodes (i) ins Gefängnis gesteckt und umgebracht wurde. Von den Jüngern wird Jesu Sohnschaft verhüllt erlebt, verborgen. Sie erkennen den Sohn nicht, missverstehen seine Worte und Taten, seinen Sohnestitel. Sie akzeptieren den Leidensweg nicht. Markus, der aus dem Osterglauben lebt und lehrt, zeichnet den vorösterlich verborgenen Gottessohn als gequälten Gottesknecht (i), als Rufer, als zerbrechendes Vorbild, wie die Gottesknechtlieder es singen. Der Knecht stirbt stellvertretend für die vielen. Mit Zitatenanklängen aus dem Ersten Testament wird das belegt (Ps 2,7 ff.; Jes 42,1). Psalm und Prophetentext bekennen, dass mit der Herrschaft des Gesalbten eine Zeit des Rechts und der Hoffnung für Unterdrückte aufzieht: „Gott gibt dem Messias die Völker zum Erbe und die Erde zum Eigentum. In Treue wird der Knecht die Wahrheit unter die Völker tragen!" Nach sechs Tagen geschieht die Verklärung, auf hohem Berg? Auf dem Gottesberg bricht der Weltensabbat an. Zu Osten wird dieses Geheimnis enthüllt!

Gott, dein Messiasgeheimnis ist groß, deine Liebe gewaltig.
Amen.

Zwischen den Zeiten

Sie wanderten von dort weiter und zogen durch Galiläa. Jesus wollte nicht, dass jemand davon erführe. Er klärte seine Jünger auf: „Der Menschensohn wird an Menschen ausgeliefert werden, die ihn umbringen werden. Aber der so umgebracht wird, wird nach drei Tagen auferstehen.“ Sie verstanden dieses Wort nicht und hatten Angst, ihn zu fragen.

Mk 9,30 bis 32

Es gibt drei Leidensansagen Jesu bei Markus, die die übrigen Synoptiker übernehmen. Die *erste* Ansage in Caesarea Philippi ist öffentlich. Sie folgt auf das Messiasbekenntnis des Petrus (vgl. 16.3.). Jesus sagt die drohende Eskalation an, er werde leiden und sterben müssen. Petrus ist nicht einverstanden und – wird scharf gerügt. Die Mahnung, Nachfolge nicht als Herrschaft, sondern als Dienst zu begreifen, verschärft die Spannung (Mk 8,31–33; 8,34–9,1).

Die *zweite* Leidensankündigung in Galiläa spitzt zu: Wie das Messiasleiden nicht akzeptiert wird, so auch kein Leiden der Nachfolgenden! Die ersten Christengemeinden streiten, ob Leiden zur Nachfolge gehört und wer das Sagen in der Gemeinde hat. Fragen über Fragen, auf die der Christus Antwort gibt: Führungsansprüche? „Die Ersten werden die Letzten sein!“ Wer gehört zur Gemeinde? „Wer nicht gegen uns ist, der ist für uns!“ Wenn ich selbst zum Abweichler werde? „Die Verführungshand abhauen!“ Aber auch: „Haltet Frieden untereinander!“ Kinder in der Gemeinde? „Nur wer wie ein Kind fühlt, ist reif für das Gottesreich.“ Und Reiche? „Eher schlüpft ein Kamel durch ein Nadelöhr, als dass ein Reicher ins Reich komme!“ Die Antworten Jesu münden in Aperçus ein (Mk 9,30–32; 9,33–10,31).

Die *dritte* Ankündigung des Leidens ergeht unterwegs nach Jerusalem. Jesus rät seiner werdenden Kirche, ihren Weg aus seinem Weg heraus zu verstehen: als Dienst, der alle Zukunftsrisiken auf sich nimmt. Er antwortet als der ins Sterben gehende Menschensohn (i). Der Machtverzicht des Messias wird zum Aufruf an die nachösterliche Jesusgemeinde (Mk 10,32–34. 35–45). Alles spitzt sich auf die Frage zu, wie sich die Lebensgemeinschaft der Kirche als Dienstgemeinschaft von Menschen versteht, die ganz und gar aus dem Demutsdienst lebt, den der Menschensohn ihr bis heute erweist (Mk 9,33–10,31).

Gott, ich muss lernen, dass Jesu Kreuz eine ethische Dimension hat, im Denken und Leben einer offenen, dienenden und diakonischen Kirche. Lass mich dienen, wo ich herrschen will, hingeben, wo ich festhalten, mich öffnen, wo ich mich verschließen will. Amen.

Nach drei Tagen

Sie waren auf ihrem Pilgerweg hinauf nach Jerusalem. Jesus ging vor ihnen her. Entsetzen ergriff sie. Die ihm trotzdem folgten, hatten Angst. Er berief die Zwölf nochmals zu sich, um ihnen mitzuteilen, was ihm zustoßen werde: „Siehe, wir ziehen nach Jerusalem hoch. Der Menschensohn wird den Hohepriestern und Schriftgelehrten ausgeliefert. Sie werden ihn zum Tod verurteilen und der Staatsmacht überstellen. Die wird ihr Spiel mit ihm treiben, ihm ins Gesicht spucken, ihn foltern und umbringen. Nach drei Tagen wird er auferstehen." Mk 10,32 bis 34

Diese dritte Leidensansage, auf dem Weg nach Jerusalem, mündet wieder in einen Nachfolgestreit ein, den Jakobus und Johannes führen. Jesus zeigt die Grundstruktur auf: „Weder der Menschensohn noch die Jünger sind zum Herrschen auf die Welt gekommen, sondern zum Dienen!" (Mk 10,35–45)

Stellvertretend für das Volk wird einem blinden Bettler im Stadttor zu Jericho der Durchblick geschenkt. Jesus fragt ihn, was er wolle? „Mein Rabbi, auf den ich alle Hoffnung, allen Glauben an Gott setze, schenke mir, dass ich sehend werde", antwortet er. Er will keine Ämter im Reich Gottes, keine Führungsposten in politischen Gremien, weder in der Kirche noch in der Welt. Er will durchblicken. Das wird ihm gewährt. Er wird sehend (10,46–52). Was wird er sehen? Diese Welt, wie sie ist, und den Weg Jesu. Der Messias aus Galiläa kommt bis ins südliche Jericho, wo der großkotzige Herodes (i) seinen Winterpalast hat, lässt sich hier, im Nebenzentrum der Macht, als Nachkomme des Königs David anrufen, ohne Angst, ohne Widerspruch, denn der Blinde will keinen Politkönig Jesus. Der Messias der Armen kommt bis vor Qumran (i), der strengen Glaubensfeste am Toten Meer, um zu segnen und zu heilen.

Was wird der Blinde erkennen? Die Auferstehung des Menschensohns (i) am dritten Tag! Des Menschensohnes? Damit ist der Mensch Jesus gemeint, der aus seinem Tod heraus mich und alle Welt zum Leben bewegen wird. Ich und die Menschheit sind gemeint, verfasst im Menschensohn Jesus! Auferstehung (i) am dritten Tag beinhaltet auch meine Hoffnung auf einen neuen Weltenabschnitt, auf neue Menschen, die wie der Messias auferstehen.

Mein Gott, lass mich hören, verstehen und tun, was der Messias von mir erwartet. Er ruft mich, Mensch zu werden, menschlich zu bleiben, andere in das wirkliche Menschsein einzuladen. Amen.

Einzug

Als sie vor Jerusalem angekommen waren, nach Betfage und Betanien an den Ölberg, schickte er zwei Jünger los: „Geht in das Dorf gegenüber. Wenn ihr in den Ort hineinkommt, findet ihr dort ein an einen Pfahl angebun-
Mk 11,1 f. *denes Eselsfohlen, das niemand bisher einritt. Bindet es los und bringt es her."*

Die Jünger nehmen den Auftrag an, suchen das Füllen, finden es, binden es los. „Was wollt ihr mit dem Tier?" – „Der Herr braucht es, er lässt es wieder zurückbringen!" Der Esel kommt zu Jesus. Er wird mit den Kleidern der Jünger belegt, Jesus reitet auf dem Eselsfüllen in die Stadt ein. Viele breiten ihre Kleider aus, schmücken den Weg mit Zweigen, mit dem Eselsreiter zieht ein Haufen von Menschen, singend: „Hosianna, gelobt sei, der im Namen Gottes kommt! Gelobt sei das Reich, das ankommt, das wiederhergestellte Davidreich!" Jesus und die Jünger gehen in den Tempel, kehren am Abend zurück. Quartier machen sie in Betanien am Ölberg, auch Betfage wird erwähnt. Die Ortsangaben haben Symbolcharakter: (Hebr.) Betfage, *Haus der Feigen*, und der Ölberg sind Messiasorte, ebenso Betanien, (hebr.) Betani, *Haus der Armut*. Feige und Feigenbaum sind Zeichen für messianischen Glauben (Sach 3,10). Der Ölberg ist der Berg der Endzeitentscheidung (Sach 14,4), den Armen gilt das Evangelium (Jes 61,1; Mk 11,1–11).

Der Bericht ist mit Anklängen an Psalmen- und Prophetentexte gespickt. Für die ersten Christen erfüllen sich mit dem Einzug des Messias in die Gottesstadt eine lange versprochene Verheißung und eine tiefe Sehnsucht des Gottesvolkes.

Der Friedensmessias zieht auf einem Eselsfohlen ein (Sach 9,9 f.). Das Heil kommt zum Zion: Dem Volk des Herrn erscheint der Herr (Jes 62,10 ff.). Jubelhymnen werden gesungen (Ps 118,25 f.). Ein Zeichen wird gesetzt: Der bescheidene Einzug auf einem nicht eingerittenen Eselsfüllen und der Gesang der Einziehenden stehen im Gegensatz – Ohnmacht des Kreuzes und Jubel zu Ostern, beides klingt an. Alles ist aus Bibelzitaten herausgelesen, eine wunderbare Verflechtung! Jesus schleicht sich weder wie ein Dieb in die Stadt noch kommt er kriegerisch rasselnd zu Pferd. Er zieht als Messiaskönig der Sanftmut und Demut ein. Insofern hat die Geschichte Anhalt am historischen Jesus.

Gelobt seist du, Christus, ich ziehe mit dir ein, jubelnd, und bitte dich, dass ich durchhalte, bei deiner Verurteilung gegenschreie, unter dem Kreuz nicht fehle und in das Osterlied mutig einstimme. Amen.

Feigenbaum und Tempel

Am nächsten Tag brachen sie von Betanien auf. Es hungerte ihn. Er sah in einiger Entfernung einen grünenden Feigenbaum. Er ging zum Baum, ob er etwas an ihm fände. Als er beim Baum ankam, sah er nur Blattzeug. Es war keine Feigenzeit. Da redete Jesus den Baum an: „Für alle Zeiten soll niemand mehr Früchte von dir essen!" Seine Jünger hörten mit, was er sagte. Mk 11,12 bis 14

Die Textpassagen verquicken sich. Jesus verflucht den Feigenbaum, wandert zum Tempel hoch, wirft die Wechsler aus dem Tempel, ein Zeichen, dass ein neues messianisches Israel neue Tempelverhältnisse braucht. Er beruft sich bei dieser Symbolhandlung auf die Schrift und findet am nächsten Morgen den Feigenbaum verdorrt, bis in die Wurzeln hinein. Wieder liegen die Jünger, vertreten durch Petrus, im Konflikt mit Jesus, der darum ringt, Glauben an Gott zu halten, Glauben, der Berge versetze und diesen Berg ins Meer versenken könne, wenn man ihn darum bitte. Gott werde schenken, was die Messiasbewegung erflehe. Diese müsse aber auch lernen zu vergeben, damit auch Gott ihr vergeben, was sie Übles getan habe. Es geht um den Messiasglauben Israels. Es existiert nur ein Israel. Altes und neues Israel sollen messianisch verschmelzen, so des Markus Hoffnung und Gebet (Mk 11,12–26).

Jesus kampiert in Betfage, im *Haus der Feigen*, und in Betanien, im *Haus der Armut*, das auf den zukünftigen Messias hofft. Feige und Feigenbaum sind Bilder des Messianismus, stehen für die Hoffnung, ganz Israel werde den messianischen Glaubens annehmen (Sach 3,10; Mk 11,13 f.). Aber der Feigenbaum trägt keine Frucht. Die Tempelaustreibung bestätigt: „Israel wird den messianischen Weg nicht gehen" (Mk 11,15–19). Das Ende der prophetischen Handlung Jesu – der Feigenbaum verdorrt – vernichtet den letzten Rest Hoffnung?

Trotzdem lädt Jesus ins Vertrauen ein. Der Vorschlag, Glauben zu zeigen, der Berge versetzt? Die Jesusgemeinde soll beten, dass Israel doch noch messianische Früchte trägt? Die Bitte aus dem Vaterunser, unvermittelt angefügt, Gott möge Schuld vergeben, wie wir unsern Schuldigern vergeben, ist sinnvoll und – hochaktuell: Es kam zu Brüchen und zur Schuldansammlung zwischen Israel und der Kirche. Die Bitte der Christen um Vergebung bringt die Hoffnung auf den gemeinsamen Weg zurück (Mk 11,20–26). Wer benötigte Vergebung, wenn nicht wir Christen?

Gott, Christen haben Juden verfolgt, weil diese den Messias ausgeliefert hätten. Lass mich dein Wort hören, deine Taten nachahmen, lieben, verzeihen, wie mir verziehen wird, auf deine Ankunft hin. Amen.

Weingärtner

Ein Mensch kultivierte einen Weinberg, umzäunte ihn, richtete eine Kelteranlage her und baute einen Wehrturm im Weinberg. Dann verpachtete er
Mk 12,1 *ihn an Winzer und zog außer Landes.*

Jesus, so heißt es, begann in Gleichnissen (i) zu reden: Der Weinbergbesitzer schickt einen Knecht. Er soll die Pacht abholen. Aber die Pächter schicken ihn heim. Der nächste kommt, wird blutig geschlagen, der übernächste getötet. So machen sie es mit all den Knechten. Schließlich schickt der Besitzer seinen eigenen Sohn. Dem werden sie schon nichts tun, denkt er. Aber die Pächter überlegen: „Das ist der Erbe, wenn wir den auch umbringen, gehört der Weinberg uns!" Sie ermorden den Sohn und werfen die Leiche vor den Weinberg. Was wird nun geschehen? Der Besitzer wird kommen, die Pächter töten und den Weinberg anderen geben. Begründet wird dieses Vorgehen des Besitzers mit einem Zitat aus einem Psalm: „Der Stein, den die Bauleute verworfen haben, ist zum Eckstein geworden. Vom Herrn sei dies geschehen, ein Wunder vor unseren Augen" (Ps 118,22 f.).

Hohepriester, Schriftgelehrte (i) und Älteste möchten Jesus, erzählt Markus, umbringen, fürchten sich aber vor den Emotionen des Volkes und schleichen sich vorerst davon (Mk 12,1–12). Das messianische Amt, in das der Menschensohn (i) berufen wird, zielt auf den einen Sohn Gottes, der, wie viele Söhne und Knechte Gottes vor und nach ihm, seinen Weg geht, seiner Beauftragung entspricht – und dabei in Leiden und Sterben umkommt, der prophetische Weg des Jesus von Nazaret. Das Gleichnis, das in der Urgemeinde populär wird, erzählt vom Sohn, der Knechtsaufgaben übernimmt. Gottessohnschaft wird nicht als substanzielle, physikalische Abhängigkeit des Gottessohnes vom göttlichen Vater gedeutet. Sie meint die Beauftragung zu einem Messiasamt, das zunächst in die Katastrophe führt. In der Ermordung des Sohnes durch die, zu denen er geschickt wird, wird jedoch die Sendung desselben bestätigt. Das Psalmenzitat belegt: Im Scheitern wird der Messias durch Gott beglaubigt. Wahrhaftiges Leben kann in Konflikt zur Welt führen.

Woher stammt die Vollmacht des Menschen Jesus (Mk 12,13–37). So fragen Führungskräfte. Jesus verweigert die Antwort, da sich die Besserwisser in der Gegenfrage zur Vollmacht Johannes des Täufers zurückhalten. Sie wissen angeblich nicht, woher dieser seinen Auftrag nahm, verhalten sich also taktisch klug? Dann will Jesus auch nichts weiter über sich selbst aussagen. Der Glaubende spürt intuitiv, dass Jesus der Sohn ist.

 Herr, ich glaube, hilf meinem Unglauben. Amen.

Fragestunde

Sie schickten ihm einige von den Pharisäern und den Herodianern auf den Hals, um ihn in seinen eigenen Worten zu fangen. Mk 12,13

„Rabbi, ja, wir wissen, du gehst den geraden Weg, blinzelst weder zu den Linken noch zu den Rechten hinüber. Sag uns, sollen wir dem Römerkaiser Steuern zahlen oder nicht?" Jesus lässt sich den berühmten Silbergroschen mit der Kaiserprägung bringen. Und fragt, was sie sehen? Sie antworten: „Das Kaiserbild!" Dann soll man dem Kaiser geben, was ihm zusteht. Er hat dabei im Hinterkopf, dass sie im Tempelbereich eigenes Geld für sich selbst prägen, das Tempelgeld, das den Rest einer jüdischen Selbstständigkeit belegt. Von diesen klug angelegten Geldern für die judäische Kriegs- und Kirchenkasse will er nichts wissen.

Aber das Scherflein der Witwe, die großherzig in den Spendenkasten (i) einlegt, was sie hat, ist ihm lieb. Der die Armen selig preist (Lk 6,20), steht zu den Armen, die Kriegskasse der antirömischen Untergrundarmee ist ihm fremd (Mk 12,13–17).

Ein Fragensturm folgt. Im Streit zwischen Pharisäern und Sadduzäern (i), ob es eine Auferstehung (i) gebe oder nicht, soll er auf diese oder jene Seite gezogen werden. Kluge Fragen, klügere Antworten: „Im Himmel werden die Menschen wie Engel sein." Und Gott ist ein Gott der Lebendigen. „Warum sprach er zu Mose als Gott Abrahams, Isaaks und Jakobs?" (Mk 12,18–27)

Das höchste Gebot? Es wird in gut jüdischer Manier das Doppelgebot der Liebe zitiert, man solle Gott von ganzem Herzen, von ganzer Seele, von ganzem Gemüt und mit allen Kräften lieben und seinen Nächsten wie sich selbst (Dtn 6,4 f.; Lev 19,18). Das sei mehr als alles Opfern. Wer so glaube und lebe, sei nicht weit vom Reiche Gottes entfernt!

Keine weiteren Fragen? O doch! Ob nicht der Messias ein Davidssohn sein müsse, ein Nachfahre des großen Königs? Die Antwort Jesu lautet: „David hat den Messias doch seinen Herrn genannt, wie man in den Psalmen nachlesen kann (Ps 110,1). Wie kann der Messias dann Davids Sohn sein? Vielleicht spielen Blutsverwandtschaften im messianischen Glauben wirklich keine Rolle?" Markus sieht es so (Mk 12,28–37).

Du Gott der Juden und Christen! Aus Bibelstellen wie der letzten wurde eine Endlosfabrikation von Judenhass, bis heute. Aber hier werden Zustände einer bestimmten Situation gegeißelt. Gott, dein Sohn Jesus, der Jude, gehört zu deinem Volk, steht zu ihm und stand den Pharisäern, unseren Geschwistern, nahe! Amen.

Endzeitspiegel

Während er aus dem Tempel ins Freie trat, meinte einer seiner Jünger: „Rabbi, was für Steine, was für Bauten!" Jesus antwortete ihm: „Du siehst große Bauten? Kein Stein bleibt auf dem andern. Alles wird zerstört
Mk 13,1 f. *werden."*

Jesu Endzeitrede ist vermutlich ein Flugblatt aus der jungen Christenheit. Jemand sieht die Wirren des Judäischen Krieges (i) kommen. Vielleicht tobt der Krieg bereits? Endzeitstimmung, Endzeitkriege, Endzeithoffnung! Der Tempel (i) wird im Jahre 70 n. Chr. zerstört, kein Stein bleibt auf dem anderen. Der Gräuel der Verwüstung wurde dort aufgerichtet? Zunächst meint dieser Hinweis eine Erinnerung an die Makkabäerkriege (i)! Damals stellten die besetzenden Syrer ein Standbild des Zeus im Tempel von Jerusalem auf. Ein dreißigjähriger Empörungskrieg brach los, am Ende die Befreiung. Im Judäischen Krieg, 66 bis 70 n. Chr., läuft es umgekehrt. Auf den Trümmern des Tempels werden römische Standarten aufgepflanzt, bringt man dem Jupiter und Mars Opfer. Die Flugschrift warnt. Niemand lasse sich verführen! Es stehen mehrere Messiasse auf, wie Josephus (i) berichtet. Die Kriegsmessiasse bringen das Land nur tiefer ins Unglück.

Markus erinnert die Juden: Der Friedensmessias Jesus ruft das leidende Israel mit seinem Leiden und Sterben zur Umkehr. Aber fordert nicht das grausame Vorgehen der Römer, dieses Rachegemetzel der Monopolmacht Rom, die Juden zum Aufstand heraus? Es wird bis aufs Blut gekämpft. Einer gegen den anderen, Söhne gegen Väter, Kinder gegen Eltern.

Wann wird die blutende Erde in den blühenden Himmel auf Erden verwandelt? Das weiß nur Gott! Freilich, der Feigenbaum, ein Zeichen, dass der Messias kommt, treibt Blätter, Sommer und Ernte kommen nahe.

Das Evangelium überlebt den Judäischen Krieg, siegt ohne Waffen, indem es das Menschheitsgemetzel verweigert.

In kosmisch gedachten Zusammenbrüchen ruft Markus ein Zeichen aus: „Der Menschensohn erscheint in den Wolken des Himmels in Kraft und Herrlichkeit." Der Prophet Daniel entwarf diese Vision in ähnlicher Leidenszeit (Dan 7,13). Die Hoffnung bleibt: „Der Menschensohn wird kommen, der neue Mensch mit ihm!" (Mk 13,1–37)

 Gott, fremde Herren gehen, unser Herr kommt! Amen.

Gesalbt

Als er sich in Betanien, im Haus Simons des Aussätzigen, aufhielt und zu Tisch saß, kam eine Frau mit einem Alabasterfläschchen voll echtem, teurem Gewürzöl aus Indien auf ihn zu. Sie zerbrach das Fläschchen und goss das Öl auf sein Haupt. Mk 14,3

Es sind noch zwei Tage bis zum Passah. Die Verfolgung wird eingeleitet. Hohepriester und Schriftgelehrte (i) möchten den Aufrührer Jesus beseitigen. Aber wie? Nicht zum Fest, das könnte Ärger mit den Leuten bringen.

In dieser Situation, so stellt es Markus dar, wird Jesus in Betanien, also unter den Armen, gesalbt, und das im Haus Simons, des Aussätzigen. Ein Armen- und Krankenkönig wird da gesalbt, mit kostbar duftendem Öl, und das von einer unbedeutenden Frau. Und gleich gibt es Ärger unter den Jüngern: „Vergeudung! Die Ausgaben für diese sinnlose Salbung hätte man sparen, das Geld den Armen geben können." Die Frau wird angefahren. Jesus schützt sie: Arme gebe es immer, auch nach seinem Tod. Ihn, den Rabbi Jesus, gebe es bald nicht mehr. „Sie hat getan, was sie konnte, hat meinen Körper im Voraus, im Hinblick auf meinen Tod gesalbt." Man werde sich an diese Frau erinnern, wo das Evangelium ausgerufen werde (Mk 14,1–2; 3–9). Aus der Königssalbung wird eine vorweggenommene Totensalbung.

Derjenige, der die Tötung durch Verrat vorantreiben wird, steht auf dem Sprung: Judas (griech.) Iskariotes, Judas der *Dolchmann*, der Sikarier (i), ein Untergrundkämpfer, einer aus dem Kreis der Zwölf. Vielleicht will er Jesus provozieren, dass dieser, in die Enge gedrängt, doch noch eine Revolution anzettelt? Nicht nur Judas, auch andere Jünger gehören oder gehörten der gewalttätigen jüdischen Untergrundszene an. Judas, der Provokateur, gilt in der christlichen Tradition als Verräter Jesu (Mk 14,12 f.). Spielen für den Verrat tatsächlich Revolutionsgründe eine Rolle? Markus lässt offen, warum Judas Jesus verrät. Ihm wird in der Katastrophe, der Zerstörung Jerusalems, die einigende Sammlung der messianischen und nichtmessianischen, der politischen und unpolitischen Juden zu einer Jesusgemeinde wichtiger. Sein Herz gehört dem Messias des Friedens. Jesus, der Menschensohn, nimmt seinen Tod in Kauf, gibt sein Leben hin, wird anders als andere Messiasse durch Revolutionsverzicht zum Frieden führen.

Gott, in Jesus, dem Menschensohn, dem Messias der Armen, stehen Frieden und Freiheit auf, wächst Menschlichkeit. Ein neues Zeitalter beginnt, in dem ich berufen werde, Mensch zu werden, menschlich zu bleiben, weil Gott Mensch wurde, am Kreuz gestorben, in der Osternacht erstanden. Amen.

Passahmahl

Am ersten Tag der Ungesäuerten Brote, dem Tag, an dem das Passahlamm geopfert wird, fragten ihn seine Jünger: „Wo wirst du das Passahmahl einnehmen? An wen sollen wir uns wenden? Wo sollen wir es zubereiten?“ Mk 14,12

Wie Jesus ins Ausland floh, muss er auch in Jerusalem in einer Halböffentlichkeit agieren. Zwei Jünger werden losgeschickt, folgen jemandem, der einen Wasserkrug auf dem Kopf trägt. Dem Hausherrn wird gesagt, der Rabbi möchte das Passahmahl halten. Ein Saal wird angewiesen, gut ausgepolstert, in dem Jesus und die Zwölf das Passah feiern können (Mk 14,12–25). Das Mahl wird vorbereitet und nach jüdischer Sitte gefeiert, wie tausende Juden, die in diesen Tagen in die Heilige Stadt zur Passahfeier kommen. Trauer liegt in Jesu Stimme: Einer aus dem Kreis der Zwölf werde ihn verraten. Unter Todesahnungen wird für Jesus der Mazzen, das ungesäuerte Brot, das er bricht, zum Zeichen seines eigenen Todes. Wie er das Brot bricht, wird er selbst zerbrechen. Der Becher, mit Wein gefüllt, wird zum Zeichen des Neuen Bundes: Das Blut des Gottesknechts (i) wird vergossen, um den Überlebenden Zukunft zu schenken (Jes 53,11). Brot und Wein verdeutlichen so, dass in Jesu Sterben Neues beginnt, Gottes Zeitalter des Friedens mit seinen Menschen. Der Gottesbund, der im Passahmahl für alle Juden besteht, wird nun für jeden, der dem Christus vertraut, bekräftigt und begründet.

Nach Ostern werden die Christen dieses Mahl nicht einmal im Jahr, zum Passahfest, feiern. Sie werden sich an jedem Sabbat versammeln, gemeinsame Mahlzeiten und Gottesdienste halten. Bis tief in die Nacht des ankommenden Tages, des ersten Wochentages, des Sonntags, hinein werden sie auf die Ankunft des Messias warten. An diesem Tag stand Jesus von den Toten auf, an diesem Tag wird er kommen, das Weltenmahl zu halten. Im Morgengrauen jedes Sonntags werden sie, wenn der Messias nicht leiblich erscheint, seine Ankunft in Brot und Wein feiern, werden sie seines Todes und seiner Auferstehung im Mahl gedenken, wie wir bekennen: „Deinen Tod verkünden wir, deine Auferstehung preisen wir, bis dass du kommst in Herrlichkeit!“ Und so betet die Didache (i), eine antike Schrift der syrischen Christen:

> Schöpfer des Lebens, du schenkst uns das Brot, die Frucht der Erde und der menschlichen Arbeit. Lass es für uns zum Brot des Lebens werden. Du schenkst uns die Frucht des Weinstocks, das Zeichen des Festes. Lass diesen Kelch für uns zum Kelch des Heils werden. Wie aus den Körnern Brot, aus den Trauben Wein wird, so sammle uns zu einer Gemeinde, ein Friedenszeichen für diese Welt. Amen.

In der Nacht, da er verraten wird

Als sie den Lobgesang gesungen hatten, brachen sie zum Ölberg auf. Jesus erklärte ihnen: „Ihr alle werdet es als Skandal empfinden. Aber so steht es in der Schrift: Ich werde den Hirten schlagen und die Schafe werden sich zerstreuen (Sach 13,7). Nach meiner Auferstehung werde ich euch nach Galiläa vorangehen.“ Mk 14,26 bis 28

Schicksalsnacht, in der Jesus verraten, ausgeliefert wird. Er sieht seinen Tod und den Weg des Evangeliums nach Galiläa vor sich, auch seine Auferstehung. Zugleich wird ihm das Versagen aller Jünger bewusst. Judas verrät ihn. Wenn die Schergen der Tempelgarde den vermeintlichen Messias festnehmen und vor den Hohen Rat schleppen, ihn an Pontius Pilatus ausliefern, den römischen Statthalter, der zum Passah in Jerusalem weilt, fliehen alle Freunde. Petrus, der Bekenner, wird ihn verleugnen. Noch streitet er es ab. Aber es passiert.

Nach dem Mahl zieht sich Jesus auf den Ölberg zurück, über den er auch in die Stadt einritt (Mk 11,1). Hier werde, so heißt es (Sach 14,3 ff.), die Endschlacht geschlagen, aus der Jerusalem als Gottesstadt hervorgehe. Der Garten, in den sich Jesus begibt, heißt Getsemani, ein Symbolname: *Traubenkelter, Menschenkelter!* Jesus wacht, betet, ringt mit Gott: „Vater, ist es möglich, gehe dieser Kelch an mir vorüber. Aber nicht mein, sondern dein Wille geschehe.“ Dreimal findet Jesus die Jünger schlafend, weckt sie dreimal. Dann ist es zu spät. Judas, der *Dolchmann*, kommt mit den Tempelsoldaten, begrüßt Jesus mit „Rabbi!“ und küsst ihn, das Zeichen des Verrats: „Er ist es!“ Er habe täglich im Tempel gelehrt, nun hole man ihn wie einen Schwerverbrecher ab, fragt Jesus. Alle verlassen ihn. Ein Jüngling im Leinenmantel, den er zurücklässt, flieht nackt. War es Markus, wie vermutet?

Historischer Bericht oder Symbolerzählung? Des Markus Passionsbericht hat Anhalt am historischen Jesus. Jesus wird gefangen genommen, verhört, gekreuzigt. Aber Jüngerschlaf und Jüngerflucht stehen auch für die Gemeindewirklichkeit: Wir schlafen, wir fliehen, wir Christen, während der Messias im Gefängnis sitzt, hungert, leidet, stirbt, überall in der Welt (Mk 14,26–42.43–52). Die Schrift erfüllt sich: Der Gottesknecht (i) kommt ins Leiden und Sterben, wächst in sein Amt als Gottessohn hinein. Was in Taufe und Verklärung heimlich ausgerufen wird, bekennt ein Hauptmann jetzt unter dem Kreuz offen: „Er war ein Sohn Gottes“ (Mk 15,39). In der Nacht, da er ausgeliefert wird, vollendet sich Jesu Messiassendung.

Jesus, du wirst verraten, gefangen, verleugnet. Wie stehe ich dazu? Amen.

Verhör, Anklage, Folter, Verurteilung

Sie führten Jesus vor den Hohepriester. Alle Hohepriester, Älteste und Schriftgelehrte traten zusammen. Petrus jedoch, der ihm von Weitem gefolgt war, kam mit in den Palast des Hohepriesters. Er saß dort bei den Be-
Mk 14,53 f. *diensteten und wärmte sich am Feuer.*

In der Nacht des Verrats wird Jesus an den Hohen Rat überstellt und verhört. Zeugen sagen verschieden aus. Die Sache kommt nicht voran. Schließlich die Frage aller Fragen: „Bist du der Messias?" Und die Antwort Jesu, (griech.) „Ego eimi", bestätigt: „Ja, *ich bin es.*" Die Aussage betont hintergründig: „Ich, Gott, bin gegenwärtig!" In der griechischen Übersetzung des Ersten Testaments, der LXX (i) (Ri 6,18), und im Jubiläenbuch, einer jüdischen Schrift vor der Jesuszeit, kündigt Gott sich so an: „Ich bin es!" Das Johannesevangelium bekräftigt mit diesem Wortspiel Jesu messianisches Selbstzeugnis. Bei Markus läutet Jesus in seiner Antwort an den Hohepriester die Endzeit ein: „Ihr werdet den Menschensohn zur Rechten der Kraft sitzen sehen, kommend in den Wolken des Himmels", Zitate aus Daniel und dem Psalter (Dan 7,13; Ps 110,1). Jetzt wird Jesus der Gotteslästerung bezichtigt.

Petrus, der Jesus nachschlich, will wissen, wie es weitergeht. Er wird befragt, ob er nicht auch zu Jesus gehöre. Dreimal gefragt, verleugnet er ihn dreimal. Zum Schluss verflucht er sich, schwört einen Meineid, er habe nichts mit dem da zu tun. So ist Kirche, so sind wir Christen, statt Martyrium der Meineid.

Jesus wird zu Pilatus gebracht. Befragt, ob er der König der Juden sei, bestätigt er zunächst, dann schweigt er. Pilatus zeigt sich verwundert. Und liefert ihn dem Volk aus. Das steht draußen und wartet. Zum Passahfest kann es einen Verhafteten freibrüllen, in diesem Fall Jesus, den angeblichen König der Juden, oder Barrabas, den Aufrührer. Das Volk presst Barrabas frei, weil es der Beeinflussung durch den Priesteradel unterliegt, wie Markus betont: „Kreuzige ihn!" Jesus wird gefoltert. Die Soldaten stellen ihn zur Schau, drücken ihm eine Dornenkrone aufs Haupt, ziehen ihm einen Purpurmantel an, verhöhnen ihn als König. Die Kreuzigung wartet. Jesus wird verraten, ausgeliefert, verurteilt. Das Wort (griech.) paradidomi hat doppelte Bedeutung. Jesus wird *verraten, ausgeliefert,* verurteilt – und wird so zur *Überlieferung.* Seine Auslieferung macht ihn zur Überlieferung, zum Wort Gottes für alle Welt (Mk 14,53–15,20).

Herr Jesus Christus, verraten, ausgeliefert, verurteilt. Gerade darin wirst du zum unauslöschlichen Wort Gottes, das mich rettet. Amen.

Kreuzigung und Tod

Sie führten ihn hinaus, um ihn zu kreuzigen. Jemanden von den Vorübergehenden, einen gewissen Simon aus dem afrikanischen Kyrene, der von der Feldarbeit kam, den Vater des Alexander und des Rufus, zwangen sie, für ihn das Kreuz zu tragen. Mk 15,20 f.

Ein Ausländer aus der Stadt Kyrene in Nordafrika, in der nach der Zerstörung Jerusalems der Judäische Krieg (i) weitertobt, wird gezwungen, Jesus das Kreuz zu tragen. Seine Söhne scheinen Christen geworden zu sein, Alexander und Rufus (vgl. Röm 16,13). Jesus wird morgens um 9 Uhr gekreuzigt, auf einem Hügel, (hebr.) Golgatha, *Schädel!* Unter dem Kreuz ist der Schädel Adams, des ersten Menschen, begraben, der im neuen Menschen, Christus, erlöst wird, erzählt eine außerbiblische Legende! Gegen 12 Uhr zieht eine Finsternis auf, der Tempelvorhang zerreißt, gegen 15 Uhr stirbt Jesus, so Markus. Was zu Jesu Kreuzigung zu berichten ist, wird aus dem Ersten Testament hervorgehoben (Ps 22; 69). Wer die zitierten Texte mit des Markus Schilderung vergleicht, erkennt das. Die Kreuzigung, Stunde des Weltuntergangs, wird zur Stunde der Welterlösung in der Ostenacht für die, die sich dem Auferstandenen neu anvertrauen. Der Gottesknecht (i), der stirbt, wird erhöht, ist Gottes Sohn, was Ostern offenbar wird (Jes 52,12–53,12).

„König der Juden" steht auf dem Schild, das Pilatus an das Kreuz heften lässt. Spötter unter dem Kreuz rufen: „Anderen hat er geholfen, sich selbst kann er nicht helfen!" Der Messiaskönig soll doch vom Kreuz steigen, damit man ihm glaube. Der Vater möge den Sohn retten (Wsh 2,16 ff.). Jemand füllt einen Schwamm mit Essig, nässt damit den austrocknenden Mund des Sterbenden (Ps 69,22). Die Schrecken des Sterbens erzählt Markus drastisch mit einem Psalmwort (Ps 22,2): „Mein Gott, mein Gott, warum hast du mich verlassen?" Der Psalm besingt die Auffahrt aus der Todesgruft (Ps 22,1 ff.23). Ersttestamentliche Texte spiegeln Passion und Ostern.

Historische Dimensionen finden sich im Markusbericht. Er werde unter die Übeltäter gerechnet, sagt die Schrift (Mk 15,28; Jes 53,12). Zwei Räuber, Untergrundagitatoren, kreuzigt man mit ihm. Gemeinsame Kreuzigungen von Revolutionären sind häufig. Wo sind die Jünger unter dem Kreuz? Sie fliehen. Einige Frauen schauen von Weitem zu. Symbol und Historie fließen ineinander (Mk 15,20b–41).

Jesus, du schreist: „Mein Gott, mein Gott, warum hast du mich verlassen?" Dein Todesschrei ist der Anfang meiner Befreiung. So erlebe ich deinen Weg zu mir, trete auf meinen Weg mit dir. Amen.

Grablegung

Es wurde Abend. Der nächste Tag war der Rüsttag, der Vorbereitungstag auf den Sabbat. Deshalb wagte es Josef von Arimatäa, ein angesehener Ratsherr, der auf das Gottesreich wartete, Pilatus aufzusuchen und um die Leiche
Mk 15,42 f. *Jesu zu bitten.*

Pilatus gibt Josef von Arimatäa Jesu Leiche heraus. Der Hauptmann, der Aufsicht führt, bestätigt: „Jesus ist tot." Josef kauft Leinen, nimmt die Leiche vom Kreuz, wickelt sie in das Leinentuch, legt sie in ein Felsengrab, wälzt einen Rollstein davor. Maria aus Magdala und Maria, Jesu Mutter, bemerken, was geschieht (Mk 15,42–47).

Die Jesuspartei sei im Hohen Rat gut vertreten gewesen, so heißt es. Nur knapp hätten die Gegner Jesu gewonnen. Menschen wie Nikodemus (Joh 3,1 ff.) und Josef von Arimatäa hätten auf der Seite Jesu gestanden. Trotzdem, die Passionsgeschichte Jesu, wie sie Markus erzählt, spitzt sich in den Ereignissen in Jerusalem zu. Führende Gesellschaftskräfte wollen Jesus beseitigen (Mk 14,1 f.). Jesus gerät nach erstem Auftreten in Konflikte mit Pharisäern (i) und Parteigängern des Herodes, entwickelt Markus (Mk 3,6). Heilungen am Sabbat (i), Heilungen überhaupt verschärfen den Streit (Mk 3,22 ff.), Jesu Absage an Familienbande (Mk 3,20 f.), sein Reden in verschlüsselnden Gleichnisworten (Mk 4,10–12), Provokation und Ablehnung in Nazaret (Mk 6,1 ff.), die Enthauptung des Johannes (Mk 6,14 ff.), die Zeichenforderung der Pharisäer, Jesu scharfe Absage an dieses Ansinnen (Mk 8,10 ff.), Warnungen vor den Pharisäern und vor Herodes, Angst und Unverständnis auf Seiten der Jünger (Mk 8,14 ff.), drei unübersehbare Ankündigungen des Leidens und Sterbens (Mk 8,31 ff.; 9,30 ff.; 10,32 ff.), Streitgespräche in Jerusalem mit Gegnern und Freunden (Mk 11,12 ff.), von Anfang an Jesu Verbot, ihn offen mit messianischen Titeln zu belegen – dies, so zeigt Markus, besiegelt Jesu Tod von Anfang an. Das Markusevangelium ist „ein Passionsbericht mit längerer Einleitung", wie der Theologe Martin Kähler sagt. Doch hat Jesu Passion einen Widerpart in Ostererfahrungen, die Markus dazwischen erzählt. In Jesu Reden und Taten handelt der gekreuzigte Auferstandene, der gewaltfreie Sieger über Schuld, Krankheit und Tod. Im Scheitern leuchtet die Würde des Gottesknechtes (i) auf, seine Gottessohnschaft, den österlichen Menschen bewusst – Jesus- und Christusgeschichten in eins.

Gott, dein Messias liegt tot im Felsengrab, der Stein wurde davor gewälzt. Da ist nichts mehr zu machen. Doch wache und bete ich, dass Christus auferstehe, aus dem Grab aller Gräber und in meinem Herzen. Ich weiß: Mein Erlöser lebt! Amen.

Frauen am Grab

Nach Ende des Sabbats kauften Maria aus Magdala und Maria, die Mutter des Jakobus, und Salome Balsam, um ihn zu salben. Am ersten Wochentag kamen sie früh zur Gruft, bei Sonnenaufgang. Mk 16,1 f.

„Wer rollt uns den Stein von der Tür des Felsengrabes weg?", fragen die Frauen. Als sie aufblicken, ist er bereits entfernt. Sie gehen in die Gruft, sehen rechts einen jungen Mann im weißen Gewand sitzen. Die Frauen erschrecken. „Ihr sucht Jesus, den Gekreuzigten. Er ist nicht hier. Er wurde auferweckt. Das Grab ist leer. Sagt es den Jüngern und Petrus. Er geht euch nach Galiläa voran. Dort werdet ihr ihn sehen", verspricht der Mann. Mehrfach wird beschrieben, wie groß der Schrecken der Frauen ist: Sie fliehen, ein Zittern überkommt sie. Sie teilen niemandem etwas mit. Und doch wird der Weg nach Galiläa zum Programm, ein Signal für die Völkermission! Warum Völkermission? Galiläa ist eine Multikulti-Gegend, genannt „das Galiläa der Heiden"! Seid Jahrhunderten wohnen dort Juden, Syrer, Griechen, Phönizier auf engem Raum beieinander, wie schon Jesaja weiß (Jes 8,23). So deutet Markus die Zukunft des Evangeliums: „Es gelangt von Judäa zu den Völkern!"

Hier endet des Markusevangelium (Mk 16,1–8)! Es beginnt in der Forschung das Rätselraten, ob ein anderes Ende weggebrochen ist oder hinzugestückelt wurde (Mk 16,9–19). Indem Markus Jesusgeschichten erzählt, malt er gegenwärtiges Christusgeschehen, wie er es in der messianischen Gemeinde erlebt. Die Bitten an die zaghaften Frauen sind Bitten an die Gemeinde. Was Lukas in Evangelium und Apostelgeschichte trennt, erzählt Markus als ein Christusereignis. Vergangenheit und Gegenwart fließen ineinander. Es ist Endzeit und Ankunftszeit des Gottesreiches, Karfreitag und Ostern in einem. Der Messias Jesus schafft Frieden in wüster Kriegszeit. Es ist unsinnig, von Ostervisionen zu schwärmen. Auch die Ostergeschichten der übrigen Evangelisten wollen nicht durch historische Beweise göttlicher Auferstehungsmaterie Gott belegen. Sie betreiben erzählende Theologie wie Markus. Bei ihm sitzt ein (griech.) neaniskos, *Jüngling*, im Grab, ein Neugetaufter im weißen Taufgewand. Jünglinge gelten in jüdischer Tradition als messianische Hoffnungsträger (Joel 3,1; Apg 2,17). Er ruft das Evangelium aus dem Grab heraus: „Was hockt ihr auf den Trümmern Jerusalems, weint dem irdischen Jesus, dem zerstörten Tempel nach? Es ist Ostern! Er geht voran! Folgt ihm!"

Christus, Auferstandener, du gehst ins Galiläa der Heiden, zu Menschen und Völkern, die nach deinem Evangelium des Friedens hungern und dürsten. Rufe mich, zu gehen. Amen.

Für wen hält man mich?

So fragt Jesus. Petrus antwortet direkt: „Du bist der Messias!“ Aber Jesus machte ihnen angst und bange, sie sollten Deutungsversuche in Bezug auf
Mk 8,29 f. *seine Person unbedingt unterlassen.*

Jesus fragt, für wen man ihn halte. Petrus bekennt ihn als Messias. Aber kann er sich einen Befreier vorstellen, der nicht militärisch gegen die Besatzungsmacht der Römer agiert (Mk 9,27–30)? Es ist schwierig, aus den Evangelien Worte und Reden Jesu herauszukristallisieren, die der historische Jesus wirklich gesagt hat.

Albert Schweitzer folgert in seiner Geschichte der Leben-Jesu-Forschung, es könne kein historisch echtes Leben Jesu erschlossen werden, die Erfahrungen der Auferstehung (i) das Bild Jesu „verfälschten“: Durch dieses außergewöhnliche Ereignis werde der Rabbi Jesus im Rückblick als Christus, Messias und Gottes Sohn er- und bekannt, seine Worte und Taten ent-sprechend christologisch überfärbt.

Wer war Jesus? Mehrfach wird Jesus als (griech.) Nazoraios bezeichnet, was Matthäus flink auf *Nazaret* deutet (Mt 2,23). Ein *Naziräer* (i) verzichtete auf Alkohol und Unreinheiten.Paulus übt das Nazirat eine Zeit lang aus, um zu zeigen, wie sehr er Jude geblieben ist, wie auch berühmte Männer Israels Naziräer waren (Apg 21,23; Ri 13,1 ff.; 1Sam 1,11). Jesus, ein Naziräer? Aber entspringen nicht Enthaltsamkeit und kultische Reinheit einer Haltung, gegen die Jesus nach eigener Wüsten- und Fastenzeit bewusst opponierte? (Mk 7,1 ff.)

Es wird schwer, Jesus auf die Spur zu kommen! Und doch hat mein Glaube Anhalt an ihm! Was aus seiner Predigt keinen Beleg in seiner Vor-, Um- und Nachwelt findet, muss mindestens auf den historischen Jesus zurückgehen. Woher soll es sonst kommen? In den Gleichnissen (i) Jesu sind wir der Predigt Jesu nahe, obwohl es auch in dieser Kurzprosa zu Überarbeitungen kommt. Die Gleichnisse, auch die Antithesen der Bergrede (Mt 5,21 ff.) bezeugen: Jesus wurde vom Bewusstsein geleitet, mit seinem Wirken sei ein Messianisches Zeitalter angebrochen, eine Heilszeit ohnegleichen, die zu enormen Radikalisierungen herausfordert.

Eine alternative Messiaszeit beginnt mit dir, Jesus. Wie du über Messianität dachtest, darin warst du von deiner Umwelt geschieden, auch von deinen Jüngern, denen nur der Befreiungskampf gegen Rom, nicht aber eine gewaltfreie Hingabe einfiel! Jesus, lade mich auf deinen Messiasweg ein! Amen.

Reich Gottes

Die Zeit hat sich erfüllt. Das Reich Gottes ist nahe herangerückt. Ändert eure Einstellung, vertraut der Nachricht eurer Befreiung. Mk 1,15

Als Jesus ins öffentliche Bewusstsein tritt, ist er ungefähr dreißig Jahre alt. Er erinnert in seinen Reden, die er auf Marktplätzen und in Synagogen hält – bald von Anhängerinnen und Anhängern begleitet –, an den sozialen Auftrag der Thora: Die Armen, Elenden werden aufgerichtet. Jesus nimmt in seiner Botschaft vom Reich Gottes biblische Bilder auf. Er betreibt keine spitzfindige Text-Akrobatik. Er ist ein Rabbi der einfachen Sprache, ein Poet der Shortstory.

In seinen Impulsgeschichten, die wir Gleichnisse (i) nennen, entwickelt er, was er unter „Reich Gottes!“ versteht. Jesu Reichgottes-Gleichnisse bleiben trotz einfacher Bilder schwierig. Wir kennen nicht den Hintergrund der Verkündigung Jesu. Meint er einen jenseitigen Himmel oder unsere Tagesprobleme heute? Oder beides? Er spricht in seinen Gleichnissen eine religiöse und zugleich soziale Situation der Menschen an. Wenn Jesus bei Matthäus formuliert „Das Himmelreich ist gleich (...)“, wenn er bei Markus und Lukas beginnt „Das Gottesreich ist gleich einem (...)“, denken wir gern einen jenseitigen Himmel, an ein (an)kommendes Jenseits. Das aber meinen die Reichgottes-Gleichnisse nicht. Für Jesus ist das Reich Gottes *jetzt* im Kommen, *jetzt* nahe. Es meint keine staatlich sich manifestierende Größe, obwohl es in der nachfolgenden Jüngergemeinschaft Gestalt annimmt. Es bedeutet keinen Theokratieentwurf, keine Luftblasen des Utopischen. Reich Gottes meint die sich ereignende Herrschaft Gottes, etwas Nüchternes: Gott setzt Gerechtigkeit und Liebe durch, heute. In Jesu Wort und Tat geschieht es, im Erleben und Tun seiner Freunde, die wir Nachfolgerinnen und Nachfolger nennen. Die Gleichnisse Jesu haben die konkrete Sozial- und Lebensgeschichte von uns Menschen im Blick. Jüdische Theologie zielt stets auf die konkrete Befreiung des Menschen. Die Gleichnisse bilden, denken wir, unser Verhältnis zu Gott oder zum Jenseits ab. Das ist nicht falsch. Aber in ihrer Zielrichtung sind die Gleichnisse auch Sozialgleichnisse. Sie greifen einen Zustand aus dem gesellschaftlichen Leben auf, schlagen eine Veränderung vor.

Gott, Jesus redet zu uns in Gleichnissen, die unser Verhältnis zu dir meinen, und doch rufen sie zur Veränderung heute auf. Lass mich dein und sein Evangelium hören und es tun. Amen.

JEDER AUF SEINE WEISE

Als er allein war, fragte ihn der engere Kreis, die Zwölf eingeschlossen, nach dem Sinn der Gleichnisse. Er erklärte: „Ihr wisst um das Geheimnis des Gottesreiches. Auf Außenstehende kommt alles in Gleichnissen zu. Sie sehen
Mk 4,10 *sehenden Auges und erkennen nicht. Sie hören mit hörenden Ohren und ver-*
bis 12 *stehen nicht, damit sie nicht etwa umkehrten und ihnen vergeben werde."*

Gleichnisse (i), Worte und Bilder Jesu, spiegeln Motive und Absichten des jeweils erzählenden Evangelisten wider. Pointen werden variiert, Rahmenhandlungen neu geschaffen, Zusammenhänge anders gesetzt. Kein Jesusgleichnis kommt wortwörtlich von Jesus direkt.

Markus sammelt Gleichnisse, die die anderen Evangelisten nicht übernehmen. Es geht um einen Streit über messianisches und nichtmessianisches Judentum, zwischen Juden und ersten Christen? Gott wird es richten, auch die gemeinsame oder getrennte Zukunft beider. Markus umschreibt, verschlüsselt die zeitgenössische Geschichte der frühen Christenheit in Gleichnissen. Eingeweihte verstehen es, siehe oben.

Und *Matthäus*? Er gliedert wie Markus: Alle Gleichnisse sind Reichgottes-Gleichnisse (Mt 13,1 ff.). Er ergänzt, wie Markus vor ihm, die Gleichnisse, die die Ankunft Gottes heute beschreiben, durch Endzeitgleichnisse. Diese legen die messianische Zukunft aus. Dabei spekulieren auch sie nicht auf einen fernen Himmel, sondern leiten zu Sozialität und Gerechtigkeit jetzt und hier an (Mt 25,31–41): Die Gemeinde soll nicht im Starren auf die Messiasankunft erstarren. Sie soll die Thora im Namen des Messias entfalten, nicht in Weltflucht und Resignation verkommen.

Auch *Lukas* setzt besondere Akzente. Er warnt vor Reichtum (Lk 12,13–15.16–21), erinnert die junge Christenheit, zu helfen, zu heilen und zu teilen, bis keine Not mehr da ist. Jesu Sendung gilt den Armen und Elenden zuerst (Lk 10,17–24.25–36). Vor Gott gibt es keine Außenseiter (Lk 15,1 ff.). Integration ist wichtig (Lk 18,9–14.15–17.18–27; 19,1–10). Es gilt, mit den anvertrauten Talenten zu wuchern, um das Reich Gottes konkret zu entwickeln (19,11–27), eine dringende Botschaft an die sich entfaltende Kirche.

Gott, lass mich sehen und erkennen, hören und verstehen. Bewahre mich davor, zu sehen und nichts mitzukriegen, zu hören und mit verstockten Ohren dazustehen. Öffne mir Seele, Herz und Ohr, dass ich mich dir öffne, dir vertraue und mich mit dir auf den Weg mache. Amen.

Es ging ein Sämann aus

„Siehe, ein Sämann ging aufs Feld, um zu säen. Dabei fiel etwas auf den Wegrand. Vögel kamen und pickten es auf. Etwas fiel auf felsigen Grund, der wenig Ackerkrume aufwies. Die Saat ging rasch auf. Als die Sonne aber höher stieg, verwelkten die Keime. Ohne tiefgreifendes Wurzelwerk verdorrten sie. Etwas fiel unter Dornen. Die wucherten hoch und erstickten die Saat – keine Frucht! Einiges Saatgut fiel auf fruchtbaren Acker, ging auf und brachte Frucht, dreißigfach, sechzigfach, hundertfach!" Jesus rief: „Wer Ohren hat, zuzuhören, der höre hin!" Mk 4,3–9

Das Gleichnis wird erzählt. Die Jünger bitten, so berichtet Markus, um eine Auslegung, die Jesus auch gibt (Mk 4,14–20). Die auslegende Erzählung gerät zur Allegorie. Aus dem Gleichnis Jesu, das ins Vertrauen lockt, wird in der Urgemeinde eine Warngeschichte, die Zug um Zug vergleicht: Viel geht verloren! Nur ein Rest guter Saat bleibt übrig. Wer das Christentum bewahren will, muss bitter kämpfen – um den Glauben, um die Zukunft der Gemeinde. Ein Gerichtsgleichnis entstand, eine Warnung vor dem Wüten des Bösen: „Vierfach ist das Ackerfeld. Mensch, wie ist dein Herz bestellt?" singen die Menschen des Mittelalters.

Das ursprüngliche Gleichnis Jesu ist ein Vertrauensgleichnis: Es ist eine große Ernte zu erwarten, wenn ich vertraue, dass Gott kommt: Ein Zeitalter der Hoffnung, der Gerechtigkeit, der Liebe beginnt. Die Spitze des Gleichnisses liegt im letzten Bild: So groß, so gewaltig ist die Frucht, die das Gottesreich schenkt, dreißigfach, sechzigfach, hundertfach! „Gottes Stunde kommt", legt Joachim Jeremias aus, „und mit ihr ein Erntesegen über Bitten und Verstehen." Das Gleichnis beschreibt das Wunder des Reiches Gottes. Das blüht trotz aller Widerstände auf. Es beruft in ein unendliches Vertrauen. Eine hundertfältige Frucht sprengt den Rahmen unserer Vorstellungen. Selbst bei hoch gezüchteten Hybriden ist solche Überernte nicht zu erwarten. So liegt in diesem unwirklichen Vergleich die Spitze des Gleichnisses: „Hab Vertrauen! Gott wird über alles Erwarten beschenken und den Kleinglauben beschämen!"

Das Wunder liegt in mir. Wie viel Vertrauen habe ich, wie viel Lachen steckt in mir, wie viel Überzeugungsmut zum Guten? Ich bin Korn im guten Land, wachse, bringe Frucht, dreißig-, sechzig-, hundertfältig? Das geht über meinen Verstand, und doch passiert es, auch in meinem Leben. Danke! Amen.

Aktives Warten

„Mit Gottes Reich ist es so: Ein Mensch sät Samen auf das Land, dann legt er sich schlafen und steht wieder auf. So vergehen Nacht und Tag und der Same keimt und wächst. Der Mensch merkt nichts. Denn wie von selbst
Mk 4,26 *bringt die Erde Frucht hervor, Halm und Ähre. Erst wenn die Frucht reift,*
bis 29 *macht sich der Mensch ans Mähen. Ja, jetzt ist Erntezeit!"*

Die meisten Gleichnisse (i) werden von den drei Synoptikern erzählt, Matthäus, Markus, Lukas. Einige Gleichnisse kommen bei zwei, andere nur bei einem Evangelisten vor. Johannes verfremdet Gleichnisbilder. Wir erkennen sie erst auf den zweiten Blick wieder.

Unser Gleichnis findet sich nur bei Markus. Der Landmann, der das Saatkorn legt, kann nichts anderes bewirken, als staunend zu warten und zuzusehen. Das Gleichnis, das unter dem Namen „Von der selbstwachsenden Saat" bekannt ist, wird besser in „Von der Geduld des Landmannes" umbenannt. Die neue Überschrift liegt im Jesuswort selbst begründet: Nicht die Sache, die Aussaat, das Korn steht im Mittelpunkt, sondern der Vorgang des Wachsens und Reifens, den nicht der Aussäende verantwortet, sondern der die Saat segnende Gott. Aufgabe des Landwirts ist es, geduldig und aktiv auf die Ernte zu warten, die der Schöpfer schenkt. Die Umbenennung ist auch notwendig, um das (griech.) automate, *von selbst* (Mk 4,28), zu deuten. Erhält damit unser lutherisches Denken von der Alleinwirksamkeit der Gnade Auftrieb, was einem Laisser-faire des Glaubens entgegenkommt? Kein gleichgültiges Abwarten ist gefordert, sondern ein aktives Hoffen!

Das Gleichnis wird zum Bild gegen lähmende Resignation, gegen unnütze Sorgen, aber auch gegen gewalttätige, revolutionäre Aktivität. Mutlosigkeit verleitet mich, achselzuckend und schicksalsergeben beiseite zu stehen. Aber auch ein blindwütiges Losschlagen, neue Zustände herbeizwingen zu wollen, führt zu nichts. Zwischen Resignation und Wut wird die Hoffnung auf eine wirksame Entwicklung der Geschichte gesät. Ich kann durch leise Tat, durch vorsichtige Veränderung, durch vertrauensvolles Gebet Zukunft mitgestalten. Dass Geschichte reift, geschieht durch Gott, der sie erfüllt. Umso stärker sind mein Vertrauen, meine Hoffnung herausgefordert – und werden bestätigt.

Während ich aufgebe zu hoffen, verstumme und mich verkrieche, stehst du auf und bringst die Welt zur Reife. Du hältst Ernte. Jubel bricht aus, der auch mich verändert, mich mitreißt. Danke.

Nichts ausreissen!

„Das Himmelreich gleicht einem Menschen, der sauberes Saatgut auf seinen Acker säte. Während die Belegschaft schlief, schlich sich sein Feind ein, säte Unkraut auf das Weizenfeld und machte sich davon. Die Saat ging auf und setzte Frucht an. Auch das Unkraut wuchs mit. Die Knechte fragten den Hofbesitzer: ‚Herr, hast du nicht sauberes Saatgut ausgesät? Wie kommt das Unkraut auf den Acker?' Er erklärte ihnen: ‚Ein Feind hat das gemacht!' Die Knechte fragten: ‚Sollen wir hingehen und das Unkraut ausreißen?' Er sagte: ‚Nein! Ihr könntet den Weizen mit ausreißen, wenn ihr das Unkraut jätet. Beides soll bis zur Ernte zusammen wachsen. Zur Ernte will ich den Schnittern befehlen: Sammelt zuerst das Unkraut, bündelt es. Die Unkrautbündel werden verbrannt. Den Weizen fahrt in meine Scheune ein.'" Mt 13,24 bis 30

Das frühe Gleichnis steht nur bei Matthäus. Die Urgemeinde entwickelte es zum Gerichtsgleichnis weiter. Die angefügte Deutung redet davon. Im Thomasevangelium (i), das nicht in den Kanon (i) kam, wird das Gleichnis ursprünglicher erzählt: „Niemand hat das Recht, aufkeimende Entwicklungen zu stoppen. Die Kirche muss warten, demütig bleiben, anstatt abzuweisen, zu entfernen, zu verbrennen. Ausreißen und Jäten, Aussortieren und Verbrennen sind Gottes Aufgaben. Niemand kann Unkraut und Weizen während des Wachsens unterscheiden. Weizen und das Unkraut ‚Lolch' sehen sich ähnlich."

Weder Kirche noch Einzelne können verdammen, heilig sprechen. Der Dialog bringt näher – und scheidet die Geister. Jedoch darf ich ihn nicht nutzen, um zu verurteilen, zu beseitigen. Ausreißen und Verbrennen, von der Kirche nicht nur in Ketzerprozessen geübt, kreisen um den Streit um Wahrheit, die erst im Himmel zur Wahrheit wird und auf Erden nicht absolut gesetzt werden darf. Darum soll ich vorsichtig und tolerant, freundlich und gütig, nachsichtig und langmütig mit dem Nächsten umgehen. Vielleicht bin ich, der ich voreilig ausreißen möchte, selbst Unkraut, das auf die Gnade angewiesen ist, nicht verbrannt zu werden?

Gott, rasch werde ich vom vorsichtigen Freund zum verdammenden Richter. In das sanfte Gespräch drängen sich Urteilssucht und Neid, Misstrauen und Ablehnung. Wer gibt mir das Recht zu solchen Verwerfungen? Schenke mir Geduld mit meinem Nächsten, der angeblich so abscheulich ist. Wer bin ich selbst? Amen.

Kleines Senfkorn Hoffnung

„Das Himmelreich gleicht folgendem Vorgang: Ein Mensch nahm ein Senfkorn und säte es auf seinen Acker, das kleinste Samenkorn, das es gibt. Wenn es jedoch heranwächst, wird es größer als alle Gartengewächse, groß wie ein Baum. Aus allen Himmelsrichtungen fliegen Vögel heran und nisten in seinen Zweigen."

Er erzählte ihnen ein zweites Gleichnis: „Das Himmelreich gleicht folgendem Vorgang: Eine Frau nahm Sauerteig und knetete ihn in einen halben Zentner Mehl ein, so lange, bis der ganze Teig durchsäuert war."

Mt 13,31 bis 33

Wir erinnern uns, Jesus sprach Aramäisch (i). Das Aramäische, eine Weiterentwicklung des Hebräischen, hat wie das Hebräische eine Eigenart: Das „le", das Vergleichswort „wie", das in jedem Gleichnis benutzt wird, beschreibt keine Sache, sondern eine Bewegung. Die Entwicklung ist bemerkenswert, nicht das erwähnte Teil. Weder Senfkorn noch Sauerteig tragen eine Reichgottes-Form in sich. Der erzählte Vorgang lässt eher ahnen, welche Kraft das Reich Gottes in sich birgt, wie ungeheuer schnell und lebendig es wächst. Das Senfkorn wächst zum Weltenbaum hoch, in dem die Vögel dieser Erde Schutz finden. Der Sauerteig, ein winziges Stück Brotteig, von geheimnisvollen Mikroben durchsetzt, durchsäuert den gesamten Weltteig. Kein langsames Wachstum ist gemeint. Das Senfkorn schießt überraschend schnell hoch, der Sauerteig braucht nur eine Nacht, um eine Riesenmenge Teig zu durchsetzen. Beide Bilder zielen auf die überraschende, von niemandem vermutete Wende: „Kleines Senfkorn Hoffnung!"

Beide Gleichnisse fassen auch das Denken und Handeln Jesu zusammen. Er fängt klein an, wendet sich kleinen Leuten zu, die ihm wichtiger sind als die Großen. Die Kranken, Elenden, Blinden und Krüppel sieht er, kümmert sich um sie. Sie sind seine Klienten. Sie werden über Nacht zum großen Volk Gottes heranwachsen. Ich bin gemeint, mein Glaube, mein Leben, diese versiffte Welt. Am Kreuz, an dem alles verloren scheint, blüht mein Senfkornglaube neu auf.

Alles muss klein beginnen, mein Senfkornglaube, mein Sauerteigvertrauen, eine verborgene, unsichtbare Welt. Wer will sich daran festklammern? Und doch werde ich, wird die Welt verändert. Kleine Ursachen, große Wirkungen! Ich werde gestärkt, kann hoffen, darf vertrauen, will nachfolgen, durch dich, mein Gott, durch dich. So komme ich zur Gemeinde, werde in ihr aktiv, danke! Amen.

Schatz im Acker, kostbare Perle

„Das Himmelreich gleicht folgendem Vorgang: Ein Mensch fand einen Schatz, im Acker versteckt. Er freute sich, verbarg ihn. Eilig verkaufte er seinen ganzen Besitz und kaufte den Acker. Das Himmelreich gleicht auch folgendem Vorgang: Ein Kaufmann ging auf die Suche nach einer echten, kostbaren Perle. Als er sie fand, beeilte er sich, verkaufte seinen ganzen Besitz und kaufte sie.“ Mt 13,44 bis 46

Es gibt keinen Gleichklang der Theologie in den Gleichnissen Jesu. Sie werden von jedem Evangelisten verschieden gebraucht, in Nuancen erweitert, weggelassen. Es ist spannend, zu sehen, wie vorhandenes Material benutzt oder verworfen wird. Das Doppelgleichnis vom Schatz und der Perle findet sich nur bei Matthäus. Verständlich, kein Evangelist hebt die Radikalität der Reichgottes-Botschaft Jesu so scharf hervor wie Matthäus. Eine tiefe Sehnsucht durchzieht das Gleichnis, das in zwei Bildern erzählt wird.

Der Ackersmann, der ein fremdes Feld pflügt und dabei auf einen Schatz stößt, verkauft alles, was er besitzt, kauft den Acker, um in den Besitz des Schatzes zu gelangen. Gleiches geschieht im zweiten Text: Ein Perlensucher, ein Kenner, stößt auf eine wunderschöne Perle. Er verkauft alles, was ihm gehört, um die Perle in seinen Besitz zu bringen.

Es bleibt beiden Bildern das Geheimnisvolle. Zunächst werden Schatz und Perle von der Allgemeinheit nicht entdeckt. Ein Einzelner sieht diese Kostbarkeiten – und setzt alles auf eine Karte, um sie zu gewinnen. Wenn ich erkenne, dass eine Erfahrung, eine Begegnung mir Wege aus Resignations- und Todeszonen ins Hoffnungsland weist, ist es notwendig, dass ich mich radikalisiere, nämlich zu den Wurzeln meines Lebens und den Wurzeln der Zukunft vordringe, meinen ganzen Wagemut zusammennehme und mich auf dieses Einzigartige konzentriere: die Kirche? Der Glaube? Das Leben, das ich in der Liebe und Gerechtigkeit Gottes zu leben versuche? Ich möchte nicht voreilig religiös deuten, mich nicht klerikalisieren, die einzelne Entscheidung verhimmeln. Auf der Erde, im Ausleben von Gerechtigkeit, Frieden und der Bewahrung der Schöpfung liegen meine Chancen zum Himmelreich, wie Jesus es versteht.

Gott, ich bete nicht um einen Himmel auf Erden. Ich bete nicht um die Wolke, auf der du zu mir heruntertanzt. Ich bete um die Kraft, zu erkennen, zu tun! Frieden zu leben, Gerechtigkeit zu erkämpfen, die Schöpfung zu bewahren. Sei in mir aktiv, Gott. Amen.

Was ist im Fischnetz?

„Das Himmelreich gleicht folgendem Vorgang: Ein Netz wurde ins Meer geworfen. In ihm fingen sich Fische aller Art. Als es voll war, zogen es die Fischer ans Ufer, setzten sich hin und warfen die brauchbaren Fische in Sammelgefäße, die schlechten warfen sie weg. So kommt es am Weltende: Engel ziehen aus und sortieren die Bösen von den Gerechten aus. Die Aussortierten werfen sie in den Feuerofen, wo sie vor Wut heulen und mit den Zähnen knirschen werden. Habt ihr das verstanden?" Sie bejahten. Er erläuterte: „Jeder Schriftgelehrte, der zum Schüler des Himmelreiches wurde, gleicht einem Hausvorstand, der aus seinem Schatzkästchen Neues und Altes herausssucht."

Mt 13,47 bis 52

Die Bilder verschränken sich. Ein Gleichnis, nur bei Matthäus, am Ende seiner Gleichnisrede. Nicht ohne Grund wird anschließend berichtet, wie Jesus in Nazareth auftritt und aus der Synagoge herausgeworfen wird. Es gibt Menschen, die dem Evangelium vertrauen, andere, die es ablehnen. Das geht bis heute so.

Ich erschrecke vor dem drohenden Gerichtston, den dieses Gleichnis kennzeichnet: Einige werden es schaffen, andere nicht. Einige lassen sich von den Menschenfischern einfangen, um gesegnet zu werden, andere sind wirklich für die endgültige Verwerfung vorherbestimmt? Wirklich ein Gleichnis Jesu? Vielleicht ein Drohwort, das in der Urgemeinde gegen alle, die die messianische Botschaft missachteten, umlief? Gleichnisworte Jesu wurden nach seinem Tod verschärft und neu akzentuiert dem Messias in den Mund gelegt. Auch könnte das Gleichnis den Zorn Jesu über die zeitgenössische Intoleranz widerspiegeln.

Jedoch ist diese Sentenz nicht ohne Hoffnung: Ein Fischzug ist im Gange, Menschenfischer sind unterwegs. Die Fischer fahren aus, fischen, strengen sich für das Evangelium an, verkünden die neue, messianische Botschaft. Ich, im Lebensmeer schwimmend, hineingewachsen in verschiedene Traditionen, werde aufgefordert, mich zu entscheiden, ein Fisch im Messiasnetz zu werden, Altes und Neues zu verbinden. Ein Wunder ist in Vorbereitung, ich fange an zu leben, aus des Messias Geist, in seinem Namen.

Ich, ein Fisch im Netze des Messias, werde aufgefangen in deinem Reich, Gott. Ich bekenne Jesus, den Messias, als meinen Herrn. Ich bin eingeladen, zum Menschenfischer zu werden, auf unaufdringliche Weise, aber doch Fischer. Danke. Amen.

Beispiel der Barmherzigkeit

Siehe, ein Gesetzeslehrer erhob sich, wollte ihn auf die Probe stellen. Er fragte: „Meister, was muss ich tun, ewiges Leben zu gewinnen?“ Lk 10,25

Aus dieser Frage entwickelt sich ein wichtiges Gespräch (Lk 10,25–28), das in eine Gleichniserzählung Jesu einmündet, das Gleichnis vom Barmherzigen Samariter (Lk 10,29–37). Dieses Gleichnis ist die Geschichte einer erfüllten Liebe. Sie deckt auf, wohin der Mensch gelangt, wenn er die Tat der Liebe über Glauben und Dogma setzt.

Der barmherzige Samariter (i), erzählt Lukas, ist ein Fast-Ungläubiger, ein Ketzer. Ausgerechnet er hilft einem Menschen in Not, während sich zwei Glaubensmenschen in Angst und religiöser Tradition einnähen und versagen. Quintessenz? Es gibt keine Grenzen der Barmherzigkeit, weder nationale noch religiöse, noch rassische. Das Gebot zur Barmherzigkeit entgrenzt. Aus den Feinden, Juden und Samaritern, werden Geschwister, die zueinander gewiesen sind. Aus Fernen werden Nahe, aus Fremden Freunde. Der Samariter gibt, verschenkt, opfert – und wird beschenkt: Was zunächst als Verlust erschien, wird zum Gewinn. Wer gibt, empfängt: Liebe schafft neue Freunde, Vorurteile und Angst werden überwunden, Offenheit entsteht, Vertrauen und eine neue, positive Lebenseinstellung werden geschenkt. Ich, der engherzige Bürger, erkenne die eine bewohnte weite Welt als meine Welt. Ich lebe mich in sie ein, übernehme in ihr Verantwortung. Aber wird Dienen und Helfen nicht zur Droge, mit der ich mein Ich befriedige? Kann ich allen helfen? Muss ich mich nicht gegen Elend, Hunger, Leid und Sterben abschirmen, um zu mir selbst zu kommen? Dieses Fragen, das sich hinter der Abwehrfrage „Wer ist denn mein Nächster?“ versteckt, wird beantwortet: „Wer mir vor die Füße fällt, ist mein Nächster.“ Ich kann nicht ausweichen. Ich werde herausgefordert, den Geschundenen zu suchen, aufzuheben, ihn bei mir aufzunehmen, ihm beizustehen. Kirche versagt, erzählt das Gleichnis. Der Samariter, ein religiöser Außenseiter, stellt klerikale Rücksichten und persönliche Angst zurück. Er tut die Liebe.

Gott, ich soll dich im Hilfsbedürftigen entdecken. Ich, ein Mensch, suche dich, Gott, und finde dich in dem, den du mir vor die Füße legst, der meine Liebe braucht. Amen.

Wozu bin ich auf der Welt?

„Das Feld eines reichen Menschen hatte hohe Erträge abgegeben. Er fragte: ‚Was soll ich machen? Ich breche meine Scheune ab und baue eine größere. In der lagere ich dann mein Getreide und meine übrigen Vorräte ein. Dann sage ich mir: Mein lieber Mann, du hast viel gesammelt und zurückgelegt, hast Ersparnisse für viele Jahre. Gönn dir etwas Ruhe, iss und trink und genieße das Leben!' Aber Gott fuhr ihn an: ‚Törichter Mensch, Narr! Noch in dieser Nacht wird man dein Leben von dir zurückverlangen. Und wem gehört dann, was du gescheffelt hast?' So passiert es, wenn einer schafft, sammelt und hortet und ist nicht reich zu Gott hin."

Lk 12,16 bis 21

Das Gleichnis vom reichen Kornbauern, nur bei Lukas zu finden, wird eingebettet: Es steht zwischen Jesu Aufforderung, sich furchtlos zu ihm zu bekennen, und der Warnung vor falschen Sorgen (Lk 12,1 ff.; 12,22–34). Angst und Sorge um die Zukunft sollen nicht zu meiner Lebensmitte werden. Das Gleichnis trifft den, der vom Glauben redet, aber nicht teilen will und auf eine alles absichernde Vorsorge für die Zukunft nicht verzichtet.

Eine weitere Einbettung erfährt das Gleichnis durch seine Einleitung. Jesus soll als Erbteiler fungieren, was er ablehnt: „Wer hätte mich zum Richter oder Notar eingesetzt?" Die Situation wird vertieft: „Nehmt euch vor Habgier in Acht. Keiner lebt davon, dass er viel hat." (Lk 12,13–15). Das Leben ruht nicht im Besitz. Lebensqualität kommt nicht aus der Anhäufung materieller Güter, sondern aus der Offenheit für die Zukunft. Die wächst aus dem Teilen, nicht aus dem Raffen, aus der Fürsorge für andere, nicht aus der Eigensorge. Der Kornbauer wird „Narr" genannt, jemand, der Gott leugnet.

Narr ist er auch im weltlichen Sinn: Er leugnet, dass wir Menschen in einem Menschheitshaus wohnen, nur gemeinsam überleben können – eine Warnung vor der Gier, mit der ich Natur, andere und mich zerstöre! Sehnsucht nach Sicherheit durch Reichtum prägt eine mir selbst nicht bewusste Todessehnsucht aus. Ich klammere mich ans Leben, suche es zu vertiefen, verneine dabei meine Umwelt. Ohne es zu spüren, vernichte ich mich selbst. Wir können nur gemeinsam überleben.

Es ist meine Dummheit, wenn ich auf mich selbst fixiert lebe. Nur mit anderen werde ich es schaffen. Hilf mir durch Jesus, den Messias, der sich an die Welt verschenkt, zum gemeinsamen Leben. Amen.

Reicher Mann, armer Lazarus

„Ein reicher Mann kleidete sich in Purpurgewänder, in kostbare Leinen- und Baumwolltuche. Tag für Tag führte er ein glänzendes Leben, Freudenmahl an Freudenmahl. Ein Armer, ein gewisser Lazarus, lag vor seiner Tür, von Geschwüren bedeckt. Er hätte sich gern von dem, was bei der Tafelei des Reichen abfiel, gesättigt. Stattdessen liefen Hunde herbei und leckten seine Geschwüre aus. Nun kam es so, der Arme starb und wurde von Engeln in Lk 16,19
Abrahams Schoß getragen. Der Reiche starb auch und wurde begraben." bis 22

Der Reiche, der in der *Gehenna*, in der Gottesferne, hockt und entsetzlich leidet, möchte aus dem Jenseits seine Mitmenschen warnen. Sie sollen anders leben als er. Er hat alles falsch gemacht! Lazarus, was *Gott hilft* heißt, in Gottes selige Zukunft eingebettet, soll ins Leben zurückkehren, soll warnen und mahnen und die fünf Brüder des Reichen zur Umkehr bringen. Abraham, der Hüter des Gottesrechtes und Pfleger der Armen in der Ewigkeit, lehnt ab. Die Menschheit hat Moses und die Propheten. Wenn die Menschen diese Boten überhören, wieso sollten sie auf einen zurückgekommenen Toten achten? (Lk 16,19–31)

Es ist ein Gleichnis, älter als Jesus, das himmlischen Lohn dem verspricht, der Gutes auf Erden tut, und Gericht dem, der dieses Gute dem Nächsten verweigert. Der Nächste ist der Leidende, Kranke und Arme, der dem Reichen und Glücklichen vor die Haustür gelegt wird. Ein Ausgleich wird im Gericht und nachfolgender Ewigkeit geschaffen. Die Thora sagt, was der Mensch zu tun und zu lassen hat. Eine Einwirkung aus dem Jenseits wird versagt. Den Lebenden bleibt die Umkehr zu Lebzeiten. Der Mensch soll dem Wort Gottes gehorchen – und alles kann gut werden.

Der Bann, der auf der Menschheit liegt, die weder teilen noch helfen will, wirkt drückender. Eine Menschheit, die nur ihr Ego kennt, lädt Unheil auf sich. Ein Fluch legt sich auf uns, den wir selbst schaffen, Einzelne und Gruppen. Insofern meinen Hölle und Abrahams Schoß kaum etwas Jenseitiges, sondern die auf uns zutreibende Zukunft, die wir selbst so bedrohlich zurichten durch unsere Unnachgiebigkeit und unsere Gedankenlosigkeit. Die Hölle, das machen wir selbst. Reich Gottes meint dagegen, dass wir uns aus dem Egobann befreien lassen, teilend und helfend leben.

Jesus Christus, mach meinen Weg zu deinem, zu teilen, abzugeben, Gemeinschaft zwischen Armen und Reichen, zwischen Hungrigen und Satten zu stiften, jetzt und hier aus Gottes Gebot und Wort. Amen.

Verloren gegangen, wiedergefunden

Dauernd war eine größere Menge Zöllner und Sünder bei Jesus, um ihm zuzuhören. Pharisäern und Schriftgelehrten passte das nicht. Sie stänkerten: „Der da lädt Sünder zu sich ein und hält mit ihnen Mahlgemeinschaft." Darauf erzählte er ihnen dieses Gleichnis: „Wer von euch hält hundert Schafe und lässt nicht, wenn eins verloren geht, die neunundneunzig in der Steppe und sucht das verlorene, bis er es findet? Wenn er es gefunden hat, bringt er es auf seinen Schultern heim und freut sich. Zu Hause angekommen, ruft er Freunde und Nachbarn zusammen: ‚Freut euch mit mir, denn ich fand mein Schaf wieder, das verloren ging.' Ich sage euch: Im Himmel herrscht mehr Freude über einen Sünder, der umkehrt, als über neunundneunzig Gerechte, die eine Umkehr nicht für nötig halten.

Oder jene Frau! Sie hat zehn Silbergroschen. Einen davon verliert sie. Sie macht Licht an, fegt das ganze Haus und sucht energisch, bis sie den Groschen findet. Nachdem sie ihn fand, lädt sie Freundinnen und Nachbarinnen ein: ‚Freut euch mit mir. Ich fand meinen Groschen wieder, den ich verlor.' So, sage ich euch, werden sich Gottes Engel über einen Sünder, der umkehrt, freuen."

Lk 15,1 bis 10

Drei Gleichnisse des Lukas, die vom Verlieren und Wiederfinden handeln (Lk 15,1–32), erzählen von Gottes Freude, die im Himmel über die Umkehr eines Außenseiters ausbricht. Gott freut sich über diese Umkehr mehr als über die Lebenshaltung der nach strengen Regeln lebenden frommen Gerechten, jener Schicht in Juda, aus der Pharisäer (i) und Qumran-Anhänger (i) wuchsen. Die halten sich treu zur Thora. Sie stehen im Widerspruch zu denen, die sich freiheitlichem hellenistischem (i) Denken öffnen. Dieser Gegensatz bringt religiöse und soziale Konflikte mit sich. Die Gerechten gehören eher zu den Ärmeren im Land, während die Freidenker zum Establishment der Reichen gehören. Ihre tiefe Frömmigkeit gibt den Gerechten jedoch das Bewusstsein, jene elitäre Schicht zu bilden, die das Gesetz streng einhält und bei Gott angesehen ist. Die Gleichnisse riskieren den Affront mit dieser frommen Elite.

Gott, ich entwickle Abneigung gegen Menschen, die anders sind, anders glauben. Du bringst mich zur Geduld mit ihnen, lockst mich zur Freundschaft heraus. Diese Menschen fragen oft mehr nach dir als die fromme Clique, die alles weiß und kennt. Amen.

Barmherziger Vater

Jesus erzählte: „Ein Mensch hatte zwei Söhne. Der jüngere forderte vom Vater: ‚Vater, ich will den Anteil des Vermögens, der mir zukommt.' Der Vater teilte die Lebensgrundlage unter beiden auf. Nach kurzer Zeit zog der jüngere alles zusammen, verließ die Heimat, ging ins Ausland. Dort vergeudete er sein Vermögen, führte ein Lotterleben!"

Lk 15,11 bis 13

Das Gleichnis, eins der schönsten Stücke der Weltliteratur, steht nur bei Lukas. Es erzählt von der Liebe eines Vaters gegenüber seinem Sohn, der ihm und seinem Haus zunächst die kalte Schulter zeigt und sich, als es ihm in der Fremde dreckig geht – er landet bei den Schweinen als Schweinehirt –, auf sein Vaterhaus besinnt und heimkehrt. Er fällt vor dem Vater, der ihn von Weitem erwartet, in die Knie und bittet um Verzeihung. Er will im Vaterhaus nur ein Tagelöhner sein, mehr nicht: „Ich habe gesündigt vor dem Himmel und vor dir. Ich bin hinfort nicht mehr wert, dass ich dein Sohn heiße." Der Vater, voller Liebe, nimmt den verloren geglaubten Sohn auf, kleidet ihn festlich, steckt ihm einen kostbaren Ring an den Finger, schenkt ihm neue Schuhe und lässt ein Festmahl zu Ehren des Heimkehrers richten: „Dieser mein Sohn war tot und wurde wieder lebendig; er war verloren und wurde gefunden!" Ein Fest startet. Diese Entwicklung betrachtet der ältere Sohn, der brav zu Hause blieb, voll Eifersucht. Er wird eingeladen, das Festmahl mitzufeiern, das der Vater für den Heimkehrer veranstaltet. Es kommt zum Konflikt. Hat er nicht treu dem Vater gedient, und nie zeigte der Vater sich ihm gegenüber erkenntlich? „Jetzt, wo dieser Hurenbock von Sohn heimkommt, gibt es ein Riesenfest!" Der Vater erinnert: „Du warst immer bei mir, was mir gehört, gehört auch dir. Komm, feiere die Heimkehr deines Bruders mit, den alle totgesagt hatten und – er lebt"(Lk 15,11–32).

In einer Welt, die sich spaltet, bekommt das englische Wort *Reconciliation* einen neuen Klang. Während Staaten sich tödlich verfeinden, Arm gegen Reich revoltiert, Ausländer von Inländern bedroht und getötet werden, ruft das Gleichnis zur Reconciliation auf, zur Versöhnung, zur Wiedervereinigung im wörtlichen Sinne.

Barmherziger Vater, in deinem Sohn bittest du uns: Die Menschheit soll sich neu an einen Tisch setzen. Wir können miteinander reden, feiern, leben. Notwendige Bilder des Überlebens malst du uns vor die Seele, den gemeinsamen Neubeginn aller Menschen zu dem einen Fest der einen Menschheit. Du, liebender Vater, lädst uns an deinen Tisch. Amen.

Zwei Typen

Einige hielten viel von sich. Sie meinten, sie seien gerecht und könnten andere verachten. Denen erzählte er folgendes Gleichnis: „Zwei Menschen gingen zum Tempel, um zu beten. Der eine war ein Pharisäer, der andere ein Zöllner. Der Pharisäer sonderte sich ab, betete: ‚Ich danke dir, Gott, dass ich nicht bin wie alle andern, die ganze Menschheit: Erpresser, Rechtsbrecher, Ehe- und Wortbrüchige, oder wie dieser Zöllner. Ich faste zweimal in der Woche, zahle den Zehnten auf alle Einnahmen.‘

Der Zöllner stellte sich abseits, wagte es nicht, die Augen zum Himmel zu erheben, schlug an seine Brust: ‚Gott, erbarme dich über mich. Ich sündigte.‘“ Ich sage euch: „Dieser ging heim und wurde freigesprochen, jener nicht.
Lk 18,9 *Denn wer sich selbst groß macht, wird klein gemacht werden. Wer sich selbst*
bis 14 *klein macht, wird groß gemacht werden.“*

Zwei beten. Das Gebet des einen strotzt vor gläubiger Arroganz. Der Beter stellt sich in sorgfältiger Abgrenzung gegen andere Beter auf, die nicht so gläubig, so „rein“ sein können wie er, die ihn verunreinigen, wenn sie nur seinen Schatten berühren. So grenzt er sich lautstark gegen Unglauben und Amoral ab. Der Zöllner traut sich nicht in den erlauchten Kreis der rechtgläubigen Beter, schlägt die Augen nieder, mag Gott nicht ins Gesicht schauen. Er murmelt seine Bitte um Gnade, während der Pharisäer (i) eine stolze Litanei seines ethischen Bemühens vorbringt. Und jener soll sein Recht vor Gott eher bekommen als dieser? Zwei Typen, der selbstsichere Pohlbürger, der sich verärgert von Untüchtigen trennt. Der andere sieht sich als gescheitert an, steht vor den Trümmern seines Lebens.

Leistung und Versagen werden gegenübergestellt, Glanz und Betrübnis, Macht und Elend, Selbstrechtfertigung und Wissen um die eigene Schuldverstrickung. Im weiteren Sinne auch: Asylant und Einheimischer, Schwarz und Weiß, Agrarländer und Industrienationen. Immer fragt der Tüchtige den scheinbar Unterlegenen: „Warum hast du es nicht so weit gebracht wie ich?“ Und sonst hätte ich den, den ich ausstieß, nichts zu fragen?

Mein Glaube an dich, den radikal wissenden, aber auch radikal vergebenden Gott, bewahrt mich vor Arroganz und Hohnlachen. Aus der Abgrenzungswelt, an der ich mitbaue, soll die eine Welt werden, in der ich für und mit dem Anderen lebe. Eröffne mir deine Gnadenwelt. Amen.

Eingeladen, und?

Jemand, der am Symposion mit Jesus teilnahm, hörte, was Jesus predigte. Er rief: „Glück dem, der am Gastmahl im Reich Gottes teilnehmen kann!" Er erwiderte ihm und erzählte: „Ein Mensch bereitete ein großes Gastmahl vor und lud viele dazu ein. Als das Gastmahl beginnen sollte eben zu dieser Stunde, sandte er seine Knecht, die Geladenen zu Tisch zu bitten: ‚Kommt, es ist alles bereit!' Diese begannen einer nach dem andern sich zu entschuldigen. Der erste sagte: ‚Ich kaufte einen Acker und muss hin, ihn anzuschauen. Bitte, entschuldige mich!' Der zweite: ‚Ich kaufte fünf Ochsengespanne und muss sie mir unbedingt ansehen. Bitte, entschuldige mich!' Der dritte: ‚Ich habe geheiratet. Deswegen kann ich unmöglich kommen!'

Der Knecht kehrte zurück und berichtete alles seinem Herrn. Da schäumte der Hausherr und befahl dem Knecht: ‚Hol schnellsten von Prachtstraßen und aus Quergassen der Stadt Arme und Krüppel, auch Blinde und Lahme herein!' Der Knecht antwortete: ‚Herr, was du befahlst, ist geschehen. Aber es ist noch Platz.' Da trug der Herr dem Knecht auf: ‚Geh auf die Landstraße und an die Wegzäune und überrede sie, herzukommen, damit mein Haus sich fülle. Ich sage euch, keiner der zuerst geladenen Männer wird an meiner Tafel sitzen.'" Lk 14,15 bis 24

Die Grundbotschaft Jesu, dass in der einen Gottesherrschaft der eine Gott seine eine Menschheit sammelt, möchte das Grundbild auch unseres Gleichnisses bleiben, das uns in drei Varianten vorliegt: bei Matthäus (Mt 22,1–14), im Thomasevangelium (i) und bei Lukas. In allen drei Erzählungen kommt es zu Verwerfungen: Wer die Einladung nicht annimmt, verliert seine Chance! Dennoch, die Verwerfungen sind – biblisch gesehen – relativ. In Kreuz und Auferstehung Jesu wird Gottes Einladung zum Mahl täglich neu ausgesprochen. Sie gilt Jasagern und Neinsagern, Übereifrigen und Zögernden, Unschuldigen und Schuldigen. Niemand wird ausgeladen, die Einladung bleibt bestehen. Der für alle starb und auferstand, will in der einen Weltgesellschaft an Gottes Tisch allen den Gottesfrieden schenken, ihn mit allen erleben und feiern, auch mit mir.

Gott, aus Kirche und Gesellschaft berufst du die eine, neue Menschheitsgemeinde. Exklusivität löst du durch Ökumenizität ab. Wenn dein Messias einlädt, rufst du die eine Menschheit in Einheit mit der Natur, alles Lebendige, berufst du mich. Amen.

Wann, wo und wie?

Pharisäer fragten ihn: „Wann kommt das Reich Gottes?" Er antwortete ihnen: „Das Reich Gottes kommt nicht so, dass man es messen und beobachten könnte. Man wird auch nicht feststellen: Siehe, hier oder da ist es! Siehe, das Reich Gottes wächst mitten unter euch."

Lk 17,20 f.

Es sind wieder die Pharisäer (i), die eine theologisch präzise Antwort auf die Frage haben wollen, wann, wo und wie das Reich Gottes ankommt. Vielleicht steht diese Gruppe für alle, die sich nicht in den antirömischen Krieg hineinzwingen lassen möchten? Mit diesem Krieg und dem abschließenden Sieg gegen Rom werde, so die Propaganda der verschiedenen Gruppen der Aufständischen, das Reich Gottes hergestellt werden.

70 n. Chr. war der jüdische Aufstand gescheitert. Nach diesen Tagen schrieb Lukas sein Evangelium. So meint das Jesuswort einen Gegenentwurf zum militärischen und politischen Reichgottes-Fanatismus. Die Antwort Jesu ist verblüffend kurz: Man kann nicht exakt beobachten oder abmessen, wann und wo und wie das Reich Gottes ankommt. Das ist gerade der große Irrtum aller Reichgottes-Sektierer. Per definitionem ist es nicht zu haben, nicht durch Kriegführung noch durch feine physikalische Messung, weder durch präzise angeordnete Versuche wird es sichtbar noch durch abgestempelte Revolutionsurkunden.

Freilich taten die Exegeten zu viel des Guten, verlegten das Reich Gottes so sehr ins Innerste, dass man es weder schmecken noch riechen, weder sehen noch hören, sondern nur fühlen könne, jeder auf dem Grund seiner Seele. So ist die Übersetzung von (griech.) entos hymin, *inwendig in euch*, entstanden, wie Luther sie schuf. Aber das Bild ist nicht zu halten. Gottes Reich kann nicht so verinnerlicht werden, dass nichts Reales übrig bliebe! Reich Gottes meint unsere Lebenswirklichkeit. Die Menschen ringen, ob es eine christliche Verfassung, ein Gottesreich auf Erden geben solle, einen christlichen Gottesstaat? Wo versucht wurde, das Gottesreich mit Macht und Gewalt herzustellen, ist dieses Werk gescheitert, weil Zwang, Druck und Vergewaltigung nichts bringen, sondern im Gegenteil die Prinzipien des Jesus von Nazaret verlästern.

Und doch drängt dein Reich auf Veröffentlichung der Ehre und Herrschaft von Liebe und Gerechtigkeit, wie du sie, Gott, in der Welt, in meinem Leben willst! Das ist ein Tanz auf dem Drahtseil, rechts und links drohen Abstürze. Aber ich muss ihn riskieren. Amen.

Recht schaffen

Er trug ihnen ein Gleichnis vor, ausdauernd zu beten und nicht müde zu werden: „Ein Stadtrichter fürchtete sich nicht vor Gott und zitterte vor keinem Menschen. In dieser Stadt lebte eine Witwe, die bedrängte ihn mit ihren Bitten: ‚Sprich mir Recht zu, gegen meine Gegner!' Er verweigerte sich lange. Dann aber überlegte er: ‚Wenn ich mich schon vor Gott nicht fürchte und vor keinem Menschen zittere, will ich dieser quengelnden, aufdringlichen Witwe doch Recht sprechen. Sonst kommt sie noch und gibt mir einen aufs Auge.'" Lk 18,1–5

Das Gleichnis hat anhängende Schlüsse. Ein erster zielt auf die Auserwählten, die Gott in den Ohren liegen. Er wird sie schließlich erhören. Schließlich? Nein, bald. Der zweite Schluss mündet in eine Frage. Ob denn der Menschensohn (i), wenn er erscheine, Glauben finden werde? Beide Schlüsse scheinen mir spätere Anhänge zu sein. In seinem Ursprung redet das Gleichnis vom Gebet, mit dem der Mensch Gott bedrängen soll. Schließlich spricht Gott Recht. Tut er es nicht immer? Ist er nicht stets der weise, gerechte Richter?

Ich, Witwe und Waise, Arbeitsloser und Rentner, ich hinterletzter Mensch, der ich irgendwo in der hinterletzten Reihe stehe, habe ein Recht auf das Recht, ein Recht auf mein Leben. Ob ich schmieren kann oder nicht, ob ich über Vitamin B verfüge oder nicht, ob ich vom Sozialamt lebe oder ein hohes Bankkonto vorzeige, ich habe ein Recht auf das Recht, ein Recht aufs Leben. Und mag der Richter hart, querköpfig und auf seinen Standpunkt versessen sein. Ich werde ihn mir weich reden, mit meinen Bittgängen ihn mir weich klopfen. Was Recht ist, muss Recht bleiben, oder? Darum werde ich nicht nachlassen mit meinen Bittgängen, nicht aufhören mit meinem Ohrenklopfen, dass sich der Herr Richter endlich meines Lebens annehme.

Vielleicht hast du keine Lust, Gott, dir mein Leben genauer anzugucken? Du willst deine Ruhe vor mir haben und meine Sache, mit der ich dir lang und heftig in den Ohren liege, abwimmeln? Warum sollst du, großer Gott, dich mit mir kleinem Menschen beschäftigen? Und doch tust du es, hörst mich an, redest mit mir. Ich führe einen Rechtsstreit um mein Leben. Was ist es dir, Gott, was mir wert? Darüber will ich mit dir streiten. Nachdem ich so lange vor deiner Tür stehe, dich anschreie, dringe ich bei dir ein, Gott. Schaffe mir Recht. Mein Leben lohnt sich. Das glaube ich. Amen.

Vom Schalksknecht

„Das Himmelreich ist mit Folgendem zu vergleichen: Ein König wollte mit seinen Untergebenen Bilanz ziehen. Als er mit der Abrechnung begann, wurde ihm jemand vorgeführt, der schuldete ihm zehntausend Zentner Silber. Der Mann war zahlungsunfähig. Deshalb ordnete der Herr an, ihn und seine Frau und seine Kinder und seinen Restbesitz zu verkaufen, um so die Schuldenlast versuchsweise zu tilgen. Nun warf sich der Untergebene vor ihm zu Boden und flehte: ‚Hab mit mir Geduld, ich werde alles begleichen.'
Mt 18,23 *Da hatte der Herr Mitleid mit ihm. Er ließ ihn frei, strich ihn auch aus der*
bis 27 *Schuldnerliste."*

Es wird erzählt, warum dieser Untergebene Schalksknecht heißt. Er hat einen bösen Schalk im Nacken! Kaum ist der Knecht aus der Affäre glimpflich heraus – ein grandioser Fall von Großzügigkeit –, fällt ihm ein, dass andere Leute bei ihm Schulden haben. Die wird er eintreiben, komme, was da wolle. Obwohl ihm gerade eine Riesenschuldenlast abgenommen wurde? Er geht hart gegen seine Schuldner vor, die ihm Kleckerbeträge schulden. Er will alles zurückhaben, jetzt! Seine Schuldner, in Angst, betrübt, verbittert, wenden sich an den Boss. Der stellt seinen Schützling zur Rede: „Vergaßest du, wie großes Mitleid ich mit dir hatte?" Der Schalksknecht, ein kurzsichtiger Dummkopf, wird der Folter ausgeliefert. Nun gibt es keine Gnade mehr (Mt 18,21–22.35). Eine Warnung, damit ich im Endgericht bestehe?

Wie in allen Gleichnissen Jesu ist das Hier und Jetzt gemeint. Ich bin auf Gottes Gnade, auch auf die anderer Menschen angewiesen. Ich lebe aus der Barmherzigkeit, darum soll ich barmherzig handeln. Ähnliches gilt für die Schulden – nicht nur die Schuldvergebung! Der Schuldenerlass wird bewusst als Bild gewählt! Vergebung ist nicht nur ein seelischer Vorgang. Im Hebräischen wie im Deutschen heißt das Wort *Schuld* und *Schulden*, also: Konkrete Streichungen konkreter Schulden im konkreten Waren- und Bankgeschäft sind angesprochen! Ich will vergeben und erlassen, jeden Tag neu (Mt 18,21–23.35).

Gott, ich nehme für mich alle Generositäten dieser Welt in Anspruch. Aber bin ich zur Konzession bereit, wenn es um meine Rechtsbelange und Finanzforderungen geht? Reich Gottes: Ich soll Gnadenmöglichkeiten, zuerst im Kopf, dann in der Realität entwickeln. Gott, ich soll vergeben und erlassen, wie du es tust, jeden Tag neu. Amen.

Talente

„Ein Mensch ging auf Reisen. Er rief seine Untergebenen zu sich und übergab ihnen sein Vermögen. Dem einen vertraute er fünf Zentner Silber an, fünf Talente, dem nächsten zwei, dem dritten einen, je nach Begabung. Dann zog er weg. Gleich machte sich der, der die fünf Zentner Silber erhalten hatte, ans Handeln. Er verdoppelte den Gewinn. Ebenso der, der zwei Zentner angenommen hatte, er gewann zwei dazu. Derjenige jedoch, der den einen Zentner bekommen hatte, hob eine Grube aus und versteckte das Geld seines Herrn in der Erde." Mt 25,14 bis 18

Die Erzählung geht weiter. Der Herr kommt zurück, verlangt Rechenschaft. Der Erste zeigt seine zehn Zentner her, wird gelobt und weiter mit Verantwortung betraut. Der Zweite, der zwei Zentner hinzugewann, wird ebenso behandelt. Der Dritte versucht eine Entschuldigung: Er habe gewusst, dass der Herr hart sei und Rechenschaft verlange. Er ernte, wo er nicht gesät, sammle ein, wo er nicht ausgestreut habe. Darum habe er das Geld vergraben, damit es ja nicht verloren gehe. Der Herr erwidert ärgerlich: „Wenn du wusstest, wie ich reagiere, warum gabst du das Geld nicht auf die Bank, wo es Zinsen bringt?" Der eine Zentner wird ihm abgenommen, dem dazugegeben, der bereits zehn Zentner Silber besitzt. „Wer hat, dem wird gegeben, wer nichts hat, dem wird das, das er noch hat, auch noch weggenommen!" Der furchtsame Knecht wird ausgestoßen (Mt 25,14–30).

Das Gleichnis spricht von der Situation, in der nichts zählt, nicht die Geschichte noch die Moral, nicht die Weisheit noch die bürgerliche Wohlanständigkeit, sondern nur diese Frage: „Wie hast du dein Leben gelebt?" – „Wilhelm Vogt, wat has'se aus dein'm Lebm jemacht?" stellt sich der Schuster Wilhelm Vogt im Hauptmann von Köpenick vor, so werde er am Ende seines Lebens gefragt werden. „Fußmatten", wird er antworten, „und die andern hab'm druff rumjetrampelt." Um diese Endzeitfrage, um diese Lebensfrage geht es: „Was hast du aus deinem Leben gemacht?"

Gott, warum habe ich Angst vor dem Leben? Warum vergrabe ich meine Talente, verstecke sie? Warum traue ich deinem Evangelium, warum mir selbst so wenig zu? Ich will in dieser Welt Jesu Weisheit ausprobieren. Sie ist kein Hirngespinst. Ich vertraue mich dir an, Christus, bring mich ins Geschäft. Amen.

Gottes Ungerechtigkeit

„Das Himmelreich gleicht folgendem Vorgang: Ein Unternehmer ging frühmorgens raus, um Arbeiter für seinen Weinberg anzuwerben. Er einigte sich mit den angeworbenen Arbeitern auf einen Denar als Tageslohn. Dann schickte er sie in den Weinberg. Als er gegen neun Uhr seine Runde machte, sah er andere Arbeitslose auf dem Marktplatz herumstehen. Er bot ihnen an: ‚Arbeitet auch in meinem Weinberg. Ich händige euch den rechtmäßigen Lohn aus.' Sie nahmen an, gingen hin."

Mt 20,1–5

Noch dreimal kommt der Unternehmer auf den Markt, wo die Arbeitslosen herumstehen. Dreimal wirbt er weitere Arbeiter an, zuletzt eine Gruppe, die schließlich nur eine Stunde im Weinberg arbeitet. Gefragt, warum sie denn, so kurz vor Tagesschluss, noch immer auf dem Markt stünden, antworten sie, niemand habe sie eingestellt.

Als es zur Auszahlung kommt, beginnt der Hausherr mit der Gruppe der zuletzt angeworbenen Leute und zahlt jedem einen Denar aus. Als er diesen vereinbarten Denar jedem aushändigt, murrt einer der Arbeiter, die früh zu arbeiten begannen. Er erwartet mehr. Die Antwort: „Tue ich dir Unrecht? Hatten wir nicht einen Silbergroschen als Lohn vereinbart? Nimm deinen Lohn und geh! Ich will dem Letzten den gleichen Lohn geben wie dem Ersten. Kann ich nicht mit meinem Geld machen, was ich will? Oder bist du sauer, weil ich gut zu allen bin?" (Mt 20,1–16)

Die Spitze des Gleichnisses findet sich in den Fragen des Arbeitgebers. Sie erzählen von dem Gott, „der dem gnädig ist, dem er gnädig sein will" (Ex 33,19). Sein Gnadenwille ist unwiderstehlich. Dabei arbeitet das Gleichnis den Gegensatz zwischen dem Denken in Wirtschaftskreisen und dem Umstand, wie Gott denkt und handelt, heraus. Die Radikalität der Gnade hebt das Leistungsprinzip so sehr auf, dass die Solidarität zwischen den Arbeitenden zerbricht: Neid und Unrechtsempfinden setzen sich durch. Gott ist einfach zu gnädig!

Und die soziale Dimension des Gleichnisses? Mit einem Denar kann eine Familie einen Tag lang ernährt werden! So wird eine Aussage über das Haben und Besitzen gemacht: Alle Arbeiter bekommen, wie vereinbart, was für diesen Tag ausreicht, mehr nicht, nicht weniger. Gott will, dass für jeden gesorgt ist: Jeder soll das Lebensnotwendige bekommen.

Gott, jeder braucht das, was er zum täglichen Leben braucht. Ich soll es dem andern gönnen, ihm lassen und ihm verschaffen – und auch für mich selbst von der Gesellschaft einfordern! Amen.

Was ihr getan habt ...!

Wenn der Menschensohn in seiner Herrlichkeit und alle Engel mit ihm kommen, wird er auf dem Thron seiner Herrlichkeit Platz nehmen. Alle Völker versammeln sich vor ihm. Er wird sie trennen, wie ein Schafhirt Schafe von Mt 25,31
Böcken trennt. Die Schafe stellt er rechts auf, die Böcke links bis 33

Wird sind mitten im Jüngsten Gericht. Es kommt zu einem spannenden Scheidungsgespräch. Der Menschensohn (i), der König, wird die zu seiner rechten Seite in sein ankommendes Reich einladen: „Ich war hungrig und ihr habt mich gespeist. Ich war durstig und ihr gabt mir zu trinken. Ich war fremd und ihr nahmt mich auf. Ich war nackt und ihr habt mich bekleidet. Ich war krank und ihr habt mich besucht. Ich war im Gefängnis und ihr kamt zu mir." Die so Angeredeten fragen erstaunt zurück: „Wann hätten wir dies alles getan? Wir sind dir nie begegnet!" Der Menschensohnkönig wird antworten: „Was ihr einem meiner geringsten Geschwistern tatet, tatet ihr mir."

Denen zu seiner linken Seite wird er das Feuer, die Vernichtung ansagen. Warum? „Ich war hungrig und ihr habt mich nicht gespeist. Ich war durstig und ihr gabt mir nicht zu trinken. Ich war fremd und ihr nahmt mich nicht auf. Ich war nackt und ihr habt mich nicht bekleidet. Ich war krank und ihr besuchtet mich nicht. Ich war im Gefängnis und ihr kamt nicht zu mir." Auch diese Angeredeten fragen erstaunt zurück: „Wann wäre das alles passiert, beziehungsweise nicht passiert? Wir sind dir nie begegnet!" Die Antwort lautet: „Was ihr einem meiner geringsten Geschwistern verweigert habt, das habt ihr mir verweigert!" (Mt 25,31–46)

Das Gleichnis, nur bei Matthäus, hat Revoltecharakter. Es revoltiert gegen eine Klerikalisierung der Botschaft Jesu. Derjenige gehöre zur Gemeinde, der sich zu Jesus, dem Kyrios, bekenne? Nein, sagt das Gleichnis, das Bekenntnis zum Christus lebt in sechs Barmherzigkeiten. Wer in ihnen lebt, sie auslebt, lebt im Messias. Nicht das Wortbekenntnis zum Christus macht den Christen aus, sondern das Bekenntnis zu des Christus geringsten Menschengeschwistern. Barmherzige Taten kennzeichnen den Christen, sein soziales Wirken. Wo findet der Mensch den Menschensohn? Im Menschen, im Geringen, Kranken, Elenden, Gefangenen.

Jesus Christus, Gottes Reich entwickelt sich in meiner liebenden Tat dir, dem unbekannten Christus, gegenüber. Gib, dass ich dich suche, dich finde und dir diene, in jedem Armen dich erkenne. Mein schönster Gottesdienst sei mein Menschendienst. Amen.

Zweimal fünf Jungfrauen

Wenn der Messias kommt, gleichen die Himmelreichsereignisse Folgendem: Zehn Jungfrauen griffen nach ihren Stablampen und zogen dem Bräutigam entgegen. Fünf von ihnen waren kurzsichtig, fünf weitschauend. Die kurzsichtigen, törichten hielten ihre Stablampen hoch, nahmen jedoch keinen Ölvorrat mit. Die Weitsichtigen, Klugen trugen zusätzlich zu ihren Lampen
Mt 25,1–4 *Ölvorräte in Gefäßen bei sich.*

Der Bräutigam, auf dessen Ankunft alle warten, bleibt aus. Die Jungfrauen harren aus, schlafen ein. Um Mitternacht erscheint der Bräutigam. „Geht ihm entgegen!“ heißt es nun. Die Jungfrauen wollen ihre Stablampen anzünden. Die fünf, die kein Öl mitnahmen, bitten die anderen fünf, ihre Lampen mit aufzufüllen. „Nein“, sagen die, „wenn wir das tun, reicht es für beide nicht!“ So müssen die fünf törichten, kurzsichtigen Jungfrauen zum Kaufmann rennen, um Öl einzukaufen. Als sie von dort zurückkehren, stehen sie vor verschlossener Tür. Der Bräutigam hat die fünf klugen, weitschauenden Jungfrauen bereits abgeholt. Die Hochzeit ist im Gange. Die Tür bleibt zu. „Ich kenne euch nicht!“ lautet des Bräutigams Urteil (Mt 25,1–13).

Das Gleichnis, nur bei Matthäus zu finden, spielt auf die Ermüdungserscheinungen in der ersten Christenheit an. Die Gruppe der Jesusbewegung erhoffte nach dem Zusammenbruch Jesu am Kreuz und der Ostererfahrung der ersten Christen auf eine direkte, baldige Ankunft des Menschensohns (i). Das erzeugt Spannungen. Radikale Konsequenzen werden den Christen abverlangt! Im Gleichnis wird auf die Gruppe derjenigen angespielt, die sich anpasst und Ermüdungserscheinungen zeigt. Dieser Gruppe wird jene Gruppe gegenübergestellt, die sich auch auf Verzögerungen einrichtet, aber nicht resigniert. Diese Menschen zeigen den langen Atem derer, die wissen: Der Weg ist das Ziel, wie das Gleichnis bildhaft beschreibt.

Lampen mit Öl bei sich tragen? Ich bin mir meiner Aufgaben bewusst, leuchte in die elende Finsternis hinein, solange es mir möglich ist. Mein Weg ist mein Ziel, Licht ins Finstere zu bringen, zum Licht in der Finsternis zu werden.

Wo, wie wann wache ich, schlafe ich ein? Bin ich hellwach, wenn es um meinen Vorteil geht? Schlafe ich, bleibe ich gleichgültig und unberührt, wenn es mich nicht persönlich betrifft? Erwecke mich, der ich schlafe, dass ich aktiv lebe. Amen.

Feigenbaum

Jesus erzählte folgendes Gleichnis: Jemand hatte einen Feigenbaum in seinen Weinberg gepflanzt. Er kam, untersuchte den Baum, ob er Früchte trüge, und fand keine. Er redete mit dem Weinbauern: „Siehe, seit drei Jahren komme ich nun zu diesem Feigenbaum, suche Früchte an ihm und finde keine. Darum hau ihn ab! Er saugt nur nutzlos den Boden aus! Der Weinbauer jedoch antwortete ihm: „Herr, gib ihm noch ein Jahr. Ich will ihn umgraben und bedüngen. Vielleicht bringt er demnächst Früchte, wenn nicht, kannst du ihn dann immer noch abhauen lassen." Lk 13,6–9

Das Gleichnis kommt bei Markus als Gleichnishandlung Jesu vor: Jesus, auf dem Weg zum Tempel, verflucht einen Feigenbaum. Als Jesus vom Tempelberg herunterkommt, ist dieser Baum tatsächlich verdorrt (Mk 11,12–14. 20–25; vgl. Lk 21,29–33). Dabei möchte ich dem kryptischen Sinn der Sprachwelt nachspüren, in der Markus und auch die übrigen Evangelisten schrieben: Der Feigenbaum ist das jüdische Symbol für Messianismus. Juda verdorrt, weil es keine messianische Früchte trägt? Aus der Gleichnishandlung sei die Schlussfolgerung zu ziehen, Juda sei zum Verdorren verflucht? Das wäre falsch. Vielmehr tritt Markus mit Hilfe einer fein abgestimmten Textkomposition dafür ein, Schuld solle vergeben und ein neuer messianischer Anfang gesetzt werden. Markus umwirbt Juda, dass es messianisch werde (Mk 11,12–26).

Ähnliche Gedanken entwickelt Lukas mit seinem Gleichnis. Alles wird bei Lukas einfacher. Des Markus (und des Paulus) Bild, der jüdische Messiasbaum bringe den Glauben der ganzen Welt hervor und müsse darum hoch respektiert werden, nur sei die Feigenernte noch nicht gekommen, vereinfacht Lukas: Dem Feigenbaum, der drei Jahre keine Frucht brachte, soll ein weiteres Gnadenjahr gewährt werden. Abgehauen werden kann er immer noch. Drei Jahre lang predigt Jesus in Galiläa und Juda, und dann? Das Thema von der Gnadenfrist zeugt vom Chancenreichtum dieser Situation: Obwohl keine Früchte wuchsen, bleibt die Zukunft offen. Hoffnungen und Möglichkeiten, auch für mich. In ankommenden Tagen werden Früchte aus mir reifen. Ich werde motiviert werden.

Gott, ich bin dein Baum. Wachse, reife, trage ich Früchte, und welche? Menschlichkeit, Liebe, Recht? Welche Messiasfrüchte sollen aus mir wachsen? Zeige mir die neue, noch einmal gewährte Chance. Amen.

Zusammengucker

Ihr seid das Salz der Erde. Wenn nun das Salz seine Salzkraft verliert, womit soll man salzen? Es ist nutzlos geworden. Man kann es nur noch wegschütten. Die Leute werden es zertreten. Mt 5,13

Ich bin Salz der Erde! Auch vom Licht auf dem Leuchter, von der Stadt auf dem Berg ist die Rede. Weder Stadt noch Licht sollen verborgen bleiben. Es ist unsinnig, ein Licht unter ein Hohlmaß zu stellen. Die Leute müssen es sehen können. Die Aufgabe der Christen ist es, die Frohe Botschaft in dieser Welt auch im eigenen Leben aufleuchten zu lassen – ein Text aus der Bergrede Jesu, der zum öffentlichen Tun und Wirken der Christen herausfordert. Damit ist der Inhalt der Schriften, die Evangelien heißen, angesprochen.

Vier Evangelien gibt es: Matthäus, Markus, Lukas und Johannes. Die ersten drei nennen wir Synoptiker, *Zusammengucker*. Obwohl diese drei einen *gemeinsamen Blickwinkel* haben, vertritt jeder von ihnen sein eigenes Konzept. Markus macht die Literaturgattung *Evangelium* bekannt. Matthäus findet das Markusevangelium vor, entwickelt es weiter, indem er eine frühe, heute verlorene Schrift, die *Reden Jesu* genannt, in das Markusmaterial einwebt. Lukas kennt das Markusevangelium und die Redensammlung (i) ebenfalls. Er sammelt und sortiert aber nochmals neu.

Alle Evangelien sind Predigtsammlungen, die den Worten und dem Weg Jesu nachspüren, Symbole des jungen messianischen Glaubens, nicht Ergebnis historischer Forschung. Die Synoptiker schreiben nach dem Judäischen Krieg 70 n. Chr (i). Jerusalem liegt zerstört, der Tempel (i) in Schutt und Asche. Die Christen, in der Mehrheit messianische Juden, haben sich an diesem Sinnloskrieg nicht beteiligt. Trotzdem leiden sie mit Juda. Darum stellen sie den gewaltfreien Rabbi Jesus heraus, der sich selbst für die Vielen hingibt, während die Messiasse des Judäischen Krieges (i) fordern, die Massen hätten sich für sie aufzuopfern, wie derzeit erlebt. Hunderttausende wurden in den Untergang gezogen! So sind die Evangelien Missionsschriften der jungen Christenheit an die Öffentlichkeit, aber auch Bittschriften an das zerstreute und verstörte Juda: „Erkennt, Jesus, der gekreuzigt wurde und auferstand, ist der Messias der Juden und der Völker!"

Gott, in deinem Messias Jesus leuchtet dein Evangelium, deine Frohbotschaft auf. Du rufst mich auf, die Worte des Jesus von Nazareth nachzuleben, seine Taten zu durchdenken, seinen Weg zu gehen. Amen.

Gerechtigkeit

Zu dem Zeitpunkt kommt Jesus aus Galiläa an den Jordan zu Johannes: Er will sich von ihm taufen lassen. Johannes will es nicht zulassen. Er meint: „Ich habe es nötig, von dir getauft zu werden, und du kommst zu mir?" Jesus erwidert ihm: „Lass es zu! Denn es ist für uns beide notwendig, alle Gerechtigkeit zu erfüllen." Da ließ er es zu.

Als Jesus getauft war, stieg er gleich wieder aus dem Wasser. Siehe, da öffnete sich der Himmel und er sah Gottes Geist herabschweben und über ihn kommen, gleichsam, als ob eine Taube sich niederließe. Siehe, eine Stimme sprach aus dem Himmel: „Dies ist mein lieber Sohn, mit dem ich durch und durch übereinstimme!" Mt 3,13 bis 17

Von Jesu Taufe durch Johannes lesen wir auch bei Markus. Den Himmelsruf übernimmt Matthäus aus seiner Vorliteratur, Jesus sei Gottes geliebter Sohn, an dem Gott Wohlgefallen habe, ein zusammengefasstes Bibelzitat (Ps 2,7; Gen 22,2).

Der Wortwechsel zwischen Jesus und Johannes, den Matthäus in die Markusvorlage einschiebt, legt aus: In der Taufe Jesu wird nicht ein neuer Göttersohn kreiert, ein Halbgott wie Herakles oder Prometheus, kein Übermensch. Jesus erfüllt mit seinem Leben, was er mit Worten ansagt: Er will der Messias der Armen und der Gewaltfreiheit sein. Er tut, was er sagt.

Jesus erfüllt die Gerechtigkeit, lese ich. In seiner Taufe beginnt der Gottessohn seinen Weg als Gottes Knecht (i), der unter Leidensdruck gerät. Zu den Armen gehört der Arme, zu den Verfolgten und Umgebrachten der Gekreuzigte, zu den Leidenden, Hungernden und Dürstenden der Menschensohn, der zum Hungerflüchtling wird.

Erfüllte Gerechtigkeit? In der Mitte der Zeit erscheint Gott im Messias, wird er mit der verelendenden Menschheit solidarisch. Aus der Leidensgemeinschaft Gottes mit den Menschen wird die neue Gerechtigkeit geboren, die Veränderung der Verhältnisse, Ostern im Karfreitag. Gott ist unten, am Kreuz. Aber gerade in diesem Weg nach unten liegt der Sieg verborgen, die Verheilung der brutalen Weltgeschichte zur Zärtlichkeit, der Neuanfang aus Trümmern und Rauch, die neue Bestimmung für mich und alle.

Mein Gott, in der Taufe Jesu und meiner Taufe schenkst du mir mein Leben neu, vergebende Gnade und versöhnende Liebe werden zum Weg meiner Zukunft. Amen.

Bergrede

Als er sah, wie groß die Volksmenge wurde, ging er auf einen Berg und setzte
Mt 5,1–2 *sich. Seine Jünger traten zu ihm. Sein Mund tat sich auf und er lehrte sie.*

Für den Evangelisten Matthäus gipfelt der Weg des Gottessohnes, der der Gottesknecht (i) ist, nicht in einem kultischen Austausch, Blut gegen Sünden! Um zu entwickeln, wie Gottes Tat unseren Weg bestimmt, komponiert Matthäus fünf Reden Jesu in sein Evangelium hinein gemäß den fünf Büchern der Thora. Die lagen in der Redenquelle (i) vor, die wir rekonstruieren können. Jesus ruft mich auf, seinen Messiasweg, wie er ihn in Worten und Taten aufzeigt, mitzugehen.

Die erste Rede ist die Bergrede, die wichtigste Sammlung von Jesusworten im Zweiten Testament. Einige Texte sowie der Zusammenbau der Bilder stammen aus der geistbegabten Urgemeinde. Sie formuliert ihren Katechismus im Namen Jesus. Übriges geht auf den Rabbi Jesus selbst zurück. Diese Redenkomposition wirkt wie ein erratischer Block, den viele behauen möchten. Es kommt zu Missdeutungen wie dieser: Armut und Hunger lassen sich auf Erden nicht abschaffen. Der Lohn werde im Himmel zuteil. Auf eine Erdenzeit der Entbehrung folge ein Himmel der Seligkeiten. Die Bergrede meine keinen Himmel auf Erden! Erst im Jenseits, im endgültigen Reich Gottes werde sie machbar. Andere sagen, die Bergrede werde für Eliten nötig. Wer Mönch werde, solle auf Macht, Geld und Besitz verzichten. In mönchischer Selbstbescheidung könnten die „Evangelischen Räte“ (i), wie sie in der Bergrede niedergelegt seien, zur Anwendung kommen. Also, keine Ethik der breiten Massen! Die dritte Fehldeutung: Die Bergrede sei ein Privatissimum für die, die es sich leisten könnten. Die Reichen müssten Milde üben und das Abgeben lernen, aber nur so viel, dass sie selbst genug übrig behielten. Auch müsse man die Bergrede auf Bereiche eingrenzen, in denen ihre Prinzipien praktikabel seien, wie in der Familie. Da könne man Gewaltfreiheit üben, das Teilen lernen, den Frieden ausprobieren, in kleinem Kreise also. In der großen, kalten Welt sei der ethische Rigorismus der Bergrede unbrauchbar, ja schädlich. Mit der Bergpredigt könne man nicht regieren.

Vater, ich will es gern im Kleinen lernen, das Teilen, bis keine Not mehr da ist, den Frieden, der aus der Vergebung stammt. Aber ich will es auch draußen nicht vergessen und verdrängen. Dein Reich meint auch unsere Gesellschaft, ihre Veränderung zur Gerechtigkeit und Liebe, heute. Amen.

Selig sind die Armen!

Glück denen, die geistlich arm sind. Auf sie kommt das Himmelreich zu. Mt 5,3

Das Wort „selig!“ erinnert an überirdische Welten. Ein seliges Gefühl überkommt mich, wenn ich verliebt, betrunken bin, oder, nach meinem Tod? Für diese Welt sei das Wort unbrauchbar. Ich erinnere an das Erste Testament: Das (hebr.) ascher! heißt: *Glücklich! Willkommen! Gesegnet! Gesund!* Das Bild zielt auf Frieden und Wohlergehen hier! Es meint das Diesseits, nicht das Jenseits. Es verheißt die Veränderung zum realen Glück heute.

Gleich schleicht sich eine weitere Fehldeutung ein: Die Bergpredigt sei in einer Zeit entstanden, da die Gläubigen an das Abbrechen der Geschichte dachten. In Zeiten, da man alles verliere, könne man leicht auf alles verzichten. Für Menschen, die um das eigene Überleben kämpften, sei diese Ethik nicht möglich. Wir haben einen Katechismus der Urgemeinde vor uns, der entstand, als man tatsächlich den Abbruch der Geschichte erwartete. Trotzdem werden Jesu Gedanken für das Alltagsleben weiterentwickelt. Vorgestellt ist eine Praxisanleitung einer Realgemeinde.

Die Armen (i), von denen Lukas erzählt (Lk 6,20), nennt Matthäus geistlich Arme. Beide Worte haben im Aramäischen, das Jesus sprach, eine gemeinsame Wurzel: Mit (hebr.) am ha arez ist das *ungebildete, unreligiöse Volk vom Land* gemeint, Arme im sozialen und religiösen Sinne. Diese Leute konnten weder lesen noch schreiben, wussten nichts von den über 500 Geboten des Judentums, konnten sie deshalb nicht einhalten. Es war frommen Juden verboten, sich mit einem „am ha arez“ zusammenzutun, Handel mit ihm zu treiben, eine Mahlzeit mit ihm zu teilen. „Wer einen ‚am ha arez‘ aufnimmt, sei verflucht“, so die Lehre. Jesus lebt das Gegenteil solcher Ängste. Er tut sich mit diesen Leuten zusammen und spricht ihnen Glück zu, will das kleine Glück mit ihnen teilen.

Auf welcher Seite stehe ich? Wo übe ich Solidarität mit dem „am ha arez“ in unserer Republik? Ich denke an Flüchtlinge, kriminelle Jugendliche, Analphabeten, Neonazis, ausländische Mitbürger. Wo wage ich das Experiment eines Zusammenlebens mit Menschen, die ihre bürgerliche Existenz wegwarfen? Bitte nicht vergessen, Jesus spricht dem „am ha arez“ Glück, Segen, Zukunft im Namen Gottes zu. So fordert er meine Solidarität heraus.

Vater, die Welt ist voller Armer, Menschen, die wenig zu beißen haben, Menschen, deren Seelen erfroren. Du, Vater aller Elenden, hilf mir Armen, Armen zu helfen! Amen.

Getröstet werden

Mt 5,4 *Glück denen, die leiden. Sie werden getröstet werden.*

Auch das Trösten ist nicht als Himmelsakt gemeint. Die Evangelien wurden so konzipiert: Jesus tröstet; er predigt nicht nur. Er heilt Kranke, macht Blinde sehend, Lahme gehend, er holt Asoziale in seine Gemeinschaft. Er tut es jetzt, heute, hier.

Die Heilungsgeschichten meinen mich heute: Ich Blinder erhalte den Durchblick! Körperliche Erfahrungen klingen mit. Ich darf im Krankheitsprozess an meine Gesundung, Heilung, Erstarkung glauben! Die Evangeliumsbilder helfen mir, an die Veränderung der Verhältnisse aus Gott, auch an meine Veränderung zu glauben. Ich bin im helfenden, heilenden, tröstenden Gott verwurzelt. Wenn wir ins Wortwörtliche gehen, wird es noch klarer: Mit den Leidtragenden sind im Wortsinn Menschen gemeint, die einen Toten beklagen. Es tritt also etwas Unwiderrufliches ein! Und doch meint das (griech.) Wort für das Getröstetwerden den Neubeginn aus dem Geist Gottes, der Leben schafft und trägt, kein leeres Stroh, kein Trostpflaster. Die ersten Christen hielten viel vom nahenden Abbruch der Geschichte, zugegeben. Und waren darum zu radikaler Ethik bereit, lebten im Verzicht auf Sicherungen. Sie ließen sich auf ein alternatives Leben ein. Alternativen erschienen ihnen natürlich. Sie wagten, Gott mit allen Sinnen zu suchen und ihn schlicht im Nächsten zu finden. Sie wagten ihre Auferstehung zum Leben heute, Getröstete, die trösten werden.

In der Urgemeinde geformt, rundet sich die Bergrede ab. Aus Jesusworten, vorausgehender Tradition und nachfolgender messianischer Predigt wächst sie zusammen. Drei der acht Seligpreisungen finden sich bereits in Qumran (i), auch die erste! Die Bergrede fließt als breiter Strom jüdischer Offenbarung, in Jesus messianisch zugespitzt, auf mich zu. Solche Erkenntnis verpflichtet mich, nicht voreilig ins Bürgerliche zu flüchten. Diese Rede spricht Herz, Seele und Verstand an. Ich lasse mich auf ihre Bilder ein. Nur so gewinne ich Kräfte, Heilungsprozesse in der Welt zuzulassen, zu fördern, selbst zu gesunden. Wenn ich abblocke, kann es nichts werden. Wenn ich mich öffne, bekommen meine Seele und die Welt neue Freiräume geschenkt, Trost!

Ich danke dir, Gott, für die Freiheit meiner Seele, für die Freiräume meiner Gedanken, die du mir schaffst. Ich lasse mich nicht in Kleinmut einmauern. Ich erbitte Trost und Heilung, Ziel, Weg und Neubeginn aus deinem Geist, jetzt. Amen.

Gewaltfrei

Glück denen, die gewaltfrei leben. Sie werden das Land in Besitz nehmen. Mt 5,5

Eine Seligpreisung, die kaum den Realitäten entspricht? Gewaltfreiheit? Wer Gewalt hat und sie braucht, kommt nach vorn. Der Stärkere gewinnt. Gewalt geht vor Recht. Das sind Sprüche, die die Wahrheit zu spiegeln scheinen. Wirklich? Bedenke ich die Zukunft mit, sieht es gleich anders aus. Gewalt siegt zwar im Augenblick. Auf Dauer kann sie sich nicht halten. Wo sind Hitler, Stalin, Franco? Wer Gewalt ausübt, setzt Menschen unter Druck – und stößt zugleich ab. Wer auf Einsicht baut, wird Menschen gewinnen und Land und Leute für sich und seine Ideen einnehmen. Wer den gewaltfreien Weg geht, wird Menschen auf Dauer gewinnen. Herzen fallen ihm zu. Er wird die Landreform durchführen, die Armen zu Landbesitzern machen (Lev 25,8 ff.; Dtn 15,4). Die Gesellschaft wird sich von der Notwendigkeit derartiger Schritte überzeugen lassen. Es verbaut die Zukunft, das Kapital zum Geldberg der einen aufzuhäufen und die anderen verhungern zu lassen. Der Appell an die Einsicht ist der Weg zum Sieg mit dem Anderen, nicht über ihn. Wo und wie baue ich auf Einsicht anstatt auf Druck? Wo tut es die Klasse, die Gruppe, die Gesellschaft, das Volk, die Menschheit? Wenige riskieren das Experiment der Gewaltfreiheit. Die meisten wursteln dumpf weiter. Sie leugnen das Experiment, wenden sich in panischer Angst ab. In unserer Gesellschaft sei Gewaltfreiheit nicht durchführbar.

Umso bedeutsamer ist, dass Jesus die Gewaltfreiheit wagt. Er steht zu seinem Wort von der Gewaltfreiheit, steht mit seinem Leben für sein Wort ein. Ist er am Kreuz gescheitert? Wer über den Karfreitag hinausschaut, erkennt: Die Ethik der Gewaltfreiheit hilft der Menschheit bis heute, Abrüstung anzuregen, Kriege zu verhindern. Die ersten Christen imponieren durch Militär- und Gewaltverzicht. Ich denke an Frauen und Männer der Friedenskirchen und Friedensbewegungen, oft als Splittergruppen, als Sekten verspottet, die die Menschheit weiterbringen, gläubige Mennoniten, Quäker (i), Menschen aus der Church of Brethren (i). Jesus selbst regt mich zum Pazifismus an, gemeinsam mit Martin Luther King und Gandhi, um zwei Namen zu nennen.

Ich danke dir, Gott, Gewaltfreiheit ist kein leeres Schlagwort, keine ausgeleierte Ideologiehülse. Sie fordert meinen Friedenswillen heute heraus, meine Bereitschaft, dauerhaft und stets zu vergeben, sanfter zu leben, heute, morgen und immer, aus deinem Frieden geboren, zu ihm hin. Amen.

Hunger und Durst

Glück denen, die nach der Gerechtigkeit hungern und dürsten. Sie werden
Mt 5,6 *satt werden.*

Zwei Drittel der Menschen hungern, verhungern, dürsten, verdursten. Realer Hunger und Durst ziehen Hunger und Durst nach Gerechtigkeit nach sich. Wenn es einen Gott gibt, der die Gerechtigkeit in Person ist, wenn dieser Gott gerecht sein will, müssen in seinem Namen Hunger und Durst beseitigt werden, ein erster Schritt zur Gerechtigkeit, den ich selbst gehen muss, zusammen mit anderen Menschen.

Hier liegen Prüfsteine für die Renaissance des Christentums, das in seinem Gehabe zur bürgerlichen Selbstbefriedigung verkommt. Minimalrettungswerke, die wir Christen propagandistisch aufziehen, dienen der Selbstberuhigung: Seht, wir tun was! Die großen Menschheitsfragen kehren wir geflissentlich unter den Teppich. Radikalkuren am eigenen Leib, dem Christusleib des christlichen Abendlands, sind unerwünscht. Ruhe ist erste Bürgerpflicht, während die ersten Christen wissen: Wenn ein Glied leidet, leiden alle anderen mit. Aber es gilt nach wie vor, biblisch gesehen: Den Leib Christi am Altar feierlich zu teilen (natürlich nur innerhalb der eigenen engen konfessionellen Grenzen?) wird zur Sünde, wenn dieser Akt nicht vom gesellschaftlichen Teilen begleitet wird.

Bemerkenswert an Jesu Wort ist, dass es ohne Wenn und Aber den Kämpferinnen und Kämpfern für die Gerechtigkeit Zukunft zuspricht. Freilich, es wird kein billiger Optimismus ausgestreut, keine Ideologie aufgebläht. Jesus und seine Gemeinde vertrauen darauf, dass der gerechte Gott seine Gerechtigkeit durchsetzen wird. Gottes Ankunft im Messias Jesus ist ausgerichtet auf die Armen, Geringen, Verhungernden und Verdurstenden dieser Erde. Sie sollen frei werden, vielleicht in einem langen Prozess, vielleicht in einem unvermuteten Befreiungsschlag. Auf jeden Fall aus Gott, durch sein Werk, auch durch mich, seinen Menschen, den er, Gott, zur Gerechtigkeit beruft.

Gerechter Gott, fordere mich zur Gerechtigkeit heraus. Brenne mir in die Seele, dass es keine Gerechtigkeit gibt ohne meinen Verzicht, dass es zu keiner Weltverbesserung kommt ohne meine Entscheidung für Arme. Schaffe in mir neu den Geist der Solidarität mit denen unten, ganz gleich, wie lange ich schon zögere, wie lange ich schon mit oder ohne Inbrunst um Gerechtigkeit bitte. Deine Gnade und Tat werden die Welt vollenden, auch aus meinen Entscheidungen. Amen.

Barmherzigkeit

Glück den Barmherzigen. Sie werden Barmherzigkeit erleben. Mt 5,7

Wieder ein Missverständnis: Wer barmherzig lebe, dem werde es in der Ewigkeit, im Himmelreich vergolten. Redet Jesus bei Matthäus nicht vom Himmelreich? Vorsicht! Der Begriff umschreibt Gottes Ankunft auf dieser Erde, hier und jetzt. Jesus tut das Himmelreich. Menschenrechte können verwirklicht werden, Menschen müssen in bessere Lebensbedingungen kommen. Lebensqualität, Freiheit und Wohlergehen sollen wachsen, durch mich.

Gemeint ist mein Neuanfang. Die mit dem Verzeihen und Verbinden, dem Heilen und Trösten beginnen, werden ein Echo spüren, jetzt und hier. Mitten in dieser unbarmherzigen Gesellschaft fängt die Barmherzigkeit an. Was heißt barmherzig zu sein? Wortwörtliches ist gemeint: Ich soll bei den armen Herzen sein! Wo und wie lebe ich so? Wo und wie leiste ich Anderen Hilfe? Oder passe ich mich der herzlosen Menge feige an? Schaue weg und schweige? Manchmal richte ich jemanden auf, dem andere übel mitspielen, verteidige ihn gegen eine pöbelhafte Übermacht!

Diese Seligpreisung versprüht nicht irgendeine Humanität. Sie nimmt ihren Auftrag aus Gottes Vollkommenheit. Es entspricht jüdischem Denken, sich Gottes Vollkommenheit als seine Barmherzigkeit vorzustellen (Mt 6,48). Es kann nichts Vollkommeneres geben, als dass Gott barmherzig wirkt. Wehe, wenn ich weiter versteinere, die Barmherzigkeit nicht entdecke, Gottes und meine aus Gott. Ich verliere Gott und mich selbst.

Eine Welt, in der ich beginne, barmherziger zu denken, zu reden, zu handeln, erhält neue Qualitätsnormen. Ich träume eine Erde, einen Alltag, in der Nachsicht und Verzeihen Härte und Unnachgiebigkeit ersetzen. So wächst eine neue Lebensqualität! Die Gnadenlosigkeit, mit der ich Alte ins Altersheim, sozial Schwache ins Ghetto-Stadtviertel abschiebe und Asylsuchende zurück in ihr Herkunftsland verfluche, löst sich in Gottes Zärtlichkeit auf, die in mir und durch mich atmen möchte. Der Global Player, der seinen Vorteil und seinen Gewinn im Auge hat, erhält Einsichten in das Weltganze. Eine Weltgemeinschaft wird sich positiv entwickeln, wenn Schwächere durch mich Starken mitgetragen werden. So kann ich werden, zärtlich!

Vater, deine Barmherzigkeit, aus der meine Barmherzigkeit wachse, ist ein einfacher, undogmatischer Gedanke. Lass mich diesen Gedanken einatmen, ihn ausleben, dass durch mich Zukunft zärtlich wird. Amen.

Reines Herz

Mt 5,8 *Glück denen, die aus reinem Herzen leben. Sie werden Gott schauen.*

Ein reines Herz? Eine Sache für Fromme, die jetzt schon mit einem Heiligenschein herumlaufen! Aber wieder unterliege ich einem Missverständnis! Ein reines Herz meint meine eigene Vorurteilsfreiheit gegenüber dem Anderen. Ich denke nicht von vornherein etwas Böses von meinem Nächsten, unterstelle ihm nicht schlimme Absichten, sage nicht: „Er ist so und so! Er lügt! Sie stiehlt! Ein Ausländer ...!" Wer mit reinem Herzen lebt, lebt vorurteilsfreier als jemand, der immer nur Böses ahnt. Ich erkenne, wozu der Andere bestimmt ist, nämlich Gottes Ebenbild zu sein. So lehrt mich die Bibel: „Du bist ein Ebenbild Gottes, ich bin es, jeder Mensch ist es." Wer ohne Vorurteile, ohne schlimme Gedanken gegenüber dem Anderen lebt, wird Gott schauen.

Wo? Wie? Wann? Ich lebe gegen schlechte Erfahrungen mit anderen Menschen und mich selbst an. Ich erkenne, dass Gott mir in jedem Menschen begegnet!

Ich lasse mir den Glauben an die Menschheit nicht nehmen, wie wir es weltlich und plakativ ausdrücken! Weder durch eigene Erlebnisse noch durch das Gerede Anderer. Ich vertraue, trotz allem! Solch ein Vertrauen, solch eine Naivität schenke mir Gott. Und nur darum kann ich ihn in den Augen, im Herzen meines Nächsten erkennen. Nochmals, die Seligpreisungen vertrösten nicht auf ein Jenseits, wo alles besser werde. Sie verpflichten mich auf mein Leben heute, Vorurteile abzulegen, Misstrauen wegzunehmen, Angst aufzuarbeiten. Sie helfen mir, Offenheit zu üben, Vertrauen zu wagen. Die Dogmen, von Menschen gemacht, will ich mir zur Glaubensaufgabe machen? Aber die Lebensregeln der Bergrede, die aus dem Herzen Jesu stammen, möchte ich als undurchführbar verdrängen? Ist mir der Glaube an Dogmen leichter als die Idee von der Reinheit des Herzens, nämlich vertrauend und offen zu leben, auf die Liebe hin, wie Jesus sie lehrt und lebt?

Ich danke dir, Gott, für meinen Nächsten. Er ist doch, wie ich, dein Ebenbild. Das will ich im Bewusstsein halten. Lass mich offen und frei leben, ohne Angst, ohne Vorurteile. In jedem Menschen möchte ich den Atem deiner Güte entdecken, den Gesang deiner Liebe hören, das Gedicht deines Friedens lesen. Ich möchte dir begegnen, hier auf Erden, in deinen Menschen. Amen!

Gottes Söhne und Töchter

Glück denen, die Frieden stiften. Sie werden Söhne und Töchter Gottes genannt werden. Mt 5,9

Das Friedenstiften wird von Jesus mit hohem Rang belegt. Wer Frieden stiftet, wird Sohn Gottes genannt. Das ist ein anspruchsvoller Titel, den die späteren Schriften des Zweiten Testaments Jesus selbst vorbehalten. Jesus aber meint, jeder Mensch trage die Berufung zum Frieden im Herzen, um so Sohn und Tochter Gottes zu werden. Wer Frieden stiftet, tut nichts anderes als Gott selbst, ist nahe am Wesen Gottes.

Das Wort „Friedfertige" flöße mir ein, ich dürfe nicht meckern, müsse viel über mich ergehen lassen, Ruhe und Frieden halten, nicht auffallen? Das ist nicht gemeint. Es heißt: „Glücklich sind, die Frieden tun!" Frieden zu stiften bedingt meine aktive Alltagsfriedensarbeit. Mir stehen Friedensmittel nur begrenzt zur Verfügung? Richtig! Aber ich habe kleine, große Möglichkeiten! Wo und wie versäume, verwüste ich den Frieden heute? Wo und wie schließe ich ihn?

Jesus war von gewalttätig denkenden Menschen umgeben. Es sei richtig, die Besatzungsmacht der Römer damals mit Krieg aus dem Land zu treiben. Es sei Gottes Wille, den der Messias durchsetzen werde, so die landläufige Erwartung. Dreißig Jahre nach dem Tod Jesu brach der Sturm los. Die Römer brauchten vier Jahre, um Jerusalem zu erobern und den Tempel (i) zu zerstören. Es blieb ein Trümmerhaufen. 70 n. Chr. zerbrach der jüdische Widerstand. Städte und Dörfer waren verbrannt, das Land lag öde. Die meisten Menschen in Judäa waren im Krieg umgekommen.

Einige Jesusjünger glaubten fest an eine gewaltsame Lösung des Palästinakonfliktes. An ihren Namen lese ich das ab: Judas Iskariot, der *Dolchmann*; Simon der Zelot (i), der *Untergrundkämpfer*; Johannes und Jakobus heißen *Donnersöhne*! Energisch muss sich Jesus absetzen. Gerade die heftige Politisierung der Jesusjünger drängt mich, das Jesuswort politisch zu verstehen. Eben nicht so, im Privaten gelte die Friedfertigkeit, im Politischen die Macht des Stärkeren! Der Appell Jesu ist umfassend gemeint. Er will in meinem Innern gründen und zu den Weltenden vordringen.

Vater, dein Sohn ließ sich kreuzigen anstatt das Schwert zu nehmen. Er blieb sich treu, lebte das Wort vom Frieden bis zu seinem Tod aus. Und wurde gerade darum von dir zum Sieger erklärt, der dieser Welt den Frieden bringt, ein für alle Mal und für immer. Mach mich aus deinem Frieden heil, lass mich Frieden leben. Amen.

Himmelreich

Mt 5,10 *Glück denen, die verfolgt werden, weil sie die Gerechtigkeit suchen. Auf sie kommt das Himmelreich zu.*

Das Stichwort von der Gerechtigkeit beherrscht das Erste Testament. Ein Ausgleich der Gerechtigkeit im Himmel ist nicht möglich, weil sich der alttestamentliche Jude keine Ewigkeit vorstellt. Gott, der gerecht ist, wird seine Gerechtigkeit auf der Erde beweisen! Schwierig? Ja und nein! Das Hiobbuch bereits deutet an: Mitten im Leiden offenbart sich Gott, Auge in Auge mit dem gerechten Hiob, und schenkt eine neue, gerechte Zukunft (vgl. 3.2). Aber es gilt auch: Gottes Gerechtigkeit bleibt mir verborgen. „Ob Gott gerecht ist, ist eine müßige Frage. Jeder muss die Gerechtigkeit tun. Keiner kann ihre Erfüllung in den Himmel verlagern, ich nicht, du nicht, niemand. Ich kann sie nicht achselzuckend in Gottes Verantwortung stellen, mich aus meiner Verantwortung wegstehlen“, so Jesus.

Ich soll gerecht denken, gerecht handeln, gerecht leben. Wer so lebt, wird ins Glück eingeladen. Gott wird segnen, ermutigen, begleiten. Darauf darf ich bauen. Ich werde diesen Segen auf meinem Weg nötig haben. Der wird steinig werden.

Heute könne jeder die Maximen des Verzichtes, der Versöhnung, des Teilens der Güter verstehen? Nur wenn wir uns nicht auf sie einließen, würde die Welt untergehen? Das verstehe doch jeder? Das ist leicht gesagt, schwer getan. Noch leben wir wie immer, praktizieren eine Weltuntergangsethik in unserer Ellenbogengesellschaft, von der wir nicht lassen: Zuerst ich! Nach mir die Sintflut! Diese Ich-Ethik vernichtet Zukunft. Es gibt eine Alternative. Die Bergrede bringt eine Einstellung hervor, mit dem die Welt ihre Zerspaltungsperversion ausheilen kann. Gemeint ist die Umwandlung von Daueraggression in Völkerversöhnung. Scharfe, mörderische Intoleranz kann sich zur Duldung Anderer umformen. Lasse ich mich auf eine beschützende Sanftmut gegenüber Mensch und Natur ein, werde ich überleben. Die Bergrede zielt auf meine Entscheidung zur Sozialität. Der gerechte Gott hüllt mich ins Kleid seiner Gerechtigkeit. Das Kleid heißt Menschlichkeit.

Gott, die Welt geht unter, dein Wort rettet sie. Rette du den Kosmos, die Erde, mich! Bring mich zum Tun des Gerechten gegen alle Widerstände. Mach mich sensibel für deine Gerechtigkeit, die allen gilt, Mensch und Natur. Mach mich menschlich und natürlich. Amen.

Vorher aber nicht

Glück euch, wenn Menschen euch beschimpfen und verfolgen, euch alles Böses nachsagen und dabei lügen. Freut euch, jubelt! Der Himmel lohnt es euch. Die Propheten wurden ebenso verfolgt, die vor euch lebten. Mt 5,11–12

Die Herausforderung, das Gottesrecht auf Erden zu vertreten, beginnt nicht erst mit Jesus. Aus der prophetischen Botschaft wächst die messianische Idee: Gott und sein Messias kommen, verändern die Welt, Gott in seinem Messias. Diese Hoffnung hört mit dem Tod Jesu nicht auf. Sie entzündet sich an seinem Sterben neu, wächst aus dem Glauben an die Auferstehung (i) des Gekreuzigten.

Die Herausforderung trifft mich, wenn ich mich nationalistischem, kapitalistischem, sozialistischem, globalem Zeitgeist verweigere und widerspreche. Ich gerate, wenn ich Jesu Evangelium vertrete, in Konflikte. Ich werde Ärger bekommen. Christen sind Querulanten an den globalen Weltzuständen aus ihrem Wesen heraus. Ich meine nicht den frommen, angewiderten Augenaufschlag, nicht das wortreiche Bekenntnis zum Heiland, meine quengelnde Klage über die böse, böse Welt, jene christliche Arroganz, die mich zum Pseudoheiligen stempelt. Das stößt ab. Ich denke an mein mögliches Risiko der Gewaltfreiheit, des Friedens, des gesellschaftlichen Teilens. Wenn ich diesen Weg versuche, gerate ich unter Beschuss, ein bewusst gewähltes Kriegswort! Und habe doch alle Genugtuung des Lebens auf meiner Seite. Ich darf nachfolgen, Worte und Taten des Messias Jesus mit meinem Leben ausprobieren! Diskriminierungen werden mir versprochen. Siege sind nicht auszumachen, ich werde geschnitten, übersehen, übergangen. Es bleiben Enttäuschungen: das Kreuz für den, der den Weg des Gekreuzigten versucht. Ich, ein schlechtes Vorbild, ein Heuchler vor den Leuten, könnte Gottes Gerechtigkeit durchsetzen? Man wird über mich lachen.

Doch es kommt eine neue Dimension auf. Im Werk Jesu werden Himmel und Erde verbunden, Zeit und Ewigkeit aufeinander bezogen. Im ewigen Gott fließt alle Geschichte zusammen. So münden meine scheinbar ergebnislosen Kämpfe für Gerechtigkeit in Gott ein, der sie annimmt, weiterwirkt. Darum will ich erst am Ende mein Leben aus der Hand geben, vorher aber nicht.

Herr über Leben und Tod, du hast Macht, deine Gerechtigkeit über meinen Tod hinaus durchzusetzen. So darf ich leben und kämpfen, ohne stets siegen zu müssen. Ich lege mein Leben in deine Hand. Amen.

Von der Versöhnung

„Ihr hörtet, was den Vorfahren gesagt wurde: Du sollst nicht töten. Wer aber tötet, kommt vor Gericht. Amen, ich sage euch: Wer mit seinem Bruder streitet, soll schon vor Gericht kommen. Wer ihn Dummkopf nennt, muss vor den Hohen Rat gestellt werden. Wer ihn aber anschreit: „Vollkommener Idiot!", der soll dem Höllenfeuer verfallen. Darum, wenn du vor den Altar trittst, um auf ihm eine Opfergabe darzubringen, und es fällt dir in dem Augenblick ein: „Mein Bruder hat etwas gegen mich!", lass deine Opfergabe vor dem Altar liegen. Eile zuerst zum Bruder und versöhne dich mit ihm. Erst danach komm zum Altar zurück und bringe deine Opfergabe dar."

Mt 5,21 bis 24

Jesus erinnert daran, dass Töten nicht erst mit dem Töten beginnt. Ich hasse – und töte. Ich beleidige jemanden – und töte. Ich mache einen mit Worten fertig – und bringe ihn um, nicht nur in meinen Gedanken, sondern auch wirklich. Ich nehme gewaltsam etwas von seiner Lebensqualität, von seiner Lebensfreude weg. Ich begehe Rufmord, verletze jemanden mit Äußerungen, schade ihm durch mein Gerede, mache ihn hinter seinem Rücken fertig. Es hat keinen Zweck, fromm zu tun, sich mit Gott im Gottesdienst liturgisch zu versöhnen, wenn die Versöhnung mit dem Feind nicht real stattfindet. Diese Scheinheiligkeit verurteilt Jesus. Meine Versöhnung mit Gott ruht in meiner Versöhnung mit einem Menschen, mit dem ich feind war. Mit der Anerkennung des Anderen, mit der Bitte, der Andere möge mir meine Fehler verzeihen, mit dem Angebot einer Aussprache tue ich den ersten Schritt. Ich muss mit dem Verzeihen beginnen.

Der Text findet eine Verstärkung. Ein weiterer Lebensbereich wird angesprochen, der unsere heiligen Prozesshändel betrifft. Wenn es zum Prozess kommt, gibt es keine Gnade, darum sei klug, vertrag dich vorher! Und wenn es doch zum Prozess, zur offenen Aggression zwischen mir und meinem Gegner kommt? Dann will ich doch versuchen, Frieden zu schließen, möglichst bald und umfassend, damit wir, mein Gegner und ich, gemeinsam einen Rest an Lebensqualität retten und neu beginnen. Wir sollen beide unsere Versöhnung suchen, das Fest des Friedens feiern, in Jesu Namen.

Gott, erinnere mich täglich: Wer ist der Andere? Mein Freund, mein Feind, mein Bedroher, mein Beschützer, mein Bewahrer, mein Vernichter? Er ist ein Mensch mit Fehlern wie ich, mir an die Seite gestellt, dass ich mit ihm und von ihm Versöhnung lerne. Lehre mich, Gott, Hände zu reichen und Verzeihen einzuüben. Amen.

Vom Aufheben der Vergeltung

„Ihr hörtet, was gesagt wurde: Auge um Auge, Zahn um Zahn. Amen, ich sage euch: Leistet dem Bösen gegenüber keinen aggressiven Widerstand, was zur Eskalation führt. Sondern, wenn dir jemand auf die rechte Backe haut, halte ihm auch die linke hin. Wenn jemand mit dir prozessiert und will dir per Gerichtsvollzug deinen Rock wegnehmen, überlass ihm auch den Mantel. Wenn dich jemand zwingt, eine Meile mit ihm mitzumarschieren, lauf mit ihm zwei. Dem, der von dir verlangt, gib! Will jemand von dir etwas ausleihen, kehr ihm nicht den Rücken zu.“ Mt 5,38 bis 42

Oft halte ich Vergeltung für das einzig mögliche Prinzip, mit dem ich mit Anstand und Ehre durch die Welt komme. Jesus widerspricht mir. Gewalt eskaliert. Jeder macht weiter, keiner hört auf. Jesus unterbricht die Gewaltkette, geht den gewaltfreien Weg. Die berühmte andere Backe, die er rät hinzuhalten – und auch selbst hinhält (Mt 26,67 f.), bedeutet Widerstand: Fenstere mir auch links eine rein! Weder durch Brutalität noch durch Beleidigung lasse ich mich zur Gewalt aufreizen. Der Schlag auf die rechte Wange, mit links ausgeführt, stellt die verächtlichste Variante der Gewaltanwendung dar: „Sklave, Hund, Hurensohn!“ Bei dieser Bloßstellung die Gewalt nicht eskalieren zu lassen ist Lebenskunst, die Jesus lehrt. Ich soll dem Bösen keinen Widerstand leisten? Das Wort, das gebraucht wird, zielt auf den militärischen, politischen und sozialen Widerstand ab. Jesus fasst die Gewalt gegen die Militärgewalt ins Auge, die Gewalt der Aufständischen gegen die der Besatzer: die Provokation, den unrechtmäßigen Schlag auf die linke Wange hinzunehmen; der Aufruf, in einem widerrechtlichen Prozess den Prozesshansel durch Ironie zu beschämen; der Rat, bei erzwungenem Mitmarschieren beim feindlichen Parademarsch lächelnd nachzugeben und eine beginnende Feindseligkeit durch Freundlichkeit im Keim zu ersticken! Der Andere, der mich mit Gewalt zwingt, ist politisch und sozial im Unrecht. Unrecht bleibt Unrecht! Doch wenn ich dem Gegner nicht mit gleicher Münze heimzahle, sondern gewaltfrei bleibe, bringe ich ihn zum Nachdenken? Er besinnt sich, geht mit mir gewaltfreier um? Vielleicht ersetzt er Gewaltanwendung und Zwang durch den Appell an die Einsicht? Es bleiben Fragen: Geht Gewaltfreiheit immer gut aus? Wenn nicht, was mache ich dann?

Hilf mir, Gott, mitten in tausend Aggressionen gewaltfrei zu werden, gewaltfrei zu bleiben und so Gewalt zu überwinden. Amen.

Von der Klugheit, den Feind zu lieben

„Ihr hörtet, was gesagt wurde: Liebe deinen Nächsten, hasse deinen Feind. Amen, ich sage euch: Liebt eure Feinde! Betet für die, die euch verfolgen! So werdet ihr zu Söhnen und Töchtern eures himmlischen Vaters. Denn er lässt seine Sonne über Böse und Gute aufgehen und seinen Regen auf Gerechte und Ungerechte fallen. Wenn ihr nur die liebt, die euch lieben, warum solltet ihr dafür belohnt werden? Leben nicht die Zöllner nach gleichem Prinzip?
Mt 5,43 *Wenn ihr eure Brüder mit dem Friedenskuss grüßt, was tut ihr Besonderes?*
bis 47 *Pflegen nicht alle Völker diese Sitte?"*

Es gilt als gängiges Prinzip, den Freund zu lieben, den Feind zu hassen. So spielt das Leben. Ich muss mich an diese Spielregeln halten oder gehe unter? Jesus stellt dieses Prinzip mit einfachen Bildern in Frage. Wer ist Freund, wer Feind? Wer ist gut, wer böse? Das meint das Bild von der Sonne, die über Guten und Bösen aufgeht. Die Unterschiede zwischen Freund und Feind verschwimmen. Es gibt Augenblicke, da bin ich böse und gut zugleich. Recht und Unrecht wurzeln in meinem Herzen, sind dort verknotet. Jesus bittet, lädt ein, greift meine Selbstgerechtigkeit an. Den Feind zu lieben meint nicht meine übermenschliche Anstrengung, Unmögliches zu erledigen.

Der Messias bittet mich um Einsicht in mich selbst. Ich soll erkennen, wer ich bin, oft mein eigener Feind. Wenn ich erkenne, wie oft, wie dauernd, wie zäh ich mich selbst befeinde, wird es mir leichter, den Feind zum Freund zu machen. Ich beginne, mir zu verzeihen, der Anfang meiner Feindesliebe. Es ist unmöglich, Böses auszurotten, es so mit Gewalt zu bekämpfen, dass es nicht mehr vorkommt. Ich müsste mich selbst vernichten. Das Böse wächst Tag für Tag doppelt und dreifach nach, in meinem Herzen und bei anderen. Gewalt erzeugt Gewalt. Darum macht Feindschaft mein Leben zum Dauerkrieg. Versuche den Bösen zum Guten umzulieben. Das fällt dir schwer? Erinnere dich, sagt er, wie böse du selbst bist, wie nah in deinem Herzen Gut und Böse beieinander wohnen. Einfacher gesagt? Ich versetze mich in den Anderen, versuche ihn zu verstehen, auch wenn ich Angst vor ihm habe? Vielleicht fällt mir Feindesliebe aus rein praktischen Gründen leichter als ewige Zerstörung und Selbstzerstörung?

Mein Gott, der du liebst und liebst, hülle mich in deine Liebe so ein, dass ich Böse zu Guten, Feinde zu Freunden, Gegner zu Vertrauten umliebe, um so deine Tochter, dein Sohn ganz und gar zu werden. Amen.

Von der Vollkommenheit des Menschen

„Seid vollkommen, wie euer himmlischer Vater vollkommen ist." Mt 5,48

Der Text schließt nicht nur die Sentenz von der Feindesliebe ab. Er ist ein Schlusspunkt unter allem, was bisher in der Bergrede gesagt wurde. Aber diese Erkenntnis macht die Sache, die hier verhandelt wird, nicht einfacher.

Ich soll vollkommen sein wie Gott? O Gott, das ist unmöglich! Vollkommenheit, der Inbegriff des Göttlichen, das Maß aller Dinge, nun in mir, einem Menschen? In mir sind Bilder der griechischen Philosophie, diese absolute Ästhetik des Guten und Schönen, wie sie Aristoteles mit Gott gleichsetzt. Unmöglich! Nun zeichnet Lukas das gleiche Jesuswort auf, übersetzt aber das aramäische Wort, das Jesus hier gebraucht, anders: „Seid barmherzig, wie Gott barmherzig ist" (Lk 6,36). Da läuten nicht die Glocken der griechischen Philosophie, sondern hier wird biblisch gedacht. Gemeint ist Gottes Vollkommenheit, die in seiner vollkommenen Barmherzigkeit und Vergebungsbereitschaft atmet. Gottes Vollkommenheit ist seine Barmherzigkeit.

So sollst du werden, rät der Bergprediger, nähere dich der Barmherzigkeit Gottes an, aus der du selbst lebst. Dann wirst du es mit der Feindesliebe leichter haben, mit den Menschen überhaupt, auch mit dir selbst. Du wirst erkennen, dass du Sohn und Tochter Gottes bist, du und jeder und jede neben dir auch. Versuche, rät der Messias mir, Beispiele dafür zu finden, dass Menschen, die aus dem Liebesprinzip leben, besser wegkommen, mit mehr Lebensqualität leben, messianische Menschen! Ich kann auch einer werden!

Gott, deine hohe und hehre Vollkommenheit bleibt nicht hoch und hehr. Sie steigt aus dem Himmel in meine Niedrigkeiten. Im Messias geschieht das, in seinem Reden und Tun, in seinem Weg, in seinem Kreuzestod für mich. In ihm zeigst und schenkst du mir deine vollkommene Liebe, dass ich dich annehme, aufnehme, in mein Leben hineinnehme.

Nicht irgendeinen Glauben soll ich übernehmen, kein Dogma, kein Ritual aufnehmen. Du in deiner Liebe willst in mir wohnen, dass Liebe zu meinem Leben werde, mein Atmen und Singen, mein Kommen und Gehen. Du, mein vollkommener Gott, vollkommen in der Liebe, lass mich, der ich verkomme, umkomme, der Vollkommenheit deiner Liebe nachleben, täglich, stündlich, immer. Lass mich barmherzig werden, auf dass du meine Barmherzigkeit vollendest. Amen.

Schätze, die ich sammeln soll

„Sammelt keine Schätze auf dieser Erde, die von Motten und Rost zerfressen werden, nichts, was Einbrecher mitgehen lassen, nachdem sie einen Bruch machten. Sammelt lieber himmlische Schätze, die nicht von Motten und Rost zerfressen werden und die von Einbrechern nicht gestohlen werden können. Wo dein Schatz ist, ist dein Herz.

Das Licht deines Körpers ist dein Auge. Strahlt dein Auge hell, strahlst du Gutes aus. Blickt dein Auge finster, verfinstert sich auch deine Ausstrahlung. Wenn das, was aus dir heraus leuchten sollte, sich verdüstert, wie groß ist dann deine innere Düsternis? Niemand kann zwei Herren dienen. Er wird den einen hassen und den anderen lieben. Er wird sich an den einen binden und den anderen verachten. Ihr könnt euch nicht zu Gottes und zugleich zu Knechten eurer Besitztümer machen."

Mt 6,19 bis 24

Die Warnung, keine Schätze auf Erden zu sammeln, wurde oft gedeutet, das mühsam Erworbene der Kirche zu schenken, Dome zu bauen, Reliquien zu stiften und Weihegaben zu opfern. Wenn kein direktes Opfer anstand, wenn kein Ulmer Münster erbaut, kein Tillmann-Riemenschneider-Altar angekauft wurde, fiel das Sündenbußgeld in den Kasten, womit es im Schoß der Kirche stickum verschwand, als Schatz im Himmel deklariert? So wird dem Bergprediger das Wort im Munde umgedreht!

Das Bildwort Jesu ist eine Orientierungshilfe gegen Kapitalismus und Globalismus, herrlich eindeutig. Einer Welt, die das Vaterunser durch den Dax-Unser ersetzt, die den Börsenkursen täglich entgegenfiebert, als sei das Heil dort kommen her, wird zugerufen: „Denkt an König Midas. Was der in die Hände kriegte, wurde zu Gold. Schließlich verhungerte er an Seele und Leib." Die Entschiedenheit, mit der wir unsere Hoffnungen auf den Geldmengenwert setzen, wird uns entschieden zu Fall bringen. Jesus hat Recht mit seinem Aufruf, wir sollten uns entscheiden. Wer befreit mich? Hungernde soll ich satt, den Ausländer zum Inländer machen, im Namen Gottes, der Sklaven aus Ägypten befreite, im Namen des Messias, der dieses Werk vollendet. Ein Auge, das von innen leuchtet, sieht es: Ich kann diese Welt zum Guten erhellen. Ich drehe mich heftig um mich selbst und kann doch am Reich der Gottesgerechtigkeit mitbauen, im Kleinen, im Großen.

Mein Gott, vor mir sind zwei Wege, der Dollar oder das Kreuz? Was ist mein Weg, dein Reich in meinen Gedanken? Deine Liebe sei mein Schatz! Amen.

Richtgrundsätze

„Richtet nicht, damit ihr nicht gerichtet werdet. Nach dem Recht, nach dem ihr zu Gericht sitzt, werdet man euch selbst Recht sprechen. Mit dem Maß, mit dem ihr messt, wird man euer Leben bemessen. Wieso bemerkst du den Splitter im Auge deines Bruders und den Balken im eigenen Auge nicht?" Mt 7,1–3

Diese Spruchweisheit wird verstärkt, der Heuchler solle zuerst den Balken aus dem eigenen Auge zieren, dann den Splitter aus dem Auge des Bruders! Die Heuchelei aller Religiösen wird enthüllt. Wir, die Religiösen, kümmern uns um Gott und die Welt, sind ewig dabei, jemanden anzuklagen, jemanden zu verbessern. Es sei Aufgabe der Gemeinde, meine Aufgabe, sich um diesen und jenen Missstand in diesem und jenem Leben zu kümmern. Es sei die Aufgabe des Kleinbürgers, Entscheidungen des Nächsten zu hinterfragen, zu kritisieren? Eine große Aufregung packt mich, wenn ich bemerke, wie in der Partei, der Firma, auf der Straße, in der Schule, in der Öffentlichkeit dieses und jenes schief läuft? O Gott, o Gott! Es gäbe hierzulande keine Politschelten, keinen Kirchenbann mehr, die X dem Y reinbrennen könnte, oder doch? Irgendwie ist der säkulare Mensch durch und durch sektiererisch religiös, zumindest in einem ironischen Sinne. Meine Religion: Ich bin von mir selbst getrieben, den Nächsten vor ein inneres oder öffentliches Gericht zu zerren, von Zeit zu Zeit, sonst wäre ich nicht mit mir selbst zufrieden? Jesu Bild legt offen: Das Getöse, das ich um den Anderen mache, wird so laut, weil ich vom Schmutz- und Stunklärm, der in mir selbst tobt, ablenken möchte. Der Balken in meinem Auge wird vielleicht nicht von der Öffentlichkeit bemerkt, wenn ich einen Riesenbohai um den Splitter im Auge des Anderen mache? Ich stehe dem Anderen bei, bemühe mich, ihn von seinem Übel zu befreien – und verdränge so, dass zunächst ich mit der Selbstkritik, mit der Selbstreinigung dran wäre? Das Urteil, das über mich gefällt werden müsste, wälze ich billig auf den Anderen? Jesu Wort gilt mir, auch Völkern und Staatenbündnissen.

Vater, wer bin ich? Jemand, der Verantwortung übernimmt, für mich, für andere, für die Gesellschaft? Oder bin ich ein hilfloses Wesen, von Angst und Anklage durchtränkt, und töne deshalb so laut über Andere? Zeige mir, wer ich bin, dass ich mich selbst erkenne und ein Urteil über mich zulasse, deins und schließlich mein eigenes, die Wahrheit aus dir über mich, in Liebe. Amen.

Was du nicht willst ...!

Mt 7,12 *„Wie die Leute mit euch umgehen sollen, so geht mit ihnen auch um. So fasse ich das Gesetz und die Propheten in einem Satz zusammen.“*

„Wie du nicht willst, dass man dir tu, das füg auch keinem andern zu!“ Alle Heilsgeschichte, aller Kultus, alle Prophetie werden vor diesen zehn Wörtern überflüssig? Jesus steht mit dieser Zusammenfassung des Ersten Testaments im Strom jüdischer Aufklärung. Der Babylonische Talmud (i) legt dem Gelehrten Hillel, um 20 v. Chr., diesen Ausspruch in den Mund (i). Andere Zeugen vor Jesus sagen es ebenso (Test Napht 1; Tob 4,15; Hen 61,1; Targ Jerusch I, Lev 19,18). Hier werde der Inhalt des Ersten Testaments zusammengefasst, legt Jesus in gut jüdischer Tradition aus.

Die Redakteure der Bergrede machen Jesus zum Sprecher einer nichtreligiösen Interpretation der Thora! Der Rabbi Jesus formuliert aus dem Willen der Urgemeinde diese aufklärerische Kurzfassung. Mit keinem Wort wird von Gott gesprochen, von unserem Verhältnis zu ihm. Es wird kein Dogma entfaltet, nicht auf Traditionen verwiesen, kein Bekenntnis verlangt. Die Großartigkeit der Religion reduziert sich auf eine Beziehung, die ich ohne alle Religion verstehen, annehmen und leben kann. Sie reduziert sich auf die von Theologen und Frommen oft geschmähte Mitmenschlichkeit. Ich soll so leben, wie ich gelebt werden will. Ich soll so mit anderen Menschen umgehen, wie ich wünsche, dass sie mit mir umgehen sollen. Klugscheißer sagen, Jesus lege die biblischen Spielregeln der Mitmenschlichkeit aus. Er spreche vom Zusammenleben der Menschen im Rahmen des biblischen Weltbildes. Habe Johannes nicht geschrieben, wer in der Liebe bleibe, der bleibe in Gott und Gott in ihm (1Joh 4,16)? Dennoch, Jesus spielt hier nicht nur auf die ethische Seite der Religion an, auf die Nächstenliebe, die aus der Gottesliebe herauswachse. Er schließt alles, was Thora und Propheten beinhalten, zusammen. Jesus sammelt die gesamte, nicht die halbe biblische Offenbarung im Satz: „Was du nicht willst ...!“ Dabei wendet er unsere Spruchweisheit, ein Negativbild, ins Positive: „Handele so, dass die Maxime deines Handelns zum Maßstab für alle Menschen werden können.“ Der olle Kant lässt grüßen! Ganz allein steht der Rabbi Jesus mit seiner Thoraauslegung nicht da! Wie mutig war die Urgemeinde, dies Rabbiwort in ihren Katechismus zu setzen, aus Jesu Mund gesprochen!

Gott, es geht um Menschen, um nichts als Menschen, um mich, wie ich zu anderen bin. Ich will lieben, umsorgen, zärtlich sein. Amen.

Gottesknecht

Die Pharisäer gingen hinaus und trafen sich. Sie beschlossen, Jesus zu Grunde zu richten, ihn fertig zu machen. Als Jesus erkannte, was gegen ihn geplant war, tauchte er unter. Aber es folgten ihm viele. Er heilte sie alle. Er schärfte ihnen aber ein, sie sollten seine Anwesenheit und seine Taten nicht publik machen. So werde erfüllt, was beim Prophet Jesaja nachzulesen sei.

Der sagt: „Siehe, mein Knecht, den ich erwählte, mein Geliebter, der meine Zustimmung hat. Ich legen meinen Geist auf ihn. Den Völkern wird er das Recht ansagen. Er schreit nicht, lärmt nicht, hält keine Propagandareden in der Öffentlichkeit. Das angeknickte Rohr zerbricht er nicht, den glimmenden Docht löscht er nicht aus, bis er im Rechtsstreit, aus Krise und Entscheidung, zum Sieg kommt. Ja, die Völker hoffen auf seinen Namen" (nach Jes 42,1–4). Mt 12,14 bis 21

Die Bibel der Juden erfüllt sich im Messias Jesus, so Markus in Andeutungen. Matthäus führt aus: Der Messias bringt Gottes Gerechtigkeit neu zur Sprache. Der Erste Bund erfüllen sich in ihm. Der Messias Jesus gibt sich fürs Gottesvolk und für die Völker hin, wie Texte des Ersten Bundes ansagen. Unser Zitat entstammt aus dem Zweiten Jesaja, aus den Knecht-Gottes-Liedern (i). Wenn ich diese Texte historisch untersuche, erkenne ich: Die Juden sitzen in babylonischer Gefangenschaft. Unter ihnen lebt ein unbekannter Prophet, der den Knecht Gottes ankündigt, sich selbst als Knecht sieht, auch im Volk den Knecht erkennt. Der Knecht ruft die Befreiung aus. In einem nachfolgenden Lied (Jes 53) lesen ich, der Knecht kam um. Er wurde von Landsleuten an Babel verraten, gefoltert, getötet. Doch wird der Knecht, so das Requiem, aus Not und Tod durch Gott erhöht.

Menschen nach Ostern finden ihre Messiashoffnung aus diesen Liedern, auch aus unserem, bestätigt. Die österliche Gemeinde findet aus ihnen zum Messiasglauben: Jesus ist Gottes verfolgter Knecht, der sein Leben für eine neue Zukunft der Menschen hingibt. Sein Lebensweg und seine Predigt bringen ihn auf leise Weise zu den Armen, schließlich seine Botschaft zu den Fremdvölkern der Erde. Der Knecht, der in Krisis und Tod kommt, wird aus seiner Krise heraus zum Hoffnungszeichen der Völker.

Gott, ich lese, höre und staune. Dein Messias kam nicht aus dem Nichts. Er kam aus den Verheißungen, die du deinem Volk gabst. Ich danke dir, ich lebe auf, weil du auch mich, dein geknicktes Rohr, aufrichtest. Amen.

Vollendet

Es kam so: Jesus vollendete alle diese Worte. Anschließend sagte er seinen Jüngern: „Ihr wisst, in zwei Tagen findet das Passah statt und des Menschen
Mt 26,1 f. *Sohn wird zur Kreuzigung ausgeliefert werden."*

Die hebr. Wörter für Vollendung, vollenden, Erfüllung, erfüllen, werden verschieden ins Griechische übersetzt. Stelle ich diese verschiedenen Wörter zusammen, fällt auf: Vollendung und Erfüllung spielen in der Theologie des Matthäus eine große Rolle. Wie jeder Evangelist seine Theologie in seinem Evangelium Gestalt annehmen lässt, so auch Matthäus. Jesus vollendet und erfüllt Gottes Heilsgeschichte. Er, der Messias der Juden, ist der Vollender allen Heils, das Gott mit allen Völkern vorhat. Jesus erfüllt in Tat, Wort und Weg Gottes angesagte Ankunft. Taufe und Verklärung Jesu, seine Verurteilung und sein Tod besiegeln dieses Heil. Alle Gerechtigkeit wird so erfüllt (Mt 3,15), das Gesetz und die Propheten (Mt 5,17), eine Erfüllung, die sich am Kreuz vollendet. Der Messias Jesus tut, was er predigt, die Liebe.

Bevor das erste Evangelium entstand, das Markusevangelium, gab es in der Urgemeinde eine Schrift, die Logienquelle (i), heute verloren. In der waren die Reden Jesu gesammelt, auch einige Taten, vielleicht auch Andeutungen seines Leidens und Sterbens.

Matthäus hat in sein Evangelium, das auf der Grundlage von Markus entstand, die Texte der Logienquelle einbezogen. Dazu sammelte er Worte und Reden Jesu und fügte sie hinzu. Und doch tut Matthäus mehr als zu sammeln. Er stellt sein Evangelium unter das Motto der Erfüllung. Jesus, der gewaltfreie Messias der Juden, erfüllt im Weg ans Kreuz die Gerechtigkeit, nicht etwa so, dass er alle Sünden der Welt durch seinen Tod austauschte, wie das Mittelalter deutete. Worte und Taten, Zeichen, Leiden und Sterben Jesu verschmelzen zu einer neuen messianischen Identität der Liebe, die den von Moses und den Propheten angesagten Weg geht. Aus dieser messianischen Verheißung leben wir Christen, versuchen wir ein Leben in Hoffnung, Glaube, Liebe, wie es Paulus ausdrückt (1Kor 13,1 ff.).

Gott, ich lese vom Tode des Jesus von Nazareth am Kreuz, höre die Botschaft von seiner Auferstehung am dritten Tage. Ich lese, was er sagte, höre, was er tat, vertraue darauf, dass er mich vollendet. Jesus Christus sei mein Herr! In seiner Gemeinde will ich leben, aus seinem Sterben zu Hoffnung, Glaube, Liebe auferstehen. Und mache oft mit, Menschensöhne und -töchter zu bekriegen. Vergib mir, gib Neues! Amen.

Auf einen Berg in Galiläa

„Mir wird alle Vollmacht im Himmel und auf Erden verliehen. Darum geht hin, macht alle Völker zu Jüngern, indem ihr sie auf den Namen des Vaters und des Sohnes und des Heiligen Geistes tauft und sie lehrt, alles zu halten, was ich euch befahl. Siehe, ich bin jeden Tag bei euch, bis sich dieses Zeitalter vollendet." Mt 28,18 bis 20

Die elf Jünger gehen nach Galiläa auf den Berg, wohin Jesus sie bestellt hat. Sie sehen ihn, fallen vor ihm nieder, einige zweifeln. Jesus spricht zu ihnen. Es folgt das Testament des Auferstandenen, der Missionsbefehl. Älteste Handschriften notieren, die Taufe solle im Namen Jesu erfolgen (Mt 28, 16–20). Jesus ist am dritten Tage von den Toten auferstanden, gemäß den Schriften, so lautet das Christentumsbekenntnis, die Grundlage unseres Glaubens. „Ist der Messias nicht auferstanden, ist unsere Predigt vergeblich" (1Kor 15,3.14), resümiert Paulus. Ich verweise auf zwei ersttestamentliche Bilder: Israel werde zerrissen, aber nach zwei Tagen werde Gott Israel beleben, am dritten Tage aufrichten, so der Prophet Hosea (Hos 6,1 f.). Und Jona, der Prophet, war, so die Legende, drei Tage und Nächte im Bauche des Fisches, dann wurde er von Gott zur Heidenmission befreit und neu losgeschickt (Jona 2,1 ff., 3,1). Die Bilder erzählen, Israel werde zu neuem Leben auferstehen, mit Israel, so das Jonabuch, die heidnische Welt.

Die Bilder von den drei Tagen nimmt die junge Christenheit auf, verknüpft sie symbolhaft messianisch. Ostern vernetzt mit Israel zu denken, Ostern für alle Welt zu glauben, ist mir sympathisch: „Christus ist auferstanden, er ist wahrhaftig auferstanden", betet die Orthodoxie in ihren Ostergottesdiensten. Ostern bleibt ein Geheimnis. Matthäus legt offen: Es gibt Zweifler: Soldaten, Regierungsbeamte, Jünger. Christus will in unsere Herzen, in seine Gemeinde hinein auferstehen. Eine Gegenbewegung gegen substanzhafte, historisierende Osterberichte ist im Gange, selbst bei dem, der solche Berichte aufnimmt und tradiert, dem Evangelisten Matthäus. Und die Himmelfahrt Jesu? Sie hat Vorbilder. Elias fährt auf feurigem Wagen gen Himmel (2Kön 2,1 ff.). Mose, dessen Grab unauffindbar ist (Dtn 34,6), sei, so die außerbiblische Schrift „Himmelfahrt Mosis", zu Gott erhoben worden. Jesu Himmelfahrt wird zum Bild, dass er, der Herr, in die Herrschaft Gott eingeht, sie mit dem Vater verantwortet, unsichtbar, doch wirklich, bis er sie Gott zurückgibt (1Kor 15,28).

Aller Zungen soll bekennen, Jesus sei der Herr zu nennen,
dem man Ehre geben muss! Amen.

Im Anfang war das Wort

Im Anfang war das Wort. Das Wort war auf Gott hin lebendig. Gott selbst existierte als Wort, das von Anfang an für Gott handelte. Alles wurde durchs Wort erschaffen. Nichts, was erschaffen wurde, kam außerhalb des Worts zur Welt. In ihm existierte das Leben – das Leben, das Licht der Menschen! Das Licht erhellt die Finsternis. Die jedoch nahm das Licht nicht an. Joh 1,1–5

Mit diesen Worten beginnt das vierte Evangelium, dem drei Briefe und mit Vorbehalten auch die Apokalypse, die Offenbarung des Johannes zugesellt werden. Als deren Verfasser bezeichnet sich ein Johannes (Apk 1,1). Sprache und Bilder der Apokalypse sind so unterschiedlich zum übrigen Johanneischen Schrifttum, dass oft gefragt wird, ob man die Apokalypse noch zu den biblischen Büchern zählen könne, doch gibt es gewisse Bindungen an die Johannestheologie.

Dass der Apostel Johannes, den Paulus als eine der drei Säulen der Urgemeinde in Jerusalem bezeichnet (Gal 2,9) und der als einer der drei ersten Jünger Jesu anzusehen ist (Mk 1,19 f.), der Verfasser des Johannesschrifttums sei, ist kaum zu belegen. Die Tradition besagt, der Apostel Johannes sei in hohem Alter in Ephesus gestorben, auch bezeichnet sich ein gewisser Presbyter Johannes aus Ephesus als Verfasser des 3. Johannesbriefes. Rudolf Bultmann, der um die Mitte des 20. Jahrhunderts einen bedeutenden Johanneskommentar schrieb, vermutet, Johannes sei in den Wirren der Jahre 42/43 n. Chr. umgekommen, als sein Bruder Jakobus von König Agrippa I. enthauptet wurde. Auch das ist nur eine Hypothese. Im Evangelium wird einem namenlosen „Jünger, den Jesus lieb hatte", wie es heißt, eine Vorrangstellung eingeräumt. Die Johannesliteratur gehört trotz enormer Verschiedenheiten doch zusammen.

Die Vorrede zum Evangeliums schlägt einen Bogen zum Schöpfungsakt Gottes. Durchs Wort schafft Gott den Kosmos, die Gesellschaft, den Menschen. Das Wort, Gottes immerwährende schöpferische und geschichtliche Tat, Gott mit sich selbst im Gespräch, kommt zu uns. Aber verstehen wir, wollen wir verstehen? Das Wort kommt als Licht in diese Welt, die ohne das Wort im Finstern bleibt. Das Licht leuchtet, will zum Leben erwecken. Die Menschheit soll ins Licht des Wortes kommen. Aber das Dunkel verweigert das Licht, nimmt es nicht an, versteht es nicht, lässt sich nicht erhellen. Einige jedoch erkennen das Licht, werden erleuchtet, kommen ins Licht. Gehöre ich zu ihnen? (Joh 1,1–18)

Gott, du mein Licht, lass mich dein Wort hören, das wärmt, segnet und erhellt, dass es mich zum Licht verwandelt. Amen.

Er kam in sein Eigentum

Er war das wahre Licht, das alle Menschen erhellt, die zur Welt kommen. Er existierte in der Welt, die Welt wurde durch ihn geschaffen, aber die Welt nahm ihn nicht wahr. Er kam in das, was sein eigen war, aber seine eigene Menschheit verweigerte sich ihm. Wer ihn jedoch aufnahm, dem schenkte er die großartige Erfahrung und Macht, Gottes Kind zu werden, allen, die sich seinem Namen anvertrauen. Joh 1,9–12

Im den Bildern und der Entfaltung der Rahmenhandlung unterscheidet sich das Johannesevangelium von den Synoptikern. Auch bei Johannes ist der Weg Jesu ein Weg an das Kreuz in Jerusalem. Aber der Weg ins Sterben ist zugleich ein Weg in die Erhöhung. Jesus weilt dreimal zum Osterfest in Jerusalem und führt vier Reisen durch Galiläa durch.

Er redet im Johannesevangelium anders als in den Synoptikern. Johannes lebt in der Sprache der Gnosis (i), einer Lehre von der Reise des göttlichen Lichtfunkens auf den Grund der menschlichen Seele. Der macht sich auf den Weg von oben nach unten. Die Seele des Menschen, vom Licht erhellt, wird zum Licht aufsteigen! Der Mensch wird erleuchtet! So entkommt er der Finsternis und wandelt im Licht: ein Neugeborener. Ein neues Zeitalter wird zur Welt gebracht. Das geschieht, so das (lat.) Evangelium Veritatis (i), das Evangelium der *Wahrheit*, das in Ägypten gefunden wurde, aus geheimnisvollem Erlösungsdrang der Weltgeschichte.

Bilder wie bei Johannes! Jedoch müssen wir selbst die Erlösung vollbringen. Gelingt sie? Befinden wir uns im Vorfeld eines evolutionären Durchbruchs, den wir Menschen schaffen? Der Mensch müsse nur erkennen und werde sich dann entsprechend entwickeln und so die Schöpfung zur Vollendung bringen?

Der Vorspann des Johannesevangeliums steht zu diesem Selbsterlösungsmythos des Menschen im Widerspruch. Der Mensch bleibt einzig seiner Untreue zum Menschlichen treu. Er kann sich nicht selbst erlösen! Jedoch lädt der wahre, vollkommene Gott uns, seine Dunkelmenschen, ins Messiaslicht ein. Diese Einladung wird angezweifelt, abgelehnt, verworfen. Doch lassen sich einige ins Licht locken. Sie werden aus Gott geboren, vollmächtige Menschen. Auch ich?

Gott, komm in dein Eigentum, in diese Welt, in mich. Hilf mir, dich zu erkennen, dich aufzunehmen! Entzünde das Licht deiner Liebe in mir, dass ich so mich selbst verwirkliche, in dir, aus dir, zu dir hin! Amen.

Das Wort wurde Fleisch

Das Wort wurde Mensch und schlug unter uns sein Zelt auf. Wir schauten seine Ehre, die Ehre des Einziggeborenen, der vom Vater ausging, voll Gnade und Wahrheit. Johannes legte Zeugnis von ihm ab: „Genau der ist es, von dem ich sagte: Nach mir kommt, der vor mir war, denn er war mir voraus!“

Joh 1,14 f.

Johannes erzählt die Weihnachtsgeschichte auf seine Weise. Wo Matthäus und Lukas Mythen nachempfinden (Mt 1–2; Lk 1–2), wagt Johannes einen neuen Entwurf. Er spekuliert nicht, wann Jesus Gottes Sohn geworden sei – schon vor der Geburt, in seiner Empfängnis? Johannes entwickelt das Bild vom Wort Gottes, mit dem Gott von Beginn an durch den Geist im Gespräch ist. Das Wort wird zur Tat, ereignet sich, wird zur Geschichte, zum Bund (i) mit seinem Volk, entfaltet sich als Gericht und Gnade, als Vergebung und Neuanfang, von den Erzvätern angefangen bis heute.

Im stets neuen Gespräch wird Gott erfahrbar, wird schließlich Mensch in Jesus von Nazareth, dem Einziggeborenen, der aus des Vaters Schoß kommt. Gott bringt sein *lebendiges Wort* (hebr. dabar, männlich) zur Welt. Im *Geist* (hebr. ruach, weiblich) verbinden sich Vater und Sohn. So ist Gott Vater und Mutter zugleich. Er, der immer war und ist, diese Welt schuf und weiter erschafft, kommt in Jesus zu uns. In ihm verändert Gott die Geschichte, durch ihn ermöglicht er uns eine neue Geburt aus dem Geist, die Geburt der Liebe in uns, den allumfassenden Neubeginn. Gnade und Wahrheit stehen auf (Joh 1,14–18). Wo im gnostischen (i) Evangelium Veritatis die Wahrheit geheimnisvoll namenlos bleibt, bindet Johannes die göttliche Wahrheit an die Person Jesu von Nazareth, verknüpft ihren Beginn, analog den übrigen Evangelien, mit der Predigt und Taufe Johannes des Täufers (Joh 1,19–34). Der gnostischen Geistigkeit wird die Leibhaftigkeit des Fleisches gegenübergestellt: der Mensch Jesus. Hatte nicht der Zweite Jesaja gepredigt, (hebr.) kol basar, *alles Fleisch* werde die Herrlichkeit Gottes sehen? (Jes 40,5)

Johannes gestaltet Bilder des Ersten Testaments und der Synoptiker neu. Er bleibt der Tradition der Kirche treu, indem er dogmatische Ergänzungen zulässt. Aber wir spüren, wie anders, wie modern die Sprache des Johannesschrifttums ist, das um 100 n. Chr. aufkommt: Das Ich wird geboren, das in der Gemeinschaft des Vaters und Sohnes sein Du im Wir findet.

Gott, ich möchte dein Wort verstehen, es sagen und tun, in deinem Sohn Jesus aus Nazareth. Gib mir die Sprache der Menschen von heute, meine Sprache. Amen.

Ich bin das Brot des Lebens

Jesus rief ihnen zu: „Ich bin das Lebensbrot. Wer zu mir kommt, wird keinen Hunger mehr fühlen. Wer mir vertraut, wird keinen Durst mehr schmecken (…) Wer zu mir kommt, den werde ich nicht wegstoßen.“ Joh 6,35.37

Johannes greift auf Vorhandenes zurück, fügt Neues hinzu, verdichtet zu einem Teppich messianischer Erfahrungen eigener Art. Handlungsabläufe werden durch meditative Reden unterbrochen, die um ein Offenbarungswort kreisen. *Sieben Bildworte* entwickeln sich so aus je einer Zeichenhandlung, verdichten sich zu Offenbarungsreden. Biblisches Material beider Testamente wird verarbeitet. Es lohnt sich zu fragen, warum Johannes sein Material so formt.

Dem ersten Zeichen – Wasser wird im Rahmen einer Hochzeit in Wein gewandelt (Joh 2,1–12) – folgt die Tempelreinigung (Joh 2,13–25). Jesus erzählt Nikodemus, einem hochgestellten Juden, von der notwendigen geistigen Neugeburt (Joh 3,1–21). Der Täufer Johannes bezeugt den Messias (Joh 3,22–36). Eine Samariterin begegnet Jesus (Joh 4,1–42). Der Sohn eines Hauptmanns im Gefolge des Königs wird geheilt (Joh 4,43–54), ebenso ein Lahmer am Teich Betesda (Joh 5,1–18). Jesus erklärt seine Vollmacht in diesen Zeichen (Joh 5,19–47).

Er speist Fünftausend (Joh 6,1–15), flieht aber auf das Galiläische Meer. Die Menge will ihn zum Brotkönig machen (Joh 6,16–21). Deshalb hält er anschließend seine Rede vom Brot des Lebens (Joh 6,22–59). Jünger und Volk entscheiden sich daraufhin für oder gegen den Messias (Joh 6,60–7,52). So entwickelt Johannes das Ich-bin-Wort Jesu vom Brot des Lebens. Ihm werde gehuldigt, klagt Jesus, weil er Brot verschafft habe. Die Leute sollten eine andere, unvergängliche Speise suchen. Das Manna (i) der Wüstenzeit, das Brot vom Himmel gewesen sei, hat nicht vor dem Sterben gerettet. Aber wer das Brot des Vaters aus dem Himmel isst, erhält Leben für immer: „Wer mir vertraut, gewinnt dauerhaftes Leben, Lebensqualität. Ich bin das Brot des Lebens“, ruft Jesus aus, „wer davon isst, wird nicht sterben!“ (Joh 6,22–50.57 f.)

Das Brot des Lebens, wie Johannes es verkündigt, bedeutet mehr als eine Abendmahlsverköstigung zur Ewigkeit, mehr als eine etwaige Magie göttlicher Substanzen. Ich, ich bin zu einem Leben eingeladen, das dauerhaft mein Leben trägt, gestaltet und aktiv erneuert. Christus, du Brot meines Lebens!

Gott, im Messias wirst du mir zum Brot, das Leben schenkt,
das heute beginnt und bleibt. Komm, still meinen Hunger und
Durst, dass ich lebe, jetzt und immer! Amen.

Ich bin das Licht der Welt

Jesus redete zu ihnen und rief: „Ich bin das Licht, das die Welt hell macht. Wer mir folgt, wird nicht im Finstern umhergeistern. Er wird das Lebens-
Joh 8,12 *licht gewinnen."*

Rudolf Bultmann meint, die Blätter des Johannesevangeliums seien beim Kopieren durcheinander geraten, darum entwickelt er eine neue Ordnung. So skurril diese These auch ist, in unserm Fall könnte sie weiterhelfen. Die Geschichte von der Heilung eines Blindgeborenen am Sabbat, die später folgt, müsste nach den Gepflogenheiten des Johannes die Bildrede vom Licht eröffnen. Es gibt einen Erzählkranz von Geschichten um dieses Bildwort Jesu herum. „Ich bin es, der von sich selbst zeugt", ruft Jesus, „der Vater, der mich gesandt hat, zeugt von mir." Der Streit um Jesus und seine Bedeutung geht weiter (Joh 12,37–59), auch wenn ein Blindgeborener geheilt wird (Joh 9,1–41).

Deutlich treten biblische Motive hervor. „Gott ist Licht! In ihm ist keine Finsternis", stellt der Schreiber der Johannesbriefe fest (1Joh 1,5) und bestätigt so den Ersten Bund: Ist nicht die Erschaffung des Lichts Gottes erste Schöpfungstat (Gen 1,3)? Betet nicht ein Psalmist: „Jahwe ist mein Licht und mein Heil (Ps 27,1)? Sicher wird in den Lichtreden Jesu bei Johannes gnostisierender (i) Redestil erkennbar. Das Ich des Offenbarers Jesus und das Ich der Gemeinde treten in einen Dialog, der den Glaubenden aus dem Dunkel ins Licht bringt (Joh 8,12; 9,1–41; 12,20–50). Die knappen Lichtmetaphern bei den Synoptikern (Mt 4,16; 5,14; Lk 16,8) werden zu umfangreichen Reden an den Jüngerkreis, dem Offenbarungswissen geschenkt wird.

Immer beginnt das Offenbarungswort mit „Ich bin", ein Wortbild, mit dem die LXX (i) die hebräische Offenbarungsformel „Ich bin Jahwe" ins Griechische überträgt (Ex 3,14). Der höchste Gottesname des Ersten Testaments wird im Johannesevangelium so auf den Offenbarer Jesus übertragen. (Griech.) Ego eimi, *Ich bin*, kann auch einen alltäglichen Ablauf umschreiben. Niemand lästert Gott, wenn er einen Satz mit (griech.) Ego eimi beginnt. Der Eingeweihte aber weiß, was der Offenbarungsträger mitteilt: „Der Bundesgott der Bibel spricht mit dir. Im Messias Jesus formt er in deinem Leben Finsternis zum Licht um" (Joh 12,46).

Gott, in dir wird meine Nacht zum Licht des hellen Morgens überwunden. Der du alles Licht bist und alles Licht schaffst, zeige mir den Weg des Lichts, in Jesus, deinem Sohn, dem Licht der Welt. Amen.

Ich bin die Tür

Ich bin die Tür. Tritt jemand durch mich ein, wird er gesunden. Er wird frei ein und aus gehen, Weidegrund finden. Ein Dieb bricht ein, stiehlt, schlachtet ab, bringt um. Ich bin gekommen, damit sie das Leben gewinnen und Überfluss haben. Joh 10,9 f.

Die Bildworte Jesu bei Johannes sind nicht ohne die Tradition des Ersten Testaments zu verstehen. Eine Tür führt in das Allerheiligste des Jerusalemer Tempels (i), schließt es auf geheimnisvolle Weise vom Profanen ab. Nur einmal im Jahr öffnet sich die Tür des Tempels, dann geht der Hohepriester aus dem Heiligen ins Allerheiligste (Lev 16,2). In allen Religionen gibt es derartige Vorstellungen. Die Tür eröffnet eine neue, unbekannte Zukunft. Sie schützt vor dem Feind da draußen, schließt aber auch ein, verschließt die Freiheit (Joh 10,1 f.).

Der Offenbarer Jesus ruft: „Dreh- und Angelpunkt, die Tür selbst zur Weltgeschichte bin ich." Das doppelte „Wahrlich, wahrlich!" beschwört diesen Ruf: Nicht tote Schlösser und Riegel, nicht rostende Eisentore, nicht knarrende Holzbalkenpforten schützen oder trennen uns vom Leben. Der lebendige Mensch Jesus, der „*Ich bin* des lebendigen Gottes", der sein Leben für die, die er behütet, hingibt, macht sich selbst zur lebendigen Lebenstür. Die schließt weder ein noch aus. Sie lädt ein, ins Leben einzutreten, im Lebensraum Schutz zu suchen, gestärkt aus dem Heiligen ins Profane, in den Alltag hinauszutreten. Ausgang und Eingang sind gesegnet, wie der Psalmist sagt (Ps 121,8). Freiheit wird geschenkt, das Leben drinnen zu gewinnen und draußen auszuleben. Die lebendige Tür schützt, belebt, schenkt den neuen Atem des Geistes, Mut, Zuversicht, Hoffnung, die Tat selbst:

„Wer eintritt, wird glücklich werden? Also doch der verschlossene heilige Innenraum, in dem ich mich vor der bösen, bösen Welt verstecke? Da draußen sind die Diebe und Räuber und Mörder, die das Stehlen und Schlachten gewohnt sind? Also doch Trennung der Heiligen von den Unheiligen, der Reinen von den Unreinen, der Guten von den Bösen? Es bleibt dabei", ruft uns der Offenbarer zu, „ich bin gekommen, dass ihr das Leben in seiner ganzen Fülle gewinnt, Leben in der Freude des unendlichen Übermaßes, Überflusses, die Freiheit!" (Joh 10,7–10)

Christus, lebendige Tür zum Leben, lass mich ein und aus gehen bei dir, durch dich, in dir, aus dir, dass ich das Leben gewinne und lebe, atme und singe, im Überfluss. Amen.

Ich bin der gute Hirte

Ich bin der gute Hirte. Das gute Hirte setzt sein Leben für die Schafe ein. Der Schafpächter, kein eigentlicher Hirte, dem kein einziges Schaf gehört, wägt ab. Und wenn der Wolf kommt, lässt er die Schafe im Stich und flieht. Der Wolf überfällt die Schafe, zerreißt die Herde. Denn ein gewerblicher Schafpächter hat an den Schafen kein wirliches Interesse. Ich bin der gute Hirte. Ich kenne, die zu mir gehören. Und die zu mir gehören, kennen mich, wie
Joh 10,11 *mich mein Vater kennt und ich kenne den Vater. Ich setze mein Leben für die*
bis 15 *Schafe ein.*

„Zur Herde gehören andere Schafe, die sind nicht aus diesem Stall", fährt Jesus fort. „Ich kenne meine Schafe, rufe jedes beim Namen. Ich führe sie hinaus. Sie erkennen meine Stimme, darum folgen sie mir. Es wird *eine* Herde und *ein* Hirte sein. Deshalb liebt mich mein Vater. Ich gewinne mein Leben, indem ich es für meine Schafe hingebe! Ein Gebot Gottes ist es, das Leben als Hingabe zu entwickeln und so frei zu werden, für mich und auch für euch" (Joh 10,3–6.11–18).

Das Bild vom Hirten taucht zuerst bei Hesekiel auf. Der Prophet warnt vor den Hirten Israels, die nur sich selbst weiden. Gott persönlich wird sich seiner Herde annehmen (Ez 34,1–16). „Der Herr ist mein Hirte" (Ps 23,1 ff.) betet der Psalmist. „Ich bin ein verirrtes und verlorenes Schaf; suche deinen Knecht, hole ihn heim, ich vergesse deine Gebote nicht!" endet der längste Bibelpsalm (Ps 119,176). Lukas knüpft an, erzählt das Gleichnis vom verlorenen Schaf (Lk 15). Johannes verdichtet den Bibelstoff zur Offenbarungsrede Jesu: „Ich bin der gute Hirte!" Der Erlöser wird zum Hirtenamt eingesetzt, weil er den Vater kennt und der Vater ihn.

Im Text fällt (griech.) gignoskein, (hebr.) jadah, *erkennen*, auf, ein komplexer Begriff: Erkenntnis kommt aus dem Hören, hat den Schwerpunkt im Erfahren und Tun des Gotteswillens. Hören, Erkennen und Tun werden eins. Zu erkennen bedeutet, am Schöpfungsakt Gottes mitzuwirken, was die Bezeichnung für den *Geschlechtsakt*, (hebr.) jadah, andeutet. Erkennen ist kein Philosophie- oder Physikvorgang. Aktiv werden Hirt und Herde im rettenden, heilenden Tun eins, wie Vater und Sohn eins werden. Hingabe wird zum Gewinn, das Hirtenamt geht auf die Herde über. Jesu und mein Erkennen münden in meine Aufgabe ein: Ich werde selbst zum Hirten (Joh 10,11–30).

Gott und Vater, mein Hirte, dir vertraue ich mich im Sohn an. Mach mich zum guten Hirten, der sucht und sammelt, findet und verbindet. Amen.

Ich bin die Auferstehung, das Leben

Jesus rief ihr zu: „Ich bin die Auferstehung und das Leben. Wer mir vertraut, lebt. Auch wenn er dem Tod verfällt, wird er leben. Jeder, der lebt und mir vertraut, wird in Ewigkeiten nicht dem Tod verfallen. Glaubst du das?" Joh 11,25 bis 26

Wieder gehören Zeichen und Offenbarungsreden zusammen. Lazarus, dem in einem Lukasgleichnis als armer Mensch im Jenseits Wiedergutmachung geschenkt wird (Lk 16,19–31), wird bei Johannes zum Freund Jesu, ist Bruder der Maria und Marta (Lk 10,38 f.), der stirbt und von Jesus auferweckt wird (Joh 11,1–45). Lukas greift ein jüdisches Gleichnis (i) auf, mit dem er eine spektakuläre Rückkehr aus dem Totenreich verneint. Bei Johannes heißt es anders. „Lazarus ist krank, um Gottes Herrlichkeit spürbar zu machen", erklärt Jesus (Joh 11,4 f.), ein Zeichen für Auferstehung und Leben jetzt.

Die Lazarusgeschichte wird zum Vorausentwurf dessen, was Jesus und der Gemeinde widerfährt: Die Behörden wollen Jesus umbringen (Joh 11,46–57). Die Antwort: Jesus wird in Betanien auf seinen Tod hin gesalbt, am Ort, an dem Lazarus erweckt wird! Betanien, (hebr.) bet ani, heißt *Haus der Armut!* Sollen nicht die Armen glücklich werden, wie die erste Seligpreisung ansagt (Lk 6,20), Anspielungen auf Begräbnis und Ostersieg in einem (Joh 12,1–11)? Die Bilder wechseln. Dem Einzug Jesu in Jerusalem (Joh 12,12–19) folgt die Ankündigung der Verherrlichung Jesu (Joh 12,20–36), Leiden und Erhöhung des Messias werden entwickelt. Die Lazarusgeschichte entwirft Jesu Weg zum Leben und unseren voraus.

Dass Lazarus, der schon verwesend stinkt, auf den Befehl des Offenbarers aus dem Grab emporsteigt, zielt auf mein Leben: Ich, von unerbittlichem Sterben umhüllt, darf aufstehen, nicht erst im Jenseits, sondern hier und jetzt. Ich komme aus dem Grab meiner Schwermut heraus. Der Messias, der Lazarus aus der Todeszone holt, ist mein Befreier zum Leben. Ich bin Lazarus, *Gott hat geholfen!* Unverlierbares Leben wird mir geschenkt, heute, in Jesus, dem Sohn, meinem Herrn, wie ich mit Marta demütig bekenne (Joh 11, 27).

Gott, mein Lazarusleben, vom Tod gekennzeichnet, wird von deinem ewigen Leben durchströmt, durchwärmt. Ich stehe auf, jetzt, werde neu geboren, heute, in Jesus, dem Auferstandenen. Halleluja. Amen.

Ich bin der wahre Weinstock

„Ich bin der Weinstock, ihr die Reben. Wer in mir bleibt und ich in ihm,
Joh 15,5 *bringt Frucht; viel Frucht. Ohne mich gelingt euch nichts."*

Jesus will sich nicht zum Brotkönig machen lassen. Und doch ist er das Lebensbrot, das Hunger stillt und Zukunft eröffnet (Joh 6,22–40), und dazu ergänzend fundamentalisierende Bilder (Joh 6,51–59)?

Jesu letzte Mahlzeit gewinnt bei Johannes einen neuen Charakter. Die Deuteworte „Dies ist mein Leib (...); dies ist mein Blut des Bundes, das für viele vergossen wird" (Mk 14,22–25; 1Kor 11,23–26) entfallen. In den Anfang der Mahlzeit rückt die Fußwaschung. Jesus wäscht den Jüngern und damit der Welt die Füße. Er habe, sagt Jesus, ein Beispiel gegeben: Die Jünger sollen leben wie es der Herr vorlebt, in Demut. Füße zu waschen ist Sklavenarbeit. So sollen Christen wirken, einer diene dem anderen freiwillig (Joh 13,1–20). Judas wird aufgefordert, das Zwangsnotwendige zu tun (Joh 13,21–30). Ab nun wird der Messias verherrlicht werden. Verherrlicht? Aber Verherrlichung meint keinen glatten Durchgang vom Sterben zur Himmelsherrlichkeit. Gott wird verherrlicht, indem wir das neue Gebot tun, zu lieben, wie der Messias geliebt hat.

Das Abendmahl, ein Kultmahl? Johannes erinnert: Die Jesusmahlzeit soll uns neu auf die Alltagsnotwendigkeit von Christen stoßen. Jünger Jesu werden daran erkannt, dass sie lieben, nicht nur die Eingeweihten unter sich. Liebe wird zum Erkennungsmerkmal von Christen in einer zornigen, gewalttätigen und schuldbesudelten Welt, der der Christus und die Christen dennoch Liebe schenken (Joh 13,31–35).

Die Metapher vom Weinstock wird entfaltet (Joh 15,1–8). War nicht Israel der Weinstock, den Gott aus Ägypten holte und neu einpflanzte (Ps 80,9)? Ist nicht Israel Gottes Weinberg, den Gott pflegte und erntete doch so wenig (Jes 5,1–7)? Jetzt gilt: Christen bleiben im Messias, er in ihnen, wie Reben und Weinstock lebendig verbunden sind! Zu bleiben bedeutet nichts Mystisches, nichts Dogmatisches, sondern Frucht! Das Liebesgebot wird aus der Beziehung von Vater, Sohn und Jüngern neu aktiviert (Joh 15,9–17), eine Vernetzung zur Liebe in dieser Welt ist das: Der Vater beruft den Sohn, der Sohn erwählt Jünger, die aus dem Liebesprinzip leben, trotz allen Hasses der Welt (Joh 15,18–16,4).

 Lass die Wurzel meines Handelns Liebe sein! Amen.

Ich bin der Weg, die Wahrheit, das Leben

Thomas erklärt ihm: „Herr, wir wissen nicht, wohin du dich wagst. Wie können wir den Weg kennen?" Jesus antwortet ihm: „Ich bin der Weg und die Wahrheit und das Leben. Niemand geht zum Vater, außer er wagt es mit mir. Wer mich erkennte, müsste eigentlich auch von meinem Vater wissen. Aber ab jetzt kennt ihr ihn und habt ihn gesehen, erlebt ihn." Joh 14,5–7

Wir lesen in den Abschiedsreden Jesu: Jesus verfasst sein Testament. Das Wort heißt, ins Deutsche übersetzt, *Bund.* Nur kommen bei Johannes Worte wie Bund, Bundesschluss oder Neuer Bund nicht vor. Johannes wählt einen anderen Begriff, (griech.) entole, *Gebot* (Joh 15,12). Das neue Gebot der Liebe bleibt nicht Deklaration. Es ereignet sich in der größeren Liebe dessen, der sein Leben für seine Freunde gibt (Joh 15,13 ff.): Jesus. Diese Mensch und Geschichte gewordene Liebe verbindet die Anhänger zur messianischen Gemeinde, die in dieser Welt lebt und wirkt. Das alltägliche Leben ist kein Instrument des Bösen, das Gott verlassen hätte, im Gegenteil: Im Christusgeschehen erklärt Gott die Welt ausdrücklich zu seinem Eigentum.

Jesus geht zum Vater. Flieht er aus dieser Welt (Joh 14,1–14)? „Ich lebe und ihr sollt auch leben", erklärt er. „Ich bin mit dem Vater verbunden, ihr mit ihm. In dieser Bindung gründet euer Tun der Liebe, gründet auch eure Liebe zum Vater ebenso wie alle Gotteserkenntnis. Mein Vater liebt euch!" (Joh 14,15–26), ruft Jesus aus.

Was bringt das? „Eure Friedensbemühungen, den Frieden, der aus eurem Tun wächst, nehme ich euch nicht weg", erklärt der zum Himmel Aufsteigende, „aber ich beschenke euch mit dem Versöhnungsfrieden Gottes, der gegen jeden Gewaltfrieden steht" (Joh 14,27–31). Dieser Friede zielt auf den Widerspruch der Liebe gegen den Hass, wie ihn die Welt produziert (Joh 15,9–16,4).

Mitten in Trauer und Hoffnung um Abschied und Neuanfang Jesu wird der Heilige Geist trösten, retten, heilen, aufrichten. „Den sende ich euch!" (Joh 16,5–33). Ein unendlich schönes Gebet, das „hohepriesterliche Gebet", schließt ab. In ihm bittet Jesus um die Einheit der Gemeinde, die aus der Einheit des Sohnes mit dem Vater wächst, „auf dass sie alle eins seien, in Liebe, in Frieden" (Joh 17,1–26).

Jesus, dein Weg, deine Wahrheit, dein Leben durchatmen mich! Du stehst mit deiner Liebe für mich ein: deine Wahrheit mit mir! Mein Dasein wandelst du zum Frieden: Lebensqualität aus dir! Danke für diesen Weg! Amen.

Ich bin ein König

Pilatus fragte ihn: „Also, ein König bist du?" Jesus antwortete: „Das sagst du, dass ich ein König bin! Ich wurde geboren und kam zur Welt, um Zeuge der Wahrheit zu werden. Jeder, der aus der Wahrheit lebt, versteht meine
Joh 18,37 f. *Stimme." Fragt Pilatus ihn: „Was ist Wahrheit?"*

Die Reihe der sieben Ich-bin-Worte Jesu, die aus Beziehungsgeflechten von Ereignissen und Reden des Messias hervorwachsen, ist abgeschlossen. Doch jeder weitere Satz aus Jesu Mund, der mit „Ich bin" beginnt, ist ein Offenbarungswort, das die Selbstvorstellung Gottes, wie sie die LXX (i) prägt – (griech.) Ego eimi, *Ich bin* Jahwe! –, in sich birgt. Die Synoptiker (i) öffnen sich eher zurückhaltend dem „ich bin" in Passagen, in denen sie die Wirklichkeit des Auferstandenen andeuten (z. B. Mt 11,29; 14,27; 27,43; 28,20). Johannes macht dieses Bekenntnis zur Mitte seines Evangeliums. Ich greife ein Ich-bin-Wort aus der Passion bei Johannes heraus: „Ich bin ein König, der ein Zeugnis für die Wahrheit ablegt", bekennt Jesus vor Pilatus. Der erwidert verächtlich, was Wahrheit bedeute? „Ihr werdet die Wahrheit erkennen, die Wahrheit wird euch befreien (Joh 8,32)", hatte Jesus seinen Jüngern ver-sprochen. Zu erkennen meint keinen erkenntnistheoretischen Denkvorgang, keinen Forschungserfolg in Physik, Chemie oder Biologie, keine Politstrategie, keinen Ideologieauftrag. Erkennen heißt, Liebe erfahren und Liebe tun.

Bewusst webt Johannes das Pilatusgespräch in die Passionsgeschichte ein. Äußerlich folgt er der synoptischen Vorlage: Jesus wird gefangen genommen (Joh 18,1–11), verhört, Petrus verleugnet ihn (Joh 18,12–27). Nach dem Verhör vor Pilatus wird er gegeißelt, verspottet und verurteilt (Joh 18,1–19,16), schließlich gekreuzigt (Joh 19,17–37). „Es ist vollbracht!" ruft Jesu am Kreuz. Er stirbt (Joh 19,30), wird in ein Grab gelegt (Joh 19,38–42). Jedoch wird bei Johannes der Kreuzesweg Jesu zum hoheitsvollen Königsweg: Jesus verherrlicht in seinem Leiden und Sterben den Vater, mit dem er eins ist. In seiner Hingabe ans Kreuz bewahrheitet sich sein Weg. „Das ist meine Wahrheit. Die zeugt Liebe, überwindet Hass." Auch in meinem Leben? Auch in meinem Leben!

Gott, die Welt löst Wahrheitsfragen anders als deine Gemeinde sie lösen sollte, die doch aus dem Gebet mit dir und dem Messias lebt. Deine Wahrheit heißt Liebe. In der Liebe liebst du uns zum Frieden. Ich danke dir für deinen Königsweg. Amen.

Siehe, das ist Gottes Lamm

Am nächsten Tage sieht Johannes Jesus zu ihm kommen. Er ruft: „Siehe, das Lamm Gottes, das die Sünden der Welt trägt." Joh 1,29

Diese Bibelstelle, die Matthias Grünewald in seinem Isenheimer Altarbild unnachahmlich in Szene setzte, bedeutet dem Leser: Auch das Johannesevangelium ist eine Passionsgeschichte mit längerer Einleitung, wie wir es von den Synoptikern kennen.

In seiner Passionsgeschichte greift Johannes das Bild vom Lamm (i) auf. Er steht mit diesem Vergleich nicht allein. Philippus erzählt dem Kämmerer aus Äthiopien vom Lamm Gottes, das sich zur Schlachtbank führen lässt, dem Knecht Gottes (i): Jesus (Apg 8,32). Auch verwendet eine urchristliche Liturgie dieses Bild, Jesus, das (griech.) amnos, *Lamm*, unschuldig und unbefleckt, habe die Gemeinde durch sein Blut befreit (1 Petr 1,18 f.).

Kompliziert wird es, weil es in der Bibeltradition drei Wörter für Lamm gibt, (griech.) arnion, *Lämmlein*, (griech.) amnos. *Lamm*, dazu (griech.) aren, eine Nebenform. Das Johannesevangelium greift (griech.) amnos auf und lenkt damit auf die Tradition des Gottesknechtsliedes aus Jesaja zurück (Jes 52,13–53,12). Der Knecht Gottes ist das Lamm Gottes, das der Welt Sünde trägt, wie es der Evangelist Johannes den Täufer Johannes ausrufen lässt.

Bei Johannes ist Jesu letzte Mahlzeit kein Passahmahl. Es findet auch keine Einsetzung des Abendmahls statt. Nach den Abschiedsreden (Joh 14–16) und einem erhebenden Abschiedsgebet (Joh 17,1–26) wird Jesus einen Tag früher als bei den Synoptikern hingerichtet, vor dem Passahfest. Auch wird Jesus an diesem Tag von Maria Magdalena, der Frau, der er vor allen anderen am Ostermorgen als Auferstandener begegnet, zum König gesalbt. Jesus ruft aus, er werde zu seinem Begräbnis gesalbt! Ein merkwürdiges Königsritual ist das, bei dem die Füße und nicht das Haupt Öl erhalten (Joh 12,1–11)! Und tatsächlich stirbt Jesus in dem Augenblick, da in Israel die Passahlämmer geschlachtet werden. Die Weissagung des Johannes erfüllt sich (Joh 1,29): In Jesus, dem Messias, geschieht die Schuldversöhnung der ganzen Welt, auch meine Versöhnung mit Gott, Mensch und Natur. Die frühe Christenheit formte den Johannesruf im Jahre 435 n. Chr. zu einem ergreifenden Zeugnislied um, das wir bis heute singen:

Christe, du Lamm Gottes, der du trägst die Sünde der Welt, erbarm dich unser! Christe, du Lamm Gottes, der du trägst die Sünde der Welt, gib uns deinen Frieden! Amen.

Wie mich mein Vater gesandt hat

Jesus ruft ihnen nochmals zu: „Friede sei mit euch! Wie mich mein Vater sandte, so sende ich euch." Nach diesen Worten hauchte er ihnen Lebendigkeit ein. Er rief ihnen zu: „Empfangt den Heiligen Geist! Denen ihr die
Joh 20,21 *Sünden nehmt, denen sind sie genommen. Denen ihr sie befestigt, denen*
bis 23 *sind sie befestigt."*

Die Osterereignisse bei Johannes spiegeln die junge Kirche in ihrem Osterglauben wider. Zwei Erfahrungen werden wichtig. Die erste: Der Kreis der Jüngerinnen und Jünger Jesu wächst aus dem Bekenntnis: „Jesus ist auferstanden! Er ist wahrhaftig auferstanden!" Dieses Bekenntnis bewahrheitet sich bei Johannes schon vor Jesu Tod: Jesus durchleidet seine Passion als souveräner Gottesknecht, ans Kreuz erhöht. Freilich verweigert er, auferstanden, blinde Berührungsatavismen, wie die Erzählung von der Marienbegegnung warnt (Joh 20,17). Dennoch verbindet sich der Auferstandene den Jüngern in wirklicher, d. h. leibhaftiger Gemeinschaft. Diese Spannung zielt auf die Abwehr gnostischer Ideen. Während die Gnosis (i) die Welt als verderbt fürchtet, handfeste jüdische Leiblichkeit verbietet und auf den Geist setzt, entwickelt der Jude Johannes sein Bild von der Erhöhung anders: Jesus geht nicht rein seelisch, rein geistig zum Vater. Die Realität der *Erhöhung* ist keine Schöpfung einer Unwirklichkeit. Jesus ist in den Glauben seiner Gemeinde hinein auferstanden, wie wir bekennen. Diese Erfahrung bedeutet aber Gottes Macht und Herrlichkeit zum Anfassen, wie Thomas erfährt (siehe Joh 20,24–29). Die Macht Gottes, im Kreuz sichtbar, bewirkt Zukunft, Gottes Herrlichkeit mitten in seiner Gemeinde, in der Wirklichkeit von geschehender Geschichte (Joh 21,1–18).

Die zweite Erfahrung: Aller Glaube an Jesu Auferstehung (i) kann sich weder in das Seeleninnere des Einzelnen zurückziehen, noch als blasse Erlösungsidee unverbindlich den Erdball umkreisen. Er verwirklicht sich in der Gemeinschaft der Gemeinde, in der Schuld vergeben, aber auch behalten wird, wenn Menschen sich dem Wort verweigern. Die Gemeinde, in der von Schuld befreite Menschen zum Leben befähigt und beauftragt werden, ist eine Gemeinschaft des Friedens, von messianischem Geist durchdrungen. Sie wirkt in des Vaters und des Sohnes gemeinsamem Auftrag (Joh 20,19–23).

Gott, in deinem Messias schenkst du alle Kraft zu glauben, zu lieben, Schuld zu vergeben, in deiner Gemeinde, konkret, auch mir. Amen.

Das Einundzwanzigste Kapitel

Dies ist der Jünger, der das alles notierte. Wir wissen, sein Zeugnis ist wahr. Es gibt noch vieles, was Jesus vollbrachte. Wollte man das alles im Einzelnen hintereinander aufschreiben, könnte die Welt die Bücher nicht aufnehmen, die man schreiben müsste. Joh 21,24 f.

So endet das 21. Kapitel. Am Schluss des 20. Kapitels findet sich eine ähnliche Zusammenfassung (Joh 20,30 f.). Über das 21. Kapitel wird daher viel spekuliert: Es sei hinzugefügt worden, um der kirchlichen Kontrolle zu genügen. Tatsächlich bringt dieser Abschnitt Petrus als den irrenden, aber geläuterten Leiter der Christenheit ins Spiel, der dreimal vom Auferstandenen gefragt wird, ob er ihn liebe. Dreimal antwortet Petrus mit Ja, wie er vorher Jesus dreimal verleugnete (Joh 13,36–38; 18,12–27). Da lädt Jesus ihn in die Nachfolge ein und lässt den Märtyrertod des Petrus anklingen (Joh 21,15–19).

Ostern wird sichtbar, fühlbar und schmeckbar in nachösterlichen Gemeindeerfahrungen am See Tiberias, in denen Jesus den Jüngern erscheint. Brot und Fisch werden ausgeteilt und Jesus isst mit den Jüngern (Joh 21,1–14). Die Geschichte wird bei Lukas als vorösterliche Erfahrung erzählt (Lk 5,1–11). Bei Johannes ist es ein Osterbericht, der die Wirklichkeit der nachösterlichen Gemeinde als reine Geisteserfahrung ablehnt. Essen und Trinken in Gemeinschaft mit dem Auferstandenen gehören in das Osterbild, in das Gemeindebild.

Und der andere Jünger, dessen Name im Evangelium nie erwähnt wird, der „Jünger, den Jesus lieb hatte" (Joh 21,20–23)? Wird er auch mit einer Weissagung bedacht, etwa dass er nicht stürbe, bevor der erhöhte Herr wiederkäme? Der Auferstandene wehrt ab: „Wenn ich will, dass er bleibt, bis ich komme, was geht es dich an?"

Diese Hinweise bündeln die Gründe, warum ein Evangelium nicht einfach abgeschrieben, sondern weiterentwickelt wird, wie wir es bei Johannes erleben. Das Evangelium geht als lebendige Erfahrung durch die Geschichte. Von Zeit zu Zeit brauchen wir Menschen einer neuen Epoche, dass man uns überlieferte Bilder neu aufschlüsselt. Es gibt keinen Abbruch, sondern eine Weiterentwicklung von Auferstehungsbildern unter uns. Auf neue Fragen wird mit bisherigem Material neu geantwortet.

Gott, gib, dass ich das überlieferte Bild von der Erhöhung des Messias, der auch mich in seine Gemeinde beruft, in neuer Sprache ansage, ohne zu verfälschen, in Treue zu dir, und doch mit neuen, aufregenden Bildern. Amen.

Gott ist grösser als unser Herz

Daraus erkennen und verstehen wir, dass wir aus der Wahrheit sind: Wenn uns unser Herz erkennt und bloßstellt und damit ein Urteil ausspricht, ist es uns erlaubt, vor ihm unser Herz damit zu beruhigen: Gott ist größer als unser Herz und weiß, erkennt und versteht längst alles. 1Joh 3,19 f.

Das Johannesevangelium können wir als vertiefenden und dialogischen Kommentar zu den Synoptikern (i) verstehen, den Ersten Johannesbrief als Kommentar zum Johannesevangelium. Das Bild einer liebenden, zärtlichen Geschwisterschaft, wie es dieser Brief malt, wirkt anheimelnd. Da wird eine Kirche entworfen, die die Welt ablehnt und doch Anspruch auf sie erhebt, eine Kirche im überschaubaren Rahmen, in der einer den anderen kennt und doch nicht engherzig mit dem Nächsten umgeht! Das ist es! Jeder kennt jeden und akzeptiert ihn, wie er ist. „Kindlein, liebet euch untereinander!" soll der Presbyter Johannes, wenn er im hohen Alter auf einer Trage in die Gemeindeversammlung in Ephesus getragen wurde, mühsam geflüstert haben, so erzählt es sein Schüler, Polykarp von Smyrna.

Als Idee hervorragend! In der Praxis muss man sehen, was daraus wird. „Wenn wir sagen, wir hätten keine Sünde, machen wir uns selbst etwas vor", warnt der Briefschreiber, und wehrt so Ideen ab, der Mensch sei durch seine Bekehrung aus ewigem Tod befreit, über die Sünde erhaben, sozusagen automatisch gerettet. Wir Christen müssten noch Kompromisse schließen, in Sachen Militär, Steuern und Politik, aber ansonsten (…) (1Joh 1,8–10)! „Nein", schreibt Johannes, „eine brutale Verführung ist im Gang, der Antichrist (i) ist unterwegs" (1Joh 2,12–29). Darum erwirkt niemand sich selbst ein Leben im Licht. Es kommt aus der Liebe des Vaters, die uns im Sohn geschenkt wird (1Joh 1,5–2,5), was mich nicht nur zur Geschwisterliebe verpflichtet, sondern uns zu ihr hinbringt (1Joh 2,7–11). Gottes Vaterliebe erwirkt uns die Herrlichkeit der Kinder Gottes im Sohn. *Göttlicher Glanz,* (griech.) doxa, umgibt uns (Joh 3,1–24), schreibt Johannes, „aber worin atmet dieser Glanz des Gottes, der größer als unser Herz ist?"

Gott, ich bin aus Todeserfahrungen ins Leben gekommen, in deinen Glanz. Dein Glanz meint meine geschwisterliche Liebe. Wenn dieser Glanz blind wird? Ach Gott, du bist größer als mein Herz, du weißt alles, du kennst, verstehst mich. Amen.

Gott ist Liebe

Wir erkennen die Liebe, die Gott zu uns hegt, und vertrauen ihr: Gott ist Liebe. Wer in der Liebe bleibt, bleibt in Gott und Gott in ihm. 1Joh 4,16

„Darin beweist sich die Liebe: Ich komme vor einen irdischen Richter, soll abgeurteilt werden, weil ich mich als Christ bekenne. Nein, ich lebe nicht außerhalb dieser Vernichtungswelt, wie Jesus nicht außerhalb von ihr lebte. Kein Wolkenkuckucksheim! Aber in solch einem Urteilsaugenblick werde ich mir meiner inneren Kraft bewusst, der Kraft zu lieben. Ich fürchte mich nicht. Liebe beweist sich im Martyrium, aber wird sie darin vollkommen? Kaum! Vollkommen ist nur Gott, seine Liebe, seine Barmherzigkeit, von der wir alle leben – ich, viele, alle – auch meine Henker. Vielleicht nähert sich mein Liebesvermögen der göttlichen Liebe an, ich hege meinen Folterern und Richtern gegenüber weniger Hassgefühle. Sie tun mir leid. Insofern liebe ich sie. Sie erledigen ihre Aufgabe, weil sie Angst vor ihren Befehlshabern haben. Diese Angst lässt in ihnen kein Nachdenken über ihre Untat aufkommen. Aus Angst hören sie nicht auf ihr Gewissen. Angst und Liebe können nicht zusammenkommen. In der vollkommenen Liebe, in Gottes unendlicher Barmherzigkeit, hat die Angst keinen Platz.

Sagt jemand: ‚Jetzt ist Schluss! Ich kann und will nicht mehr vergeben!' Ich verstehe ihn, fühle ähnlich. Aber ich möchte daran erinnern, dass Gott uns zuerst und unaufgebbar liebt. Alle Liebe hat in ihm ihren Ursprung. Ein Ursprungsfunke springt auf mich und euch über. So kommt Liebe in Kraft, so bleibt sie es.

Sagt jemand: ‚Gott will ich lieben, aber meine Nächsten, meine Menschheitsgeschwister? Nein!' Dann will ich ihn und mich an Gottes Gebot erinnern: ‚Wer Gott liebt, soll auch seinen Bruder lieben.' Da ist eine unauflösliche Verschränkung: Alle Gottesliebe beweist sich in meiner Geschwisterliebe. Meine Geschwisterliebe drückt meine Gottesliebe aus, mit der ich mit meinem Fühlen und Handeln nahe und ferne Nächste umschließe. Der Gedanke ist einfach: Wie könnte ich Gott lieben, den ich nicht sehe, und meinen Nächsten, den ich täglich in seinem Elend vor Augen habe, nicht (1Joh 4,7–21)? Ich predige keine All-Liebe, keine Kosmoskraft des Guten. Alles hat seinen Ursprung in Jesus, dem Messias, in dem Gott Mensch wurde. Alles Andere sind feinsinnige New-Age-Gedanken, mit denen der Mensch um seine Irrtümer kreist" (1Joh 4,1–6).

Gott, ich danke dir für dein Wort, es befreit mich zur Liebe, du befreist mich zu deiner Barmherzigkeit. Aber alle deine Worte soll ich leben, die Liebe, die in der Liebe lebt. Amen.

Der Sieg, der die Welt überwindet

Jeder, der vertraut, dass Jesus der Messias ist, ist aus Gott gezeugt. Jeder, der den liebt, der ihn zeugte, liebt auch den, der von ihm gezeugt wurde. Wir erkennen: Wir lieben Gottes Kinder, wenn wir Gott lieben und seine Gebote tun. Das macht unsere Liebe zu Gott aus, dass wir seine Gebote beachten. Seine Gebote sind nicht schwer. Denn alles, was aus Gott gezeugt ist, besiegt die Welt. Was ist der Sieg, der die Welt besiegte? Unser Glaube! Und wer könnte als Weltbesieger gelten, wenn nicht der, der vertraut, dass Jesus Gottes Sohn ist?

1Joh 5,1–5

Die Urgemeinde hofft, Jesus, der auferstand und so den Beginn einer neuen Zeit eröffnet, komme wieder, sehr bald – in wenigen Jahren. „Ja, Herr Jesu, komm“, so endet die Bibel (Apk 22,20). Die Endzeit, die mit ihm anbrach, mündet in das Endgericht ein, das mit neuen, alternativen Maßstäben abgehalten wird. So festigt sich Gottes Herrschaft, die durch Vergehen und Tod nicht mehr beeinträchtigt wird. Schon jetzt ist das Reich Gottes angebrochen, aber vorläufig, bedrängt. Paulus, Markus und Matthäus stehen für die Idee: „Der Herr ist nahe!“ (Phil 4,5). Doch dann verzögert sich die Wiederkunft des Messias. Eindrucksvolle Durchhalteparolen sind in Gleichnissen und in Briefen zu finden (Mt 25,1–13; 1Petr 4,12–14). Aber der Herr lässt tatsächlich auf sich warten! Einige deuten dies apokalyptisch (i): „Aus dem Leiden des Christus und der Verfolgung seiner Gläubigen wächst Neues!“ Andere wollen erinnern: „So begann es!“ Lukas rückt darüber hinaus die Völkermission in den Vordergrund. Die Gegenwart versinkt glanzlos in Anstrengungen nach rückwärts und vorwärts.

Hier hakt Johannes ein. Er stellt die Gegenwart ins Blickfeld, in der der Geist die Liebe entfaltet. Dabei erkennt der Mensch die Welt und sein Leben nicht freischwebend, ins Ego verliebt, vom Zeitgeist umspielt. Die Welt und sich selbst zu erkennen, heißt den Gott des Ersten Bundes zu erkennen, heißt, den Juden Jesus als den Messias zu bekennen: „Wer mein Wort hört und dem glaubt, er mich sandte, der hat das Leben und kommt nicht ins Gericht!“ (Joh 5,24). Dies Bekennen lebt aus der Liebe, im Tun der Gebote, die befreien. So wächst Lebensqualität!

Gott, bilde ich Widerstände gegen die Machtgier der Globalisten, gegen den Fanatismus der Gotteskrieger, gegen meine eigene Ich-Betriebsamkeit aus, indem ich bekenne, Jesus ist dein Sohn? Lass mich aus ihm neu zur Liebe gezeugt, neu geboren werden, zum Sieg des Glaubens heute! Amen.

Mein Gott befreit

„Ich bin Jahwe. Ich will euch von der Zwangsarbeit befreien, in die euch die Ägypter drängten. Ich will euch herausholen, losbinden aus der Sklaverei. Mit ausgestrecktem Arm, mit Strafgerichten will ich es tun. Ich mache euch zu meinem Volk. Ich will euer Gott sein. Ihr sollt erfahren: Ich bin Jahwe, euer Gott, der euch von der Unterdrückung, die euch die Ägypter auf die Schultern legten, befreit. Ich bringe euch in das Land, das ich euch mit erhobener Schwurhand zusagte. Ich hatte es Abraham, Isaak und Jakob versprochen, euren Vätern. Nun will ich es euch zu Eigen geben, ich, Jahwe!" Ex 6,6–8

Gott redet zu Mose, ein Versprechen. Es wird ein zweiter Bericht der Moseberufung überliefert, aber anders erzählt. Die Endredaktoren der Mosebücher nahmen Berichte verschiedener Quellenschriften (i) auf, verwarfen nichts, verbanden aber auch nichts willkürlich miteinander. Sie waren feinsinnige Literaten, die die Texte geschickt komponierten und so deren Sinn vertieften.

Der Bericht steht an herausgehobener Stelle: Die Bedrückung eskaliert so sehr, dass die Israeliten gar nicht hören können, was Mose dem Volk von Gott mitzuteilen hat. Sie haben zuviel mit sich selbst zu tun. Darum wird die Zusage zur Befreiung so konkret, so substantiell wie möglich gestaltet. Gott unternimmt alles, dass das versklavte Israel ihn hört und versteht und sich auf die Befreiung vorbereitet, die vom Pharao selbstredend verweigert wird.

Dem Volk wird klar: Hier spricht nicht irgendein Gott, sondern der Gott, den schon die Erzväter hörten und gehorchten. Israels Religion kommt nicht aus dem Nichts. Sie kommt aus der Tradition einer Gottesgeschichte mit Menschen, von Anfang an.

Der Glaube an eine von Leid, Chaos und Unterdrückung befreite Zukunft bleibt weder im Imaginären noch im Seelischen stecken. Es werden keine Ätherträume gestillt. Keine Flucht nach innen wird betrieben, sondern die Realität befreiter Zukunft: Das Leben bewährt sich in Freiheit. Freiheit meint ein dauerhaftes freies Zusammenleben der Menschen. Dazu gibt Gott eine Ordnung der Freiheit, die Zehn großen Freiheiten, die Gebote mitsamt der Sozialgesetzgebung Israels (Ex 6,2–13).

Mein Gott, Befreiung meint die dauerhafte Freiheit des Menschen, meine Freiheit zu Menschenrecht und Menschenwürde. Lass mich so leben. Amen.

Andere Zeiten

Man setzte Oberaufseher ein, die die Hebräer, die zum Bau der pharaonischen Vorratsstädte Pitom und Ramses herangezogen wurden, mit Zwangsarbeit niederhalten sollten. Aber je schärfer das Volk unterdrückt wurde, umso stärker vermehrte es sich. Es wurde immer größer. Die Ägypter bekamen es, wenn sie an Israel dachten, mit der Angst zu tun. Darum zwangen sie die Israeliten noch gnadenloser in die Zwangsarbeit und verbitterten sie durch noch höhere Leistungsnormen. Israel musste Ton und Ziegel brennen, dazu Sklavendienste auf den Feldern leisten. Immer mehr
Ex 1,11–14 *Lasten wurden ihnen aufgedrückt, ohne Erbarmen.*

Zu viele Fremde, zu viele in früheren Zeiten eingeschleuste Gastarbeiter machten der ägyptischen Elitegesellschaft Angst. Der Versuch, durch strenge Kasernierung, Zwangsarbeit und Aushungerung die Hebräer, zugelaufenes Volk, Heimatlose, Entwurzelte wenigstens klein zu halten, wird durch Notizen aus ägyptischen Staatsbibliotheken, die über den Bau der Vorratsstädte Pitom und Ramses berichten, belegt:

„29. Jahr, 6. Monat, 19. Tag. An diesem Tag Vorbeimarsch der Belegschaft an den fünf Kontrollmauern der Nekropole mit Sprechchören: Wir haben Hunger. Achtzehn Tage sind schon in diesem Monat vergangen und unsere Rationen sind noch nicht da. Und sie setzten sich auf den Boden und der Rückseite des Totentempels von Tutmosis III. (1504–1450 v. Chr.). Sie sagten: Vor Hunger und Durst kamen wir hierher. Es gibt keine Kleidung, keine Salben, keinen Fisch, kein Gemüse. Die Rationen des fünften (!) Monats wurden ihnen an diesem Tage ausgegeben."

Der Text steht nicht allein. Bis in Sprachregelungen hinein spüren wir den Diktaturgeist Ägyptens (i): „Die Eltern der A-E Nakt sollen aus dem Zentralgefängnis entlassen werden. Das Gesetz über Arbeitsflucht wurde angewendet." Das entflohene Mädchen wurde auf der Flucht erschossen. Sippenhaft ist sinnlos geworden. In solcher Unterdrückungssituation entstanden Israels und mein Glaube. Der biblische Gott ist ein befreiender Gott. Aus dem Vertrauen zu ihm, der Sklaven die Freiheit verspricht, wachsen mir Rechte und Pflichten zu. Wer befreit ist, kann befreien (Ex 1,1–14).

Befreiender Gott! Ich soll befreien, Unrecht erkennen und es beseitigen, nah und fern. Mach mich stark zu Veränderungen. Amen.

Widerstandskraft

Der Pharao von Ägypten befahl den hebräischen Hebammen, von denen eine Schifra und die andere Pua hieß: „Wenn ihr den hebräischen Frauen Geburtshilfe leistet und bei der Geburt feststellt: Es ist ein Sohn!, dann tötet ihn. Wenn es sich um eine Tochter handelt, könnt ihr sie am Leben lassen." Die Hebammen jedoch ehrten Jahwe. Sie verweigerten den Pharaonenbefehl. Sie ließen die Kinder leben. Ex 1,15 bis 17

Die Hebammen – starke Frauen – leisten Widerstand. Vor den Pharao gebracht und zur Rede gestellt, bringen sie eine spitzbübische Ausrede vor. Die hebräischen Frauen seien nicht so zimperlich wie die ägyptischen, hätten schon geboren, ehe die Hebammen zur Stelle seien. Spott und Kritik an Ägypten, dem überzivilisierten Land! Gott, so wird erzählt, segnet den Widerstand, der von zwei unscheinbaren Frauen ausgeht, segnet sie, *Schifra* und *Pua*. *Schönheit* und *Glück* bedeuten ihre Namen. Ich stelle mir vor: Die beiden stehen vor dem Pharao, der sie wegen der Befehlsverweigerung anbrüllt und nach ihren Namen fragt: „Schönheit, Glück? Dass ich nicht lache, ihr alten Frauen!" Und die Hebammen antworten dem Pharao leise: „Nicht unsere Schönheit, sondern die der hebräischen Kinder, die wir ins Leben holen, ist gemeint!" Nicht die angeblich unzivilisierten Hebräer sind die Hinterwäldler der Weltgeschichte, sondern die unterdrückerischen Ägypter, die unmenschliche Gewalttat und Mord an neu geborenen Kindern befehlen und erzwingen möchten, der Pharao an der Spitze (Ex 1, 15–22).

Immer dann, wenn ich in die Eroberer- und Siegerrolle komme, bin ich vor Gott und der Menschheit ein bösartiger Verlierer, zu Recht, weil Gewalt niemals das Recht ersetzen kann.

Mein Gott, ich danke dir für deine Liebe zu denen, die im Schatten stehen. Auf deinen Ruf hin kommen sie ans Licht. Ich danke dir. Gerechtigkeit für Verarmte, Chancengleichheit für Unterdrückte, Hilfe für Elende und Kranke, Befreiung derer, die von den Stiefeln der Diktatoren zertreten werden, schreibst du auf dein Panier. Deine Liebe sucht meinen Mut, der dein Recht zum Aufstand bringen soll.

O Gott, der ich müde wurde, erwecke mich neu zu Liebe und Gerechtigkeit, dass Schönheit und Glück wieder leuchten können, auch durch mich. Ich will nicht nur reden, beten und schreiben. Ich will hingehen und tun. Du machst mich stark, Gott. Amen.

Die Macht der Ohnmächtigen

Der Pharao erließ einen Führerbefehl, den alle befolgen mussten: „Alle neugeborenen Söhne überantwortet dem Nil, alle Töchter lasst leben." Da heiratete ein Mann vom Stamm der Leviten ein Mädchen, auch aus dem Stamm Levi. Sie wurde schwanger und brachte einen Sohn zu Welt. Sie sah, es war ein schönes Kind! Da versteckte sie es für drei Monate. Als sie es aber nicht länger verstecken konnte, flocht sie ein Kästchen aus Schilfrohr. Das machte sie mit Asphalt wasserdicht und legte das Kind hinein. Das Kästchen setzte sie am Nilufer im Schilf aus. Die Schwester des Kleinen stand in der Nähe. Sie beobachtete das Geschehen. Sie wollte wissen, wie es dem Kind ergehen würde.

Ex 1,22 bis 2,4

Die Pharaonentochter kommt zum Nil herunter, zum Baden. Sie findet das Kästchen. Die Schwester des Säuglings im Kästchen, einer kleinen Arche Noah, stellt die Beziehung zur Mutter her. Die wird zur Amme für ihr eigenes Kind, das am Königshof aufwächst. Das hebräische Findelkind, in einer Arche vor dem Ertrinken beschützt, wird zum ägyptischen Königssohn, der die Hebräer befreien wird. Während der Pharao befiehlt, alle hebräischen Jungen im Nil zu ersäufen, rettet seine Tochter einen dieser Knaben aus dem Fluss. Der sollte nach des Pharaos Wünschen für die Hebräer zum Todesstrom werden. Doch bleibt der Nil der Lebensstrom, wie er es für die Ägypter bis heute ist. Der hebräische Junge wird bewahrt. Von der ägyptischen Prinzessin gerettet, wächst er zum Befreier aller Hebräer heran, die der Pharao doch vernichten wollte (Ex 2,1–10).

Die Geschichte von Mose Geburt und Rettung stellt eine Legende dar, wie sie ähnlich in anderen religionsgeschichtlichen Quellen vorkommt: die Rettung des Retters durch Gott, der so den Geretteten zum rettenden Tun vorherbestimmt. Großartiger Witz und feine Ironie liegen in dieser Geschichte, aber auch ein tiefer Glaube: Solch ein Gott ist der Gott der Hebräer, auch mein Gott. Mächtige Könige müssen ihm, ohne es zu ahnen, gehorchen und ihre Töchter arbeiten dem Feind zu, der vernichtet werden soll.

Ein Gott des Lebens, der das Leben liebt, bist du, mein Gott, ein unüberwindlicher Gott, der die Macht von Weltsystemen und Staaten nutzt, um das Recht auf Leben, das du mir versprachst, durchzusetzen. Im Kind kommst du zur Welt, in Mose, dem Findelkind, in Jesus, dem Krippenkind! Amen.

Ein Gott für mich

Mose wandte sich an Gott: „Siehe, wenn ich zu den Israeliten komme und erzähle ihnen: Der Gott eurer Väter hat mich zu euch geschickt, werden sie mich fragen: Wie heißt der? Was soll ich ihnen antworten?“ Gott erklärte Mose: „Ich bin, der ich bin, werde sein, der ich sein werde. *Das ist mein Name! Deshalb sollst du den Israeliten mitteilen:* Ich werde sein *hat mich zu euch geschickt.“*

Gott redete noch weiter mit Mose: „Sage den Israeliten: Jahwe, der Gott eurer Väter, der Gott Abrahams, der Gott Isaaks, der Gott Jakobs, hat mich zu euch geschickt. Das ist mein unausrottbarer Name. Mit dem wird mich eine Generation nach der anderen anrufen.“ Ex 3,13 bis 15

Mose, ein Hebräer, am ägyptischen Hof erzogen, erschlägt einen Ägypter, der einen Hebräer prügelt, wird aber bei einem Streit zwischen zweien seines Volkes, in den er sich beschwichtigend einmengt, abgewiesen: „Wer hat dich zum Aufseher oder Richter über uns gesetzt? Was will dieser verdeckte Ermittler bei den Sklaven?“ Mose flieht in die Wüste des Sinai, wird von einem midianitischen (i) Priesterfürsten freundlich aufgenommen, heiratet dessen Tochter Zippora. Die bekommt einen Sohn, Gerschom, was *Flüchtlingskind* bedeutet. In Ägypten verschlimmern sich inzwischen die Verhältnisse für die Hebräer weiter.

Mose, der die Schafe seines Schwiegervaters hütet, hat eine Vision. Er sieht einen brennenden Dornbusch, der nicht verbrennt, hört eine Stimme aus dem Busch heraus, er möge seine Schuhe ausziehen, er stehe auf heiligem Land. Hier offenbart sich ihm Jahwe. Dieser Gott befiehlt Mose, die unterdrückten Hebräer zu befreien. Jahwe kommt nicht aus dem Nichts. Er tritt aus der Geschichte der Nomaden im Grenzland zwischen Kanaan und Ägypten ans Licht. Diese Nomaden hatten sich in Ägyptens Hand begeben, weil die Wüste kein Futter gab. Gefangene Sklaven aus kriegerischen Überfällen der Ägypter kamen hinzu. Jahwe, Moses Gott, war schon Abrahams, Isaaks und Jakobs Gott, so sagt der Erzähler. Im Namen dieses Gottes soll Mose die Unterdrückten aus Ägypten führen, zunächst zu einem dreitägigen Fest für Jahwe in der Wüste (Ex 3,1–5,23).

Gott, du, mein einziger Gott! Du bist brennend an mir und meiner Geschichte interessiert, die Geschichte meiner Befreiung: Du wirst so sein, als wie du dich erweist: ein Gott für mich. Die Zukunft ist dein Land, in das du mich einlädst. Amen.

Ich bin

Ex 3,14 *„Ich werde sein, der ich sein werde!"*

Mose gerät in seelischen Druck. So stellt es der Erzähler dar. Er soll zum Religionsstifter werden, zugleich zum revolutionären Befreier. Er soll verrottete Sklaven, halb verfaultes Fleisch, zu müde zur Revolution, zu gedankenlos für die Freiheit, im Auftrag eines ihnen unbekannten Gottes zum Aufstand animieren? Er kennt nicht einmal den Namen dieses Gottes, der sich ihm schließlich vorstellt: „Ich werde sein, der ich sein werde." Das Verb (hebr.) haja, *werden, sein,* steckt in diesem Gottesnamen. Kein Gott des religiösen Pomps, kein Gott der kultischen Zeremonien, der subalternen Unterwerfung! Ein Gott der Tat, der Geschichte macht, selbst zur Geschichte wird. In der Befreiung einer heruntergekommenen Sklavenmeute geschieht dies.

Ein Bundesgott ist er, der vom himmlischen Pharaonenthron heruntersteigt und unmittelbar im Kot der Unterdrückung Freiheit hervorruft, die Geschichte wird und bleiben soll. Ein Gott der Solidarität, der seine kleinen, unerlösten Menschen nicht im Stich lässt. Ein hehrer Gott, der darauf pocht, dass sein Bündnispartner, diese Gruppe desorientierter Sklaven und Sklavinnen, die gegebenen Versprechen einhält. Jedenfalls wird er, der Bundesgott, das Seine tun. Seine Ehre wird mitten in, mit und unter den befreiten Menschen aufleuchten. Was ist Gottes aufleuchtende *Ehre*, (hebr.) kabod? Die Befreiung des Volkes selbst, das ist seine Ehre.

Da sitzt die Revolution. Dieser Gott verlangt keine sklavische Unterwerfung, das Sklavenzeitalter geht in ihm zu Ende. Unter Bündnistreue versteht er, dass die Freiheit des Menschen des Menschen Freiheit bleibt. Soziale Sicherungen, ein Leben in Menschenwürde für Kranke, Arme, Schwache und Unterdrückte, das schenkt und verlangt dieser Gott. Diese Religion ist eher eine Sozialbewegung. Gott wird Freiheitskräfte in die Geschichte entsenden. In ankommenden Zeiten wird er die Unterdrückung und Not wenden. Freiheitserfahrungen, die zu dauerhaften Gesetzen der Gemeinde werden sollen, schenkt er. Die zukünftigen Gesetze werden je der geschichtlichen Lage angepasst werden müssen. Wehe aber, wenn die Befreiung durch neue Unterdrückung, die sich als Freiheit tarnt, klammheimlich ersetzt wird. Das ist Bündnisbruch, hat die Selbstzerstörung der Befreiten zur Folge (Ex 3,1–4,17; 6,2–13).

 Gott, mein Befreier, du bist ein Gott für mich. Halleluja! Amen.

Dramatische Verschärfung

Die israelitischen Aufpasser, von den Fronvögten des Pharao über die Fronarbeit eingesetzt, wurden geschlagen und verhört: „Warum habt ihr euer festgelegtes Tagessoll nicht wie bisher erfüllt?" Da marschierten die Aufpasser der Israeliten beim Pharao auf und bildeten Sprechchöre: „Warum gehst du so mit uns um, die wir für dich schuften? Wir bekommen kein Häcksel, aber die Ziegel müssen in der festgesetzten Menge geliefert werden. Wir, deine Arbeiter, werden dafür geschlagen. Du vergehst dich an deinen eigenen Leuten." Der Pharao wies sie zurück: „Ihr seid nichts als faul, oberfaul seid ihr! Darum sagt ihr: Wir wollen in die Wüste ziehen und Jahwe ein Opferfest abhalten. Macht euch an eure Pflicht! Häcksel sollt ihr nicht kriegen, aber die Ziegelnorm müsst ihr erfüllen."

Als sie vom Pharao weggingen, trafen sie auf Mose und Aaron. Die hatten auf sie gewartet. Die Aufseher fuhren sie an: „Gott soll auf euch aufpassen, statt ihr auf uns! Ihr habt alles zu verantworten! Ihr sollt bestraft werden, nicht wir! Ihr habt uns beim Pharao und seinen Beamten in Verruf gebracht. Ihr drücktet denen geradezu das Schwert in die Hand, mit dem sie uns töten werden."

Mose trat vor Jahwe: „Gott, warum quälst du dieses Volk so sehr? Und warum hast du mich losgeschickt? Seitdem ich mit dem Pharao in deinem Namen wegen dieses Volkes verhandele, hat er es nur härter unterdrückt. Nein, du hast dein Volk nicht befreit."

Ex 5,14 bis 23

Das Detail aus der Befreiungsgeschichte spiegelt den langwierigen Prozess der Befreiung. Hebräer sind Untermenschen! Ägypten entscheidet sich für die Konfrontation, statt zu verhandeln. Aber gerade so verliert die Großmacht gegen den Armseligkeitshaufen. Konfrontationen keimen aus Vorurteilen auf, die zu Hass und Krieg eskalieren, damals wie heute (Ex 5,1–6,1).

Befreiung braucht den langen Atem der Verständigung – oder soll es zum Kampf der Klassen, Rassen und Völker kommen? Mein Gegner sei mein Partner! Was geschieht mit den Befreiten nach der Befreiung, wenn ich sie gewaltsam befreie? Amen.

Unbeweglicher Koloss

Jahwe redete mit Mose: „Geh zum Pharao, kündige ihm an: So spricht Jahwe: Lass mein Volk ziehen, damit es mir opfere! Wenn du dich weigerst, will ich alle deine Landstriche mit einer Froschplage überziehen. Der Nil soll von Fröschen nur so wimmeln. Die sollen heraufspringen und in dein Haus eindringen, in dein Schlafgemach, in dein Bett! Auch in die Häuser deiner Beamten und deines Volks, in deine Backöfen und Backtröge werden
Ex 7,26 *sie patschen. Die Frösche sollen auf dich selbst, auf dein Volk und auf alle*
bis 29 *deine Beamten hüpfen.*

Die Froschplage kommt, die zweite von zehn Plagen, sie überschwemmt Ägypten und die Großmacht ist machtlos. Helfen wird Mose, der mit Aaron (i) die Plage herbeiwünscht. Auf des Moses Bitte vor Gott hört die Plage, abgesehen vom Gestank der verwesenden Frösche, rasch auf. Als alles vorbei ist, verhärtet der Pharao sein Herz wieder. Alte Hassfronten tun sich auf, längst überholte Vorurteile kriechen neu hervor und diktieren das Tagesgeschehen. Eine elende Machtprobe zwischen Ägypten und Israel ist das (Ex 7,26–8,11).

Die Texte schildern das Kräftespiel zwischen dem von Gott beauftragten Mose und dem Pharao, psychologisch fein aufgebaute Szenen: Hinter politischer Krafterprobung verbirgt sich ein Kampf zwischen dem Machtsystem Ägyptens und dem Gott der machtlosen Hebräer, Jahwe. Die Ohnmacht der ägyptischen Machthaber gegen die Rechts- und Freiheitsforderungen der Hebräer ist offensichtlich.

Die Plagentexte zeigen nicht ohne Chuzpe, wie Ägypten (i) an seinem Wohlstand, an seiner Überproduktion, an seinen ökologischen Unfällen zugrunde geht. Ägypten setzt seine Wirtschaftsinteressen brutal durch und gerät so in Krisen. Der Frosch z. B. gilt als Gott des Wohlstands. Ägypten geht also an seiner Prosperität zugrunde! Weitere ätzende Bilder kommen auf, alle neun Plagen! Aus der Anklageschrift gegen die antisoziale und fremdenfeindliche Haltung Ägyptens wird ein warnendes Mahnzeichen für mich und uns heute! (Ex 7,1–10,29)

Gott, eine Gesellschaft ohne Gerechtigkeit gerät in Plagensysteme hinein. Lass mich aus dir und deiner Geschichte lernen. Wenn ich global denke und vergesse, mit Mensch und Natur solidarisch zu sein, vergesse ich dich. Meine zukünftige Freiheit hat viel mit meiner Rücksichtnahme auf Mensch und Natur zu tun, deren Befreiung du verfügst. Amen.

Gegürtet, Sandalen an den Füssen

Sie sollen mit dem Blut des Lamms beide Türpfosten und den Türbalken der Häuser, in denen ihr Mahlzeit haltet, einstreichen. Das Fleisch, das ihr in dieser Nacht verzehrt, sollt ihr auf offenem Feuer braten, ungesäuertes Brot dazu essen. Mit Bitterkräutern sollt ihr das Mahl würzen. Ihr sollt es weder roh noch gekocht essen. Das Passahlamm soll am Feuerspieß gebraten werden, mit Kopf, Schenkeln und inneren Teilen. Nichts sollt ihr übrig lassen. Bis zum Morgen muss alles verzehrt sein. Wenn etwas bis zum Morgen übrig bleibt, sollt ihr es verbrennen. Die Mahlzeit sollt ihr so einnehmen: Seid gegürtet, zum Aufbruch bereit, Schuhe an den Füßen, den Stab in der Hand. Ihr sollt im Stehen essen, reisefertig. Es ist Jahwes Passah.

Denn ich werde in dieser Nacht durch Ägypten stürmen. Ich werde alle Erstgeburt Ägyptens vernichten, Mensch und Vieh. Alle Götter der Ägypter werde ich hinrichten, ich, Jahwe. Das Blut wird zum Schutzzeichen an den Häusern werden, in denen ihr euch aufhaltet: Wo ich die mit Lammblut eingestrichenen Türpfosten und Türbalken erkenne, werde ich vorüber eilen. Meine Heimsuchung wird euch verschonen. Kein Schlag soll euch treffen, wenn ich Ägypten schlage. Ex 12,7 bis 13

Die ägyptische Erstgeburt (i) wird getötet, die Götterbilder der Ägypter werden zerstört. Israel wird durch das Blut des Passahlammes geschützt und befreit. Diese zehnte Plage – eine religiös verbrämte Revolution? Gottes Befreiungstat schließt Politisches und Soziales ein. Der befreiende Gott will nicht Kapitalismusschmerzen lindern. Er will, dass ich von diesen Schmerzen loskomme.

Führen unterdrückte Gesellschaftsgruppen ihre Befreiungskämpfe zu Recht? Ist es legitim, Gewalt dabei anzuwenden? Von völkischer Erhebung wird nichts berichtet. Es gibt keine Untergrundbewegung, die jetzt losschlüge. Gott befreit sein Volk. Dieser jüdische Befreiungsglaube wird als Passaliturgie überliefert. In ihr schenkt Jahwe den in der Nacht aufbrechenden Menschen Schutz und Freiheit für alle Zukunft (Ex 11,1–12,51). Das Passahmahl ist ein Aufbruchsmahl, kein Festessen, nach dem ich satt ins Damastkissen sinken könnte. Es bedeutet Abschied von Bekanntem, Aufbruch ins unbekannte Neue. Die Wüste wird mein Zuhause.

Gott, du lädst mich zu deiner Mahlzeit ein, schenkst mir Zeichen, dass du befreist. Lass mich umgürtet sein zum Aufbruch bereit, gewaltfrei. Amen.

Stille sein

Mose redete zum Volk: „Fürchtet euch nicht, steht fest und versteht, wie Jahwe euch heute helfen und heilen wird. Denn so, wie ihr heute die Ägypter erlebt, so werdet ihr sie nie wieder erleben. Jahwe wird für euch streiten, verhaltet euch still!"

Gott fragte Mose: „Was schreist du so zu mir? Sag den Israeliten, sie sollen aufbrechen. Du aber erhebe deinen Stab und recke deine Hand übers Meer und zerspalte es. Auf dem Trockenen sollen die Israeliten mitten durchs Meer ziehen. Siehe, ich werde die Herzen der Ägypter vertrotzen. Sie werden euch blind nachjagen. Aber ich werde meine Herrlichkeit am Pharao und aller seiner Macht beweisen, an seinen Streitwagen und Kriegern. Die Ägypter sollen merken, ich bin der Herr, ich, Jahwe. Ich werde sie meine Herrlichkeit spüren lassen, den Pharao, seine Streitwagen und Krieger!"

Ex 14,13 bis 18

Nach der gelungenen Flucht durchs Schilfmeer greift die Prophetin Mirjam, Aarons Schwester, zur Handpauke, schlägt sie und tanzt. Alle Frauen musizieren und tanzen mit. Mirjam stimmt an: „Singt Jahwe ein Lied! Er handelt wunderbar. Rosse und Reiter stürzt er ins Meer (Ex 15,20 f.)." Der Durchzug durchs Meer wird in verschiedenen Varianten erzählt. Dennoch, vor uns ist Israels Glaubensmitte, verdichtet zum Lobpreis, den die Prophetin Mirjam vorträgt.

Bevor es zum Durchzug kommt, stehen Angst und Anklagen auf: Ägypten ist mit gewaltiger Militärmacht hinter den Fliehenden her; vor ihnen das Meer! Sie sind verloren! Gott antwortet, das Volk möge vertrauen. Ägypten werde untergehen, das Meer weichen. Er, Gott, werde handeln. Gottes Handeln befreit die Verfolgten, ohne militärische Aktion. Es gibt keinen Befreiungsschlag der Israeliten. Die sich wie Helden aufspielen, die Ägypter, gehen unter. Die sich militärisch passiv verhalten und fliehen, die Hebräer, siegen. Weder wildes Umsichschlagen noch lähmende Angst helfen, sondern aktives Hoffen. Auch Mirjams Lied, der historisch älteste Text in dieser Erzählsammlung, besingt nach dem Durchzug Gottes Tat, nicht der Menschen Siege. Gott Jahwe, dem ich vertrauen darf, rettet (Ex 14,1–15,21).

Mein Gott, deine Siege, in der Stille errungen, sind wunderbar. Dir will ich mich anvertrauen, mich selbst und meinen Streit. Du wirkst Wunder. Du wirst siegen. Dir stelle ich alles anheim. Halleluja. Amen.

Mose ließ Israel vom Schilfmeer aufbrechen. Sie zogen in die Wüste Schur. Sie wanderten drei Tage lang und fanden kein Wasser. Da kamen sie nach Mara. Dort gab es Wasser. Aber sie konnten es nicht trinken. Es war zu bitter. Darum der Ortsname Mara, Bitterquell. *Im Volk kam es zum Widerstand gegen Mose. Die Leute fragten: „Was sollen wir trinken?" Mose schrie zu Jahwe. Der machte ihn auf ein gewisses Holz aufmerksam. Mose warf das Holz ins Wasser. Da wurde das Wasser süß.*

In Mara gab Mose den Flüchtlingen Gesetz und Recht. Er prüfte das Volk und hielt ihm vor: „Wenn du auf die Stimme Jahwes, deines Gottes, hörst und tust, was Recht ist, und beachtest meine Gebote und hältst meine Satzungen ein, werde ich dir keine derartigen Krankheiten zufügen, wie ich sie den Ägyptern zufügte. Ich bin dein Arzt, ich, Jahwe." Ex 15,22 bis 26

Verschiedene biblische Autoren haben die Ereignisse aus ihrer Sicht überliefert: Eine ältere nomadische Urerzählung wurde durch den Jahwisten (i) und den Elohisten (i) ergänzt und gestaltet, die Priesterschrift (i) trat im Exil (i) hinzu. So sind eigene theologische Strömungen gewachsen. Der *Jahwist* erzählt, der Name Jahwes sei seit Urelterntagen auf Erden ausgerufen worden (Gen 4,26). Der *Elohist* verlegt dieses Datum in die Offenbarung am brennenden Dornbusch (Ex 3,14). Im Exil und nach der Rückkehr aus Babel wurden diese Berichtsstränge verbunden, Erzähleinschübe verwoben sich kunstvoll mit Vorhandenem zu einem Ganzen: Der Glaube wächst aus geschichtlicher Erfahrung. Er wird in Erzählungen vorgestellt.

Auch um Mara und Elim spielen solche Geschichten. Sie decken auf: Wer befreit wurde, ist noch nicht frei. Ich brauche einen Reifeprozess zur Freiheit, die von innen und außen bedroht ist. Bitteres, ungenießbares Wasser und Gesetzlosigkeit korrespondieren, beides sind Todeselemente. Wasser und Gesetz werden von Gott gegeben, ein mehrfaches Symbol. Die Oase Elim mit zwölf Quellen und siebzig Palmen lädt zum Leben der zwölf Stämme Israels, vom Rat der Siebzig geleitet, ein. Wasser ist Leben, Gesundheit ist Leben, Gesetz ist Leben. Alle drei Gaben brauchen wir täglich neu, die sich gegenseitig bedingen (Ex 15,22–27).

Freiheit ohne Ordnung bringt mich in tödliche Bitterkeiten. Aus deiner Lebensordnung wachsen mir Gesundheit und Leben zu, Gott. Du bist mein Arzt. Amen.

Tagesration

Es brodelte in der ganzen israelitischen Wüstengemeinde: „Widerstand gegen Mose und Aaron!“ Die Aufständischen erklärten: „Wären wir doch durch Gottes Hand in Ägypten gestorben. Da ernährten wir uns aus Fleischtöpfen und hatten Brot in Hülle und Fülle. Ihr habt uns in die Wüste geführt, damit die ganze Gemeinde hier vor Hunger umkommt.“ Da redete Jahwe mit Mose: „Siehe, ich lasse für euch Brot vom Himmel regnen. Tag für Tag soll das Volk hinausziehen und die Tagesration aufsammeln. Ich will überprüfen, ob sich das Volk an meine Weisungen hält oder nicht. Am sechsten Tag wird das, was sie sammeln und zubereiten, doppelt so viel sein, wie sie sonst als
Ex 16,2–5 *Tagesration zusammenbringen.“*

Freiheit ist ein lebenslanger Lernprozess. Auch mein Lernen ist gemeint: Ich muss mich einrichten, muss rationieren! Die Sehnsucht der Wüstenflüchtlinge nach den Fleischtöpfen Ägyptens und unsere Sucht nach Globalgewinnen hängen zusammen. Aber was ist das Leben? Eine dumpfe Arbeitsmaschinerie, in dem ich stets das erschuften muss, was ich längst ausgab? Was ist meine Gier nach Fleisch, das morgen schlecht wird und mich übermorgen sterbenskrank macht? Ägypten läuft denen, die aus Ägypten entkamen, nach, holt sie ein. Ägypten, das ist mein mich versklavendes Denken von Wohlstand und Prosperität. Ägypten ist die mir selbstverständlich erscheinende Forderung, dass immer alles so weitergehen müsse und alles noch besser werde.

Dies ist meine Erde, mir geliehen, mit guten Ressourcen. Aber wenn ich nicht verstehe, diese zu rationieren? Wenn ich weder sparen noch teilen kann, nur alles für mich selbst raffen will? Alle, die zu viel raffen und ihre Zukunft an sich reißen, um sich abzusichern, werden auf den Tod krank. Sie kennen keinen Alltag noch Sonntag und siechen dahin, fallen um wie die Fliegen! Hunger bringt um, Armut bringt um. Das ist wahr. Aber meine Gier, dass ich den Hals nicht vollkriege, bringt doppelt und dreifach um.

Gott, mitten im Murren um globale Ziele, dass ich mich anpassen müsse, weil mich sonst alle Anderen überholen, will ich nachdenken, was mir Lebensqualität schafft. Lass mich nüchtern recherchieren: Geld und Besitz sind nicht alles. Schönheit und Glück, wie sie Kinderaugen ausstrahlen, Freundlichkeit, wie sie eine Feierabendrunde hergibt, Geborgenheit, wie sie in Erzählungen der Alten aufkommt, bedeuten mir viel. Lass mich lebenswert leben. Amen.

GEWALTENTEILUNG

Sein Schwiegervater sprach mit Mose: „Es ist nicht sinnvoll, wie du das handhabst. Du überarbeitest dich. Und du nervst das Volk, das auf deine Rechtsentscheidungen wartet. Dir und den Leuten wird es zu viel. Ich rate dir, hör auf mich! Und Gott wird sich auf deine Seite stellen. Du vertrittst das Volk vor Gott und bringst seine Bitten vor ihn, erklärst den Leuten weiter die Thora, setzt ihnen einzelne Rechtssatzungen auseinander, das, was sie tun und lassen sollen.

Und nun suche aus dem ganzen Volk rechtdenkende, gottesfürchtige Männer, vertrauensvoll, wahrhaftig, unbestechlich. Die setze als Rechtsbevollmächtigte über Tausend- und Hundertschaften, über Fünfziger- und Zehnergruppen. Sie sollen dem Volk unverzüglich Recht sprechen. Nur wichtigste Fälle sollen sie an dich überweisen, in weniger wichtigen Fällen selbstständig entscheiden. So entlastest du dich, indem du sie in die Verantwortung einbeziehst. Nur so wirst du leisten, was Gott dir vorgibt, Gerechtigkeit! Nur so kommt das Volk friedlich in die Zukunft!" Ex 18,17 bis 23

Jitro, des Moses Schwiegervater, Stammesfürst der Midianiter (i), sucht die Wüstenflüchtlinge auf. Mose, so sieht es der erfahrene Politiker, verheddert sich im Dickicht seiner Aufgaben. Der Workaholicer wird zum Autokraten. Der Befreier macht sich zum Diktator. Mose schafft Gesetze, fällt Urteile, überwacht deren Ausführung. Es schwingt in Jitros Rat Fürsorge, aber auch politisches Mahnen mit: Schaffe keinen Führerkult! Mose ist dabei, im Loslösungsprozess von Ägypten ein Wüstenägypten zu schaffen. Ägyptischer Absolutismus findet in Mose einen vermaledeiten Nachahmer.

Ämter- und Gewaltenteilung sind notwendig! Mose bleibt Gesetzesverkünder, Prophet und Lehrer, behält die Legislative, die Judikative gibt er ab. Wenn Freiheit aus revolutionärem Befreiungsakt nicht zur Diktatur geraten soll, bedarf sie demokratischer Ordnung. Erst im Dialog, in geteilter Macht werden Meinungen gebildet und freiheitlich umgesetzt. Siebzig Richter werden installiert. Wenn es auch ein Eintrag aus späterer Zeit ist, so bleibt es ein Merkspruch ins Stammbuch jedes Vorsitzenden (Ex 18,1–27).

Gott, Macht soll ich teilen, auf andere hören und die eigene Verantwortung anderer anerkennen! Amen.

Bund

Als Mose zu Gott emporstieg, rief Jahwe ihm vom Berg her zu: „Sprich zum Haus Jakobs, sag den Israeliten: Ihr saht mit eigenen Augen, was ich den Ägyptern antat. Ihr erlebtet, wie ich euch auf Adlerschwingen trug und zu mir brachte. Wenn ihr auf meine Stimme hört und meinen Bund haltet, mache ich euch zu meinem Eigentum aus allen Völkern. Denn diese Erde gehört mir. Ihr sollt mein Königreich werden, eine Gemeinschaft von Priestern und ein heiliges Volk. Dies sollst du den Israeliten sagen.“ Ex 19,3–6

Mose legt den Bundesvorschlag den Ältesten Israels vor. Diese beraten und nehmen an. So wächst der Bund (i) zwischen Gott und seinem Volk, ein Bund, der Zukunft dem schenkt, der die Leben schaffenden Verpflichtungen des Bundesgottes annimmt und selbst andere ins Bündnis der zehn großen Freiheiten, der Gebote, und deren nachfolgende Gesetze einlädt, so die Überlieferung.

Freiheit bedarf geschichtlicher Befreiungsakte durch Menschen – und lebt aus göttlichem Tun. In sich wiederholenden Bündnisakten in der Bibel wird die Grundordnung der Freiheit, die Gebote, auf die jeweilige geschichtliche Situation neu bezogen, vorsichtig verändert. Sie bleibt von Gott geschenkte Freiheit. Ihre Grundordnung wird (lat.) extra nos, *außerhalb von uns selbst*, gesetzt.

In gemeinsamer Bundesvereinbarung zwischen Gott und seinem Volk wird sie auch mir geschenkt. Ich werde täglich neu in die Freiheit berufen. Sie ist Gottes Gabe an mich und zugleich meine Aufgabe. Ich setze die mir geschenkte Freiheit ins Leben um (Ex 19,1–20,26). Der Gott, der Leben ins Leben ruft, Gutes schafft, Liebe übt und barmherzig ist, ist Schöpfer und Garant dieser Überlebensordnung, nicht ich, der Mensch. Aber ich bin eingeladen, sie im Namen Gottes menschlich auszuleben: „Ich lerne, die Gebote knebeln nicht, rauben nicht kostbare Liberalität. Sie befreien und machen sicher, erfüllen mich mit Vertrauen zum Leben!“ Wo Menschen in der von Gott geschenkten Bundesfreiheit atmen, muss ich nicht länger misstrauen, Angst haben und mich verhärten! Der Bund zwischen Gott und den Menschen lebt aus dem Vertrauen und schenkt Vertrauen.

Gott, du lädst mich ein, das Leben zu lieben, zu ehren, sensibel gegenüber allem Lebendigen zu werden. Ich verliere meine Angst, vertraue den Menschen, der Natur, dir. Wie kostbar ist dieses Leben. Amen.

Bundessatzung

Ich bin Jahwe, dein Gott, der dich aus Ägypten, dem Sklavenhalterstaat, befreite. Du sollst keine anderen Götter neben mir haben. Du sollst dir kein Schnitzbild machen, kein Abbild von dem, was oben im Himmel noch unten auf Erden ist, nicht von dem, was in Quellgewässern unter der Erdoberfläche wirkt. Wirf dich nicht vor ihnen nieder, ordne dich ihnen nicht unter! Denn ich, Jahwe, dein Gott, bin ein eifersüchtiger Gott. Ich suche die Schuld der Väter an Kind und Kindeskindern bis in die dritte und vierte Generation meiner Verächter heim. Aber ich erweise meine Gnade in tausend Generationen denen, die mich lieben und meine Gebote halten.

Missbrauche Jahwes Namen nicht! Denn Jahwe, dein Gott, bestraft den Missbrauch seines Namens. Denk an den Sabbat, halte ihn heilig. Arbeite sechs Tage, erledige in diesem Zeitraum deine Aufgaben. Der siebente Tag ist Jahwes, deines Gottes Ruhetag. An dem Tag arbeite nicht, du nicht, dein Sohn und deine Tochter, dein Sklave und deine Sklavin nicht, auch dein Vieh nicht, nicht der Fremdarbeiter, der in deinem Gemeinwesen lebt (...)! Jahwe ruhte am siebenten Tag. Darum segnete er diesen Tag und erklärte ihn für heilig.

Ehre Vater und Mutter. So wirst du lange in dem Land leben, das dir Jahwe, dein Gott, gibt. Töte nicht! Brich das Ehebündnis nicht! Stiehl nicht! Tritt nicht als falscher Zeuge gegen deinen Nächsten vor Gericht auf! Giere nicht nach deines Nächsten Frau und seinem Anwesen, nicht nach seinem Sklaven, seiner Sklavin noch nach Rind und Esel und allem, was ihm gehört. Ex 20,2–10.11b–17

Freiheit darf sich nicht zur Unterdrückung mausern, etwa durch das System, das die Freiheit zu garantieren scheint? Diese Warnung gilt allen Demokratien. Nicht umsonst nennen wir die Zehn Gebote *apodiktisches* (i), d. h. gesetztes Recht, heilig, vom heiligen Gott geschenkt. Weder Diktatoren noch Volksentscheide, noch Kirchenautoritäten können dieses Gottesrecht außer Kraft setzen. Unverrückbar bringt es mich zur Ehrfurcht vor dem Leben! (Ex 20,1–21)

Ich danke dir, Gott, für deine Grundordnung, die mir meine Grundpflichten aufträgt und meine Grundrechte garantiert und so mein Grundvertrauen ausbildet. Ich danke, zur Menschlichkeit berufen zu sein. Amen.

Gottesdienst

Jahwe redete mit Mose: „Teile den Israeliten mit: Ihr saht, ich redete mit euch vom Himmel herab. Darum macht euch keine anderen Götter neben mir, weder silberne noch goldene. Einen Altar von Erde mache mir. Auf dem opfere dein Brandopfer und dein Gemeindeopfer, Schafe und Rinder. An jedem Ort, den ich als meine Erinnerungsstätte bestimme, werde ich über dich kommen und dich segnen. Willst du mir einen Altar aus Steinen aufrichten, sollst du ihn aus nichtbehauenen Steinen bauen. Du entweihst ihn in dem Augenblick, in dem du ihn mit deinem Eisenwerkzeug bear-
Ex 20,22 *beitest. Bau mir auch keinen Stufenaltar und steige nicht auf ihn empor. So*
bis 26 *gäbest du dir nur eine Blöße vor mir.“*

Gottes Bund (i) bietet eine Lebensordnung der Freiheit an. Wenn Gott mich auf diese Lebensordnung verpflichtet, müsste die Religion, die aus dem Glauben an diesen Gott wächst, nicht in einer Ethik aufgehen? Wenn mein Glaube darin lebt, dass ich aus Gottes Geboten lebe, wo bleibt dann das Kultische?

Biblischer Glaube hält den Kultus sparsam. Obwohl es seitenlange Kultanweisungen im Ersten Testament gibt, gilt doch: Ein Glaube, der nicht in die Ehrfurcht vor dem Leben einübt, sondern in das Ritual flüchtet, bricht Gottes Bundesrecht. Unser Bericht steht zwischen den Geboten und dem nachfolgenden Bundesbuch (i), einer bedeutenden Gesetzessammlung. Er bezeugt religiöse Sparsamkeit: Gott will sich nicht in Kostbarkeiten wiederfinden! Ein Altar aus Erde, wenn schon aus Steinen, dann aus unbehauenen, reicht ihm! Was das Leben der Viehhirten hergibt, Schaf und Rind, soll ihm geschenkt werden. Kein Stufenaltar soll es werden, damit sich der Priester nicht lächerlich macht.

Der Alltagsmensch ist ein Priester. Überall kann ein Altar aus der Erde wachsen. Heiliger Boden liegt Gott nicht so sehr am Herzen wie heilige Menschen, die in seinem Gehorsam leben.

Gott, du schenkst mir deine Ordnung, dass ich aus ihr lebe und mit ihr überlebe, um dich zu preisen. Das Tun des Guten, das Werk der Versöhnung, alle Ehrfurcht vor dem Leben, dem eigenen und dem der Anderen, ist dein Ziel mit mir. Amen.

Sicherheiten

Das Volk merkte, dass sich Moses Rückkehr verzögerte, dass er vom Berg nicht wieder herunterkam. Da scharte es sich um Aaron, bedrängte ihn: „Komm, fertige uns einen Gott an, der vor uns herzieht. Wir haben keine Ahnung, was diesem Mann Mose zustieß, der uns aus Ägypten herausholte. Aaron schlug ihnen vor: „Reißt euren Frauen, Söhnen und Töchtern die goldenen Ohrringe ab, die sie tragen. Bringt sie her zu mir.“ Da riss sich alles Volk die goldenen Ohrringe ab und brachte sie Aaron. Er nahm sie, bildete eine Tonform, goss das Gold hinein und fertigte ein aus Gold gemachtes Kalb an.

Sie riefen: „Das ist dein Gott, Israel, der dich aus Ägypten heraus holte.“ Aaron sah das Treiben und baute einen Altar vor ihm und ließ ausrufen: „Morgen ist ein Fest für Jahwe!“ Sie standen früh am Morgen auf, opferten Brandopfer und brachten das Gemeindeopfer dar. Das Volk lagerte sich, um zu essen und zu trinken. Dann sprangen sie auf und machten sich in Spiel, Tanz und Lust übereinander her. Ex 32,1–6

Israel hat sich später in seiner Geschichte trotz solchen Verbots seinen Gott Jahwe im Symbol eines aus Gold getriebenen Kalbes vorgestellt. Die Königsbücher und die Archäologie bezeugen es. In Dan und Bet-El im Nordreich Israel standen solche Kultbilder. Aus einer Reform wuchs anschließend ein gereinigter Glaube: Das goldene Kalb verschwand aus israelitischer Kulttradition.

Unsere Erzählung berichtet vom religiösen Rausch des Volkes, von Moses Enttäuschung, von Gottes Strafe, vom Tod vieler. Und spiegelt darin einen Abschnitt aus Israels Geschichte: Endete nicht das Nordreich Israel mit dem Tod und der endgültigen Wegführung so vieler Menschen, im Taumel von Überfluss und Übergenuss?

Die hintergründige Erzählung verwebt meinen Drang, Gott zu fassen zu kriegen, mit meiner Sehnsucht, Sicherheiten in der Hand zu halten. Eine Religion zum Anfassen, handfeste Leitwährung, sichtbare Leitkultur sind mein Streben, aus meiner Angst um die Zukunft geboren (Ex 32,1–10). So leben wir. Ein Taumel ergreift uns, eine Raserei. Das Dax-Unser wird unser Gebet, Sex-Unser Gottesdienst. Nur dass diese Götzen nicht durchtragen, die so globale Ziele versprechen.

Dass ich so das Beste meiner Zukunft verspiele, Freiheit und Menschlichkeit, will ich erst wahrhaben, wenn ich die Misere am eigenen Leib durchmache. Erneure mich, Gott, erneure mich! Amen.

Gottes Reue

Mose drang in Jahwe, seinen Gott: „Ach Jahwe, warum flammt dein Zorn über dein Volk auf? Du hast es mit großer Kraft und starker Hand aus Ägypten herausgeholt! Warum sollen die Ägypter spotten: Jahwe hat sie mit böser Absicht herausgebracht, um sie im Gebirge umzubringen, um sie dort vom Erdboden zu vertilgen? Hör auf, lösch deinen flammenden Zorn! Bereue doch, dass du Unheil über dein Volk bringen wolltest. Erinnere dich an deine Knechte Abraham, Isaak und Israel! Denen schwurst du bei deinem heiligen Namen Treue. Du versprachst ihnen: Ich will euch Nachkommen schenken wie Sterne am Himmel! Diesen Nachkommen will ich das ganze
Ex 32,11 *Land geben, wie ich es versprach. Sie sollen es für immer besitzen."*
bis 14 *Da bereute Jahwe, dass er seinem Volke solch ein Unheil angedroht hatte.*

Mose übernimmt vor Gott und den Menschen Verantwortung für die Zukunft des Volkes. Und doch bleibt diese Zukunft Gottes ankommende Zukunft. Mose gerät in eine unangenehme Mittlerrolle, setzt sich zwischen alle Stühle, von Anfang an: Die Hebräer misstrauen ihm als dem Ägypter, das Volk Israel klagt ihn an, er führe die Menschen nicht in die Freiheit, sondern in den Tod. Oft steht Mose vor dem Volk mit leeren Händen und, was schlimmer ist, vor Gott. Was soll Gott mit einem Volk anfangen, das nur sich selbst, den Augenblick und seinen Vorteil sucht? Mose übernimmt, neben den anderen Aufgaben, das Amt des Fürsprechers. Er entscheidet sich im Konflikt zwischen Volk und Gott für das armselige Volk, das so haltlos laviert, betet für dessen vage gewordene Zukunft. Seine Fürbitte hat Erfolg. Gott räumt eine Überlebenschance ein. Das ist das Größte an dieser Geschichte, Gott, der allmächtige, umfassende Weltengott, Israels und mein Gott, bereut und kehrt aus seinem Zorn zur Liebe um, weil Mose für das Volk bittet und Israel sich demütigt (Ex 32,7–33,6).

Gott, du bist nicht der Gott der Philosophen, die dich als den Urgrund allen Seins ausmachen, nicht der Gott der Ingenieure, die Quantensprünge vermuten, Wellen berechnen und lehren, du seiest im Spiel der Physik gegenwärtig. Du bist der Hebräer Gott, Israels Gott, mein Gott. Du ringst um mich, mit mir, führst mich unbekannte Wege, manchmal so, dass ich denke, du verstießest mich. Und lässt doch nicht von mir, deinem Menschen, deiner Magd, deinem Knecht, deinem Kind. Danke. Amen.

Im Nachhinein

Mose bat: „Lass mich deine Herrlichkeit schauen!" Gott antwortete ihm: „Ich will mein ganzes Leuchten, alle meine Gnade vor deinen Augen vorüberziehen lassen. Den Jahwe-Namen will ich vor dir ausrufen: Ich werde gnädig sein, dem ich gnädig sein werde. Ich werde mich erbarmen, dessen ich mich erbarmen will!"

Dann fuhr er fort: „Mein Angesicht kann ich dir nicht zeigen. Kein Mensch überlebt meinen Anblick. Aber siehe, ich räume dir einen Platz auf jenem Felsen ein. Wenn meine Herrlichkeit vorüberzieht, stelle ich dich in die Felsenhöhlung und halte meine Hand über dich, bis ich vorübergegangen bin. Dann ziehe ich meine Hand ab und du darfst meinen Rücken schauen. Mein Angesicht kann niemand sehen." Ex 33,18 bis 23

Mose riskiert viel für das Volk, in Gottes Namen. Darum stellt sich bei ihm eine Sehnsucht ein, mehr von diesem Gott zu erhaschen, mehr von ihm zu sehen, zu wissen, festzustellen, zu besitzen. Aber niemals darf ich Mensch mich meines Gottes, des Glaubens, des Kults bemächtigen. Gott verwehrt mir dieses Mehr um seiner selbst willen. Er bleibt Gott, Distanz und Nähe zugleich. Gott verwehrt die ersehnte Besitzergreifung auch, um mich vor der Versuchung zu bewahren, Menschen in seinem Namen in meine Verfügung zu nehmen. Religion ist nicht dazu da, um Macht über Andere auszuüben. Weder darf ich Gott vermarkten noch sonst wie missbrauchen, um mir mit Hilfe der Religion Menschen gefügig zu machen. Auch deshalb verbirgt er sich (Ex 33,12–23).

Ich nehme ihn nur aus der Rückenperspektive wahr. Ich erlebe meine Geschichte, mache sie durch, werde selbst zur Gottesgeschichte. Erst im Nachhinein erkenne ich: Gott war und ist und bleibt bei mir, mein Begleiter, mein Schützer, mein Helfer, mein Glück.

Gott, du nimmst mich an die Hand, leitest mich. Du bist ein bergender Schatten über mir, eine warme Sonne mir im Rücken, ein leiser Wind mir zur Seite, fester Boden unter meinen Füßen, eine gute Straße vor mir, du, mein gütiger Himmel über mir. Und doch lerne ich erst im Nachhinein, aus meiner Lebensgeschichte wie aus dem Weg deines Volkes, dass du es warst, bist und sein wirst, der mich führt, du barmherziger Gott. Deinen Rücken sehe ich, mehr nicht. Im Nachhinein erst ahne, verstehe, glaube ich. Und das ist sehr viel. Amen.

17. Juni

Zweiter Versuch

Schließe auf keinen Fall einen Vertrag mit den Bewohnern, in deren Land du kommst. Sie könnten dich in ihre Netze ziehen, mitten in deinem Leben, ohne dass du es merkst. Darum kein Bündnis mit den Landesbewohnern. Keinen andern Gott sollst du verehren. Denn Jahwe heißt Eifersucht, ein eifersüchtiger Gott ist er. Sie laufen ihren Göttinnen nach und geben sich ihm hin. Sie laden dich ein und bitten dich, bei ihren Göttermahlzeiten mitzumachen.

Mach dir keine gegossenen Götzenbilder! Halte das Fest der ungesäuerten Brote, das Passah. Iss sieben Tage vom ungesäuerten Brot, wie ich es anord-
nete. Im Monat Abib, im Ährenmonat, sollst das Passah feiern. In diesem
Ex 34,12. *Monat zogst du aus Ägypten fort (...) Arbeite sechs Tage! Aber am siebenten*
15 f.; *Tag ruhe, auch in der eiligen Zeit, wenn du das Feld bestellst oder die Ernte*
14,17 f. *einfährst. Halte das Wochenfest, wenn die Weizenernte beginnt, das Fest der*
21 f. *Weinlese zum Jahresende.*

Wir nennen diesen Vorschriftenkatalog den „kultischen Dekalog“ (i), den Mose notiert, nachdem er erkennen muss: Die Anbetung des Goldes oder anders gesagt einer lebensfeindlichen Gottesvorstellung existiert trotz aller Kritik: im Kultbildnis, im Kultgehabe, im Kultfest (Ex 32,1 ff.; 34,10–28). Darum kommt es in der Geschichte Israels, auch nach dem Exil (i), zu neuen Schwerpunktsetzungen in der Gesetzgebung, ja, im inneren Kern der Gottesgebote. Schlüsse werden gezogen, ein erster: Keine Religion gibt Garantien, dass Freiheit Freiheit bleibt.

Und der zweite Schluss? Religion ist wieder in? Der religiöse Kult wird gefestigt, damit das Ethos nicht verhaucht? Ja, so ist es. Keine Religion kann als reine Humanethik überleben. Da riecht bald alles nach müdem philosophischem Appell! Religion braucht Feste und Lebensordnungen, wie sie im Kultdekalog ausgemalt werden! Uns sei dies ins Gedächtnis geschrieben, die wir die Glaubenslehre so gern zu guten Vorsätzen zerfließen lassen: Der Glaube, auch meiner, braucht Fest, Feier und Gottesdienst, benötigt Sitten und Gebräuche, um nicht seelenlos zu verkommen!

Gott, zieh die Summe meiner religiösen und ethischen Vorhaben. Mitten in Umbrüchen, mitten im hektischen Gerede von Reform, Verbot und Abgrenzung mach mich fest im Geist, nüchtern in der Wahrnehmung, klar im Verstand – doch frohen Herzens, dass ich in deiner Gemeinde hörbar, sichtbar und fühlbar bete, singe und tanze. Amen.

Feuerschein und Wolke

An dem Tag, an dem das Zeltheiligtum aufgestellt wurde, bedeckte die Gotteswolke die Gotteswohnung, das Zelt des Gesetzes und des Zeugnisses. So war es die ganze Zeit, die Wolke bedeckte tagsüber das Zelt und leuchtete nachts wie ein feuriger Schein. Vom Abend bis zum Morgen leuchtete sie über der Gotteswohnung. Erhob sich die Wolke vom Zelt, brachen die Israeliten auf. Wo sie sich niederließ, ließen sich auch die Israeliten nieder. Wie Jahwe es anordnete, brachen sie auf und machten sie Halt. Num 9,15 bis 18

Wohnung, Hütte des Gesetzes, Stiftshütte, immer ist das heilige Zelt gemeint, eine Einrichtung aus der Wüstenzeit. Man könnte vermuten, die Schilderungen der Stiftshütte spiegelten Bau und Funktion des späteren Tempels in Jerusalem? Gewiss! Aber wir wissen auch von den Kupferhöhlen von Timna und den Steinbrüchen am Sinai. An beiden Orten befanden sich Arbeitslager der Ägypter. Sklaven schlugen Steine für die Ägypter, gewannen Kupfer im Bergbau. In Timna wurde eine Kupferschlange mit vergoldetem Kopf gefunden, und zwar in den Resten eines Kultzeltes, das die Midianiter (i) – das Volk, das den fliehenden Mose aufnahm – auf den Grundmauern eines ägyptischen Tempels aufgerichtet hatten!

Zwei Stämme dieses Wüstenvolkes, das sich unter Zwang an Ägypten (i) verdingte, hießen, so belegen ägyptische Urkunden, Jahwe und Israel! Die Wurzeln der biblischen Heiligtumstradition gehen tatsächlich in die Midianiterzeit zurück. Ein Gottesdienstzelt war die Stiftshütte, eine Orakelstätte, ein Offenbarungszelt, ein Wanderheiligtum, das heilige Geräte beherbergte, vielleicht die Gesetzestafeln, die Bundeslade (vgl. 20.7.), einen Altar. Auf ihrer Wanderung führten die hin und her ziehenden Israeliten dieses Zelt mit sich, bauten es ab, wenn sie wegzogen, richteten es auf, wenn sie sich lagerten (Num 9,15–23).

Gott ist an keine heilige Stätte gebunden. Er offenbart sich seinem Volk in seiner Thora, in seiner Ordnung zur Freiheit, bindet sich an dieses Volk durch sein Bundeswort, bindet sich an den Weg, den er diesem Volk zeigt. Dem Volk schenkt Gott seine Gegenwart in Feuerschein und Wolke, die über dem Zelt aufscheinen und zu Aufbruch und Innehalten das Zeichen geben. Selbst in diesen Naturerscheinungen kommt Gott als Wort zu den Israeliten, durch das er ihnen Aufenthalt und Aufbruch, Weg und Ziel ansagt, auch mir.

Herr, dein Wort ist meines Fußes Leuchte und ein Licht auf meinem Weg. Amen.

Lebenszeichen

Jahwe schickte feurige Schlangen, die Sarafe, unter das Volk; die bissen zu. Viele in Israel starben. Da kam das Volk zu Mose und jammerte: „Wir machten den Fehler, gegen Jahwe und dich aufzumucken. Bitte Jahwe, er möge die Schlangen von uns abziehen." Mose trat für das Volk ein. Jahwe antwortete ihm: „Gieß dir eine Schlange aus glühendem Metall, befestige sie an einer Stange und richte sie auf. Wer gebissen wird und diese Schlange anschaut, wird leben." Da fertigte Mose eine Schlange aus Metall an und richtete sie auf. Wurde jemand von einer Schlange gebissen und er sah die Metallschlange an, blieb er am Leben.

Num 21,6 bis 9

Die Schlange, Lebenssymbol ägyptischer Könige, in deren Krone eingewoben, bringt dem Pharao Licht und Leben der Sonne. Ägypten aber ist der Feind, der Unterdrücker der hebräischen Sklaven. So avanciert die Schlange in Israel zum Feindsymbol Nummer eins. In der Versuchung, wie Ägypten zu werden, steht die Ursünde der Menschheit auf, sich selbst zum Gott aufzuschwingen (Gen 3,12 ff.). Auch in die Wüste kriecht diese Versuchung heran (Num 21,4–9). Wie wird die Schlange aber zum Rettungszeichen, das vor dem Tod bewahrt? Wir erinnern uns, Mose und Aaron (i) erscheinen vor dem Pharao. Aaron wirft seinen Hirtenstab vor dem Pharao auf den Boden. Der verwandelt sich in eine Schlange. Die Zauberer Ägyptens vollbringen das Wunder auch. Aber die hebräische Schlange frisst die ägyptischen auf: Die Schlange Aarons und Moses droht, vernichtet, besiegt Ägypten nach diesem Bild (Ex 7,1–13).

Eine zweite Schlangengottheit Ägyptens symbolisiert nämlich die Gegenmacht, das Chaos, die Kraft des Volkes, die Revolution, die sich in den Fremden, den Hebräern, sammelt. So steht Schlange gegen Schlange! Ägypten erkennt, wie mächtig dieser Gott des Mose ist. Macht steht gegen Macht auf! Verständlich, dass Israel in seinen Wüstenanfängen eine eherne Schlange als Bundeszeichen seines Gottes annimmt, das befreit und heilt (Num 21,8), zumal eine eherne Schlange das Kultzeichen der Midianiter (i) ist, wie berichtet! Erst Hiskia (i) (721–693 v. Chr.) beseitigte ein solches Schlangenbild aus Erz aus dem Tempel Jerusalems, das seit Salomo dort aufgestellt war (2Kön 18,4).

Der Staat Ägypten verfolgt das in die Wüste geflohene Volk mit langem Arm: Flüchtlingselend. Aber Gott macht sich zur rettenden Gegenmacht, wie im ersten und zweiten Testament bezeugt (Num 21,9; Joh 3,14 f.).

Gott, der du Zukunft, Freiheit und Leben bist, sende mir ein Zeichen, dass ich Zukunft, Freiheit und Leben gewinne, in deinem Namen, im Namen des lebendigen Gottes. Amen.

Segen

Jahwe befahl Mose: „Weise Aaron und seine Söhne an: Mit folgenden Worten sollt ihr die Israeliten segnen: Jahwe segne dich! Er behüte dich! Sein Angesicht leuchte über dir auf! Er sei dir gnädig! Jahwe erhebe sein Angesicht auf dich. Er schenke dir Frieden. So legen sie meinen Namen auf die Israeliten und ich werde sie segnen." Num 6,22 bis 27

Anders als Mose taucht Aaron (i), der Bruder des Mose, erst in jüngeren Überlieferungen auf, zusammen mit seiner Schwester Mirjam. Aaron ist der beredte Mund des Glaubens, während Mose die Sprecherrolle scheut. Nach anderer Tradition verfertigt Aaron das Goldene Kalb als Symbol für Jahwe, ein Stiersymbol, lehnt sich mit seiner Schwester Mirjam gegen Mose auf, wird begnadigt, stirbt auf dem Berg Horeb oder in Mosera. Nach wieder anderer Überlieferung wird er zum Stammvater der Söhne Aarons, einer wichtigen Priesterklasse. Aaron ist der erste Hohepriester. Alle Priesterschaft heißt darum „Haus Aaron".

Wir nennen den obigen Text nach einer gemeinsamen Tradition von Juden und Christen den „Aaronitischen Segen". Er beschließt den evangelischen Gottesdienst und ist auch in der katholischen Messfeier wichtig. Franz von Assisi und Luther bevorzugten ihn. In der Synagoge spielt er eine wichtige Rolle. Aaron in den Mund gelegt, bezeugt dieser priesterschriftliche (i) Text ein wertvolles Liturgiestück jüdischen Glaubens. Auch in Qumran (i) wird der Segen in abgewandelter Form benutzt. Habe ich als Christ das Recht, ein so kostbares Glaubensgut der Juden in meinen christlichen Gottesdienst zu verpflanzen? Oder kann ich es auch anders sehen: Schließlich bin ich als Christ ein assoziierter Jude, ein Heide, der im Messias Jesus ins Erste Testament eingeladen wird. Ein Fremder, der im messianischen Vertrauen zum Bruder Jesus und so zum Verwandten seines Volkes wird. Und zugleich jemand, der täglich Juden bescheiden bitten soll, die Bibel des Ersten Testaments lesen und benutzen zu dürfen, um daraus zu lernen? Leise frage ich, ob ich Christ mit Juden und Juden mit mir aus den Texten, Bildern und Gebeten des Ersten Testaments an den einen lebendigen, barmherzigen Gott, den Gott Jahwe des Mose, den Vater Jesu und meinen Vater glauben dürfe, trotz Judenverfolgung und Holocaust.

Gott, ich danke dir, dass du mir im Messias Jesus dein Wort des Ersten Bundes schenkst, den ich weiter unbedacht den Alten nenne. Lass mich glauben, beten und handeln aus deinem Wort, das du deinem Volk gabst, und durch deinen Messias Jesus allen Menschen, auch mir. Amen.

Ex 20,1–
Dtn 31,30

Höre, Israel

„Höre, Israel, Jahwe ist dein Gott, Jahwe allein, ein Gott. Du sollst ihn, deinen Gott, lieben aus vollem Herzen, von ganzer Seele und mit aller Kraft, die in dir steckt. Diese Worte, die ich dir heute ansage, schreibe ich dir ins Herz. Binde sie deinen Kindern auf die Seele. Trage sie im Herzen und rede von diesem Bekenntnis, zuhause und unterwegs, beim Einschlafen und beim Aufstehen."

Dtn 6,4–7

Der Rückbezug auf die Anfänge des Gottesrechts setzt einen langen Befreiungsprozess in Gang, der bis heute nicht abgeschlossen ist. Die beiden Testamente erzählen dessen bewegende Geschichte. Ich erzähle sie mit meinem Leben weiter.

Der Versuch, die Menschheit problemlos ans Menschliche zu gewöhnen, schlägt fehl. Ehe die Ordnung der Ehrfurcht vor dem Leben, wie sie sich in den Zehn Geboten spiegelt, in mir Fuß fasst, haben eine zum Event verkommene Religion und eine zum Goldimperialismus verwüstete Marktwirtschaft mich versklavt. Jedoch nimmt mein Gott das Trauerspiel der Gewaltakte wahr, mit denen ich mich selbst entmenschliche. Er wird mein gnädiger und barmherziger Gott, der mir den Weg zum Leben vorlegt. Entweder wird Israel dem Lebensangebot Gottes folgen und leben – oder sterben, innerlich und äußerlich.

Deuteronomium (i) nennen wir das 5. Buch Mose, das zweite Gesetz, in dem diese Theologie verankert ist; die Gesetzgebung, wie sie sich aus diesem Grundsatz entwickelt, die *deuteronomistische*: Der eine, einzigartige Gott lädt auf den Lebensweg ein, der Israel aus Ägypten führt. Reformen wachsen, werden verworfen, Propheten wie Jeremia und Könige wie Hiskia (i) und Josia (i) versuchen, sie dennoch durchzusetzen. Die Geschichte Israels ist eine Geschichte der Gesetzgebungen, mit denen Gott allen Zukunft verspricht. Es wird ein biblisches Menschenrecht entwickelt, das mich freispricht. In den Geboten leuchtet es auf – und wird in nachführenden Sozialgesetzen entfaltet: Ich soll den Schutz des Schwachen und Kleinen suchen. Aus dem Geist dieses Rechts der Schutzlosen wird Zukunft wachsen, auch meine. Das soll von Fall zu Fall vorgestellt werden.

Du einziger und einzigartiger Gott legst mir den Weg zum Leben vor. Wenn ich Schwache schütze, Elende aufrichte und Reichtum teile, werde ich überleben. Mach mich mutig, dem Leben zu vertrauen, Menschenwürde und Lebensrecht zu wagen, auch um meiner selbst willen, in Jesu Namen! Amen.

Erster Lebenskreis: Intimitäten

Jahwe sprach zu Mose diese Worte: „Rede mit den Israeliten folgendermaßen: Ich bin Jahwe, euer Gott. Ihr sollt nicht so leben wie die Menschen in Ägypten, wo ihr wohntet, auch nicht wie die Menschen in Kanaan, wohin ich euch bringe. Ihr sollt nicht deren Gesetze, Sitten und Gebräuche aufnehmen. Mein Recht sollt ihr tun und meine Weisungen halten. So sollt ihr euren Weg suchen. Ich bin Jahwe, euer Gott. Deshalb haltet meine Weisungen ein, übt euch in mein Recht ein! Derjenige, der nach meinen Rechtssatzungen lebt, wird durch sie leben. Ich bin Jahwe.

Niemand von euch soll sich einem oder einer Blutsverwandten nähern, um mit ihm geschlechtlich zu verkehren. Ich bin Jahwe! Lev 18,1–6

Wichtige Verbote, die die unbedingte Herrschaft Jahwes ansagen und sich dabei auf das erste Gebot beziehen, richten sexuelle Tabus innerhalb der Familie auf, ein erster Lebenskreis. Wer die entsprechenden Verbote einhält, wird mit dem Leben beschenkt. Vertrauen wächst. Der Einzelne und der Lebensraum der Familie werden durch das Gottesrecht strikt geschützt.

Diesen Schutzraum fordert das hebräische Recht in Abgrenzung gegen Sitten und Rechtsbräuche in Kanaan und Ägypten. Dort heirateten Könige ihre Schwestern. Im Kult der Astarte (i), in Phönizien, Kanaan (i) und Assur beheimatet, zeugt die Muttergöttin Astarte ihren Sohn Baal (i), zieht ihn groß, schläft mit ihm und frisst ihn wieder auf: Die Allherrschaft der Mutter symbolisiert Liebe und Fruchtbarkeit und fordert zugleich Unterwerfung und Tod. Solch eine Erfahrung, so Israels Glaube, hat in Israels Religion und Sozialleben keinen Platz. Schwache bleiben geschützt. So lautet der göttliche Urwille. Gott liebt und schützt den Raum der Familie, auch Alte und Kinder.

Kinder dürfen auch nicht in einer Spielart des Astartekultes dem Gott Moloch geopfert werden, was freilich im Namen Jahwes doch geschah. Richter und Könige Israels huldigten offen diesem Brauch (Ri 11,30–40; 2Kön 16,3), wovon sich Israel später wieder löst, ja, scharf distanziert (Dtn 18,10; Jer 32,35), eine israelitische Gesetzgebung, die unser modernes Sozialleben und unsere Sozialgesetze heute deutlich prägt.

Gott, du bist ein Gott der Freiheit. Du nimmst Kindern die Angst vor ihren Eltern, Alten die Angst vor ihren Kindern. Du befreist mich zum Respekt und zur Scheu vor dem Allernächsten. Ich danke dir. Amen.

Zweiter Lebenskreis: Ausländerrecht

Jahwe, euer Gott, ist Gott aller Götter, Herr aller Herren, der große, gewaltige, konsequente Gott. Er schaut nicht auf die Person, auf ihren Stand und ihr Geld. Er verweigert Bestechungsgeschenke. Er verschafft den Waisen und Witwen ihr Recht.

Er liebt die Fremden. Sie sollen zu essen und zu trinken haben und bei
Dtn 10,17 *euch leben! Deshalb sollt auch ihr die Fremden lieben. Ihr selbst wart doch*
bis 19 *Fremde in Ägypten.*

Gesetzesforderungen, die das Leben der Ausländer und Ausländerinnen im Land schützen, bilden einen zweiten guten Lebenskreis aus. Forderungen zum Ausländerrecht kommen in allen Gesetzestexten Israels vor. Der Israelit darf einen Ausländer nicht bedrücken noch bedrängen! (Ex 22, 20). Es soll in Israel nur eine Gesetzeslage für Inländer und Fremde geben, der Fremde ist dem Inländer rechtlich gleichzustellen.

Eine Ausländergesetzgebung, wie wir sie üben, akzeptiert die Thora nicht. Ausbeutung des Fremden wird bestraft: „Du sollst ihn lieben wie dich selbst; denn ihr seid auch Fremde in Ägypten gewesen. Ich bin Jahwe, euer Gott" (Lev 19,33 f.). Israel soll aus seiner Geschichte lernen. Apodiktisch (i) schließt das Deuteronomium ab: „Verflucht sei, wer das Recht des Fremden, der Waise und Witwe beugt!" (Dtn 27,19). Nach dem Exil (i), regt der Prophet Ezechiel an, soll der Fremde in die Neuverteilung des Landbesitzes gleichberechtigt einbezogen werden (Ez 47,21 f.).

Die Ausländergesetzgebung Israels gründet in der Urerfahrung der Hebräer, die schutzlos der Willkürmacht eines Fremdstaates ausgeliefert waren, und nun, in Freiheit, den Fehler des ehemaligen Landesherrn Ägypten nicht wiederholen dürfen. Das Grundrecht auf Gleichberechtigung zieht sich wie ein roter Faden bis ins Sabbatgesetz hinein: Sklave und Fremder sollen den Sabbat (i) frei genießen! Israels Ausländerrecht, oft vergessen und verdrängt, hat Vorbildfunktion für uns. Eine Gesellschaft, in der fremde Sprachen und Religiosität Gastfreundschaft und Freundschaft auslösen, hat Überlebenschancen.

Gott, deine Thora verlangt von mir, den Ausländer zu schützen, dem Umsiedler und Asylsuchenden, allen in die Gesellschaft hineinwachsenden Menschen Lebensrecht und Zukunft zu sichern, Integration zu ermöglichen, Heimat zu gewähren und Fremde in mein Leben hineinzunehmen. Verpflichte mich zur Solidarität. Amen.

Dritter Lebenskreis: Sklavenbefreiung

Jedes siebte Jahr sollst du als ein Erlassjahr ansehen (…) Wenn dein Volksgenosse oder deine Volkgenossin, ein Hebräer oder eine Hebräerin, sich dir als Sklave oder Sklavin verkaufen, so sollen sie sechs Jahre lang für dich arbeiten. Im siebenten Jahre gib ihnen die Freiheit. Lässt du jemanden frei, schick ihn nicht mit leeren Händen weg. Gib ihm von deinem Kleinvieh, von deinen Kornvorräten, aus deinem Weinkeller genügend mit auf den Weg. Du schenkst nur von dem, mit dem Jahwe, dein Gott, dich segnete (…) Mache ihm und dir das Herz mit dieser Freilassung nicht schwer. Sechs Jahre hat er für dich wie zwei Tagelöhner geschuftet. Jahwe, dein Gott, wird dich segnen, wenn du dich so entscheidest. Dtn 15,1. 12–15.18

Sklave und Sklavin waren in der Antike Wirtschafts- und Rechtsmittel. Wie hätten Ägypten, Babylon, Persien, Rom Wirtschaft und Ständestaat ausbauen können, wenn nicht durch Sklavenhaltung? Ein kleines Volk, das aus versklavten Minderheiten zusammenwächst, schränkt die Sklaverei ein, hebt sie im Grundsatz auf. Sklave zu werden bedeutet für einen Israeliten nicht, dem Teufelskreis der Armut und Rechtlosigkeit unentrinnbar anheim zu fallen.

Die Thora bietet Möglichkeiten zu neuem Beginn. Das Sabbatjahr, das siebente Jahr, macht den Israeliten, der sich zum Sklaven verschuldete, frei, so das Gesetz vom Erlassjahr im Deuteronomium und im Bundesbuch (i) (Dtn 15,12–18; Ex 21,2). Gesetzestexte aus Levitikus setzen die Freilassung auf das Halljahr, auf das siebenmal siebte Jahr, fest (Lev 25,39–46). Freilich, ein Unterschied, ob ich nach neunundvierzig oder sieben Jahren aus dem Sklavenstand loskomme! Trotzdem!

Ich ziehe Vergleiche zur neuen Armut heute. In der Dritten Welt und hier kommen Menschen aus dem Teufelskreis der Armut nicht heraus. Leiharbeit, illegale Beschäftigung, Lohndumping werden zu gefährlichen Hilfsmitteln, Arbeit zu verbilligen, notwendige Sozialleistungen zu verweigern. Mancher ist heute nicht vor Sklavenlöhnen geschützt. Das globale Spiel ist im Gang. Meldet sich mein soziales Gewissen?

Gott, Ausländer, Leiharbeiter sind nicht rechtloses Freiwild der Wirtschafts- und Geldsysteme. Du schenkst jedem Würde, die Selbstbestimmung seiner Zukunft, Freilassung, Entsklavung, Entschuldung, Schuldenerlass. Lass mich so denken, planen und handeln, dass mein Leben vor diesen Grundsätzen Bestand hat. Amen.

Vierter Lebenskreis: Bodenreform

Zähle sieben Sabbatjahre ab, sieben Mal sieben Jahre. Die sieben Sabbatjahre ergeben neunundvierzig Jahre. Dann blast mit Posaunen durchs Land. Am zehnten Tage des siebenten Monats, am Versöhnungstag, soll das geschehen. Das fünfzigste Jahr haltet heilig, weiht es Jahwe und ruft im ganzen Land für alle Bewohner die Befreiung aus. Ein Erlassjahr soll es für euch werden. Jeder von euch erhält sein Eigentum zurück, jeder Versklavte kommt los und kann frei zu seiner Familie heimkehren (...) Das ist der Sinn des Erlassjahrs: Jeder erhält das Seine zurück, sein Land, seine Freiheit (...): „Grund und Boden darf nicht für immer verkauft werden. Das Land gehört mir! Ihr seid meine Fremdarbeiter und meine Zugezogenen. In Bezug auf euren Grundbesitz sollt ihr darum im ganzen Land die Rückgabe gestatten."

Lev 25,8–10. 13.23 f.

Gesetze in Levitikus proklamieren das Sabbatjahr: Alle sieben mal sieben Jahre, im Halljahr, werden die Besitzverhältnisse neu geregelt. Dabei wird durch scharfsinnige Vorschläge neues, aus der Gesetzgebung kommendes Unrecht vermieden. Gesetzesvorteile zu erschleichen, das Gesetz betrügerisch auszunutzen, wird unmöglich gemacht! Kompromisse werden ermöglicht, am Gottesrecht auf das Land wird festgehalten. Das bedingt eine Relativierung geschützter Besitzverhältnisse. Grund und Boden darf nicht für immer verkauft werden. Das Land gehört Gott, die Erde (Ps 24,1 ff.)! Acker, Weide und Weinberge sind neu zu verteilen, Hausbesitz wird unter gewissen Bedingungen einbezogen.

Es wird an die Solidarität des Besitzenden mit dem Verarmten appelliert. Grundrechte werden festgelegt. Chancengleichheit soll gelten. Wie Menschen durch Besitz oder Besitzlosigkeit geprägt werden, haben Karl Marx oder Friedrich Engels bewusst gemacht. Eine Gesellschaft, die überleben will, muss sich auf ein gemeinsames soziales Lernen, auf das Teilen der Güter einlassen. Wer Besitzverhältnisse festschreibt, nimmt Armen und Verarmten die Zukunft weg. Helfe ich aus dem Teufelskreis von Armut und Verarmung heraus? Es soll keine Armen mehr geben (Dtn 15,4). Wie ruft Jesus? „Gebt, so wird euch gegeben werden!" (Lk 6,38)

Gott, die einen werden von Schulden erdrückt. Die anderen lassen ihr Geld für sich arbeiten. Daraus entstehen Unrecht, Angst, Hass, Kriege. Lehre mich zu teilen, die gerechte Verteilung des Reichtums, Chancengleichheit für alle, Abschaffung der Armut. Amen.

Fünfter Lebenskreis: Tagesbedarf

Mach nicht die Handmühle zum Pfand, auch nicht den oberen Mühlstein. Damit nimmst du das Leben weg (…) Wenn du deinem Nächsten ein Darlehen gewährst, dringe nicht in sein Anwesen ein, raube nicht rücksichtslos ein Pfand deiner Wahl. Warte draußen! Dein Schuldner wird dir das Pfand herausbringen, das er auswählte. Zählt er zu den sozial Schwachen, bringe ihm das Pfand noch vor Sonnenuntergang, bevor du dich schlafen legst, zurück. Er braucht den Mantel für die Nacht (…) So beweist du vor Jahwe, deinem Gott, deinen Gerechtigkeitssinn.

Einen bedürftigen Tagelöhner setze nicht unter Druck. Verweigere ihm den verdienten Lohn nicht, ob er nun ein Volksgenosse oder ein Fremdarbeiter ist, der in deinem Land und in deinen Städten auf Arbeitssuche ging. Zahle ihm seinen Lohn am Ende des Arbeitstages aus, noch vor Sonnenuntergang (…)

Bei der Ernte schneide nicht alle aufragenden Halme bis in die letzte Feldecke ab. Verzichte auf die Nachlese. Auch in deinem Weinberg verzichte darauf (…)! Lass etwas für den Armen und Fremden übrig. Ich bin Jahwe, euer Gott. Dtn 24,6. 10–15; Lev 19,9 f.

Die Dinge des täglichen Bedarfs werden geschützt, dürfen um einer kapitalistischen Gerechtigkeit willen, die längst keine Gerechtigkeit mehr ist, sondern den Armen zum Gefangenen seiner Armut macht, nicht weggenommen werden! Das Bewusstsein ist wach, dass ägyptische Zustände schnell zurückkommen. Wer hart und unnachgiebig gegen Arme vorgeht, versündigt sich gegen Gott.

Mitten in konkreten Anweisungen findet sich der Satz, den Jesus und andere Rabbiner später aufnehmen: „Du sollst dich nicht rächen noch im Zorn verharren gegen deinen Volksgenossen. Du sollst deinen Nächsten lieben wie dich selbst! Ich bin Jahwe!“ (Lev 19,18). Es wird Mode, über das Wegkürzen von Sozialleistungen zu jammern, wenn es mich betrifft, zu frohlocken, wenn es andere meint. Der hohe Kulturwert einer beschützenden Gesellschaft wird kaum noch diskutiert. Dennoch, den Anderen zu verstehen und zu stützen bleibt ein hoher Qualitätsgewinn.

Im unbarmherzigen Kapitalkrieg deine Barmherzigkeit, meine Solidarität, im Zurückzahlen und Heimzahlen der Menschheit deine Gnade, meine Liebe, Gott! Was für ein Recht, welche Menschlichkeit aus dir! Amen.

Sechster Lebenskreis: Zinslos!

Wenn dein Volksgenosse neben dir verarmt und nicht mehr zurecht kommt, sollst du ihn wie einen Fremden oder Zugezogenen unterstützen. Er soll wie du sein Auskommen haben. Fordere keine Zinsen von ihm noch irgendwelche Gebühren. Fürchte deinen Gott! Dein Volksgenosse soll neben dir existieren können. Leihe ihm dein Geld nicht mit Zinsaufschlägen noch Lebensmittel mit Zusatzlieferungen bei Rückgabe. Ich bin Jahwe, euer Gott, der euch aus Ägypten herausholte, um euch Kanaan zu geben. Ich will euer Gott sein.

Lev 25,35 bis 38

Allen Menschen des durch Gott befreiten Landes gehört eine Zukunft, die nicht durch Wucher und Ausbeutung zerstört werden darf. Zinsen und Zusatzgebühren werden verboten. Mit Nachdruck wird mit einer Selbstvorstellung Gottes betont, wie ernst es um dieses Gebot bestellt ist, das bis heute Aktualität hat. Wehrt den Anfängen des Kapitalismus! Ich denke an elende Verschuldungen, aus denen weder Familien noch Staaten herausfinden.

Die Sozialgesetzgebung des Ersten Bundes beweist, wie revolutionär die Gesetzgebung Israels ist, ein Neuansatz der Menschenrechte aus dem Geist der Befreiung durch den befreienden Gott. Die biblischen Menschenrechtsgesetze begründen sich aus Gottes Tat: „Ich bin Jahwe, dein Gott, der dich aus Ägyptenland, dem Unterdrückerstaat, befreite!“ Nie soll in Israel weder ein Einheimischer noch ein Ausländer, noch ein Zugezogener, ein Sklave und ein Verarmter wie in Ägypten leben müssen, als Mensch vierter Klasse! Befreiung bleibt das durchgehende Thema der Bundesgeschichte Israels mit seinem Gott.

Und wir? Die Kapitalgesellschaft fordert ihre Tribute? Globalität meint fressen oder gefressen werden? Dann will ich lieber selbst zu den Fressern gehören? Die Bedrohung des Menschen nimmt ihren Ausgang bei der Gier nach Gewinn, sucht ihren Fortgang bei der Verelendung des Menschen und mündet in globale Kriege und Vernichtungen.

Freiheit ist kein Besitz, sondern ein Weg mit dir, Gott. Menschen sollen aus Zinsfron, Schuldengefängnissen und Niedriglohnverhältnissen herauskommen. Durch Nachdenken, Reden und Handeln will ich für soziale Sicherheit eintreten, für mich, meine Kinder, für Fremde. Amen.

Segen oder Fluch

Ich stelle heute vor dich Leben und Glück, Tod und Unglück hin. Wenn du auf mich hörst und die Gebote deines Gottes Jahwe, die ich dir heute gebe, tust, nämlich Jahwe, deinen Gott, zu lieben, auf seinen Wegen zu bleiben und seine Gebote, Bestimmungen und Rechtssatzungen einzuhalten, wirst du leben. Ihr werdet mehr werden. Jahwe, dein Gott, wird dich segnen. Du wirst ins Land einziehen und es in Besitz nehmen. Dtn 30,15 f.

Wir nennen die Teile der Bibel von Josua bis zum Ende der Königsbücher das *Deuteronomische Geschichtswerk* (i). *Deuteronomium* (i) meint das Buch, in dem das Gesetz zum zweiten Mal entfaltet wird: (Griech.) nomos, *Gesetz*, und (griech.) deuteros, *zweites*, stecken in diesem Wortgebilde. Israel wird, bevor es in das Gelobte Land einzieht, ein zweites Mal mit dem Gesetz Gottes konfrontiert, so die Vorstellung.

Im Deuteronomium wird die *deuteronomistische Theologie* erstmals entfaltet: Segen oder Fluch, Gehorsam oder Untergang werden Israel vorgelegt. Hält sich Israel an Gottes Gebote, wird es ihm gut gehen, wenn nicht, geht es unter. Aus dieser Sicht wird die Geschichte des Gottesvolkes entwickelt, bis zum Untergang Israels und Judas in der Verbannung in Babylonien (i).

Bei einer Bundeserneuerung in Moab wird dieses Prinzip vorgestellt und im Gottesdienst verankert (Dtn 28,16–30,20). Macht es Sinn? Ja! Weder Kult noch Magie machen mein Leben lebenswert, wohl aber meine Liebe zu Gott, die sich in meiner Treue gegenüber Gottes Gesetz zeigt. Das Gesetz fordert mich zur Menschlichkeit heraus, praktiziert Befreiung, schützt vor Vernichtung. Diese Bundessatzung sei weder zu hoch noch zu fern, sagt Mose. Man müsse sie nicht vom Himmel noch von jenseits des Meeres holen. „Sie kommt als Praxisforderung der Menschlichkeit aus Menschenmund, fordert das Menschenherz zum Tun heraus." Der Bund atmet Vernunft und Liebe, will geschehene Befreiung fortschreiben (Dtn 30,11–14). Die Religion zieht den Priesterrock aus, ihr Alltagsgewand an: die Gottesliebe, die ich als Schutz des Nächsten tue und erlebe. So entsteht lebenswertes Leben, Segen im Detail. Kein Hokuspokus, keine Jenseitsreligion, sondern Vertrauen heute. König und Volk werden nach diesem Prinzip beurteilt, auch ich, Gerechtigkeit, die zum Segen für alle wird, jetzt.

Gott, in der Liebe zu dir werden Menschen zu deinem Dreamteam, in Ehrfurcht sich einander zu achten, einander zu lieben. Danke! Amen.

Das Versprechen

Nachdem Mose, Jahwes Knecht, gestorben war, redete Gott mit Josua, dem Sohn Nuns, der bei Mose in heiligem Dienst stand: „Mein Knecht Mose lebt nicht mehr. Nun brichst du auf, zieh mit allem Volk über den Jordan in das Land, das ich den Israeliten zusagte. Jeder Ort, den euer Fuß betritt, ist mein Geschenk an euch. So löse ich mein Versprechen an Mose ein. Vom Wüstenrand bis zum Libanon, vom Euphrat bis zur Küste des Meeres, in dem die Sonne versinkt, das gesamte Hethiterland mache ich zu eurem Gebiet. Keiner wird dir widerstehen können, solange du lebst. Wie ich mit Mose zog, ziehe ich mit dir. Ich weiche nicht von deiner Seite. Vertraue und zaudere nicht! Du wirst das Land diesem Volk zuteilen. Ich gab es ihnen längst zum Erbe. Schon ihren Vätern leistete ich diesen Eidschwur.“

Jos 1,1–6

Es wird vom Sog und Sieg der Geschichte philosophiert, die Vorsehung wähle Cäsaren aus, Konstantin den Großen, Kaiser Karl und andere. Und Josua, der Sohn Nuns, von dem wir sonst nichts wissen, als dass er des Moses heiliger Diener gewesen sei? Israel dringt unter ihm aus armseliger Wüste in fruchtbare Landstriche vor. Völker, die dort leben, werden mit der Schärfe des Schwertes geschlagen. Genozid in Gottes Namen?

Weggelaufenen Sklaven wird die Freiheit versprochen. Im Wüstenhoffen wird aus Unterdrückten Israel, *Gottesstreiter*. Israels Freiheit will aber nicht auf Geröllhalden, die nur Dürre hergeben, heranwachsen, an Bitterseen, die nur Salz bergen, im Wüstensturm, der nur verderbliche Ware, Manna (i) und Wachteln, abwirft. Die Freiheit wird im Kulturland aufleben. Mit dem Jordandurchzug wird Gottes Versprechen wahr!

Niemand schwebt auf Siegeswolken. Die Grenzangaben entspringen Wunschdenken. Ein Jahrhunderte langer Einsickerungsprozess findet statt anstelle von Ausrottungskriegen. Hunger und Armut treiben die Leute vorwärts. Wellen der aramäischen (i) Wanderung branden ins Jordanland. Die Sehnsucht wird groß, aus heißer Wüstensonne in schattige Städte zu gelangen. Gott wird diese neue Freiheit vollenden. Vollenden? Israel erlebt, wie die Freiheit der Städte die Gefahr neuer Verelendung, neuer Versklavung in sich birgt (Jos 1,1–18).

Gott, eine lange Straße der Hoffnung ist es, mit Enttäuschungen gepflastert, die du deinem Volk schenkst! Hilf mir zu hoffen, hilf mir zu gehen. Amen.

Natürliche Verbündete

Josua, der Sohn Nuns, schickte von Schittim aus heimlich zwei Männer als Spione aus. Er befahl: „Geht, schaut euch im Land und in Jericho um!" Sie gingen los, gelangten in das Haus einer Tempeldirne, die hieß Rahab. Bei ihr übernachteten sie. Jos 2,1

Der Name der Hure Rahab schmückt nicht nur das Josuabuch, sondern auch das Matthäusevangelium. Dort wird Rahab als eine der Stammmütter Jesu zitiert (Mt 1,5). Sie, die schnell durch Ausbeutung der Männer reich wird, bleibt die Ausgebeutete. Sie besitzt ein Haus, in die Stadtmauer Jerichos hineingebaut, und trägt so die Kosten der Stadtverteidigung mit. Trotzdem, Hure bleibt Hure, auch eine geweihte Dirne bleibt eine Dirne. Sie, die Ausbeuterin, bleibt außen vor, eine Mutter Courage der Antike, die überleben möchte. Darum verbündet sie sich mit dem heraufziehenden Feind.

Flüchtlingsgruppen aus der Wüste drängen ins Kulturland, hin zur ältesten Stadt der Erde, Jericho. Es kommt heraus, dass sich zwei Spione der gefürchteten israelitischen Wüstenbanden in die Stadt schmuggelten und bei der Hure zu suchen sind. Hausdurchsuchung! Aber Rahab versteckt die Fremden unter Flachsstengeln auf ihrem Dach, die dort zum Trocknen stehen. Rahab führt die Hausdurchsucher in die Irre. Die Männer seien in die Wüste zurückgeflohen. Jetzt sucht der Grenzschutz dort draußen weiter. Die Terroristen werden doch zu finden sein! Als die Häscher längst in der Wüste umherirren, lässt Rahab die Fremden in einem Korb die Stadtmauer hinab. Sie nimmt ihnen vorher ein Versprechen ab: Wenn der Angriffssturm auf die Stadt erfolge, möchte sie samt Familie verschont bleiben. Ein roter Faden am Fensterkreuz soll das Verschonungszeichen sein. Die Spione schwören, das Versprechen einzuhalten. Warum verbündet sich die Hure mit Wüstenflüchtlingen, die ihren Eroberungshunger offen zeigen? Ausgebeutete schließen sich zusammen. Jahwe, auf Seiten der Schwächeren, wird zu ihrem gemeinsamen Gott. Die Hure und die Spione, Stoff für einen Thriller! Ein roter Faden am Fensterkreuz verbindet Arm und Arm und macht die Armen dieser Erde stark (Jos 2,1–24).

Alle, die hungern und dürsten nach der Gerechtigkeit, werden satt, Jesus! Du kommst zu den Ausgestoßenen, auch im Namen deiner Stammmutter Rahab. Lass mich sensibel werden für die Außenseiterinnen und Außenseiter, mit dir. Amen.

Zwölf Steine, zwölf Stämme

Als alles Volk über den Jordan gesetzt hatte, redete Jahwe mit Josua: „Wählt zwölf Männer des Volkes aus, aus jedem Stamm einen. Denen gebt folgende Anordnung: Holt zwölf Steine mitten aus dem Jordan herauf, nehmt sie mit euch hinüber und bettet sie dort fest in den Erdboden ein, wo ihr das Nacht-
Jos 4,1–3 *lager aufschlagt.“*

Zwölf Steine, zwölf Männer, zwölf Stämme. Das Symbol bildet sich aus. Israel schwirrt im Ostjordanland als anbrandendes Wüstenvolk umher. Jetzt überschreitet es den Jordan. Ein Zeichen wird errichtet: Wo die zwölf Priester, die die Bundeslade trugen, im Jordan stehen bleiben, sollen zwölf Steine, die auf den Schultern der Erwählten lagen, im Jordan versenkt werden. Der Jordan wird dann anhalten. Der Strom wird eine Furt schaffen und erst dann weiterfließen, wenn Volk und Lade an das Westufer gelangt sind (Jos 4,1–5,1).

Der Gott, der aus Ägypten führte und durch die Wüste geleitete, ist derselbe, der Israel in das Gelobte Land bringt. Mit diesem Volk zieht die Lade, das neue Bundeszeichen, das dem Volk in der Wüste zukam. In ihrem Inneren ruht die befreiende Gesetzgebung, die dem Volk Zukunft schaffen wird, auf Steintafeln eingeritzt. Befreiung geschieht nicht aus militärischer Aktion, sondern aus dem heiligen Willen des befreienden Gottes, der in seinem Bund Befreiung für alle zwölf Stämme schafft. Die neuen Gesetze sind Befreiungsgesetze, die die fremdbestimmten Sklaven von einst zu verantwortlichen Bürgern von morgen machen. Alle Landnahme, alle Eroberung von reichen Städten und fruchtbaren Landstrichen macht keinen Sinn, wenn dieses Land kein zum Gesetz Gottes befreites Land sein wird. Darum wird dieser Bund für die zwölf Stämme wichtig, die sich, wo es um einzelne Stammesinteressen geht, umso heftiger ihrer Eigenexistenz bewusst werden und scharf zu Wort melden. Der Josuabund schmiedet Israel zusammen, Gottes Bund aus dem Recht, das Menschen aus Zinsknechtschaft und Sklaverei befreit und in neue Rechtsverhältnisse bringt.

Was Mose und seine Schar beim Durchzug durch das Rote Meer (Ex 14,1 ff.; vgl. 7.6.) erfuhren, erfahren Josua und das Volk am Jordan: Der Übergang über den Fluss entspringt nicht eigensüchtiger Machtgier, sondern bleibt Gottes Heilstat. Zwölf Steine bezeugen das.

Gott, Übergänge in meinem Leben machen nur dann Sinn, wenn im Neuen, in Hauskauf, neuer Arbeitsstelle und Umzug, dein neues, befreiendes Recht und Gesetz wohnen und walten. Hilf mir dazu. Amen.

Anrecht auf Zukunft

Jericho schloss seine Tore, zum Schutz vor den Israeliten. Niemand kam heraus oder hinein. Aber Jahwe ermutigte Josua: „Siehe, ich gebe Jericho, seinen Stadtkönig und seine Truppen in deine Hand." Jos 6,1 f.

Jerichos Mauern stehen fest. Die Tore sind verschlossen. Natürlich gehen Handel und Wandel weiter. Wovon sollen die Leute in der Stadt leben? Sie kaufen und verkaufen. Aber jede Ware, die rausgeht oder reinkommt, wird kontrolliert. Ob sich nun unter den Kisten mit Äpfeln auf jenem Karren Waffen und Sprengstoff verbergen, mit denen jemand ein Attentat verüben will? Jeder Heuwagen, der in die Stadt einfährt, wird mit Heugabeln durchstochen, ob sich nicht ein Terrorist verstecke. Alles wird geprüft, nichts bleibt unbeobachtet. Doch sind die Stadtbewohner machtlos, auch die Regierung, die Jericho zur Festung erklärt (Jos 6,1–27).

Der Ort geht an seinem Unrecht zugrunde: Hier die reiche, starke Stadt, die alles im Griff hat und doch so leicht in Panik gerät. Dort die Wüstenflüchtlinge, die endlich ihr Recht auf Leben verwirklichen möchten. In Vorstadtsteppen zu hausen gibt kein Zuhause. Sie bleiben Zeit ihres Lebens nur armselige Kalfakter der reichen Städter. Die halten sich auf elegante Weise ihre dummen Kulis und halten sich diese umso eleganter vom Leib.

Das geht so nicht weiter! Die Posaune des Herrn sagt das Jüngste Gericht für diese Stadt des Unrechts an. Sieben Posaunen umziehen einmal am Tag Jericho, mit ihnen die Bundeslade (i), sechs Tage lang. Am siebenten Tag erfolgt der Umzug siebenmal. Die Mauern stürzen ein. Die Posaunen umtönen, die Bundeslade umtanzt so lange die Stadt, bis ihre Mauern, Symbole der bisherigen Unrechtsordnung, einfallen.

Symbolisch übertragen: Der Verfall geht schnell vonstatten. Siebenmal Lärm von außen, siebenundsiebzigmal Angst von innen – und Stadt und Staat hören auf zu existieren. Nicht in tausendfachen Sicherheiten finden wir Zukunft, sondern im Vertrauen auf das Recht, als Mensch leben zu können, ich, aber alle anderen auch. Posaunenklänge und Ladeumzüge sagen die neue, wahre Rechtsordnung Gottes an, auch für Jericho und seine Bewohner.

Mein Gott, lass mich bei allen Biertischreden, bei aller Biertischphilosophie dein Recht und deine Gerechtigkeit erwägen, deinem Recht nachdenken, deiner Gerechtigkeit nachleben. Du willst, dass alle Zukunft erhalten, weil alle ein Anrecht auf Zukunft haben. Amen.

Sonne, steh still!

Damals rief Josua Jahwe an, an dem Tag, als Jahwe den Israeliten die Amalekiter auslieferte. Vor Israels Augen und Ohren rief er: „Steh still, Sonne, über Gibeon! Halt an, Mond, über Ajalons Tal!" Da stand die Sonne still und der Mond hielt an, bis das Volk Rache an seinen Feinden genommen hatte.

Jos 10,12 f.

Eine Beschwörungsszene aus einem Balladenbuch der Vorzeit, dem verschollenen „Buch der Redlichen". Nur diese Szene kam durch die Erzähler des Buches Josua zu uns: Josua ist in eine Entscheidungsschlacht verstrickt, wie kriegsgeile Reporter schreiben werden, wie kriegslüsterne Generäle uns glauben machen wollen. An einem einzigen Tag werde über die zukünftige Freiheit entschieden, entweder werde sie verteidigt und gewonnen oder vergehe. Der so genannte Feind werde besiegt, das Land stehe neu der Freiheit offen, obwohl unzählige Könige an diesem Schreckenstag gegen Israel angetreten sind?

Die Rede von der Entscheidungsschlacht ist Propaganda. Ein Leben lang kämpfte Josua, längere Zeit brauchte Israel, um im Westjordanland Fuß zu fassen. Aber in einem einzigen Schlachtengemälde fließen Einzelkriege und Bataillen zusammen, in der Schlacht bei Gibeon, wo die Israeliten bei Gilgal ihr Lager hatten. Mehr Menschen, so wird erzählt, kamen bei einer Naturkatastrophe, im Steinschlag, als im Schwertkampf um. Und in diesem Schicksalsaugenblick, so das Heldenlied, habe Josua mit Gott gesprochen, Sonne und Mond anzuhalten. So sei es geschehen, bis die Schlacht abgeschlossen, der Kampf beendet war. Jahwe stritt für Israel. Josua konnte sich mit geordnetem Heer in das Lager zurückziehen (Jos 10, 1–43).

Niemand soll das Josuabuch und unsere Erzählung für eine Kultur des Krieges ausbeuten. Es sind Texte von gestern, die, falsch genutzt, nur neues, unüberschaubares Unheil beschwören, unendliches Leid, eine Schlacht von Hamargedon (i), in der alle Zukunft untergeht. Rache ist das unangemessenste aller Zukunftsworte. Krieg soll nach Gottes Willen nicht sein, so entschied die Kirchenkonferenz von Amsterdam (1948). Da stand die Sonne still, hielt der Mond an, als der Heilige Geist Menschen zum Frieden überzeugte.

Gott, Himmelszeichen meinen nicht, dass du dich an kriegspolitische Ziele dieses oder jenes Volkes, dieser oder jener Religion verkaufst. Du, der Befreiung will, bleibst selbst der Freie. Du, der Barmherzige, willst Frieden. Danke. Amen.

FREISTÄDTE

Jahwe ordnete im Gespräch mit Josua an: „Befiehl den Israeliten: Bestimmt Freistädte! Diese Überlebensordnung legte ich schon zur Mosezeit fest. In eine Freistadt kann ein Totschläger fliehen, der jemanden ohne Vorsatz umbrachte. In den Mauern dieser Stadt ist der Totschläger vor der Blutrache geschützt."

Jos 20,1–3

Wüstensöhne suchen Befreiung im eroberten Kulturland, Versklavte wollen Freie sein in freien Städten. Aber in den Ausrottungskämpfen der Aramäischen Wanderung (i) wachsen Traumata, die die Krieger nicht wieder loswerden. Wer in Vietnam ballerte, ballert vielleicht auch als Heimgekehrter? Er kennt keine Tabus mehr, weil der Zwang zum Töten sich im Krieger festsetzte? Wehe dem, der Urteile fällt, im bürgerlichen Lehnstuhl festgehakt. In hundertfachen Terrorkriegen von damals bis heute, in denen soziale Menschenrechte stets untergehen, zeugt die Anordnung, Freistädte einzurichten, von menschlicher Sehnsucht nach Frieden und Versöhnung, auch wenn sie später auf die Josuazeit zurückgespiegelt wird.

Gott, in Eroberungszeiten zum Kriegsgott erklärt, bleibt der Barmherzige, der rettet, heilt und segnet. Dem Jähzornigen, der mit dem Schwert zuschlug, dem Ängstlichen, der sich gegen den Rachemörder mit der Waffe in der Hand wehrte, all denen, die aus Versehen oder in einem Blutracheakt jemanden umbrachten und nun die Blutrache selbst fürchten müssen, wird eine beschützende Wahlheimat angeboten. Sie dürfen in einer der sechs Freistädte Israels ziehen, wo sie unter Kontrolle der Stadtorgane neu anfangen können. Einheimischen und Fremden wird diese Möglichkeit geboten. Ein Totschläger flüchtet in eine Freistadt, stellt sich im Tor seinen Richtern, stellt seine Lage dar – und ihm wird eine neue Heimat geboten, wenn es Totschlag und nicht vorsätzlicher Mord war. Unter dem Schutz dieser Stadt darf er leben, jenseits von Eden. Jenseits seines Tatorts darf er ein neues Leben beginnen.

Es muss auf dieser Erde Orte der Barmherzigkeit geben, an denen wir wie Kain lernen, dass Gewalt keine Lösung ist. Das müssen wir wirklich lernen, die wir immer noch und immer wieder versuchen, mit begrenzter Gewalt, wie wir vornehm sagen, Völker zu befrieden, Erdteile zu beruhigen, mit Eingreiftruppen.

Gott, das ist ein lebenslanger Prozess: Gewalt ist keine Lösung! Lass mich wie Jesus, Gandhi und Martin Luther King zur Gewaltfreiheit kommen, mehr und mehr, im Großen und Ganzen wie im Kleinen. Amen.

Der Landtag zu Sichem

Josua berief alle Stämme Israels nach Sichem ein. Er rief Israels Älteste, Häuptlinge, Richter und Amtsleute zu sich. Als sie nun so vor Gott standen,
Jos 24,1–2 *redete Josua zum ganzen Volk.*

Das Land scheint verteilt zu sein, alle Feinde besiegt? Jetzt herrschen Ruhe und Ordnung und Gottesrecht? Ein Landtag zu Sichem soll die neue Rechtsordnung, die neuen Besitzverhältnisse besiegeln? Josua, alt und betagt, krönt sein kriegerisches Landnahmeleben mit diesem herausragenden Ereignis? Die kläglichen Haufen, die langsam, über Jahrhunderte verteilt, in die kanaanäischen Gebiete einsickern, bieten keinen grandiosen Heerbann auf, geben kein großartiges Militärschauspiel, bei dem sie die Landesbewohner nebenher erledigen. Woher Waffen nehmen und nicht stehlen? Wie die zyklopenhaften Stadtmauern dieser Uraltstädte bezwingen?

Die große Rede Josuas auf dem Landtag zu Sichem bestätigt diese kritischen Fragen. Die Gebietsgrenzen, wie sie für die einzelnen Stämme Israels vorgesehen sind und in mehreren Kapiteln breit entfaltet werden, stehen auf dem Papier. Sie stammen gar aus späterer Zeit, passen eher zu den Großmachtvorstellungen im Salomonischen Reich, werden vielleicht zur Zeit des Königs Josia (i) (640–609 v. Chr.) wieder hervorgekramt. Warum muss Josua in Sichem das Volk angstvoll fragen, ob es die Götter der Amoriter oder gar die Götzen seiner Vorfahren aus dem Zweistromland anbeten wolle, wenn doch die neue Leitkultur Israels angeblich alles Fremde besiegte?

Der Landtag zu Sichem ist keine glänzende Bestandsaufnahme nach pausenlosen Eroberungskriegen. Er gipfelt, wie ihn spätere Autoren anlegen, im schlichten Zeugnis Josuas: „Ich und mein Haus wollen dem Herrn dienen!“ Alle Einwanderung nach Kanaan, in dem so viele Völkerschaften leben, steht unter dem Zeichen, dass Gottes Recht und Gnade in diesem Land walten und die Menschen dort aufrichten sollen. Wer unter Krieg und Eroberung litt, möchte zum lebendigen, barmherzigen Gott, dem Gott Israels, dessen Recht und Satzung die Menschen befreien und schützen wird, umkehren (Jos 24,1–28).

Gott, du hast Josua berufen, den Strategen und Krieger. Aber er wird schließlich zu deinem Propheten und Zeugen, dass dein Geist des Friedens in unseren Herzen waltet. Amen.

In Ewigkeit nicht

Der Engel Jahwes zog von Gilgal nach Bochim herauf. Er verkündete: „Ich führte euch aus Ägypten heraus. Ich brachte euch in das Land, das ich euren Vorfahren unter Eid zusprach. Ich sagte zu, mein Bündnis mit euch nie zu brechen, für immer und alle Zeit nicht. Ihr aber solltet kein Bündnis mit den Landesbewohnern eingehen. Deren Altäre solltet ihr umreißen. Aber ihr hörtet nicht auf mich. Warum habt ihr euch so aufgeführt? Da entschied ich: Ich werde sie nicht vor euch wegtreiben. Sie werden euch zum Fangnetz werden, ihre Götter eine Fallgrube für euch." Ri 2,1–3

Die Menschen, die diese Engelbotschaft hören, brechen in Weinen aus. Darum werde, so die Erzähler, der Ort Bochim genannt, die *Weinenden* (Ri 2,1–5). Mit diesem Bericht wird der rote Faden ausgelegt, der das Richterbuch und die weiteren Geschichtsbücher des Ersten Testaments durchzieht: Israel lebt, in Stämme vereinzelt, in Kanaan. Die utopischen Glanznummern der Unterwerfung fremder Völker, wie sie im Josuabuch geschildert werden, müssen sich am groben Alltag prüfen lassen. Die blühenden Landschaften Israels finden sich vorerst nur in den Berichten der biblischen Chefideologen.

Der Alltag sieht durchmischter aus: Es gibt Zeiten des ruhigen Miteinanders und Kriegszeiten, in denen Israel in Kriege gerissen und in Abhängigkeiten gezwungen wird. Auch ist keine Rede von absoluter Solidarität der Stämme Israels, die im Zwölfstämmebund fest verbunden wären. Vorerst herrscht Eigenbrötelei. Nur die Not verbindet.

Immer, wenn Elend und Unterdrückung zu stark werden, stehen in Israel Richter auf, die nicht nur diesen und jenen Rechtsfall schlichten. Diese Richter werden zu charismatischen Heerführern, die wenigstens einige der Stämme in den Befreiungskampf führen. Hört der Druck auf, verfällt die Autorität des Heerführers. Wenn er stirbt, laufen die Stämme auseinander. Die Autoren des Richterbuches sehen in solchen Entwicklungen Gottes Strafe. Warum hört Israel nicht auf Gott, warum rennt es anderen Göttern nach? Warum vermischt es die Kulturen? Warum macht es mit den Fremden (die Einheimische sind!) keinen kurzen Prozess? (Ri 2,1–3,6)

Gott, dein Wort kann ich nie direkt auf mein Leben anwenden. Was jenen, die Kanaans Boden für Israel erkämpften, als Gottestat erschien, gilt mir heute als Mord. Gott, lehre mich das Leben neu, dass ich lerne, in deinem Namen richtig zu leben! Amen.

Debora, Barak, Jael

Die Israeliten fingen nach dem Tod Ehuds wieder an und taten, was Jahwe nicht gefiehl. Darum lieferte Jahwe sie an Jabin aus, den König der Kanaanäer, der in Hazor residierte. Sein Heerführer hieß Sisera. Der wohnte in Haroschet-Gojim. Die Israeliten schrien zu Jahwe. Denn dieser Jabin hatte neunhundert eiserne Streitwagen. Er unterdrückte die Israeliten brutal, zwanzig Jahre lang. Ri 4,1–3

Damals lebt Debora, eine Prophetin. Sie ist zugleich Richterin, spricht Recht unter der Deborapalme zwischen Rama und Bet-El. Debora verbündet sich mit Barak, einem Mann aus dem Stamm Naftali. Barak sagt zu, in den Befreiungskampf mit seinen Leuten einzutreten, aber nur, so der Erzähler, wenn Debora mitmache. Gut, meint Debora, aber dann werde er auch den Ruhm des Sieges mit ihr, einer Frau, teilen müssen. Es kommt zur Schlacht, die neunhundert Streitwagen nützen den Kanaanitern nichts. Das Angstgerät ist hinderlich. Die Israeliten siegen, wider alles Erwarten. Der Feind Sisera muss fliehen. Er flieht in das Zelt eines gewissen Hebers, eines Keniters. Die Keniter lebten derzeit in einem Waffenfrieden mit den Kanaanitern. Heber hat sich aber von den Kenitern getrennt und agiert auf eigene Faust. Er bleibt in einer engen Beziehung zu Hobab, einem Schwiegervater des Mose. Seine Frau heißt Jael, die allein im Zelt hantiert, als Sisera hereinstürmt. So weiß es die Legende. Jael nimmt den Sisera, der seine Streitwagen in Stich lässt und zu Fuß flieht, in ihrem Zelt auf. Er möchte sich bei ihr verstecken, hält sich hier für sicher. Jael tut so, als ob. Und als sie den Flüchtling in Sicherheit und Schlaf gewiegt hat, treibt sie einen Keil in seine Schläfe. Er kommt elend um, während seine Mutter noch von den Siegerehren ihres Sohnes träumt.

In einem langen Lied, das die Heldengeschichte des frühen Israel besingt, schildert Debora diese Tat. Anschließend herrscht, so wird berichtet, vierzig Jahre Ruhe vor dem Feind, eine Ruhe, die durch den Mut und die Tatkraft zweier Frauen zustande kommt (Ri 4,1–5,31).

Gott, der du meinen Mut und meine Tatkraft brauchst, wie du Mut und Tatkraft Deboras und Jaels brauchtest, lass mich es für dich leben, dir dienen, mit Tatkraft und Mut! Aber lass mich mein Leben so entwickeln, dass Leben beschützt und Zukunft behütet wird. Dein Friede, der höher ist als alle Vernunft, bewahre mir Herz und Sinne zum Überlebensfrieden. Amen.

Gewalt und Sturz

Die Bäume machten sich auf. Einen von ihnen wollten sie zu ihrem König salben. Sie baten den Ölbaum: „Werde unser König!“ Aber der Ölbaum gab ihnen zur Antwort: „Soll ich auf meine Ölproduktion verzichten, die Götter und Menschen an mir so schätzen, und dafür über den Bäumen schweben und schwanken?“ Ri 9,8–9

So beginnt die Fabel, die der einzig überlebende Sohn Gideons, Jotam, erzählt. Die Geschichte des Richters Gideon ist mit dieser Fabel eng verbunden: Der Ölbaum lehnt es ab, König der Bäume zu werden, ebenso der Feigenbaum und der Weinstock. Der Dornbusch sieht seine Chance. Er will sich zum König salben lassen. Die Bäume sollen den Schatten des Dornbuschs suchen, wenn nicht, wird sein Feuer sogar die Zedern des Libanon auffressen.

Was geht voraus? Gideon wird zum Richter berufen, reißt durch kluge Feldherrnkunst und Taktik die Israeliten aus der Hand der Midianiter (i) sowie übriger Ostvölker. Gideon setzt nicht auf blutige Großschlachten, sondern auf kleine Einsatzkommandos, die sich durch Erfolg auszeichnen. Midians Heerlager wird durch ein Elitekommando Gideons von nur 300 Soldaten durcheinander gebracht. Der Sieg ist so glänzend, dass sich der kleine Stamm Efraim verletzt fühlt, weil man nicht auch ihn zum Kampf gerufen hat. Durch die Kunst der Diplomatie beendet Gideon auch diesen Streit. Jetzt soll er zum König ausgerufen werden. Er lehnt ab: Gott allein sei König in Israel. Gideon hat siebzig Söhne, alle gut verheiratet. Dieses Wirtschaftsimperium reicht ihm.

Einem nichtehelichen Sohn Gideons, Abimelech, aber nicht. Er, ein Bewohner Sichems, hetzt die Bürger dieser Stadt auf. Der Clan seiner Mutter unterstützt ihn. Gold und gute Worte helfen nach. Die Intrige gelingt. Alle Gideonsöhne werden umgebracht bis auf Jotam, der entkommt. Abimelech macht sich zum König von Sichem, doch Jotam stachelt gegen ihn – siehe die Fabel. Jotam flieht. Drei Jahre geht es gut mit dem Königtum in Sichem, dann gibt es weitere Verschwörungen. Abimelech schäumt, kann zunächst gegen die Aufständler siegen, wütet weiter gegen die Stadt und kommt in seiner Chaoswut um: Er legt Feuer an die Burg einer belagerten Stadt. Ein Mühlstein, von einer Frau von der Stadtmauer herabgestürzt, erschlägt ihn. So erfüllt sich die Fabel (Ri 9,1–57).

Gott, lass mich Frieden schaffen, in Wahrheit und Gerechtigkeit, auf Mobbing, Intrige und Korruption will ich verzichten. Amen.

Dein Gott und mein Gott

Ist es nicht doch so? Die dein Gott Kemosch vertreibt, deren Land besetzt du?
Ri 11,24 *Und wen Jahwe, unser Gott, vertreibt, dessen Land nehmen wir ein?*

Auch Jiftach ist, wie Abimelech, der Sohn einer Gottgeweihten (i). Er wird deshalb aus seiner Familie ausgeschlossen. In Gilead lebend, von Gilead gezeugt, wird er zum Outlaw, der sich seine Soldateska sucht und am Wüstenrand selbstständig agiert. Als nun die Ammoniter nach Gilead ins Ostjordanland eindringen, soll Jiftach helfen. Er tut es. Es zeigt sich auch, dass Jiftach vor den unbeherrschten Kampf das Gespräch setzt. In Grußbotschaften hin und her sucht er, wie es so schön heißt, nach friedlichen Lösungen.

Man könne doch aus der Geschichte lernen. Moabs Herrscher habe Israel beim Zug von Ägypten ins Jordanland keinen freien Durchzug gewährt, aber Israel auch nicht vernichtet, sondern es ungestört einen Umweg machen lassen, andere Herrscher ebenso. Und was habe Ammon gegen Israel? Die Ammoniter wollten ihr Land zurückhaben, das ihnen die Israeliten raubten, lautet die schlüssige Antwort aus Ammon. Jiftachs Gegenantwort? Schließlich habe Jahwe den Israeliten Land versprochen und zugeteilt. Der Gott Ammons, Kemosch, gebe ähnliche Versprechen, und Ammon bekriege und annektiere das Land, das Kemosch verspreche. So lebe jeder nach seinen Vorstellungen, jeder setze auf seinen Gott. Wenn man sich nicht arrangieren könne, müssten Waffen sprechen, leider. Schließlich habe Israel 300 Jahre im Gebirge Moab gesessen, rund um den Arnon, mitten im Gebiet der Moabiter – und man habe miteinander gelebt.

Der unvermeidbare Krieg endet für Ammon schlimm. Israel siegt, im Namen Jahwes. Jiftach aber kommt erneut in Schwierigkeiten. Er hat vor Kriegsbeginn versprochen, wenn er heil nach Hause komme, wolle er das Erste, das ihm aus seinem Haus entgegeneile, Gott opfern. Ihm kommt seine Tochter entgegen, die Jiftach töten lässt, gnadenlos. Jiftach, der gnadenlose, bleibt sich treu. Auch Gott? (Ri 10,17–12,7)

Mein Gott, in deinem Namen werden Kriege geführt, Menschen geopfert, bis heute, für deine Sache, für die Sache dieses oder jenes Volkes. Lass mich nicht auf falsche Kriege, falsche Opfer setzen. Ich will der frommen Kriegspropaganda nicht trauen. Es gibt nur falsche Kriege und falsche Kriegsopfer. Bewahre mich vor Irrtümern. Amen.

Verheissung

Du wirst schwanger werden und einen Sohn zur Welt bringen. Kein Schermesser soll sein Haupthaar berühren. Denn der Junge wird Gott geweiht werden, vom Mutterleib an. Er wird beginnen, Israel von den Philistern zu befreien. Ri 13,5

Das Richterbuch stellt verschiedene Befreier vor, die durch militärische Aktionen und Kriege dem einen oder anderen Stamm Israels helfen. Israel soll aus der Bedrückung freikommen. Die Richter wirken, weil Gottes Geist sie ergreift. Spannende Richtergeschichten, durch diese Idee zusammengehalten, berichten aus den verschiedenen Stammesgebieten. Debora kämpft gegen Kanaan, Gideon gegen Midian, Jiftach gegen Ammon, Simson gegen die Philister. Die Richter führen Gottes Kriege gegen Israels Feinde und sind doch Menschen mit Fehlern. Gideon hat mit der falschen Frau geschlafen, woraus sich erhebliches Unheil entwickelt, Jiftach zeigt Züge von Brutalität, Simson, von dem jetzt zu berichten ist, hat es insgesamt mit den Frauen. So erfahren wir, wie brüchig das Richtersystem ist, wie Höhen und Tiefen wechseln. Nach dem Tod bedeutender Richter entstehen Macht- und Glaubensvakuen, die niemand auffüllt. Die Erzählungen decken auf, wie schwach Israel als heiliger Stammesverbund in der Richterzeit war. Von einigen Richtern werden nur ihr Name überliefert, von anderen Legenden.

Simson wird geboren, als die Philister (i) das Land beherrschen, jener Städteverbund, den die Seevölker an der Westküste Kanaans gründeten. Seine Geschichten sind bunt und unterhaltsam, oft verfilmt. Ihm wird vorausgesagt, dass er anfangen werde, Israel aus der Vorherrschaft der Philister herauszubringen. Seine Kraftmeiertaten schaden in etwa den Feinden, aber seine Frauengeschichten bringen ihn auch stets neu in die Abhängigkeit der Unterdrücker. Trotzdem wird Simson zum Rettungszeichen. Er stellt ungeheure Körperkräfte zur Schau, wodurch er sich und seine Feinde in den Tod reißt (Ri 13,1–16,31). Er wächst im Verzicht auf Alkoholika auf und lässt sich die Haare nicht schneiden. Diese Lebensweise ist ein Merkmal der späteren Rechabiter (i), einer Lebensgemeinschaft in Israel, die das Heil in der Absage an die Kultur Kanaans und in der Rückkehr zur Wüstentradition sucht.

Gott, du leitest Menschen an, besonders zu leben, im Verzicht auf Wohlstand und Luxus. Lass mich meinen Weg suchen und finden, mich konsequent im Namen deiner Gebote Zukunft gestalten. Amen.

Desaster eins: Vergewaltigung

Die Geschichte spielt zu der Zeit, als es noch keine Könige in Israel gab. Damals wohnte ein Levit als Fremder draußen im Gebirge Efraim. Er nahm
Ri 19,1 *sich eine Nebenfrau aus Betlehem in Juda.*

Irgendetwas macht dieser Mensch falsch, seine Frau ärgert sich über ihn und läuft ihm weg. Sie rennt in ihr Elternhaus in Betlehem. Nach vier Monaten will der Mann seine Frau wieder um sich haben. Er sattelt zwei Esel, nimmt einen Knecht mit, zieht nach Betlehem. Der Schwiegervater sieht ihn kommen, freut sich und läuft ihm entgegen. Sie feiern die Versöhnung drei Tage lang. Jeden Tag, gegen Abend hin, will der Levit wieder nach Hause ziehen, aber sein Schwiegervater überredet ihn: „Bleibe bei uns! Es will Abend werden. Der Tag hat sich schon geneigt." Und so bleibt er, vier Tage lang. Am fünften Tag, als es schon später geworden ist – sie haben wieder tüchtig zugelangt –, macht er sich auf den Heimweg, seine Frau mit ihm. Sie kommen in die Gegend von Jebus, in die Stadt der Jebusiter, heute Jerusalem. Der Knecht schlägt vor, dort zu übernachten. Aber der Levit will nicht in einer fremden Stadt unter fremden Leuten einkehren.

Er zieht weiter und kommt, ehe es dunkel wird, nach Gibea, das von Israeliten bewohnt wird. Sie schlüpfen durch das Stadttor, ehe es schließt, stehen allein auf dem Marktplatz. Niemand öffnet ihnen. Ein alter Mann jedoch, ein Fremder, der auch aus dem Gebirge Efraim stammt, nimmt die Gäste auf. „Da draußen auf dem Marktplatz könnt ihr nicht bleiben", sagt er. Die Gäste haben Futter für die Tiere und eigene Verpflegung bei sich. Aber der Alte will davon nichts wissen. Er versorgt sie aus seinen Mitteln. Während sie zusammensitzen, poltern Rowdys gegen die Tür und fordern, der Fremde solle herauskommen, sie wollten mit ihm schlafen. Der Alte geht hinaus, versucht die Bande zu beschwichtigen, bietet an, sie könnten sich mit seiner Tochter vergnügen, einem unschuldigen Mädchen, aber den Fremden sollten sie in Ruhe lassen (Ri 19,1–21,25).

Gott, Hass und Gewalt nehmen zu, in unserem Land und überall in der Welt. Hass und Gewalt zerstören unsere Städte, unser Land, zerstören uns selbst. Überall ist Bronxhausen. Vergib, hilf und bring uns zu anderen, neuen Einsichten, zur Rücksichtnahme und Ehrfurcht vor dem Leben eines jeden Menschen. Amen.

Desaster zwei: Heiliger Krieg

Da packte der Mann seine Nebenfrau und brachte sie zu ihnen hinaus. Die fielen über sie her und vergewaltigten sie. Die ganze Nacht ging das durch, bis zum Morgen. Ri 19,25

Im Morgengrauen öffnet der Gast die Tür, seine Frau liegt da, die Hände in den Schoß verkrallt, tot. Der Mann lädt sie auf den Esel und reist heim. Zu Hause angekommen, zerschneidet er den Leichnam in zwölf Stücke und sendet in jeden Stamm ein Stück: „Hat man je so etwas Böses erlebt in Israel seit dem Auszug aus Ägypten?" Die zwölf Stämme treffen sich in Mizpa, dem Versammlungsort Israels. Der Heilige Krieg gegen Gibea, eine israelitische Stadt, wird beschlossen, der Heerbann aufgeboten. Nur die Leute aus dem Stamm Benjamin fehlen. Verständlich, denn Gibea liegt auf ihrem Stammesgebiet. Benjamin sammelt ein eigenes Heer, auserlesene Soldaten, linkshändige Schwertkämpfer, zielgenaue Steinschleuderer. Die Benjaminiter wagen einen Ausfall gegen die elf Stämme und siegen. Jetzt wird Gott im Heiligtum zu Bet-El befragt. Das Heiligtum rät, den Strafkrieg fortzusetzen. Durch einen Hinterhalt siegt nun das israelitische Heer, Gibea wird niedergebrannt, die Einwohner getötet. Ein Rest von sechshundert Kriegern aus Gibea flieht auf einen nahen Felsen. Wieder kommt es zur Volksversammlung in Mizpa. Schließlich entstehen zwei Volksschwüre: „Nie darf einer der Stämme beim Allting fehlen. Nie bekommt ein Benjaminit noch eine Frau aus Israel."

Aber? Sind sie nicht zwölf Stämme? Soll Benjamin ausgelöscht werden? Es gibt keine benjaminitischen Frauen mehr! Aus dem Dilemma wird ein weiterer Krieg herausführen: Jabesch, eine Stadt, die sich nicht am Volksschwur und Vernichtungskampf gegen Benjamin beteiligte, wird ausgeräuchert, jedoch bleiben vierhundert Jungfrauen übrig, die man nun mit den Benjaminitern verheiraten kann. Freilich, zweihundert müssen zusätzlich bei Silo aus den Weinbergen geraubt werden, als sie dort Weinlese halten. So kann Benjamin weiter existieren (Ri 19,1–21,25).

Bewusst steht diese Erzählung am Ende des Richterbuches. Der Heilige Krieg bietet keine Hilfe, um Zukunftsfragen zu lösen. Der Eifer, stets mit der Parole vom Heiligen Krieg auf den Lippen, Rache zu fordern, führt in immer neue Desaster. Eine neue Zeit, eine andere Strategie muss her!

Gott, eine grausame Geschichte wird erzählt, aber sie soll uns warnen, mit Kriegsmitteln und Kriegstreiberei schnell zur Hand zur sein. Die Ausrottung des Bösen erzeugt endlos neu Böses. Vergib und hilf. Amen.

Geschichte oder Symbol?

„Wo du hingehst, gehe ich auch hin. Wo du dich aufhältst, halte ich mich auch auf. Dein Volk ist mein Volk. Dein Gott ist mein Gott. Wo du stirbst, will ich auch sterben und begraben werden. Jahwe kann mir dies und das
Rut 1,16 f. *Schlimme antun, nur der Tod wird mich und dich auseinanderreißen."*

Mit diesen Worten wendet sich Rut, was *Genossin* heißt, an ihre Schwiegermutter Noomi, eine einsame, verbitterte Frau, die nichts an sozialer Sicherheit zu bieten hat, schon gar nicht für die Frau ihres verstorbenen Sohnes. Denn ihr Mann und ihre beiden Söhne starben im Ausland, in Moab, was *Glückland* heißt. Nun will Noomi, die *Glückliche* – ein verquerer Name, der nicht zum Schicksal der Alten passt – zurück in ihre Heimat nach Betlehem, nach *Brothausen*, wo sie vielleicht eher eine Existenz findet.

Rut, die junge Moabiterin, hängt sich an Noomi und deren Gott. Sie hofft: In der Nähe der Noomi ist sie Gott Jahwe nahe. Der ist ein Gott der Schwachen und Einsamen, ein Gott der Witwen und Waisen und wird helfen. Er ist auch ihr Gott.

Diese Symbolgeschichte erzählt, wie Segen über Menschen kommt, die ihre Zukunft bei Gott suchen. Das heißt nicht, sich in frommer Übung diesem Gott zuzuwenden, sondern seine Thora zu suchen und danach zu handeln. Aus und in der Thora zu leben bedeutet, eine Lebensqualität zu finden, die sich für alle Zukunft lohnt; meint, jene notwendige Sozialität des Lebens zu entdecken, wie sie die Bibel lehrt. Was in der Gesetzgebung des Mose trocken, manchmal auch versteckt steht, wird hier mit Phantasie erzählt.

Alle Namen bergen in sich eine Bedeutung, die sich als Schicksal erfüllt. Auch Noomi wird schließlich durch die Wiederverheiratung der Rut zu einer Glücklichen, die sie ihr Leben lang nicht war, erst jetzt im Alter. Sie erlebt, wie der Großvater Davids als ihr Enkel geboren wird, Obed. So wird aus der Symbolerzählung Geschichte. Kindern und Erwachsenen wurde diese Geschichte erzählt, um ihnen mitzuteilen, wie die Gesetze der Thora funktionieren, mit denen Witwen, Waisen und Ausländerinnen Unterstützung zugesagt wird.

Gott, lehre mich deine Gesetze, deine Lebensordnung. Diese Ordnung verhilft Witwen, Waisen und Fremden zu gemeinsamem Leben mit mir, zum Glück und Segen für alle. Amen.

Auftakt

Damals, als die Richter regierten, fiel eine Hungersnot auf das Land. Da brach ein Mann aus Bethlehem in Juda auf, zusammen mit seiner Frau und zwei Söhnen. Er wollte als Fremdarbeiter im Moabiterland siedeln. Der Mann hieß Elimelech, seine Frau Noomi, seine beiden Söhne Machlon und Kiljon. Sie waren Ephratiter aus Betlehem in Juda, betuchte Leute. Sie zogen ins Moabiterland und blieben dort. Rut 1,1

Das Buch Rut erzählt humorvoll eine bewegende Geschichte. Eine jüdische Familie wandert aus Bethlehem, was Brothausen heißt, wegen einer Hungersnot nach Moab aus. Der Familienvater stirbt in der Fremde, seine beiden mit Moabiterinnen verheirateten Söhne auch. Die übrig gebliebene Familienmutter Noomi bittet ihre Schwiegertöchter, in das Land umzukehren, aus dem sie stammen: Moab. Die eine, Orpa, folgt dem Bitten, die andere, Rut, bleibt bei ihrer Schwiegermutter und wandert mit ihr nach Bethlehem zurück. Dort nimmt ein entfernter Verwandter, Boas, Rut in seinen Schutz und heiratet sie gemäß den Vorschriften des jüdischen Rechts. Rut bringt einen Sohn zur Welt, den alle, besonders Noomi, freudig begrüßen. Eine spätere Tradition, die schon im Buch Rut zu finden ist, macht die Moabiterin Rut, eine Ausländerin, zur Stamm-Mutter Davids und damit Jesu, wie Matthäus es behauptet (Mt 1,5).

Die fein gesponnene Novelle, die wohl auf einer älteren Erzähllegende beruht, ist ein Frauen-, Ausländer- und Elendsbuch. Jahwe, der sich der Fremden annimmt, der Witwen und Waise aufrichtet, belohnt alle, die Armen, Schwachen und Bedrohten Gutes tun. Frauen, das stellt die Geschichte heraus, sind besonders schutzlos. Aber durch Jahwe, den Beschützer aller Hilfesuchenden, wird neue Zukunft eröffnet. Den beiden Frauen Noomi und ihrer Schwiegertochter Rut wird Zukunft geschenkt zusammen mit dem, der sich ihrer annimmt und sie beschützt: Boas. Durch Jahwe geschieht all dies, den Gott Israels.

Mein Gott, eine Geschichte von Frauen und Flüchtlingen wird erzählt, besonders ihre Errettung. So verstehe ich, was du von mir erbittest: Ausländerinnen zu schützen, Witwen und Waise aufzunehmen und ihnen Zukunft zu schenken. Das sagen mir dein Wille und Wort, bis heue. Amen.

Vieles kommt anders

Da starb Elimelech, der Mann der Noomi. Sie blieb mit ihren beiden Söhnen zurück. Die nahmen sich moabitische Frauen; die eine hieß Orpa, die andere Rut. Sie ließen sich in Moab für etwa zehn Jahre nieder. Danach starben auch Machlon und Kiljon, alle beide. Noomi lebte nach dem Tod ihrer beiden Söhne und ihres Mann allein.

Rut 1,3–5

Die Erzählung des Buches Rut ist eine Lehrnovelle, in der Personen- und Ortsnamen eine symbolische und dabei oft eine ironische Bedeutung haben. Aus den Namen wird dem, der hebräisch spricht, diese Symbolik ohne Erklärung verständlich. Die Geschichte des Buches Rut wird hier nacherzählen und dabei auch die Namensdeutung übernommen. In Gedichtform und oft mit Schmunzeln wird gedeutet.

Noomi ist ein Name, ja *glücklich* heißt die Frau. Doch schaut man etwas tiefer, dann stimmt das nicht genau. Denn was hat diese Olle schon Glückliches erlebt? Sie heirat' Elimelech, der kaum nach Reichtum strebt.

Schlecht steht es hierzulande, kein Arbeit und kein Brot. In Betlehem, dem *Brothaus*, da leiden alle Not. Drum sagt auch Elimelech, was *Gott ist König* heißt: „Bloß weg aus diesem Kaff hier, wo Hunger uns zerreißt."

Sie ziehen dann nach Moab. Na, da soll es besser sein. Es stellen sich zwei Söhne, Kiljon und Machlon ein. Doch geht das Elend weiter: Kiljon, was *Mangel* heißt, und Machlon auch, die *Krankheit*, was sich sofort beweist.

Zwar haben sie geheiratet, die Orpa und die Rut. Es hofft nun die Familie: „Jetzt geht's uns aber gut! Wir kriegen viele Kinder. Denn Moab ist bekannt als wunderschönes reiches, als Kindersegensland."

Doch erstens kommt es anders. Und zweitens als man denkt. Gott hat den beiden Frauen kein einzigs Kind geschenkt. Zuerst stirbt Elimelech, dann Kiljon, dann Machlon. Noomi, Rut und Orpa, die machen sich davon.

Gott, ich richte mir mein Leben ein, so und so und so. Du erfüllst nicht alle meine Sehnsüchte, jedoch alle deine Verheißungen. Amen.

Boas

Noomi hatte einen Verwandten, einen angesehenen Mann. Er stammte aus der Sippe ihres Mannes Elimelech. Der Mann hieß Boas. Rut 2,1

Eine Frauengeschichte wird zur Flüchtlingsgeschichte, in der schwache Frauen stark werden. Dies geschieht vor allem durch die soziale Einstellung eines Menschen, der Israels Flüchtlingsrecht ernst nimmt. Dem Boas wird sein Handeln selbst zum Segen. Statt „Ausländer raus!" heißt es „Nehmt Gottes Weisung ernst, teilt mit den Flüchtlingen euer Leben!" Daraus wächst Zukunft.

Wohin mit den drei Frauen? Nach Betlehem zurück? „Vielleicht bringt uns *Brothausen*, die Heimat, etwas Glück?" – „Was, ihr wollt mit mir ziehen?" fragt Noomi und weint: „Ich bin doch alt und müde, mein Herze ist versteinert. Geht hin zu euren Eltern. Die helfen euch vielleicht! Brothausen hat kein Brot mehr und ihr habt nichts erreicht." Da wendet sich die Orpa zurück ins Moabland. Doch nimmt das treue Rutchen Noomi an die Hand:

„Gehst du zurück nach Juda, bleib ich bei dir in Not. Dein Volk – wir sind Geschwister. Mir hilft dein treuer Gott." Und hungernd kommen beide in Bethlehem jetzt an. Die armen, fremden Frauen guckt jeder kritisch an. „Was wollt ihr bei uns betteln? Haut ab, sucht euer Brot in andern reichen Städten. Wir leiden selber Not. Haut ab, ihr Flüchtlingsmenschen. Wir sind ein armes Land, trotz allem Glück und Wohlstand. Das ist doch weltbekannt."

Doch wohnte da ein Boas, ein Mann, der klüger war. Der war schon etwas älter – und Frauen waren rar in Bethlehem, im Städtchen. Und Rut war hübsch und jung. Das Herz von Bauer Boas kriegt einen leisen Sprung.

Er sieht das hübsche Rutchen und merkt, sein Herze tuckt. Denn Boas, dieser Schlaue, hat sich in Rut verguckt. Er sagt zu seinen Knechten: „Tut dieser Frau nichts an, wenn sie nun Ähren sammelt. Vielleicht werd ich ihr Mann?"

Mein Gott, von dir und deinen Menschen werden so schöne Geschichten erzählt, Geschichten der Liebe, des Verstehens, des Vertrauens. Lass mich solche Geschichten selbst leben. Amen.

Rut und Boas

„Hör zu, meine Tochter", sprach Boas Rut an, „du musst dir nicht unbedingt einen anderen Acker suchen, um Ähren zu lesen. Niemand möchte, dass du hier abhaust. Gern kannst du dich an meine Mägde wenden. Schau dich um, auf welchem Feld sie mähen. Geh einfach hinter ihnen her. Ich habe meinen Knechten strikt verboten, dich in irgendeiner Weise zu belästigen. Wenn du Durst hast, komm ohne Angst zu den Wasserkrügen und trinke. Die Knechte werden dir die Schöpfkelle reichen."

Da verneigte sich Rut bis zur Erde, ihr Gesicht berührte den Boden. Sie
Rut 2,8 *fragte: „Wie kommt es, dass du mich so freundlich behandelst und so auf-*
bis 10 *merksam auf mich zugehst? Ich bin doch nur eine Fremde!"*

Und Rut geht auf die Felder und sammelt Ähren ein. Davon backt sie das Schwarzbrot, das schmeckt so gut und rein. Und Noomi, die alte, sie sagt: „Da, schau mal an! Es bahnt sich etwas Nettes bei Rut und Boas an!"

„Hör zu", rät Schwiegermutter, „du badest dich heut Nacht und hast dich für den Boas hübsch fein zurechtgemacht! Und legst dich vor die Scheune, wo Boas drischt und wirkt. Wir wollen doch mal sehen, ob das bei dem Mann wirkt."

Rut tut, wie ihr geraten. Sie kleidet sich hübsch an. Und schleicht sich raus zu Boas. Da fing es wirklich an. Denn Boas, ziemlich müde vom Dreschen, schläft im Stroh. Darüber ist das Rutchen im Herzen wirklich froh.

Sie kuschelt sich am Boden zu seinen Füßen hin. Dem Boas wird ganz komisch in seinem Schläfersinn. „Was liegt da für ein Köter? Ach, Rutchen, das bist du? Du Liebste", ruft der Boas, „du raubst mir meine Ruh! Doch gehn wir beide morgen gleich hin zum Standesamt! Und hängen dann im Kasten, ganz freundlich eingerahmt. Und gibt es einen andern, der dich, das Rutchen, will, dann stehe ich zurücke und schweige einfach still."

Gott, wenn Menschen sich begegnen und beginnen, sich zu lieben, so gibst du deinen Segen zu diesem Erleben und Tun. Segne, wenn Nahe und Ferne, Fremde und Hiesige sich vertrauen und verbinden. Segne mich, wenn ich mich Fremden zuwende. Amen.

Sozialversicherung damals und heute

Boas war zum Tor hinaufgegangen und hatte sich dort hingesetzt. Rut 4,1

Boas trifft im Tor den so genannten Auslöser, einen jüngeren, ferneren Verwandten des Elimelech, der eher ein Anrecht auf den liegengebliebenen Acker des Elimelech gehabt hätte als Boas. Er hätte aber auch Rut heiraten müssen. Er verzichtet.

Eine Art Sozialversicherung war die Schwagerehe: Die Ehefrau des ohne Sohn verstorbenen Bruders muss von ihrem Schwager geheiratet werden. So wird dessen Familie erhalten, die Witwe und deren Kinder, falls vorhanden, werden versorgt. Der Erstgeborene aus dieser Ehe erhält den Namen des Bruders. Das Recht auf diese Ehe kann die Witwe öffentlich geltend machen. Im Buch Rut wird allerdings dieser Brauch, der auch die Reintegration der alleinstehenden Witwe meint, mit der Löserehe gekoppelt: Der Löser löst mit einem Rechtsakt das ihm zustehende Familienerbe ein, muss aber auch die Überlebenden mit übernehmen. Es geht eben nicht an, das Erbe anzutreten und Menschen auszuschließen. Jeder hat Anrecht auf Zukunft, bis heute!

Am nächsten Tag geht Boas zu den Beamten hin: „Hat hier vielleicht ein andrer mit Rutchen was im Sinn? Auch gibt es noch ein Erbe, das ist hier gut bekannt, von Elimelechs Eltern, vier Morgen Ackerland."

Da meldet sich ein Neffe, den fragt der Boas an: „Willst du den Acker haben? Dann bleib bei Rutchen dran!" – „Ach", sagt der stille Junge, „das Land, wer will das nicht? Doch auf das Auslandsliebchen, da bin ich nicht erpicht."

„Na gut", freut sich der Boas, „dann kaufe ich das Land! Und nimmt sein liebstes Rutchen ganz fröhlich an die Hand. Ich sage euch, ihr Leute, dass dies 'ne Hochzeit wird, da werden zwanzig Pferde zur Kutsche angeschirrt!"

Und alle Leute staunen: „Was für 'ne hübsche Braut! Wo hat der olle Boas sich die bloß hergeklaut? – Na ja, der gute Alte, der hat nur das gemacht, was unser Gott und Retter sich für uns ausgedacht."

Mein Gott, du bist und bleibst ein Gott, der will, dass wir Fremde versorgen und Flüchtlinge aufnehmen und lieben. Lass mich deine Gerechtigkeit tun. Amen.

Zukunftsperspektiven

Boas nahm Rut zur Frau. Sie heirateten. Boas und Rut schliefen miteinander. Jahwe fügte es, dass Rut Mutterfreuden entgegensah. Sie brachte einen
Rut 4,13 *Sohn zur Welt.*

Die Ruterzählung beginnt mit den Hoffnungen und Enttäuschungen der Noomi, deren Namen *Glückliche* heißt. Lange Zeit glaubt Noomi nicht, dass sie glücklich werden könnte. „Nennt mich Mara, die *Verbitterte*", ruft sie aus! Aber nun ist sie glücklich! Sie wird Großmutter. Sie hat einen Enkel, ist versorgt!

Im hebräischen Kanon (i) wird das Buch Rut zur Weisheitsliteratur (i) gerechnet. Im Liturgietext der jüdischen Gemeinde kommt es als Festrolle für das jüdische Erntedankfest vor: Alle, die auf ihren Feldern geerntet haben, sollen sich erinnern, dass sie selbst einmal Flüchtlinge waren. Immerhin war Davids Großvater, das erzählt diese Lesung auch, ein Flüchtling! In der LXX (i) steht das Buch Rut nach dem Richterbuch. Im diesem Fall hat es einen Hauch von Historie, im ersten Fall wird es eher in die Weisheitsliteratur gestellt, die aufklären und erziehen will: Die Rutnovelle, ein erzählender Kommentar zur Sozialgesetzgebung in Israel. Thema: Fremde, Schwache, Frauen!

Nun wartet noch ein Jährchen, da ist der Obed da, ein Flüchtlingskind, ein hübsches, so hübsch, wie's keiner sah. Ja, Obed, das heißt *Flüchtling* und *Knecht* und *Sohn* ja auch! Na, jetzt wird toll gefeiert! Das ist bei uns so Brauch!

Was meint ihr, wie Noomi sich nun ganz riesig freut! Na ja, zum Glück, da wird es für sie auch langsam Zeit. Und auch der Elimelech freut sich im Grabe mit! Und niemand hier im Lande sagt mehr „Igittegitt!"

Ja, Rut, Obed und Boas, die sind uns nun vertraut. Denn Boas ist ein Kluger, hat weit vorausgeschaut. Wer hilft, den wird Gott segnen. Denn Obed, dass ihr's wisst, wird doch des Davids Opa, der 'n großer König ist!

Ausländer unter uns, Flüchtlinge bei uns. In unserem Land spielt sich viel ab, was wir nicht wissen und nicht wissen wollen, weil es uns zu sehr belastet. Ich bitte für uns, dass wir uns für die Gemeinschaft mit fremden Menschen entscheiden, damit wir gemeinsam überleben. Ich danke für alle guten Vorsätze, danke für alle meine zukünftigen guten Taten. Amen.

Bleibende Botschaft

Jahwe, euer Gott ist ein Gott (…), der in keinem Fall auf Rang und Stand einer Person achtet, Bestechung lehnt er ab. Er hat nur eins im Sinn: Waisen und Witwe Recht zu schaffen und den Fremden zu lieben. Darum gibt er ihm Brot und Kleidung. Ihr sollt den Fremden lieben, ihr selbst seid auch Fremde in Ägypten gewesen. Dtr 10,17 bis 19

Die Namen im Buch Rut sind Programm. Sie werden auch mit der Geschichte Israels und seiner Könige verwoben. Obed, Ruts und Boas' Sohn, wird zum Stammvater Davids. So will es die Legende. David, der König Israels, leitet sich von einer Flüchtlingsfrau her, deren Name *Genossin*, treue *Nachfolgerin* bedeutet. Und Boas? Dessen Name sagt das Gegenteil von Unbehaustheit und Flüchtlingselend aus : Eine der beiden Säulen am Tempeltor in Jerusalem heißt so, die *Glück, Wohlstand, Fruchtbarkeit* symbolisiert. Flüchtlingselend wird überwunden, wenn sich Arm und Reich verbinden.

Und Obed, Davids Stammvater? In diesem Namen steckt hebr. obed, *umherirren*, ein Bild für Unbehaustheit. (Hebr.) abad, *arbeiten*, wie (hebr.) ebed, *Knecht*, kommen im Wortstamm vor: Obed ist der Sklave, dem Israel Heimat wird, Knecht Gottes (i)! Das stolze Königtum Davids verbindet sich mit dem Flüchtlingsschicksal Davids, der vor Saul fliehen muss (siehe 1Sam 18,1–24,23; vgl. 25.7.).

Wer arm ist und elende, wer keine Heimat hat, den mache doch der Reiche in unserm Lande satt. Den sollen wir doch schützen, wer hier ein Flüchtling ist. Der floh aus schlimmen Ländern, was mancher gern vergisst!

So segnet Gott die Leute, die teilen in der Not, die Arme nicht verachten und schenken ihnen Brot. Und schenken denen Freundschaft, die ohne Heimat sind. Und freuen sich und lachen mit jedem Flüchtlingskind.

Und sagen ihren Kindern: „Bringt doch den Achmed mit, der wohnt in unsrer Straße, grad neben Hanne Schmidt!" Ja, so kommt Gottes Segen, wenn niemand sich groß ziert, weil Gott in einem Flüchtling uns noch zum König wird.

Gott, mehr als die Hälfte der Menschheit sind Frauen, Mädchen, Kinder. Sie spielen in den Zusammenhängen der Weltgeschichte eine unterdrückte Rolle. Sie leiden und dulden. Hilf mir, Not zu sehen und Helferin und Helfer, Freundin und Freund für Frauen, Mädchen und Kinder zu werden. Amen.

1Sam 1– 2Kön 25

Gottesherrschaft, aber wie?

Da hielt Samuel eine Ansprache vor ganz Israel: „Ich habe auf euer Geschrei gehört, alle eure Forderungen habe ich erfüllt! Ich habe einen König eingesetzt, der euch anführen wird. Siehe, euer König wird vor euch herziehen. Ich aber bin alt und grau geworden."

1Sam 12,1 f.

Die Richterzeit geht zu Ende. In ihr wurde vieles aus der früheren Tradition bewahrt, auch die Überzeugung, Israel brauche keine Könige, höchstens Richter und dann und wann einen Heerführer, der Israel in den Heiligen Krieg führe, wenn schweres Unrecht geschehen sei – aber oft zu spät, wie die Israeliten zu spüren bekamen. Auch entpuppte sich der Heilige Krieg, Machtinstrument der israelitischen Religion, als falsche politische Strategie. Nicht umsonst wird zum Ende der Richtergeschichten erzählt, wie Israel im Heiligen Krieg sich selbst zerfleischt: Um ein Haar hätte es keinen Stamm Benjamin mehr gegeben. Nein, es müssen andere Zeiten kommen (Ri 19,1–21,25). „Damals gab es keinen König in Israel; jeder tat, was ihm passte!", schließt das Richterbuch ab. Werden Könige gerechter regieren als Richter, mit mehr Kriegsglück?

Saul, Sohn des Kisch, wird zum König geweiht. Damit wird eine neue Herrschaftsepoche in Israel eingeleitet. Israel wird in den nächsten drei Jahrhunderten vom System der Königsherrschaft nicht abrücken. Zwar gibt es auf Dauer ein Nordreich, Israel, und ein Südreich, Juda, nachdem das Davidreich nach Salomos Tod in zwei Teile zerbrach. Die Königsherrschaft aber bleibt. Saul legt zu ihr den Grundstein. Als Saul scheitert, geht die Königsidee von ihm auf David und dessen Sohn Salomo über (1Sam 12,1 ff.).

Bringt sie Neues? *Gott* ist König in Israel! Dieser Glaube unterscheidet Israel von anderen Reichen. Die haben Gottkönige auf ihren Thronen und avancieren zu Sklavenhalterstaaten. Israels Glaube bleibt, während Könige im Land regieren, Gegenpol gegen Willkür und Despotenherrschaft, manchmal. Propheten kritisieren Könige im Namen Gottes. Sie erinnern, jeder Herrscher habe das Gottesrecht, nicht zu protzen, sondern zu dienen, streng zu achten (Dtn 17,14–20). Schließlich gehen beide Königtümer unter, Israel 722 v. Chr., Juda 587 v. Chr. Gott wird für sein Volk andere Wege in die Zukunft suchen.

Gott, du bestellst Richter, Könige, Propheten, die dein Recht vor deinem Volk, vor aller Welt vertreten sollen. Tun sie es, tu ich es? Ich bin mitverantwortlich. Lass mich den Weg deiner Gerechtigkeit gehen. Amen.

Übergänge

1Sam 1,1–2Sam 1,27

Der Starken Bogen zerbrach, Schwache umgürten sich mit Stärke. Wer aus dem Vollen lebte, muss nun ums Brot kämpfen. Wer Hunger litt, wird jetzt satt. Sieben Kinder gebar die Unfruchtbare. Die Kinderreiche welkt und vergeht. Jahwe tötet und macht lebendig. Er stößt ins Totenreich und holt wieder herauf. 1Sam 2,4–6

Es ist das einzigartige Thema der Bibel: Die Großen, die sich großartig vorkommen, werden gebeugt. Schwache und Bedürftige werden aufgerichtet. So ist Gott. Er kümmert sich um die, die in der Weltgeschichte zum Schlusslicht wurden, und macht sie groß.

Wie Hanna, die Frau des Elkana. Der liebt sie sehr, aber Hanna bleibt kinderlos. Sie weint, ihre Sehnsucht nach einem Kind wird übermächtig. „Bin ich dir nicht mehr als ein Sohn?" fragt Elkana. Und dann wird wider Erwarten Samuel geboren, nachdem Hanna im Tempel zu Schilo betete und sich von Eli, dem alternden Priester, segnen lässt. Hanna erkennt: „Dieses Kind schenkte mir Gott." Sie widmet es Gott, übergibt es dem Tempel in Schilo, als es drei Jahre wird. Hanna singt ein Lied (entstanden in jüngerer Zeit), das Samuels Zukunft andeutet: Gott hat Großes an Hanna getan, hat Großes mit Samuel vor.

Samuel, der letzte Richter, hilft, dass sich die Verhältnisse in Israel ändern. Die Zeit der Richter geht zu Ende. Neues soll wachsen. Israel wird nicht mehr sklavisch fremden Herrschern gehorchen müssen. Es wird sich erheben und selbst bestimmen, so lautet die Parole? Die Richter hatten in Israel Gericht abgehalten. Einige avancierten zu charismatischen Heerführern, die den einen oder anderen Sieg errangen. Israel ist schwach in diesen Zeiten, Vasall fremder Völker. Wenn das Gottesrecht auf dem Spiel stand, riefen diese Führer zum Heiligen Krieg auf, in den sich Israels Stämme zögernd einbanden. Samuel, Anwalt der zwölf Stämme Israels, Richter und Prophet, leitet widerstrebend eine neue Entwicklung ein. Seine Bedenken sind: Ist *Gott* nicht König in Israel? Braucht Gottes Volk irdische Könige? Reichen die Richter nicht aus? Gott hat Neues mit Israel vor?

Doch was Hanna singt, erfüllt sich (1Sam 2,1–11): Den zwölf Stämmen Israels wird von Gott in der Geschichte ein Zukunftsplatz geschenkt.

Gott, du entwickelst die Geschichte deines Volkes, voller Irrungen und Wirrungen, eine Geschichte im Abseits, in Elend und Unterdrückung. Doch hältst du deinem Volk die Treue. Du hebst es aus dem Staub und segnest es. Du segnest uns, dein Gottesvolk auf Erden, auch mich. Amen.

Die Bundeslade

Die Philister fragten: „Was für ein Sühnegeschenk sollen wir geben?" Die Antwort lautete: „Fünf goldene Beulen und fünf goldene Mäuse, wie es fünf Philisterkönige gibt. Denn alle eure fünf Stadtkönigtümer sind betroffen,
1Sam 6,4 *Untertanen und Könige."*

Ein Tiefpunkt in Israel sind die Kämpfe mit den Philistern (i)! Stadtstaaten, an der palästinischen Mittelmeerküste von seefahrenden Völkern, aus Zypern oder Kreta gegründet, kontrollieren die Einwanderer aus der ägyptischen Wüste, die sich auf den Bergen und in Ebenen als Viehzüchter und Bauern niederließen. Handel, Handwerk und Industrie liegen in Philisterhand. Fünf Städte, in einem Bund vereint, beherrschen Israel, das nur noch auf dem Papier existiert. Israelitische Bauern und Viehzüchter werden im Kolonialstil ausgebeutet.

Nun soll es zu einer entscheidenden Auseinandersetzung mit den Philistern kommen. Ist Gott nicht auf Israels Seite? Ist er nicht Jahwe Zebaoth, *Gott der Heerscharen*? Angeblich wird der Kampf gegen die Philister in großer Schlachtordnung geführt. Die Bundeslade, auf der Jahwe unsichtbar thront, steht im Heiligtum in Schilo bereit, wo der alte Priester Eli agiert. Jetzt wird sie in die Schlacht getragen. Gott wird handeln, Israel wird siegen, so die religiöse Vereinnahmung Gottes! Aber es kommt anders.

Elis Söhne fallen an der Front. Eli stürzt tot vom Priestersitz, als er erfährt: Die Lade geriet in Philisterhand. Spitzbübisch wird die Geschichte des Kastens weitererzählt. Aufgestellt im Tempel des Philistergottes Dagon in Gad, bringt sie Unglück. Dagons Tempelbild stürzt über Nacht zusammen. Mehr noch, eine Beulenpest bricht in den Philisterstädten aus. Die Lade habe den Sturz verursacht, die Seuche gebracht, flüstern die Betroffenen. Die Lade wird auf einen Wagen gestellt, zwei Kühe werden vorgespannt. Die ziehen das Heiligtum nach Bet-Schean auf israelitischen Boden, behangen mit je fünf Beulen und Mäusen aus Gold: Bußgeschenke.

Auch den Israeliten bringt die Lade zunächst kein Glück. Jemand zettelt der Lade wegen ein Blutvergießen in Bet-Schean an. Nun wird sie nach Kirjat-Jearim abgeschoben, wo sie lange bleibt. Erst David holt sie von dort in feierlichem Zug ab, um sie im eroberten Jerusalem aufzustellen (1Sam 4,12–7,1; 2Sam 6,1 ff.).

Mein Gott, Glaube und Aberglaube klingen oft zusammen. Hilf mir, dir, dem unsichtbaren Gott, zu vertrauen, nicht sichtbaren Zeichen und Bildern. Du bist der Lebendige, mein Gott! Halleluja! Amen.

SAUL

„Ihr sagt heute eurem Gott ab, der euch bisher in aller eurer Not und Bedrängnis half." „Nein", sagt ihr, „wir wollen einen König!" 1Sam 10,19

Samuel, Richter in Israel, wohnt in Rama. Er spricht Recht, indem er von Heiligtum zu Heiligtum reist: Bet-El, Gilgal, Mizpa, Rama. Wo er wohnt, sind seine Gerichtsstätten. Samuel ist ein Vertreter des alten, aus der Wüstenzeit stammenden Gottesrechts, des Bundesrechts. Nun wird er älter. Israel will einen König, der ein dauerhaftes Herrschaftssystem garantiert. Samuel soll einen der Israeliten zum König salben. Ist nicht Jahwe König in Israel? Wird sich nicht ein König zu viele Frauen halten, zu große Heere rüsten, zu teure Paläste bauen, gar das Recht zu seinem Vorteil umkehren und sich selbst zum Gott machen, wie es das altisraelitische Wüstenrecht vorausahnt? (Dtn 17,14–20). Kommt jetzt die berühmtberüchtigte neue Zeit? Wird sich Israel, das doch Freiheit und Gerechtigkeit erstrebt, weil Gott ihm beides verheißt, seinem König unbedacht unterwerfen, wie sich Ägypten (i) dem Pharao und Assur (i) seinem Gottkönig untertan macht?

Die Legenden, wie und warum Saul, der Sohn des Kisch, aus dem Geschlecht der Benjaminiten, zum König gesalbt wird, sind Legion – und miteinander verwoben. So wird erzählt: Saul ging mit einigen Knechten auf Wunsch seines Vaters los, um einige Eselinnen zurückzuholen, die in ihrer Brunst einem fremden Hengst nachgerannt waren. Unterwegs, als sie die Eselinnensuche schon aufgeben wollen, kommen sie nach Rama und treffen auf den Gottesmann Samuel, der Saul eine große Zukunft weissagt – und zum König salbt (1Sam 9,1–10,16).

In einer anderen Variante wählt eine Volksversammlung durch das Losorakel (i) Saul zum König, zum charismatischen Heerführer mit Vollmachten, auf Dauer. Samuel bleibt im Richteramt, spinnt im Hintergrund seine Fäden. Saul, einen Kopf größer als Israels Männer, wird vom Volk als Führer gewünscht, von Samuel zunächst gestützt. Er zeigt in ersten Kämpfen militärisches Geschick. Seine Siege sind beachtlich: Ammoniter, Amalekiter, räuberische Kamelnomaden aus dem Osten, werden aus den israelitischen Gebieten verdrängt. Sauls Initiativen werden begrüßt. Gegen die Philister kommt er aber nicht an (1Sam 8,1–13,23).

Gott, große Entscheidungen werfen ihren Schatten voraus. Treten wir von einem Zeitalter ins andere? Globalisierung, Militarisierung? Sende deine Gerechtigkeit in unsere Herzen, deinen Segen lege in unsere Seelen, dass wir dir in Treue und Gerechtigkeit dienen. Amen.

Abhängigkeiten

1Sam 13,19 *In ganz Israel gab es keinen Schmied mehr. Denn die Philister hatten Angst, die Hebräer könnten sich auf diesem Weg Schwerter oder Spieße anfertigen.*

Die Philister (i) bleiben Sauls reale Angstgegner. Der Krieg gegen die Seestädte kommt nicht voran. Saul, in Zweifrontenkriege verstrickt, kann die Heeresmacht der Seestädte nicht besiegen. Und als er die Ausrottung Amaleks (wie Samuel verlangt, weil dies angeblich das Gottesrecht gebiete [1Sam 15,1–35]) verweigert, wird er von Samuel fallen gelassen. Samuel mischt die Karten neu. Er bestimmt David als zukünftigen Heerführer.

Diese für Saul tragische Entwicklung hat mehrere Gründe: Saul sieht klar, dass Israel dem Kampf gegen Philistäa nicht gewachsen ist. Trotzdem geht er in Kampfpose. Militärische Einzelkämpfe, die Jonatan, Sauls Sohn, gegen einige Philisterstädte durchführt, gleichen zu klein geratenen Terroraktionen, die freilich Sympathie beim Volk bringen, aber die militärischen und politischen Kräfte Israels zersplittern.

Jonatan und Saul verstehen sich nicht mehr. Jonatan, der zu Davids Freund wird, vertraut dessen Treue und stellt sich heimlich gegen seinen Vater. David, über den es bereits zu Sauls Lebenszeit zahlreiche volkstümliche Legenden gibt, wird von Saul zum Erzfeind erklärt. Er kam als Zitherspieler und Waffenträger an Sauls Hof, nun muss er vor Saul auf der Hut sein. Obwohl David spürt, wie Saul ihn auf den Tod hasst und verfolgt, bemüht er sich um Loyalität Saul gegenüber, wenn er auch mit allen paktiert, die ihm genehm sind. David wird zum Wüstenführer, der sich eine private Militärmacht aufbaut, zum Mafiaboss mit militärischen Ambitionen. Saul gerät zur tragischen Figur, von Angst und Eifersucht zerfressen, seine Macht und sein Ansehen schwinden. Sauls Israel, wirtschaftlich und planerisch in Abhängigkeit von Philistäa (1Sam 13,19), riskiert den Krieg gegen den Städtebund und marschiert der Niederlage entgegen. Wie kann ein Kampf gewonnen werden, für den ich die Waffen beim zu bekämpfenden Gegner kaufen muss? Wie kann ein Staat aufgebaut werden, der sich im Dauerkrieg befindet? In dem sich eine Opposition bildet, die sich mit inneren und äußeren Feinden – jedenfalls zeitweise – verbündet? (1Sam 14,1–15,35)

Gott, du führst deine Menschen schwierige Wege. Lass mich Klarheit gewinnen für meinen eigenen Weg. Ich will ohne Falsch, ohne Intrige leben, in lauterem Mut und in offener Klarheit. Ich will nicht mobben, sondern loyal sein und bleiben, in Ehrfurcht vor dem Leben. Ich will anständig bleiben. Amen.

Jahwe Zebaoth

David rief dem Philister zu: „Du kommst zu mir mit Schwert, Speer und Wurfspieß. Ich aber komme zu dir im Namen meines Gottes Jahwe Zebaoth, im Namen Gottes, der Israels Heerbann befehligt. Den hast du verhöhnt." 1 Sam 17,45

David und Goliat! In der Chronik, einem späteren Geschichtswerk, das historische Reminiszenzen enthält, wie auch im Samuelbuch (1 Chron 20,4–8) werden gleich mehrere Recken aus der David-Gang genannt, abenteuerliche Krieger, die Goliat, seinen Bruder und weitere, riesenhaft anmutende Kämpfer des philistäischen Heeres erschlagen. Das kleine Israel, das fast ohne Waffen dastand, bildete eine Einzelkämpfertruppe aus, eben in der Gang von Davids Terrorkriegern. Diese Männer nehmen den Kampf mit hoch gerüsteten philistäischen menschlichen Kampfmaschinen auf – und siegen. Natürlich werden auf Dauer Kampfmethoden abgeguckt, Waffen abgenommen oder auf dem Schwarzmarkt gekauft. So wird es von David erzählt, auch von anderen Kämpfern, Pars pro Toto. Sie kämpfen mit ihren Mitteln und Möglichkeiten.

David will Goliat erschlagen? Die schwere Rüstung Sauls, die David übergestülpt wird, hindert den Hirtenjungen nur. Er wird mit seinen Waffen kämpfen, einer Steinschleuder und Kieselsteinen: Niemand soll es wagen, sich einem gut ausgebildeten Feind gleichzustellen, wenn ihm die Mittel dazu fehlen. Verstand, Einfallsreichtum werden nötig.

Es wird nicht nur von dem Sieg eines Hirtenjungen über einen Riesenfeind berichtet. Die Geschichte wird zum Bild: Zu Davids langjährigem Kampf, in dem er Israel zur Großmacht entwickelt, gehören merkwürdige Bündnisse, sogar mit dem Gegner, List und Verstellung, Lebensklugheit des Schwachen gegen die Hochrüstung. Dem Kampf geht ein Wortstreit voraus, der aufschlüsselt. Drohgebärden der Großen, Riesenkräfte sollen den Winzling lächerlich machen: „Willst du mich mit einem Hirtenstock erschlagen?" Davids Antwort verblüfft: „Du trittst mit Hochrüstung gegen mich an. Ich komme im Namen Jahwes. des lebendigen Gottes, der Israels innere Kraft ausmacht, Jahwe Zebaoth, Gott der Heerscharen. Ich komme? Gott kommt! Du, Großmaul, Großmacht, wirst unterliegen." (1 Sam 17,1–58)

Du, Gott der Heerscharen, kämpfst für und mit Israel, für den und die Gotteskrieger. Gotteskrieger? Du begabst mit Umsicht und Klugheit. Wilder Militarismus, blindes Machtdenken sind bei dir, Gott, nicht angesagt. Wer beharrlich für das Recht kämpft, das Arme befreit und Unterdrückte aufrichtet, wird leben, aus dir, mein Gott, aus dir. Amen.

Sieg und Konflikte

1Sam 18,7 *Saul tötete Tausende, David Zehntausende.*

Ein Konflikt, längst angedeutet, weitet sich aus – derb und aufrichtig wird von ihm berichtet. Israel betreibt keine feinsinnige Geschichtsphilosophie, schon gar nicht propagandahafte Geschichtsklitterung. Es wird erzählt. Bericht und Sage vermischen sich. So kommt die innere Wahrheit voran.

David, ein Hirtenjunge, kommt an Sauls Tafel, wird zum täglichen Genossen Sauls, ein Sänger, ein Kampfgenosse, bald ein Freund des Sohnes Sauls, Jonatan, der Sauls Nachfolger werden soll. Saul will David umbringen oder umbringen lassen, aus Angst, aus Eifersucht. David kann der Königszukunft der Familie Saul im Wege sein. Jonatan will seines Vaters Ahnungen nicht wahrhaben. Er verbindet sich mit David gegen Saul, warnt David, gibt ihm Rettungssignale. David flieht vom Königshof in die Höhlenwelt des judäischen Gebirges, versteckt sich dort vor Saul, zieht sich Gefolgsleute heran, bildet eine mafiose Räuberbande, die mal so, mal so taktiert. David wird zum trotzigen Helden, der sich in Höhlen versteckt, sich als Verrückter verkleidet, er wird zum Räuberhauptmann und Liebeshelden, zum Söldner im Dienst des Philisterkönigs von Gad und bleibt doch Retter des Volkes Gottes.

David ist eine faszinierende, eine schillernde Persönlichkeit, die Frauen und Männer gleichermaßen vom Hocker haut. Er wirkt auf alle, sogar auf seine Feinde. Niemand kann sich ihm entziehen. Aber David wächst auch zum Machtmenschen heran. Um Gottes willen? Er versteht sich in Konflikten, im Krieg durchzusetzen. Er hält sich Leute fürs Grobe. Und ist dann entsetzt, wenn sich die Grobheiten dieser Schergen zu politischem Mord und privatem Totschlag auswachsen. Wird David damit fertig, dass er im Blut watet? Freilich, die Blutbäder selbst besorgen seine Vettern, der Feldhauptmann Joab und dessen Geschwister, die Söhne der Zeruja, einer Tante Davids. Diese Verflochtenheit tritt immer deutlicher vor Augen. David wird losschreien: „Was habe ich mit euch zu schaffen, ihr Söhne der Zeruja?“ (2Sam 19,23). Jetzt ist David noch der Liebling des Volkes, der Verstand und Stärke, Großmut, Gerissenheit und Schönheit, Dichtkunst und Kriegskunst in seiner Person vereint. Aber später? (1Sam 18,1–30,31)

Gott, du berufst Menschen, Saul, David, deine Gesalbten. Mit ihnen wächst die Geschichte deines Volkes, deiner Menschen. Du schaust auch auf mich. Ich will mir nichts vormachen, beschönigen, verschlimmbessern! Lass mich zur Wahrheit deiner Gerechtigkeit in meinem Leben stehen. Amen.

Trauer

„Wehe! Du, Israels Ruhm, liegst auf deinen Höhen erschlagen! Wie sind die Helden gefallen!“ 2Sam 1,19

Die Schlacht ist vorentschieden? Saul, von allen guten Geistern verlassen, von schwarzer Schwermut gezeichnet, gerät immer tiefer in die Angst vor drohendem Untergang. Er befragt die Hexe von Endor, eine Totenbeschwörerin, die ihm das Ende auf dem Schlachtfeld prophezeit. Samuel steigt aus dem Totenreich empor, der Tod wird Saul angesagt. Hatte Saul nicht strikt das Befragen von Toten verboten? Nun tut er es selbst: Saul steht offensichtlich vor dem Aus. Gott und Freunde haben ihn verlassen. Und tatsächlich: Saul und Jonatan fallen auf dem Gebirge Gilboa in aussichtsloser Philisterschlacht. Samuel hatte schon zu Lebzeiten beschworen: „Gott hat seine Hand von Saul abgezogen und David, den Gegenspieler Sauls, zum neuen Heerführer bestimmt“ (1Sam 15,10 ff.; 16,1–13).

Dieser flieht schon vorher vor Sauls Eifersucht, tritt in die Dienste des Philisterkönigs von Gad. David macht sich zum Kopf einer Kriegertruppe, in der er eine von allen akzeptierte Autorität ausübt. Trotzdem respektiert David Gottes Gesalbten Saul: An der Endschlacht Israels gegen Philistäa nimmt er auf keiner Seite teil. Obwohl er im Dienst Philistäas steht, muss und will er sich aus der Schlacht heraushalten.

Nun verheert David das Gebiet der Ammoniter, die die Gelegenheit genutzt hatten, während des Philisterkampfes das Südland auszurauben. David übt Rache, weil Ammon Davids Familie, seine Frauen, raubte. Er holt sie zurück. Ein Amalekiter überbringt darauf David stolz die Nachricht, er habe Saul in der Philisterschlacht umgebracht, weil Saul ihn um den Todesstoß bat. David lässt den Todesboten töten und hält die Totenklage für Gottes Gesalbten. Davids Klagelied für Saul und Jonatan gehört zu den ergreifendsten Texten der Weltliteratur: „Wie sind die Helden gefallen im Streit, Saul und Jonatan, auf deinen Höhen erschlagen!“ David besingt seine Freundschaft mit Jonatan: „Jonatan, deine Liebe war mir mehr wert als Frauenliebe!“ Saul, der David verfolgte, wird alle Ehre zuteil: „Vater und Sohn, im Tode ungetrennt!“ David singt und er, der hassen sollte, trauert um Jonatan und Saul (1Sam 31,1–2Sam 1,27).

Ich danke dir, Gott, dass es Liebe gibt, dass Liebe gesucht, gefunden und gelebt wird, auch von mir. Ich danke dir für die Tränen der Trauer, wenn Leid und Untergang mich treffen. In den tröstenden Worten, Gebeten und Liedern der Freunde sprichst du, der mich heilt, aus Liebe. Amen.

David, König in Hebron

Etwas später fragte David Jahwe: „Soll ich in eine der Städte Judas hinaufziehen?" Jahwe antwortete: „Ziehe hinauf!" David fragte: „Und wohin?" Jahwe erwiderte: „Nach Hebron!" 2Sam 2,1

David wird König, zunächst in Hebron, beschränkt auf die Herrschaft über den Stamm Juda. Ischboschet oder besser: Ischbaal – denn der Name Ischboschet bedeutet eine Verballhornung *Mann der Schande!* – ist ein Sohn Sauls und residiert in Jabesch in Gilead. Die Mehrheit der Stämme hält sich zunächst zu ihm. Das Heft auf beiden Seiten haben jedoch die Feldhauptleute in der Hand: Joab auf der judäischen, Abner, bereits Feldhauptmann unter Saul, auf Ischbaals Seite. Ein respektierter, aber erzwungener Friede herrscht. Nun soll sozusagen ein Freundschaftsspiel zwischen beiden Gruppen stattfinden. Aus der Plänkelei wird Mord an den Judäern, aus dem Mord ein jahrelanger Krieg, in dem Juda stärker und stärker wird. Schließlich kommt es zum Streit zwischen Ischbaal und Abner. Abner geht zu David über, was Joab in Wut versetzt. Joab bringt Abner eigenhändig hinterrücks um, während er ihm den Freundschaftskuss anbietet. Ischbaal und ganz Israel verlässt daraufhin der Mut.

Zwei übereifrige Mörder töten Ischbaal. Als sie David diese, wie sie denken, Freudenbotschaft überbringen, lässt der die Killer umbringen. Nein, mit Mördern will er nichts zu tun haben. David schaut in die Zukunft. Wie werden ihm die Herzen von Menschen zufallen, dessen König er umbringen ließ? (2Sam 2,1–4,12)

David hat neue Pläne. Er erobert Jerusalem, das alte Jebus, die gut befestigte Stadt der Jebusiter. Niemand glaubt, dass David dies gelingen könnte. Geht nicht ein Spottvers um? Die Lahmen und Blinden in Jebus reichen aus, David und seine Recken aus dieser natürlichen Festung zu vertreiben? Das Unmögliche geschieht: David erobert zunächst die Unterstadt, die er Stadt Davids nennt. Durch eine Wasserleitung oder einen Brunnenschacht klettert Joab in die Oberstadt, die so durch List erobert wird. Jerusalem wird jüdisch (2Sam 5,6–16).

Gott, wenn ich dir diene und auf deinem Weg gehe, müssen dann Mord, Blut und Tränen untermischt werden? Ist mein Weg in die Zukunft mit Gewalt und Intrige gepflastert? Nein und nein und nein! Die Davidsgeschichte erzählt mir, wie Intrige und Mord Hass und schlimmste Vernichtung weiter hervorbringen. Lass mich den geraden, den gerechten Weg gehen, ohne Tricks! Amen.

David, Eroberer und Organisator

Als die Philister hörten, David sei zum König über Israel gesalbt worden, zogen sie gemeinsam heran, um David in ihre Gewalt zu bekommen. 2Sam 5,17

Die Nordstämme Israel bitten David, jetzt auch ihr König zu werden. Ein Vertrag wird geschlossen, die Ältesten salben David, Judas König, auch zum König über Israel. Zu Hebron geschieht es, als Jerusalem noch nicht erobert ist. David ist dreißig Jahre alt, als er König von ganz Israel wird (2Sam 5,1–5). Der junge Mann, ein vorsichtig abwägender Typ, ist kein Zauderer. Er weiß, was er will, fragt aber, bevor er in eine Schlacht zieht, Jahwe, seinen Gott.

Und die unbesiegbaren Philister (i)? Sie hören, dass Davids Macht größer und größer wird. Er beherrscht nicht nur den Zwölfstämmebund Israels, sondern bedroht auch Gebiete Kanaans und Philistäas. Nun suchen die Philister notgedrungen die Entscheidung und verlieren. Gebiete, die unter kanaanäischen und philistäischen Stadtkönigen standen, schlägt David dem Reich zu. Es gibt keinen Zweifel, David siegt in Israel (2Sam 5,17–25). Und darüber hinaus? Kämpfe mit Nachbarvölkern treten hinzu: Moab wird unterworfen, Ammon bekämpft. Syrien mit der Hauptstadt Damaskus wird David tributpflichtig. Bis zum Eufrat hin unterwerfen sich die Völker des Ostens David, teils freiwillig, teils mit Zwang. Davids Machtdrang scheint keine Grenzen zu kennen (2Sam 8,1–14).

Er gestaltet auch die Anfänge einer vorsichtigen Verwaltungspolitik. Sein Staat entwickelt sich aus revolutionären Räuberbündnissen zu einem geordnet kontrollierten Tributstaatensystem weiter. David herrscht mit Geschick durch den Einsatz kluger Beamter über mehrere miteinander vernetzte Vasallenstaaten, von seiner Davidsstadt aus, die er bescheiden ausbaut. Die Gaben aus Gold und Silber, die die Vasallen bringen, sind erheblich. Trotzdem wird David nicht zum Protzkönig. Er bleibt ein Militär und Politiker, der weiß, wie er vorsichtig das Eroberte zusammenhalten muss, was er zur Ehre Gottes erwarb, dem er dient (2Sam 8,15–18). Jedoch geben einige Landstriche, zum Beispiel das gebirgige Edom, gegen das David schlimmste Unterwerfungsmechanismen anwendet, nicht klein bei. Das Davidreich bleibt durch Aufstände bedroht. Besonders nach seinem Tod (2Sam 10,1–19; 12,26–31; 1Kön11,14–25).

Gott, du segnest, die dir dienen, hilfst denen, die nach dir rufen. Dein Reich meint die Befreiung deiner Hebräer. Lass mich nicht vergessen: Ich soll schützen und bewahren statt auszubeuten und zu unterdrücken. Hilf mir! Amen.

David, der Fromme

Die Träger, die die Lade Jahwes trugen, machten sechs Schritte. Dann hielten sie inne und David opferte ein Rind und ein Mastkalb. Dann tanzte David mit Emphase vor Jahwe, nur mit dem Leinen-Ephod bekleidet, einem Priesterschurz. David und alle aus dem Haus Israel brachten die Lade Jahwes unter Jauchzen und Posaunenklang herauf. Michal, Sauls Tochter, war unter den Zuschauern, als die Lade Jahwes in der Davidstadt ankam. Sie sah, wie König David vor Jahwe hin und her sprang und tanzte. Sie verachtete ihn dafür in ihrem Herzen.

2Sam 6,13 bis 16

Die Lade Gottes befindet sich immer noch im Abseits. Unbeachtet, ja gefürchtet ist sie. Hat sie nicht allen Unglück gebracht (1Sam 4,4–7,2; vgl. 20.7.)? Fallen die Menschen nicht reihenweise um, die sie berühren? So bleibt Israels Wahrzeichen, die Lade, auf der Jahwe Zebaoth, der Gott der Heerscharen, umgeben von bewachenden Engeln, unsichtbar thront, vergessen. Ein Fremder, der Gatiter Obed-Edom, stellt sie in seinem Haus auf – und sie bringt ihm Glück, wie es heißt (2Sam 6,11).

David möchte der Lade einen besonderen Platz anweisen. Sie soll in die Stadt Davids gebracht werden. In feierlichem Festzug wird das Gerät in die Davidstadt getragen. David tanzt ekstatisch vor der Lade her. Ganz Israel sieht dabei seine Blöße. Michal, Davids Frau, ist sauer, versteht nicht, dass David dies für Gott tut (2Sam 6,1–23). Der kluge Politiker, besonnene Heerführer, Frauenliebhaber, der gerissene Machtmensch ist zugleich ein leidenschaftlich frommer Mensch, ein Gefühlsmensch, der von seinen Emotionen erschüttert und ergriffen wird, der weint, tanzt, singt, dichtet, alles für seinen Gott, dem er inbrünstig dient.

Soll er Gott und seiner Lade ein Haus, einen Tempel (i) erbauen? Nathan, der Prophet, rät anders: Gott habe immer in einem Zelt gewohnt und solle nun ein Steinhaus beziehen? Nein, nicht David solle Gott ein Haus bauen, sondern Gott dem David ein Dynastie-Haus! Davids Königtum wird auf Dauer mit der Herrschaft in Israel verbunden. In Jerusalem werden ab jetzt Könige aus Davids Geschlecht herrschen (2Sam 7,1–29). Einer der Nachfahren Davids wird der Rabbi Jesus aus Nazaret sein, Sohn des Zimmermanns Josef (Lk 4,22).

Gott, du erwähltest David, einen Hirten, zum König deines Volkes. Aus Davids Geschlecht wachsen Könige. Aus ihm kommt auch dein Messias, Jesus von Nazareth, unser Herr. Danke für diesen deinen Königsglanz und Herrenweg mitten unter uns. Amen.

David, der Mörder

Im folgenden Jahr rückte der Zeitpunkt heran, an dem Könige für gewöhnlich zu Felde ziehen. Nun schickte aber David den Joab und seine Soldaten, Israels Heerbann, aus. Sie sollten das Ammoniterland mit Krieg überziehen. 2Sam 11,1

Ungewöhnliches geschieht: Joab zieht in den Krieg, der König, oberster Heerführer, bleibt daheim. Rabba, Hauptstadt Ammons, die Stadt im Widerstand, wird langzeitbelagert. David genießt die Annehmlichkeiten der Heimatfront. Und erblickt vom Dach seines Palastes aus, auf dem er sich in der Abendkühle ergeht, eine Frau. Der alternde König in Midlife-Crisis sieht die schöne Batseba, die sich auf dem Dach ihres Hauses badet. Er ist sofort verrückt nach dieser Frau, will sie haben! Batseba aber ist die Frau des Soldaten Uria, der vor Rabba kämpft. Das ist David gleich. Er lässt Batseba holen, sie schlafen miteinander, Batseba wird schwanger. Was nun?

Uria wird aus dem Feld geholt zum Heimaturlaub! Aber er, der Tadellose, schlägt sein Bett vor dem Haus auf, schläft nicht bei seiner Frau! Als Soldat, der sich im Heiligen Krieg befindet, ist ihm Beischlaf verboten. Und jetzt? David gibt dem Uria einen Brief mit an die Front, Joab solle den Uria in einen ausweglosen Kampf stecken. Uria soll für das Vaterland fallen! So befohlen, so geschehen!

Davids Mord an Uria spricht sich herum: „David ließ Uria umbringen, weil er dessen Frau beschlief und für sich haben wollte.“ Nathan, der Prophet, kommt deshalb zu David und erzählt eine Fabel: „Ein reicher Mann hat hundert Lämmer (und Lamm ist im Hebräischen ein weiblicher Begriff), schlachtet aber, weil er Besuch bekommt, das einzige Lamm eines einfachen Mannes, schont die eigenen Lämmer.“ – „Wer ist der Mann“, brüllt David, „er soll sterben!“ – „Du!“ antwortet Nathan. David erkennt und bekennt, bereut öffentlich. Das Kind, das Batseba zur Welt bringt, wird krank, stirbt. David betet für das Kind, so lange Hoffnung besteht. Dann wendet er sich dem Leben zu, Batseba, seiner großen Altersliebe. Salomo wird geboren (2Sam 11,1–12,25).

Mein Gott, du bedenkst David mit einer Aufwärtslinie, nach dem Mord an Uria Rückschläge, Kummer und Leid. Du vergabst David, holtest ihn aus Todesbedrohungen zurück. Sei auch mir gnädig! Verwirf mich nicht von deinem Angesicht und nimm deinen Heiligen Geist nicht von mir! Amen.

David, der Vater

2Sam 13,1 *Anschließend geschah Folgendes: Abschalom, Davids Sohn, hatte eine schöne Schwester. Die hieß Tamar. Amnon, ein weiterer Davidssohn, verliebte sich in seine Halbschwester.*

Wieder eine Liebesgeschichte, wieder mit tragischem Ausgang! Wie der Herr, so's Gescherr. Aus dieser Geschichte entwickelt sich ein Umsturz mit Folgen für viele. Tamar, die Schöne, begeistert Amnon, der von Tag zu Tag abnimmt. Ein Freund will es wissen: „Hast du Liebeskummer?" Amnon erzählt ihm sein Leid, der Freund gibt einen Rat, einen schlechten.

Er solle sich krank stellen, sich zu Bette legen und Tamar bitten, sie möge ihn gesund pflegen. Einen Kuchen soll sie für ihn backen und ihn, den Scheinkranken, damit aufpäppeln. Und dann, wenn er mit ihr allein sei, solle er ihr seine Liebe gestehen. So geschieht es, Tamar tut alles, um was sie Amnon bittet, außer dem Einen, sie will nicht mit ihm schlafen. Sie ist sehr vernünftig, erinnert den Liebeskranken an seine und ihre Ehre. Der Vater, David, möge entscheiden, ob sie nicht doch heiraten könnten? Amnon will Genuss jetzt und vergewaltigt seine Schwester. Anschließend ist er sie leid. Seine Liebe geht in Hass über. Er wirft, als er sein Ziel erreicht hat, seine Schwester aus dem Zimmer! Tamar fühlt sich aufs Höchste entehrt, ihr Bruder Abschalom wird eingeweiht. Abschalom rät zum Stillschweigen, lässt aber zwei Jahre später, als er seinen Brüdern ein Gastgelage gibt, Amnon umbringen. Abschalom muss fliehen, aber Joab holt ihn zurück, ein Gnadengesuch bei David hat Erfolg. David liebt alle seine Kinder, will keins verlieren, keinem wehtun, alle in Güte bewahren.

Die Söhne jedoch denken knallhart, haben nur eins im Sinn, die Nachfolgerfrage! Abschalom, Davids ältester Sohn, kommt als Erster vom Fragen zur Tat. Er unternimmt einen Aufstand, der ihn das Leben kostet. David will Abschalom schützen, der als Aufständischer verfolgt wird. Doch Joab tötet den Königssohn. David weint unbändig. „Verfahrt mir fein säuberlich mit dem Knaben Abschalom!" hatte er den Häschern geboten, aber Abschalom wurde von Joabs Spieß durchbohrt, wehrlos mit seinen schwarzen Locken in einer Tamariske festhängend, während das Maultier unter ihm weg-sprang (1Sam 13,1–18,18).

David, der hart mit Menschen umgeht, bangt um den Tod seiner Söhne, die den Vater umbringen wollen. So viel kriminelle Energie in der Davidfamilie, so viel Liebe des Vaters. Gott, lass mich von David die Elternliebe lernen, ganz und gar. Amen.

David, der Alternde

Abischai, ein Zerujasohn, wütete: „Muss Schimi nicht sterben? Hat er nicht Jahwes Gesalbten verflucht?“ David klagte: „Was habe ich mit euch zu schaffen, Söhne der Zeruja? Wollt ihr mich heute zum Blutvergießen verführen? Muss heute in Israel jemand sterben? Habt ihr es vergessen? Ich wurde heute neu zum König in Israel eingesetzt!“ 2Sam 19,22 bis 23

Der Schmerz über den Tod Abschaloms trifft David, lähmt ihn. David will niemanden hören noch sehen. Joab, Davids Feldhauptmann, der Davids Leben rettete, wenn auch um den Preis, dass er Abschalom erschlug, ist wütend: Ist Davids Trauer um seinen Verrätersohn endlos? Schließlich empfängt David Beamte und Volksführer, möchte nach Jerusalem zurückkehren. Nur die Anhänger der Aufstandspartei rühren sich nicht, aus Angst. Von David kommen jedoch Signale der Versöhnung. Er will einen neuen Anfang setzen. Den Abschalomunterstützern wird Amnestie gewährt. Viele stimmen nun wieder für David, die vorher gegen ihn waren. Dazu gehört Schimi, ein Großgrundbesitzer aus der Saulfamilie, die David fast ausgerottet hatte. Schimi verfluchte damals den fliehenden David. Nun geht er David mit großem Gefolge entgegen, begrüßt ihn ehrenvoll, noch bevor dieser nach Jerusalem hinaufzieht. David, müde des Blutvergießens, schützt den Beleidiger vor Abischai, seinem zornigen Neffen. Der ist Anführer der dreißig Recken Davids, einer skrupellosen Todesschwadron, auf die David sich verlässt. David verzeiht, sichert Schimi das Leben zu (2Sam19,17–24).

David, der die Herrschaft verloren zu haben schien, kehrt nach Jerusalem zurück. Aber er ist müde, gebrochen. Er, der ein Leben lang Krieg führte und führen ließ, will segnen statt zu erobern, will bewahren statt zu vernichten. David sehnt sich nach Frieden. Und erlangt diesen Frieden nicht. Scheba, ein Benjaminit, riskiert erneut einen Aufstand in Israel, der niedergeschlagen werden muss.

Noch ein Ereignis trübt den Altersglanz! David gibt den Nachkommen der Amoriter nach, die Saul versucht hatte umzubringen. In einer Hungersnot möchten sie aus Sauls Familie sieben Leute auf ihrem Höhenheiligtum aufhängen, ihren Göttern opfern, damit der Hunger aufhöre, eine späte publikumswirksame Rache. David stimmt zu. Mefi-Boschet, Sohn Jonatans, ein Krüppel, überlebt (1Sam 18,19–21,14).

Gott, du König aller Könige! David, einem menschlichen Menschen mit Blut an den Händen verzeihst du, wie du auch mir verzeihst. Amen.

David, Dichter und Sänger

Gegen den Vollkommenen handelst du vollkommen. Dem Aufrichtigen trittst du aufrichtig zur Seite. Gegen den Reinen beweist du dich als rein. Dem Falschen gegenüber wirst du falsch. Dem elenden Volk hilfst du auf.
2Sam 22, *Den stolzen Blick zwingst du zu Boden (…) Mit dir erstürme ich Wälle. Mit*
26–28.30 *meinem Gott überspringe ich Mauern.*

Der Text stammt aus einem Lied, das gegen Ende der Davidberichte in 2. Samuel steht. Es sei ein Danklied Davids (2Sam 22,2–51). Dem ist zu widersprechen. Der Psalm stellt eine Anthologie dar, in der sich Stücke aus verschiedenen Psalmen sammeln. Dass aber Psalmen von David stammen, dass er als Dichter und Sänger im Namen seines Gottes auftrat, ist unbestritten. Jedoch wurden in nachfolgenden Zeiten Psalmendichtungen David in den Mund gelegt, die anonyme Beter in seinem Namen verfassten.

In diesen Liedern drückten die Autoren ihre Anschauung aus, was David in ihrer Lage tun und singen werde: Sein Eintreten für Arme und Unterdrückte, sein Freiheitskampf für Israel, die Art und Weise, wie er Schuld einsah und büßte, seine Liebe zu seinen Kindern, sein Großmut gegen seine Feinde, das machte David zum Typos eines durch und durch menschlichen und frommen Königs in Israel, wie er späteren Generationen, vor allem in Unterdrückungszeiten, vor Augen stand. Es ist kein Wunder, dass Juden und Christen aus diesem Bild leben und gemeinsam glauben, der Messias sei ein Nachfahre Davids. (Hebr.) David, *der Geliebte*, jüngster Sohn des Isai aus Betlehem, von Samuel zum König designiert, kommt als Hofmusiker, später als Militäradjutant Sauls an den Königshof. Das Volk fällt ihm zu, auch Jonatans, des Königssohns Freundschaft. Saul wird eifersüchtig, verfolgt David. Der flieht. Nach dem Tod Sauls wird David König über Juda, nach Kämpfen sammelt er die zwölf Stämme, macht Jerusalem zur Hauptstadt seines entstehenden Großreiches. Philisterstädte und Ostvölker werden ins Davidreich integriert. Noch zu Lebzeiten Davids beginnen Nachfolgekämpfe, aus denen Salomo, der Sohn der Batseba, als Sieger hervorgeht. Trotz der Vergehen Davids und der Morde Joabs und anderer in seinem Namen wird David von Gott nicht verworfen. Er büßt, ihm wird verziehen. Er bleibt der Knecht Gottes, aus dem Zukunft erwächst (2Sam 23,1–7; Ps 51,12 f.).

Schaffe in mir, Gott, ein reines Herz! Gib mir einen neuen gewissen Geist! Verwirf mich nicht von deinem Angesicht! Nimm deinen Heiligen Geist nicht von mir! Amen.

Salomo: Auch nicht besser!

1Kön 1,1 bis 11,43

Der König befahl: „Tu ihm das an, was er verlangt. Stoß ihn nieder und begrab ihn. Das Blut, das Joab ohne besonderen Grund immer wieder vergoss, wird so von mir und meines Vaters Familie abgewaschen.“ 1Kön 2,31

Die Nachfolgefrage bleibt ungeklärt. Ist David zu schwach? Will er die Dinge sich entwickeln lassen? Spielen Hofintrigen eine Rolle? Von allem etwas! Eine hübsche junge Frau wird dem David zugesellt, zum Wärmen im Bett, zum Bedienen: Abischag von Schunem. Indessen rüstet Adonija zur Thronfolge. Davids ältester Sohn nach Abschalom fühlt sich zur Nachfolge berechtigt. Er richtet ein Königsfestmahl zu seiner Krönung an, ohne seinem Vater und seinem Bruder Salomo Bescheid zu geben. Der Prophet Nathan und Batseba, Salomos Mutter, nutzen diese Gunst der Stunde: David wird unwiderruflich auf Salomo als Nachfolger eingeschworen. Der wird auf Davids Befehl rasch gesalbt, zum Gegenkönig ausgerufen! Die sich mit Adonija beim Stein Sohelet und der Quelle Rogel versammelten, laufen in Angst auseinander, Adonija flüchtet ins Heilige Zelt, hängt sich an die Hörner des Altars: Hier darf ihn niemand töten. Salomo lässt ihn vorerst leben.

Zur Partei des Adonija gehören der Oberbefehlshaber Joab und der Priester Abjatar. Zur Salomopartei sind inzwischen der Priester Zadok, Benaja, ein Militär, und der Prophet Nathan gestoßen. Diese haben auch Davids Leibwache auf ihrer Seite, Kreti und Pleti, eine Söldnertruppe, die dem David blind ergeben ist.

In den folgenden Wochen, Monaten, Jahren räumt Salomo Gegner aus dem Weg. Die Texte erzählen, ohne konkret auszumalen, von der Angst, die die Leute um Adonija vor ihm haben. Der hatte die Hoffnung auf das Königtum nicht aufgegeben. Gleich nach dem Tod Davids bat er Batseba um Hilfe, er will die hübsche Königswärmerin Abischag für sich als Frau gewinnen. Salomo fasst diese Anfrage als Angriff auf seinen Thronanspruch auf, lässt Adonija durch seinen Bluthund Benaja töten. Auch Joab wird auf Salomos Befehl am heiligen Ort umgebracht. Abjatar verbannt Salomo auf seine privaten Güter. Die Mordserie ist nicht zu Ende, Schimi, ein konspirativer Benjaminit, dem David Schonung zugesagt hatte (2Sam 19,17–24; vgl. 31.1.), muss ebenfalls unter einem Vorwand sterben. So legitimiert sich Salomo durch Gewalttaten zum König, ohne Volksentscheid, unter Ausnutzung der Altersschwäche seines Vaters (1Kön 1,1–2,46).

Gott, guter Gott, erbarme dich unser, deiner Gewaltmenschen. Amen.

SALOMO, DIPLOMAT UND HANDELSHERR

Gelobt sei Jahwe heute! David schenkte er einen weisen Sohn für ein so großes Volk!

1Kön 5,21

Die Königsbücher berichten nicht von jedem König umfassend. Sie möchten entwickeln, wie der betreffende König den Jahweglauben förderte und lebte. So stürzt die Lebenslinie Davids in dem Augenblick ab, als er Uria umbringen lässt, um dessen Frau zu besitzen. Bei Salomo verkehrt sich die Segenslinie zur Gerichtslinie, als Salomos Toleranz gegenüber den Fremdkulten seiner ausländischen Frauen ihn in den Gegensatz zur Jahwereligion bringt. Salomo, vor allem unter ägyptischem Einfluss, will seinem Gott und fremden Göttern gerecht werden. Das spüren die Leute.

Unter Salomo kommt es darüber hinaus zu gewaltigen sozialen Umbrüchen. Aus dem Bauernvolk, das sich unter Saul noch seine Schwerter von den Philistern (i) schmieden lassen musste (1Sam 13,19), wird eine Macht, die den gesamten Nahen Osten unter Kontrolle hält, innerhalb von zwei Generationen! Dabei führt Salomo keinen Krieg. Er bleibt Diplomat und Handelsherr, begnügt sich mit dem Status quo der Eroberungen, wie ihn sein Vater schuf. Als ihm die Ägypter die Stadt Geser wegnahmen, heiratete Salomo flugs eine ägyptische Prinzessin und erhielt Geser als Brautgabe zurück (1Kön 9,16–19). Auch kontrollierte Salomo den Handel, der von Mittani, der heutigen Türkei, nach Ägypten und umgekehrt betrieben wurde. Darin lagen seine Einnahmequellen. Die Leute aus Mittani züchteten die besten Streitrösser, in Ägypten wurden die besten Streitwagen gebaut. Beides kam zusammen und Salomo schöpfte den Zoll ab oder hatte sogar den Gesamthandel fest in der Hand. Wen wundert es, wenn er sich selbst zwölftausend Streitwagenkrieger und viertausend Streitwagen als Rüstungspotential schuf? Er hielt dieses stehende Heer in Militärkolonien, die er über das Land verstreut aufbaute (1Kön 10,26–29).

Auch als Salomo sich gegenüber Hiram, dem phönizischen König und Handelsherrn, wegen seiner Prachtbauten in Jerusalem bis über beide Ohren verschuldete, kam es nicht zum Krieg. Salomo schien bankrott. Doch er verpfändete zwanzig galiläische Städte an Hiram, was diesem zu wenig war (1Kön 9,10–14). Trotzdem lobt er Salomo überaus, der so großes Geschick besitze, lobt Gott für diesen König (1Kön 4,1–5,26).

Jedem gibst du Gaben, großen und kleinen Menschen, auch mir. Amen.

SALOMO, DER WEISE?

Salomo verpflichtete Zwangsarbeiter aus ganz Israel, dreißigtausend Mann. Er schickte sie auf den Libanon, jeweils zehntausend im Monat. Die arbeiteten einen Monat lang dort und blieben dann zwei Monate zu Hause. Adoniram war der oberste Vorgesetzte aller Zwangsarbeiter. Salomo hatte darüber hinaus siebzigtausend Lastenträger und achtzigtausend Steinhauer im Gebirge Juda, abgesehen von den Werkmeistern, die er zur Arbeitsaufsicht einsetzte: dreitausenddreihundert, die die Arbeiter befehligten und kontrollierten. 1Kön 5,27 bis 30

Salomo bittet Gott um Weisheit: „Ich bin noch jung. Ein gehorsames Herz wünsche ich mir, dass ich das Volk Gottes gerecht richte!" Anschließend wird ein Beispiel dieser Weisheitsgabe vorgestellt: Zwei Tempeldirnen haben eine Wohnung, beide bringen kurz hintereinander ein Baby zur Welt. Ein Sohn stirbt des Nachts im Bett. Aber, so die Anklage der einen, die zweite Frau habe das tote mit dem lebenden Baby vertauscht. Welches Baby hat überlebt, das der einen, das der anderen? Salomo lässt sich ein Schwert bringen, er werde das lebende Kind zerteilen, jede Mutter solle eine Hälfte erhalten. Da schreit die Mutter dieses Babys auf: „Gebt der andern Frau das Kind!" Sie fühlt mit ihrem Kind. Es soll leben! Dieser Mutter wird vom König das Kind zugesprochen. So wird Salomos Weisheit sprichwörtlich, kommt in unsere Lesebücher (1Kön 3,1–28).

Freilich, dem einfachen Volk wird der Königsglanz des Salomo zu viel. Der führt sich wie ein Pharao auf. Die Schere zwischen Arm und Reich wird größer. Das israelitische Volk muss Frondienste zum Aufbau der Prachtbauten Salomos leisten (1Kön 5,27–32). Zwar wird beschwichtigt, nur Fremdvölker ziehe man zur Sklavenfron heran, Israeliten übernähmen nur Führungsaufgaben (1Kön 9,15–23). Trotzdem, riesenhafte Arbeitsvorhaben müssen bewältigt werden, Israel leidet. Beim Thronwechsel zerbricht das Reich, was in Salomos Übermaßpolitik seinen Grund hat. Und Salomos Bauten? Kein billiger Tand schmückt sie. Ein Wirtschaftsboom, der den Vorderen Orient erfasst, lässt gewaltige Goldmengen in Salomos Kassen fließen. Das Gold wird zu kostbarsten Preziosen verarbeitet. Salomo ist der Größte, den auch die Königin von Saba besucht, die Salomos Organisationstalent, Weisheit und Reichtum bewundert (1Kön 10,1–29).

Gott, du verabscheust Gigantomanie, Protz und Prunk. Du sucht den Geringen, der leidet, den Schwachen, der hungert. Lass mich deine Pfade, nicht meine selbsterbauten Betonstraßen gehen! Amen.

Wo wohnt Gott?

Im 480. Jahr nach dem Auszug Israels aus Ägypten, im vierten Regierungsjahr Salomos über Israel, im Monat Siw, dem zweiten Monat im Jahr,
1Kön 6,1 *begann Salomo, das Haus für Jahwe zu bauen.*

Eine Entwicklung findet ihren Höhepunkt und ihren vorläufigen Abschluss, seit Jahrhunderten bahnte sie sich an. Gott wohnt in keinem festen Bauwerk. Wie das Zelt die Heimat der Nomaden ist, so das Heilige Zelt Gottes Wohnung (Ex 26,1 ff.; vgl. 18.7.). In ihm steht die Bundeslade, ein Kasten, von zwei Engelwesen umstanden, deren Flügel den unsichtbaren Gott schützen (Ex 25,10–22; 37,1–9). Diese genaue Schilderung aus der Exilzeit (i) wurde von der Tempelerinnerung (i) geprägt. Welche Tradition nun wirklich aus vorkanaanäischer Zeit stammt, bleibt ungeklärt. Die Lade aus Akazienholz mit Tragestangen, in dem die zwei Gesetzestafeln liegen, symbolisiert den sichtbaren Thronsitz des unsichtbaren Gottes. Sie wird mit in die Schlacht geführt. Im Zwölfstämmebund wandert die Lade von einem Heiligtum zum anderen, nach Schilo (1Sam 1–3), Mizpa (1Sam 7,6–12), Gilgal (1Sam 11,15), Bet-El, Rama, Gibea (1Sam 10,10) und Betlehem (1Sam 16,1–5). In den Kämpfen mit den Philistern wird sie vergessen und erst von David wieder zu Ehren gebracht, nun in Jerusalem, in des Königs Nähe. David liebäugelt mit dem Plan eines Tempelbaus, kauft vorsorglich ein Grundstück (2Sam 24,16–25). „Solltest du mir ein Haus bauen, dass ich darin wohnte? Habe ich je in einem Hause gewohnt, in der Wüste, zur Zeit der Richter?“; die Antwort des Propheten Nathan an David (2Sam 7,6–12).

Erst unter Salomo wird der Tempel in Jerusalem erstellt, nachdem Salomo auch in Arad, Bet-El, Hebron und andernorts Heiligtümer erbaute. Sieben Jahre dauert der Bau, der unter Pomp eingeweiht wird. Sein Grundriss, Aufbau und Innenausbau werden genau beschrieben (1Kön 6–8). Sein Glanz kennt keinen Vergleich; ein Privatbesitz Salomos, mit seinem Palast eng verzahnt, doch öffentlich genutzt. Die Lade steht im Allerheiligsten, in einem Raum ohne Fenster.

20.000 Rinder und 120.000 Schafe, so berichtet die Chronik, habe Salomo zur Einweihung geopfert, zusammen mit dem Volk, ein Festglanz ohne Ende (2Chron 7,4–11). Salomo ist auch in seiner Frömmigkeitspraxis ohne Maß, wenn auch die Realität bescheidener war.

Gott, der Himmel und aller Himmel Himmel können dich nicht fassen. Und doch lässt du deine Ehre im Dunkeln wohnen! Amen.

Gottesdienst

„Der Himmel ist mein Thronsitz, die Erde meine Fußbank. Was wäre das für ein Haus, das ihr mir bauen könntet? Wo wäre der Ort, an dem ich mich zur Ruhe begeben sollte? Mit eigener Hand schuf ich alles, was existiert! Ich richte mein Augenmerk auf die im Elend, auf den, der mit zerschlagenem Gemüt und demütigem Geist vor mir steht und stille vor meinem Wort wird." Jes 66,1 f.

430 Jahre litt Israel unter Ägyptens Ausbeutung (Ex 12,40), im 480. Jahr nach dem Auszug wurde der Tempel (i) erbaut (1Kön 6,1). Diese einzigen Geschichtszahlen werden uns über je eine Zeitepoche im Ersten Testament überliefert, nicht ohne Zahlensinn. Einer ersten Epoche der Unterdrückung folgt eine zweite, ebenso lange des Aufbaus in Israel. Und genau im 50. Jahr nach dieser zweiten Periode, im Halljahr, in dem vieles erneuert wird (Lev 25, 8–23; vgl. 25.6.), wird der Grundstein zum Tempel gelegt, dessen Bau sieben Jahre dauert – ebenfalls eine Zeiteinheit – und nach der Befreiung in Jahwes Namen erneuert wird (Dtn 15,1)!

Und der Bau? Heute sind unterirdisch zyklopische Mauerreste zu besichtigen, die zum Salomonischen Tempel gehörten. Dieser wurde zum Zentralheiligtum, unter Judas König Josia (i) (640–609 v. Chr.) zum einzigen Heiligtum, an dem geopfert werden durfte. Der Tempel wird zur Mitte jüdischen Glaubens. Nebukadnezar, Babels (i) König, zerstört ihn 586 v. Chr. Die Rückkehrer bauen ihn nach der Gefangenschaft in den Maßen des ersten Tempels wieder auf (520–515 v. Chr.). Herodes der Große (i) schmückt ihn prachtvoll aus, wenige Jahrzehnte, bevor Jesus auftritt. Im Jahre 70 n. Chr. wird auch dieser Tempel zerstört, durch Titus. Eine Stützmauer blieb erhalten, heute heiliger Gebetsort frommer Juden, die Klagemauer. An ihr finden sich Juden aus aller Welt ein, um zu beten und zu feiern, zu trauern.

Es bleibt diese ungeheure Kritik am Kultischen. Sie reicht in Israels Anfänge zurück. Altäre dürfen nur aus Erde und unbehauenen Steinen erbaut werden (Ex 20,24). Gott bleibt unsichtbar, braucht kein Standbild (Ex 20, 4–6). Der Prophet hinterfragt nicht nur den Wiederaufbau des Tempels, sondern auch den Opferkult: Stieropfer vergleicht er mit Menschenmord, Schafsopfer mit Hundstötung, Speiseopfer mit Schweineblutspende! Weihräuchern sollen die Götzenanbeter! (Jes 66,1–4). Wer Gottes Lebensgabe, die Thora, vernachlässigt, wird nicht überleben, trotz allen Kultuspomps.

Gott, du erlaubst mir Orte der Anbetung und Feier. Aber du bist und bleibst ein Gott, der diesen Gottesdienst von mir fordert, Leben zu ehren, zu schützen und zu lieben! Amen.

1Kön 12,1–
2Kön 25,30

Was zu viel ist, ist zu viel!

1Kön 12,10 *Mein kleiner Finger soll dicker sein als meines Vaters (...)!*

Ein Sprichwort, eine wüste Anspielung: „Mein kleiner Finger soll dicker sein als der Penis meines Vaters! Und der hielt tausend Haremsdamen!" Die jungen, heißspornigen Ratgeber flüstern es Rehabeam, dem Sohn Salomos und bestellten Thronfolger, ein, als die zehn Nordstämme Israel aus Anlass der Königswahl um eine Verfassung bitten: „Das judäische Königshaus hat uns zu einem Untervolk herabgewirtschaftet. Wir, Israel, fordern Steuererleichterungen und Finanzausgleich!" Diese Forderung, die mehr als gerecht ist, stellt Israel, als Rehabeam nach Salomos Tod den Landtag zu Sichem einberuft.

Rieten nicht die älteren Ratgeber, den israelitischen Forderungen nachzugeben? Steht dem König nicht drohend vor Augen, dass Israels Volksälteste Jerobeam aus dem Exil in Ägypten zurückbeorderten? Hat nicht der Prophet Ahia von Silo diesen Jerobeam längst heimlich zum verheißenen König des Nordreiches beschieden? Jerobeam war unter Salomo zum obersten Chef der Baubehörde aufgestiegen. Er hatte geputscht, der Putsch war misslungen, Jerobeam floh nach Ägypten. Nun steht er Gewehr bei Fuß, um zum Herrscher zu avancieren (1Kön 11,26–43). Aber Rehabeam übersieht in seinem Großmachtsdenken die drohende Gefahr: „Mein Vater hat euch mit Peitschen gezüchtigt, ich tue es mit Skorpionen", ist seine arrogante Antwort an das harrende Volk, die er dem obigen Sprichwort hinzufügt. Empörung, Aufstand, Abfall: „Auf, zu deinen Hütten, Israel!" Damit stehen die Südstämme Benjamin und Juda allein. Die Reichsteilung in Nord und Süd 932 v. Chr. ist eine Tatsache und lässt sich nicht rückgängig machen: Als Rehabeam den Bürgerkrieg riskieren will, verweigert der aufgebotene Heerbann die Offensive, ein Prophetenwort verhindert den Brudermord im Volk.

Jerobeam befestigt Sichem zur Hauptstadt, stellt in Dan und Bet-El goldene Standbilder auf, Kälber, die die Macht des unsichtbaren Gottes Jahwe versinnbildlichen. Dan und Bet-El werden zu Staatsheiligtümern, damit das Volk seine religiöse Bindung an den Zwölfstämmebund und vor allem an den Tempel in Jerusalem vergesse (1Kön 12,1–13,34).

Kaum wird objektiv berichtet. Doch ist Wahrheitsfindung möglich. Eingestreute Gegenberichte ergänzen. Die Bibel schreibt nicht subalterne Hofberichte ab. Sie setzt mich auf die Spur deiner Wahrheit, Gott. Deine Gerechtigkeit für die Kleinen soll zum Zuge kommen. Amen.

Wunder dauern etwas länger

Hört nicht auf Hiskia. Er hält Propagandareden, wenn er sagt: „Jahwe wird uns herausreißen." Haben etwa die Götter der anderen Völker auch nur ein einziges Land der Hand des Assyrerkönigs entrissen? Wo blieben die Götter von Hamat und Arpad, wo die von Sefarwajim, von Hena und Awa? Und wo sind die Götter Samariens? Gab es für Samaria auch nur den Anhauch einer Rettung? 2Kön 18,32 bis 34

Das Großreich Assur (i) nimmt das Nordreich Israel ein, zerstört alle Städte und führt die Einwohner hinweg, Menschen aus anderen eroberten Landstrichen werden dafür in Samarien angesiedelt. 734 beginnt es, 722 v. Chr. ist es endgültig vorbei mit Israels Herrlichkeit. Und Juda, das Südreich, in dem Hiskia (i) derzeit regiert (725–697 v. Chr.)? Der wird als frommer König beschrieben, der unter dem Eindruck der Israelkatastrophe eine Kultusreform durchführt. Höhenheiligtümer werden zerstört. Sogar die Eherne Schlange (Num 21,6–9; vgl. 19.6.), angeblich aus der Mosezeit und seit Salomos Tagen im Tempel, wird von dort entfernt (2Kön 18,1–12). Doch es bleibt fraglich, ob eine Reform Judas Stadtstaat vor dem Überfall der Assyrer rettet. Zehn Jahre, nachdem die assyrische Dampfwalze das Nordreich dem Erdboden gleich machte, rüstet Sanherib zu einem Jerusalemfeldzug. Hiskia möchte sich durch eine Lösegeldzahlung freikaufen: dreihundert Zentner Silber und dreißig Zentner Gold! Aber Sanherib will den Kleinststaat, so nahe beim Gegner Ägypten (i), ausradieren.

„Kleinstgott" Jahwe kann die assyrische Vernichtungsmaschine nicht aufhalten. Hiskia betrüge das Volk, wenn er Rettung verspreche, so die Feindpropaganda. Jerusalem wird belagert. An der Wasserleitung, die Hiskia zur Befestigung Jerusalems erbaut (sie blieb erhalten), treffen sich Hiskias Beamte und Sanheribs Feldherren. Man möge Aramäisch sprechen, nicht Hebräisch, damit das Volk nicht alles mitkriege! Die Assyrer lachen über die hilflose Bitte der Königsbeamten. Hohnlachen auch über den Nichtgott Jahwe. Assur will Jerusalem in Schutt und Asche legen. Die Leute auf der Mauer hören es: Trauer, Entsetzen, Sack und Asche! Jesaja, fern von blinden Durchhalteparolen, hat ein reales Gotteswort für die Verzagten: „Revolten drohen im fernen Assur! Jerusalem wird nicht fallen!" Und er behält Recht: Im assyrischen Heer bricht eine Seuche aus, Sanherib muss nach Ninive zurück. Im Tempel seines Gottes wird er von zwei Söhnen umgebracht, erzählt die Sage. Juda aber erhält eine Frist zu Umkehr und Neubeginn (2Kön18,13–19,37).

Gott, du tust Wunder, die ich nicht ahne. Danke! Amen.

Erinnerung wird zur Zukunft

Der König gebot dem ganzen Volk: „Veranstaltet für Jahwe, euren Gott, ein Passah, wie es in diesem Bundesbuch vorgeschrieben wird." Man hatte nämlich in Israel kein Passah mehr gefeiert von der Zeit der Richter an, die in Israel Recht sprachen. Auch während der Königszeit wurde kein Passah gefeiert, in Israel und in Juda nicht. Erst im achtzehnten Herrschaftsjahr des Königs Josia wurde in Jerusalem dieses Passah für Jahwe veranstaltet.

2Kön 23,21 bis 23

Nach dem Abzug der Assyrer und nach schwerer Krankheit wird Hiskia ein neues Leben geschenkt. Unter dem Einfluss des Propheten Jesaja bemüht sich der König um Reformen im Sinne des Gottesrechts, nicht immer mit Erfolg. Seinem Sohn Manasse, der 54 Jahre regiert, werden achtzehn Verse der Bibel gewidmet, nur Negatives. Manasse fördert den Synkretismus: Je mehr Götter man in den staatlichen Götterhimmel integriert, umso besser ist es? Manasse gehorcht dem Druck Assurs, das seine Götter im Tempel und im Land sehen will. Zeugt eine solche Haltung nicht von Toleranz? Leider nein! „Manasse vergoss so viel unschuldig Blut, dass Jerusalem davon überfloss", wird berichtet (2Kön 21,16).

Amon, Manasses Sohn, wird nach zwei Regierungsjahren umgebracht. Die Landbevölkerung tötet die Revolutionäre, macht Josia (i), den achtjährigen Sohn Amons, zum König. Der, streng in der Jahwereligion erzogen, nimmt sich seinen Vorfahren David zum Vorbild (2Kön 21,1–22,2). Josia leitet eine Tempelrestauration ein. Bei diesen Arbeiten, so der Erzähler, findet der Hohepriester Hilkija ein vergessenes Gesetzbuch, das zum König gelangt. Das Vorlesen dieses Gesetzbuches bringt Josia zu kultischen und sozialen Reformen. Die Prophetin Hulda unterstützt die Entwicklung, warnt aber vor dem Untergang. Der Prophet Jeremia ebenfalls, solange neben der Kultusreform auch die Sozialreform betrieben wird. Eine reine Kultreform dagegen, die keine Folgen für das Alltagsleben hat, lehnt Jeremia ab. Endlos werden Heiligtümer, die Josia zerstören lässt, notiert. Fremdkulte werden abgeschafft, der Jahwekult wird nach Jerusalem zentriert. Das Passahfest (Ex 12,1 ff.; vgl. 12.6.), vernachlässigt und vergessen, wird neu zum zentralen Fest der Juden erhoben. Es wird in Jerusalem gefeiert (2Kön 22,3–23,28). Bis heute, in der jüdischen Familie.

Gott, dein Passah erinnert mich an die Befreiung aus Sklaverei: Du befreist Menschen zum Menschsein. Das soll sich im Alltag deines Gottesvolks, in meinem Alltag beweisen. So, ja so wird Erinnerung zur Zukunft. Amen.

Ein Muster und mehr

„Siehe, ich bringe Unglück über diesen Ort und seine Bewohner. Alle Ankündigungen dieses Buches, die der judäische König vortragen ließ, werden sich erfüllen. Denn sie verließen mich und opferten fremden Göttern. Sie brachten mich mit ihren Machwerken auf, die sie mit eigenen Händen anfertigten. Darum lodert mein Grimm gegen diesen Ort und wird nicht verlöschen." 2Kön 22,16 bis 17

Was für ein Gesetzbuch fand der Priester Hilkija im Tempel? Eine Gesetzessammlung aus früher Königszeit, vielleicht aus dem Nordreich zur Zeit Jehus? Der ging eine Koalition mit den Rechabitern (i) ein, einer Gruppe von Israeliten, die treu an der Wüstengesetzgebung festhielt (2Kön 10,15)! Jedenfalls handelt es sich um eine Weiterentwicklung des „Bundesbuches" (Ex 21,2–23,33). Ergänzungen werden im Rahmen der Josiareform (i) hinzugefügt. Seine jetzige Form erhält dieses sog. *Deuteronomium* (i) im Exil.

In dieser Gesetzessammlung stehen Gräuelgesetze und Humanitätsgesetze Satz an Satz nebeneinander. Einerseits wird alles Fremde abgewehrt, die fremde Religion, die fremde Kultur. Wer sich ihr öffnet, soll sterben. Überfremdung ist verboten! Kinder können ihre Eltern der Steinigung überantworten, ein Verwandter den anderen (Dtn 13,7–12). Andererseits sollen Fremde, Ausländer, Asylsuchende, auch Verarmte aufgenommen, geschützt, aufgerichtet, mit einer neuen Zukunft bedacht werden. Ein König darf nicht mit seiner Macht protzen. Frisch verheiratete Soldaten oder Kriegsdienstverweigerer werden nicht eingezogen, geflohene Sklaven nicht ausgeliefert. Diese Humanitätsgesetze sind der schönste Ausdruck für alles Menschenrecht heute (Dtn 10,18; 15,9 f.; 17,14–20; 20,5 ff.; 23,16 ff.; 24,14–18, u. a.).

Die Klammer um das disparate Gesetzeswerk ist das *deuteronomistische Prinzip*: Wenn Israel dem Weg Gottes folgt, sich neu auf das Gebot Gottes einlässt, wird dies die Wende zum Guten bringen, wenn nicht, droht Unheil. Im Deuteronomium wird diese Geschichtsbetrachtung entwickelt, einem Bundesschluss im Lande Moab vorgetragen: „Wenn ihr euch (...), dann (...)" (Dtn 28–30).

Josia geht die Reformen an. Die Kultusreform gelingt glänzend. Die Sozialreform scheitert jämmerlich – zu viele Lobbyisten! Und dann fällt Josia in der Schlacht, mitten im Staatsaufbau.

Gott, du bist nicht berechenbar. Und dennoch darf ich deinen Verheißungen trauen, die du mir schenkst. Amen.

Der Anfang vom Ende

Seinerzeit riskierte Pharao Necho, Ägyptens König, gegen den König von Assyrien einen Feldzug bis an den Eufratstrom. König Josia stellte sich ihm
2Kön 23,29 *entgegen, aber Necho tötete ihn in Megiddo, kaum dass er ihn gesehen hatte.*

Josia (i), klug, der Jahwereligion treu, ein Feldherr, der den Stadtstaat Juda auf die Größe des Davidreiches hochpowert, fällt im Kampf gegen Pharao Necho, für den die Schlacht bei Megiddo 609 v. Chr. nur ein Vorspiel zu größeren Taten im Vormarsch auf Assur ist. Kein Truppenaufmarsch wird erzählt, keine Strategie verraten. Josia fällt beim Anblick Nechos um, als ob Blicke töten könnten. Necho will von dieser Schlacht absehen, erzählt die Chronik. Josia solle sich zurückziehen, Juda sei nicht das Ziel dieses Feldzuges. Aber Josia sucht die Attacke in einer Art religiösen Eifers! (2Chron 35,20 ff.; 639–609 v. Chr.)

Das deuteronomistische Prinzip, das alle Propheten bisher predigten, löst sich in Luft auf, was die Segenszusagen betrifft. Josia erhielt Gottes Wort, in Frieden sterben zu dürfen (2Kön 22,18–20)! Aber der Jahwe gehorsam und erfolgreich diente, wird im Aufbau von Volk, Reich und Religion aus dem Leben gerissen. Seinen Sohn Joahas nehmen die Ägypter nach dreimonatiger Regierungszeit als Gefangenen mit. Eljakim, den die Ägypter in Jojakim umbenennen, regiert zunächst von Ägyptens (i) Gnaden in Juda, zahlt einen gewaltigen Tribut, muss sich aber den aufkommenden Babyloniern (i) beugen (608–598 v. Chr.). Juda wird zum Spielball im Kampf dreier Mächte: Assur, Babylonien und Ägypten! Ägypten zieht sich zurück, Assur geht unter, Babylonien erstarkt.

In Jerusalem hat man diese Entwicklung nicht mitbekommen! Juda wird vom Newcomer Babylon erobert. Jojakim, der den Aufstand gegen die Großmacht probt, geht in Aufmarschwirren unter. Jojachin, Sohn und Thronfolger, regiert nur drei Monate. Nebukadnezar, der neue babylonische Herrscher, belagert Jerusalem ein erstes Mal. König und Oberschicht, 4.000 Menschen, werden nach Babel geführt, Tempel und Königspalast ausgeraubt (2Kön 23,29–24,17; 597 v. Chr.). Jahwes Gerichtswort, das Jeremia unermüdlich darlegte, erfüllt sich nun Punkt für Punkt.

Gott, deine Propheten sagten, das Volk sei verstockt. Gemeint ist jener Zustand, dass jemand seine eigene Situation fehl einschätzt. Öffne mir die Augen, dass ich die Wahrheit meines Lebens und der Weltlage erkenne und beginne, deinen Willen bewusst zu leben. Amen.

Das Ende, ein Neuanfang

Zedekia war erst einundzwanzig Jahre alt, als er König wurde. Elf Jahre regierte er in Jerusalem. 2Kön 24,18

Zedekia, Jojachins Onkel, wird von Nekukadnezar, Babels (i) Herrscher, als König eingesetzt. Er hat elf Jahre sein Amt inne (597–587 v. Chr.). Zunächst fügt er sich der babylonischen Vormacht, hört auf Jeremias Stimme, der in großer Weitsicht außenpolitisch den Frieden mit Babel und innenpolitisch soziale Reformen, Sklavenbefreiung und Bodenreform anstrebt. Großgrundbesitzer und deren Mafia machen diese Bestrebungen zunichte (Jer 34, 8–22). Zedekia unternimmt unter ihrem Einfluss einen Aufstand, der abgewehrt werden kann (594 v. Chr.). Auf Dauer unterliegt er jedoch nationalistischen Einflüsterungen, trotz Jeremias Warnungen. Jerusalem wird endgültig zerstört, der Tempel ausgebrannt, das Volk weggeführt, Zedekia geblendet nach Babel gebracht (587 v. Chr.).

Der nationale Fanatismus wütet weiter. Die Ewiggestrigen bringen den von Babel eingesetzten Statthalter Gedalja, der von Mizpa aus das Land verwaltet, um. Ratlos, tatlos fliehen die Meuterer anschließend nach Ägypten. Sie nehmen den alten Jeremia, der mit seinen Untergangsprophezeiungen Recht behielt, aus Rache mit. Die Gerichtspropheten behielten Recht, voran Jeremia. Gott sagte sich von seinem Volk los. Was alle nicht glauben, nicht wahrhaben wollten, tritt ein: der totale Untergang von Staat, Stadt und Tempel (2Kön 24,18–25,26).

Der Verfasser des deuteronomischen Geschichtswerks hat seine Chronik zu Ende gebracht. Das deuteronomistische Prinzip erfüllt sich, was die Fluchseite anbetrifft. Das Volk Gottes wird weggeführt, entwurzelt, die Geschichte scheint aufzuhören. Der Verfasser dieses Mammutwerkes, das von der Mosezeit bis zur Zerstörung Jerusalems reicht, weiß von der Reform des Josias und dem Abbruch der judäischen Geschichte. Also wurde das Werk während der Regierungszeit Josias entwickelt und in groben Skizzierungen bis zum Untergang Judas im Exil (i) weitergeführt. Eine winzige Hoffnungsnotiz steht am Schluss: Jojachin, fast noch ein Kind, nach dreimonatiger Regierungszeit gefangen nach Babel gebracht, kommt nach siebenunddreißig Jahren Haft frei, gelangt an die Königstafel. Merodach heißt der babylonische König, der 560 v. Chr. dem abgesetzten König von Juda diese Gunst gewährt (2Kön 25,27–30). Und nun?

Gott, du übst Gericht, das der Gnadenzeit folgt. Aber du lässt auch deine Vergebung aus dem Gericht hervorblühen. Danke. Amen.

Der Ruf geht weiter

Menschenkind, ich setze dich zum Wächter über das Haus Israel ein. Wenn du ein Wort aus meinem Mund vernimmst, warne sie in meinem Auftrag. Wenn ich dem Gesetzesübertreter ankündige: Du musst sterben, und du versäumst es, ihn zu warnen und schweigst und sagst kein Wort, um den Gesetzesübertreter von seinem gesetzlosen Weg abzubringen, dass er durch Umkehr überlebe, wird dieser sterben, weil er Schuld auf sich lud. Sein Blut aber fordere ich von deiner Hand. Wenn du nun aber den Gesetzesübertreter warnst und er kehrt nicht aus gesetzlosem Wesen und Wege um, so wird er sterben, weil er sich schuldig machte. Du aber wirst zum Leben freigesprochen.

Hes 3,17 bis 19

Ein Prophet in anderer Umgebung. Hesekiel, aus dessen Berufungserlebnissen dieser Text stammt, lebt in Babel (i) unter den Deportierten. Sein Leben können wir erschließen: Trotz Vernichtung der beiden Staaten Israel und Juda, trotz Wegführung der Menschen von dort – in Babylonien, in der Zerstreuung, wächst eine Gemeinde. Der Ruf Gottes, den ein Prophet empfängt und an die Gemeinde gibt, geht weiter. Menschen versammeln sich, hören hin, obwohl doch Glaube und Gemeindeleben am Ende zu sein scheinen. Hesekiel wirkt unter den Deportierten der ersten Stunde. Er tritt fünf Jahre nach der ersten Wegführung im Jahr 593 v. Chr. erstmals in der Deportiertengemeinde auf, führt die Ansage von Gericht und Gnade weiter.

Es gibt *Gottlose* (ein Begriff, der bisher nicht auftauchte), Menschen, die sich aus der Botschaft und der Gemeinschaft der Gemeinde lossagen. Weder nehmen sie am Gemeindeleben teil, noch halten sie sich an die Spielregeln des jüdischen Glaubens, wie sie sich in der Diaspora entwickeln. Sie müssen ihren Weg in der Fremde allein gehen? Sie wollen vielleicht ohne den Rückhalt ihrer jüdischen Religion, ohne die Gemeinschaft der Gemeinde ihren Schnitt machen? Der Prophet wird zum Wächter bestellt. Er muss diesen Menschen sagen, dass ein lebendiger Gott ihr Leben zur Rechenschaft ziehen wird. Auch dort, wo ich mich zurückziehe, bleibe ich Gott verantwortlich, wie alle Menschen, aber auch wie der Prophet! Wenn ein Kundiger sich dem Gottesruf verweigert, weil ihm das alles zu unbequem oder zu gefährlich ist, wird zunächst er selbst zur Rechenschaft gezogen, erst dann die Zuhörer, die der Prophet im Stich ließ.

Gott, ich habe eine Verantwortung für das Leben, vor dir, vor den Menschen, vor mir selbst. Lass mich meine Verantwortung weder leugnen noch vergessen. Amen.

Gemeinde sammelt sich zur Synagoge

Menschenkind, sage du zum Haus Israel: „So redet ihr allgemein hin: Unsere Gesetzlosigkeiten und Sünden belasten uns. Wir gehen an ihnen zu Grunde. Wie könnten wir denn überleben?" Nun, antworte ihnen: „Wie es wahr ist, dass ich lebe, spricht Jahwe, so wahr ist diese Zusage: Ich finde kein Gefallen am Tod des Gesetzlosen. Der Gesetzlose möge umkehren von seinem Weg und er wird leben. Kehrt um, kehrt um von eurem bösen Lebenswege. Warum wollt ihr denn sterben, ihr vom Haus Israel?" Hes 33,10 bis 11

Nach dem Unglück der Deportation (i) kommt der Einwand: „Ich habe Bockmist gebaut und nun ist alles zu spät! Ich habe in meiner Vergangenheit Riesenfehler begangen, wieso soll ich auf eine bessere Zukunft hoffen? Meine Vergangenheit holt mich ein! Mir nützt weder die Gemeinde noch der Synagogengottesdienst. Ich werde allein gelassen vom Nächsten, von der Zukunft, von Gott!" Ein Fatalismus fährt wie eine Lähmung in alle Glieder und, gefährlicher, in das Herz, raubt alle Zukunft: Da ist nichts mehr zu machen!

Es ist Aufgabe des Propheten, dieser Lähmung zu begegnen. Er versucht es nicht mit gütigem Zureden, nicht mit saloppen Sprüchen noch mit kernigen Aufmunterungen. Hesekiel verkündet den gnädigen Gott. Der freut sich eben nicht, wenn es dem Menschen dreckig geht. Der hebt nicht selbstgefällig die Hände, zuckt nicht wortlos mit den Achseln, wenn jemand „Bockmist" baut. Der weint, leidet mit dem Verelendeten. Und will, dass der Vereinsamte, Verirrte aus Einsamkeit und Verirrung herausfindet. Er, der Gott des Lebens und einer guten Zukunft, wünscht sich statt der Negation die Position! Wünscht sich, dass der Verbiesterste aus seinem Schneckenhaus herausfindet, in das er sich verkroch. „In der Diaspora Chaldäas saßen wir und weinten, wenn wir an Zion gedachten", singen die Deportierten in ihren Gottesdiensten später (Ps 137,1 ff.). Aber im Weinen und Trauern der Diasporagemeinde wird der Grund für ein Weiterleben, für ein Neuerwachen des Glaubens gelegt. Dazu lockt Gott seine Menschen.

Gott, du schenkst mir Gemeinde und Gottesdienst, wie sie in der Verbannung entstehen, ohne Tempel, ohne Opferkult, ohne religiöse Staatsgewalt, ohne Reichsgottestriumphe. In der Tiefe der Verbannung werden Gemeinde und Gottesdienst geboren, wie wir sie bis heute feiern. Ich danke dir, mein Gott des Lebens. Amen.

Wahrhaftigkeit

Menschenkind, deine Volksgenossen tuscheln über dich aufgeregt an Mauern und Hauseingängen. Einer erzählt es dem andern: „Kommt, kommt und hört, welche Neuigkeit wieder von Jahwe ausgeht." Sie strömen zu dir, wie sie zu einem Event strömen. Sie hocken sich vor dich hin, mein so genanntes
Hes 33,30 f. *Volk. Sie lauschen begierig deinem Wort. Befolgen werden sie es nicht!*

„Er hat", sagen sie, „eine göttliche Stimme. Wenn er die Gitarre anschlägt und seine coolen Songs anstimmt, die unsere Missstände scharf anprangern, sind wir hin und weg!" So reden sie, aber es ändert sich nichts. Eines Tages wird sich alles ändern. Dann werden sie dumm, überrascht schauen: „Er war doch ein Prophet", werden sie sagen, aber am Lauf der Dinge rein gar nichts mehr ändern können (Hes 33,30–32).

Hesekiel, der Prophet, will wie alle anderen den Tempel (i) aufbauen (Hes 40,1–44,3). Der Neuaufbau Israels wird ausführlich beschrieben, ein Tempel soll die Herzmitte des Volkes sein. Tatsächlich wurde der Tempel in Jerusalem wieder in den Maßen des salomonischen Tempels aufgebaut. Kyros, der Perserkönig (i), bezahlte den Rohbau, den Innenausbau müssen die Heimkehrer selbst finanzieren. Herodes der Große (37–4 v. Chr.) erweitert diesen Bau, ein herrliches Gebäude entsteht auf dem Tempelberg, aber im Jahre 70 n. Chr. wird es endgültig zerstört. Eine Klagemauer ist bis heute sein kostbarer Rest.

Kult und Opfer haben aufgehört, auch gab es keinen Staat der Juden mehr. Das Volk Gottes sammelte sich trotzdem. Verschleppt in die Verbannung, entdeckte es ein neues Instrument seiner Selbstfindung, die Gemeinde, die sich um das Wort sammelt. Es entstehen Wohnungsversammlungen, Tor- und Türgottesdienste, aus denen der Synagogengottesdienst heranwächst, Lehrversammlungen, Rabbinenschulen, in denen der Talmud (i) entsteht, der Kodex der Auslegungen der Heiligen Schriften, der jetzt Gestalt annimmt. So geht es mit dem Glauben an den einen Gott weiter, wie Hesekiel es ausmalt. Aber der Prophet erkennt und benennt Gefahren. Wie Tempelausstattungen und Opferfeiern zur Blasphemie werden können, so auch fromme Glaubenskonventikel, auch nüchterne Synagogengottesdienste. Ob Tempelprunkorgie oder tiefinniger Augenaufschlag im Hauskreis, wenn der frommen Begeisterung keine Taten folgen, wendet sich das Reich Gottes gegen seine Enthusiasten.

Gott, dass fast alles beim Alten bleibt, weißt du. Das geht durch die Jahrhunderte. Nun gib trotzdem, dass Liebe spürbar werde und Gerechtigkeit lebendig, in deinem Namen, auch durch mich. Amen.

Zwei aus dem Nordreich: Elia und Amos

Land, Land, Land, höre Jahwes Wort! Jer 22,29

Die Prophetenbücher sind neben den Geschichtsbüchern und der Weisheitsliteratur (i) die dritte wichtige Säule des Ersten Testaments. Ich denke bei den Prophetenbüchern nicht zuerst an die Rolle, die sie in der ersten Christenheit spielten. Die Christen, Juden, die sich auf den am Kreuz verendeten Messias Jesus beriefen, dessen Auferstehung (i) nach drei Tagen sie predigten, fanden in den Propheten und auch sonst im Ersten Testament Hinweise auf den Messias Jesus. Sie lasen aus den Texten, Gott habe diesen Messias vorausgesagt und in sein Amt vorausberufen. Sein Evangelium, sein Einstehen für Arme, Kranke und Verfolgte wie auch seine Leiden und seine Erlösung aus dem Tod fanden sie vor allem bei den Propheten vorhergesagt. Dabei entwickelten sie Inhalte, die das Erste Testament vorgab, weiter. Sie griffen Intentionen der Thora und der Propheten auf und vertieften sie zum Inhalt der Gottesbotschaft Jesu, des Rabbis aus Nazaret, der selbst die Propheten für sich neu entdeckte: Jetzt sei das Jubeljahr Gottes angekommen, erfüllt (Lk 4,18 f.).

Nur, die von den Propheten erdachten Bilder und Inhalte beziehen sich nicht direkt auf Jesus, geboren um 7 vor und gekreuzigt ca. 30 nach Christus. Sie deuten Personen und Umstände ihrer eigenen Umwelt. Es blieb der Auslegung des 20. Jahrhunderts vorbehalten, diese historischen Zusammenhänge, in die hinein Prophetenworte gesagt wurden, aufzudecken und auszulegen. Dabei wurde die soziale Substanz des Lebens und Wirkens einzelner Propheten neu entdeckt. Was die Thora in ihrer Sozialgesetzgebung festlegte – die Rettung des Menschen vor der Ausbeutung durch Menschen –, griffen die Propheten, die in der Königszeit und während des babylonischen (i) Exils wirkten, auf. Sie wurden zu poetisch-politischen und religiösen Soziallehrern ihres Volkes. Poeten waren sie, ihre Gedichte und Fabeln haben oft eine poetische Form. Ihre Wortspiele treffen. Die Propheten gleichen klarsichtigen Kabarettisten mit eindeutiger Botschaft. Bevor sie zu Schriftpropheten wurden, gab es längst das Prophetenamt, in Israel und bei benachbarten Völkern: Propheten eiferten für ihren Gott, traten für ihn ein und auf, wie Elia und Elisa für Jahwe.

Propheten machen uns aus göttlicher Begeisterung für die Zukunft sensibel, weil sie uns für die Gegenwart sensibel machen. Menschen sollen umkehren, ihre Zukunft neu gestalten, damit Gottes Gerechtigkeit zu uns kommt. Hilf mir, Gott, dass ich prophetisch lebe. Amen.

1Kön 17,1 bis 22,40; 2Kön 1,1 bis 2,18

Gottesurteil

Wie lange hinkt ihr auf beiden Seiten? Ist Jahwe Gott, so folgt ihm! Ist Baal Gott, so folgt ihm. 1Kön 18,21

Ausgangssituation: Salomo ist tot, das Reich seit 931 v. Chr. gespalten. Das Nordreich Israel entwickelt sich selbstständig, es führt auch Kriege gegen den Bruder Juda im Süden. In beiden Staaten glauben die Menschen an Jahwe, Israels Gott. Freilich stehen in Bet-El und Dan (im Nordreich) Stierbilder, Goldene Kälber, die Jahwe symbolisieren. Aber hatte der nicht die Erschaffung eines Gottesbildes verboten (Hos 8,4 ff.)? Diese Entwicklung zeigt, wie stark Israel fremdkulturellen Einflüssen ausgesetzt ist. Omri (882–871 v. Chr.) besteigt den Thron, als Israels Macht darniederliegt, aber aufgrund seiner Handelsbeziehungen und guter Verträge gelingt es dem neuen König, Israel zur Blüte zu führen. Er baut Samaria, zunächst sein Privatbesitz, zur Hauptstadt des Landes aus (1Kön 16,24). Seinen Sohn Ahab verheiratet er mit Isebel, einer phönizischen Prinzessin, die den Baalskult (i) fördert und Israel zum Multikulti-Land macht mit wirtschaftlicher Blüte und großartigen Bauten! Ahab fördert wie sein Vater verschiedene religiöse Strömungen. Aber er missachtet Israels Sozialordnung, macht sich zum Willkürherrscher (1Kön 21,1–29). Es folgen wirtschaftlicher Niedergang, Dürren und militärische Misserfolge! Nachdem Ahab (1Kön 22,34–40; 854 v. Chr.) und sein Sohn Ahasja (2Kön 1,1 ff.; 854–853 v. Chr.) in den Kriegswiren gegen Aram (i) ums Leben gekommen sind, wird Jehu, ein Offizier in Israels Heer, daraufhin vom Propheten Elisa zum König gesalbt. Jehu wütet nun unter Omris Nachkommen und den Baalspriestern, zerstört die Baalsheiligtümer, isoliert Israel von den bisherigen Verbündeten wie dem reichen Tyros, stürzt es durch religiösen Radikalismus in Armut. In den Königsbüchern wird diese Entwicklung verhalten geschildert, von Jehus Gräueln offen berichtet (1Kön16,8–34; 2Kön 9,1–10,36; 845–815 v. Chr.). In diese Zeit fällt die Prophetentätigkeit Elias und die seines Schülers Elisa. Sie scheinen diesen Eiferer zu fördern (1Kön 18,1–46; vgl. 19.6.), nachdem Ahab Elias erbittertster Feind war und ihn mit Mord verfolgte (1Kön 19,1–4; vgl. 18.8.).

In der Geschichte, in der Elia 300 Baalspriester auf dem Karmel durch das Volk umbringen lässt, weil sich das Volk für Jahwe entscheidet, spiegeln sich religiöse Morde, die Jehu heimtückisch und brutal verübt (1Kön 18,1 ff.).

Gott, benutzt du Menschen, die täuschen, brennen und morden in deinem Namen? Ich lese es so. Dein Wort verschweigt nichts. Hilf mir! Amen.

Auf Seiten der Armen

So spricht Jahwe, Israels Gott: „Das Mehl im Topf soll nicht alle werden, der Ölkrug nicht versiegen.“ 1 Kön 17,14

Eine Dürre überzieht das Land, eine Katastrophe, die Ahab zu verantworten habe, so Elia (i) dem König gegenüber in seiner Auseinandersetzung mit ihm: „Es soll diese Jahre weder tauen noch regnen, außer ich sage es“, so das Gotteswort an Ahab durch den Propheten. Der braust auf, will Elia am Galgen sehen: Miesmacher, Defätist, Saboteur! Elia versteckt sich vor seinem königlichen Feind. Am Bach Kerit, in tiefer Einöde, versorgt ihn ein Rabe, der Kriegsvogel, mit Brot. Der Bach gibt sein letztes Nass, um den Propheten im Versteck vor dem Verdursten zu bewahren.

Gott schickt den Propheten zu einer Witwe in Zarpat, ein Kaff im steinigen Grenzland nach Norden hin gelegen. Die Witwe ist dabei, für sich und ihren Sohn die letzte Mahlzeit vor dem Verhungern anzurichten. Eine Handvoll Mehl noch im Topf, drei Tropfen Öl noch im Krug, nicht einmal genügend Holz ist da, um Feuer zu machen, vielleicht ein oder zwei Scheite! Und da kommt dieser Prophet daher und will, dass sie, die sich auf das Hungersterben einrichtet, ihm Wasser und Brot eilfertig bringt? „Was bildet der sich ein? Ich, eine elende Witwe, glaube nicht an den Gott dieses Propheten. Es ist sein Gott, nicht meiner!“ Aber nun wird das Wunder erzählt, das schon viele Menschen vor Depression und Sterben bewahrte: „Das Mehl im Kad (so heißt es in der alten Lutherbibel) und das Öl im Krug sollen nicht versiegen!“

Als nun doch der Sohn der Witwe in deren Armen stirbt, kommt neuer Zweifel auf: „Was habe ich mit dir zu schaffen, du Mann Gottes? Trotz aller Wunder, hin ist hin! Verschwinde aus meinem Leben!“ Elia nimmt den leblosen Sohn mit auf sein Zimmer, legt sich auf ihn, macht Mund-zu-Mund-Beatmung, dreimal hintereinander, und der Junge erwacht aus dem Koma-Tod. Der Prophet gibt ihn seiner Mutter zurück: „Siehe, dein Sohn lebt“ – „Nun erkenne ich, dass du ein Mann Gottes bist. Was du im Namen Jahwes sagst, ist wahr“ (1Kön17,1–24). Nicht Gott Baal (i) oder seine Mutter Astarte (i) erwecken zum Leben, sondern Gott Jahwe. Nicht im magischen Mythos, wie er von Baal und Astarte erzählt wird, steckt Hoffnung, sondern im realen Tun des realen Gottes Jahwe, Israels Gott, der einzige Gott, der Leben zurückschenkt.

Dein Gegengott Baal, der Gott der Natur, schafft keinen Regen. Das Land vertrocknet. Und er, ein Gott der Wiederauferstehung der Natur, kann niemanden aus dem Koma holen. Das alles tust du, Jahwe, mein Gott des Lebens, allein. Amen.

Die Stille eines Nichts

Elia stand auf, aß und trank und ging danach, durch die Mahlzeit gestärkt, vierzig Tage und vierzig Nächte bis zum Gottesberg, dem Horeb. Er kroch in eine Höhle und übernachtete dort. Siehe, da traf ihn Jahwes Wort: „Elia,
1Kön 19,8 f. *was machst du hier?"*

Ahab ist ratlos: „Wie gehen wir mit den Priester-Morden dieses Wutpropheten Elia um, die in der Bevölkerung um sich greifen?", fragt er Isebel, seine Frau. Die schäumt: „Die Götter tun mir dies und das, wenn ich nicht innerhalb von vierundzwanzig Stunden dir das angetan habe, was du mit meinen Baals-Priestern gemacht hast!" lässt sie Elia bestellen.

Elia bekommt Angst, flüchtet in den Negev, südwärts. In Beerscheba lässt er seinen Knecht zurück, flieht weiter in Panik. Gestern noch der tollkühne Kämpfer für Gott, der die Priester der Baalsgottheiten vernichtet, vom Volk umjubelt, Elia im Siegesrausch! Und heute? Die Nachricht der Königin, die ihre Schergen auf ihn hetzt, verändert ihn. Seine Selbstsicherheit ist verschwunden. Er rennt um sein Leben, flieht in die Wüste. Elia kann und will nicht mehr. Er legt sich unter einen Strauch, wünscht sich den Tod. Alles wollte er besser machen, aber er ist nicht besser als alle Anderen. Unter einem Ginster schläft er ein, Strauch der Schuld, Eiferschuld, Hassschuld, Mörderschuld. „Elia, du bist nicht besser als Kain, der seinen Bruder umbrachte!"

Doch tröstet ihn der Vergebungsengel, stellt ihm Brot und Wasser hin, weckt ihn auf: „Du hast noch einen weiten Weg vor dir!" Vierzig Tage und Nächte geht Elia, wie Mose vierzig Jahre in der Wüste wanderte, und kommt zum Gottesberg Horeb, was *Berggegend* heißt, *Steinort.* Er versteckt sich in einer Höhle. Und Jahwe fragt: „Elia, was machst du hier?" Der rechtfertigt sich wortreich, er habe für Gott geeifert, alle Propheten Jahwes habe man umgebracht, er allein sei übrig geblieben! Nun wolle man auch ihn töten! – „War es nicht umgekehrt, Elia? Verwechselst du nicht Ursache und Wirkung?" Er muss ins Freie, muss sich vor Gott hinstellen. Ein Wind, der Berge zerreißt und Felsen zerbricht, geht vorüber, ein Erdbeben kommt, ein Feuer. Jahwe ist in dem Getöse nicht. Da steigt ein stilles, sanftes Sausen auf, Stille eines Nichts. Elia verhüllt sein Angesicht, Jahwe geht vorüber (1Kön 19,1–21).

Gott, Elia rufst du aus der Wüste heraus, betraust ihn mit Aufträgen in dieser Welt, nimmst ihn schließlich zu dir auf. Aber vorher muss er lernen, die Stille, die Sanftheit, das Nichts auszuhalten. Er muss den kaputtmachenden Eifer ablegen und die versöhnende Liebe begreifen. Anders geht es nicht. Herr, schicke mich auf Elias Wüstenweg. Amen.

Amos: Berufung, wozu?

Amos verkündete: „Jahwe brüllt vom Zion herab, seine Stimme dröhnt aus Jerusalem herüber: Die Hirtengründe vertrocknen, das Karmelgebirge verdorrt.“ Am 1,2

Mitten in der Prosperität des Nordreiches Israel unter Jerobeam II (931–910 v. Chr.) schaut Amos (i) den Zusammenbruch. Und wo liegt der Grund für diese Schwarzseherei in großartiger Wohlstandszeit? Das erste Gebot ist für Amos die Mitte des Ersten Gottesbundes, die Befreiung des Menschen. Am Beispiel der Hebräer, die aus ägyptischer Sklaverei herausgeholt werden, erinnert Amos an diesen Gott, „(...) der dich aus Ägyptenland, dem Unterdrückerstaat, befreit hat“ (Ex 20,2; Am 3,1 ff.). Glauben ist für Amos Hinführung zur Gerechtigkeit Gottes, wie sie dem Volk vorgestellt wurde. Immer neu erhebt sich der Prophetenruf, Israel solle sich ins Gottesrecht einleben. Gelebter Glauben zielt auf soziale Gerechtigkeit, schafft eine Zukunft des Überlebens.

Wo soziale Gerechtigkeit verweigert wird, droht der Gesellschaft das Gericht: Es kommt zum geschichtlichen Untergang, von Menschen provoziert. Das Gericht geschieht also nicht als drohendes Verhängnis von oben, als die Tat eines (lat.) Deus ex Machina, eines *Gottes wie eine Maschine*. Gericht passiert nicht automatisch. Es wächst aus dem Fehlverhalten der Menschen. Obwohl Amos *Gericht* als Gottes Tat und Ankunft vorstellt, bleibt es dabei: Weil sich jeder sein Recht selbst macht, wird das Volk, wie alle Nachbarvölker, nicht mehr lange existieren. Amos hält Israel vor, es werde ausgerottet werden. In einigen wenigen Texten hofft er, dass ein Zehntel des Volkes Israel der Vernichtung entgehe. Und auch den Traum träumt er, dass Israel aus seinen bösen Verhältnissen noch umkehren werde. Dann käme es zu einem „Vielleicht“ des göttlichen Erbarmens. In der Realität sieht Amos düster.

Amos wird zum Propheten berufen, ein Schaf- und Maulbeerfeigenzüchter aus dem Südland. Gott ruft ihn, er kann nicht widerstehen. In Israel, im Norden, soll er sein Prophetenamt ausüben. Er kommt nicht von sich aus zu dieser Aufgabe. Jahwe hat ihn wie ein Löwe, wie ein Stier angebrüllt: Er muss dem Nordreich den Untergang weissagen, das zur Zeit blüht, wächst und gedeiht! (Am 3,8)

Du, Gott des Amos, mein Gott, lass mich das Prophetenwort hören, mache mich selbst zum Propheten, dass unsere Zukunftschancen in gerechtem Handel, im Teilen der Güter und in der Versöhnung der Völker liegen, wenn wir überhaupt noch eine Zukunft erhalten sollen. Amen.

Völkerorakel

So spricht Jahwe: „Wegen drei, vier Untaten der Leute aus Damaskus werde ich ihr Schicksal nicht zum Guten wenden. Sie droschen Gilead mit eisernem Dreschschlitten. Darum lege ich Feuer an Hasaels Haus. Benhadads Paläste frisst die Glut auf. Auch die Riegel von Damaskus, jene vorgelagerten Städte, breche ich auf. Die Einwohner von Bikat-Awen und den Zepterträger aus Bet-Eden rotte ich aus. Das ganze Volk der Aramäer werde ich nach Kir entführen." So spricht Jahwe. Am 1,3–5

Israels Gottesdienstordnung sieht vor, dass Propheten in der Liturgie auftreten. Oft dichtet ein Hauspoet die Botschaft im Sinne der herrschenden Klasse um. Regierung und Volk möchten weiterleben wie bisher. Es kommt zu religiöser Selbstbestätigung durch bezahlte Kultpropheten. Ein Prophet begleitet seine Botschaft mit Zeichen, prophetische Wahrheit wird in Liedern und Symbolhandlungen vorgestellt. Er agiert als Poet, Liedermacher, als Künstler mit Performances. Auch ein bestellter Kultprophet greift zu solchen Mitteln, ein umjubelter Event steigt.

Amos tritt wie andere Propheten in Gottesdiensten auf. Auch er bedient sich dichterischer Mittel. Seine Texte geraten zur Poesie, zu zeichenhaftem Erleben. Aber anders als die bezahlten Propheten singt er keine Lieder, die Regierung und Volksmassen gefallen. Er ist keiner von den Predigern, nach denen „dem Volk die Ohren jücken", wie Luther es ausdrückt. Er ist ein Querdenker, ein unbequemer Nonkonformist, der Schwierigkeiten kriegen wird.

Was passiert bei seinem ersten Auftritt in Bet-El oder Samaria? Amos singt ein Lied wie ein Kultprophet, zieht über das Unrecht her, das die bösen Nachbarvölker verübten. Ein Staat nach dem anderen wird aufgezählt, dessen Verbrechen aufgelistet. Die Zuhörer johlen. Die Fremden kriegen ihr Fett ab. Auch Juda wird nicht geschont. Und dann, wider alles Erwarten die achte Strophe: Sie zielt auf Israel. Israels soziale Vergehen werden schonungslos und selbstkritisch aufgezählt, der kommende Untergang des Staates offen beschrieben (Am 1,3–2,16). Das unterscheidet Amos von den Hofpoeten. Er deckt Israels Unrecht auf, in das Bevölkerung und Regierung verstrickt sind.

Gott, Scherz, Satire, Ironie und tiefere Bedeutung klingen mir aus dem Lied des Amos entgegen. Wie steht es mit meiner Ehrlichkeit Fremden und Nachbarvölkern gegenüber? Gott, hilf mir, richtige Entscheidungen gegen überbordenden Nationalismus und Völkerhass zu treffen, auf den Weg der Verständigung von Nachbar zu Nachbar zu treten. Amen.

Verantwortung

Hört her, was Jahwe gegen euch aussagt, ihr Israeliten, gegen alle Generationen, die ich aus Ägypten herausbrachte: „Von allen Geschlechterfamilien der Erde habe ich allein euch ausgesucht, um mit euch Zukunft zu bilden. Darum ziehe ich euch allein für all eure Schuld zur Verantwortung." Am 3,1 f.

Amos ist ein revolutionärer Theologe. Er wird zum Vorkämpfer einer Theologie, die den Glauben als ethisches Bewusstsein entwickelt, in Anknüpfung an alte hebräische Gesetzestraditionen. In diesen Traditionen wird der Schwache und Fremde geschützt, der seiner Befreiung, nicht seiner Unterdrückung entgegenlebt. Gott ist nicht stupide Israels Stammesgott. Er ist der Gott der Armen und Verfolgten aus allen Völkern.

Zunächst lässt sich Amos auf das Argument ein, Gott habe Israel erwählt, darum könne er es nicht vernichten. Gott kümmert sich um Israel, ja! Aber auf besondere Weise! Er wird es für seine Verfehlungen zur Rechenschaft ziehen. Die Verfehlungen liegen in fehlgeschlagener und fehlgeleiteter Rechtspolitik. Weil Israel auserwählt wurde, wird es auserwählt zur Verantwortung gezogen werden. Welches Volk der Erde hat ein Rechtssystem, das die Befreiung des Menschen zur Menschenwürde so deutlich zum Ziel hat? Weil Israel das Menschenrecht so genau kennt, so tief in ihm verwurzelt ist, wird die Strafe für unmenschliches Treiben im eigenen Land umso heftiger ausfallen.

Hebräer ist im Ersten Testament im übertragenen Sinn kein Nationen-, sondern ein Menschheitsbegriff: Gott Jahwe kümmert sich um Menschen in Elend, Unfreiheit und Sklaverei. Er wird ihr Anwalt, ihr Befreiungsgott. Mit Entsetzen erkennt Amos, wie Israel, zu Land, Macht und Geld gekommen, alten Unterdrückungsmechanismen neu verfällt, aus denen Gott doch herausholte. „Jeden Tag muss der Mensch aus Ägypten gehen", sagt ein chassidisches Sprichwort des 18. Jahrhunderts. Israel wurde nicht deswegen aus Unterdrückung gerettet, um sich im eigenen Staat selbst ans Unterdrücken zu machen! Der befreiende Gott will auch in Israel, unter gerechten Staats- und Lebensbedingungen, den befreiten Menschen, den Menschen mit dem aufrechten Gang.

Wie ein Bräutigam mit seiner Braut bist du, Gott, mit deinem Volk in ein tief verpflichtendes Verhältnis getreten. Ich versuche, dir treu zu werden, treu zu bleiben, dem Gott, der Armen Recht schafft und Verfolgten Schutz gibt! Schützt das Menschenrecht, ihr Menschen, im Namen des Gottes der Menschenrechte und der Menschlichkeit. Amen.

Weh denen

Weh euch! Ihr verwandelt das Recht in Wermut! Die Gerechtigkeit reißt ihr zu Boden. Weil ihr die Armen fertig macht und von ihnen immer höhere Kornabgaben fordert, werdet ihr eure Villen nicht bewohnen, obwohl ihr sie aus festesten Quadern erbautet. Auch werdet ihr den Wein nicht trinken, den ihr in euren gepflegten Weinbergen zogt. Ich weiß um eure Gesetzesübertretungen. Sie sind ungeheuerlich, eure Schuld ist unüberbietbar. Ihr feindet den Gerechten an, nehmt Bestechungsgelder und stoßt den Armen bei Gericht nieder.

Am 5,7. 11–12

Den Propheten Amos macht nicht nur die Parallelität der Geschichte interessant, sondern vor allem seine soziale Theologie. Es beginnt mit Auftritten des Amos in Bet-El, vielleicht vorher in Samaria (vgl. 3,9 f.; 4,1 ff.; 6,1 ff.). Samaria ist die Hauptstadt Israels, dem Land Jerobeams II., Bet-El eine alte Kultstätte, ein Reichsheiligtum. Amos kommt aus Tekoa im Süden, wo er als Hirte und Maulbeerfeigenzüchter lebte. Aus dieser Tätigkeit wird er herausgerissen (Am 7,15) und tritt als Prophet zwischen 760 und 750 v. Chr. auf. Er wird aus dem Nordreich ausgewiesen (Am 7,10–17). Die Ausweisung kann dazu geführt haben, die Prophetensprüche des Amos zu notieren, sodass des Amos Worte nach dessen Landesverweis die Bevölkerung als Brief erreichten. Amos ist der erste Prophet, der seine Botschaften schriftlich niederlegt. Vorher war das so nicht üblich.

Zur Zeit Jerobeams II. prosperiert Israel. Ein unbekanntes Bergvolk im Norden, Assur (i), wird stärker und größer und drückt mit seiner Macht auf Damaskus, das sich gegen die Machtgelüste aus dem Norden zu wehren versucht. Dieser Umstand begünstigt Israel, das Damaskus vom Süden her angreift. So steht Jerobeams Reich strahlend da. Niemand denkt an Untergang, zumal Assur selbst in eine Krise gerät. Israels Wirtschaft blüht, das Reich erweitert seine Grenzen.

Wieso Untergang? Amos sieht weiter: „Die assyrische Dampfwalze wird nicht nur Syrien, sondern auch Israel niedermachen." Vor allem begreift er: „Der kommende Verfall Israels hat Gründe, die in der heutigen Gesellschaft liegen, in schamloser Rechtsbeugung, im rücksichtslosen Rechtsbruch ärmeren Schichten gegenüber. Ein so brutal gedankenloser Staat hat keine Zukunft."

Mein Gott, wie sich die Zeiten gleichen! Lass mich umkehren zu dir und deinem Recht, noch heute! Dein Recht sucht die Kleinen und Schwachen, aus denen du dein Volk berufst. Lass mich hinhören, hinschauen, begreifen und handeln! Amen.

Eure Gottesdienste stellen Gott bloss

Ich hasse, verachte eure Feiertage, eure Festversammlungen kann ich nicht mehr riechen. Eure Brandopfer sind mir über, eure Speiseopfer gefallen mir nicht. Eure Dankopfer, fetten Mastkalbopfer, schaue ich nicht länger an. Schafft mir das Plärren eurer Lieder aus den Ohren! Euer Harfengeklimper kann ich nicht mehr anhören.

Stattdessen ströme das Recht wie Wasser, die Gerechtigkeit wie ein nie versiegender Bach. Am 5,21 bis 24

Kult und Feier können nicht das Unrecht überdecken, das in Israel geschieht. Weder Frömmigkeit noch religiöse Traditionen machen das geschehene Unrecht gut. Ja, Kult und Gottesdienst werden unter der Voraussetzung des Rechtsbruchs zum Frevel an und vor Gott. Gott wird mit solchen Gottesdiensten bloßgestellt, als wäre er ein Hampelmann. Man müsse nur an der religiösen Schnur ziehen, die Grundwerte öffentlich beschwören und alles wird gut? So lässt Gott nicht mit sich spielen. Das erwählte Volk wird zum Volk wie andere Völker, wenn es sich seinen Gott hält wie andere Völker ihre Götzen. Sie dienen der Selbstberuhigung, bilden ein Stück religiöser Selbstbefriedigung. Dazu lässt sich Gott Jahwe, Befreier und Helfer zur Freiheit, nicht missbrauchen (Am 9,7). Wohl aber wird das Leben an sich zum Gottesdienst, wenn ins gesellschaftliche Alltagsleben Wahrheit und Recht, Rechtschaffenheit und Ehrlichkeit wieder einziehen. Recht und Gerechtigkeit, das muss Israel erkennen, können neu zu Quellen des menschlichen Zusammenlebens werden. So kehrt eine geheilte Zukunft zurück.

Alle Theologie wird entzaubert. Des Amos Botschaft verkündet keinen Gott, der automatisch agiert. Seine Geschichte ereignet sich als innerweltlicher Akt. Negativentwicklungen sind aus dem Fehlverhalten der Gesellschaft einsichtig zu begründen. Weil das Gottesvolk die sozialen Spannungen in der eigenen Gesellschaft nicht erkennt, sondern sie immer weiter verschärft, kommt es zum Eklat, wird das Volk zur Verantwortung gezogen. Freilich wird dieser Prozess nicht rein innerweltlich erklärt, sondern von Amos als ankommendes Gottesgericht darstellt. Es ist Gott Jahwe, der handelt, an Israel wie an uns heute.

Gott, deine Menschen entfernen sich aus dem Gottesrecht, das die Befreiung der Armen sucht. So entfernt sich die Freiheit still und unbemerkt aus unserer Mitte. Leite mich an, dass ich dein Recht und deine Gerechtigkeit in mein Leben zurückhole. So wird Befreiung zurückkehren, zu mir und allen Menschen. Amen.

Keine voreiligen Hoffnungen

„Können Pferde auf Felsen wettrennen oder Rinder das Meer durchpflügen? Ihr aber verwandelt das Recht in Gift und die Frucht der Gerechtigkeit vergiftet ihr zu Wermut. Ihr habt eure diebische Freude an Lo-Dabar und prahlt: Haben wir nicht ohne fremde Hilfe Karnaim eingenommen? Ihr irrt! Ich lasse gegen euch, Haus Israel, ein Volk aufstehen, spricht Jahwe, ich, der Gott der Kriegsheere, das wird euch mit Krieg überziehen und einnehmen, vom Grenzübergang nach Hamat bis zum Steppenbach, hinter dem die Wüste beginnt."

Am 6,12 bis 14

In Israel bricht hochtrabender Nationalismus aus. Alle bösen Anschuldigungen und düsteren Prophezeiungen des Propheten sind (hebr.) Lo-Dabar, eben *kein Wort* Gottes an das Volk, leeres Düstergerede, dummes Zeug. Hat das Nationalheer der Israeliten nicht soeben bei Karnaim einen großen Sieg über Syrien errungen? Was soll das Kassandrageunke dieses Amos?

Aber der Prophet sieht tiefer: Militärische Siege, und seien sie noch so gewaltig, garantieren keine Zukunft, so lange dem Volke das soziale Gleichgewicht fehlt, so lange Unrecht über das Recht triumphiert. Und darum bleibt Amos bei seinen Düsterweissagungen: „Ein Volk aus dem Nordosten, aus Wüstenbergen, wird Israel überrennen. Diesen heranrollenden Felsen kann niemand bezwingen, schon gar nicht das kleine und schwache Israel." Amos sagt dies im Namen seines Gottes Jahwe Zebaoth, des Gottes der Heerscharen, der auch über die Heere dieses Fremdvolkes Assur Herr ist und sie zum Sieg gegen Israel treiben wird.

Der „kommende Tag Jahwes" ist in der traditionellen Theologie ein Gerichtstag Gottes an fremden Völkern, ein Triumphtag Israels über seine Feinde. In der Vorstellung des Amos wird der Tag Jahwes jedoch zum Gericht an Israel selbst. Gerade weil Israel mehr über Gottes Gerechtigkeit, die seine und unsere Menschenrechte meint, weiß, wird es umso strenger zur Rechenschaft gezogen werden. Was soll also das Triumphgeschrei vom herannahenden Tag Gottes? Dieser Tag wird für Israel Finsternis statt Licht, Dunkelheit statt Glanz, bedeutet Israels Gerichtstag. Hochmut kommt vor dem Fall (Am 5,18–20).

Wahnwitzideen treiben Militärs und Staatsleute an, Gott sei auf ihrer Seite und werde ihnen im Krieg gegen den Terrorismus den Sieg geben. Du, Gott, auf der Seite der Elenden, gibst den Elenden Recht. Stell mich ihnen zur Seite, Herr Gott Zebaoth, im Namen deines Rechts. Amen.

Ist Zukunft möglich?

So spricht Jahwe: „Wie ein Hirte dem Löwen zwei Unterschenkel oder ein Ohrläppchen aus dem Maul windet, so werden die Israeliten herausgewunden werden, die zur Zeit zu Samaria sich lässig auf den Diwan räkeln und sich faul auf Chaiselonguen fläzen." Am 3,12

Amos gibt den Gedanken nicht auf, Rettung sei möglich, wenn Israel seine Schuld erkennt und neu beginnt. Auch da, wo der Prophet die Hoffnung für Israel verlor, hält er fest: „Israel soll das Gute suchen, nicht das Böse." Nur so wird es überleben. Wenn das Volk anfängt, umzukehren, fängt Jahwe an, sich seinem Volk zuzuwenden. Erst aus dieser Umkehr wird Jahwe Zebaoth das Schlachten- und Zukunftsglück Israels zum Guten wenden. Das Gute sollen sie lieben, das Recht aufrichten. „Vielleicht wird der Herr, der Gott Zebaoth, gnädig sein denen, die von Jakob übrig bleiben", ermutigt Amos das Volk (Am 5,14 f.).

Andererseits, er sei kein (hebr.) nabi, bekennt Amos von sich (Am 7,14), also kein *Angestellter* des Königshauses oder des Tempels, der mit Prophezeiungen sein Geld verdienen müsse. Amos ist frei – und will frei reden können. Mit unwiderstehlicher Macht fühlt er sich ins Prophetenamt gezogen (Am 3,8). Ein emanzipierter, von keiner Parteiung, von keiner Institution beauftragter Prophet ist er, kein Mystiker einer innengewandten Gottesfrömmigkeit, kein Chefideologe einer politischen Richtung. Er nimmt wahr – und macht sich nichts vor, wohin der Rechtsbruch, den er in der Gesellschaft beobachtet, führen wird (Am 7,1–9). Und wie ein Löwe aus seiner Mahlzeit einen Rest zurücklässt, wird ein Rest Israels übrig bleiben, nicht überlebensfähig!

Das Amosbuch wurde von nachfolgenden Prophetenschülern über Generationen hin ergänzt und erweitert. Einzelne Verse wurden mit Zusätzen versehen, ganze Passagen, Bildketten ein- und angefügt. Es ist wichtig, sich der Erkenntnisse der exegetischen Forschung zu bedienen, um nicht durcheinander zu kommen. Nicht alles, was im Amosbuch niedergeschrieben steht, ist vom Propheten selbst. Nachfolgende Prophetengenerationen haben ergänzt, erweitert, auch, um den Hoffnungsfaden für Israel und uns ins Amosbuch einzuweben: Zukunft ist möglich.

Gott, mitten in aufbrechenden Kriegen, in zusammenbrechenden Hoffnungen sprichst du mir und allen Menschen Zukunft zu, deine Zukunft, in der du mich begnadigst und zu neuer Hoffnung belebst. Lehre mich Recht zu tun, Gerechtigkeit zu üben, auf dass ich überlebe. Amen.

Erntekorb

Gott Jahwe schenkte mir eine Vision: Siehe, ein Korb mit reifem Obst. Er fragte mich: „Was siehst du, Amos?" Ich antwortete: „Einen Korb mit reifem Obst." Da sprach Jahwe zu mir: „Reif für das Ende ist mein Volk Israel. Ich
Am 8,1 f. *kann ihm nichts mehr durch die Finger gehen lassen."*

Des Amos Botschaft lässt sich in dem Traumbild vom Erntekorb zusammenfassen. Dieses Bild meint: „Das Ende des Wachsens, Blühens, Prosperierens ist gekommen. Die Zukunft des Volkes Gottes wird abgeschnitten. Sie wird auf den Komposthaufen geworfen, muss dort verrotten und vertrocknen" (Am 8,2).

Es ist unfassbar, was Amos sich mit solchen Äußerungen seinerzeit erlaubt. Stellte nicht Jerobeam II. (787–747 v. Chr.) Israel in seinen früheren Grenzen wieder her? Setzte er nicht die einmal begonnene Restitutionspolitik seines Vorgängers erfolgreich fort? Er formt ein Reich, das, abgesehen vom Reststaat Juda im Süden, die Ausdehnung des Davidreiches zurückgewinnt. Aber diese Blüte, das sieht Amos mit klugem Blick, ist eine Scheinblüte. Syrien, das jahrhundertelang Israel bedrängte, steht unter dem Ansturm Assyriens, das sich im Norden als Großreich aufbaut. Jerobeam II. nutzt das entstehende Machtvakuum und führt eine, wie er es sieht, vernünftige Erweiterungs- und Wiederherstellungspolitik. Auf der einen Seite strömen unermessliche Reichtümer ins Land, Kriegsgewinne! Auf der anderen Seite bringt die dauernde Kriegslast untere Bevölkerungsschichten immer mehr in Armut und Abhängigkeit. Eine erhebliche Umschichtung der Macht- und Vermögensverhältnisse ist die Folge. Es wird verdient in Israel, aber der Verdienst bleibt bei den oberen Zehntausend hängen. Es verderben nicht nur die guten Sitten, für den kleinen Mann ziehen Armut und Verelendung herauf, was König Jehu, der Urahn der derzeit amtierenden Königsdynastie, gerade verhindern wollte.

Amos erkennt, dass die außenpolitische Entlastung, von der Israel unter Jerobeam II. profitiert, nicht lange dauern wird. Assyrien wird wieder und weiter erstarken – und alles wird umso schlimmer werden.

Gott, ich will die mir geschenkte Zeit nutzen, um Frieden zu stiften, Gerechtigkeit zu schaffen, die Schöpfung zu bewahren. Gelingt dieses Vorhaben, mir, der Regierung, allen gesellschaftlichen Kräften? Lass uns umkehren zur Chancengleichheit, zu dir, Gott! Denn was hat unser Staat, und wäre er hoch gerüstet, einem Angriff von außen entgegenzusetzen, wenn das Volk diesen Staat für ungerecht und verkommen hält? Amen.

Kaschierung

„Zieht hinauf nach Bet-El und sündigt, zieht weiter nach Gilgal und sündigt weiter! Bringt heute Morgen eure Schlachtopfer dar und am dritten Tag euren Zehnten. Verbrennt als Dankopfer Sauerteigbrote und ruft lauthals zu freiwilligen Opferspenden auf. Ruft dazu auf und posaunt sie aus! So liebt ihr es ja, ihr Israeliten." Spruch eures Gottes Jahwe. Am 4,4 f.

Amos, dessen Aktualität nicht genügend betont werden kann, kritisiert die Umschichtung des Volksvermögens zugunsten der Reichen aufs schärfste. Er zerrt das Unrecht in die Öffentlichkeit, das mit dieser Umschichtung verbunden ist. Er fordert statt prunkhafter Gottesdienste soziale Gerechtigkeit, nicht mehr und nicht weniger! Er schreckt dabei nicht vor Ironie zurück. Ist ein Gottesdienst nicht ein ehrenwertes Fest für einen Israeliten? Sind Opfer und Opfergaben nicht schönster Ausdruck eines frommen Glaubens? Ist es nicht lobenswert, dass ein Volk sich so konsequent zu seiner Religion, zu seinem Gott und dessen Gottesdiensten hält? Aber gerade da sitzt der Haken! Schließlich ist dieser Gott ein Gott, der, ehe er Gottesdienste fordert und Opfer verlangt, will, dass sein Volk Gerechtigkeit für alle durchsetzt, für die Armen, nicht nur für die Reichen!

Wo ein hübscher, prunkvoller Kultus Armut und Elend im Land verdecken soll, wo die Gottesdienste der Reichen das Unrecht, das den ärmeren Schichten täglich zugefügt wird, nur weiter befestigen, sind solche Gottesdienste nichts als Kaschierungen, der reinste Hohn in den Augen und Ohren, im Herzen dieses Gottes, der doch ein Gott der Armen und Elenden sein will.

Ein zorniger junger Mann redet da in höchst geschliffenen Bildern, mit düsterer Perspektive, klarsichtig und ohne Kompromissangebote. „Nur wenn Israel, die Menschheit sich radikal ändert und verändert, besteht Hoffnung auf eine sichere, weil sozial gesicherte Zukunft", ruft Amos uns zu. Bei Amos bezeugt der Glaube seine Identität dadurch, dass durch das Volk Gottes soziale Gerechtigkeit auf Erden verwirklicht werde, die Befreiung des Menschen zu seiner Würde, des Menschen Einübung in Frieden, Gerechtigkeit und in die Aufgabe, die Erde für eine gute Zukunft zu schützen, zu entwickeln. Mit einem Wort: Amos beruft uns ins Tun des Guten (Am 5,14 f.).

Gott, lass mich nicht abwiegeln, beruhigen, heute sei alles anders, Globalisierung und so, leider, man müsse sich anpassen. Lass mich nicht irre werden an deinem Wort. Ich kann Unrecht erkennen und Recht tun, das Gute, das du verlangst! Amen.

Schreckensvision

Ich sah Jahwe am Altar stehen. Er rief: „Schlage ans Kapitell, dass die Säulen beben! Trümmer werden ihnen auf den Kopf fallen. Im Erdbeben will ich sie vernichten. Wer von ihnen am Leben bleibt, den wird mein Schwert umbringen. Niemand von ihnen kann entfliehen noch entrinnen. Sogar, wenn sie sich bei den Toten verkröchen, spürte meine Hand sie dort unten auf. Stiegen sie zum Himmel empor, holte ich sie von dort oben herunter.“

Am 9,1 f.

Die Schreckenslitanei geht weiter: „Wenn sich die Leute auf dem Karmelplateau versteckten, Gott würde sie von dort herunterholen. Wenn sie sich im Meeresgrund vergrüben, die Meerschlange (i) würde sie dort auf Gottes Geheiß hin totbeißen. Auch wenn sie in langen Gefangenenreihen einhermarschierten, in der Hoffnung auf Bewahrung, Gott würde sie ohne Gnade dem Schwert ausliefern. „Denn“, so spricht Jahwe zu Amos, „ich richte meine Augen auf sie zum Bösen, nicht zum Guten“ (Am 9,1–4). Amos, dieser Kassandrist, Schwarzseher, Negativist! Was bringt uns seine so ausweglose Vision? Raubt sie nicht die letzten Illusionen? Reißt sie nicht den allerletzten Hoffnungsschimmer auf die Wende zum Guten aus unseren Herzen? Die Antwort lautet: „Unser Illusionsdenken ist auf Stillstand aus, besänftigt, beruhigt, stellt ruhig. Es verhindert die Umkehr.“ Amos' klare Sicht ernüchtert, deckt die Realität auf: „Der Untergang ist unausweichlich, weil und wenn niemand die Umkehr will!“ Ich erinnere, der von Amos angedrohte Untergang lässt auf sich warten. Nach dem Tode Jerobeams II. besteht Israel noch 25 Jahre, wenn auch nicht unangefochten. Erst 722 v. Chr. wird Samaria erobert und zerstört. Amos predigt zwischen 760 und 750 v. Chr.

Das sind über 25 Jahre Gnadenfrist, Jahre einer noch möglichen Umkehr. Dabei wird sichtbar: Die Aggression nach innen, auf arme und kleine Leute, und die nach außen, gegen Terroristen und Staatsfeinde, gegen böse Super- und Minimächte außerhalb des eigenen Staates, paaren sich. Die eine Aggression löst die andere aus, verdeckt, überhöht, überbietet sie. Das war schon immer so. Wer Probleme im Inneren hat, sucht sich einen Feind da draußen. Und lenkt auf ihn ab. Und rüstet hoch, weil der böse Feind da draußen so schlimm ist. Und potenziert die Probleme im Inneren, denn Rüstung kostet Geld, die der kleine Mann bezahlen muss, ein Teufelskreis.

Gott, sind Schreckensvisionen nötig, ein letztes Mittel, um zur Umkehr zu zwingen? Hilf mir umzukehren, jetzt und aus freien Stücken! Amen.

Begegne deinem Gott!

„Ich richtete unter euch Verwüstung an, wie Gott Sodom und Gomorra verwüstete. Ihr wurdet zum brennenden Holzscheit, das ich aus dem Feuer riss! Doch kehrtet ihr nicht zu mir um! Darum drohe ich dir dieses Verwüstungsschicksal an, Israel! Weil ich dich dieser Wüstenzukunft zutreibe, geh doch in dich, Israel! Bereite dich endlich vor, deinem Gott zu begegnen!" Ausspruch Jahwes. Am 4,11 f.

Eine Litanei, hier im vorletzten Abschnitt zitiert. „Ich schickte Hungersnöte", redet Gott durch Amos, „überall gab es Brotmangel. Ihr kehrtet nicht zu mir um! Ich schlug die eine Stadt mit Überflutung, die andere mit Dürre. Ihr kehrtet nicht um! Trockenheit, Blattrost, Heuschreckenplage, keine Umkehr! Krieg überzog euch. Eure jungen Männer fielen in der Schlacht wie die Fliegen, ein wilder Gestank lag über dem Heerlager. Ihr kehrtet nicht um!" – „Weil ihr so weitermacht, werde auch ich so weiter machen! Richtet euch auf eine weitere, noch schrecklichere Begegnung mit mir ein", eifert Gott durch den Propheten. Der setzt ein scharfes Stilmittel ein: Sarkasmus! Vielleicht gelingt es, zu retten, was zu retten ist? Vielleicht kehrt die Einsicht, dass es so nicht mehr weitergeht, zu den Menschen zurück? Vielleicht bekehren sie sich zu Frieden und Gerechtigkeit, zur Vernunft und kehren um? Sind sie nicht Menschen, die diesem Gott zugehören und ihm vertrauen? Vielleicht hören sie auf, nach ihrem selbstzerstörerischen Bild zu leben, hören zu, hören hin und wagen die so notwendigen Reformen ihres Staatslebens, das Umdenken ihres Geistes?

Nachfolgende Generationen ergänzen die Schreckensliturgie, entwickelten sie zur Hoffnungsliturgie: „Er, Jahwe Zebaoth, Herr der Heerscharen, ist auch Herr des Himmels und der Erde. Er, der die Berge schafft und die Winde macht, kann Israels Zukunft aus dem Nichts auferstehen lassen. Er tut, was er im Sinn hat!"

Des Amos Leben lässt sich über die Wortspiele erschließen. Sein Name bedeutet: *Jahwe hat eine Last auferlegt*, auch *Getragen hat Jahwe*. In diesem Namenswortspiel liegt das Leben des Amos beschlossen, einer, der von Gott abhängt, sich von ihm erdrückt, aber auch getragen fühlt! Amos muss aus Israel fliehen. Was aus ihm wurde, wissen wir nicht. (Am 7,10–13)

Gott, wenn ich deinen Propheten höre, lass mich hinhören und handeln. Wenn du mich selbst zum Propheten machen willst, soll mich weder Eitelkeit noch Angst treiben. Dein Vertrauen soll mich tragen, deine Gerechtigkeit herauszufordern. Amen.

Jer 1–52; Klgl 1–5; 2Kön 22,1 bis 25,26

Einsame Rufer: Jeremia und andere

„Weh den Volksvertretern, die unrechtmäßige Erlasse durchsetzen, und den Beamten, die unterdrückerische Rechtsgrundsätze festlegen. Sie verdrängen die Armen aus ihren Rechtsansprüchen. Sie tun den unteren Volksschichten im Hinblick auf ihre sozialen Rechte Gewalt an. Witwen werden zur wehrlosen Beute, Waisen werden ausgeplündert! Wie wollt ihr da rauskommen, wenn der Tag der Großabrechnung kommt, das Sturmtief, das von ferne heraufzieht? Zu wem könnt ihr dann fliehen, wo um Schutz und Hilfe flehen? Was wird euch dann euer Reichtum nützen? Mit den Gefangenen werdet ihr abgeführt, mit den Erschlagenen fallen. Bei diesen herandrängenden Ereignissen hört sein Zorn nicht auf, seine Drohhand bleibt ausgestreckt."

Jes 10,1–4

Propheten werden verfolgt und getötet. Das ist uns bis heute vor Augen. Was die Zehn Gebote auf gutbürgerliche Weise sagen, wird von den Propheten konkret zugespitzt: „Armen aufzuhelfen ist wahrer Gottesdienst, Kultfeste zu begehen, die Sozialität des Gotteswortes dabei zu ignorieren, führt ins Unglück."

Es gibt Kultpropheten, falsche Propheten, die dem Volk nach dem Mund reden und bei den Regierenden für ihre regierungstreue Propaganda die Hand aufhalten. Einige von ihnen hetzen auf und kommen doch in die Bibel, Nahum, Habakuk, die vorzüglich auf dem nationalen Klavier zu spielen wissen. In der Summe jedoch klagen die Propheten unser unsoziales Verhalten an: Der Gott der Schwachen will die Befreiung der Schwachen. Nicht durch himmlische Wunderakte, sondern durch Buße und Umkehr zum Gott der Hebräer und seinem befreienden Gesetz, der Thora, zieht befreiende Zukunft heran. Propheten drohen, dass Gottes Volk und seine Regierungen besiegt werden, wenn Israel nicht in die Gerechtigkeit umkehrte. Beide würden gerettet und erhöht werden, wenn sie die soziale Botschaft des Glaubens belebten. Das angekündigte Desaster kam für das Nordreich 722 v. Chr., für das Südreich im Jahre 587 v. Chr. Tausende wurden damals in babylonische (i) Verbannung gebracht, aus der es siebzig Jahre später erst eine Rückkehr gab. Jesaja sah den Untergang voraus, Jeremia (i) erlebte ihn hautnah mit. Sein Lebensweg ist eindrucksvoll dokumentiert.

Gott, die Menschheitsgeschichte ist Menschenmachwerk. Triumph, Zerstörung, Versöhnung liegen in meiner Hand. Lass mich aus Arroganz und Anpassung zu dir, dem lebendigen Gott, zu Gerechtigkeit und Liebe umkehren. Amen.

Ein Prophet in Zeitumbrüchen

Worte Jeremias, des Sohnes Hilkijas, der aus einem Priestergeschlecht in Anatot im Bezirk Benjamin stammt. An ihn erging Jahwes Berufungswort, als Josia, der Sohn Amons, die Königsherrschaft in Juda innehatte. Im dreizehnten Regierungsjahr Josias begann Jeremias Prophetentätigkeit. Dann wurde er zur Zeit des judäischen Königs Jojakim, des Sohnes Josias, als Prophet tätig, bis ans Ende des elften Regierungsjahres des judäischen Königs Zedekia, des Sohnes Josias, bis dass Jerusalems Einwohner im fünften Monat dieses Jahres in die Verbannung verschleppt wurden. Jer 1,1–3

Umbrüche kennzeichneten Jeremias Leben. Sein Weg wird zum Spiegel der Zeitgeschichte Israels in schlimmster Lage. Dabei begann alles so hoffnungsvoll: Jeremia, in Anatoth, einem Villenvorort Jerusalems, als Sohn eines Priesters geboren, ist eine erste Adresse. Überhaupt, in Juda mit der Hauptstadt Jerusalem regiert Josia (i) (640–609 v. Chr.), ein frommer, gerechter König, ein Typ wie David. Hat Gott nicht sein Tun gesegnet? Gewinnt Josia nicht das Reich zurück, wie es damals David aufbaute? Und führt Josia nicht Reformen durch? Die Höhenheiligtümer werden abgeschafft, der Gottesdienst für Jahwe wird im Tempel (i) zu Jerusalem gefeiert. Und, für Jeremia wichtiger, Josia pocht auf Sozialreformen, das Land wird neu unter Arme aufgeteilt. Freilich, recht bald werden die Sozialreformen rückgängig gemacht (Reformen ab 622 v. Chr.). Jeremia tritt ein erstes Mal öffentlich warnend als Prophet auf.

Es kommt schlimmer: Ein größerer Krieg zwischen Ägypten (i) und Babylon (i) zeichnet sich ab. Israel wird zum Aufmarschgebiet der Ägypter. Josia stellt sich den Ägyptern entgegen und fällt in der Schlacht bei Megiddo (609 v. Chr.). Nun beginnt Jeremias zweite Tätigkeitsperiode. Jojakim, der neue König, unterwirft sich zwar den Babyloniern, aber fällt bald wieder von Babel ab (609–598 v. Chr.). Babylon rückt mit einem Heer heran, die Stadt Jerusalem wird eingenommen, die Oberschicht deportiert: die erste Wegführung (597 v. Chr.). Jeremia tritt zum dritten Mal öffentlich auf.

Mein Gott, Jeremia, dein Prophet, und andere Propheten mit ihm, sie rufen deinen Willen aus. Propheten analysieren die Gesellschaft und kommen zu deutenden Schlüssen. Sie beobachten und sezieren: So ist die Gesellschaft! Propheten stellen Prognosen für die Zukunft, indem sie die Gegenwart untersuchen, in Gottes Namen. Lass mich aus den Analysen, wie Jeremia sie gab, heute lernen. Amen.

Der Ruf

Jahwes Wort erging an mich: „Ehe ich dich im Mutterleib bildete, erkannte ich dich. Ehe du aus dem Mutterschoß hervorkrochst, weihte ich dich. Zum Völkerpropheten berief ich dich." Ich antwortete: „Ach, mein Herr Jahwe, ich kann nicht als Redner auftreten. Ich bin zu jung." Jahwe erwiderte: „Sag nicht: Ich bin zu jung! Du wirst dorthin gehen, wohin ich dich sende. Du wirst das kundtun, was ich dir gebiete. Hab keine Angst vor ihnen. Ich bin bei dir und werde dich schützen!" So sprach Jahwe. Dann streckte Jahwe seine Hand aus. Er berührte meinen Mund. Er versprach mir: „Siehe, ich lege meine Worte in deinen Mund. Siehe, ich statte dich heute mit Vollmachten über Völker und Reiche aus. Du wirst ausreißen und eindrücken, zerstören und vernichten, aufbauen und einpflanzen."

Jer 1,4–10

Junger Mann aus gutem Hause mit einer glänzenden Laufbahn vor sich. Staatsmann, Priester, Diplomat! Bei den Eltern, bei der Schulbildung! Immerhin zählt der Vater zum höchsten Priesteradel, die Mutter zum Landadel. Aufgewachsen ist Jeremia in Anatot, auf einem hübsch gelegenen Landgut bei Jerusalem.

Und nun dies. Gott wirft ihn aus der Bahn. Prophet soll er werden. Aber Jeremia denkt nicht daran, sich um sein Leben betrügen zu lassen. Ich bin ungeeignet. Bin zu jung. Gibt es keinen anderen? Das Prophetenamt wirft mich aus meiner glänzenden Zukunft heraus, ehe ich mich in ihr einnisten kann.

Und doch lässt er sich von Gott in ein Leben voller Leiden, Angst und Enttäuschungen entsenden. Diese Außenseiterrolle, dieser ewige Widerspruch gegen die Gesellschaft! Wer an die Quelle kommen will, muss gegen den Strom schwimmen. Das ist schön und gut. Oder auch nicht. Wer kann das aushalten, ein Leben lang? Prophet zu werden in schlimmer Zeit, da Propaganda Wahrheit zur Lüge und Lüge zur Wahrheit umfärbt?

Mein Gott, das Leben liegt hinter mir, bevor es vor mir liegt? Die Rolle, die du mir auf den Leib schreibst, wird mir zu schwer? Ich soll anklagen und beliebte Werte einreißen? Ich soll Selbstgefälligkeiten zerstören und aufdecken, wie stinkend verderblich so manch anerkanntes Leitbild ist? Es wird mir zu schwer, Gott, dauernd gegen den Strom zu schwimmen. Hilf mir! Amen.

Die Zeiten

Es erging Jahwes Wort an mich: „Was siehst du, Jeremia?" Ich sagte: „Ich sehe einen wachen Zweig, den Zweig des Mandelbaums." Jahwe erwiderte: „Du siehst richtig. Ich wache über mein Wort. Ich tue, was ich sage." Ein zweites Mal kam Jahwes Wort zu mir: „Was siehst du?" Ich berichtete: „Ich sehe einen Kessel, unter dem ein Feuer entfacht wurde. Der Kessel neigt sich von Norden her und kocht über." Jahwe bestätigte: „Von Norden her entfache ich das Urteil über alle Landesbewohner. Siehe, ich rufe alle Königreiche des Nordens auf", spricht Jahwe. „Sie werden heranrücken und jedes Reich wird seinen Thron vor den Toren Jerusalems aufrichten, rund um die Mauern dieser Stadt herum, auch vor allen anderen Städten Judas. Ich werde über sie Gericht halten wegen ihrer Bosheit. Sie haben mich verlassen und anderen Göttern geopfert. Sie beten das Machwerk ihrer eigenen Hände an." Jer 1,11 bis 16

Zunächst, als Jeremia als Kind die Hofschule besucht und dort Lesen und Schreiben lernt, lässt sich alles gut an. Josia (i) kommt auf den Thron, ein König mit gesundem Menschenverstand und fromm. Josia weiß, es muss etwas passieren im Lande. Josia, ein zweiter David? Holte er nicht das längst aufgegebene Nordreich in den großen Verbund des Gottesstaates zurück? Ein Staatsmann ist dieser König! Die Mischung aus politischer Klugheit und Frömmigkeit zahlt sich aus. Josia will die hebräische Religion von Zusätzen säubern. Er will das ursprüngliche, in der Wüste gültige Gottesrecht wieder einführen, Chancengleichheit für alle. Die sozialen Unterschiede und Ungerechtigkeiten sollen verschwinden. Das Volk soll zu Jahwe umkehren und neu aus den Geboten des Jahwebundes leben.

Jeremia bejaht diese Entwicklung, sieht aber tiefer, sieht, wie die Reform dem König unter der Hand zerbröckelt, sieht, wie Deklaration auf Deklaration verlautbart wird – und wenig ändert, vor allem nicht die Denkweise der Menschen im Land. So bleibt trotz der Reförmchen alles beim Alten. Das blühende Mandelbäumchen, der erwachende Zweig – ein Wortspiel im Hebräischen – wird zu bitterem Erwachen führen. Das Elend braut sich siedend heiß von innen zusammen und bringt den Topf von außen zum Überkochen.

Gott, das Land bringt Frucht und bessert sich? Lass mich tiefer sehen, wer und was in meinen Herzen und den Herzen der anderen wirklich lebt. Will ich teilen, will ich Veränderung, will ich umkehren? Amen.

Das Debakel

Es kommt die Zeit, da wird man diesem Volk sagen: „Ein Glutwind stößt von den Höhen der Wüstenregionen auf die Tochter meines Volkes nieder, kein Wind zum Worfeln, keiner zum Sichten. Ein Wüstenwind stürmt, der sie heiß überfällt! Er bläst, weil ich es will. Ich selbst halte Gericht, fälle das Urteil. Eine Windsbraut fährt einher. Kriegswagen heulen wie Sturmböen, von Streitrossen, schneller als Adler, gezogen. Weh uns, wir gehen unter! Wasch dein Herz rein vom Bösen, Jerusalem, damit du bewahrt bleibst. Wie lange verstrickst du dich noch in unheilbringende, kriegslüsterne Pläne?“

Jer 4,11 bis 14

Es kommt, wie es Jeremia kommen sah. Die Ägypter marschieren zum Krieg. Und Josia (i) hat Omnipotenzphantasien. Durch sein Land soll niemand ziehen. Dies ist Gottes heiliges Land, durch Gottes heiliges Recht regiert. Niemand kommt hier ungestraft durch. Josia zieht mit Singen und Beten in die Schlacht, um den Ägyptern den Durchzug nach Babylon zu verwehren. Ein schlimmer Realitätsverlust dieses Königs. Megiddo heißt der Ort in der fruchtbaren Tiefebene Jesreel im Norden, wo das Desaster passiert: Josia fällt. Dem heranrollenden Heer der Ägypter ist Juda nicht gewachsen (609 v. Chr.).

Die anschließend eilig aufgebaute Bindung an Ägypten fällt schnell in sich zusammen. Ägyptens Großmachtträume sind ausgeträumt. Juda muss sich der Macht aus dem Norden, Babylonien, ausliefern. So kommt es zum Niedergang. Unter Jojakim, dem schwachen Nachfolger Josias, werden die Zeiten schlechter und schlechter. Trotzdem hat Jojakim Träume. Nationalisten setzen ihm zu. Ist Jahwe nicht mächtiger als andere Götter? Ist er nicht König auf dem Zion? Ist Jerusalem nicht Gottes Stadt? Und wird Gott nicht auf die Seite seines unterdrückten Volkes treten, wenn die Befreiung beginnt?

Propheten sagen deine Wahrheit an, auch dem Volk Gottes! Niemanden nimmst du aus. Was meine und unsere Erwählung ausmachen könnte, mein Gott, ist dein einzigartiges Rechts- und Sozialsystem, das du deinem Volke schenktest. Den Niedrigen soll ich erheben, den Schwachen stützen, dem Armen eine Chance geben, den Sklaven befreien und dem Ausländer eine Zukunft mitten in der eigenen Bevölkerung eröffnen. Das sind deine Forderungen, Gott, aus dem Mund des Jeremia, in mein Leben und in unsere Gesellschaft hinein gesagt. Hilf mir, sie zu erfüllen. Amen.

Das grössere Debakel

Jahwes Wort an Jeremia: „Tritt ins Tor von Jahwes Haus. Verkünde dort diese Botschaft: Hört das Wort Jahwes, ihr Judäer alle, die ihr durchs Tempeltor eintretet, um Jahwe zu ehren. So spricht Jahwe, der Gott der Heerscharen, Israels Gott: Ändert euer Leben, bessert euer Tun und Lassen. Dann werde ich an diesem Ort weiter bei euch wohnen. Vertraut nicht den Lügenpredigern. Sie rufen unentwegt: Jahwes Tempel, Jahwes Tempel, Jahwes Tempel ist hier! Ändert euer Leben, bessert euer Tun und Lassen! Nur, wenn ihr für Recht zwischen dem einen und dem anderen sorgt, wenn ihr auf Gewalt gegen Fremde verzichtet, Waisen und Witwen beschützt und nicht länger Unschuldige ermordet, sogar an diesem Ort, wenn ihr aufhört, anderen Göttern nachzulaufen, die euch nur schaden, will ich von einem Zeitalter zum andern bei euch wohnen, an diesem Ort, in diesem Land, das ich euren Vätern gab.

Ihr aber verlasst euch auf Lügenpredigten, die nichts bringen, stehlt, mordet, brecht die Ehe, schwört Meineide. So opfert ihr dem Baal, lauft fremden Göttern nach, die ihr nicht kennt. Und dann kommt ihr angerannt, tretet vor mich in diesem Haus, das meinen Namen trägt, betet ungeniert: Hier sind wir sicher! Und lebt weiter mit euren bisherigen Ungeheuerlichkeiten! Ist mein Haus eine Räuberhöhle? Ich bin nicht blind", spricht Jahwe. Jer 7,1–11

Die Leute von Jerusalem haben nicht aus der Vergangenheit gelernt. Was Jeremia im Namen Gottes zu sagen hat, löst Aggressionen aus: „Querulant, Pazifist, Vaterlandsverräter, Schmarotzer, Kommunist!" Nach der Tempelrede, unter Jojakim gehalten, kommt Jeremia nur knapp am Tod vorbei. Das Volk fühlt sich im Tempel zu Jerusalem bombensicher und wird arrogant. Opfer müssen gebracht werden, fürs Vaterland, für Jahwe Zebaoth, den heiligen, allerhöchsten Gott, der aus Knechtschaft befreit! Gott will es! Als ob der Krieg eine Mutter der Zukunft werden könnte! Statt sich auf Ehrlichkeit, Redlichkeit und politisches Augenmaß zu besinnen, werden die sozialen Reformen, so kühn begonnen, zurückgeschnitten, Betrug wird zum Lebensstil, Machtgier zum Erstgebot. „Das geht schief, trotz eurer religiösen Reformen", sagt Jeremia und behält Recht.

Du bist ein Gott, der Recht schafft. Wenn Unrecht im Land herrscht, wird Unheil die Folge sein. Mein schönster Gottesdienst vor dir ist, Recht zu schaffen, Frieden zu stiften! Amen.

Hohn und Spott

Du verführtest mich, Jahwe, und ich ließ mich verführen. Du griffst übermächtig nach mir, nahmst mich mit Gewalt. Ich wurde zum Gelächter der Leute. Jeden Tag gießt jemand anders seinen Spott über mich aus. Denn sooft ich predige, muss ich ausbrüllen: Gewalttat und Ausbeutung! Jahwes Wort, das ich gezwungenermaßen sage, fällt als Hohn und Spott auf mich zurück. Das passiert jeden Tag. Ich malte mir aus: Ich will nicht mehr an Jahwe denken, nicht länger für seinen Namen meine Haut zu Markte tragen. Aber was ich da erwog, brannte mir im Herzen wie ein Loderfeuer, wurde zur Glimmglut, die sich in meine Gliedmaßen einfraß. Ich halte das nicht länger aus. Ich gehe dabei drauf.

Jer 20,7–9

Jeremia hat wie kein anderer Prophet Israels seine Seele offen gelegt. Er leidet. Er wäre lieber im großen Strom mitgeschwommen, wäre lieber kein Prophet geworden. Aber er kann nicht anders. Er muss im Namen Gottes protestieren, gegen Nationalismus und Ausbeutung. Gott hat ihn überredet, verführt, ja, vergewaltigt. Jeremia muss warnen – und wäre doch lieber ein ganz normaler Mensch.

Diese Erfahrung zieht sich durch sein ganzes Leben. Vor allem, als unter Babels Herrschaft die Lage instabil wird. Die Opposition wächst. Ägypten hetzt zum Aufstand gegen Babel (i). Der Prophet gerät unter Druck. Er hält die Aufstandspläne für selbstmörderisch. Der Krieg gegen Babel kann noch einmal verhindert werden. Fünf Jahre später rückt Babylon endgültig gegen das aufständische Juda vor. Der Belagerungsring um die Stadt schließt sich. Jeremia, Staatsfeind Nummer eins, kommt ins Gefängnis, unter die Folter. Ein Verräter? Die Stadt wird erobert, Stadt und Tempel werden zerstört. Deportation (587 v. Chr.)! Ein gewisser Gedalja wird von den Babyloniern zum Statthalter der Restprovinz Juda ernannt. Widerständler ermorden ihn. Die Aufständischen fliehen nach Ägypten, nehmen Jeremia mit. Zum vierten und letzten Mal erhebt Jeremia seine Stimme, bevor er als Verschleppter in Ägypten stirbt.

Ein Volk, das aufrüstet, Nachbarvölker zum Feind erklärt und im eigenen Land Arme und Ausländer ins Elend kommen lässt, geht seiner politischen Isolation und dem Untergang entgegen. Innere Feinde, Instabilität und Unrecht fressen die Gesellschaft von innen auf. Kriege sind der äußere Anstoß zur Vernichtung. Du hältst mir mit Jeremia einen Spiegel vor. Kann ich mein Spiegelbild lesen? Amen.

Überhörte Warnzeichen

„So spricht Jahwe: Gibt es jemanden, der, wenn er hinfällt, nicht gern wieder aufstünde? Gibt es jemanden, der sich, wenn er sich verirrt, nicht gern umkehrte? Warum geht denn dieses Volk von Jerusalem stets in die Irre und bleibt bei seinem Irrtum und kehrt nicht um? Sie klammern sich an ihre Trugbilder, können gar nicht mehr umkehren. Ich lausche aufmerksam. Wahrheiten gestehen sie sich nicht ein. Ich kenne keinen, der sich vor seiner eigenen Schäbigkeit ekelte, weiß von niemandem, der sich fragt, was er da anrichtet. Sie stürmen blind vorwärts wie ein Schlachtross, das in die Schlacht hinein berserkert.

Der Storch unterm Himmel kennt seine Zugvogelzeit. Turteltaube, Schwalbe und Kranich wissen, wann sie umkehren müssen, um zu brüten und Jungvögel zu ziehen. Jedoch mein Volk will nichts vom Recht Jahwes wissen. Wie könnt ihr behaupten: ‚Wir sind doch gebildet, wir leben aus Jahwes Gesetz?' Lug und Trug kommen bei all den Reformen der Schreiberlinge heraus. Die Neunmalklugen werden sich blamieren, werden erschrecken, wie sie sich in ihren eigenen Netzen fangen. Was kann schon Großartiges dabei herauskommen, wenn sie die Rechtsgrundsätze Jahwes verdrehen?" Jer 8,4–9

Eine prophetische Existenz zu führen bedeutet, auf Gott zu hören, sein Wort zu tun. Diese Erfahrung meint keine Zufälligkeiten. Grundlage aller biblischen Prophetie ist die Jahwegesetzgebung, die den Hebräer schützt. Weil Israel und seine Könige das Jahwerecht übertreten, mahnt und warnt der Prophet. Falsche Gottesdienste meinen, wie Jeremia plastisch beschreibt, den Rechtsbruch im Namen Gottes, juristische Spitzfindigkeiten, mit denen der Mächtige dem Armen sein Recht wieder nimmt, nachdem die Reform doch zunächst zügig vorankam. Zum Überfluss steigert sich Israel in ein nationales Pathos hinein.

Gott, du legst den Grund der Gesellschaft, schaffst das Recht für Kranke, Alte, Arme, ihr Lebensrecht. Dein Wort schenkt mir die Freiheit, ein Mensch zu werden, zu sein, zu bleiben, mit allen anderen Menschen. Ich soll menschlich leben, menschlich handeln. Ich stecke in Diskussionen, die den Globus umschließen. Normen verschwinden, Grundsätze vergehen, gewalttätiger Nationalismus blüht auf. Hilf mir Verwirrtem zurecht. Lass mich bei deiner Thora bleiben, in Jesu Namen. Amen.

Wenig dazugelernt

Jahwe ließ mich zwei Körbe voller Feigen schauen, aufgestellt vor Jahwes Tempel! Ich hatte diese Vision, nachdem Nebukadnezar, der König von Babel, Jechonja, den Sohn des Jojakim als König von Juda und die Beamten Judas, auch die Schmiede und Tischler aus Jerusalem deportiert und nach Babylon gebracht hatte. Der eine Korb enthielt sehr gute Feigen, Frühfeigen bester Qualität. Im anderen lagen sehr schlechte Feigen, ungenießbar, nicht mehr zu gebrauchen. Jahwe fragte mich: „Jeremia, was siehst du?" Ich antwortete: „Feigen, die guten sind sehr gut, aber die schlechten sind sehr schlecht,
Jer 24,1–3 *ungenießbar, so schlecht sind sie."*

Dem Text folgt eine Deutung, eine Mahnung für alle, die noch einmal davongekommen sind, daheim bleiben durften. Die anderen, die bei der ersten Deportation (i) im Jahr 598 v. Chr. Weggeführten, haben die Lehre begriffen, die ihnen die Geschichte erteilte? Sie sind bereit, die erlebte Geschichte als Gericht und als Mahnung zu Buße und Umkehr zu verstehen, im Gegensatz zu den Ewiggestrigen, den Unbelehrbaren? Der Krieg gegen Babel (i), im Namen Gottes und der Freiheit, im Namen des nationalen Fortschritts begonnen, endet, ehe er beginnt, in einer Katastrophe. Jojakim stirbt noch vor der Eroberung der Stadt, sein Sohn wird nach Babel geführt. Mit ihm Tausende von Israeliten, die kriegstreibende Oberschicht, Priester, Handwerker, Bankiers, Fürsten, die führenden Köpfe des Landes.

Gott, der letzte Weltkrieg ging zu Ende, heute weiß ich, dass er nicht der letzte Krieg in Europa war, nach Kosovo und Tschetschenien. Ich ahne, was auf mich zukommt, wenn ich Gegensätze beschwöre statt das Gemeinsame zu suchen, Christen und Muslime, Juden und Araber, Arme und Reiche, ausländische Mitbürger und Mitbürgerinnen in unserem Land, die bei uns schon seit Jahrzehnten wohnen, und nun plötzlich Angst vor mir Deutschen haben ...?

Gott, lass mich lernen: Die Nation ist eine vorletzte Größe, wie der Staat, in dem ich lebe. Und wenn sich dieser Staat in meinem Zeitalter zu einem Mehrvölkerstaat wandelt? Vergib Angst, gib Mut zum Frieden. Lass mich die Zeichen der Zeit verstehen. Amen.

Zwei Joche

Der Prophet Jeremia stellte den Propheten Hananja vor allen Priestern und dem ganzen Volk, die sich im Hause Jahwe versammelt hatten, mit diesen Worten zur Rede: „Amen! Es wäre schön, wenn Jahwe das Wort erfüllte, das du so großartig geweissagt hast, bald würden die heiligen Geräte aus dem Haus Jahwes von Babel hierher zurücktransportiert werden, auch alle Deportierten. Doch sollst du auch das Wort zu hören kriegen, das ich dir jetzt ins Ohr drücke, dir und dem ganzen Volk:

Die Propheten, die vor mir und vor dir von Urzeiten an prophezeiten, haben ihre Prophetensprüche über mächtige Länder und starke Königreiche gefällt, mit Krieg, Hunger und Pest. Einen Propheten jedoch, der Frieden vorhersagt, wird man daran messen, ob sich sein Prophetenwort tatsächlich erfüllt. Nur daran erkennt man, ob er echt in Jahwes Auftrag sprach." Jer 28,5–9

Jeremia taucht im Tempel auf, mit einem hölzernen Ochsenjoch auf dem Nacken, hält eine Rede, warnt vor dem Aufstand gegen Babel (i), tut es im Auftrag Gottes. Da steht ein Gegenprophet auf, Hananja. Der hält eine Gegenrede, es käme bald alles ins Lot, Rehabilitation, Repatriierung! Jeremia, mit dem Joch auf dem Rücken, widerspricht scharf. Jetzt geschieht Unfassbares, Hananja reißt dem Jeremia das Joch von den Schultern, zerbricht es mit übermenschlicher Kraft unter dem Jubel der Menge. So werde Babels Joch innerhalb von zwei Jahren zerbrechen. Jeremia aber kommt zurück, mit einem eisernen Joch auf dem Rücken, so werde Babel mit Juda umgehen! (Jer 28,1–17)

Zedekia, der neue König (597–587 v. Chr.), steckt in größter Abhängigkeit von Babel. Er sieht in Jeremia zunächst einen Verbündeten. Der Prophet hat einleuchtende Vorstellungen: Geduld entwickeln! Den langen Atem dessen gewinnen, der weiß, dass er im Recht ist! Die Finger von Verschwörung lassen! Die Zeit aktiv nutzen, umkehren zu Gott, der sein Volk aus Ägypten zur Gerechtigkeit, zum Tun des Guten befreite. Gott will die Neugründung eines sozialen Rechtsstaats anstatt nationalistischen Taumels. Wer will es hören, wer verstehen?

Gott, wer glaubt, es müsse endlich Deutsch gesprochen werden, diese traurige Redensart aus hässlicher Zeit, irrt. Wer Wind sät, wird Sturm ernten. Behutsam und freundlich miteinander umzugehen, vertrauensvoll den Anderen zu verstehen suchen, warten können, bis ein Gespräch zustande kommt. Wir schauen uns zärtlich an, öffnen uns – schenke mir diese Einsicht, diesen Weg, diese meine und unsere Reform. Amen.

Selbstbetrug

„Ich höre, was Propheten ausrufen, die in meinem Namen Lügen weissagen und behaupten: Ich hatte einen Traum, ich hatte einen Traum! Wie lange wollen diese angeblichen Propheten noch weiter phantasieren? Sie spucken Lügen aus und betäuben ihr Herz im Selbstbetrug. Sie möchten gern, dass mein Name über ihrem Traumgerede in Vergessenheit gerät. Einer erzählt dem andern seine Träume, wie berauscht, wie schon ihre Vorfahren in ihrer Baalmanie meinen Namen vergaßen! Ein Prophet, der auf Traumdeutung setzt, soll Träume deuten! Wer aber auf mein Wort setzt, soll mein Wort ohne Abstriche verkünden.

Wie passen Stroh und Weizen zusammen? Brennt mein Wort nicht wie Feuer?" fragt Jahwe. „Ist es nicht ein Hammer, der Felsen zertrümmert? Siehe, ich will den Lügenpropheten ans Leder", spricht er, „die sich gegenseitig mein angebliches Wort aus dem Mund reißen, sich die Zunge verrenken und Orakel orakeln. Ich habe sie nicht geschickt, sie nicht beauftragt. Sie nützen diesem Volk nichts!" Ausspruch Jahwes.

Jer 23,25 bis 30.32

Fieberhaft wird gerüstet, um von Babel loszukommen. Botschaften gehen nachts mit reitendem Boten von Ägypten nach Jerusalem und zurück. Müssen wir uns die babylonischen Götter im Tempel gefallen lassen, Kultbilder, an denen Ehrenfeiern für die gefallenen Soldaten Babylons stattfinden? Wird nicht Jahwe uns führen, wenn wir losschlagen? Freiheit für Israel! Alle sind sich im nationalen Pathos einig, Parteien, Kirche und Staat!

Nur Jeremia protestiert: Weiter so, Juda! Bewohner Jerusalems, betet für den Tag X, Jahwes Tag, wie ihr ihn nennt. Der Tag, an dem angeblich Gott Rache für sein Volk nimmt, wird ein Tag eures blutigen, schmerzvollen Untergangs werden! Kein Tag des Triumphes, ein Tag der stinkenden Leichenberge.

Das will niemand hören. Wer so redet, kommt in den Knast, unter die Folter. Am schlimmsten ist die seelische Isolierung! Weiß Jeremia, ob er mit seinem Denken Recht behält? Stehen nicht alle auf der anderen Seite? Entsetzliche Einsamkeit! Hat er nur noch Freunde im Feindland Babylon, bei den Besatzern? Selbstzweifel! Treiben Gottes Gedanken den Propheten um – oder die eigenen politischen Wahnideen?

Gott, ein einsamer Rufer in der Wüste zu sein, schmerzt. Gibt es niemanden, der mir beipflichtet, niemanden, der mir beisteht? Nur du, mein Gott, und deine Weisung? Und wenn andere Recht hätten? Bewahre mich vor Selbstbetrug. Amen.

Letzter Versuch

Dieses Wort Jahwes kam zu Jeremia in besonderer Situation: Der König Zedekia hatte mit dem ganzen Volk zu Jerusalem einen Bund geschlossen, jeder sollte seine hebräischen Sklaven und Sklavinnen freilassen. „Kein Judäer soll einen judäischen Volksgenossen als Sklave oder Sklavin halten." Zunächst hatten Oberschicht und Volk zugestimmt. Sie gingen den Bund ein: Jeder ließ seinen Sklaven und seine Sklavin frei. Es gab in Jerusalem keine hebräischen Sklaven und keine Sklavinnen mehr. Aber anschließend forderten die Mächtigen die Freigelassenen wieder zurück. Sie zwangen sie brutal, wieder Sklave und Sklavin zu werden. „Ihr gehorchtet mir nicht", spricht Jahwe, „und machtet die ausgerufene Freilassung wieder rückgängig, Bruder für Bruder, Nächsten für Nächsten! Jetzt rufe ich eine Freilassung aus! Schwert, Pest, Hunger werden über euch freigelassen. Ich werde euch zum Bild des Grauens vor allen Königreichen auf Erden machen." Jer 34,8 bis 11.17

Der Ausgangspunkt aller prophetischen Verkündigung ist die Befreiung zur Gerechtigkeit, wie sie im Auszug aus Ägypten vorgestellt wird. Tief ist dieser Befreiungstraum in der Thora verankert. In Gesetzen, die für verschiedene soziale und politische Bereiche die Befreiung des Menschen festmachen, wird mitgeteilt: „Das sage ich dir, der Herr, dein Gott, der dich aus Ägyptenland, dem Sklavenhalterstaat, befreite. Du selbst bist doch auch (...) Sklave, Ausländer, Unterdrückter (...) in Ägyptenland gewesen." Die Befreiung Israels aus Sklaverei und Unterdrückung wird zum vorausentworfenen Bild der Menschenrechtserklärungen heute und des immer noch nicht abgeschlossenen Kampfes um ihre Verwirklichung.

Eine zweite Sozialreform, diesmal unter Zedekia (597–587 v. Chr.), läuft an. Aber die Freigelassenen werden bald wieder in die Sklaverei gepresst. Jeremias Trauer und Zorn sind groß: Anstatt einer Sozialreform, die Rechtlose im eigenen Land begünstigt, wieder nur heimliche Aufrüstung und neue Revolte gegen Babylon. Das ist das endgültige Ende. So sieht es Jeremia.

Gott, im Jammer um die Nichtvollendung deines Reiches danke ich dir. Du hast im Weltelend deine Thora ins Leben gerufen, zur Auferstehung gebracht. Hoffnung auf mein und unser aller Menschenrecht leuchtet auf. Danke, mitten in aller Unvollendung. Amen.

Zerschmetterte Illusionen

„Diese Stadt mache ich zum Entsetzen und zum Ekel. Jeder, der an ihr vorübergeht, wird sich entsetzen und gehässig über ihre Schicksalsschläge reden. Ich werde ihnen das Fleisch ihrer Söhne und Töchter zu essen geben. Einer wird das Fleisch des Anderen verzehren. Ins Unermessliche werden Not und Angst anwachsen. Aufs Brutalste werden sie dem Hass und der Vergewaltigung ausgesetzt sein, die ihnen ihre Feinde und alle übrigen, die sie kaputtmachen wollen, antun werden."

Jer 19,8–9

Jeremia veranstaltet wie andere Propheten Happenings, nichts Fröhliches! Symbolische Gerichtshandlungen, die das bittere Ende vorwegnehmen. Die prophetische Verkündigung wird ganzheitlich. Wort und Handlung zeigen: Die Geschichte erfüllt sich schon jetzt, in der Symbolhandlung des Propheten. Die Gesellschaft erlebt aus Wort und Tat des Propheten jetzt ihre Zukunft (Jer 19,1–20,6).

Was erleben nun Jeremia und die Stadtväter am Tofet, einem geheimnisumwitterten Kultort, zu dem er diese führt? Früher hat man hier dem Gottkönig Moloch Kinder geopfert. Jetzt wirft Jeremia mit Wucht einen Tonkrug in den Abgrund, den Josia zur Abfallgrube gemacht hatte. So wird Jerusalem zerschmettert werden! Diese Symboltat fasst alles Unheil zusammen, das Jerusalem in seiner Vergangenheit verübte und nun zurückerhält. Früher besaßen Kindesmissbrauch, Kindesopfer und das folgende Kultmahl eine religiöse Dimension. Bei der angesagten Aushungerung der Stadt durch den Feind werden sich diese unmenschlichen und entsetzlichen Szenen potenzieren, unfreiwillig. Die Geschichte wird die Jerusalemer Bevölkerung einholen. Wo früher Kindesopfer dargebracht wurden, werden sich demnächst die Menschen vor Hunger gegenseitig auffressen. Wie vorhergesagt, tritt es ein: Jerusalem wird ein zweites Mal belagert, die Bevölkerung muss aufgeben, Schreckensszenen, Hungerhöllen, Menschenfresserei. Stadt und Tempel werden zerstört, der wankelmütige Zedekia wird geblendet nach Babel geführt, mit ihm Tausende (587 v. Chr.).

Jeremia darf im Land bleiben. Das Leben geht weiter? Nichts ist mehr, wie es früher war. Der Krieg hat alle gezeichnet. Die einen verkümmern in der Gefangenschaft, die anderen hocken erstarrt auf den Trümmern. Keine Zukunft mehr!

Es gibt Signale in meinem Leben, in der Geschichte unseres Zeitalters: Tschernobyl, die Kriege auf dem Balkan und im Orient aufflackernde Ausländerpogrome in unserem Land. Will ich hören, sehen, umkehren? Gott des Lebens, hilf mir! Amen.

Das Ende, keine Wende

Jeremia richtete alle diese Worte Jahwes öffentlich ans Volk, die Jahwe, sein Gott, ihm gesagt hatte. Ihm antwortete Asarja, der Sohn Hoschajas, und Johanan, der Sohn Kareachs, und alle aufständischen Männer: „Du lügst! Dich schickte nicht Jahwe, unser Gott, zu uns. Der hat nichts davon gesagt, dass wir nicht nach Ägypten ziehen sollten, um dort zu leben! Baruch war es, der Sohn Nerijas! Er überredete dich zu diesem Orakelspruch. Man will uns nur den Chaldäern ausliefern. Sie werden uns umbringen oder nach Babel transportieren. So ist es! Das ist alles nur Gerede, um uns zu schaden." So hörten Johanan, der Sohn Kareachs, und alle Offiziere, auch das Volk nicht auf die Stimme Jahwes. Sie blieben nicht im Land Juda. Jer 43,1–4

Jeremia gerät in den Monaten vor der Zerstörung Jerusalems mehr und mehr unter Druck, bildlich, wörtlich. Er muss den Schlamm der Zisterne schlucken, kommt in den Block, ein Folterinstrument nicht nur der Antike. Jeremia, ein zerbrechender Mensch, einer, der mutwillig zerbrochen wird. Geht Jeremia wirklich an seinem Auftrag zugrunde?

Das Ende. Zerstörung. Auflösung des Reststaates. Deportation (i). Wie es Jeremia sagte – und vor ihm andere Propheten: Juda, Gottes persönlicher Landbesitz, hat aufgehört zu existieren. Unter den wenigen Zurückbleibenden ist Jeremia. Doch das Leiden hat immer noch kein Ende: Ein Statthalter, ein äußerst gemäßigter Regierungsbeamter der Babylonier, der Jude Gedalja, wird umgebracht (587 v. Chr.). Die „bösen" Babylonier können so grausam nicht gewesen sein, wenn es weiterhin noch eine wenn auch eingeschränkte Selbstverwaltung der Juden gibt.

Die Leute, die Gedalja töten, flüchten nach Ägypten, Ewiggestrige sind es. Sie nehmen Jeremia mit. Der redet nun noch einmal, als alter Mann, in einem Land, in das er bestimmt nicht wollte, in dem er auch nicht sterben will, weil es für ihn das Land der Unterdrückung und Gottesfeindschaft ist – er redet zum Volk, warnt es zum letzten Mal, bevor sich seine Spur im feindlichen Ausland verliert. Als fast namenloser Zwangsemigrant stirbt Jeremia. Aber dass er selbst in Ägypten, im hohen Alter noch im Namen Gottes weissagt, zeigt, wie stark seine innere Kraft blieb!

Das Ende, keine Wende. Gott, wann werde ich aufhören, starr bei meinen Meinungen, Biertischparolen und Talkshowgeschwätzen zu bleiben, statt auf dein Wort zu hören und ihm zu gehorchen, mit Jeremia? Amen.

Frühe und späte Freunde

„Siehe, es kommt die Zeit", spricht Jahwe, „da will ich mit dem Haus Israel einen neuen Bund schließen. Es wird kein Bund sein wie der, den ich mit ihren Vorfahren schloss, als ich ihre Hand ergriff und sie aus Ägypten heraushholte. Das war ein Bund, den sie nicht hielten, obwohl ich ihr Gott und ihr Bündnispartner war", spricht Jahwe. „Dies soll ein Bund sein, den ich mit dem Haus Israel nach all diesen Ereignissen schließen werde. Ich will mein Gesetz in ihre Erinnerung graben, ich will es in ihr Herz schreiben. Sie sollen mein Volk sein und ich will ihr Gott sein. Dann brauchen sie sich nicht mehr gegenseitig zu belehren, kein Bruder den anderen! Niemand wird mehr in den anderen dringen: Erkenne doch den Herrn! Aus freien Stücken wird mich jeder erkennen und lieben, klein und groß", spricht Jahwe, „denn ich vergebe ihnen ihre Schuld und krame ihre Sünde nicht länger hervor."

Jer 31,31 bis 34

Jeremia hat Freunde, trotz aller Einsamkeit, hochgestellte Regierungsbeamte und seine Schüler. Einer von ihnen, Baruch, hat das Jeremiabuch in seiner jetzigen Form überliefert. König Jojakim hatte seinerzeit Jeremias Texte abschnittsweise vorlesen und verbrennen lassen. So schien alles verloren. Aber Baruch, der treue Schüler, notiert das Gesagte neu (Jer 36,32).

Nach der Rückkehr aus der Gefangenschaft, als Jeremia längst tot ist, erlebt der Prophet eine Renaissance. Er findet Bewunderer, die seine Texte der Gemeinde nahe bringen. In einigen Psalmen liegen Liturgien vor, die von Texten aus dem Jeremiabuch beeinflusst werden. Der Prophet wird zum Knecht Gottes. Angst, Ärger, Todesgefahr nimmt dieser auf sich – und wird von Gott errettet (vgl. Ps 31–34). Jeremias Schüler schreiben auch unseren Tagestext auf: erste Hoffnungszeilen. Ob diese Gedanken doch aus der Feder des Jeremia stammen oder von einem Schüler notiert wurden, ist nicht wichtig. Das Jeremiabuch erhält Hoffnungsakzente: Gott, der sein Volk der Vernichtung preisgibt, ruft sein Volk und mich aus dem Nichts ins Leben zurück. Ein neuer lebendiger Bund, in Herz, Erinnerung und Sinn geschrieben, wird Israels und meine Zukunft gestalten.

Mein Gott, der du Menschen und Völker ausreißt und verpflanzt, sendest deinen Propheten, um auf eine düstere Zukunft hinzuweisen. Aber du bist auch mein Gott, der bewahrt, neu sät und gründet, auf dass dein Bund in mir und allen, auch aus meinem Hoffen, Glauben und Lieben, neu erstehe, wachse und blühe. Darauf vertraue ich. Amen.

Wechsel des Lebensstils

Ihr werdet Kraft gewinnen! Denn Heiliger Geist wird über euch kommen und ihr werdet zu meinen Zeugen werden, hier in Jerusalem, in ganz Judäa und Samarien, bis in den letzten Erdwinkel hinein. Apg 1,8

Lukas schreibt sein Evangelium (i) wahrscheinlich kurz nach den schrecklichen Ereignissen des Judäischen Krieges (i), die Apostelgeschichte später, um 90 n. Chr. Er möchte dem römischen Staat und seinen Bürgern mit seinen Texten begreiflich machen:

„Der Jude Jesus und seine Anhänger sind keine Aufständischen, keine Römerfeinde. Sie sind Missionare innerhalb ihres eigenen jüdischen Volkes. Aber darüber hinaus gilt ihre Botschaft allen Völkern: Ihr Römer könnt den Juden, die dem Messias Jesus anhängen, vertrauen. Diese Messiasgläubigen, (griech.) Chrestoi, also: *Christen,* predigen den Frieden und üben die Nächstenliebe (Apg 11,26)! Sie dürfen nicht verfolgt werden. Sie integrieren sich vorbildhaft in den Römerstaat. Ja, die Botschaft dieses Messias Jesus kann innerhalb dieses Staates zu einem Bollwerk gegen Intoleranz und Vergeltungsdenken werden! Frieden ist angesagt, umfassend und dauerhaft, ein Friede, der nicht aus brutalen Militäraktionen wächst, sondern einer, der aus der Einsicht der Menschen, die Gott schenkt, aufblüht. Diese frohe, mutmachende Nachricht ist eine Botschaft für Rom, nicht für irgendeinen Weltwinkel. In dieser Messiasbewegung treten neben die Ideen von Toleranz und Versöhnung die Aufforderung zur Nächstenliebe und der Vorschlag, die Güter zu teilen und so Lebenschancen für Arme zu schaffen. Sozialer Ausgleich, die Beseitigung der Armut und das Leben einer Gemeinschaft, in der Frauen und Männer Partner sind, das sind die Ideale des aufkommenden Christentums, das sich von Nazareth nach Jerusalem, von Jerusalem nach Rom ausbreiten wird!"

Lukas ist kein Evangelist, der mit dem baldigen Abbruch der Geschichte rechnet wie Markus, der nachösterliche Messiaserfahrungen der Urgemeinde in sein Evangelium integriert. Lukas erzählt, wie das Evangelium einen großartigen Weg aus dem Weltwinkel Bethlehem bis nach Rom und in die allerletzten Ecken des Römerreiches nimmt. Welt und Leben werden aus dem Evangelium neu gestaltet.

Vater, der Messias Jesus ist kein Winkelheiland, kein Winkeladvokat und hält keine Winkelmessen. Und doch macht er den letzten Weltwinkel mit dir und deiner versöhnenden Liebe bekannt. Gelobt sei Jesus Christus! Amen

Vorwort zweier Schriften

Viele haben es schon gewagt, der Reihe nach von den Ereignissen zu berichten, die sich mitten unter uns vollendeten, Geschehnisse, wie sie uns jene überlieferten, die von Anfang an als Augenzeugen auftraten und dem Wort gehorsam dienten. So erschien es auch mir richtig, mich mit allem von Anfang an und Schritt für Schritt bekannt zu machen, um es für dich, hoch angesehener Theophilus, sorgfältig aufzuschreiben, damit du ganz und gar erkennst, wie zuverlässig die Lehrworte sind, in denen du unterrichtet wurdest. Lk 1,1–4

Lukas will nicht wie Markus Juden und Christen unter dem endzeitlichen Zeltdach Gottes einen. Für ihn ist die messianische Gemeinde real, die aus dem Judentum wuchs, die im Juden Jesus wurzelt und die selbstständig ihren Weg geht, die dem Messias und (griech.) Kyrios, dem *Herrn* Jesus vertraut. Lukas trennt auch Erfahrungen um den Menschen Jesus von den Christusereignissen der Urgemeinde. Sein Evangelium erzählt die Vergangenheit der Jesusbewegung. Die Geschichte der Apostel berichtet vom Werden der jungen Kirche.

Lukas kennt den Markustext, wählt ihn als Vorlage, verfasst etwas später als dieser sein Evangelium. Er nimmt auf, erzählt nach, verändert vorsichtig, entwickelt seine Theologie. Und will doch, wie andere, die von Anfang an dabei waren, genau berichten. Lukas, der erste Kirchenhistoriker? Der Evangelist leistet einen Beitrag, der vom Ursprung erzählt. Das ist nötig. Was ist alles auf dem Markt – Thomasevangelium, Ebioniterevangelium, Naziräerevangelium! Diese Evangelien, bruchstückhaft überliefert, kamen nicht in die Bibel. Lukas will Klarheit bringen, Ordnung schaffen: So war es!

In der Christenheit entstand ein Streit, ob Evangelientexte symbolisch oder historisch zu verstehen seien, Streitvarianten, bis heute aktuell. In Alexandrien, dem Zentrum hellenistischen (i) Geistes, deuten sie eher symbolisch. Kein Wunder: Philo (i), Zeitgenosse Jesu und größter jüdischer Schriftausleger der Antike, lehrt in Alexandrien. Er bezieht die Symboldeutung ein, schwört auf den mehrfachen Schriftsinn! Andere historisieren. Lukas erzählt eine Geschichte und redet zugleich symbolisch, jedoch anders als Markus. Er trennt in Erfahrungen vor und nach Ostern. Ein Historiker im modernen Sinne ist er nicht!

Du, Mensch Jesus, teilst dich mit, teilst dich in deinem Evangelium, in deinem Wort, in deiner Gemeinde aus, teilst dich mir mit, teilst dich auch an mich aus. Danke! Amen.

Johannes der Täufer

Im fünfzehnten Regierungsjahr des Kaisers Tiberius, als Pontius Pilatus als Statthalter in Judäa fungierte, begann es! Damals war Herodes Vierfürst von Galiläa, sein Bruder Philippus Vierfürst von Ituräa und der Landschaft Trachonitis, Lysanias Vierfürst von Abilene. Hannas und Kajafas hatten derzeit das Amt des Hohepriesters inne. Da ereignete sich das Wort Gottes an Johannes, des Zacharias Sohn, in der Wüste. Er kam in die Jordangegend und predigte eine Taufe zur Vergebung der Sünden, die Umkehr bewirkt. Lk 3,1–3

Lukas will das Evangelium vom Messias Jesus fest in der Geschichte Israels verankern. Das macht die Einleitung sichtbar. Genauer kann eine Situation nicht in der Geschichte festgezurrt werden, als es Lukas in Bezug auf Johannes (i) tut. Zugleich verankert er den Täufer deutlich in der prophetischen Tradition. Johannes wird angekündigt, wie ein Prophet angekündigt wird, mit geschichtlicher Verdatung. Er ist kein imaginärer Himmelsbote, der ätherische Gottesbotschaften in eine imaginäre Zeit hinein gesagt hätte, kein gnostischer (i) Engel. Lukas macht klar: Johannes der Täufer ist eine prophetische Gestalt mit konkreten Vorschlägen zur Veränderung der Gesellschaft und der Menschen. Nicht politischer Umsturz, sondern ethische Umkehr wird gepredigt, die Umkehr des Einzelnen. Züge, die bei Jesus verstärkt auftauchen, kennzeichnen bereits die Johannespredigt: Der Wohlhabende teile mit dem Armen, der Steuereintreiber halte sich an die Gesetze und halte Maß, der Soldat plündere nicht. Die Menschenrechte werden neu ins Recht gesetzt. Die Taufe besiegelt diese Umkehr, jeder geht diesen Weg persönlich. Gesellschaftsreform bedeutet die Umkehr des Einzelnen zu Recht und Gerechtigkeit (Lk 3,1–18). Auch meine Umkehr?

Wie legitimiert sich Johannes? Lukas begründet dessen Prophetentum aus Geburtslegenden (Lk 1,57 ff.), die er geschickt ineinander arbeitet, und aus Bildern des Jesajabuches: „Er bereitet den Weg Jahwes, Täler füllen sich, Hügel ebnen sich ein! Eine Bahn, eine Bahn in der Wüste dem Kommenden" (Jes 40,3–5). Während Johannesjünger auf Gottes Ankunft in der Wüste warten, münzen Jesusjünger die Verheißung, der Herr komme, auf den *Messias* Jesus, (griech.) Kyrios. In ihm kommt Gottes Herrschaft zur Welt.

Gott, du bist im Kommen, in Johannes dem Täufer, in Jesus dem Messias. Du kommst zur Welt, wirkst unter, in und durch uns. Amen.

Versuchung

Jesus, voll Heiligen Geistes, kehrte vom Jordan zurück. Der Geist brachte ihn in die Wüste. Vierzig Tage lang versuchte ihn dort der Teufel. Jesus aß nichts in diesen Tagen. Als diese zu Ende gingen, hatte er Hunger. Da schlug ihm der Teufel vor: „Bist du Gottes Sohn, sage diesen Steinen, sie sollten zu Brot werden." Jesus widersprach ihm (Dtn 8,3): „Nicht vom Brot allein lebt der Lk 4,1–4 *Mensch!"*

Zwei Versuchungen fügen sich an. Auf die Versuchung, zum Brotkönig zu werden, zum größten Sattmacher und Wirtschaftsmagnaten der Erde, folgt bei Lukas die Versuchung, die Weltherrschaft zu ergreifen. Zum Schluss steht die Versuchung, als Himmelsmessias von den Tempelzinnen zu den Menschen herabzuschweben, als Messias der Sensationen. Jesus wehrt die Versuchungen mit je einem Wort der Schrift ab, der Dienst für Gott verbiete Machtdrang und Machtmittel (Dtn 6,13). Der Teufel ist aber lernfähig. Bei der letzten, der messianischen Versuchung kommt er selbst mit einem Schriftzitat daher, Gott habe seinen Engeln befohlen, den Messias auf Händen zu tragen, er solle seine Füße an keinen Stein stoßen (Ps 91,11 f.). Die trockene Antwort Jesu, auch ein Bibelzitat: „Niemand hat das Recht, Gott zu versuchen, auch nicht der Messias" (Dtn 6,16). Der Versucher lässt von Jesus ab, bis Jesus in seiner Passion neu unter Druck gerät (Lk 4,1–13).

Lukas greift die Versuchungsgeschichte auf, wie er sie in der Logienquelle (i) vorfindet, gestaltet sie vorsichtig um. Beide, Matthäus und Lukas, erzählen: Jesus verschafft sich in der Wüstenstille Klarheit über seinen Weg. Er wird zum Messias im Machtverzicht. Weder Politik noch Wirtschaft, weder Kultur noch Religion sollen ihn an die Macht bringen. Er will aus dem Wort leben. Als Armenmessias wird er mit armseligen Mitteln kämpfen.

Mit armseligen Mitteln? Er wird Hass durch Liebe überwinden, Armut im Teilen zur Gemeinschaft verwandeln, Krankheit und Sterben im heilenden Tun aufheben. Dieser Messias sieht klar: Kein Diktat der Weltwirtschaftsmächte noch ein aufgezwungener Militärfriede schaffen Frieden. Jesus bleibt den Machtversuchungen der Weltgewalt gegenüber immun. Er ruft Gottes Reich aus, „das mitten unter euch, auch: in euch und durch euch wirkt" (Lk 17,21). Der Text meint zuerst mich.

Dein Reich komme. In meinen Versuchungen zur Macht suchst und schenkst du Liebe, die Streit überwindet, verwirklichst du Teilen, das Armut aufhebt, schenkst du Segen, der Wunden heilt, auch in meinem Leben. Danke. Amen.

Predigt in Nazareth

Jesus kam nach Nazaret, wo sie ihn erzogen hatten. Er ging, wie er es gewohnt war, am Sabbat in die Synagoge. Er stand auf und wollte vorlesen. Da gab man ihm das Buch des Propheten Jesaja in die Hand. Er entrollte die Buchrolle und stieß auf folgende Stelle (Jes 61,1 f.): „Der Geist des Herrn liegt auf mir. Denn ich wurde gesalbt, den Armen die Frohbotschaft zu bringen, wurde ausgesandt, den Kriegsgefangenen die Befreiung anzukündigen, den Blinden, sie würden ihr Augenlicht wiedererlangen, den Misshandelten, sie sollten freikommen. Das Erlassjahr des Herrn soll ich ausrufen." Lk 4,16–19

Heute ist dies Wort vor den Zuhörern erfüllt, sagt Jesus. Erwartungsvolles Schweigen, Bewunderung. Gnadenworte fließen aus seinem Munde. Dann steigen Zweifel auf: „Ist das nicht des Josefs Sohn?" Es stimme, entgegnet Jesus, in Kapernaum seien durch ihn große Dinge geschehen, aber hier, in seiner Heimatstadt? Das Wort vom Propheten, der in seinem Vaterland nichts gilt, fällt. Die Leute gucken grimmig. Die Situation eskaliert. Jesus wird ironisch. Zur Zeit des Elia (i), als eine Hungersnot herrschte, habe es viele Witwen in Israel gegeben, aber nur der Witwe von Zarpat habe Elia mit einem Wunder aushelfen können. Es hätten zur Zeit des Elisa auch viele Aussätzige gelebt, aber nur einer, ein Ausländer, sei geheilt worden, der Syrer Naaman. Nun packen die Leute den, wie sie meinen, selbst ernannten Arroganzmessias, zerren ihn aus der Synagoge, drängen ihn aus der Stadt, werfen ihn vor die Stadtmauer, wo der Abhang steil abfällt. Da hinunter werden sie ihn stoßen, den Provokateur. Aber der, so Lukas, geht durch sie hindurch (Lk 4,16–30).

Meisterhaft hat Lukas gestaltet. Aus einem Jesajazitat entfaltet Jesus sein Programm, das Lukas Geschichte um Geschichte vorstellen wird. Der Messias der Armen wird sich nicht vor den Armen verkriechen. Er ruft Gottes Gnadenjahr für sie aus. So will es die Thora: Alle sieben mal sieben Jahre, im fünfzigsten Jahr, soll sich die Gesellschaft erneuern. Es gilt zu teilen und zu heilen, Sklaven freizulassen, Schuld und Schulden zu erlassen (Lev 25,10). So wird Jesus die Thora endlich ins Recht setzen. Genau das hält die Menschheit nicht aus. „Revolution", schreit sie, und: „Was bildet der sich ein?" Was meine ich, wenn ich das Programm Jesu höre und lese?

Gott, ich danke dir, Moses eröffnet die Befreiung des Menschen, erprobte sie. Die Propheten mahnten dein Gnadenjahr an, Jesus lebte es. Und ich? Und wir? Amen.

Berufungen

Es war so: Die Volksmenge drängte zu ihm, um das Wort Gottes zu hören. Er stand am See Gennesaret und sah zwei Boote am Ufer liegen. Die Fischer waren ausgestiegen und wuschen ihre Netze. Er stieg in eins der Boote, das Simon gehörte. Den fragte er, ob er etwas vom Land abstoßen dürfe. Und er setzte sich und lehrte die Menge vom Boot aus. Lk 5,1–3

Lukas faltet die Jesus- und Gemeindeerfahrung, die Markus noch in einem Evangelium zusammenschließt, in Evangelium und Apostelgeschichte auseinander. Aber wer glaubt, Lukas trenne scharf zwischen dem Gestern und Heute, irrt. Unsere Geschichte schwimmt im Meer der Zeichen. Die Zeit vor und nach dem Tod Jesu wird sie umschließen. Nach seiner Rede bittet Jesus den Fischer Simon, der ihm das Boot lieh, zum Fischen auszufahren. Die ganze Nacht habe er, Simon, gefischt und nichts gefangen, aber auf Jesu Wort wolle er es versuchen. Er solle ins tiefe Wasser hinausfahren, befiehlt Jesus. Der Fang gelingt. Viele Fische gehen ins Netz, es droht zu zerreißen, Kollegen fahren hinzu, helfen. Zwei Boote füllen sich mit Fisch, fast sinken sie. Simon, der auch Petrus, Fels, heißt, fällt vor Jesus nieder, bittet ihn, Jesus solle sich von ihm fern halten. Petrus spürt die Gottesnähe. Er und seine Gefährten bekommen Angst. Jesus ruft: „Fürchte dich nicht! Von jetzt wirst du Menschen fangen!“ Die Boote werden an Land gebracht, die Jünger verlassen alles, folgen Jesus nach (Lk 5,1–11).

Wer glauben möchte, diese Geschichte sei zum Beginn der Jesustätigkeit so passiert, lese im Johannesevangeliums nach (Joh 21,1 ff.). Dort wiederholt sich die Szene, mit Variationen. Johannes erzählt eine nachösterliche Geschichte. Dem Leser wird beim Doppellesen klar: Auch in der Lukaserzählung schwingen nachösterliche Erfahrungen mit. Das Hören, das Ausfahren, der nicht erwartete, ungeheure Fischfang, die fast zerreißenden Netze, die beinahe untergehenden Boote. Fisch? Fischfang? Menschenfischerexistenz? Bilder der ersten Christenheit für ihr messianisches Vertrauen, ihre messianische Missionserfahrung, wie bereits zu Jona notiert (vgl. 29.2.).

Der Fisch wird zum Erkennungszeichen der Christen, das sie heimlich tragen. Zu ihren Gottesdiensten in den Katakomben Roms weist sie ihr Geheimzeichen, der Fisch. Schließlich bildet das Wort Fisch ein Anagramm. Eines der ersten Bekenntnisse der Christenheit entsteht aus den Buchstaben des Wortes (griech.) ichthys: *Jesus Christus, Gottes Sohn, Retter.*

Wer bin ich, Fischer, Menschenfischer, Menschenfischer in Jesu Namen? Wer bin ich? Wer möchte ich werden? Amen.

Steh auf zur Mitte hin

An einem andern Sabbat ereignete sich Folgendes: Er ging in die Synagoge und lehrte. Es war dort ein Mensch, dessen rechte Hand war vertrocknet. Schriftgelehrte und Pharisäer passten nun auf, ob Jesus etwa am Sabbat heilte. Damit hätten sie etwas gegen ihn in der Hand. Lk 6,6 f.

Ist Sabbatheiligung ein unumstößliches Verbot? Darf man am Sabbat nicht doch Hunger stillen, Kranke heilen? Jesus heilt am Sabbat (i) in der Synagoge die rechte Hand eines Mannes, die verdorrt ist, lädt ihn in die Lebensmitte, zu sich hin ein: „Soll man am Sabbat Gutes tun oder Böses, Leben erhalten oder vernichten?" Diese Frage, die Lukas aus Markus übernimmt, bringt die Synagogenbesucher in Rage. Sie wollen Jesus umbringen (Lk 6,6–11).

Gibt es einen historischen Hintergrund, an den Lukas anknüpft? Josephus (i) berichtet von einem Kriegsereignis, das in Tiberias spielt, im Lebensraum Jesu. Wie Jesus fährt Josephus, als er noch Anführer der Aufrührer gegen Rom ist, mit einem Boot aufs Meer, um mit einer Rede vom Meer aus die Bürger für den Umsturz gegen die Besatzungsmacht zu gewinnen. Sie sollen zur Kriegspartei des Josephus übertreten. Die Tiberianer fallen jedoch nach anfänglicher Zusage wieder von Josephus ab. Einem gewissen Kleitos, der sich besonders als Umfaller hervortut, sollen von des Josephus Leibwächter beide Hände abgehauen werden, um ein Exempel zu statuieren. Diese Strafe mildert Josephus ab. Wenn Kleitos sich selbst eine Hand abhaue, dürfe er die andere behalten. Kleitos haut sich die Linke ab. Und lebt mit der erstarrten Rechten, mit verdorrter Seele mehr schlecht als recht weiter? Jesus, von Markus und Lukas als Friedensmessias gezeichnet, redet auch vom Boot aus zu den Leuten, aber er segnet, heilt die abgestorbene Hand, befreit vom Kriegstrauma. Solche Segenstaten dürfte man am Sabbat nicht tun?

Lukas nimmt eine weitere Geschichte aus Markus auf. Bei Markus wird Jesus zum König, aber auf seinen Tod hin gesalbt. Bei Lukas salbt eine Hetäre beim Liebesmahl Jesu Füße mit Öl und trocknet sie mit ihrem Haar. Die Empörung des Establishments fängt Jesus auf: „Wer viel liebt, dem wird viel vergeben!" Er vergibt der verrufenen Frau die Lebensschuld, was noch größeren Ärger schafft. Der Messias des Friedens denkt großzügiger und handelt barmherziger als Kleinbürger und Revolutionäre (Lk 7,36–50).

Jesus, du versöhnst statt zu strafen, befreist zu neuem Leben, statt nach Steinigung zu schreien. Versöhne mich mit dem Leben, befreie mich zur Mitte hin, lehre mich, aus deiner Liebe zu leben! Amen.

Aufstand zum Frieden

Gleich anschließend ereignete sich Folgendes: Er ging in eine Stadt, die hieß Nain. Seine Jünger gingen mit ihm und eine große Volksmenge. Als er sich dem Stadttor näherte, siehe, da trug man soeben einen Toten heraus, den einzigen Sohn seiner Mutter, einer Witwe. Eine gewisse Volksmenge aus der
Lk 7,11 f. *Stadt begleitete sie.*

Jesus, der Herr, erzählt Lukas, begegnet dem Leichenzug. Er hat Mitleid mit den Trauernden, tritt hinzu, hält den Zug an, berührt den Sarg. „Weint nicht“, sagt er zur Menge und zum Jungmann im Sarg: „Jüngling, ich sage dir, steh auf!“ Der Tote erwacht aus seinem Trauma und redet, Jesus gibt ihn seiner Mutter wieder. Furcht ergreift die Menschen. „Ein Prophet ist unter uns aufgestanden!“ In Judäa und im Umland erzählt man es (Lk 7,11–17).

Diese Geschichte deutet an, was in der messianischen Gemeinde anders als in Welt- und Kriegsgeschäften läuft. Es gibt zwei Nains, im Westen und im Osten Galiläas, rechts und links des Jordan. Die westlichen Ortschaften Zarpat und Sunem sind im Ersten Testament Schauplätze von Totenerweckungen. Zu Jesu Zeiten heißt ein Ort in dieser Gegend Nain. Es spielen also in der Gegend von Nain Geschichten von Totenerweckungen. Freilich handelt es sich um Wiederbelebungen, die die Propheten Elia (i) und Elisa vornehmen. Witwen verlieren ihre Söhne. Gottesmänner schenken sie ihren Müttern zurück (1Kön 17,17–24; 2Kön 4,8–37; vgl. 2Kön 13,20 f.). Was im Ersten Testament Propheten wirken, wirkt am gleichen Ort der Auferstandene, nun gewaltiger. Nicht in der Dachkammer kommt jemand ins Leben zurück, sondern in der Öffentlichkeit. Er wird von der Bahre, die ihn zum Friedhof trägt, ins Leben gerufen, nicht bloß aus dem Koma wiederbelebt. Der österlich Herr wirkt über die Propheten hinaus.

Das zweite Nain liegt jenseits des Jordan, Josephus (i) erzählt, ein Simon habe sich in den Kriegswirren zum Eigenhauptmann gemacht und Nain zu seinem Feldlager erwählt. Von dort her wird er einer der Eroberer Jerusalems, wo es in der belagerten Stadt zu Bruderkämpfen zwischen dem Heer Simons und dem der Zeloten (i) kommt. Wie viele Mütter bleiben ohne Mann und Sohn zurück? Lukas erzählt, wie der Friedensmessias Jesus, anstatt Tausende von Männern in den Tod zu stürzen, junge Menschen ins Leben ruft, zum Aufstand gegen Kriegstrauma und Tod.

Jesus Christus, dein Friede erweckt Tote zum Leben. Halleluja! Amen.

Toleranz

Johannes fragte: „Rabbi, wir begegneten jemandem, der trieb in deinem Namen böse Geister aus. Wir verboten es ihm. Denn er suchte keine Zusammenarbeit mit uns." Jesus gab ihnen den Rat: „Verbietet nichts! Denn wer nicht gegen euch agitiert, arbeitet de facto für euch." Lk 9,49 f.

Toleranz ist das Stichwort, das zwei Notizen verbindet (Lk 9,49–56). Gegen Kirchenbann und Ketzerhetze steht obiges Jesuswort, das Lukas von Markus übernimmt. Der Textzusammenhang bedeutet: Toleranz!

So auch nachfolgende Begebenheit: Jesus, der die Samaritaner (i) lobt und sie als Vorbilder hinstellt – zum Beispiel im Gleichnis vom Barmherzigen Samariter (Lk 10,29–37) –, bricht aus Galiläa in Richtung Jerusalem auf, möchte zum Passahfest in Jerusalem sein, eine Tempelwallfahrt. Er zieht durch Samarien, kommt in ein Dorf, in dem eine Glaubensgruppe jüdischer Samaritaner lebt. Samaritaner? Die erkennen den Tempel in Jerusalem nicht an, beten auf einem Berg in ihrer Heimat Samarien an, auf dem Garizim, zu Jesu Lebzeiten schon ein Trümmerberg. Auf dem hatte einst ein samaritanischer Tempel gestanden, den der Makkabäerführer (i) Johannes Hyrkanus 107 v. Chr. zerstörte. Spätestens seit diesem Zeitpunkt sind Judäer und Samaritaner Feinde. Sie beten zum selben Gott, aber an verschiedenen Orten.

Und Jesus? Er will Versöhnung, will diese uralte, nutzlose Feindschaft überwinden. Er stellt oft Glauben und Tatkraft der Samaritaner liebevoll heraus. Nun will er auf seiner Pilgerreise nach Jerusalem fest gefügte Hasssitten durchbrechen, bittet um Unterkunft. Aber kein jüdischer Pilger, der nach Jerusalem unterwegs ist, findet in einem Dorf der Samaritaner Herberge, auch Jesus nicht. Jesus und die Jünger werden ausgesperrt: „Raus!" Jakobus und Johannes, mit Spitznamen Donnersöhne, Draufgänger, wünschen den ungastlichen und undankbaren Leuten Rachefeuer an den Hals. Jesus weist seine Jünger und uns schmerzvoll zurecht, wie einige Handschriften notieren: „Ich bin nicht gekommen, zu vernichten, sondern um zu retten!" Die Jesusgruppe geht, ohne dass Jesus Aufhebens von der Sache macht, in ein anderes Dorf (Lk 9,51–56).

Gott, dein Messias Jesus lebt, was er predigt, tut, was er sagt: „Liebet eure Feinde, segnet, die euch fluchen!" Herr Jesus, lehre mich Toleranz zu verstehen und zu leben, die du selbst predigst und lebst. Von Anderen, die anders denken, glauben und handeln als ich, kann ich viel lernen. Amen.

Zweiundsiebzig

Danach setzte der Herr weitere zweiundsiebzig Jünger ein und sandte sie vor sich her in alle Städte und Orte, wohin er gehen wollte, und sprach zu ihnen: Die Ernte ist groß, es gibt aber nur wenige Arbeiter. Darum bittet den
Lk 10,1 f. *Herrn der Ernte, dass er Arbeiter aussende in seine Ernte.*

Lukas übernimmt von Matthäus das Motiv, dass die Jünger vom Herrn zur Missionsreise aufgefordert werden (Mt 10,1–12). Das Gottesreich wird in Wort und Tat, durch Predigt, Gemeinschaft und Heilungen entwickelt. Dazu beruft der Herr Boten. Der Botengang hat endzeitlichen Charakter, nicht im Sinne einer Sekte, die das Weltende ansagte. Über diese Ideologe ist Lukas erhaben. Umso mehr malt er das Bild eines ganz Israel umschließenden Aufbruchs. Wanderprediger sind unterwegs! Keinen Geldbeutel sollen sie bei sich tragen, barfuß gehen, ohne Rucksack, ohne oberflächliches Grußentertainment unterwegs sein, Sinnbildern eines alternativen Lebensstils! Essen und Trinken dürfen sie von ihren Gastgebern annehmen, aber niemand soll sich durch die Häuser fressen. Es wird gegessen, was auf den Tisch kommt. Wehe denen, die Gastfreiheit verweigern! Die urchristlichen Wanderprediger sind keine unverbindlichen Türklopfer. Wandersleute des Messias, prophetische Naturen, Heilerexistenzen, Inspekteure der Zukunft sind sie. Den Segen des Reiches Gottes sagen sie an. In ihnen wirkt der auferstandene Herr. Wer ihn abweist, weist Gott ab (Lk 10,1–16).

Die Jünger kommen voll guter Erfahrungen zurück. Es ist Freudenzeit. Vorsorglich verordneter Gerichtsgrimm musste nicht herausgekehrt werden. Sendboten des heilenden Gottes waren sie, die selbst von dem geheilt werden, den sie verkündigen. Ekstatischer Jubel über übermenschliche Kräfte, die ihnen verliehen werden? „Unnötig", sagt Jesus, „freut euch, dass Gott sich erinnert, wer ihr seid, Botinnen und Boten, Menschen Gottes! Wenn ihr euch daran festmacht, hat das Böse bei euch keine Chance. Satan, Anwalt des Bösen, fällt aus dem Himmel, verliert seine Macht. Es ist Heilszeit." (Lk 10,17–24)

Es bleibt nicht bei den Zwölf wie bei Matthäus. Es werden sechs mal zwölf, zweiundsiebzig Boten geschickt, die halbe Vollendung, das Gottesreich auf halbem Weg! Denn Zwölf mal Zwölf bilden die Vollendung, Einhundertvierundvierzigtausend, das ganze Reich aus Juden und Heiden.

Gott, lass mich annehmen, verstehen, glauben: Es ist Heilszeit! Amen.

Frauen

Sie brachen auf, er kam in ein Dorf. Da lebte eine Frau, die hieß Marta, die nahm ihn auf. Sie hatte eine Schwester mit Namen Maria. Die setzte sich dem Herrn zu Füßen und lauschte auf sein Wort. Lk 10,38

Marta, was *Herrin* heißt, führt den Haushalt, bedient den Gast. Ahnen wir, was ein Gast in Israel wert ist? Er ist ein König, dem Himmelreiche zu Füßen gelegt werden. Marta wird unmutig, der Herr soll Maria ermahnen, sie soll der Schwester im Haushalt helfen, sie nicht mit der Arbeit allein lassen. „Marta", antwortet Jesus, „du hast viel um die Ohren. Das versteht jeder. Aber Maria hat sich für das Lebensnotwendige entschieden. Ich verbiete ihr es nicht, zu hören, zu studieren, zu predigen!" (Lk 10,38–42). Spricht der Auferstandene? Gibt es in der Urgemeinde eine Frauenbewegung, die bald wieder zurückgeschnitten wird?

Die Frauenemanzipation der nachösterlichen Messiasbewegung fällt nicht vom Himmel. Der irdische Jesus hat ein Herz für Frauen, salopp gesprochen. Er gibt ihnen den Platz zurück, den sie vor Gott längst haben, Partner des Lebens zu werden, nicht Untergebene der Männerwelt zu bleiben. Wenn Jesus vehement gegen die Scheidung auftritt, bewahrt er Frauen davor, weggeworfen und heimatlos zu werden, asozial unterzugehen. Das ist Jesu kämpferische Auffassung, aus der Thora gewonnen (Mt 5,27–33). Er heilt Frauen (Lk 13,10–17), befreit sie aus Unterdrückung, nimmt sie in die Messiasgemeinschaft auf. Sie sind ihm heilig, weil jeder Mensch Gottes heiliges Geschöpf ist, das Gott sich zur Partnerin und zum Partner macht. Frauen werden zu Töchtern, Männer zu Söhnen Gottes von Jesus berufen (vgl. Mt 5,9).

Lukas nennt Jüngerinnen Jesu, die ihn begleiten. Jesus ruft mit den Zwölfen das Gottesreich aus. Aber bei ihm sind Frauen, die er heilte: Maria aus Magdala, Johanna, die Frau des Chuza, eine Verwandte des Herodes (i), und Susanne. Ist die Notiz historisch (Lk 8,1–3)? Jedenfalls, die Frauenemanzipation, wie sie Markus vorträgt und Lukas befestigt, ist nicht ohne die Frauen unter dem Kreuz, bei der Kreuzabnahme, am Ostermorgen zu verstehen. Sie begleiten Jesus in seinem Sterben, sorgen sich um seine Leiche, werden ungewollt zu Auferstehungsboten, weil sie den Toten nach Landessitte einbalsamieren möchten (Lk 23,49.55; 24,10).

Als der Messias stirbt, sind die Männer von der Bildfläche verschwunden; Frauen halten zum sterbenden, zum toten Jesus, Menschen, die dem Messias über seinen Tod hinaus vertrauen und so Kirche nach Ostern begründen. Danke! Amen.

Zeitzeichen

Um diese Zeit erschienen bei ihm einige, die erinnerten ihn daran, dass Pilatus das Blut von Galiläern unter das Blut ihrer Opfertiere gemischt hatte. Jesus äußerte sich kritisch: „Glaubt ihr, diese Galiläer wären größere Verbrecher gewesen als alle anderen Galiläer, weil ihnen dieses Schicksal zustieß? Ich sage euch: Nein! Wenn ihr euren Sinn nicht ändert, werdet ihr alle so zugrunde gehen." Lk 13,1–3

Der Turm von Schiloach stürzt zusammen, begräbt achtzehn Menschen unter sich, tot! Ob die etwa besonders schuldig waren? Keineswegs, wenn Israel nicht Buße tut, werden alle umkommen (Lk 13,4 f.). Wollen oder können die Menschen nicht die Zeichen der Zeit erkennen? Noch immer hofft Israel auf einen glimpflichen Ausgang des jüdischen Aufstands gegen Rom. Die Mehrheit vertraut: „Wir werden noch einmal davonkommen!" Jesus sieht klarer, zeichnet die Zukunft scharf: Der Sturm wird losbrechen, wenn niemand mit Zusammenbrüchen rechnet (Lk 12,39 ff.). Jesus, Gottes Friedensbote in schlimmer Zeit, bringt keinen Friede-Freude-Eierkuchen-Frieden (Lk 12,49 ff.). Menschen werden sich an ihm stoßen, entzweien. Der Riss geht mitten durch die Familien. „Komisch, wenn sich das Wetter ändert, bemerkt ihr die Vorzeichen, Wolken, Winde drehen sich. Ihr spürt es in den Knochen, wenn es Regen gibt. Aber dass sich Unwetter am Polithimmel zusammenbrauen, bemerkt ihr nicht?", fragt er ironisch (Lk 12,54 ff.). „Es wäre besser, sich jetzt zu besinnen und Frieden anzubieten. Ja, es ist messianische Zeit, Friedenszeit, Befreiungszeit, Heilungszeit und ihr wollt und wollt es nicht bemerken? Nörgelt herum, wenn ich einer Frau, die achtzehn Jahre an einem Bechterew leidet, am Sabbat (i) aufhelfe, dass sie wieder aufrecht gehen kann?" Einige, die zuhören, schämen sich (Lk 13,10 ff.).

Lukas sammelt keine Endzeitlyrik. Er stellt Sprüche und Handlungen Jesu, die ihm vorliegen, in einen neuen Rahmen: Kriegszeit war und ist. Der Judäische Krieg (i) ist offiziell zu Ende, er geht außerhalb von Judäa, in Kyrene, Afrika, in Alexandrien, Ägypten (i), weiter. Lukas erinnert: „Jesu Zeit ist und bleibt Heilszeit. Wenn ihr mit ihm, dem Friedensmessias, lebt, kehrt das Heil zu euch zurück, der andere Friede, das heraufziehende Reich Gottes, wie es die nachfolgenden Gleichnisse andeuten" (Lk 13,18 ff.).

Gott, ich kann die Zeichen der Zeit erkennen! Lass mich Frieden verwirklichen, wenn alle streiten und sich bekriegen. Lass mich trösten, heilen, verbinden, deine Versöhnung leben! Amen.

Gäste, Gastmahl, Gastgeber

Er erzählte den Geladenen ein Gleichnis. Er beobachtete nämlich, wie sie auf die Ehrenplätze drängten: „Hat dich jemand zur Hochzeit eingeladen, dräng dich nicht auf den ersten Platz. Es könnte jemand eingeladen sein, der einen höheren Anspruch als du auf diesen Platz hat. Dann ordnet der Gastgeber an: ‚Entschuldigung, der Platz ist für jemand anders reserviert!' Mit puterrotem Kopf musst du dich auf die Hinterbank verkriechen.“ Lk 14,7–9

Die Lage spitzt sich für Jesus zu. So stellt es Lukas dar. Jesus hat seine Positionen vorgestellt, nicht zuletzt in Gleichniserzählungen, die die Ausbreitung und Entwicklung des Gottesreiches beschreiben (Lk 13,18–30). Wer will jedoch ein Gottesreich, wie Jesus es will? Die Feinde sammeln sich, auch Herodes, Bündnispartner der Pharisäer (i) und der Mönche von Qumran (i). Die Gefahr wächst. Jesus sieht sich ihr gewachsen, ohne sie zu unterschätzen (Lk 13,31–33). Er ahnt, was kommt: Jerusalem vernichtet seine Propheten und wird selbst vernichtet werden (Lk 13,34 f.).

Schon stehen neue Feinde auf, Geltungssucht, Neid, Strategiedenken in den eigenen Reihen. Das wird Beschädigungen im Innenkörper der Jesusgemeinde zur Folge haben. Dem Feind von außen gesellt sich der unsichtbare Feind von innen zu (Lk 14,7–11).

Kirche im Kampf kann leicht zur Kirche in der Selbstzerstörung werden, damals wie heute. Hängt sich jemand in der Gemeinde zu sehr aus dem Fenster, kommt gleich ein Anderer, der ihm den Kopf abhacken möchte. Für manche Menschen reduziert sich in diesen Situationen das Leben aufs Draufhauen. Gute Erfahrungen schmelzen auf Akte von Rache, Wiedervergeltung und Zerstörung zusammen, dem, der austeilt, kaum bewusst. Für ihn ist es notwendig, sich zu schützen, zu rechtfertigen. „Er ist dabei, andere und sich kaputtzumachen? Mach nur so weiter“, sagen wir achselzuckend. „Mach es anders“, ruft Jesus, „gib Anderen die Ehre, die ihnen gebührt, dass sie dir die deine lassen. Stell dich hinten an, nicht vorn! Wenn es um das Einladen hin und her in den Häusern geht, lade die ein, die sonst kaum jemand einlädt, Kranke, Arme, Behinderte. Erst so wird es ein Messiasmahl werden, anders nicht!“ (Lk 14,12–14)

Wer bin ich, Gott? Wie wirke ich auf Andere? Ich will mich entwickeln, von der Geltungssucht zur Gemeinschaft, von der Vergeltung zur Versöhnung, vom Ich zum Wir. Lass mich lernen, meine Freunde unter denen zu suchen, die kaum noch Freunde haben. Amen.

Bedingungen

Eine große Volksmenge zog mit ihm. Er drehte sich um und setzte ihnen auseinander: „Wenn jemand zu mir kommt und setzt sich nicht auseinander und setzt sich nicht ab: von Vater, Mutter oder Frau, Kind, Bruder, Schwester und setzt sich nicht mit sich selbst auseinander und versteht es nicht, sich
Lk 14,25 f. *von seiner Vergangenheit abzusetzen, kann nicht mein Jünger werden."*

Gegensätzliche Bilder! „Will jemand einen Turm bauen, muss er die Kosten überschlagen, sonst baut er das Fundament und es geht nicht weiter, weil das Geld fehlt. Ehe jemand einen Krieg beginnt, muss er sich mit seinen Oberen beraten, ob er wirklich mit 10.000 Soldaten gegen 20.000 antreten will. Andernfalls soll er Boten zum Feind schicken, die um Frieden bitten. Salz, das schlecht wird, kann man nicht einmal noch zum Düngen gebrauchen: Bruch mit der Familie, Bankrott und hohes Kriegsrisiko!" (Lk 14,28–35)

„Das meint Reich Gottes", sagt Jesus. „Bürgerliche Rücksichten vertragen sich nicht mit den Ansprüchen des Reiches Gottes. Christen sind Kreuzträger. Wer Reichgottesarbeit plant, muss scharf nachdenken, gründlich überlegen! Das Evangelium bringt mich zum Entwurf neuer Lebenslandschaften: Es macht einsam, führt in die Konfrontation mit bürgerlichen Zukunftsideen, zieht mich in den Kampf mit überstarken Gegnern", zieht Jesus Bilanz. Brüche werden nötig. Das Evangelium ist kein Kinderspiel, kein Honigschlecken, kein Kasperletheater. Mit Leuten, die in einer Spaßgesellschaft groß werden, muss diese Brisanz besonders ausdiskutiert werden. Gewalt braucht Gegengewalt, eine Eskalation der Konfrontationen? Es ist schwieriger, sich darauf zu konzentrieren, zu lieben, zu verzeihen, auf Macht und Gewalt zu verzichten? Selbsthass wird von mir verlangt? Ich breche bewusst mit den selbst gemachten und aus der Tradition kommenden Maßstäben. Ich riskiere, anders zu leben als andere. Muss ich mich blind aufgeben? Ich vertraue dem Evangelium mehr als mir und meinen Maximen, lebe bewusst mit Armen, Friedensstiftern, Barmherzigen, Hungrigen und Unterdrückten, lebe mit ihnen, für sie! Das wäre dann mein Kreuz, nicht mehr, nicht weniger (Lk 14,25–27). Soll ich, kann ich, will ich so leben?

Vater, du verlangst viel, zu viel? Aber wie es üblich ist zu planen und abzuwägen, soll ich die Liebe bewusst in mein Leben einplanen, das Verzeihen zu meiner Lebensgrundlage machen, in Jesu Namen. Zu schwierig? Oder lohnt es sich doch, Vater? Amen.

Gott oder Mammon?

„Kein Dienstuntergebener kann zwei Dienstherren zu absoluter Treue verpflichtet sein. Er wird den einen hassen und den anderen lieben. Er wird sich von dem einen abhängig machen und den anderen verachten. Ihr könnt nicht Gottes Sklave sein, zugleich der des Mammons." Lk 16,13

Das Jesuswort warnt vor der Vergötzung von Materialwerten, Geld, Immobilien, Aktien, Bankguthaben. Das ist (aram.) Mammon, der Gegengott der materiellen Werte. Wenn schon Mammon, Besitz und Geld, eine Rolle spielen, dann soll man es vernünftig anlegen (Lk 16,9). Wer in kleinen Dingen untreu ist, wie kann der in großen Dingen treu sein? Wenn es in Geldangelegenheiten nicht stimmt, wie in Herzensangelegenheiten? (Lk 16,10 ff.)

Lukas stellt Worte Jesu zum Stichwort Mammon, Besitz und Geld, zusammen, die verschieden pointieren. In Assoziationsmanier – Stichwort „Besitz" – werden Worte aneinander gefügt. In unserem Text (vgl. Mt 6,24) stellt Lukas den Messias heraus, der sich in selbst gewählter Armut den Armen zugesellt, wie sich die Urchristen von Jerusalem als Ebioniten (i), als Gruppe der Armen, bezeichneten. Aus der Solidarität mit den Armen wächst die Gesellschaft der Armen, die messianische Gemeinde, in der einer den anderen trägt. Diese Gemeinde gestaltet Armut in Hoffnungen und Chancen für alle um. Ihr Messias Jesus verzichtet auf Macht-, Politik- und Militäraktion (Lk 4,1–13). Er gründet seine Sicherheit nicht auf Besitz. Jesus erkennt: Geld, ein praktisches und notwendiges Zahlungsmittel, wird über Nacht zum Gott, dessen Masse, Glanz und Flitter die Menschen umtanzen und süchtig machen. Unser Denken kreist um das Goldene Kalb, das Sicherheit geben soll (Ex 32,1 ff.). Das Vaterunser wird durch das Dax-Unser ersetzt. Wirtschaftliche Gesichtspunkte, heißt es in unserer Tagaustagein-Litanei, haben an die erste Stelle zu treten. Der Mensch wird zum Geld- und Warenwert heruntergespielt. „Alles", erklärt der Volksmund, und das Volk nickt verständnisinnig, „dreht sich ums liebe Geld!" Das liebe Geld wurde längst zum bösen Geld, weil es Religion und Gemütsbindung, Menschenschutz und Menschenliebe ersetzt. Was ist deine Lebensmitte, deine Zukunft, Mensch?

Meine Lebensmitte? Woran hänge ich mein Herz? Gesundheit? Frieden? Die Idee, finanziell unabhängig und ohne Sorgen leben zu können? Ach Gott, lass mich unabhängig werden aus dir, dem Geber aller Güter und Gaben, dass ich dein Wort mitteile und meine Güter teile. Du bist doch mein Gott. Amen.

Neue Gerechtigkeit

Es ereignete sich dies: Er brach auf nach Jerusalem und zog dabei durch Samarien und Galiläa. Als er in ein Dorf kam, kamen ihm zehn Männer, vom Aussatz befallen, entgegen. Die hielten Abstand und riefen mit erhobener Stimme: „Jesus, Lehrer, erbarme dich unser!" Jesus sah sie und befahl ihnen: „Brecht auf, zeigt euch den Priestern." Es ereignete sich dies: Sie brachen auf und wurden rein.

Lk 17,11 bis 14

Einer der Männer, die gesund werden, kommt zurück, fällt Jesus zu Füßen, dankt Gott und seinem Heiler: ein Samaritaner (i). „Wurden nicht zehn gesund?", fragt Jesus. „Nur einer ehrt Gott, ein Fremder? Wo sind die andern neun?" Und zum Geheilten: „Steh auf, geh hin, dein Glaube hat dir geholfen" (Lk 17,11–21).

Samaritaner sind Menschen jüdischen Glaubens, die ihre eigene Gottesdienststätte in Samarien haben, auf dem Berg Garizim. Das wurde schon erzählt (vgl. 29.9.), auch dass Hass und Feindschaft zwischen Juden und Samaritanern herrschen, Feindschaft, die Jesus zu überwinden sucht. Die Frau, die Jesus am Brunnen begegnet, ist eine Samaritanerin (Joh 4,1 ff.). Sie, eine Anhängerin einer tempelfeindlichen jüdischen Religion, erkennt in Jesus den Messias. Samaritaner kommen bei Jesus gut weg, werden ihm zu Vorbildern des Glaubens und der Tat.

Zwei Aspekte fallen mir auf: Arme, Kranke, Elende dürfen auf die Solidarität des Messias Jesus und seiner Gemeinde hoffen. Aussatz (ansteckende Lepra), seinerzeit eine unheilbare Krankheit, die in seelische und soziale Isolation führte, wird geheilt. Es kommt zur Reintegration des Geheilten in die Gesellschaft. Es gibt Hoffnung auf Heilung, Zukunft für Geheilte, Jesus setzt uns in Bewegung. Das Zweite: Es wird eine neue Gerechtigkeit geschenkt, die Feinde zu Freunden macht, die Wiedervereinigung getrennter Menschen, die in Dankbarkeit ein gemeinsames Leben führen. Die neue Gerechtigkeit bleibt nicht im Religiösen stecken. Sie ergreift Seele, Geist und Körper. Ich, ein Geheilter, setzte meine Heilung um. Diese Heilung meint auch ein Verheilen von Hass und Vorurteilen. Solidarität mit Elenden und Kranken schenkt mir Fremde und Feinde zu Freunden des Friedens um.

Heilende Solidarität gefährdet nicht die Zukunft, wie ich oft ängstlich meine. Die Solidarität der reichen Völker mit den armen entwickelt den Weltfrieden, während das Beharren auf Besitzrechten und die Verweigerung von Hilfe und Heilung zu Krieg und Revolution führen. Gott, lass mich das Rechte tun, deine neue Gerechtigkeit. Amen.

Wie Kinder

Sie brachten zu ihm auch kleine Kinder. Er sollte ihnen die Hand auflegen. Aber als die Jünger das sahen, erhoben sie Vorwürfe. Jesus aber rief die Betroffenen zu sich und verkündete: „Lasst die Kinder zu mir kommen, hindert sie nicht. Wer wie ein Kind ist, dem steht das Reich Gottes zu. Amen, ich sage euch, wer das Reich Gottes nicht wie ein Kind offen annimmt, kommt nicht hinein." Lk 18,15 bis 17

Allen Synoptikern (i) ist diese Zeichenhandlung Jesu wichtig. Jesus segnet Kinder, nimmt sie in sein Leben auf. Im Judentum gilt: Erst mit zwölf Jahren wird ein Kind religionsmündig und hat erst ab dann Zugang zur Synagoge und heiligen Handlungen. Zwischen Mädchen und Jungen gibt es Unterschiede: Jungen lesen in der Synagoge vor, wenn sie religionsmündig wurden, Mädchen nicht.

Jesus lebt anders. Kinder, Mädchen und Jungen, sind ihm Sinnbilder des Reiches Gottes. Er zielt dabei nicht auf kindliche Unschuld ab, Kinder sind nicht unschuldig. Aber sie stehen mit leeren Händen offen da, sind auf die Hilfe und Fürsorge Erwachsener angewiesen. Wer leugnet, dass er von der Sorge anderer für ihn lebt, wer meint, er brauche Liebe und Hilfe, Vergebung und Fürsorge anderer nicht, wird unfähig, das Leben überhaupt wahrzunehmen.

Und Jesus? Das Kreuz, Symbol des Scheiterns und der Niedrigkeit, wird sein Zeichen. Die Niederlage des schwachen Jesus als der Sieg des großen Gottes? Das Kind in der Krippe ist der Weltenherr, der hilflos Gekreuzigte der Retter der Welt? Wie Gott im Messias ein Kind wird, sind alle Kinder Hoffnungsträger des ankommenden Gottesreiches. Uns, die wir zum Großen und Ganzen streben, zur Leistung, zur Perfektion; uns, die wir von größerer Größe träumen, alles am größten haben wollen, selbst groß werden möchten (was ja Kindern nicht verboten werden soll!); uns, die wir die große, weite Welt am liebsten für uns ganz allein zum Besitz erobern möchten, wird das Kleine, Geringe, Winzige, fast Unsichtbare, das Gottesreich der Kinder, als absoluter Wert hingestellt.

Jesus, ich verwechsele zu oft Macht, Geld und Militär mit dem Reich Gottes. Du rufst mir zu: „Erwache aus deinen Gewalt- und Machtträumen – oder du wirst an ihnen ersticken. Hör auf, den Schwachen hohnlachend zu kritisieren, er gehe an seinen utopischen Träumereien zugrunde. Realismus, Globalismus seien angesagt!" Messias Jesus, lass mich wie ein Kind werden! Gib mir deinen Traum zurück! Amen.

Der reiche Jüngling

Irgendeine Führungskraft fragte ihn: „Guter Lehrer, was muss ich tun, um Erbe des ewigen Lebens zu werden?" Jesus antwortete ihm: „Was nennst du mich gut? Nur Gott verdient diese Bezeichnung! Im Übrigen kennst du die Gebote: Brich nicht die Ehe; töte nicht; stiehl nicht; sage nicht falsch aus,
Lk 18,18 bis 21 *ehre Vater und Mutter." Er erwiderte: „Das alles beachtete ich, von Jugend an."*

„Freilich", fährt Jesus nach einigem Nachdenken fort, „eins fehlt dir. Verkaufe, was du hast, und gib es den Armen. Das brächte dir einen Schatz im Himmel. Und du wärest frei, mir nachzufolgen!" Der Mann wird unentschlossen, traurig, steht im Text. Er war reich. Jesus philosophiert anschließend über den Reichtum. das berühmt gewordene Wort, ein Kamel komme eher durch das Nadelöhr als ein Reicher in das Gottesreich, folgt. Erschrockenheit bei den Jüngern: „Wer hat da noch eine Chance?" – „Bei Gott", antwortet Jesus, „ist kein Ding unmöglich! Seine Gnade ist größer als menschliches Unvermögen!" (Lk 18,18–27; Mk 10,17–27)

In seinem Evangelium erzählt Lukas, wie die Anhänger und Sympathisanten der Jesusbewegung versagen. So berichten auch Markus und Matthäus. Leitungspersonen und Sympathisanten sind inkonsequent, ja unfähig, den Weg Jesu zu verstehen, geschweige denn, ihn wirklich nachzugehen. Das Geheimnis des Messias Jesus erkennen sie nicht oder deuten es falsch. Lukas verschweigt die Unfähigkeit der Jünger Jesus gegenüber nicht. Krass und ungeschminkt wird im Lukasevangelium, gemäß der Tendenz der beiden übrigen Synoptiker, die Schwäche der Jüngerschar und Interessierten gezeichnet. Der so genannte reiche Jüngling ist ein eklatantes Beispiel. Das BGB wird bejaht, das Teilen der Güter entsetzt ihn, traurig wehrt er es als nicht machbar ab.

Und in der Apostelgeschichte? Die totale Lebensgemeinschaft der ersten Christen, die auch die Gütergemeinschaft beinhaltet, wird ansatzweise gedacht und praktiziert (Apg 4,32–37). Aber die Episode um Ananias und Saphira (Apg 5,1 ff.) zeigt, wie groß die Hilflosigkeit der Christen gegenüber dem Kapitalismus ist. Um den christlichen Kommunismus war und ist es mager bestellt.

Allmächtiger, gütiger Gott, du machst Unmögliches möglich. Das sagt mir dein Messias zu. Du lebst mit meiner Zukunftsangst und meinem Geiz – und bittest mich täglich mit stummen Bildern des Hungers, ich möge freigebiger werden. Hilf, dass ich mich ändere, Gott! Amen.

Zachäus

Er kam nach Jericho, durchzog die Stadt. Siehe, da war ein Mann, den riefen sie Zachäus, ein höherer Zollbeamter, sehr reich. Der sehnte sich danach, Jesus zu Gesicht zu bekommen, wer er wohl wäre. Wegen der Volksmenge klappte das nicht. Denn er war klein von Wuchs. Lk 19,1–3

Zachäus steigt auf einen Maulbeerbaum, um Jesus von dort oben anschauen zu können, wenn er vorbeizieht. Als Jesus kommt, bittet er Zachäus, schnell herunterzusteigen, denn er, Jesus, möchte Gast in des Zachäus Haus sein. Schnell, das Wort kommt ein zweites Mal in der Geschichte vor, steigt Zachäus vom Baum herunter und nimmt Jesus in sein Haus auf.

Die Leute reden hinter Jesu Rücken: „Er ist bei einem nichtswürdigen Ausbeuter eingekehrt." Zachäus aber will die Hälfte seines Hab und Guts den Armen zukommen lassen und wen er betrog, dem will er es vierfach zurückgeben. Im jüdischen Recht besteht dazu keine Verpflichtung, bei den Römern ist es Gesetz, einen Diebstahl vierfach zu sühnen. Zachäus gibt eine doppelte Sühne. Er entschädigt die Betrogenen nach römischem Recht und unterstützt mit der Hälfte seines Vermögens die messianische Armutsbewegung. Zachäus, der durch Geld- und Mafiaverstrickung unrein wurde, trägt nun seinen Namen, der *Reine*, abgeleitet von (hebr.) sakkaj, zu Recht. Die Messiasgemeinde integriert den Römerfreund und Ausbeuter, der sein Leben reinigte. „Heute wurde diesem Haus Heil geschenkt", ruft der Messias aus, der Verlorenes sucht (Lk 19,1–10). Zachäus, ein abtrünniger Jude, wird für rein erklärt. Die Sykomore gilt in der Antike als Sehnsuchtsbaum des Paradieses. Der Feigenbaumkletterer trägt die Sehnsucht nach Frieden und Geborgenheit im Herzen. Jesus bringt ihn auf die Erde zurück, in den Realismus der Tat.

Jesus hat wie die Propheten seine Reden durch Gleichnishandlungen unterstützt. Diese Gleichnisgeschichte im Vorfeld zur Einzugsgeschichte spielt in Jericho, in der Nähe zu Qumran (i), wo die Reinen unter sich bleiben! Die Zachäusgeschichte symbolisiert umso drastischer die Mahl- und Lebensgemeinschaft zwischen Reinen und Unreinen. Vergebung ist möglich, Integration notwendig. Der gekreuzigte Messias lebt. Das erlebt die nachösterliche Gemeinde. Der Gekreuzigte stiftet durch sie, in ihr Gemeinschaft. Fremde, Feinde und Schuldbeladene werden in sie aufgenommen.

Zachäus richtet sein Leben neu ein. Ich liebe diese Geschichte. Doch fällt es mir schwer, wie Zachäus zu leben, Schuld zu sühnen, mein Leben neu einzuteilen und zu teilen. Hilf mir, Gott, umzukehren wie Zachäus! Amen.

Kampfzeit

Er verkündete ihnen: „Als ich euch als Apostel losschickte, ohne Geldbörse, ohne Reisetasche, ohne Schuhzeug, habt ihr da irgendetwas entbehrt?" Sie antworteten: „Nein, nichts!" Da riet er: „Wer jetzt noch einen Geldbeutel oder eine Reisetasche besitzt und wer nichts hat, verkaufe seinen Mantel und kaufe ein Schwert! Ich versichere euch: Alles, was geschrieben steht, wird sich an mir vollenden: ‚Er wird den Gesetzesbrechern zugerechnet werden' (Jes 53,12). Denn was von mir geschrieben ist, kommt jetzt zum bitteren Ende." Sie sagten eilfertig: „Hier, zwei Schwerter!" Er winkte ab: „Es reicht!"

Lk 22,35 bis 38

Anpassung ist angesagt. „Die Verhältnisse sind übermächtig", heißt es. Alles gehe den Bach herunter, die Demokratie, der Frieden, die Kirche. Dieser Negativstimmung tritt Lukas entgegen. Ja, es ist Kampfzeit, die Friede-Freude-Eierkuchen-Zeiten sind vorbei. Auseinandersetzungen stehen an, Waffenkäufe werden nötig. Nötig? Im Text wird es ironisch. Zwei Schwerter sind schon zu viel, nicht, weil sie etwas nützten, sondern weil militärischer Kampf nichts bringt. Zwar wird Jesus in den Ruf kommen, ein Aufrührer, Gesetzesbrecher gewesen zu sein, so sage es die Schrift voraus. Aber er ist keiner. Auch bei Lukas ist Jesus der leidende Gottesknecht (i), der von allen verlassen in das Gefängnis geworfen und an das Kreuz geheftet wird, ein angeblicher Revolutionär, dem die Anhänger weglaufen. Judas wird ihn verraten, Petrus ihn verleugnen. Jesus weiß, was ihm blüht.

Die im Text angedeutete Endphase des Kampfes meint den Kampf um das Reich Gottes. Wie wird es vollendet werden? Lukas redet mit seinen Auftaktnotizen zur Passion Jesu auch in den Krieg hinein, der um 70 n. Chr. katastrophal zu Ende geht (Lk 21,20 ff.; 22,35–53). Vor über dreißig Jahren, so Lukas, trat der Messias Jesus auf. Er predigte in Galiläa, zog nach Jerusalem, der Hauptstadt Judäas, wurde dort in der Mitte der Zeit ans Kreuz geschlagen und hat nach seinem Tod in seinem Evangelium seinen Siegeszug bis nach Rom angetreten. Er überzeugte höchste römische Würdenträger von seiner Friedensmission, wie Lukas später berichten wird (Apg 24,1 ff.). „Er ist auferstanden, wahrhaftig auferstanden!" beten wir Christen in der Osterliturgie. Und warum glauben wir immer noch, stur wie ein Ochse, aus militärischen Siegen wachse Zukunft?

Herr Jesus, deine eigenen Leute laufen dir in Angst und Kleinglauben weg. Und doch hat deine Friedensbotschaft Menschenherzen zum Frieden verwandelt, Menschen und Völker. Und was ist mit mir los? Amen.

Pilatus stellt Jesu Unschuld fest

Pilatus rief die Hohepriester, die Obersten und das Volk zusammen und legte dar: „Ihr habt mir diesen Menschen herangeschleppt, als hätte er einen Volksaufruhr entzündet. Jedoch, beim Verhör vor euch fand ich an diesem Menschen nichts Schuldverdächtiges, all das nicht, dessen ihr ihn bezichtigt, Herodes übrigens auch nicht. Denn er schickte ihn uns zurück. Siehe, er hat nichts verbrochen, weswegen er das Todesurteil verdient hätte. Darum werde ich ihn züchtigen lassen und freigeben." Lk 23,13 bis 17

Der Mob ist unzufrieden, so stellt es Lukas dar. Der Pöbel will Blut fließen, Köpfe rollen sehen. So will es die Boulevardpresse, so wollen wir es selbst, einer muss seinen Kopf hinhalten, muss dran glauben, muss kopfheister gehen, damit die Launen der Massen sich beruhigen. Immer sind die Juden an allem schuld. So haben die Menschen stets jemanden, den sie an den Pranger stellen, ans Kreuz schlagen, in die Gaskammer schicken können, in diesem Fall (leider, ein Irrtum!) den Juden Jesus. Barabbas, ein Aufrührer und Politmörder, kommt frei. Jesus, der Rabbi, Heiler, Sozialreformer, soll sterben. „Kreuzige, kreuzige ihn!" Dreimal versucht Pilatus, Jesus vor dem Tod zu bewahren. Der Vertreter Roms bekommt bei Lukas fast schon einen Heiligenschein. Nur unter dem Druck der Massen lässt Pilatus den Messias umbringen. Lukas wäscht Rom rein. Der historische Pilatus hasste die Juden, weil sie ihm ewig und immer Probleme machten. Auf einen Juden mehr oder weniger kam es dem Zyniker nicht an. Er machte stets mit den Juden kurzen Prozess, schließlich auch mit dem Juden Jesus (Lk 23,13–25).

Das bewusste Missverständnis, bei den Evangelisten zuallererst nachzulesen, irgendeiner müsse am Tod Jesu schuldig sein, zieht sich durch die Jahrhunderte, führt schließlich in die Gaskammern von Auschwitz und Treblinka. Dort wird Jesus, der Jude, von Judenhassern, die Generationen und Völker vertreten, nochmals und nochmals umgebracht. Die Leute brauchen einen Sündenbock für ihr Elend, ihre Verkommenheit und finden ihn. Dass ausgerechnet Pilatus, der Brutalopolitiker, Jesu Leben geschont hätte, ist eine Konstruktion des Lukas, der fest vertraut, das Evangelium werde zur neuen Religion des Weltreiches Rom, des ganzen Erdkreises. Da soll ein Römer Schuld am Tod des Messias tragen?

Mein Gott, wenn ich schweige und weggucke, weil ich zu feige bin, mich einzumischen, schreie ich das „Kreuzige" mit! Hilf mir, das zu erkennen und dich zu bekennen! Amen.

Antwort

Eine große Volksmenge folgte ihm, dazu viele Frauen, die über ihn trauerten und klagten. Jesus jedoch drehte sich zu ihnen um: „Ihr Töchter Jerusalems, jammert nicht über mich, jammert eher über euch und eure Kinder. Denn siehe, es kommen Tage, an denen man die Unfruchtbaren, Bäuche, aus denen keine Kinder krochen, Brüste, die nie säugten, selig preisen wird! Dann wird man beginnen, den Bergen zuzurufen: ‚Fallt über uns!', den Hügeln: ‚Deckt uns zu!' Denn wenn man so mit Grünholz umspringt, was wird man erst dem Dürrholz antun?"

Lk 23,27 bis 31

Nur Lukas bringt diesen Text! Hier könne man feststellen, wann Lukas sein Evangelium geschrieben habe, nach der Eroberung Jerusalems! Der Text sei eine Nachbesinnung zum Krieg, als Prophezeiung aufgemacht, sagen die Ausleger.

Lukas bezieht sich tatsächlich auf den Krieg. Er malt als Gegenbild gegen das Wirken der Kriegsmessiasse, wie sie im Judäischen Krieg (i) auftraten, den Messias der Barmherzigkeit, der Nächstenliebe und des Friedens. Die Jünger sollen den Friedensideen Jesu folgen (Lk 9,49 f.). Unser Text mahnt: „Krieg ist entsetzlich!" Der Untergang Judäas wird schrecklich sein. Mütter und Kinder kommen zuerst um. So ist es in jedem Krieg, so auch in diesem. Wer keine Kinder hat, hat es noch am besten. Zwar sagt der Messias bei Lukas von sich, er sei gekommen, ein Feuer anzuzünden, und wolle nichts lieber, als dass es schon brenne (Lk 12,49). Auch rät er ironisch, das Letzte, was der Mensch noch besitze, seinen Mantel, gegen ein Schwert einzutauschen, weil Schwerter notwenig würden (Lk 22,36).

Jedoch ist zwischen dem Untergang der Messiasse im Judäischen Krieg und dem Tod des Friedensmessias Jesus ein Unterschied. Der Messias Jesus, das grüne Holz, reißt nicht als Berufsrevoluzzer seine Leute mit in den Tod. Er stirbt als Einzelner anstelle der Vielen, während im Judäischen Krieg viele draufgehen, die sich diesen Krieg heiß wünschten, das dürre Holz, das man nun umso eilfertiger verbrennen wird. Jesu Aufruf ist eine Solidaritätserklärung mit Kriegsopfern, Müttern, Frauen, Kindern, Alten. Er mahnt zur Einsicht, ruft zur Vorsicht: „Schreckliche Zeiten kommen! Ihr werdet euch gegenseitig umbringen! Hört auf mit euren Terrorwahnideen!" Das Jesuswort ist ein leidenschaftlicher Antiterror- und Antikriegsappell, auch an uns heute.

Gott, wir sollen der Gewalt, dem Terror und Krieg ausweichen, gar nicht erst damit anfangen, alle aufkeimende Gewalt beenden, ehe sie begann, in Jesu Namen, der deinen Frieden lebt. Amen.

Vergebung vom Kreuz herab

Andere wurden ebenfalls abgeführt, zwei Gewaltverbrecher, die mit ihm zusammen hingerichtet werden sollten. Sie kamen zu dem Platz, zum so genannten Schädelort. Dort kreuzigten sie ihn, die Gewaltverbrecher mit ihm, einen rechts, einen links. Jesus rief nun: „Vater, vergib ihnen, sie wissen nicht, was sie tun!" Dann warfen sie das Los, um seine Kleidung durch Losentscheid unter sich aufzuteilen. Lk 23,32 bis 34

Jeder Evangelist erzählt von der Kreuzigung, die Texte sind voneinander abhängig, ähneln sich. In dem, wie die Kreuzesszene nach Elementen aus dem Ersten Testament geformt sind (vgl. u. a. Ps 22; 69), bleibt sich vieles gleich. Aber in dem, was Jesus vom Kreuz herab ruft, entwickelt jeder Evangelist seine eigene Kreuzigungsbotschaft. Er fasst so seine Theologie, wie er sie als Evangelist ausformt, zusammen. „Vater, vergib ihnen! Sie wissen nicht, was sie tun!", ruft Jesus bei Lukas am Kreuz und meint Jesu Feinde, die ihn gerade umbringen. Versöhnung, Vergebung sind bei Lukas wichtige Stichworte Jesu, in vielen Gleichnissen erzählt.

Ein Mitgekreuzigter, ein Aufständler, der sich sterbend zum Reich Gottes bekennt, bittet Jesus um Fürsprache vor dem Vater. Jesus sagt ihm zu: „Heute wirst du mit mir im Paradies sein!" In diesem Wort klingt noch einmal die Solidarität Jesu mit Leidenden, Kranken, Verstoßenen an, die er lebte und zum Hauptthema seiner Reichgottespredigt machte, Solidarität auch mit denen, die durch eigene Schuld in Not gerieten und umkehren möchten.

Als das Endgericht bei Jesu Tod über die Erde geht, Himmel und Erde sich verfinstern, die Sonne ihren Schein verliert und der Vorhang im Tempel in zwei Stücke zerreißt, vertraut sich Jesus dem himmlischen Vater an: „Vater, ich befehle meinen Geist in deine Hände" (Lk 23,33–46). Der Messias stellt sich in seinem Sterben in Gottes Hand.

Lukas übernimmt von Markus den Bericht von Jesu Tod, gespickt mit Zitaten aus dem Ersten Testament. Und die eigenen Akzente des Lukas? Wo Markus die Radikalität des Todes Jesu herausstellt, auch die Verzweiflung des Sterbenden aufzeigt, wird es Lukas wichtig, den Helfermessias, der noch sterbend sein Amt wahrnimmt, zu predigen. Matthäus fügt der Szene kein weiteres Sterbewort an, außer dem, was er von Markus übernahm, den Schrei „Mein Gott …" Johannes entwickelt drei neue Kreuzesworte Jesu. So kennt die Tradition sieben Worte Jesu am Kreuz, Kurzpredigten, die erzählend verkünden.

Herr, dir in die Hände seien Anfang und Ende und alles gelegt. Amen.

Emmaus und der Friede

Siehe, zwei von ihnen zogen am gleichen Tag in ein Dorf, das war von Jerusalem etwa zwölf Kilometer entfernt, mit Namen Emmaus. Die beiden unterhielten sich über alle Ereignisse. Nun ergab es sich so, während sie sich
Lk 24,13 *unterhielten und die Geschehnisse zusammen untersuchten, kam ihnen Jesus*
bis 15 *sehr nahe und zog mit ihnen mit.*

Die Jünger erkennen und verstehen nichts. Traurigkeit im Gespräch mit dem Fremden, der Jesus ist: „Bist du der einzige, der nicht mitbekam, was geschah?", fragt Kleophas, einer der beiden. Kleophas heißt *Sohn eines berühmten Vaters*, auf Hebräisch Alfäus, der Vater des Jüngers Jakobus (Lk 24,10). Der jüdische Name wird aus (hebr.) chalab, *mit der Schärfe eines Messers stechen oder schneiden*, gebildet. Kleophas-Alfäus, ein Untergrundkämpfer?

Die Jünger erzählen dem Fremden von Jesus: Der Prophet, von Gott mit Taten ausgezeichnet, wurde gekreuzigt. „Wir dachten, er sollte Israel befreien!" Der Bericht der Frauen, die das Grab leer finden, bringt zusätzlich durcheinander. „Er lebe, heißt es", sagen die Jünger ratlos.

Die Antwort? „Musste der Messias nicht leiden und sterben?" Der Fremde legt die Schrift aus: „Es gibt kein Muss eines göttlichen Zwanges. Aber die Schrift lehrt den Tod des gewaltfreien Gottesknechts (i), der auf Terrorrache und Krieg verzichtet. Der stirbt stellvertretend für die Vielen." Das wird Kleophas, dem Untergrundkämpfer, deutlich.

Sie kommen nach Emmaus, wo Judas Makkabäus (i) vor 150 Jahren zu Beginn eines dreißigjährigen Befreiungskrieges einen tollen Sieg errang (1Makk 4,1 ff.). Hatten nicht im soeben verlorenen Krieg bis 70 n. Chr. Aufständische von Emmaus aus Angriffe gegen Rom geführt? Hatten sie nicht fanatisch geglaubt, Gott werde an diesem Ort einen zweiten Emmaussieg schenken? Die verunsicherten Jünger Jesu kommen nach Emmaus, einem Trümmerhaufen. Auf den Trümmern der nationalen Leidenschaft feiern sie nun das Herrenmahl, ein Friedensmahl der Völker. Sie bitten den auferstandenen Herrn, bei ihnen zu bleiben, es wolle Abend werden, ein Zitat, das gleich dreimal in der Abschlussgeschichte des Richterbuches auftaucht, in einem Bericht, mit dem das Ende aller heiligen Kriege beschworen wird (Lk 24,13–35; Ri 19,4 ff.). Ein Fingerzeig: „Krieg, auch heiliger Krieg soll nach Gottes Willen nicht sein!"

Gott, Frieden ist das Losungswort deines Messias, nicht Krieg. Es soll auch meins werden. Lade mich zum Ostermahl des Friedens, zum Osterfest der Versöhnung ein, das der Auferstandene stiftet. Amen.

Vermächtnis und Herrschaft

Als er gesprochen hatte, wurde er, während sie hinschauten, aufgehoben. Eine Wolke entzog ihn ihren Augen. Als sie ihm nachstarrten, wie er in den Himmel aufgenommen wurde, siehe, da hatten sich ihnen zwei Männer in weißen Gewändern zugesellt. Die erklärten ihnen: „Männer von Galiläa, was steht ihr da und schaut zum Himmel? Dieser Jesus, der euch weggenommen wurde, zum Himmel hin, wird auf gleiche Weise kommen, wie ihr gesehen habt, dass er in den Himmel auffuhr." Apg 1,9–11

Lukas nimmt die Auferstehungsberichte aus dem unruhigen Galiläa heraus, wo es noch nationalistisch brodelt. Er siedelt sie in der Nähe von Jerusalem an. Galiläa ist für Lukas der Anfang, Jerusalem die Mitte, Rom das Ziel. So findet auch der entscheidende Akt, die Erhöhung des Messias Jesus aus Nazaret zum (griech.) Kyrios, *Herrn*, in der Nähe Jerusalems statt, wie schon Emmaus bei Lukas näher an Jerusalem heranrückte. Jesus, der Jude, wird im Zentrum der jüdischen Religion erhöht. Er, der immer schon der (griech.) Kyrios, *Herr*, war, wird, wie es Paulus längst lehrt, zum Statthalter Gottes im Himmel.

Meint das Bild eine Flucht Gottes zurück ins Jenseits? Die Aktion Reich Gottes auf Erden sei gescheitert? Lukas will das Gegenteil mit dem Bild von der Himmelfahrt sagen. Die Erhöhung Jesu zum (griech.) Kyrios, wie sie die Urgemeinde glaubt und wie sie Lukas in handfesten Bildern erzählt (Lk 24, 50–53; Apg 1,4–14), bedeutet Gottes Herrschaft. Aber Gottes Reich ist keine sichtbare, politische oder gar militärische Größe. Es ist, wie Lukas sagt, (griech.) entos hymin, was heißen kann: *mitten unter euch*, auch *inwendig in euch* (Lk 17,20 f.)! Der eine lebendige Gott übt alle Herrschaft aus. Er tut es in seinem Messias, der ihm zur Rechten sitzt, nicht als Himmelsstatue, nicht als herrschsüchtiger Mitgott, sondern als personale Gotteserfahrung, die sich uns schenkt. Wir Christen proklamieren und realisieren die messianische Wende in der Taufe, im Gemeindeaufbau, im Teilen. Jesus wird wiederkommen, wie es die Christen nach Ostern glauben, aber nicht berechenbar, nicht irgendwann, doch am Ende der Tage. Jetzt ist Gemeindezeit, Geisteszeit, Gnadenzeit!

Gott, meine Lebenszeit soll keine Zeit des müßigen Herumgammelns, des sentimentalen Wartens auf die Zukunft werden. Du schenkst mir die Gegenwart, in ihr soll deine Herrschaft sichtbar werden. Dein Geist, Gott, kommt über uns, löst neue Verhältnisse, ein neues Denken aus, auch in meinem Herzen, auch in meiner Welt. Amen.

Der Geist macht frei!

„Es wird in den letzten Tagen geschehen", spricht Gott, „da werde ich von meinem Geist ausgießen über alle Menschheit. Eure Söhne und Töchter werden zu Propheten werden. Eure Jünglinge werden Gesichte sehen, eure Alten Träume träumen. Auf meine Knechte und auf meine Mägde werde ich in jenen Tagen von meinem Geist ausgießen. Sie werden das Prophetenamt übernehmen."

Apg 2,17 f.

Lukas erzählt Geschichten. In denen wird Geschichte erlebt, Lebensgeschichte, Menschheitsgeschichte, Gottesgeschichte. Die Pfingstgeschichte, die die Gründung der Kirche ansage, wie es heißt, beinhaltet mehr. Es ist sinnvoll, ihre Verwurzelung im Ersten Testament und im jüdischen Denken zu suchen. Oft entwickelt Lukas aus einer Szene die Predigt eines Apostels, so auch hier.

Die Pfingstpredigt des Petrus stellt das Zeitalter des Gottesgeistes vor. Den Beginn der Rede bildet ein Zitat aus dem Propheten Joel (3,1 ff.; vgl. Apg 2,14–36). Joel verkündete einer entmutigten israelitischen Gemeinde den Neubeginn. Es werde eine so genannte Endzeit kommen, letzte Dämmerungstage der Menschheit. Gerade dann werde Gottes Geist über die (hebr.) kahal, die *Gemeinde,* kommen und die Menschen zu Glauben und Tun neu inspirieren. Für Lukas, der die Pfingstgeschichte komponiert, spiegelt dieser Prophetentext die Tage nach dem Tod Jesu als endzeitliche Heilszeit wider. Der Tod Jesu signalisiert das Ende des Alten und zugleich den Start des neuen messianischen Zeitalters. Und Joel, so die Urgemeinde und mit ihr Lukas, habe diese Heilszeit vorausgesagt. Jetzt sei sie erfüllt, vor den Augen der Staunenden.

So bekommt das jüdische Pfingsten, das Asarthafest, übersetzt: das *Siebenwochenfest* (i), mit messianischen Augen gesehen, seinen ursprünglichen Charakter zurück. Es ist ein Fest, mit dem sich nach sieben mal sieben Wochen, am fünfzigsten Tag nach dem Passah, die Befreiung erfüllt. Wie es im Gesetz Gottes steht, werden im fünfzigsten Jahr, im Halljahr, alle Lebensdinge der Gemeinde neu geregelt. Jetzt wird die Ordnung des Mose endlich in die Tat umgesetzt. Johannes der Täufer (i) leitete die neue Epoche ein. In Jesus erfüllt sie sich, in der Mitte der Zeit. Zu Pfingsten nimmt diese Erfüllung Gestalt an. Was das Mosaische Gesetz vorsieht, wird in diesen Messiastagen aus der Vergessenheit auferstehen, die Wiedervereinigung der Völker, das Teilen der Güter, der Neubeginn für die Armen, die Gemeinschaft der Versöhnten!

Gott, lass Pfingsten werden, Pentekoste! Dein Reich komme, wie im Himmel, so auf Erden. Amen.

Wind der Freiheit

Als sich der Pfingsttag erfüllte, waren sie alle am selben Ort gemeinsam beieinander. Plötzlich ereignete sich ein Brausen vom Himmel, als ob ein gewaltiger Wind einfiele. Das ganze Haus, in dem sie saßen, war davon erfüllt. Apg 2,1 f.

Die Jünger und Jüngerinnen Jesu sitzen zusammen. Sie haben Angst. Jesus ist tot. Aber erzählen nicht einige Frauen, dass sie ihn nach dem Passahfest, drei Tage nach seinem Tod, gesehen haben? Und nun? Jüngerinnen und Jünger möchten vertrauen: „Jesus steht in unseren Herzen auf, jetzt, heute. Die Angst hört auf. Er wird kommen. Alles, was er versprochen hat, wird sich erfüllen“ (Lk 24,36–49). An die Wort, die Jesus sagte, indem er die Bibel auslegte, erinnern sich viele: „Die Lahmen gehen, die Blinden sehen, die Armen werden reich, die Großen werden klein, die Kleinen werden groß, und alle, die sich über mich freuen, sollen leben! Gottes Reich kommt! Wir leben füreinander!“ (Jes 61,1 f.; Lk 4,18 f.)

„Heute ist Pfingsten“, sagen Jüngerinnen und Jünger, „ein besonderer Tag, fünfzig Tage nach dem Passahfest!“ An diesem Tag kommen viele Juden nach Jerusalem. Sie halten das Erntefest. Die Menschen sind fröhlich, singen und feiern. Denn die Ernte kann in Israel bereits im Mai geschnitten werden.

Aber die Menschen haben einen weiteren Grund zu feiern. Die Juden denken an das erste Passahfest zurück. Damals zog Israel aus Ägypten in die Wüste hinaus. Die Menschen wurden frei. Und sie gaben sich Gesetze, damit diese Freiheit immer andauern sollte: „Niemand soll jemanden unterdrücken. Niemals mehr soll ein Armer von einem Reichen geknechtet werden. Niemals soll ein Bauer ohne Land sein, ein Hirte ohne Herde. Niemals soll ein Ausländer oder Asylant in eurem Land Angst haben. Niemals soll ein Gläubiger seinen Nächsten mit Zinsen besteuern. Niemals soll ein Vater seine Tochter vergewaltigen. Die Ehre der Alten bleibt gewahrt.“ Die Leute bekennen: „Gottes Gesetz lebt in unseren Herzen, sein Bund ist mit uns! Gott hat uns aus Ägypten, dem Unterdrückerstaat, herausgebracht, damit wir für immer frei leben.“ Wie ein Wind kommt diese Hoffung über die Menschen! Es weht ein neuer Geist. Das ist Heilszeit (Apg 2,1–13).

Gott, dein Geist soll mich begeistern, nicht die Parolen der Machthaber und Ausbeuter auf dieser Erde. Dein Geist, der befreit, leite mich, dein pfingstlicher Geist leite uns zu ökumenischem Aufbruch, zum Tun der Liebe und des Rechts. Amen.

Feuer der Erneuerung

Sie sahen Feuerzungen, die sich zerteilten. Auf einen jeden unter ihnen setzte sich eine Flamme. Sie alle wurden voll Heiligen Geistes und begannen, in fremden Sprachen, wie der Geist es ihnen eingab, nämlich frei heraus zu
Apg 2,3 f. *reden.*

Feuer erfüllt und reinigt die Menschen, das Feuer des Geistes. Einsicht, Umkehr und Neuanfang greifen um sich? Freiheit und Gerechtigkeit boomen?

Und wenn doch der eine ein Sklave und der andere ein Herrscher wurde, der eine arm und der andere reich? Spätestens im fünfzigsten Jahr, nach sieben mal sieben Jahren, sollen die Menschen die Verhältnisse neu regeln. Das Pfingstfest, das jetzt gefeiert wird, erinnert an die sieben mal sieben Jahre und an das fünfzigste Jahr danach. Denn Pfingsten wird genau sieben mal sieben Wochen nach dem Passahfest, dem Befreiungsfest, gefeiert: Alles Land wird neu unter die Armen und Reichen verteilt. Reich und Arm erhalten gleiche Chancen. Alle Schuld wird vergeben. Schulden werden aufgehoben. Alle Sklaven kommen frei. Ausländer und Asylsuchende finden Heimat im Volk Gottes. Fremde werden in die Gemeinde aufgenommen. Feinde versöhnen sich (Apg 2,1–13.14–41, Lev 25,1–55).

So soll es in Israel sein, lautet die Botschaft dieses Festes: „Wir sollen frei werden, denn zur Freiheit ist der Mensch bestimmt. Was wir haben und sind, werden wir teilen. Gäste und Fremde gehören zu uns. So wird unser Leben neu!“

Wie Mose das Gottesfeuer (Ex 3,1–6) von fern sah, wie er spüren musste, dass dieses Feuer außerhalb seines Lebens loderte, so kommt es nun in der Endzeit zu den Menschen, frisst sich als göttliches Feuer in Leib, Seele und Herz ein. Gott verschmilzt mit uns. Halleluja!

Gott, das Feuer der Erneuerung komme über uns, dass Pfingsten werde in unseren Herzen, in unserer Gemeinde, in unserer Gesellschaft, in unserer Menschheit. Deine Gerechtigkeit stehe in mir und uns auf, damit Freiheit atmen kann: Ich nehme Rücksicht auf Schwächere. Ich teile mit den Armen und suche den Frieden zu leben, den du schenkst. Dazu hilf mir, Gott, in deiner Gemeinde, in deiner Menschheit. Amen.

MUTTERSPRACHE

Siehe, sind nicht alle, die hier reden, Galiläer? Wieso hört denn jeder von uns den Dialekt seines eigenen Vaterlandes heraus? Parther, Meder und Elamiter und wir Einwohner von Mesopotamien und Judäa, Kappadozien, Pontus und aus der Provinz Asien, Leute aus Phrygien, Pamphylien, Ägypten, auch aus der Gegend von Kyrene in Libyen, dazu Einwanderer aus Rom, Juden und Judengenossen, Kreter und Araber! Wieso hören wir sie in unserer Sprache von Gottes großen Taten reden? Apg 2,7 bis 11

Menschen werden vereint, das ist Pfingsten. Fremde, Diasporajuden, tauchen in Jerusalem auf, pilgern hierher, so lange Juden über den Erdkreis zerstreut in der Diaspora leben. Einmal im Jahr kommen sie, manchmal schon zum Passah. Das größte Fest der ausländischen Juden, die sich aus fernen Ländern in Jerusalem treffen, ist Asartha, das Siebenwochenfest. Menschen mit verschiedener Hautfarbe, Sprache und verschiedenen jüdischen Glaubensansichten kommen aus fremden Ländern zu diesem Fest in die Heilige Stadt.

Lukas nimmt eine Liste mit Regionen des damals bekannten Erdkreises auf. Freilich wohnen in einigen Regionen Juden, die nicht mehr offiziell als Juden anerkannt werden. Zu viel Fremdes hatten sie im Laufe der Zeit in ihre Religion aufgenommen, zum Beispiel die Juden, die in Parthien, Medien und Elam lebten. Eigentlich hätten sie nicht am Fest teilnehmen dürfen. „Wir gehören nicht zueinander! Wir glauben so, ihr glaubt anders an Gott!", heißt es. Die Menschen ziehen einen Trennungsstrich durch das Fest. „Pfui, diese Ausländer, Abgefallene, Ketzer", sagen sie, „wir verstehen sie nicht!"

Da geschieht Wunderbares: Ein Messiasbrausen ertönt vom Himmel. Feuer, das sich zu Zungen zerteilt, verschmilzt mit einzelnen Personen. Menschen aus verschiedenen Kulturen reden miteinander, verstehen sich. Sie singen und beten, halten eine Mahlzeit. Fremde und Ausländer, vor denen die Einheimischen Angst hatten, sind mittendrin dabei. Sie reden, lachen, feiern gemeinsam. Jeder versteht jeden. Die Angst vor dem andern vergeht. Fremde werden Freunde, schenken sich den Frieden. So erfüllt sich an Menschen Gottes lebendiges Gesetz. An diese Befreiung erinnert das Pfingstfest, wie Jesus sagt: „Es soll keine Unterschiede zwischen den Menschen geben. Alle Menschen gehören zu der einen Menschheit, weil Gott *einer* ist. Das Evangelium eint uns, begeistert uns zum Frieden" (Apg 2,5–13; Mt 8,11).

Füreinander leben, miteinander teilen, Fremden Frieden geben – Wunden werden heilen! So singe ich, so möchte ich leben. Amen.

Pfingstpredigt, Pfingstgemeinde

Apg 2,14 *Da trat Petrus mit den Elf auf, erhob seine Stimme und legte aus!*

Natürlich fällt diese Versammlung auf. Die einen sind erstaunt: „Was ist da passiert? Diese Leute scheinen etwas Besonderes zu erleben!" Die anderen lachen nur. Sie meinen: „Die sind ja betrunken." Da hält Petrus, eine Führungskraft aus dem Zwölferkreis der Jünger, eine Rede. Er ruft: „Die Leute hier sind nicht betrunken und alles ist auch kein Zufall. Was ihr seht und hört, ist das Befreiungsfest, das Gott längst versprach. Gottes Geist fällt auf uns Menschen! Alles ändert sich. Die Menschen ändern sich, die Verhältnisse, die Weltgeschichte! Hat Gott nicht seinen Geist, der alles neu macht, längst durch seine Propheten versprochen?"

„Das Fest und unsere Freude kommen aus Jesus", predigt Petrus weiter. „Ich erinnere euch an ihn: Er wurde gekreuzigt. Aber er lebt. Er ist mitten unter uns. Wir feiern heute, dass sich Gottes Wahrheit erfüllt. Sein Geist beseelt uns. Alle Wunden, die wir jetzt noch haben und aus denen wir jetzt noch bluten, werden sich schließen. Alle Angst vergeht und das Leben kommt zu den Menschen neu zurück, weil Gottes Messias in unseren Herzen aufersteht und uns befreit. Jesu Geist kommt über uns! Gott hat diesen Jesus, der gekreuzigt wurde, zum Herrn und Messias gemacht! Halleluja!" (Apg 2,1–13.14–36)

Die Menschen fragen: „Was sollen wir tun?" Die Jünger laden die Menschen ein, sich auf Jesu Namen taufen zu lassen. „Er ist der Messias", sagt Petrus, „der Mensch, den Gott schickt, um alle verkehrte Welt in Ordnung zu bringen und alle bedrückten Menschen frei zu machen." Viele vertrauen dem Wort der Jünger und lassen sich taufen. An diesem Tag sollen es dreitausend gewesen sein.

Die Menschen treffen sich jeden Tag im Tempel, beten und hören aufmerksam den Aposteln zu. Sie halten gemeinsame Mahlzeiten von dem, was die Einzelnen mitbringen. Überhaupt legen die Getauften ihr Hab und Gut zusammen und leben aus einer Gemeinschaftskasse. Sehr eng leben die Menschen, die Jesus vertrauen, zusammen. Sie bleiben zusammen, im Gespräch mit den Aposteln, zu Mahlzeiten und im Gebet. So werden sie die eine urchristliche Gemeinde zu Jerusalem (Apg 2,37–47). Lukas malt uns ein Ideal vor Augen: So war es, so müsste es wieder werden.

Wir, deine Gemeinde, Gott, leben in Brüchen, die du täglich kitten musst. Lob sei dir, hilf uns! Amen.

Ein Präzedenzfall

Ein gewisser Mann namens Hananias, seine Frau hieß Saphira, verkaufte Eigentum. Jedoch unterschlug er einiges vom Erlös. Seine Frau wusste davon. Er brachte nur eine Teilsumme und legte diese den Aposteln zu Füßen. Apg 5,1 f.

Eine schreckliche Geschichte entwickelt sich. Hananias wird von Petrus befragt, ob er alles Geld in die Gemeindekasse legte, das er für den Acker bekommen habe. Der Mann bejaht diese Frage. Er wird von Petrus, der inzwischen ein rigides Kirchenregiment zu führen scheint, zur Rede gestellt – und fällt tot um. Junge Männer, die Radikalen in der Gemeinde, begraben den Toten. So ergeht es auch Saphira, die etwas später zur Gemeinde kommt. Auch sie lügt und muss sterben.

Beide haben, so drückt es Petrus in der Erzählung des Lukas aus, Gott belogen, den Geist Gottes versucht. Ein uraltes prophetisches Element kommt zur Wirkung. Dem heiligen, eifernden Gott darf niemand mit Lug und Trug zu nahe treten, die Lüge wird zur Gotteslästerung. Der Tod ist die Folge, wie im Ersten Testament Propheten sterben müssen, die falsche, selbstgefällige Weissagungen in die Welt setzen. Die ersten Christen sind freie Wesen, nur in einem sind sie gebunden, in ihrer Treue und Wahrheitsliebe ihrem Gott, seiner Gemeinde gegenüber (Apg 5,1–11). So weit die Erzählung, so weit Lukas.

Ich erinnere mich, dass mir diese Geschichte als Kind zum Trauma wurde: „Wann erwischt es dich?“, wenn ich mich mit einer Lüge aus heikler Lage herauswand. Lukas stellt, vor allem in seinen Zusammenfassungen, die Urgemeinde in ein helles Licht. Für ihn ist sie der Ort der reinen, apostolischen Lehre, eine Gemeinschaft, in der allen alles gehört, in der starke Erfahrungen des Heiligen Geistes gemacht werden. Die Urgemeinde ist für ihn die Gruppe, in der, wie in der Jesusbewegung, große Zeichen und Wunder geschehen, Anzeichen dafür, dass diese Gemeinde vom Heiligen Geist regiert wird. Jedoch werden die Schatten nicht verwischt.

Gott, es spinnen sich dunkle Fäden in den Goldglanz der Vergangenheit ein. Bewahre mich vor diesem Fluchtgedanken, früher sei in der Kirche alles besser gewesen, heute dagegen …! Behüte mich davor, alles von einer besseren Zukunft zu erwarten. Lass mich heute redlich leben. Ich will Spannungen in der Gemeinde erkennen und aushalten, sie fruchtbar aufnehmen, heute. Die Zukunft der Gemeinde soll aus dem Gespräch erwachsen, das wir untereinander offen und ehrlich führen. Amen.

Ein Ratschlag

Im Hohen Rat erhob sich ein Pharisäer. Er hieß Gamaliel und war ein vom ganzen Volk angesehener Gesetzeslehrer. Der ließ die Männer für einen Augenblick nach draußen bringen. Dann hielt er eine Ansprache: „Ihr Männer Israels, überlegt euch gut, was ihr mit diesen Menschen anfangen wollt." (Gamaliel erinnert an die verschiedenen Aufständler, die in den letzten Jahrzehnten Juda verwirrten. Sie gingen alle unter, kamen um.) *„Jetzt sage ich euch: Lasst die Finger von diesen Menschen, lasst sie gehen. Ist dies Unternehmen oder Werk von Menschen, so wird es vernichtet werden.*
Apg 5,34 f. *Ist es von Gott, so könnt ihr sie nicht vernichten. Sonst stündet ihr als Men-*
38 f. *schen da, die gegen Gott angingen."*

Wie zu erwarten, kommt es nach dem Tod Jesu zu Auseinandersetzungen der religiösen jüdischen Leitungsbehörde, dem Hohen Rat, mit den Messiasanhängern. Je stärker die messianische Bewegung wird, desto größer wird die Unruhe der Oberen. Verfolgungen kommen in Wellen, zunächst über einzelne Leitungspersonen, dann über die ganze Gemeinde.

Zunächst werden Petrus und Johannes festgesetzt. Sie sollen nicht die Lüge verbreiten, der gekreuzigte Messias Jesus sei auferstanden. „Lüge?", antworten die Verhörten empört, „er ist auferstanden, er ist wahrhaftig auferstanden!", und bekennen vor der Behörde, was sie in ihren Gottesdiensten beten und singen. Man müsse Gott mehr als den Menschen gehorchen, so die sprichwörtliche Antwort des Petrus (Apg 4,1–22). In der folgenden Diskussion finden die beiden Apostel einen Fürsprecher, den pharisäischen Schriftgelehrten Gamaliel, den Lehrer des Paulus (Apg 5,34 ff.), ein berühmter jüdischer Gelehrter, dessen Verordnungen auch in der Mischna erwähnt werden. In der Ansprache des Gamaliel schimmert durch, für wie gefährlich die verschiedenen Messiasbewegungen angesehen werden. Zwei führende Köpfe derartiger Bewegungen, Theudas und Judas, waren Revolutionäre. Sie wurden mit ihren Anhängern von der Besatzungsmacht Rom vernichtet, so Gamaliel.

Lukas legt dar: Jesus war kein Revolutionär. Die messianische Bewegung unterscheidet sich von den Befreiungsfronten. Jesus, der Barmherzigkeit und Gewaltfreiheit lehrt, verwirklicht das Reich Gottes aus dem Geist, nicht aus kriegerischer Gewalt. Die beiden Apostel kommen frei, die Gemeinde lobt Gott (Apg 5,17–42).

Vater, wer ist dein Sohn? Er ist der Anwalt deiner Liebe, deines Friedens! Lass uns das verstehen und glauben und leben, unser Anwalt. Amen.

Apostel und Diakone

In diesen Tagen jedoch, als die Jünger mehr und mehr wurden, brach eine unübersehbare Unzufriedenheit der messianischen griechischsprachigen Juden gegen die hebräischsprachigen los. Die Witwen der griechischsprachigen Gruppe wurden nämlich bei der täglichen Diakonie übergangen. Da beriefen die Zwölf die Jüngergemeinde ein und erklärten: „Es entstünde Unrecht, wenn wir das Wort Gottes vernachlässigten und uns nur noch um die Tischgemeinschaft kümmerten.“ Apg 6,1 f.

Die messianische Bewegung in Jerusalem ist in die Gruppe der aramäischsprachigen und der griechischsprachigen Judenchristen gespalten. Beide Gruppen sind Jesusanhänger, sprechen aber verschiedene Alltagssprachen, lesen verschiedene Bibelübersetzungen, die hebräische und die griechische, die Septuaginta (abgekürzt: LXX; i).

Prompt folgen soziale Konflikte. Die griechischsprachigen Witwen fühlen sich übergangen, erklärt Lukas. Jetzt wird ein neues Amt geschaffen, das der Diakone, der *Dienenden* (Apg 6,1–7). Von den Tagen der Apostel bis heute frönen wir der Idee, ein Diakon habe mit sozialen Aufgaben zu tun, der Pfarrer teile dagegen das Wort aus. Aber wieso wächst die Gemeinde nach der Einsegnung der Diakone so schnell, wie Lukas berichtet? Und warum erzählt er von Diakonen, die selbstverständlich und erfolgreich missionarische Aufgaben übernehmen, konsequent verkünden, der Messias sei als leidender Menschensohn (i), als sterbender Gottesknecht (i) erhöht worden? (Apg 6,8 ff.; 8,4 ff.26 ff.; Dan 7,13; Jes 53,7 f.)

Die *eine* reine Lehre? Es gibt sie nicht! Wer war und ist Jesus nach seinem Tod, seit den Tagen der Urgemeinde bis heute? Messianische Juden und Heidenchristen geben auf diese Frage verschiedene Antworten – und finden mühsam zusammen. Für die einen, die jüdisch denkenden Menschen, bleibt Jesus der Messias, der uns in seiner Kreuzigung eine neue Lebensrichtung weist, der hingerichtete Gottesknecht, den Gott in der Endzeit zur Herrschaft erhöhte. Für griechischsprachige Judenchristen, denen sich die Heidenchristen zugesellen, wird der Messias zum Gottessohn, in dem die Fülle der Gottheit leibhaftig wohnt (Kol 1,19; 2,9). Noch 400 Jahre später werden sich die Kirchen um verschiedener Antworten willen bekämpfen: „Wer war Jesus, wer ist er?“

Gott, du schickst uns deinen Messias. Wer ist dieser Jesus aus Nazareth, der am Kreuz stirbt, von dem wir Christen mit den Jüngern bekennen, er sei auferstanden? Er ist meine diakonische Zukunft, die der Welt. Amen.

Menschensohn

Er jedoch, erfüllt vom Heiligen Geist, blickte zum Himmel auf. Er schaute
Apg 7,55 *Gottes Herrlichkeit und Jesus zur Rechten Gottes stehen!*

Stephanus, einer der Diakone, wird im Hohen Rat vorgeführt, weil Juden aus der Diaspora, wo er wahrscheinlich segensreich gewirkt hatte, ihn anklagen. Er habe das mosaische Judentum beleidigt, Gott gelästert. Stephanus hält eine Rede, in der er seine messianische Auffassung erläutert. In einer Darstellung der Geschichte Israels, die prophetische Züge aufweist, spitzt er seinen Bericht messianisch zu. So legt Lukas die Rede an. Gott wohne nicht im Tempel, sondern herrsche über den Kosmos, der Himmel sei sein Thron, die Erde sein Fußschemel. Das ist allen, die in Tempel und Opferkult die Mitte der jüdischen Religion sehen, starker Tobak, aber durchaus prophetische Theologie. Das Volk Gottes widerstrebe dem Geist Gottes! Als aber Stephanus in einer Vision den zur Rechten Gottes erhöhten Menschensohn (i) schaut, kocht die Seele der Glaubenshüter über. Stephanus wird zur Steinigung gezerrt, muss sterben. Saulus, ein junger Mann, der die Steinigung mitmacht, hütet die abgelegte Kleidung der Steiniger. Er findet richtig, was geschieht, berichtet Lukas (Apg 6,8–8,1).

Lukas bringt damit den Konflikt zwischen den messianischen und nichtmessianischen Juden auf den Punkt. Prophetische Theologie, wie sie bei Johannes dem Täufer (i) aus biblisch-sozialen Gedanken aufkommt, wie sie beim Rabbi Jesus zu hören und zu erleben ist, erfährt in der Urgemeinde, besonders in den griechischsprachigen Gemeinden der Diaspora, einen neuen Akzent: Der Messias Jesus, der gekreuzigt wurde, ist auferstanden. Er steht zur Rechten Gottes, der Menschensohn! Er ist ein Anwalt aller Menschen und Völker vor Gott, der Mensch schlechthin, in dem sich alle Menschheit vor Gott zu erneuerter Menschlichkeit vereinigt!

Damit ist der neue Äon eröffnet. Das Zeitalter der Gottesherrschaft über den Erdkreis, ja, Kosmos hat mit der Kreuzigung und Auferstehung Jesu begonnen, nimmt seinen Weg durch die Welt. Der Name des ersten Märtyrers nach dem Tod Jesu, Stephanus, ist Symbol. (Griech.) Stephanos bedeutet *Kranz*. Gott hat diesem und nachfolgenden Zeugen den Ehrenkranz des Martyriums, das mit dem Leben bezahlt, umgelegt.

Gott, Menschen bekennen sich mit Wort und Tat zu dir und dem Menschensohn, der bei dir steht und uns vor dir vertritt. Segne und stärke mich in Jesu Namen, im Namen des Menschen, in dem du alle Menschheit segnest! Jesus, Menschensohn, Mensch aller Menschen. Amen.

Philippus verkündet den Knecht Gottes

Der Engel des Herrn redete mit Philippus: „Steh auf, geh gen Süden auf die Straße, die von Jerusalem nach Gaza hinabführt, jene menschenleere Route." Er stand auf und ging. Und siehe, ein Äthiopier, ein Eunuch, ein Hofbeamter der Kandake, der Königin von Äthiopien, Oberaufseher der königlichen Schatzkammer, war nach Jerusalem gekommen, um anzubeten. Nun war er Apg 8,26
auf der Rückreise. Er saß auf seinem Wagen und las den Propheten Jesaja. bis 28

Mit idealisierenden Zusammenfassungen gleich zu Beginn der Apostelgeschichte stellt Lukas heraus: „So wirkt Gott!" Lukas baut verschiedenes Material zusammen, arbeitet als Historiker, zeichnet erzählend eine geschichtliche „Wahrheit". Er hat dabei eine Absicht: Es taten sich seinerzeit neue Türen für das Evangelium auf. Mit der Mission, die anwuchs, wuchsen auch die Ausdeutungen des Messiasnamens Jesu! So gewinnt die heutige Gemeinde, die ermüdet und erstarrt, aus dem Rückblick in die Vergangenheit der Kirche Kraft und Ermutigung zurück. Diese Tendenz gibt Lukas auch einem Kranz von Berichten, die sich um Philippus ranken: In Jerusalem wird die Gemeinde verfolgt (Apg 8,1–3). Lukas erzählt, wie Philippus, ein Diakon, in Samarien missioniert. Dort sammelt er eine größere Gemeinde, in der bemerkenswerte Wunder geschehen (Apg 8,4–8).

Dann wird Philippus vom Geist beauftragt, einem hoch gestellten Beamten des Äthiopierreiches, einem Beauftragten der Königin Kandake, für die Messiasidee zu gewinnen. Er bekehrt ihn zu Jesus, dem Gottesknecht (i), indem er ihm eine Jesajastelle auslegt: „Das Schaf, das vor seinem Scherer verstummt, zur Schlachtbank geführt, wird von der Erde hinweggenommen. Seine Nachkommen sind nicht zu zählen" (Apg 8,26–40; Jes 53,7 f.).

Lukas zeichnet den Weg des Rabbi Jesus zum Gottesknecht, den Gott aus Leid und Sterben erhöht, und das rasche Anwachsen der ersten Christengemeinden. Zeichen und Wunder sind Lukas und seinen Lesern Beweise für Prophetie und Geistausgießung. Prophetien des Ersten Bundes erfüllen sich in der Jesus-Hoch-Zeit und werden in der Urgemeinde vertieft. Die Urgemeinde, in der Apostel und Diakone wirken, wird zum Kraftfeld des Heiligen Geistes. Widerstände und Wirrnisse bei der dynamischen Ausbreitung des Evangeliums bleiben dabei nicht aus (Apg 8,9–25).

Jesus, gefoltert und hingerichtet, Knecht Gottes, erhöht und berufen, sei mein Herr und der Herr einer missionarischen Gemeinde. Amen.

Herr, wer bist du?

Apg 9,1 f. *Saulus aber war immer noch im Zornrausch, voller Morddrohungen gegen die Herrenjünger. Er meldete sich beim Hohepriester und bat ihn um ein Beglaubigungsschreiben, an die Synagoge in Damaskus gerichtet. Er beabsichtigte, Anhänger des Weges, Männer und Frauen, aufzuspüren, um sie anschließend in Fesseln nach Jerusalem zu überführen.*

Das Wort „Herr" prägt diesen Text, der von der Bekehrung des Saulus berichtet. Ein junger Mann, Schüler des Rabbi Gamaliel, tut sich in der Verfolgung der Gemeinde hervor, obwohl Gamaliel selbst zur Nachsicht rät. Saulus verfolgt die Jünger des Herrn, Anhänger des Weges, wie es heißt. Dieser Saulus aus Tarsos in Kleinasien denkt strategisch. Darum erbittet er von seiner Religionsbehörde in Jerusalem Ausforschungs- und Verhaftungserlaubnisse für den Nachbarstaat und dessen Hauptstadt Damaskus.

Auf dem Weg nach Damaskus passiert es, Saulus hat sein Damaskuserlebnis. Ein Licht aus dem Himmel fällt auf ihn, er stürzt zu Boden, hört eine Stimme: „Saul, Saul, warum verfolgst du mich?" – „Herr, wer bist du?", ist die Gegenfrage. Die Antwort: „Ich bin Jesus, den du verfolgst!" Saulus, geblendet, wird von seinen Begleitern nach Damaskus gebracht. Drei Tage sieht, isst und trinkt er nichts. In Damaskus lebt ein Jünger des neuen Weges, Hananias. Dem befiehlt der Herr, Saul die Hand aufzulegen, damit er wieder sehend werde. Hananias hat Angst vor dem Spitzel und Kommissar Saul und wehrt sich gegen den Auftrag. Aber der Herr überzeugt ihn. Hananias sucht Saulus auf, legt ihm die Hand auf, dem fällt es wie Schuppen von den Augen, er isst wieder, lässt sich taufen. Saulus werde, so die Botschaft, den Herrennamen vor Heiden und Völker und vor das Volk Israel tragen.

Zunächst herrscht Angst in der Gemeinde in Damaskus und Empörung unter den nichtmessianischen Juden, denen Saulus aus der Schrift darlegt, Jesus sei Gottes Sohn. Saulus soll umgebracht werden, flieht nach Jerusalem, wo es zur Begegnung mit den Aposteln kommt. Saulus geht bei ihnen ein und aus, predigt den Herrennamen frei und offen. Auch hier gibt es Morddrohungen. Saulus wird von der Gemeinde vorsichtig zunächst nach Caesarea, von dort nach Tarsus abgeschoben. „Von da an ist Ruhe in Jerusalem", erzählt Lukas freimütig (Apg 9,1–31).

Mein Gott Jahwe, dessen Name im Namen des Herrn Jesus aufleuchtet, bewahre mich vor Etikettenschwindel. Erneuere uns zu deiner messianischen Gerechtigkeit! Amen!

Ein Kontakt und seine Folgen

Petrus begann zu reden. Er sagte: „Nun werde ich von der Wahrheit durchdrungen: Gott schaut nicht auf Person noch Stand. Alle Völker, die ihn fürchten und die Gerechtigkeit suchen, sind ihm willkommen. Das Wort sandte er den Söhnen Israels und rief Frieden durch den Messias Jesus, der aller Menschen und Völker Herr ist, aus." Apg 10,34 bis 36

Ein römischer Hauptmann, Cornelius mit Namen, der die Italische Kohorte in Caesarea befehligt (eine durch und durch römische Situation!), noch nicht beschnitten, in einem innigen Verhältnis zur jüdischen Religion, spendenfreudig. Cornelius hat eine Vision. Er soll Simon Petrus, der bei Simon dem Gerber in Jaffa weilt, nach Caesarea holen lassen, so die Anweisung des Engels. Dass Petrus sich bei einem Gerber aufhält, zeigt: Er hat sich aus strenger jüdischer Gesetzgebung gelöst. Ein Gerber hat mit Häuten unreiner Tiere zu tun, mit Schweinehäuten zum Beispiel, und ist tabu.

Petrus bereitet sich, auf dem Söller betend, auf eine Mahlzeit vor. Er hat auch eine Vision. Er sieht ein Tuch, das sich vom Himmel herabsenkt, in dem sich verschiedenste Tiere befinden. „Schlachte und iss!", lautet der Engelbefehl. Petrus wehrt sich, er habe noch nie etwas Unreines gegessen, etwas, was die Thora verbietet! „Was Gott rein erschuf, nenne nicht verboten!", lautet die Antwort. In dem Augenblick treffen des Cornelius Boten ein. Darf ein Jude sich mit Heiden zusammentun? Petrus geht mit . Cornelius hat Gäste geladen, er erhofft einen göttlichen Event. Als Petrus eintritt, fällt Cornelius vor ihm wie vor einem Gott nieder. „Steh auf", sagt Petrus trocken, „ich bin auch nur ein Mensch!" Petrus erklärt der wundersüchtigen Menge: „Mensch ist Mensch, vor Gott sind alle gleich!" Er erzählt von Jesus, dem gekreuzigten Auferstandenen, der Schuld vergibt und uns Neuanfang und Gemeinschaft schenkt. Der Heilige Geist kommt über Juden und Heiden. Wer kann da eine Taufe behindern? Die Leute werden auf den Namen des Messias getauft.

Petrus muss in Jerusalem Rede und Antwort stehen. Juden und Heiden in einer Gemeinde, Beschnittene und Unbeschnittene? Geht das gut? Petrus erzählt, was in Jaffo und Caesarea geschah. „Wer war ich, dass ich Gott wehren konnte?" Die gestrengen Zuhörer schweigen zunächst. Dann loben sie Gott, der seine Kirche aus Juden und Heiden schafft, so Lukas (Apg 10,1–11,18).

Gott, du tust Wunder, zuerst dieses Wunder, dass alle Menschen deine Menschen sind. Halleluja! Lass mich Grenzen überwinden, Tabus abbauen, Gemeinschaft suchen, in Gedanken, Worten und Werken. Amen.

Junge Kirche

Die Verfolgung, die aufgrund der Ereignisse um Stephanus begann, riss Menschen auseinander. Manche flohen bis nach Phönizien, Zypern und Antiochia. Sie wurden zu Wortverkündern, predigten aber nur für Juden. Einige von ihnen, Männer aus Zypern und Kyrene, gelangten nach Antiochia. Diese wandten sich auch an Griechen. Sie riefen das Evangelium aus, verkündigten, Jesus sei der Herr. Die Hand des Herrn war mit ihnen. Eine große Anzahl wurde gläubig, bekehrte sich zum Herrn (...) In Antiochia wurden die Jünger zuerst Christen genannt.

Apg 11,19 bis 21.26b

Die Gemeinde, noch messianische Synagogengemeinde, entwickelt sich. Die Verfolgungen bewirken, dass die Anhänger der Jesusbewegung aus Jerusalem fliehen und andernorts die Lehre ausbreiten, zunächst im Umfeld von Juden, dann unter Menschen, die mit der jüdischen Religion wenig zu tun haben: Alle gehören zusammen (Apg 11,19–30)!

Lukas stellt heraus: Die Gemeinde blüht und wächst! Die Summarien betonen ein Ideal: Die Urgemeinde ist vom Heiligen Geist durchwirkt. Einzelerzählungen, dazwischen gestreut, decken auf: Gemeinde ist ein Prozess mit Brüchen, Widersprüchen und Halbheiten, auf Gnade angewiesen. Im Messiaszeitalter wird im Leben der Urgemeinde, so Lukas, die Mose- und Prophetenzeit wiederhergestellt. Jesus leitet diese Erneuerung ein, beschwört sie mit dem eigenen Leben und Sterben. In Jesu Auferstehung (i) beglaubigt Gott diese Entwicklung, macht ihn zum Herrn. So wird die Urgemeinde zum Spiegelbild der Jesuszeit, die als Mitte der Zeit verstanden wird. Das Zeitalter der Geistausgießung, von den Propheten angesagt, ereignet sich jetzt. Totenerweckungen werden von Jesus, aber auch von Petrus und Paulus berichtet (Lk 7,1–10; Apg 9,36–42; 20,9–12). Sie haben bei Elia (i) und Elisa ihr Urbild (1Kön 17,17–24; 2Kön 4,32–37). Sie ereignen sich – gesteigert – in der messianischen Gemeinde der Jesus- und Apostelzeit aus dem Nichts des Karfreitags zum Osterglauben hin. In Anknüpfung an den historischen Jesus werden dessen Lehren und Tun ins Zeitgenössische übertragen.

Zum ersten Mal nennen sich Menschen der messianischen Gemeinde in Antiochia, fernab von Jerusalem, Christen, Messianische. In dieser Gemeinschaft wirken Juden und Nichtjuden zusammen, durch den Geist zu neuen Entwicklungen getrieben, so stellt es Lukas heraus (Apg 11,26b).

Geist und Ungeist wirken oft in deiner Kirche gegeneinander, Gott. Lass mich das erkennen, vergib mir und anderen und lass mich neu in deiner Kirche beginnen, in deiner ökumenischen Kirche dieses Erdballs. Amen.

Rettung

Zu jenem Zeitpunkt legte der König Herodes Hand an einige Gemeindemitglieder, um sie zu foltern. Jakobus jedoch, den Bruder des Johannes, ließ er mit dem Schwert hinrichten. Als er merkte, dass er mit derartigen Maßnahmen bei den Juden ankam, machte er weiter und setzte auch Petrus fest, dies genau in den Tagen der ungesäuerten Brote. Apg 12,1 bis 3

Petrus wird in ein Gefängnis geworfen, vier Vierermannschaften bewachen ihn. Aber der Engel des Herrn, der zu Petrus in das schwer bewachte Gefängnis kommt, befreit und rettet ihn. Petrus eilt zu den Christen, die in eng verschlossener Stube ängstlich hocken. Selbst sein Klopfen, sein Rufen und sein persönliches Erscheinen draußen vor dem Tor, von einer Magd namens Rhode, was *Rose* heißt, bemerkt, wird als Sinnenspuk im Kopf der Rose oder als Engelerscheinung gewertet. Petrus ist es aber wirklich. Niemand hatte mehr damit gerechnet, dass er noch frei käme. Aber das geschieht – es ist Gottes Tat und Wunder (Apg 12,1–19).

Die messianische Gemeinde wächst durch Gottes Wunderwirken. Wie Petrus gerettet wird, wird die Gemeinde gerettet, durch ein Wunder (Apg 12,20–25). Freilich, die junge Kirche, die so wundersam bewahrt bleibt, verbürgerlicht sich. Entweder fällt sie in pharisäische Ordnungen zurück oder versinkt im Kleinglauben.

Nur noch einmal werden Petrus und sein Wirken von Lukas erwähnt (Apg 15,8–11). Wurde er Reisemissionar (1Kor 1,12)? Begann er in Rom neu (1Petr 5,13)? Starb er dort als Märtyrer, wie die Legende und die Bibel wissen (Joh 21,18 ff.)? Lukas lässt die Gemeinde aus Juden und Heiden sich entwickeln. Er sanktioniert die (griech.) ekklesia, *Kirche*, indem er sie als Gottes Schöpfung und Werk in Irrungen und Wirrungen zusammenwachsen lässt. Erweckung, Umkehr zu messianischem Glauben und Leben sowie Mission sind die Stichworte, die er mehrfach entfaltet, um zu erzählen, wie das Evangelium von Nazaret nach Jerusalem und von dort nach Rom gelangt, durch uns Christen, die der Messias beruft und durch seinen Geist zum Glauben, zum Tun und zur Mission stärkt.

Mein Gott, wer bin ich in deiner Kirche? Alles, was ich bin und wirke, geschieht durch dich, der mich leitet und aufbaut, der mich begeistert und stärkt, der mir Schuld vergibt und mich neu entsendet. Danke, dass du in mir lebst und durch mich wirkst. Halleluja. Amen.

Zum ersten Mal: Paulus in Aktion

In der Gemeinde zu Antiochia gab es Propheten und Lehrer, nämlich Barnabas und Simeon, mit dem Beinamen Niger, Luzius von Kyrene und Manaen, der zusammen mit dem Landesfürsten Herodes erzogen worden war, dazu Saulus. Als sie ihren messianischen Gottesdienst hielten und fasteten, redete der Heilige Geist zu ihnen: „Sondert mir unbedingt Barnabas und Saulus zu dem Tun aus, zu dem ich sie berief." Sie fasteten, beteten, legten ihnen die Hände auf und entließen sie.

Apg 13,1–3

Unbekannte und bekannte Namen in einem Atemzug. Jeder Name schreibt Geschichte. Barnabas, *Sohn der Prophetie, Sohn des Trostes!* Im Alltag heißt dieser Mann Levi Josef, kommt aus Zypern, ein Jude, führend in der Christengemeinde von Antiochia. Er wird Paulus auf seiner ersten Missionsreise begleiten (Apg 15,2.12). Später trennen sich die beiden wieder (Gal 2,13). Barnabas vermacht der Gemeinde zu Jerusalem sein Hab und Gut und hat dorthin blendende Beziehungen (Apg 4,36 f.; 11,22), die wichtig sind, um die Einheit von Juden- und Heidenchristen zu bewahren; Simeon Niger, ein Schwarzer aus Kyrene, Afrika, kommend, und ist vielleicht mit Simon aus Kyrene, der Jesus das Kreuz trägt, identisch (Mk 15,21). Jedenfalls ein Prophet! Luzius, *Der ins Licht Geborene*, Prophet und Lehrer in Antiochia, aus Kyrene, später Reisebegleiter des Paulus (Röm 16,21); Manaen, Lehrer und Prophet in Antiochia, ging mit dem Landesfürsten Herodes (i) zusammen zur Schule, ein Mann mit Beziehungen; Saulus, der als römischer Staatsbürger mit Beinamen Paulus heißt und dessen Leben und Wirken die Apostelgeschichte ab nun beherrschen.

Diese fünf Männer schreiben die Geschichte der Christen, die in Antiochia und anderswo als Winkelsekte existieren, zerrissen in zwei Cliquen, neu, so Lukas. Die einen wollen Juden sein und bleiben, messianische Juden; die anderen wollen messianische Juden im Geist sein, die dem Herrn Jesus in Freiheit, ohne Zwang dienen, ohne Beschneidung, ohne Zwang zum Gesetzesritual. Einig werden sich beide Flügel in Antiochia darin, dass es eine weltweite Mission geben müsse. Barnabas, der jüdische Gesetzestreue, aber offen, und Paulus, der Jude pharisäischen Ursprungs, der Jesus als den Messias der Befreiung entdeckt, werden zur Mission entsandt. Petrus und andere Apostel waren schon vordem missionierend unterwegs. Mission gehört zum ureigenen Werk der Gemeinde. Das wird nebenbei berichtet und bewegt doch Welten (Apg 8,4 ff.; 9,1 ff.; 9,32; 11,19).

Gott, ich bekenne Jesus als meinen Herrn und breche auf. Amen.

Ein Reisemuster

„Du wirst deinen Heiligen die Verwesung nicht schauen lassen“ (Ps 16,10). Apg 13,35

Ab Kapitel 13 erzählt die Apostelgeschichte den Weg des Apostels und Missionars, des Knechtes Christi: Paulus. Aufbruch zur Mission und Gefangenschaften kennzeichnen diesen Weg. Die erste Missionsreise führt Paulus und seinen Mitstreiter Barnabas nach Zypern. Barnabas versucht, Heimatkontakte zu nutzen. Zwar ist der Präfekt Sergius Paulus interessiert, von den Ankömmlingen Messianisches zu hören. Aber nach Auseinandersetzungen mit einem gewissen Barjesus, der antimessianisch agitiert, verlassen beide die Insel.

Auf kleinasiatischem Festland lässt sich die Messiaspredigt besser an. In Antiochien in Pisidien werden beide im Synagogen-Gottesdienst zu einem Grußwort aufgefordert. Paulus hält eine Predigt, in der er aus der Geschichte Israels und Bibeltexten die Auferweckung Jesu und den Anbruch des messianischen Zeitalters aufweist, so Lukas. Die Zuhörer spalten sich in Sympathisanten und Feinde. Der Zulauf von Proselythen, interessierten Nichtjuden, am nächsten Sabbat macht die jüdische Kerngemeinde neidisch, während, wie Lukas es sieht, die Heiden heilfroh sind, dass ihnen Befreiung angesagt wird: Sie können den einen Gott der Juden verehren, ohne in das Meer von Beschneidung und über 500 Thorabestimmungen eintauchen zu müssen.

Wieder Aufruhr und Streit sowie Flucht der christlichen Missionare. Nach diesem Muster geht es in Ikonium und in Lystra weiter. Dort bringt Paulus einen Gelähmten auf die Beine, was ihm und Barnabas zur Apotheose verhilft: Paulus wird als Zeus, Barnabas als Hermes verehrt. Trotz Abwehr bleiben die abergläubischen Heiden in ihrer Verehrungsmanie stur, was die Juden in Antiochia und Ikonium nachträglich umso mehr in Rage bringt. Es kommt zur versuchten Steinigung der beiden, wobei Anhänger der neuen Lehre einen Ring um die am Boden Liegenden bilden und beschützen. Flucht ist möglich. Die Missionare dringen bis Derbe vor, kehren auf gleichem Wege zurück. Sie gelangen nach Attalia, wo sie sich nach Seleukia, dem Hafen von Antiochia in Syrien, einschiffen. Auf dem Rückweg durch die vorher besuchten Städte, so Lukas, festigten sie die geknüpften Beziehungen und setzten Gemeindeälteste ein. In Antiochia angekommen, stellen sie ihre Missionserlebnisse vor. Vor allem bei Nichtjuden zeigt die Predigt Wirkung (Apg 13,4–14,28).

Gott, du hast ein großes Herz. Unter ihm finden Menschen verschiedenen Glaubens Platz, im Namen des Messias Jesus, deines Sohnes. Amen.

Schriftbeweis

Dass er aber ihn von den Toten auferwecken und nicht der Verwesung anheim geben wollte, sagte er so (Jes 55,3): „Ich will euch die Heiligsatzungen,
Apg 13,34 *die ich David verhieß, unverbrüchlich schenken."*

Das Christentum beruht auf dem Bekenntnis, Jesus sei auferstanden (i) und habe mit dieser Gottestat das messianische Zeitalter eingeleitet. Dies Bekennen gründet in zwei Erfahrungen. Die erste Erfahrung ist das Ostererlebnis der Jünger: Menschen, die vor dem Desaster des Kreuzes mit dem Rabbi Jesus eng zusammenlebten, begegneten dem Auferstandenen! Sie ließen sich überzeugen: Jesus lebt! Die Sache Jesu geht weiter! In Gottesdiensten wird es gefeiert, in Mahlgemeinschaften erfahren, in der Gemeinde gelebt.

Diese unmittelbare persönliche und gemeindliche Ostererfahrung wird aus dem Studium der Schrift gefestigt, die zweite Erfahrung. Die Christen, mit dem „Warum?" des Todes Jesu beschäftigt, entdecken im Ersten Testament (das Zweite gab es noch nicht) Hinweise auf das Messiasereignis und die Entwicklung der Gemeinde. Es gilt, die Bibel messianisch zu lesen. Der Rest ergibt sich von selbst. Jesusereignisse und Erfahrungen der Gemeinde nach Ostern werden in der Bibel aufgestöbert – und bestätigen die Wahrheit des Evangeliums. Das Zweite Testament gibt davon ein Bild. Die erste Missionspredigt des Paulus, in Antiochia gehalten, eine Mustermissionspredigt, von Lukas komponiert, strotzt von Zitaten (Apg 13,13–41). Paulus, ein Pharisäer, Schüler des berühmten Gamaliel, wird es wissen.

Derartige Schriftbeweise sind weder wissenschaftlich noch historisch zu nennen. Die ersten Christen nutzten die Heilige Schrift willkürlich für ihre Zwecke, urteilen wir heute. Die gewählten Zitate beziehen sich im Ursprungszusammenhang auf andere Situationen und Personen, als es die Christen auslegen. Dennoch werden Grundgehalte des Biblischen wunderbar hervorgehoben, in Vergessenheit geratene Schätze. Nicht die Zitate, sondern der Gehalt der Zitate bringt biblische Erkenntnisse des Ersten Bundes in das Tun und Bekennen der Christen hinein! Vor dem Zitieren steht das Erkennen!

Gott, du wendest dich den Armen und Elenden zu, erbarmst dich der Sünder und Zöllner, vergibst Schuld und fängst auch mit mir neu an. Jesu Weg an das Kreuz, sein Tod für die Vielen, das Wirken der Botschaft in Gemeinde und Welt bildest du in deinem Evangelium ab, aus dem deine Kirche wächst. Dein Wort des Ersten Bundes wird im Wort des Zweiten Bundes entfaltet. Lob sei dir für dein Evangelium. Amen.

Krachkonzil

Inzwischen kamen einige aus Judäa und belehrten die Brüder: „Wenn ihr euch nicht nach mosaischer Ordnung beschneiden lasst, gibt es für euch keine Rettung." Darüber entstand heftiger Aufruhr, ein Dauerstreit, den Paulus und Barnabas mit ihnen führten. Da beschloss man, Paulus, Barnabas und andere aus ihrer Mitte sollten wegen dieser Streitfragen nach Jerusalem zu den Aposteln und Gemeindeältesten ziehen. Apg 15,1 f.

Wenn man Lukas glaubt, ist das Apostelkonzil eine harmonische Versammlung gewesen. Alle stellen ihre Erfahrungen vor, denken sorgfältig nach, erläutern ihre Einsichten und kommen zu einstimmigen, in Weisheit gefassten Beschlüssen. Jedoch stellt Paulus die Entwicklung in einer Retrospektive anders dar, wobei Bericht und Theologie zusammenwachsen (Gal 2,1–21). Von falschen Brüdern ist die Rede, die Frömmigkeit heucheln und die nichtjüdische Christen versklaven wollten. Dem widersteht Paulus und setzt sich unter Kompromissen durch. Welche Gruppierungen, welche Personen treten auf? Paulus, Barnabas und Titus repräsentieren die Gruppe der Gesetzesfreien. Paulus, als pharisäischer Jude erzogen, hat seinen Standpunkt gefunden: „Der Messias befreite uns vom Fluch des Gesetzes. Er wurde ja selbst zum Fluch für uns" (Gal 3,13). Paulus liebt Zuspitzungen. Sie fördern nicht den Ausgleich, bekräftigen aber die Standpunkte. Die Gegner werden, ohne Namen zu nennen, von Lukas mit „einigen von der Partei der Pharisäer, die gläubig geworden waren", umschrieben. Diese Partei ist zahlenmäßig stark. Petrus, der vorher taktierte (Gal 2,11 ff.), wirbt aus der Sicht des Lukas in Jerusalem für den paulinischen Weg.

Jakobus, der Herrenbruder, sonst Antipode des Paulus (Gal 1,19; 2,9), schlägt einen Kompromiss vor, was von Generosität und Weitsicht zeugt (Apg 21,18–26). Zu Jesu Lebzeiten in Ablehnung zum Wirken Jesu (Mk 3,21) hat Jakobus nach Jesu Tod eine Vision (1Kor 15,7), wird zum Führer der Jerusalemer Urgemeinde, die er von 44 n. Chr., nachdem Petrus aus Jerusalem entwichen war, bis zu seiner Steinigung 62 n.Chr. souverän leitet. Die messianische Gemeinde der Nichtjuden solle sich, so der Vorschlag des Jakobus, vom Götzenfleisch, von der Tempelprostitution, vom Fleischgenuss nicht geschächteter Tiere und vom Blutverzehr fernhalten. So einigt man sich. In einem schriftlich fixierten Dokument, das auch nach Antiochia gelangt, wird dies Ergebnis festgehalten. Der Friede scheint wiederhergestellt (Apg 15,1–35).

Gott, du leitest deine Kirche in deinem Geist. Manchmal klappt es. Danke! Amen.

Die zweite Missionsreise

Nach einigen Tagen schlug Paulus Barnabas vor: „Wir wollen wieder aufbrechen. Wir müssen uns in jeder Stadt, in der wir das Wort des Herrn ver-
Apg 15,36 *kündeten, um die Brüder kümmern, wie es um sie steht."*

Gleich beim Aufbruch gibt es Krach. Paulus will mit Barnabas zur zweiten Missionsreise aufbrechen, aber Barnabas möchte Johannes Markus mitnehmen, der zu Beginn der ersten Reise die Gruppe verlassen hatte (Apg 12, 12.25). Paulus will den Unbeständigen nicht ein zweites Mal mitnehmen. Barnabas besteht auf dessen Mitnahme. Die Recken trennen sich, Barnabas segelt mit Markus nach Zypern, Paulus reist mit Silas nach Kleinasien. Silas hatte die Entscheidung des Apostelkonzils nach Antiochia überbracht und hat dabei das Dekret geschickt vertreten. Er gewinnt die Sympathie des Paulus. Es muss ja bei dieser Namensgleichheit klappen: Silas gilt als Latinisierung von Saulus. Markus wird in verschiedenen Briefen erwähnt (Kol 4,10; Phlm 24), auch als Begleiter des Petrus (1Petr 5,13). Er soll das Markusevangelium verfasst haben. Zunächst werden die Gemeinden besucht, die auf der ersten Reise gegründet wurden. Ein gewisser Timotheus, der sich um des lieben Friedens willen beschneiden lässt, wird von Paulus ins Reiseteam integriert, zumal er bei den Gemeinden Kleinasiens angesehen ist, was spätere Briefe bezeugen (1. und 2. Tim). Paulus möchte nach Phrygien und Galatien ziehen, was aber, so Lukas, vom Heiligen Geist verwehrt wird. Auch Bithynien ist ihm nicht zugänglich. Merkwürdig klingt es. Schließlich geht Paulus im Galaterbrief davon aus, dass ihn die Christen in der Landschaft Galatien kennen. Ihn wundert es, dass sich die Galater so schnell von den Lehren ihres Missionars, Paulus, abwenden (Gal 1,6). Die Gruppe reist gen Süden und gelangt nach Troas (Apg 15,36–16,8).

Auf dem Feld der Mission ackern also einige, mit verschiedenen Methoden und Inhalten. Es zeigt sich, dass die hoch gerühmte Harmonie, wie sie auf dem Apostelkonzil angeblich erzielt wurde, auf dem Missionsfeld nicht zum Zuge kommt. Hier wird um jede Seele, auch um die schon bekehrte, gekämpft. Es geht nach dem alten Spiel: Alle wollen, dass Christus erkannt und bekannt wird. Die einen wollen, dass die Gläubigen als Juden Christen werden, sie müssten also eine doppelte Bekehrung durchmachen. Die anderen wollen, dass auch Nichtjuden einen freien Zugang zum Messias Jesus gewinnen, ohne den Umweg über die Judaisierung.

Gott, mein Gott, dein Herz ist groß! Wer sich zu dir und deinem Messias Jesus bekennt, gehört zu dir, gehört in deine Gemeinde. Halleluja! Amen.

Von einem Erdteil zum andern

Hier hatte Paulus in der Nacht ein Gesicht: Ein Mazedonier stand vor ihm und bat ihn: „Komm herüber nach Mazedonien und hilf uns!" Als er das Gesicht geschaut hatte, wollten wir uns unverzüglich nach Mazedonien einschiffen. Wir waren überzeugt, Gott hatte uns dorthin gerufen. Wir sollten denen da drüben das Evangelium predigen. Apg 16,9 f.

Paulus hat eine Vision: Das Evangelium überschreitet Kontinente. Der Heilige Geist treibt den Apostelmissionar nach Europa. Dabei ist er nicht allein, Gott führt ihn, Menschen begleiten ihn. So suggeriert der folgende Wir-Bericht, der Verfasser der Apostelgeschichte habe diese Reise mitgemacht, also Lukas. Das ist nicht unmöglich. Merkwürdig ist aber, dass unser Wir-Bericht unvermittelt in einen allgemeinen Erzählstil zurückgeht (Apg 16,10–17). Die Wir-Berichte – es gibt weitere – könnten auch literarische Manier sein. Lukas, von Beruf Arzt (Kol 4,14), wird als Mitarbeiter des Paulus auch sonst erwähnt (Phm 24; 2 Tim 4,11). Er gilt seit dem 2. Jahrhundert als Verfasser des lukanischen Geschichtswerkes (i).

Mit des Paulus Entscheidung für Europa kommt das Evangelium auf diesen Kontinent, so Lukas. Der ist ein Fan, fast ein Biograf des Apostels, stellt ihn im zweiten Teil der Apostelgeschichte klar in den Vordergrund. Es haben vor Paulus schon andere messianische Juden Europas Boden betreten und missioniert, auch Petrus. Es gibt längst vor Paulus jüdisch-messianische Gemeinden in Europa. Entscheidend ist für Lukas: Das Evangelium bleibt nicht im Wüstenwinkel des Nahen Ostens stecken. Es nimmt seinen Weg über Missionare, die zunächst in jüdischen Synagogen predigen, in die Herzen von Nichtjuden. Der Missionar Paulus kommt aus dem Pharisäismus (i), wird aus seiner nachösterlichen Jesusbegegnung zum Vertreter eines gesetzesfreien Messianismus. Paulus hat bei seinem Missionswerk die ganze Welt im Sinn: Philippi, Thessalonike, Beröa, Athen, Korinth sind denkwürdige Symbolorte der Antike, in denen Paulus auf seiner zweiten Missionsreise den Messias Jesus verkündet. Dabei wird stets zunächst die Synagoge besucht, von dort aus missioniert. Das führt zu Konflikten. Jüdischer Messianismus und jüdische Orthodoxie prallen aufeinander. Ebenso geraten nichtjüdische Messiasgemeinden mit Juden und Judenchristen aneinander. Die Zeit ist noch nicht reif für die Gemeindevision des Paulus (Apg 16,11–18,22).

Gott, du bist Herr, in deinem Messias! Götter werden entthront, Herrscher entmachtet, wenn dein Sohn Jesus Christus sich hören und sehen lässt, in dem, wie wir denken, handeln und leben. Halleluja! Amen.

Loyalität

Apg 16, 31 *„Vertraue dem Herrn Jesus, so werden du und dein Haus frei!"*

Der Konflikt, den Paulus auf seinen Reisen heraufbeschwört, lässt sich nicht auf das christlich-jüdische Dilemma eingrenzen. Die antike Geisteswelt fühlt sich angesprochen, wenn die Herrschaft des (griech.) Kyrios Jesus Christus von Paulus ausgerufen wird. Ist nicht der römische Kaiser der Kyrios, ein Herrscher göttlicher Natur, dem göttliche Ehren zuteil werden? Muss nicht jeder Bewohner des Erdkreises, den Rom mit seiner (lat.) Pax Romana (i) in Zucht hält, am Neujahrsmorgen vor das Standbild des amtierenden Cäsaren treten, drei Körnchen Salz auf den Altartisch legen und den Römerkaiser wie einen Gott grüßen? Nur Juden waren von diesem Gesetz ausgenommen. Sie hatten in mühsamen Verhandlungen dem Römerstaat klar machen können, ihre Religion verbiete ein derartiges götzenhaftes Tun. Ihr Kyrios sei der eine Gott Jahwe. Der Jahwename wird in der LXX (i) tatsächlich mit Kyrios übersetzt. So ist es schwierig auseinander zu halten: Ein Jude ist Rom gegenüber loyal, ohne die Neujahrsliturgie für Kaiser und Reich mitmachen zu müssen. Das ist inzwischen akzeptiert. Aber es ist nicht vergessen, dass Rom vor kurzem eine Erhebung Judas in einem vierjährigen Krieg 70 n. Chr. nur mit Mühe niederwalzte. Und dann kommen diese Christen daher, jene jüdische Sekte, die krauses Zeug ausposaunt, und wollen gleiche Rechte wie die Juden?

Wir können die Apostelgeschichte als eine Verteidigungsschrift verstehen, die dem römischen Senat und Kaiser vorgelegt wird, quasi zu des Paulus Rechtfertigung geschrieben. Dafür spricht ihr abruptes, unbefriedigendes Ende. Sie wird in ihrer Gänze später entstanden sein, dafür spricht ihre Distanz zu urgemeindlichen Verhältnissen. Anlässe für eine derartige Apologie gab es genug, Verfolgungen kochten immer wieder hoch. In keiner Schrift der Urchristen wird die römische Staatsmacht so häufig erwähnt und in ein so positives Licht gerückt wie bei Lukas. „Zwischen Rom und den Christen gibt es höchstens Missverständnisse", ruft Lukas aus, „keine Feindschaft. Rom soll die Loyalität seiner christlichen Bürger, wie Paulus einer ist, anerkennen!"

Ein Kerkermeister kommt zum Glauben, weil Paulus und Silas ihre Loyalität gegenüber Rom bis zur Absurdität beweisen. Sie sitzen zu Unrecht ein. Nach einem Erdbeben haben sie Gelegenheit zur Flucht. Aber sie bleiben im Knast, überzeugen übrige Gefangene, zu bleiben. Sie respektieren Roms Gesetzesmacht und bewahren einen Staatsbeamten vor dem Selbstmord. Das Vorbild der Gläubigen erzeugt Glauben (Apg 16,23–39; vgl. Apg 12,18 f.).

Das Evangelium macht mich frei und loyal, Gottes Wunder an mir. Amen.

Öffentlichkeit

Nein, keinem von uns ist er fern. Denn in ihm leben, weben und sind wir, wie es einige eurer Dichter auch ausdrücken: „Wir sind von seinem Geschlecht.“ Apg 17,27 bis 28

Nicht umsonst werden von Lukas häufig Menschen der römischen und griechischen Öffentlichkeit sowie des römischen Militärs und Beamtenapparats als Fragende, ja als Gläubige gezeichnet. Diese Menschen vertreten den römischen Staat, die militärisch-wirtschaftliche Supermacht, die oft wegen ihrer Grausamkeit verflucht wird. Den römischen Vollzugsbeamten von Philippi erstaunt es, wie Christen dem Staat gegenüber, sogar in der Folter, die Treue halten. Andererseits pocht Paulus auf sein Menschenrecht als römischer Bürger. Er wurde gefoltert und soll sich nun davonschleichen wie ein Dieb? Das kommt nicht in Frage. Der Staat soll sich bei Paulus und Silas für das erlittene Unrecht entschuldigen!

Eine ähnlich kühne Situation gibt es auch in der Weltstadt Athen. Auf dem Areopag, dem Treffpunkt aller philosophischen, politischen und wirtschaftlichen Macht, hält Paulus eine Rede. Er geht nicht etwa freiwillig dorthin, er wird dorthin gezerrt. Die Athener, die stets auf Neues aus sind, wollen es so, meint Lukas. Diese Rede des Paulus sei, so wird betont, das Muster einer Missionsrede in philosophisch aufgeklärter Umwelt, die jedoch an ihrer religiösen Tradition hänge. Diese Tradition mache Paulus nicht madig, obwohl ihn der naturnahe oder auch symbolhafte Polytheismus zutiefst aufregt. „Es ist ein Gott und ein Herr, Jahwe!“ Aber so schimpft Paulus nicht los. Er knüpft geschickt an umlaufende moderne Philosophien und Glaubensweisen an. In ihrer beflissenen Sorge, keine Gottheit zu vergessen, haben die Athener „dem unbekannten Gott“ einen Altar gebaut. Paulus spricht von diesem Gott in Vorstellungen der zeitgenössischen Philosophie, der Stoa. Die von Paulus verkündete Gottheit (die Stoa sagt: Weltvernunft) wirke in allem, was im Kosmos und im Ich existiere. Der Mensch atme, agiere, lebe in dieser Gottheit und aus ihr. So Paulus bei Lukas – und auch im Römerbrief (Röm 11,36)! Aber Paulus wäre nicht Paulus, wenn er nicht den Bußruf hinzufügte, zum Messias Jesus, den Gott auferweckte, umzukehren! Da scheiden sich die Geister. Einige, darunter eine Person des öffentlichen Lebens, der Ratsherr Dionysius, und eine gewisse Damaris, was *Ehefrau, Geliebte* heißen könnte, werden gläubig (Apg 17,16–32).

Mein Gott, ich erbitte von dir Geschick und Vernunft, dein Wort im Namen deines Messias Jesus aus Nazareth so auszulegen, dass Glauben und Verstehen beieinander bleiben. Amen.

Gross ist ...!

„Wir laufen Gefahr, wegen des heutigen Aufruhrs angeklagt zu werden. Denn es liegt kein Grund vor, mit dem wir diese Volksempörung rechtfertigen könnten." Als der Magistratssprecher dies verlauten ließ, löste er die
Apg 19,40 *Versammlung auf.*

Als Paulus versucht, in der Synagoge von Korinth zu predigen, stößt er auf Widerstand. Der Sog, in den ihn die hellenistische (i) Umwelt zieht, ist gewaltig. Korinth ist eine aufgeklärte und zugleich aufgewühlte Hafenstadt. Alle Welt sehnt sich nach Ordnung, Geborgenheit, Versöhnung und Heimat. Die christliche Gemeinde kann das geben!

In einem öffentlichen Streit, den die Synagoge gegen die Gemeinde anzettelt, vermittelt Gallio, der römische Statthalter, nicht. Er lässt einen Pogrom gegen die Christen vor dem Gerichtsgebäude zu. Paulus kehrt nach Antiochia und Jerusalem zurück. Er hofft auf Einigung, nicht nur mit der Messiasgemeinde, auch mit Vertretern des herkömmlichen jüdischen Glaubens. Noch immer träumt er von der Identität von Juden und Heiden aus dem Messiasglauben. Darum reist er nach Antiochia und Jerusalem weiter, obwohl er in Ephesus bleiben soll. Erst nach Sondierungsgesprächen dort stürmt er zur dritten Missionsreise los, wieder nach Ephesus, wo er zwei Jahre und drei Monate verweilt. Dort wirkte auch Apollos, ein Missionar aus der Täufertradition (i) (Apg 18,24), dem Paulus auch sonst begegnet (1Kor 3,6; 4,6).

Neues Unheil droht. Ephesus ist Kultstadt. Eins der sieben Weltwunder steht dort, der Tempel der Diana, einer jungfräulichen Göttin der Fruchtbarkeit, Beschützerin der Geburt bei Tier und Mensch. Das Standbild genießt höchste Verehrung. Es wurde nach antiker Tradition aus einem Meteoriten gemeißelt. Demetrius, ein Goldschmidt, fertigt Kultbilder des Tempels, aus Silber getrieben, und fürchtet um seine Gewinne. Ein Aufruhr entsteht. Die Leute stürmen in das Theaterrund, zwei Paulusgefährten geraten in die Gewalt der Massen. Paulus soll auf keinen Fall ins Theater kommen. Alle schreien dort durcheinander. Als Alexander, ein Christ jüdischer Abstammung, reden will, gerät die Menge in Raserei: „Groß ist die Diana der Epheser!" schreien sie zwei Stunden, ein Wutgeheul! Es muss ein Magistratsbeamter auftreten, der Beauftragte für Öffentlichkeitsarbeit. Die Menge solle sich nicht so anstellen. Jeder wisse, dass die Göttin Diana unantastbar sei. Wenn es einen Finanzanspruch gebe, könne man den vor Gericht klären, alles andere sei Volksverhetzung und strafbar. Sie sollten heimgehen! Und sie tun es! (Apg 19,1–40)

Gott, alle Größe, Liebe und Gnade sammelt sich in dir. Halleluja! Amen.

Zu Lebzeiten auf den Sockel?

„Achtet auf euch selbst und auf die gesamte Herde, in der der Heilige Geist euch als Bischöfe einsetzte, Gottes Gemeinde zu weiden, die er durch sein eigenes Blut erworben hat! Ich weiß, nach meiner Abreise werden reißende Wölfe euch überfallen, die keine Rücksicht auf die Herde nehmen. Aus eurer eigenen Mitte werden Männer aufkommen, die machen aus Schwarz Weiß, um die Jünger an sich zu binden." Apg 20, 28–30

Was Lukas von der Kirche in das zukünftige Zeitalter hinüberretten möchte, stellt er in Zusammenfassungen heraus. Dabei kommt es stets zu Idealisierungen: „So ist Kirche!" Durch dieses Stilmittel entfaltet Lukas seine Idee von der einen Glaubenslehre, der einen großen Gemeinschaft, der großartigen, gemeinsamen Spiritualität aller Christen. Ein Beispiel sollen sich die Leute an den Christen nehmen! So wird Lukas zum Förderer und Fürsprecher eines ökumenischen Kirchenbegriffes: Die Kirche lebe in geschwisterlicher Einheit, in der einer für den anderen eintritt, in der sich alle gemeinsam an der einen apostolischen Lehre ausrichten. Aufbrechende Konflikte werden besprochen und beseitigt. Das innere Wachstum der Kirche ist ein vom Heiligen Geist inspirierter Prozess.

Doch baut Lukas, der Wahrheit verpflichtet, bezeichnende Szenenberichte in den Fluss der Erzählungen ein. Zunächst festigt Paulus auf seiner dritten Reise nach Mazedonien und Griechenland alte Beziehungen neu. In Troas bringt er den jungen Eutychus, der bei des Paulus mitternächtlicher Predigt einschläft und aus dem Fenster im dritten Stock fällt, ins Leben zurück.

Paulus drängt, will Pfingsten in Jerusalem sein. Er ruft deshalb die Ältesten aus Ephesus zu sich nach Milet, von wo aus er nach Caesarea weitersegelt. Aus dieser Rede, die Lukas als Abschiedsrede konstruiert, stammt obiges Zitat. Es enthüllt als Prophetie den Jammer der Christenheit, ihre Zerrissenheit. Eine Persönlichkeit steht der anderen im Wege: Petrus, Apollos, Paulus! Der Streit um die rechte Lehre wird als Streit um die rechte Leitungsperson ausgetragen. Nicht der Zeugnisanspruch entscheidet, sondern der Führungsanspruch. Nicht um die Wahrheit wird gestritten, sondern um die Macht. Sachfragen werden zu Machtfragen. Paulus wird dabei von Lukas auf den Sockel gehoben, schon zu Lebzeiten? Er ahnt sein Schicksal: Festnahmen, Verhöre, Verurteilung warten auf ihn. Er will trotzdem wie der Gottesknecht Jesus nach Jerusalem zurück, will den Christen und Juden Rechenschaft über sein messianisches Leben, Wirken und Tun ablegen (Apg 20,1–38).

Wer bin ich, dass ich dich, Jesus, auf Erden vertrete? Hilf mir! Amen.

DILEMMA

„Nun ist ihnen über dich berichtet worden, du lehrtest alle Juden, die unter Heiden wohnen, von Mose abzufallen. Du erklärtest ihnen, sie brauchten ihre Kinder nicht mehr beschneiden zu lassen. Es sei auch unnötig, nach der Satzung zu leben. Was nun?"

Apg 21,21 f.

Kos, Rhodos, Patara, Inseln und Häfen im Mittelmeer, Rückfahrt nach Phönizien, an Zypern vorbei, Tyrus ist der Endhafen. Die dortige Messiasgemeinde warnt Paulus, er solle nicht nach Jerusalem ziehen. Es wird wieder im Wir-Stil erzählt, wie vorher schon (16,10–17; 20,5–21,18; folgend: 27,1–28,16), wobei es offen bleibt, ob Lukas eine Quelle benutzt, seine eigenen Notizen, oder ob die Wir-Berichte Stil des Verfassers sind, um spannend zu erzählen. Lukas ist so oder so ein blendender Erzähler und Literaturkomponist. „Die Religion in Geschichte und Gegenwart" berichtet in ihrer 3. Auflage: „Die Reden der Apostelgeschichte mit ihrem klaren Aufbau und ihrer inhaltsreichen Kürze sind ohne Gegenstück in der antiken Geschichtsschreibung" (Bd. 1, Art. Apostelgeschichte, Spalte 504).

In Jerusalem angekommen, trifft Paulus auf Jakobus und weitere Gemeindeälteste. Sie loben ihn für seinen Missionseifer, stellen aber auch heraus, dass viele tausend Juden im In- und Ausland gläubig geworden seien, allerdings bewusst innerhalb der Thora. Paulus lehre jedoch, auch gebürtige Juden, wenn sie dem Messias Jesus begegnet und Gemeindemitglieder geworden seien, würden vom Gesetz frei. Paulus solle sich in den Tempel begeben, um dort mit vier anderen Männern eine Bußreinigung durchzuführen. Er nimmt die Zeremonie auf sich, die eine Woche dauert. Am Ende steht ein Reinigungsopfer im Tempel. Das wird von Paulus und seinen Begleitern gebracht. Dabei wird er aufgegriffen. Juden aus verschiedenen Orten des Römerreichs erkennen ihn und schreien, er lehre gegen das Gesetz und entehre nun sogar den Tempel. Getümmel und Aufruhr. Römische Soldaten nehmen den Apostel in Schutzhaft und bringen ihn auf die Burg Antonia. Paulus bittet, von dort vor dem aufgebrachten Volk reden zu dürfen. Das wird gestattet. Die Leute werden still, hören zu. Er erzählt von seiner Bekehrung. Als er schließlich berichtet, der Herr habe ihn als Missionar zu den Heidenvölkern geschickt, ist es mit der Andacht aus. Er soll sterben (Apg 21,1–22,30).

Gott, wenn es hart auf hart kommt, hält sich deine Gemeinde meist im Hintergrund, tritt kaum für deine Zeugen ein, lässt sie in Feuer und Tod untergehen. Gott, erbarme dich deiner Kirche, die sich so verkriecht. Erbarme dich meiner, der ich oft so feige lebe. Amen.

Von Jerusalem nach Caesarea

„Klaudius Lysias entbietet dem edlen Statthalter Felix vorweg einen Gruß! Dieser Mann wurde von Juden angegriffen. Sie hatten schon damit begonnen, ihn umzubringen. In dem Augenblick griff ich mit meiner Mannschaft ein. Ich befreite ihn aus ihren Händen. Ich erfuhr, er besitze das römische Bürgerrecht. Ich versuchte herauszubekommen, weshalb sie ihn anklagten. Darum ließ ich ihn vor den Hohen Rat bringen. Ich fand heraus, er werde wegen Gesetzesfragen angeklagt, keine Anklage also, auf die Todesstrafe oder Gefängnis stehen."

Apg 23,26 bis 30

Paulus soll – wie Jesus von den Schergen des Pilatus – von der römischen Garde gegeißelt werden. Aber er ist römischer Staatsbürger, ein Recht, das selbst der leitende Oberst nur für viel Geld erwerben konnte – und ist geschützt. Der Apostel soll sich vor dem Hohen Rat verantworten. Das geschieht. Wie Jesus, Jakobus und andere vor diesem Gremium standen, sich verantworteten und geschlagen wurden, so auch Paulus. Der fragt, warum er nach dem Gesetz gerichtet und gegen das Gesetz geschlagen werde? Redet den Hohepriester als getünchte Wand an, wegen der zu dick aufgetragenen Gesichtsschminke. Freilich muss er sich für diese Provokation entschuldigen. Das Treffen geht wie das Hornberger Schießen aus. Die Abgeordneten sind in Sadduzäer und Pharisäer (i) gespalten. Paulus, ein studierter Pharisäer, zieht Letztere auf seine Seite. Im aufkommenden Parlamentsgetümmel entreißen die Soldaten den Paulus den Streitenden, bringen ihn in Sicherheit.

Inzwischen wurde in Eile ein Komplott geschmiedet. Vierzig fanatische Juden verschworen sich, nicht eher zu essen und zu trinken, bis sie Paulus ermordet hätten. Der Komplott wird aufgedeckt, Paulus wird unter römischem Soldatenschutz nach Caesarea überführt. Paulus kommt heil in Caesarea an. Die Wachbegleitung übergibt dem Statthalter Felix den Gefangenen mitsamt Brief. Felix lässt den Hohepriester mit Anhang und Anwalt anreisen. Es kommt zu einem Rededuell zwischen Paulus und dem Anwalt der jüdischen Sache, das Paulus gewinnt. Felix ruft Paulus nun öfter zu sich, hört ihn an, zögert, hofft darauf, dass die Christengemeinde Paulus durch Bestechungsgelder auslöst, aber nichts dergleichen geschieht. Die Sache zieht sich hin. Paulus, inhaftiert, hat doch viele Freiheiten. Nach zwei Jahren wird Felix durch einen gewissen Festus abgelöst. Erst jetzt kommt wieder Bewegung in des Paulus Prozess (Apg 23,1–24,27).

Gott, mein Gott, du bist bei mir, deine starke Hand ist über mir. Amen.

Schutz des Engels

Apg 23,11 *In der folgenden Nacht trat der Herr zu ihm und sprach: „Habe Mut! Denn wie du in Jerusalem für mich Zeugnis ablegtest, so wirst du auch in Rom Zeugnis ablegen."*

Von dem Augenblick an, da Paulus vor der judenchristlichen Gemeinde in Jerusalem erscheint und sich ihr unterwirft, bis zum Ende der Apostelgeschichte, wird diese Gemeinde nicht mehr erwähnt. Weder Jakobus noch ein Apostel kommen mit Namen vor. Ihr Wort verstummt. Sie haben Paulus eine Bedingung gestellt, auf die er eingeht, weil ihm die Einheit der Gemeinde wichtig ist. Deshalb kommt er nach Jerusalem, deshalb überbringt er die Kollekte aus den reichen Gemeinden Ephesus, Athen und Korinth wie vereinbart zu den Armen von Jerusalem, wie sich die dortige Messiasgemeinde nennt. Sie nehmen das Geld und schweigen. Wo ist ihre Solidarität, als es Paulus an den Kragen geht? Ein Verwandter deckt den Komplott auf. Er rettet Paulus vor dem Meuchelmord, nicht die Gemeindeältesten. Wird Paulus nicht mehr gebraucht? (Apg 21,15–28,31; vgl. 31.10.)

Das Evangelium, das aus Nazaret kommt, in Jerusalem sich entfaltet, gelangt nach Rom und findet dort seinen neuen Mittelpunkt! Jerusalem ist, als Lukas schreibt, eine vom Krieg zerstörte Stadt! Rom wird zum Zentrum der messianischen Gemeinden werden. Gott selbst will diese Entwicklung, fordert sie heraus und wird sie schützen. So stellt es Lukas dar. Eine Gottesbotschaft stärkt den Boten, als dieser wieder einmal in Finsternis, Anfechtung und Schatten des Todes sitzt, unsere Tagesnotiz (Apg 23,11).

Paulus hätte im Pharisäismus (i) Karriere machen können. Wie sein Lehrer Gamaliel stände er mit seinen Auslegungen im Talmud (i). Paulus will Jude bleiben, leidenschaftlich! Und will doch die Freiheit vom Gesetz, wie er sie im Messias Jesus erkennt, für sich und die Menschheit wahrnehmen. Dieser Paulus setzt sich zwischen alle Stühle. Den Christen von Jerusalem ist er ein Libertiner, den Juden insgesamt ein ketzerischer Provokateur. Er stürmt voran und muss schmerzlich erkennen, dass ihm die übrigen Christen nur langsam folgen. Aber ohne ihn wäre das Christentum zu einer Winkelgruppe verkommen. Paulus wehrt sich leidenschaftlich dagegen, das Christentum sei eine Sekte aus Nazareth. Für ihn bedeutet der Glaube an den Messias Jesus, der den Gott des Ersten Bundes zum Vater hat, und für uns ebenso ein ökumenisches Ereignis – die Weltkirche (Apg 26,26).

Gott, dein Engel ist vor und hinter mir, über und unter mir, neben und hinter mir! Schütze, segne, stärke mich auf meinem Weg! Danke! Amen.

Vor des Kaisers Gericht

Paulus antwortete Festus: „Vor des Kaisers Richtstuhl stehe ich; nur dort ist meine Rechtsprechung rechtens. Juden tat ich kein Unrecht, wie du es selbst klar erkennst. Hätte ich Unrecht verübt, ja, todeswürdig gehandelt, so will ich mich dem Todesurteil nicht entziehen. Wenn aber nichts an dem ist, dessen sie mich anklagen, so darf mich niemand ihnen herausgeben. Den Kaiser rufe ich an!" Apg 25,10 bis 11

Festus, neuer römischer Statthalter in Caesarea Philippi, will die liegen gebliebene Gerichtssache Paulus abschließen, zumal ihn bei seinem Antrittsbesuch in Jerusalem der Hohepriester und sein Stab bedrängen. Festus soll den Gefangenen nach Jerusalem ausliefern. Das lässt dieser nicht zu. Er befürchtet Unruhen. Der Hohepriesterstab muss also in Caesarea antanzen. Paulus wird aus dem Gefängnis geholt. Gleich geht das Anklagegeschrei los. Paulus besteht auf seinem Recht, in Rom und nicht Jerusalem vor Gericht gestellt zu werden. Als römischer Bürger will er sich nicht einem jüdischen Religionsgericht unterwerfen. Festus stimmt zu: „Auf den Kaiser hast du dich berufen, zum Kaiser sollst du ziehen!" Vorher wird Paulus Gelegenheit gegeben, sich vor dem Statthalter und dem König Agrippa II., dem von Rom eingesetzten König über das nördliche Palästina (ab 53. n. Chr.), zu erklären. Agrippa II. tritt mit seiner Schwester Berenike auf. Beide sind Kinder Agrippas I., der von 41 bis 44 n. Chr. König über Palästina war und Jakobus, den Bruder des Johannes, hinrichten ließ. Lukas nennt Agrippa I. volkstümlich Herodes (i) (Apg 12,1 ff.).

Zunächst erklärt Festus, wie er es sieht: Religionsstreitigkeiten sind es, aber kein Unrecht, kein todeswürdiges Verbrechen! Dann darf Paulus sich vor Festus, Agrippa und Berenike erklären: Der Christenglaube ist auf Grund göttlicher Offenbarung aus dem Judentum hervorgewachsen, so die lukanische Pauluspredigt. „Der neue Weg gründet in wunderbaren Erfahrungen: Der jüdische Rabbi Jesus von Nazaret, dessen Anhänger ich verfolgte, wurde von Gott auferweckt. Der Auferstandene erschien auch mir. Er ist der Messias des Friedens und der Liebe. Wir Christen bleiben im jüdischen Glauben verwurzelt, aber unser Glaube ist Auferstehungsglaube (i)! Er ist staatsloyal, pazifistisch, auf keinen Fall sabotiert er die Pax Romana (i). Ja, er kann zur Grundlage des römischen Staates werden. Gott beauftragte mich, diesen Glauben weltweit zu predigen" (Apg 25,1–26,23).

Gott, du tust Wunder! Fremde Mächte und Menschen schützen deine Gemeinde vor ihren Feinden. Du schützt mich. Halleluja! Amen.

Perspektiven für Rom und uns

„Ich verkündige nichts anderes, als was die Propheten und Mose vorher ver-
Apg 26,22 *kündigten: Der Messias werde leiden, als Erster von den Toten auferstehen*
bis 23 *und dem Volk und den Völkern das Licht verkünden."*

So endet die Rede, mit der Paulus vor hochkarätigen Politikern seine Situation verteidigt (Apg 26,1–23). „Was ich aussage", ruft Paulus, „hat zunächst eine religiöse Dimension. Eine Religion ist nach römischem Recht frei, wenn sie die staatliche Ordnung einhält. Ich selbst habe ja religiösen Fanatismus entwickelt und sehe ein: Das war falsch! Der Christusglaube führt von sich aus keineswegs zu Pogromen und Unruhen, im Gegenteil, er ist eine Religion der Liebe und Versöhnung, die nicht Verfolgung, sondern Förderung verdient!"

Eine solche Apologie war bitter notwendig. „Die Christen erhielten ihren Namen von einem gewissen Christus, der durch die Verurteilung des Prokurators Pontius Pilatus hingerichtet wurde zu der Zeit, als Tiberius als Caesar amtierte. Dieser verderbliche Aberglaube wurde nur eine kurze Zeit unter Kontrolle gehalten, um dann erneut umso heftiger hervorzubrechen, nicht nur in Judäa, dem Ursprungsland dieser Plage, sondern auch, man höre und staune, in Rom, wo sowieso alles, was schrecklich ist und dessen man sich schämen muss, sich sammelt und eine Heimat findet", urteilt der Schriftsteller Tacitus noch 112 n. Chr. in seinen Annalen (XV.44) über die christliche Religion, die damals längst in der Welthauptstadt eine Heimat gefunden hatte, auch wenn es immer wieder, gerade in Rom, zu Verdächtigungen und Verfolgungen gekommen war. „Verjagt die Juden, die auf Betreiben von Chrestos ständig Unruhen stiften, aus Rom", hatte der Caesar Claudius 49 n. Chr. (i) befohlen, wie der Schriftsteller Sueton berichtet und wie es die Apostelgeschichte notiert (Apg 18,2). Zu erinnern ist auch an die neronische Verfolgung (i), 64 n. Chr., die wahrscheinlich Paulus und Petrus das Leben kostete.

Gott, seitdem wir Christen an der Macht sind, verfolgen und töten wir unsere politischen und ideologischen Gegner. Hexenprozesse, Glaubenskriege, KZ und Folter waren unsere Mittel, Andersgläubige umzubringen. Und heute? Wir wissen, dass Christus, der sich kreuzigen ließ und auferstand, alle Gewalt sich selbst und uns verbietet. Wir denken auch an die, die in seinem Namen ihr Leben ließen, weil sie ihn liebten. Hilf uns, deinen Christus zu verkünden und zu vergegenwärtigen. Amen.

Realität des Überlebens

Als Paulus sich bei seiner Verteidigung so ereiferte, rief Festus mit lauter Stimme: „Paulus, du rast! Das große Bibelwissen bringt dich um den Verstand!“ Paulus antwortete: „Verrückt bin ich nicht, edler Festus! Ich erkläre mich mit wahren und vernünftigen Worten! Der König, vor dem ich so frei und offen rede, versteht sich auf diese Dinge. Ich kann nicht glauben, dass ihm irgendetwas davon unbekannt wäre. Denn das Ganze ist keine Winkelangelegenheit!“ Apg 26,24 bis 26

Die Verfolgungen der Christen durch römische Staatsorgane gehen weiter. 95 n. Chr. lässt der Caesar Domitian seinen Vetter Flavius Clemens hinrichten und dessen Frau Flavia Domitilla auf die Insel Pandatario verbannen, weil er eine jüdisch-christliche Verschwörung vermutete. Je nachdem, in welches Jahr wir die Entstehung der Apostelgeschichte legen, können dessen Schreiber Verfolgungsszenarien gleich mehrerer Caesaren vor Augen gestanden haben. Hinzu kommt, dass Jerusalem nach erbittertem vierjährigem Ringen 70 n. Chr. durch Rom zerstört wurde – Unruhen von Juden hat es vorher und nachher gegeben, nicht nur in Judäa, fast überall im Reich. Unruhen schienen sich auch dadurch zu entzünden, dass die Juden sich untereinander bekriegten. Christen und Juden, wer konnte sie unterscheiden? Sollten die Juden unter diesen Umständen nicht um ihr Privileg bangen, den römischen Kaiser nicht als Gott verehren zu müssen? Warum sollten sie dieses Privileg den Christen kampflos überlassen? „Das sind nutzlose Vorwürfe“, lässt Lukas seinen Paulus argumentieren!

Lukas flicht hochgestellte Namen aus Rom und Judäa in seine Berichte ein, die ein offenkundiges Interesse für die Messiasbotschaft zeigen: Antonius Felix, Portius Festus (Apg 23,23 ff.; 25,1 ff.)! Auch Frauen werden namentlich erwähnt. Johanna, die Frau des Chuzas, eines hochgestellten herodianischen Beamten, zieht mit Jesus (Lk 8,3). Drusilla, Schwester des Agrippa II. (53–95 n. Chr.), Frau des Statthalters Felix, eine Jüdin, hört durch Paulus das Evangelium (Apg 24,24), ebenso Berenike, eine weitere Schwester Agrippas II., mit ihrem Onkel, Herodes von Chalcis, verheiratet. Vor ihr predigt Paulus in Caesarea (Apg 25,11 ff.). Nicht umsonst erwähnt Lukas diese berühmt-berüchtigte Frau, die als Geliebte des Flaviers Titus galt, der Jerusalem eroberte und 79 n. Chr. zum Kaiser Roms aufstieg. Auch sie will Paulus freilassen! (Apg 26,1–32)

Ist es verrückt, den gekreuzigten Auferstandenen als Retter zu preisen? Manche verstehen die Vernunft des Friedens, die aus ihm spricht! Amen.

Unterwegs zu Wasser und zu Lande

Apg 26,31 *„Dieser Mensch tut nichts, was Tod oder Gefängnis verdiente."*

Weil Paulus sich auf den Kaiser beruft, muss er nach Rom. Es gibt nichts, was für seine Schuld spräche, so das abschließende Urteil der drei: Festus, Agrippa, Berenike. Paulus wird mit anderen Gefangenen einem Hauptmann übergeben, der sich mit Gefangenen und Wachmannschaft einschifft. Es wird (wieder im Wir-Stil) berichtet, wie langwierig die Schiffsreise wird. Zunächst geht es nach Sidon, wo Paulus sich pflegen lassen darf. Überhaupt sind alle gut zu Paulus, er ist der heimliche Weise dieses Schiffes. An der Küste Kleinasiens entlang, im Windschatten Zyperns, nach Myra!

Dort findet der Römerhauptmann ein Schiff, das aus Alexandria kommt und nach Rom fährt. Das wird genommen, mühsam kämpft sich das Schiff an Kreta vorbei. Es wird Zeit, der Herbst zieht auf, das Mittelmeer wird gefährlich. Man hätte auf Kreta überwintern sollen, aber die Seeleute wollen weiter, gegen des Paulus Rat. Sturm zieht auf, der Kapitän fürchtet, in die Große Syrte zu geraten, wo das Schiff verloren gewesen wäre. Ballast wird abgeworfen, zuletzt das persönliche Gerät der Seeleute. Der Sturm hört nicht auf, die Schiffsreisenden lassen die Hoffnung fahren. Paulus ermutigt, er komme gewiss nach Rom, müsse vor den Kaiser gestellt werden, alle würden mit ihm gerettet, ein Engel Gottes habe ihm das versprochen. Vierzehn Tage treibt das Schiff im Sturm, vor Angst und Anstrengung essen die Leute nichts. Paulus mahnt, sie sollten etwas zu sich nehmen. Sie essen, dann werfen sie das restliche Getreide ins Meer, erleichtern das Schiff.

Land in Sicht, aber sie wissen nicht, wo sie sind. Das Schiff lassen sie in eine Bucht treiben, es läuft auf eine Sandbank, der Hintersteven zerbricht im Sturm. die Gefangenen sollen getötet werden, aber der Hauptmann verhindert das, weil er Paulus mag. Alle retten sich an Land, keiner geht unter, zweihundertsechsundsiebzig Personen. Sie sind auf Malta angekommen, sammeln sich am Strand. Paulus kratzt Reisig zusammen, will ein Feuer machen. Eine Schlange, die aus dem Reisig fährt, beißt ihn: Die Leute halten ihn für einen Mörder, weil er, vom Seesturm gerettet, am Schlangenbiss sterbe. Als er überlebt, sagen sie, er sei ein Gott.

Ein reicher Malteser, Publius, nimmt die Schiffsbrüchigen auf. Paulus heilt dessen Vater vom Fieber. Andere Kranke werden geheilt, die Gruppe wird geehrt – eine Ostergeschichte! (Apg 26,30–28,10)

Gott, wen du erwählst, den erwählst du. Wen du rettest, den rettest du. Du heilst und segnest, führst und rettest, auch mich, im Herrn! Amen.

Rettung in Seenot

Nach drei Monaten fuhren wir mit einem alexandrinischen Schiff weiter, das im Inselhafen überwintert hatte. Es führte das Wappen der Zwillinge, der Dioskuren. Apg 28,11

Es wird ein Schiff aus Alexandria benutzt, dessen Galionsfigur die Zwillinge sind, Castor und Pollux, in der Antike beliebte Symbole für sichere Seefahrt. Die Zwillingstradition ist besonders in Ägypten beliebt, woher das Schiff kommt. Die Zwillinge zeigen nach antiker Tradition das Ende eines Sturms an. Paulus hat aber deutlich geweissagt, alle Schiffsreisenden würden aus Seesturm und Untergang durch den Gott der Bibel gerettet (Apg 27,24 f.). Diese Weissagung traf ein! So wird der Gegensatz herausgestellt: Noch glaubt die Welt Roms, in die Paulus nun gelangt, in den Religionsvorstellungen der Antike. Aber diese Zeichen sind tote Götzen. Rom wird aufbrechen, dem lebendigen Gott der Bibel zu dienen, dem Wind und Wellen gehorsam sind, in seinem Messias.

Ein Blick auf biblische Vorbilder ist hilfreich, um zu verstehen, in welche Vorstellungswelten uns Lukas mit der Seenot-Rettungsgeschichte des Paulus führt. Noah baut ein Schiff, die Arche, und wird gerettet: Nach vierzig Tagen steht das Schiff auf Land (Gen 7–9). Jona flieht vor Gott auf einem Schiff, aber Gott ist Herr der Wellen und rettet Jona aus Seenot, führt ihn seinen Weg (Jona 1–4). Der Psalmist singt das Danklied der Erlösten, die „mit Schiffen auf dem Meer fuhren und trieben Handel auf großen Was-sern, die des Herrn Werke erfahren haben und seine Wunder auf dem Meer“. Gott stillt das Ungewitter, das Meer wird ruhig, die Leute gelangen an Land (Ps 107,23–31). Dieses Element nimmt Lukas in seinem Evangelium auf: Christus, der Herr, breitet seine Hände aus, bedroht Wind und Meer und sie verstummen (Lk 8,22–25; Apg 28,11–16). Lukas übernimmt das Motiv aus biblisch-messianischer Tradition. Er zeigt eine enge Verflechtung auf: Was Israel bekennt, ist nun das Glaubensgut aller messianischen Menschen, der (griech.) ecclesia, *Kirche* aus Juden und Heiden. Hier wird keine neue Religion kreiert, kein neuer Gott erfunden. Es erfüllt sich, indem Paulus nach Rom reist und dort den Christus verkündet, Gottes Verheißung an den Erdkreis, die eine Verheißung des einen Gottes, die ab sofort allen Menschen gilt.

Du, Gott Noahs, Abrahams, Isaaks und Jakobs, du, Gott Moses und deines Volks, du, Gott Jesu und deines Schiffes Gemeinde, du, Gott des Erdkreises, du, mein Gott, Retter und Helfer. Halleluja! Amen.

ZIELE

Apg 28,20 *„Um der Hoffnung Israels willen trage ich diese Fesseln."*

In Rom angekommen, trifft Paulus nicht auf die messianische Gemeinde. Verleugnet sie ihn? Ist sie nicht vorhanden? Claudius (i), römischer Kaiser (44–54 n. Chr.), hatte 49 n. Chr. die Juden aus Rom vertreiben lassen, da es, angestiftet durch einen gewissen Chrestos, ständig Unruhen gegeben habe! Oder leben Christen und Juden noch eng zusammen? Namen christlicher Märtyrer aus der Verfolgung durch Domitian (81–96 n. Chr.) tauchen auch auf jüdischen Listen auf. So nahe sind sich Juden und Christen Roms im 1. Jahrhundert. Erst 325 n. Chr., auf dem Konzil zu Nicea, werden die Quatrodecimaner – Christen, die neben dem Osterfest auch das jüdische Passah am 14. ([lat.] quatrodecim) Nisan feiern – aus Rom, nun von den Christen, verjagt.

Lukas, der von Anfang an eine Kirche der Einheit malt, lässt seinen Paulus gemäß dessen Visionen in Röm 9–11 an eine Gemeinschaft von Christen und Juden glauben. Christen haben eine Grundidentität im jüdischen Glauben! Der lukanische Paulus strebt das Zusammenwachsen der Kirche, nicht ihr Auseinanderdriften an. Paulus sucht die Apostel in Jerusalem auf, um die Einheit zu bewahren, trotz Warnungen, man werde ihn ins Messer laufen lassen. Die Einheit ist ihm wichtiger als sein Leben? Paulus setzt auf Liebe und Vernunft! Lukas erzählt, wie Paulus sich auf das römische Bürgerrecht beruft. Dabei pocht der Apostel auf Religionsfreiheit, wie dieses Recht sie seiner Meinung nach bietet, wobei die Loyalität Rom gegenüber zur Pflicht wird.

Es wird nicht erzählt, wie Paulus sich vor Kaiser und Reich verantwortet und glorreich freigesprochen wird. Die Wirklichkeit sieht anders aus. Paulus stirbt wahrscheinlich als Märtyrer in der neronischen Verfolgung (i). Das Urteil aus dem Paulusprozess, der vielleicht nicht mehr stattfindet, weil er brüsk in die neronische Verfolgung einmündet, ist nicht wichtig. Das Muster der Apologie wird wichtig. Loyale Christen haben das Recht, sich auf das römische Bürgerrecht zu berufen, das ihnen die ungehinderte Ausübung ihrer Religion gewährleisten wird (Röm 13,1 ff.; Apg 28,17–31). Lukas zeichnet Paulus als Menschen der religiösen Konsequenz, aber auch als Menschen von Gesetz und Ordnung, unschuldig an den verschiedensten Aufruhren, die aus seinen Predigten entstehen. Christentum ist keine Religion ewiger Unruhen, sondern ein Bekenntnis zum Friedensmessias Jesus, ein Paradigma des Friedens für alle (Lk 2,14).

Gott, mein Gott, ich träume eine Kirche, in der dein Geist mich und alle berührt und uns zu Menschen deiner Liebe, deines Friedens macht. Amen.

Gemeinde

„Bei jeder Gelegenheit setzte ich euch auseinander, dass man sich abmühen und der Schwachen annehmen soll. Dabei kommt das Wort des Herrn Jesus in den Sinn, der sagt: ‚Geben ist seliger als Nehmen!'" Apg 20,35

Über zwanzig Mal hat Lukas das (griech.) ekklesia, *Gemeinde*, in zwanzig Kapiteln der Apostelgeschichte gebraucht. Seine Erzählung, wie Paulus sich von der Gemeinde aus Ephesus, die er eigens nach Milet kommen lässt, verabschiedet, ist die letzte Erzählung, in der Lukas das Wort noch benutzt. Alle weinen, ahnen, dass das Martyrium des Apostels beginnt. Auch die Epheser werden ihn und seine Botschaft verraten. Bis zum Ende der Erzählungen wird Paulus seinen Weg ohne die Gemeinde gehen. Als er in Rom ankommt, begrüßt ihn auch dort keine offizielle Gemeindevertretung. Ein einsamer Märtyrer geht seinen Gottesweg. Er geht ihn von Ephesus nach Jerusalem, um die Einheit der Kirche mit den Jerusalemer Aposteln zu retten. Der Versuch scheitert. Paulus zieht in Ketten nach Rom, predigt dort vor Juden (Apg 28,17–28). Die Kirche versagt an Paulus.

Es hilft, diese Kirche der Anfänge zu sehen, wie sie ist: eine Gruppe von Versagenden. Es hilft mir, diese Tendenz des lukanischen Geschichtswerkes (i) zu erkennen. Eine entrümpelte, entidealisierte Kirche entlastet, befreit, führt zur Buße, zu neuen Ansätzen. Ich werde nicht mehr von dem Idealbild einer Kirche, die heute leider in sich zerfallen sei, erdrückt. Die Christen damals waren so normal wie wir heute. Ich muss nicht an der Fiktion kleben, alle Christen sollten immer alles gemeinsam glauben, gemeinsam tun und, um ein einziges apostolisches Dogma gruppiert, gemeinsam beten. Wenn sich die Christen schon in den Anfängen der Kirche wegen ihres verschiedenen soziokulturellen Hintergrundes nicht verstehen, warum sollen wir krampfhaft besser sein? Wo die Vergangenheit wie ein erdrückender Schatten auf mir liegt, dämpfe ich meine eigene Erfahrung ab. Sie erstickt an zu großen, unehrlichen Vorbildern. Ich erkenne, wie schwach Christen waren. Das entschuldigt nichts, aber beflügelt. Ich will es versuchen! Nicht die Vernetzung der Kirchentümer im machtvollen Apostolat des Bischofs von Rom wäre das Ziel, sondern biblische Solidarität. Nicht Kirchenordnungen hielten die Gemeinde zusammen, nicht das Amt. Gemeinde verstünde sich als eine Menschheitserfahrung, in der einer dem anderen die Füße wäscht und den Dienst höher als die Herrschaft stellt.

Gott, zeige mir, wie ich arbeiten soll, mit Hungrigen die Mahlzeit zu teilen, Schwachen aufzuhelfen. Geben ist seliger als Nehmen, zu dienen mehr als zu herrschen. Ja, Herr Jesus, komm! Amen.

Warum Briefe geschrieben wurden

Ich werde euch besuchen, sobald ich mit den Besuchen in Mazedonien fertig bin. Dorthin will ich reisen, werde mich aber dort nicht aufhalten. Bei euch aber möchte ich, wenn möglich, etwas länger bleiben, vielleicht auch den Winter über. Ihr könnt dann meinen Reiseaufbruch begleiten, was auch immer das neue Reiseziel sein wird. 1Kor 16,5 f.

Die Briefliteratur wurde im Zweiten Testament zu einer eigenen Gattung. Während im Ersten Testament nur wenige Briefbeispiele zu finden sind (2Sam 11,14 f.; 2Chron 21,12 ff., Jer 29,12 ff.), sind mehr als zwei Drittel der Schriften des Zweiten Testaments Briefe.

Briefe zu schreiben war unter den messianischen Gemeinden in Mode gekommen. Zunächst gab es einen Brief des Apostelkongresses 49 n. Chr. an die Gemeinde in Antiochia und darüber hinaus (Apg 15,23–29), später die Sendschreiben an die sieben Gemeinden in Kleinasien (Apk 2; 3). Die Urgemeinde begründete diese Tradition, Paulus nahm sie auf. Paulusschüler und -gegner bedienen sich ihrer, wie ein Blick auf das Gesamtbriefwerk zeigt. Die Briefliteratur entstand, um theologische und gemeindliche Positionen innerhalb der jungen Christenheit vorzustellen und zu vertiefen. Die Briefe des Zweiten Testaments bedienten sich meist des antiken Briefstils. Mit einer Grußformel, die den Adressaten anspricht und das Thema mitteilt, werden sie eröffnet. Das Thema wird in einem Lehrteil entfaltet, der in einen Ethikteil übergeht, so die meisten Briefe.

Paulusbriefe bestechen durch Offenheit. Mutig setzt sich der Apostel mit Gemeindekonflikten auseinander. Er bezieht dabei leidenschaftlich sich selbst und seinen Glauben ein. Er wendet sich an Gemeinden, die er kennt oder kennen lernen möchte. Die Gemeinden sollen helfen, sein Missionswerk mitzutragen. Paulus bittet um Aufnahme, um Begleitung und um Organisationshilfe für weitere Missionen. Seine Briefe schließen mit persönlichen Grüßen, die belegen, wie eng die Bindungen des Paulus an die einzelnen Gemeinden sind. Wenn Paulus den Griechen ein Grieche, den Juden ein Jude wird, wie er es schreibt, tut er es, um Christus in Menschenherzen zu pflanzen. Das sei weder billige Anpassung noch liebe er, Paulus, die Unordnung. Er vergegenwärtige, indem er dem Prinzip der verstehenden Liebe diene, Christus (1Kor 9,19–23). Paulus schreibt seine Predigt in Briefen, die uns erhalten blieben, in die Herzen der Gemeinden.

Gott, dein Wort ist ein lebendiger Brief an mich, mir ins Herz geschrieben. Lass mich diesen Brief lesen, täglich, in Jesu Namen. Amen.

Ihr seid unser Brief

Fangen wir nun schon wieder an, uns selbst zu empfehlen? Oder benötigten wir, wie gewisse Leute, Empfehlungsschreiben an euch oder von euch? Unser Brief seid ihr, uns ins Herz geschrieben, öffentlich bekannt bei allen Menschen und von allen persönlich gelesen. Das weiß jeder: Ihr seid des Messias Brief, aus unserem Dienst erwachsen, nicht mit Tinte, sondern mit dem Geist des lebendigen Gottes eingeritzt, nicht auf steinerne Tafeln, sondern auf fleischerne, eure Herzen. 2Kor 3,1–3

Die Briefe des Paulus sind keine Dogmatikverlautbarungen. Ein Missionstheologe schreibt seine Überlegungen, mit denen er Einfluss nimmt, den Ersten Thessalonicher-, den Römer-, Galater-, Philipperbrief, zwei Briefe an die Korinther und den Brief an Philemon! Paulus entfaltet seine Theologie und gibt Einblicke in Leben und Bekennen der Gemeinden. Er zitiert aus vorhandenem Material, aus Liturgien und Spruchsammlungen, wie es andere auch tun. Am liebsten verzichte er auf Schreibkram, notiert er. Was nützten schriftliche Zeugnisse? Liebe und Glaube der Korinther seien sein Brief, in Fleisch und Blut eingraviert, kein Papiertiger! Trotzdem schreibt er viel. Oft ist Paulus in seiner Bewegungsfreiheit eingeschränkt, steckt im Gefängnis. Mitarbeiter überbringen seine Post.

Sieben Briefe nennen wir *Katholische Briefe*, die nicht von Paulus stammen: Jakobus- und Judasbrief, drei Johannes- und zwei Petrusbriefe. Sie stellen Rundschreiben an Kirchengemeinden dar. Diese Briefkategorie ist zu ergänzen: Die *Pastoralbriefe* – zwei Briefe an Timotheus, einer an Titus –, der Restauration und dem Ordnungsdenken zugewandt, betonen die seelsorgerliche Fürsorge des Paulus für die nachwachsende Theologengeneration, während der Epheser-, Kolosser- und Hebräerbrief theologische Thesen vortragen, jeder in eigener Färbung. Diese Briefe zeigen eine gewisse Abhängigkeit von Paulus, aber auch ihren eigenen theologischen Stil! Ob sie von Paulus stammen? Auch der Zweite Thessalonicherbrief wird später im Namen des Paulus angefertigt. Erst Ende des 2. Jahrhunderts n. Chr. wird die Briefsammlung des Zweiten Testaments zusammengestellt. Erst der Ketzer Marcion (um 140 n. Chr.) mit seiner Vorliebe für Paulus sorgt dafür, dass die Kirche Paulus richtig ins Blickfeld rückt und den Reichtum seines Schrifttums erkennt.

Gott, du rufst, mahnst, schreibst durch deine Boten, mir! Danke. Amen.

Umkehr zum Messias Jesus

Als es dem, der mich bereits im Mutterschoß zum Dienst aussonderte und in seiner Gnade berief, gefiel, seinen Sohn in mir zu offenbaren, damit ich diesen unter den Völkern als Frohbotschaft ausriefe, setzte ich mich nicht zuallererst mit Fleisch und Blut auseinander, eilte auch nicht nach Jerusalem
Gal 1,15 *zu denen, die vor mir Apostel geworden waren. Ich zog mich nach Arabien*
bis 17 *zurück und kehrte von dort nach Damaskus um.*

Paulus, Sohn streng jüdischer Eltern, in der Diaspora in Tarsus im Anatolischen Bergland geboren und zum Pharisäer (i) erzogen (Phil 3,5 f.), ist ein Schüler des Gesetzeslehrers Gamaliel (Apg 9,11; 21,39; 22,3), der ein Vorgehen gegen die neue messianische Lehre für unnötig hält (Apg 5,34–39). Mit jüdischem Namen heißt der spätere Apostel Saulus. Aufgrund seiner römischen Staatsbürgerschaft benennt er sich in Paulus um. Saulus wütet trotz seiner toleranten Erziehung durch Gamaliel gegen die messianischen Juden in Jerusalem und Judäa. Er erlebt die Steinigung des Stephanus voller Genugtuung mit (Apg 7,57–8,1).

Auf dem Wege nach Damaskus, wo er sich mit schriftlicher Genehmigung des Hohen Rats an die Verfolgung von Christen machen will, widerfährt ihm eine Vision. Der auferstandene Messias erscheint ihm und bringt ihn zur Umkehr (1Kor 15,9). Aus Saulus wird Paulus, wie wir sagen, um die Bekehrung des Paulus zu umschreiben. Dabei hat die Namensänderung nur mit den römischen Staatsbürgerrechten zu tun (Apg 9,1 ff.). Trotzdem ist dieser Namensanklang sinnvoll. Saulus steht für die pharisäische Identität des jüdischen Thoraexperten und Frommen. Paulus legt die Thora messianisch aus. Dabei wird er zum Völkermissionar des jüdischen Rabbi Jesus, den Gott aus Kreuz und Auferstehung zum Leben errettete, im Römerreich! Welche Entwicklungen macht Paulus durch, welchen Lebens- und Glaubensweg geht er? Was er im Galater- (Gal 1,11–2,21) und im Zweiten Korintherbrief (2Kor 4,1 ff.; 6,1–10) von sich berichtet, bezeugt die Unmittelbarkeit des Paulus aus Gottes Berufung und Sendung. Nicht irgendwelche Apostel haben Paulus beauftragt, den Auferstandenen zu predigen, sondern der Auferstandene selbst.

Gott, du rufst, berufst Menschen, das Evangelium zu entfalten. Wer ruft, beruft mich? Menschen? Die Kirche? Du, Gott, berufst mich in deinem Messias, zur Freiheit, zur Liebe, zur Gerechtigkeit. Danke. Amen.

Umkehr ins Gespräch

Ich frage nun: Wurden sie angerempelt, damit sie hinfallen? Das auf keinen Fall! Aber durch ihr Fehlverhalten kam das Heil zu den Völkern, um so Israel eifersüchtig zu machen. Und wenn sogar ihr Fehlverhalten Reichtum für die Welt und ihre Niederlage Reichtum für die Völker bedeutet, um wie viel mehr dann ihre Fülle. Röm 11,11 bis 12

Alles, was die Apostelgeschichte behutsam aufbaut – Paulus habe die Einheit von Juden und Christen zu wahren gesucht –, wird in des Paulus eigener Darstellung (Gal 1,11–2,21) widerlegt. Für Paulus gibt es keinen legitimen Auftrag aus der Kontinuität der Urkirche, sondern nur aus dem Geist Jesu. Und doch haben die breiten Schilderungen der Apostelgeschichte, die aufwändig von des Paulus Missionstätigkeit und seinem Mühen um Geschwisterlichkeit von Juden- und Heidenchristen erzählen, in der Grundauffassung des Paulus ihren Anhalt.

Die lässt Paulus in einer ausführlichen Passage des Römerbriefes hervortreten. Er warnt die Heidenchristen, für deren freiheitliche Existenz er leidenschaftlich eintritt, vor geistlichem Hochmut. Die Christen sind der auf den Ölbaum Israel eingepfropfte Zweig! Israel bleibt der Grund aller Hoffnung, aller Berufung! So sehr Paulus betont, dass Gott ihn zu einem unabhängigen Apostel der Völker gemacht habe, so sehr beharrt er darauf, dass Israel der Ursprung allen Messiasglaubens war, ist und bleibt. Am Ende der Tage wird Gott das eine getrennte Volk Gottes aus Juden und Heiden einen. Bis dahin wird Paulus dafür arbeiten, dass den fremden Völkern, auch den Juden in der Diaspora des großen Römerreiches das Evangelium angeboten werde, was er in unserem Text mit sophistischer Akribie darlegt. Auch wenn die Juden den Messias Jesus zur Zeit nicht annehmen, so bleibt ihnen ihr angestammtes Bürgerrecht im Reich Gottes, was jeder Christ zu respektieren hat.

Der Glaube Israels ist auf Zukunft angelegt. Darum wird die Zukunft des einen Gottesvolkes aus Juden und Heiden messianisch sein, aus der Umkehr der Menschen zum Messias Jesus oder aus göttlicher Tat, mit der Gott die Einheit des Reiches vollenden wird. Darum die stete Warnung vor der Überheblichkeit der Christen gegenüber den Juden! Darum des Paulus Bitte an die Christen, die Freundschaft der Juden zu suchen, um mit ihnen gemeinsam zu dem einen Volk Gottes auf Erden zu werden: „Ohne Israel macht Gottes Reich keinen Sinn, hat es keine Existenzberechtigung!" (Röm 9,1–11,36)

Gott Abrahams, Isaaks und Israels, Gott des Moses und der Propheten, du, Gott Jesu, mein Gott! Lass mich in Liebe meine Wurzeln suchen. Amen.

Umkehr zur Freiheit

Hier gilt nicht mehr Jude oder Grieche, nicht mehr Sklave oder Freier, nicht mehr Mann oder Frau! Denn ihr alle seid auf einzigartige Weise eins im Messias Jesus. Gehört ihr aber zum Messias, so seid ihr Abrahams Kinder und Erben, der Verheißung gemäß.

Gal 3,28 f.

Das ist eine revolutionäre Einsicht! Messianisch gesonnene Menschen können und werden die Barrieren, die zwischen ihnen im Laufe der Kulturgeschichte aufgebaut wurden, übersteigen, ja, wegnehmen. Nicht Menschen entfernen diese Barrieren, sondern Gott selbst in seinem Messias Jesus. „Wo der Geist des Herrn ist, da ist Freiheit", ruft Paulus den Korinthern zu (2Kor 3,17). Der Brief an die Galater ist eine einzige Beschwörung, diese einmal gewonnene Freiheit nicht mutwillig wieder zu verschenken (Gal 1,11–3,28).

Was für eine Freiheit meint Paulus? Die Freiheit der Religion, des Geistes, der Völker, der Menschenrechte? Was wir im Namen heutiger Umwälzungen als Freiheitstraum proklamieren, nimmt Paulus auf bewundernswerte Weise in seinen Briefen vorweg. Der Apostel gewinnt aus seiner Begegnung mit dem Messias Jesus Einsichten, die er in Gemeindepraxis umsetzen möchte. Sie rühren aus seiner Erfahrung: Menschen aller Hautfarben, verschiedener Religionen, unterschiedlicher Klassen und Rassen, verschiedenen Geschlechts können sich als einzigartige, freie Menschen im Messias Jesus begegnen, von aller selbst auferlegten Knechtschaft frei. Der Mensch Jesus ist Gottes Bote einer Befreiung, der die Weltgeschichte zu göttlicher Freiheit verändert. So eilt Paulus der Kulturgeschichte der Menschheit voraus. Befreiung von religiösen Vorurteilen, Sklavenbefreiung, Emanzipation von Männern und Frauen, das alles geschieht im Gekreuzigten, der aufersteht und mit dieser Tat die Revolution der Weltverhältnisse vorwegnimmt (Gal 5,6).

Die Befreiung macht Paulus an einer kulturellen und religiösen Konkretion fest, der Beschneidung. Müssen sich Nichtjuden, die sich zum Messias Jesus bekehren, beschneiden lassen? Müssen sie Juden werden, um als Christen leben zu können? Nein, sagt Paulus, und abermals nein! Wer den Jakobus- und Judasbrief liest, die sich auf judenchristliche Traditionen berufen, ahnt, wie schwerwiegend die Konflikte waren, die Juden- und Heidenchristen trennten, trotz des Apostelkonzils und seiner Beschlüsse (Apg 15,1 ff.), trotz aller Harmonisierungsversuche in der Apostelgeschichte.

Gott, eines ist es, Freiheit im Namen Jesu zu proklamieren, ein anderes, Freiheit geschwisterlich zu leben. Mach mich frei zur Liebe! Amen.

Umkehr zur Nüchternheit

Darüber hinaus, Brüder, fragen und mahnen wir euch im Herrn Jesus: Wie habt ihr von uns übernommen, zu welchem Zweck? Doch wohl so zu leben, wie es euch geboten ist, nämlich Gott zu gefallen und dabei mehr und mehr überzufließen, wie ihr lebt! Ihr habt noch im Gedächtnis, welche Anweisungen wir euch durch den Herrn Jesus gaben? Ja, das ist Gottes Wille: Ihr sollt heilig leben. 1Thess 4,1–3

Der Erste Brief des Paulus an die Thessalonicher, an die messianische Gemeinde in dieser Hafenstadt, der die Gerüche von Harlem und Chicago in einem anhaften, ist zugleich der erste Brief des Paulus in einer langen Reihe von Briefen, mit denen er seine Predigt zu vertiefen und eine Art eschatologischer Kultur der Christengemeinden zu schaffen versucht.

Eschatologische (i) *Kultur* heißt: Es haben Aufbrüche stattgefunden, wie sie Paulus in theologischer Geistesschärfe proklamiert. Nun gilt es in Aufbruchstimmung, aber innerhalb der Grenzen, die die bürgerliche Kulturgemeinschaft setzt, ein sinnvolles Leben der Christengemeinde zu entwickeln. Das Bürgerliche Gesetzbuch wird nicht abgeschafft, auch wenn der Herr bald kommt! Es wird durch den Aufbruch in eine nachösterliche Lebenswelt neu in Funktion gesetzt. Dem Missverständnis aller Befreiungsbewegungen, Freiheit habe mit sozialer Anarchie zu tun, in Endzeitstimmung seien die Gesetze aufgehoben, ist auch das aufkommende Christentum ausgesetzt. Die Aufrufe unseres Briefes sprechen Bände: Keine wilde Promiskuität meint die neue Freiheit, keine Befreiung von Sitte und Anstand in Handel und Wandel, keine Missachtung von Grenzen, wie sie der Gesetzgeber vorgibt! Ein ordentliches Leben sollen Christen führen. Niemand liege dem anderen auf der Tasche, jeder ernähre sich von seiner Hände Arbeit (1Thess 4,1–12)

Paulus betont in seinem frühen Brief, der Messias erscheine bald. Trotzdem bleibt bürgerliche Ehrbarkeit ein strenges Ziel (1Thess 4,13–18). Eschatologische Kultur betont die Entdeckung von Liebe, Frieden und Gerechtigkeit in dem Lebensraum, in dem ich Verantwortung trage. Wenn Paulus auffordert, in der Menschenliebe vollkommener zu werden, hat er kein griechisches Vollkommenheitsideal vor Augen. Er lädt wie Jesus in die Vollkommenheit Gottes, die Barmherzigkeit, ein (Mt 5,48). Und die Heiligung? Ich übe mich in die nüchterne Umkehr zum schwachen, missachteten Nächsten ein.

Ich danke für die Freiheit, die ich in Jesus gewann. Ich will diese nüchterne Freiheit täglich entdecken und leben: die Barmherzigkeit. Amen.

Umkehr zur Ordnung

Deswegen, obgleich ich in Christus den Freimut hätte, dir zu befehlen, was du zu tun und zu lassen hast, will ich um der Liebe willen lieber nur bitten: Ich, Paulus, ein alter Mann, nun auch noch ein Gefangener des Messias Jesus, bitte dich für mein Kind Onesimus, das ich sozusagen während meiner Gefangenschaft zeugte, für diesen Onesimus, der dir früher nichts nutzte, jedoch jetzt dir und mir sehr nützlich ist.

Phlm 8–11

Der kürzeste Paulusbrief des Neuen Testaments, ein Brief privater Natur und doch öffentlichen Charakters, richtet sich an einen gewissen Philemon in Kolossä (Kol 4,9; Phlm 10). Dem entflieht ein Sklave mit dem beziehungsvollen Namen Onesimus, der *Nützliche*. Er kommt zu Paulus. Er hofft, bei diesem Gefangenen Christi mit viel Freigang Verständnis für seine Entscheidung, seinem Sklavenhalter wegzulaufen, zu finden. Aus der Begegnung mit Paulus wird eine Begegnung mit dem Messias Jesus, eine Bekehrung.

Paulus aber schickt Onesimus mit einem Begleitbrief seinem Herrn nach Kolossä zurück. Philemon, was *Liebender* und *Menschenfreund* heißt, soll den entlaufenen Sklaven wieder aufnehmen, nicht als Sklaven, sondern als geliebten Bruder. Diese Bruderschaft wird definiert: Philemon soll Onesimus nicht nur als Bruder, der Sklave bliebe, in die Christengemeinde aufnehmen. Paulus bittet konkret um dessen Freilassung. Er bittet einen reichen Christen, der mit seiner gesamten Umwelt, Familie und Dienerschaft, zum Christentum übertrat. Philemon, der Menschenfreund, soll den Entlaufenen als Gleichberechtigten aufnehmen, als ob Paulus selbst ihn besuchte. Paulus will für den entstandenen materiellen Schaden aufkommen. Natürlich will Paulus nicht in Rechnung stellen, was Philemon dem Paulus verdankt, seinen Christenglauben! Paulus, wohl in Rom inhaftiert, hofft, bald aus der Gefangenschaft freizukommen. Dann wird er Philemon besuchen. Der soll schon mal das Gästezimmer herrichten.

Warum kommt dieser Brief in das Zweite Testament? Er gilt als Modell, wie Christen mit dem Thema *Sklaverei* umgehen könnten, Sklaven und Sklavenbesitzer! In Freiheit, aber innerhalb der Möglichkeiten, die die antike Staatsordnung bietet: keine Revolution! Auf freiwilliger Basis wird Freilassung veranlasst.

Gott, täglich sage ich: Da kann man nichts machen, und ziehe mich in die private Hilflosigkeit zurück. Dein Apostel lehrt mich Anderes! Lass mich lesen, hören, nachdenken und handeln. Amen.

Umkehr ins Bekenntnis

Über das Geistliche, Brüder, möchte ich euch nicht im Unklaren lassen. Ihr wisst, als ihr noch Heiden wart, trieb es euch wie verrückt zu den stummen Götzenbildern. Darum erkläre ich euch: Niemand sagt „Jesus ist verflucht!", der durch den Geist Gottes redet. Und niemand sagt: „Jesus ist der Herr!", außer im Heiligen Geist. 1Kor 12,1 bis 3

Hat Paulus aus dem jüdischen Revolutionär im Geist, Jesus, den Messias Jesus des Geistes gemacht? Und dabei das, was Jesus andachte und in seiner Gemeinschaft erprobte, wieder auf das Normalmaß zurückgeschnitten? Was ist bei Paulus aus dem Jesuswort geworden, das die Bergrede provozierend abschließt? „Was du nicht willst, was man dir tu, das füg auch keinem andern zu." Auf diese Spruchweisheit ließe sich die Bibel reduzieren, pointiert Jesus (Mt 7,12).

Es ist wahr, diesen Schwenk macht Paulus mit: Aus dem Bekenntnis des Jesus von Nazaret zum Gott Israels, mit dem sich dieser zum versöhnenden Gott bekennt, wird in der Urgemeinde das Bekenntnis *zu* Jesus, dem Messias Gottes, der den traditionslosen und gesetzesfernen Pöbel heimholt, in seinem Tod am Kreuz, in der Kraft seiner Auferweckung. Nicht nur das einfache Volk und die fremd gewordenen Samariter (.) holt dieser Messias heim, sondern in seinen Aposteln, vorab Paulus, Völker und Menschengruppen aller Sprachen! Darum wagen es die Messiasgläubigen, den Titel (griech.) Kyrios, *Herr*, der allein Gott gehört, auf Jesus von Nazaret zu übertragen, weil er diese Menschheitserlösung und Völkerbefreiung Gottes vollbringt. Jesus wird an das Kreuz geschlagen, stirbt. Was nach menschlichen Maßstäben als Scheitern, als Untergang angesehen werden muss, gilt den Messiasgläubigen als Sieg. Der Messias besiegelt seine Herrschaft darin, dass er sich für „die Vielen" (Jes 53,11; Mk 10,45) hingibt. Das meint kein sinnloses Opfer. Gott bestätigt den Gekreuzigten, indem er ihn zum wahren Leben erhöht. Das Osterereignis wird für die Zurückgebliebenen zum Signal, nicht nur *wie* Jesus, sondern *an* Jesus zu glauben und sich zu ihm, dem messianischen Herrn, zu bekennen. Im Geist geschieht das, den Gott über die Menschheit ausgießt.

Gott, was ist das messianische Bekenntnis? Ein Weg ist es: Du durchdringst die Welt neu zur Liebe. Ich will diesen Weg gehen. Amen.

Umkehr zur Gemeinde

Zeigt uns der Segensbecher, den wir segnen, nicht die Gemeinschaft an, die Christi Blut uns einstiftet? Bedeutet das Brot, das wir brechen, nicht die
1Kor 10,16 bis 17 *Gemeinschaft, die wir als Leib Christi gewinnen? Ein Brot ist es, ein Leib sind wir alle, denn gemeinsam teilen wir das eine Brot.*

Jesus traf sich zu Mahlzeiten mit Menschen, die nicht zur Gemeinde Gottes gehören, befinden wir bis heute. Solche Urteile entlarven uns und die Frommen zur Zeit Jesu. Immer seien da welche, die nicht zu uns gehören, sagen wir. Die Gründe für unser Urteil sind unzählig. Sie stecken in unserer Angst, der andere könne von uns so verschieden sein, dass ein Zusammenleben mit ihm unerträglich würde.

Das Kennzeichen der Mahlgemeinschaft, die Jesus begründet, ist Offenheit. Es werden die eingeladen, die draußen sind. Und Paulus? Er sammelt wie Jesus Menschen verschiedenster Denkrichtungen, ja, Religionen. Juden, Judeninteressierte, Hellenen, Barbaren. Niemand wird ausgeschlossen. Jeder ist eingeladen, wie bei Jesus. Das Brot wird gebrochen, der Kelch gereicht, einer für den anderen, einer mit dem anderen. Diese Vielen, die als befreite Menschen an einen Tisch gesammelt werden, benötigen eine Ordnung. Die Ordnung ist die des Sakraments, Taufe und Abendmahl. Gottesdienste einen die Christen in Korinth mit denen in Rom und Jerusalem. Die Worte zur Einsetzung der Mahlzeit, zu der sich die Christen sammeln, sind in Palästina die gleichen wie in Achaia und Kleinasien, seit fast 2000 Jahren bis heute. Paulus übernimmt, was er vorfindet: Im Brechen des Brotes, im Darreichen des Kelches verkünden Christen den Tod des Messias, bis dass er kommt (Mk 14,22–24; 1Kor 11,23–26).

Doch bedeutet Gemeinde mehr als die Kultfeier von Tod und Auferstehung Jesu. Die Menschheit, die Christenheit eingeschlossen, hockt im Gefängnis von Globalismus und Gewalttätigkeit. Das Ich, das sich der Liebe verschließt, soll auf den Geschwisterweg gelockt werden, ins Teilen, ins Versöhnen. Die Christengemeinde muss sich als eschatologische (i) Solidargemeinschaft, aus dem Ostersieg erwachsen, verstehen, nicht als esoterischen Kultclub. Ein neues Zeitalter beginnt. Das Teilen des Brotes am Altar fordert uns zum Teilen des Brotes im Alltag heraus. Doch droht alles beim Alten zu bleiben, trotz Osterfest, Taufe und Mahlfeier. Das Ego feiert klägliche Triumphe. Starb Christus umsonst?

Gott, schon ist der Ostersieg vollbracht, noch sind Liebe und Versöhnung nicht vollendet. Hilf mir, segne mich, segne mich, hilf mir! Amen.

Paulus,
Sklave des Messias Jesus

Paulus, Sklave des Messias Jesus, erwählter Apostel, ausgesondert, das Evangelium Gottes zu predigen! Dieses Evangelium verhieß Gott längst durch seine Propheten in heiligen Schriften, das Evangelium von seinem Sohn Jesus, dem Messias, unserem Herrn. Der wurde aus dem Samen Davids, aus dessen Familie gezeugt, was seine Abstammung betrifft. Nach dem Geist, der heilig macht, wurde er als Sohn Gottes in Kraft gesetzt, aus der Auferstehung der Toten heraus. Röm 1,1–4

Alle Briefe des Paulus sind aus konkretem Anlass entstanden. Übrigens diktierte Paulus seine Briefe, setzte aber hinter fast jeden Brief persönliche Zeilen.

Der Römerbrief ist einer der späten Niederschriften des Apostels. Er schrieb ihn von Makedonien aus (Apg 20,3; 1Kor 16,5), bevor er sich nach Jerusalem aufmacht, um dort eine eingesammelte Kollekte abzuliefern, also in den Jahren 57/58 n. Chr. Er kündet seinen Besuch in Rom an (Röm 1, 13 ff.). Um seine Theologie und seinen Glauben vorzustellen, schreibt er seinen längsten Brief, der jedoch nicht alle Themen des Glaubens, wie Paulus sie anspricht, aufnimmt. Dieser Brief sammelt, was Paulus für die Gemeinde in Rom für wichtig ansieht.

Paulus möchte die ihm fremden Christen von Rom besuchen (Röm 15,23 f.) und mit Unterstützung der römischen Gemeinde zur Mission in den Westen ziehen, nach Spanien, nachdem er die Mission im Osten als abgeschlossen ansieht (Röm 15,22–24). Tatsächlich kommt er 61 n. Chr. als Gefangener nach Rom. Wie sich sein Kontakt mit der Christengemeinde während des zweijährigen Hausarrests gestaltet, den die Apostelgeschichte andeutet (Apg 28,30), bleibt im Dunkeln, genauso wie die Frage, ob Paulus nochmals auf freien Fuß kommt oder in der neronischen Verfolgung (i) 64 n. Chr. enthauptet wird, wie die Legende erzählt.

Der Apostel macht sich mit einem Bekenntnis bekannt, das streng und knapp den Juden Jesus, einen Nachkommen Davids, als Sohn Gottes vorstellt, den Kyrios, der in seiner Auferstehung (i) durch den Geist zum Sohn erhoben wird. Dieses Bild vom Gottessohn schließt alle Analogien zur griechischen Göttermythologie aus. Der Auferstandene ist der Gekreuzigte Jesus, der Paulus zum Apostel beruft.

Gott, du rufst mich ins Bekenntnis: Jesus von Nazaret, gekreuzigt, gestorben, auferstanden, Knecht Gottes, Sohn und Herr, Befreier. Amen.

Ich schäme mich nicht

Ich schäme mich des Evangeliums nicht, denn es ist eine Kraft Gottes, die alle rettet, die vertrauen, zuerst Juden, dann auch Griechen. Denn Gottes Gerechtigkeit wird in diesem Evangelium offenbart, eine Gerechtigkeit aus
Röm 1,16 *Vertrauen zum Vertrauen hin, wie es in der Schrift heißt (Hab 2,4): „Der*
bis 17 *Gerechte wird aus dem Vertrauen leben."*

Im Römerbrief, dessen Thema obige Verse enthalten, werden Fragen erörtert, die Juden und messianische Heiden bewegen. Paulus hofft, Juden und Judentumsfreunde, Proselythen, werden mit Heiden, die messianisch leben wollen, in Rom zur Gemeinde des Messias Jesus zusammenwachsen. Denn: In Rom leben sie eng beieinander (7.11.). Darum webt Paulus bewusst Bekenntnisse der Gemeinde aus den Tagen nach Ostern ein, ein erstes gleich in der Einleitung (Röm 1,2–4). Jüdische Wurzeln bilden für ihn den Ursprung des Messiasglaubens. Nie, erläutert Paulus, sollen Christen arrogant auf Juden herabsehen. Der Glaube der Juden ist die Wurzel, ja der ganze Ölbaum, auf den die Christen nur aufgepfropft sind. Es kommt der Tag, durch Gottes heilige Tat, da werden Juden und messias-gläubige Fremdvölker gemeinsam anbeten. Darum: Juden sind und bleiben Gottes heiliges Volk (Röm 9–11).

Aber, begegnen sich nicht Antike und Judentum wie Feuer und Wasser? Stellt der jesuanische Messianismus nicht auch noch eine Radikalisierung dar? Denn das Evangelium, von dem Paulus schreibt, beinhaltet das Kreuz. Aus dem Kreuz, aus der Niedrigkeit Gottes, wird die neue Gerechtigkeit wachsen, aus der die Welt von Machtdenken und Gewaltherrschaft befreit wird. Aber ist nicht das Wort Kreuzigung ein Wort, das kein Römer in den Mund nimmt, wie es Cicero in einer seiner Reden vorträgt? (Griech.) Aseboi, *Ungläubige*, wurden die Christen Roms genannt, zu Recht! Welche religiösen Symbole hatten sie, außer diesem fatalen Kreuz, an dem ein gewisser Jesus scheiterte?

Was das Evangelium schenkt, hält Paulus dagegen, meint die Umwandlung der Erde zur Zärtlichkeit, zum Vertrauen, zur Gnade. In einer brutalen Welt, die immer nur „Leistung! Härte! Vernichtung!" brüllt, wird mir die Geburt meiner Zukunft aus dem Vertrauen geschenkt. Gott zieht mich leistungsschwachen Menschen ins Vertrauen. Ich bin ein Küken in seiner Hand. Der gewaltige Gott vertraut mir, dem kleinen Menschen, ich ihm! Aus dem mit geschenkten Vertrauen blühe ich auf. Ich traue mich ...!

Die Welt wird sich aus dem Kreuz Jesu erneuern. In der Ohnmacht des Kreuzes blüht die Macht der Liebe auf. Die Macht der Ohnmacht ist die stärkere Macht. Das zu glauben, schäme ich mich nicht! Amen.

Kein Unterschied

Unabhängig vom Gesetz wurde nun aber Gottes Gerechtigkeit öffentlich, lebendig bezeugt durch das Gesetz und die Propheten, eine Gerechtigkeit vor Gott aus dem Vertrauen auf Jesus, den Messias. Diese Gerechtigkeit kommt zu allen, die zu vertrauen wagen. Denn es gibt keinen Unterschied: Alle sündigten, zeigen bis heute Mangelerscheinungen im Hinblick auf die Ehre, die sie vor Gott vorzeigen müssten. Sie werden nun – das ist ein Geschenk – aus seiner Gnade durch den Freikauf im Messias Jesus gerecht gemacht, ja freigesprochen. Röm 3,21 bis 24

Was Paulus hier mit nüchternen Worten vorstellt, ist in seiner Christenexistenz gewachsen, aus der Idee heraus, wie er sie am heftigsten im Galaterbrief vertritt: Der gekreuzigte Auferstandene, der Messias Jesus, ruft zu einem Glauben, der sich nicht durch religiöse Taten beweisen muss. Nicht dies rettet den Menschen, befreit ihn zu einem Leben im Vertrauen, dass er diese und jene religiöse Vorschrift erfülle, diese und jene religiöse Praxis ausübe, sich dieser und jener Tradition hingebe. „Der Mensch ist frei", ruft Paulus uns zu, nicht, weil er frei geboren wäre und wie ein Gott vor Gott stünde. „Im Gegenteil, ob er nun bisher als Jude lebte, der seine religiöse Heimat in frommer Gesetzeserfüllung fand, oder als antiker Mensch ins Milieu griechischer Göttersagen und römischer Riten eingebettet war, immer ist die Religion ein Versuch des Menschen, sich selbst zu befreien, sich einen Status vor dem Göttlichen zu verschaffen, mit dem er meint, beruhigt leben zu können."

Mit dem Kommen des Messias und seinem Weg zum Leben wird das anders. Der sich selbst befreiende Mensch darf sich einem erbarmenden, liebenden, gnädigen Gott anvertrauen, wie ein Kind sich seinen Eltern anvertraut. Was den Menschen freimacht, ist nicht der Mensch selbst in seinem Göttlichkeitswahn, sondern Gott in seinem Menschlichkeitswahn, dass er diesen verzagten und gebundenen Menschen zur Freiheit der Liebe und Gnade beruft. Im Messias Jesus geschieht das, der die Liebe predigt und in Kreuz und Auferstehung selbst zur Liebe wird. „Nicht im Eifern um die Thora, nicht im Puzzeln irgendwelcher Gesetze oder Gesetzmäßigkeiten, nicht in der Anstrengung, Leistung um Leistung wird der Mensch gerecht, kommt er zu einem befreiten Leben", formuliert Paulus, „sondern allein im unendlichen Vertrauen in eine unendliche göttliche Gnade" (Röm 3,28). Im Sterben und Auferstehen des Messias Jesus wird dieser neue Anfang symbolisiert (Röm 3,21–4,25).

Herr und Heiland Jesus, danke für deinen Weg zu mir, mit mir. Amen.

Frieden mit Gott

Da wir nun gerecht gemacht, freigesprochen wurden aus Vertrauen, gewinnen wir Frieden mit Gott durch unseren Herrn Jesus, den Messias. Durch ihn haben wir durch das Vertrauen Zugang zu jener Gnade, in die wir fest hineingenommen wurden. Wir rühmen uns nun der Hoffnung. Wir hoffen auf eine Herrlichkeit aus Gott. Nicht nur das, wir rühmen uns auch der Bedrückungen. Wir wissen, Bedrückung arbeitet der Geduld zu, Geduld bewirkt Bewährung, Bewährung Hoffnung. Diese Hoffnung lässt uns nicht ins Leere hoffen. Gottes Liebe wurde in unsere Herzen ausgegossen, durch den
Röm 5,1–5 *Heiligen Geist, der uns geschenkt wurde.*

Ich möchte die Textpassage aus dem Leben des Paulus heraus entfalten. Er, gewohnt, mit der Schrift zu jonglieren, sie im Sinne frommer jüdischer Tradition auszulegen, wird in einer Christusvision überwältigt: „Ein Friede mit Gott, ein Friede mit mir selbst kommt nicht so zustande, dass ich mich mühe, Vorschrift um Vorschrift zu erfüllen. So vertue ich nur meine Zeit und meine Kraft." Es ist wahr, was Augustinus schreibt: „Unser Herz ist unruhig, Gott, bis es ruht in dir!" Mein Ruhen in Gott bedeutet jedoch keinen Rückzug, weder in das Gehäuse der Religion noch in das Netz des Leistungsdrucks. Im Erfolg zu baden oder in den öffentlichen Ruhm zu fliehen, hilft nicht. Meine Partnerschaft mit dem Gott des Lebens, mit dem Leben selbst ist gemeint. Eine selbstbewusste Hoffnung zieht auf, die alle Zukunft umschließt, banale Tageshoffnungen und die Zukunftshoffnung des Ewigen. Dieses Selbstbewusstsein zum Frieden setzt Kräfte frei, im Leben des Paulus, in meinem. Darum predigt Paulus keine Leidensmystik, keinen christlichen Masochismus. Er will sich nicht in Verfolgungen, in die er um des Messias Jesus willen gerät, sonnen. Er ist Christusträger. Das Leiden Jesu Christi wächst in sein Leben hinein. Nichts ist blinde Fügung oder göttlicher Strafwille. Paulus bekennt: „Friede mit Gott, das meint meine aktive Friedensarbeit heute!"

Gott, weil ich dich als den ankommenden Herrn aller Weltgeschichte ansage, gerate ich unter Druck. Denn die Herrschaft des Kommenden meint etwas Anderes als die Herrschaft der gegenwärtig Herrschenden. Der Friede mit dir, Gott, meint einen Frieden, der in unseren Breitengraden der Gewalt und des Krieges wirksam wird: als Gewaltfreiheit, als Versöhnungsbereitschaft, als geschwisterliche und partnerschaftliche Zukunft der Menschen. Hilf mir zu deinem Frieden! Amen.

Tod und Leben in der Taufe

Wisst ihr nicht, dass alle, die wir auf den Messias Jesus getauft wurden, in seinen Tod hineingetaucht sind? Wir wurden mit ihm begraben durch die Taufe in den Tod, damit auch wir, wie Christus durch des Vaters Herrlichkeit von den Toten erweckt wurde, unsere Lebensentscheidungen zu aktiver Lebenserneuerung treffen. Röm 6,3 f.

Hat Paulus die Kirche erfunden, ihre Sakramente, ihre äußere Form? So hört man es manchmal, Paulus habe den reinen Jesuston der Evangelien sophistisch verfälscht, die Machtkirche sei dabei herausgekommen. Wer so redet, hat weder Paulus noch Jesus verstanden. Die Paulusbriefe sind das älteste literarische Gut der Christen, früheste Christentumsdokumente. Aber Paulus hat nichts frei erfunden. Er webt seine Theologie in längst vorhandene Gemeindetraditionen ein. Die Paulusbriefe nehmen Liturgien, Bekenntnisse und Traditionen auf, die in der Urgemeinde verankert sind. Die Evangelien reichen in ihren Ur- und Vorformen in die Entstehungszeit der Gemeinde nach dem Tod Jesu hinein.

Freilich fanden sie ihre letzte Form erst nach dem Fall Jerusalems und der Zerstörung des Tempels (i) im Jahre 70 n. Chr. Paulus schöpft also aus Vorformen. Aufgrund von Angaben der Apostelgeschichte (Apg 18,12–17) und einer römischen Inschrift von Delphi, der Gallio-Inschrift, ist es möglich, das Wirken des Paulus genau zu datieren. Gallio, Statthalter in Achaia, war 52/53 n. Chr. im Amt. Paulus wurde vor seinen Richtstuhl geführt, also 52 oder 53 n. Chr. Aus diesem Datum entwickelt sich die Chronologie der Paulusaktionen, wie Lukas sie darstellt.

Wenn der Apostel in unserem Text sagt, die Taufe bedeute, der alte Mensch werde im Taufakt ertränkt, Tod und Sünde mit ihm, so nimmt er ein vorhandenes Bild auf. „Wach auf, der du schläfst, stehe auf von den Toten! Christus, das Licht, wird dich erleuchten!“, heißt es im Epheserbrief, der ein altes Tauflied zitiert (Eph 5,14). Übrigens, Paulus vermeidet es, die Auferstehung des Messias und unser Leben nach der Taufe direkt zu parallelisieren: „Christus ist auferstanden, darum sollen auch wir in einem neuen Leben wandeln (Röm 6,1–23)!“ Luther greift auf: Der alte Adam müsse durch tägliche Reue und Buße ersäuft werden, damit täglich herauskomme ein neuer Mensch, aus dem Messias geboren!

Gott, mein Leben aus der Taufe bedeutet nicht mein automatisches Heil, meine christlich kaschierte Fehlerlosigkeit. Es meint meine tägliche Erweckung, aus dem Tod ins Leben vorzudringen, ein neues Leben der Liebe in Jesu Namen zu tun. Amen.

Gesetz und Evangelium

Ich verzweifelter Mensch! Wer wird mich, diesen todgeweihten Leib, bei der Schlacht heraushauen? Dank sei Gott durch den Messias Jesus, unseren Herrn! Aufgrund meiner Einsicht gebe ich mich dem Gesetz Gottes hin, mit meiner Lebenswirklichkeit jedoch dem Gesetz der Sünde? Trotzdem, es gibt keine Verurteilung für die, die im Messias Jesus sind. Denn das Gesetz des
Röm 7,24 *Geistes, der mich im Messias Jesus lebendig macht, hat auch dich frei gemacht*
bis 8,2 *vom Gesetz der Sünde und des Todes.*

Paulus nimmt Tauftraditionen nicht ungehemmt auf. Er erzählt, er habe in Korinth nur zwei Menschen getauft, sei deshalb frei von dem Verdacht, über die Taufpraxis Anhänger gesammelt zu haben. Welche Taufe gilt, die des Petrus, des Apollos, die Christustaufe? Was wir bis heute beobachten, dass es in der Gemeinde Parteiungen gibt, Anhänger dieses und jenes Predigers, kritisiert Paulus. Die Einheit der Christen liegt in Christus, dem gekreuzigten Messias Jesus. „Ich kam nicht zu euch, zu taufen", schließt Paulus ab, „sondern um das Evangelium zu predigen" (1Kor 1,18–23).

Die Taufe bindet in die Gemeinde ein. Sie ist ein Einschnitt ins Leben dessen, der sich entschied, messianisch zu leben. In der Osternacht steigen die Täuflinge in weißen Gewändern ins Taufbecken, begleitet von den Gesängen der Gemeinde. Ihnen wird die Hand aufgelegt, der Heilige Geist möge sie segnen. Am nächsten Sonntag erscheinen sie in ihren Taufgewändern im Gottesdienst, genannt (lat.) quasi modo geniti, *wie neugeborene Kinder* – so auch der Name des Sonntags.

Einen Automatismus der Heiligkeit aus dieser Kulthandlung gibt es nicht. Nicht umsonst schließt Paulus an die Tauferörterung den Notschrei an: „Ich elender Mensch, wer erlöst mich aus der dem Tode verfallenen Existenz?" Er meint nicht eine Erlösung zur Ewigkeit durch das Sterben. Aus Kreuz und Auferstehung Christi wird der Getaufte, noch von Sünde und Tod gezeichnet, in Erfahrungen des Geistes gestellt. (Röm 8,1 ff.)

Gott, ich bin von Gesetzmäßigkeiten des Todes geprägt. Erst nach realer Auferstehung werde ich frei sein. Jetzt ist der Weg des täglichen Aufstands zur Liebe, zum Frieden, zur Versöhnung gefragt. In einer Giftwelt der Unvernunft erinnert mich meine Taufe: Ich bin durch das Evangelium befreit, von Jesu Auferstehung durchwirkt. Ich werde leben, Gottes Geist durchdringt mein Todesdasein zum Leben. Danke. Hilf mir, dass ich werde, was ich bin. Segne mich, dass ich lebe, was ich glaube! Amen.

Wer will …?

Was sagen wir nun dazu? Ist Gott auf unserer Seite, wer könnte gegen uns sein? Der schonte seinen eigenen Sohn nicht, sondern lieferte ihn um unsertwillen aus. Warum sollte er uns mit ihm nicht alles in Gnaden zueignen? Wer will Gottes Auserwählte vor Gericht stellen? Gott spricht frei, spricht gerecht. Wer will das Urteil fällen? Der Messias Jesus starb, viel mehr: Er wurde erweckt. Der sitzt zur Rechten Gottes und vertritt unser Schicksal vor Gott, für das Leben. Röm 8,3 bis 34

Als Paulus sich in seiner letzten Gefangenschaft, in Caesarea, in römischer Schutzhaft befindet, lässt ihn Lukas eine Rede vor dem König Herodes Agrippa II. und seiner Schwester Berenike halten. Anwesend ist auch der römische Prokurator Festus. Derzeit gibt es in Caesarea Unruhen zwischen Syrern und Juden, vielleicht auch zwischen Anhängern und Gegnern des Messias! Paulus ruft aus, er sei wegen der Auferstehungsfrage angeklagt! Ob es sträflich sei, an die Auferstehung zu glauben? Jesus sei auferstanden! Festus geht dazwischen: „Paulus, du rast. Die große Kunst der Bibelrhetorik macht dich rasend!" Und Agrippa bemerkt trocken, es fehle nicht viel und Paulus habe aus ihm einen Christen gemacht (Apg 26,1–32). Die Anekdote beleuchtet: Paulus ist mit höchster Sprachkunst ausgestattet, wie schriftliche Zeugnisse belegen, auch unser Text. Hinzu kommen seine Einfälle, Texte des Ersten Testaments als Beweismittel für die Gültigkeit des Messiasglaubens beizubringen, eine übliche Methode. Aber Paulus ist darin wegen seines großen biblischen Wissens besonders gewandt.

„Wer oder was will Menschen, die in Christus ihr Fundament haben, von der Liebe zum Messias trennen?", fragt Paulus, „Trübsal und Angst? Hunger und Nacktheit? Gefahren und Schwertkampf? Sind nicht Christen immer in der Rolle des Schlachtschafes, wie das Erste Testament es ansagt (Ps 44,23)?" „Nein", ruft Paulus, „der Messias starb nicht umsonst. Weder Tod noch Leben, weder unsichtbare noch sichtbare Mächte werden die Christen von der Liebe Gottes trennen, die im Messias Jesus erschien." Und fügt weitere Bilder an. Im nächsten Kapitel nimmt Paulus ein neues Thema auf. Alle Argumentation des Paulus im ersten Briefabschnitt mündet in diesen gewaltigen Hymnus (Röm 8,31–39): „Nichts und gar nichts kann Christen von Gottes Liebe trennen. Selbst Verdächtigungen und Verfolgungen sind ein Beweis für die Wahrheit des Evangeliums, das im Kreuz Christi seine Mitte hat."

Gott, dein Sohn vertritt mich vor dir, vor mir. Ich werde in der Liebe stark, aus ihm, durch ihn, für andere und mich. Amen.

Alltag als Gottesdienst

Ich ermahne euch, Brüder, durch Gottes Barmherzigkeit, Leib und Leben als Opfer zu entwickeln, als ein lebendiges, heiliges Opfer, das Gott gefällt. Das sei euer vernunftgemäßer Gottesdienst. Entwerft euer Lebensbild nicht nach aktueller Mode, sondert kehrt um zur Sinneserneuerung! Prüft, was Gottes Wille ist, nämlich dies: das Gute, das, was ihm gefällt, das Vollkommene. Röm 12,1 bis 2

Die Briefe des Paulus gliedern sich in zwei Abschnitte, abgesehen vom Grußwort und der persönlichen Nachschrift: Zunächst legt Paulus seine Theologie dar, dann erörtert er den Praxisbezug dieser Botschaft für das Zusammenleben in der Gemeinde. Theologische Verklausulierungen blieben Wortgeklingel, wenn Paulus nicht anschließend nüchtern praktisch redete. In unserem Abschnitt wird es praktisch. Hat Paulus nicht soeben seine Theologie umfassend begründet? Der Glaube komme aus der Predigt, diese aus dem Wort des Christus (Röm 10,17)? Die Taufe binde den Christen in Kreuz und Auferstehung des Messias ein (Röm 6,3 f.)? Gottesdienst – Wort und Sakrament – ist für Paulus Mitte des Christseins!

Und nun soll die Gemeinde in der Realität von Arbeit, Alltag und Geschichte ihr Leben als vernünftigen Gottesdienst gestalten. Das tägliche Einerlei also selbst ist der Gottesdienst! Die Tat der Liebe ist das Opfer, das die Christen zu bringen haben, ihre Hingabe an Menschen, die auf ihre Hilfe angewiesen sind. Keine Kerzen, kein Weihrauch, keine mystischen Gesänge, geschweige denn sichtbare Opfergaben auf dem Altar. Es gibt gar keinen Altar, sondern nur einen Tisch, an dem alle sitzen und eine Mahlzeit, zugegeben, unter Gebeten und Liedern, halten. Diese Mahlzeit etwa ist Gottesdienst? Das Tun des Guten, die Vollendung des Friedens, die Gestaltung der Versöhnung – das Leben selbst wird zum vernunftgemäßen Gottesdienst der Christen! Die Propheten lassen grüßen, Jesus selbst sieht es genauso. Es ist Paulus ernst mit dieser Radikalisierung, mit diesem Verzicht auf religiösen Kult. „Lass dich nicht vom Bösen überwinden, sondern überwinde das Böse mit dem Guten", ruft er uns verblüfften Christen am Ende dieses Gottesdienstkapitels zu, die Zusammenfassung der Bergrede Jesu in einem Satz. Ja, das sei euer Gottesdienst (Röm 12,21).

Gott, was Paulus denkt, predigt und schreibt, habe ich noch nicht ausstudiert. Hilf mir zu verstehen, umzukehren, neu zu leben. Amen.

Christ und Staat

Alles Leben ordne sich übergeordneten Machtorganen unter. Denn es existiert keine Staatsgewalt, es sei denn, sie steht unter Gott. Die vorhandene Staatsmacht ist damit von Gott verfügt. Röm 13,1

Der Christ soll sich dem Staat unterordnen. Wer sich der Obrigkeit widersetzt, widerstrebt der Anordnung Gottes. Der Staat muss sich gegen Erhebungen wehren. Nicht ohne Strafe vergeht man sich gegen ihn. Er vollzieht mit seinen Strafen göttliches Gericht! Schließlich wird Jesus zitiert: Jeder müsse Steuer und Zoll zahlen. Tatsächlich? Wo man doch weiß, wie sich in Roms Zollsystem Recht und Habgier mischen (Röm 13,1–7)? Wie kommt es zu dieser Unterwerfung unter Rom?

Die Zeiten sind unruhig. Zeloten (i) erheben sich nicht nur in Palästina. Die Öffentlichkeit bringt sie mit der messianischen Bewegung in Zusammenhang, als ob die Christen an Staatsstreichen und Revolutionen interessiert seien. Und 49/50 n. Chr. war es in Rom zu tumultuarischen Exzessen zwischen Juden und Christen gekommen, die mit der Ausweisung aller Juden, auch der messianischen, aus Rom durch Kaiser Claudius (i) endeten (Apg 18,2), was Sueton in seiner Kaiservita notiert. Paulus selbst schien durch seine Mission an diesen Unruhen Schuld zu tragen. Oft flog er aus den Synagogen, in denen er messianisch predigte, musste fliehen, sich verstecken. Teilweise nahmen ihn Roms Soldaten in Schutzhaft (2Kor 6,1–10). Die Christen hatten den Ruf, es liege an ihnen, wenn der christlich-jüdische Streit überall aufflamme. Kann man diese jüdische Sekte, die Staatsreligiosität ablehnt, unter dem Schutz des Kaiseredikts belassen, das Juden von der Pflicht befreit, am Neujahrestag den Kaiser als Gott zu verehren? Umso mehr muss Paulus auf die Loyalität der Christen gegen den Staat dringen. Er ist römischer Staatsbürger und erhofft sich aus der Ordnung dieses Staates seine Rehabilitation. Ist das verwerflich? Ist Nero (i) in seiner ersten Regierungsphase etwa kein verlässlicher Staatsmann? Paulus lässt aber auf die Erklärung zur Staatsloyalität eine Applikation der Zehn Gebote folgen. Er folgert: „Die Liebe ist des Gesetzes Erfüllung!“ Christen sollten im Licht wandeln, nicht in der Finsternis verharren (Röm 13,8–14). Der Christ wird nicht blind auf einen Staat, sondern mit wachem Geist auf Gottes gute Heilsordnung verpflichtet, aus der in Zukunft Licht und Leben wachsen werden. Auch für den Staat.

Gott, ich danke dir für alle Ordnung der Gesellschaft. Sie ist dein Geschenk. Doch bindest du mich nicht stur an Staat und Gesetz, sondern zuerst an deine Heilsordnung, die unsere Finsternis hell macht. Amen.

Weisheit des Kreuzes

Das Wort, das vom Kreuz redet, ist denen ein Wahnwitz, die untergehen, uns jedoch, die wir gerettet werden, ist es eine Gotteskraft. Denn es steht geschrieben (Jesaja 29,14): „Ich bestimme die Weisheit der Weisen zum Untergang, räume den Verstand der Verständigen weg." Wo sind noch Kluge? Wo Schriftgelehrte? Wo Weltzeitenforscher? Gab nicht Gott die Weltweisheit durch ihr eigenes Treiben dem Wahnwitz preis? Da die Welt, eingehüllt in Gottes Weisheit, Gott trotz all ihrer Weisheit nicht erkannte, fand Gott es richtig, diejenigen durch wahnwitzige Verkündigung zu retten, die vertrauen. Da Juden Zeichen verlangen und Griechen Weisheit suchen, verkünden wir den gekreuzigten Christus, den Juden ein Skandal, den Griechen ein Wahnwitz. Denen, die berufen wurden, Juden und Griechen, verkündigen wir Christus als Gottes Kraft und Gottes Weisheit. Gottes Wahnwitz ist weiser als Menschenweisheit und Gottes Schwäche stärker als Menschenkraft.

1Kor 1,18 bis 25

In der Hafenstadt Korinth, einem multikulturellen Zentrum mit großer Judenkolonie, einer rasch aufblühenden Wirtschaftsmetropole, gründet Paulus eine messianische Gemeinde. Doch es gibt Spaltungen in der Gemeinde. Macht es einen Unterschied, ob Paulus oder Apollos oder Petrus predigen, taufen, Gottesdienste halten, Gemeindeanordnungen einbringen? Paulus predigt den gekreuzigten Christus, sonst nichts. Was bedeuten griechische Bildung und Philosophie? Was bewirken arrogante Fragen, die andeuten, dass ein ohnmächtig am Kreuz krepierender Messias eben nicht der Messias sein kann? „In der Schwachheit dieses Gekreuzigten, in seiner Niederlage am Kreuz, liegen ja Weisheit und Macht Gottes", ruft Paulus aus. Das Kreuz beweist: Gott ist es mit der Solidargemeinschaft mit allen Schwachen ernst. Gott lebt und stirbt tatsächlich bei und in den Schwachen: Sklaven, Asylsuchenden, Tagelöhnern und Hafenarbeitern. Das Zeichen des Scheiterns wird zum Zeichen der Gottesliebe und Christusgeschwisterschaft. Gott ist unten, nicht nur am Kreuz! Dieser Wahnwitz Gottes ist seine verborgene Weisheit, die nun ans Licht kommt und uns rettet (1Kor 1,18–4,5).

Gott, ich lese und höre dein Wort. Es berührt mich. Du bist mir Schwachem gnädig, im gekreuzigten Messias. Danke! Amen.

Starke und Schwache

Alles ist mir erlaubt, aber nicht alles ist zuträglich. Alles ist mir erlaubt, aber ich soll mich von nichts und niemandem beherrschen lassen. 1Kor 6,12

Paulus gründet die Gemeinde in Korinth, zieht anschließend nach Ephesus, wo er zwei Jahre lebt. Von dort aus schreibt er den ersten Brief nach Korinth, Ostern 57 n. Chr. Er eilt nach Korinth, um entstandene Irritationen zu beseitigen (2Kor 12,14). Anschließend kehrt er nach Ephesus zurück, wo er den Philipper- und den Galaterbrief verfasst. Ende 57 bereist er Mazedonien, schreibt unterwegs den Zweiten Korintherbrief, hält sich im Winter 57/58 n. Chr. wieder in Korinth auf. Zum Osterfest 58 n. Chr. macht er in Philippi Halt (Apg 20,3 ff.), reist von dort nach Jerusalem weiter. Er wird die eingesammelte Kollekte überbringen und mit dem Herrenbruder Jakobus, dem Leiter der Jerusalemer Gemeinde, anstehende Konflikte besprechen.

Mehrere Briefe nach Korinth wurden zu zweien zusammengefasst. Ein Brief ging verloren (1Kor 5,9–11). Paulus bemüht sich sehr um diese Neugründung. Sie soll nicht zur „Großen Freiheit" verkommen. Er macht Vorschläge für das Gemeindeleben, ermahnt und bittet: „Ich mache mich zum Narren um Christi willen", schreibt er, „stehe euch klugredenden Korinthern ohnmächtig gegenüber, rufe mit meinem Eifer für den Messias Kopfschütteln hervor – und bin und bleibe der Vater eurer Gemeinde" (1Kor 4,6–20).

Alles kommt auf die Tagesordnung: Inzest unter Frommen, unnötiges Prozessieren unter Christen! Ist Prostitution erlaubt? Muss ein Christ, darf er nicht heiraten? Wie steht es mit Ehescheidung? Und was machen Witwen? Darf man, zu einem Gastmahl eingeladen, Fleischspeisen essen, deren Fleisch vielleicht von Opfern aus heidnischen Tempeln stammt?

Paulus flicht in seine Gemeindekonkretionen kurze, aber wirksame theologische Begründungen ein (1Kor 4,6–8,13). „Alles ist erlaubt", stellt er kategorisch fest, „aber es schickt sich nicht alles!" Ist ein Christ nicht ein Tempel des Heiligen Geistes (1Kor 6,19)? Wurde er nicht teuer losgekauft? Warum soll er sich wieder billig zum Sklaven einer Sucht machen? (1Kor 6,20; 7,23) Kein Rezept, aber das Gemeindeprinzip des Paulus heißt: „Rücksicht auf die Schwachen! Wer das Gewissen eines skrupulösen Menschen belastet, belastet sich selbst und Christus! Nochmals und nochmals! Verzichte auf das, was nicht aufbaut, was die Gewissen beschwert und die Gemeinde zerreißt!" Christus nachzuahmen ist der Weg (1Kor 10,23–11,1), ihm zu dienen.

Christus, Paulus folgt deinem Beispiel. Lass mich seinem folgen! Amen.

Vom Amt der Christen

Verschieden sind die Begabungen, aber es ist ein Geist. Verschiedene Auf-
1Kor 12,4 *gaben existieren, aber es ist ein Herr. Verschiedene Kräfte wirken. Aber ein*
bis 6 *Gott wirkt alles in allem.*

In unterschiedlichen Briefpassagen beschäftigt sich Paulus mit dem Thema Gemeinde und Gottesdienst, das in obigem Zitat gebündelt wird. Die Ordnung der Gemeinde und die Liturgie des Gottesdienstes werden nicht von Menschen erfunden. Sie ruhen in der einen Identität des einen Gottes, der sich in verschiedenen Gaben, Ämtern und Kräften entfaltet, aber in *einem Geist*, durch den *einen Herrn*, in dem *einen* einzigartigen *Gott.* Alles entfaltet sich aus diesem Bekenntnis. Abendmahl und Götterkult sind unvereinbar! Zwar sind die Götzen tote Gegenstände, aller Götzendienst wäre grober Unfug. Der Tisch des Herrn ist unteilbar, wie der Messias unteilbar ist. So werde der eine Gott in seinem Messias in einer Gemeinde angebetet. Christen haben eine in sich ruhende Identität (1Kor 10,14–22).

Die Einsetzungsworte zum Abendmahl, wie wir sie kennen, werden zur Erinnerung mitgeteilt, was den Wert dieser Mahlzeit ausmacht. Sie ist das Stiftungsmahl der messianischen Gemeinde, in dem die Versprengten gesammelt, alle Schuld vergeben und der Neubeginn der Zukunft mit dem gekreuzigten und auferstandenen Messias erwartet und bekannt, gefeiert und gelebt wird. Da ist kein Raum für Protzentum, Völlerei und Durcheinander (1Kor 11,17–34).

Die Christengemeinde, über den Erdkreis versprengt, bildet den einen Leib Christi. Mag sein, der eine ist Hand, der andere Auge, der nächste Fuß. Aber nur gemeinsam bilden die Glieder und Organe den einen Leib aus. Einzeln können Körperteile nicht existieren, sie sterben ab. Dieses gängige Bild, eine Fabel des Äsop, die bereits um 494 v. Chr. von einem gewissen Menenius Agrippa notiert sein soll, gibt den Hintergrund für des Paulus Gedanken ab.

„Leidet ein Glied", ruft Paulus in Emphase, „so leiden alle Glieder. Wird ein Glied geehrt, freuen sich alle anderen Glieder mit!" Und Gaben, Ämter, Kräfte wachsen harmonisch, frei und doch geschwisterlich zueinander hin, damit Menschen füreinander leben (1Kor 12,4–31). Die Kollekte, die Paulus zu den Ebioniten (i), der messianischen Armengemeinde in Jerusalem, bringt, ist ein Signal für diese Erfahrung der Gemeinschaft. Der Leib Christi bleibt kein Bild, er wird real (1Kor 16,1–4).

Gott, die Christenheit, ja die gesamte Menschheit wird in deiner Liebe, aus deinem Geist verbunden. Lass mich geschwisterlich leben. Amen.

Das Hohelied der Liebe

Wenn ich die Kunst der charismatischen Rede von Menschen und Engeln beherrschte und hätte keine Liebe, so wäre ich nur ein dröhnender Gong, eine schrilles Handbecken. Und wenn ich die Gabe der Prophetie besäße und schaute alle Geheimnisse und wäre im Besitz aller umfassenden Erkenntnis und zeigte allen Glauben her und versetzte durch ihn Berge und könnte nicht lieben, wäre ich nichts. Und wenn ich mein ganzes Eigentum an Arme austeilte und ließe mich bei lebendigem Leibe verbrennen und hätte keine Liebe, so nützte es mir nichts. 1 Kor 13,1 bis 3

Was Luther kongenial übersetzte, bleibt ein wunderbares Essay, das Paulus zum Ende des Ersten Korintherbriefes, wie er uns vorliegt, aus der Feder floss, das Hohelied der Liebe: „Was ist Liebe, wie wirkt sie? Sie ist langmütig, geduldig, greift nicht zu bitteren, verletzenden Worten. Sie lässt den Menschen nicht dauernd um sich selbst kreisen. Sie rechnet nicht auf, sie rechnet nicht ab. Sie regt sich höchstens über Ungerechtigkeiten auf, freut sich an der Wahrheit. So ist Liebe. Sie glaubt, hofft, duldet alles. Sie hört nie auf.

Es gibt auf der Erde großartige philosophische Systeme, scharfen prophetischen Zukunftsgeist, rauschhafte religiöse Erfahrungen, detaillierte wissenschaftliche Forschung, erregendes mystisches Wissen. Das alles gibt es. Aber alles, was Menschen forschen, wissen und erlangen, bleibt Stückwerk, unvollendet, vergänglich. Im Licht der ankommenden göttlichen Vollkommenheit hört mein menschliches Rennen, Hasten und Laufen auf, meine Selbstkrönung, meine Selbstbeweihräucherung. Ich, ein Mensch, gelange dann endgültig in das Zentrum göttlicher Vollkommenheit, der Barmherzigkeit. Wenn man jung ist, macht man sich seine Gedanken, träumt von der großen weiten Welt, alles wird machbar, ich bin der Größte. Solche Omnipotenzphantasien beflügeln jeden Menschen. Je älter ich werde, desto genauer verstehe ich, wie dunkel alle Zukunft ist, ein verwirrendes Vexierbild. Alles scheint auf Zufall zu beruhen. Erst wenn ich vor Gott trete, werde ich verstehen, dass mein Lebensstückwerk, das ich doch als mein Lebenskunstwerk bauen wollte, keinen Ewigkeitswert hat. Ich werde erkannt, von göttlicher Barmherzigkeit durchflutet, erkenne, wer ich bin: ein unvollkommener Mensch, auf göttliche Vollendung angewiesen“ (1 Kor 13,1–13).

Was bleibt mir, Gott, jetzt und hier? Hoffnung, Glaube, Liebe, diese drei. Aber die Liebe ist die größte unter ihnen. Lass mich lieben. Amen.

Anfang des Neuen Äons

Als Erstes überlieferte ich euch, was ich empfing: Christus starb wegen unseres Versagens gemäß den Schriften. Er wurde begraben und am dritten Tag erweckt, gemäß den Schriften. Er wurde gesehen von Kephas, anschließend von den Zwölfen. Danach wurde er von über fünfhundert Brüdern auf einmal gesehen. Die meisten von ihnen leben noch, einige sind verstorben. Danach wurde er von Jakobus gesehen, danach von allen Aposteln. Als allerletztem von allen erschien er auch mir, sozusagen als einer Fehlgeburt. Denn ich bin der allerunwerteste unter allen Aposteln, nicht wert, Apostel zu heißen. Denn ich verfolgte die Gemeinde Gottes. Nur durch Gottes Gnade bin ich, was ich bin.

1Kor 15,3 bis 10

Die Liste der Auferstehungszeugnisse hat Paulus aus der Tradition übernommen und erweitert. Der Auferstandene erscheint Paulus und bewegt ihn zum Messiasglauben, einige Jahre nach Karfreitag und Osterereignis. Paulus nimmt die Liste auf. Von ihr ausgehend, beantwortet er katechismusartig Menschheitsfragen, die in Korinth aufbrachen. Der Messias ist auferstanden und wirkt durch seine messianischen Menschen. Er wirkt in die Zukunft hinein, über die Grenzen des Todes hinaus, aber er wendet die Not schon jetzt. Der Tod bleibt eine reale Wirklichkeit, unübersehbar, aber ist seit Ostern nicht mehr unumschränkter Herr! Der Tod, der im auferstandenen Jesus überwunden wird, wird von diesem ersten Ostersieg verschlungen. Der Messiasmensch muss nicht mehr vor dem Tod erstarren und versteinern, dem Tod vor dem Tod anheim fallen. In der Auferstehung Jesu nimmt Gottes Lebenssieg seinen Anfang, ergreift uns hier, erweckt uns hier zum Leben. Der neu aufbrechende österliche Weltfluss drängt auf die endgültige Überwindung des Todes, auf die Vollendung des Leben hin. Mitten in der Todeswelt, in der wir stecken, bildet der Glaube eine neue Identität aus, die Leben und Sterben umschließt. Fazit: Das Leben ist eine Saat! Ein schutzloser, vergänglicher Same fällt in die Erde. Kraft und Herrlichkeit, ein geistlicher Leib, wie es Paulus ausdrückt, erwachsen daraus, Lebensernte auf immer (1Kor 15,1–58).

Gott, der du mich in das Leben riefst, kannst mich nicht vergessen, willst mich nicht aus deinem Erinnern verdrängen, wirst mich nicht vernichten. Du erweckst mich hier und jetzt zum Leben, auf immer. Danke! Atme ich, so will ich dich bekennen, jubelnd, singend, tanzend. Durchschreite ich die Dunkellinie des Todes, so bist du doch da. Ich kehre zu dir zurück, von dem ich ausging, fliehe an dein Herz, unter dem ich mich berge. Kyrie eleison. Amen.

Wo der Geist des Herrn ist

Der Buchstabe tötet, der Geist macht lebendig. 2Kor 3,6

Die Liste der Auferstehungsbegegnungen bei Paulus (1Kor 15,1–10) nimmt Jakobus, den Herrenbruder, unter die Osterzeugen auf. Die Evangelien erwähnen Jakobus nicht. Die Paulustradition zählt nur Männer auf, was in den Evangelien anders erzählt wird. Frauen sind dort die ersten Zeugen des leeren Grabes. Ihnen wird als Ersten die Auferstehung Jesu angesagt. Das Johannesevangelium weiß, dass eine Frau, Maria Magdalena, dem Auferstandenen begegnete. Sie spricht mit dem Herrn am Ostermorgen (Joh 20,11–18). Ein leeres Grab kommt in der Paulusliste nicht vor. Sie spiegelt wohl Herrschaftsverhältnisse in der Urgemeinde wider, daher keine Frauen! Sie verweist auf Schriften, in denen die Auferstehung (i) am dritten Tag angesagt werde. Gibt es diese Bibelstellen?

Bei Hosea lesen wir, Gott wird Israel „nach zwei Tagen neu beleben, am dritten Tage uns wieder aufrichten, dass wir leben vor ihm" (Hos 6,2). Jona war drei Tage und drei Nächte im Bauch des Fisches. Danach wird er ungewollt zum erfolgreichen Völkermissionar im heidnischen Ninive, ein Bild, das bei Matthäus zum Zeichen für Jesu Auferstehung wird (Mt 12,39 ff.). Jesus treibe heute und morgen Dämonen aus, am dritten Tag werde er vollendet, ein Bildwort Jesu bei Lukas (Lk 13,32 f.). Diese Hinweise mahnen, Auferstehung nicht als (lat.) Brutum factum festzuhämmern, als brutales, im offenen Grab angenageltes Ostermirakel. Ostern ist bei aller Faktizität mein Lebensprozess! Was nützt es, die Tatsächlichkeit der Auferstehung Jesu zu beteuern und weiter wie gelähmt unsere Welt als reine Todeszone zu glauben? Was nützt ein Leben nach dem Tod, wenn das Leben vor dem Tod kein Leben ist? Auferstehungsglaube weiß, dass Gottes Geist heute atmet, uns jetzt mit göttlichen Freiheiten beschenkt, uns hier zur Freiheit herausfordert. „Wo der Geist des Herrn ist, ist Freiheit", singt Paulus und macht mit biblischen Analogien deutlich, wie groß der Unterschied der neuen zur alten Zeit ist (2Kor 3,1–17). Ostern meint keine Feiertagspredigt mit plakativer Dogmatik, sondern konkrete Befreiung jetzt. Frauen treten wie selbstverständlich im Gottesdienst als Beterinnen und Prophetinnen auf (1Kor 11,5). Und dieser Gottesdienst muss sich an den Prinzipien der Vernunft ausrichten. Nicht chaotische Zungenrede, sondern verständliche Predigt fordert Paulus. „Fünf Worte mit Verstand sind mehr wert als zehntausend Worte gläubigen Gestammels", ruft er uns zu. Ostern, ein Datum der Vernunft (1Kor 14,1 ff.19).

Gott, du bist Geist, schenkst mir Freiheit, die ich lebe und erlebe. Amen.

Nova Creatura

Die Liebe Christi hält uns zusammen. Denn wir sind ja zu diesem bestimmten Urteil gekommen: Wenn einer für alle starb, so sterben alle mit ihm. Es leben ja die Lebenden nicht mehr für sich selbst. Sie leben für den, der
2Kor 5,14 f. *für sie starb und auferstand.*

„Ich habe Sehnsucht", schreibt Paulus, „nach der himmlischen Heimat. Ich gepeinigter Sklave Christi möchte, dass Anklagen und Verurteilungen, Nachstellungen und Verfolgungen ein Ende nehmen. Jedoch will ich nicht gleich morgen in den Himmel kommen, dort ausruhen von allem Schmerz. Ich möchte, dass der Messias bald kommt und mein armseliges Leben mit dem Glanz seiner Wiederkunft überkleidet. Aber ich kann diese Umwertung aller Werte, diesen Tag X des Heiles, der alles durchflutet, nicht von mir aus bestimmen. Niemand kann das. Es bleibt mir, zu warten, zu hoffen, zu beten, zu predigen, zu leben. Eines Tages stehe ich mit euch vor dem Gericht, das den Messias zum Vorsitzenden hat. Bis dahin lebe ich wie ihr im Glauben, nicht im Schauen (2Kor 5,1–10; Phil 1,23).

Dieser Glaube schöpft aus meiner Verbundenheit mit Christus. Ich bin in sein Leben und Sterben verwoben, lebe aus seiner Auferstehung. Sein Wort, seine Tat, seine Existenz leben und wirken in mir! Das gilt für euch alle. An dem Tag, an dem Christus uns begegnet, werden wir zu neuen Kreaturen, zu neu geschaffenen Wesen. Ist jemand in Christus, gewinnt er eine neue Identität. Was interessiert noch, was die und der gestern waren und verübten? Die Vergangenheit ist echt getilgt, nicht etwa verdrängt. Alles wird neu! Was wäre das Neue? Jeder von uns erhielt eine neuartige Aufgabe, ein Ehrenamt, das keiner ablehnen kann: die Verantwortung dafür, dass die Welt sich versöhnt. Das ist der Kern des Evangeliums: Gott versöhnt diese krumme, verzerrte, verkrampfte Welt mit sich selbst, will nicht mehr den Richter spielen. Eine ungeheure, kaum zu beschreibende Befreiung findet statt, am Kreuz. Dort wird das Wort von der Versöhnung aufgerichtet. Vom Kreuz herab bittet Christus: ‚Die Welt kann sich, soll sich nach neuen Maßstäben bewegen!' Jeder von uns hat darum nur eine Aufgabe. Um die bitte ich euch, als ob Christus vom Kreuz herab euch bäte: ‚Lasst euch versöhnen mit Gott! Versöhnung werde eure Lebensmitte!' Nur so wird wachsen, was Gott und sein Messias sich unter Gerechtigkeit vorstellen" (2Kor 5,11–20).

In Kampf und Untergang, im Dauerspiel von Rache und Vergeltung rufst du, Christus, mir zu: „Lass dich versöhnen mit Gott, versöhne dich mit dir selbst, versöhne dich mit dem Nächsten zum Frieden!" Amen.

Christusträger

Wir ecken in keiner Weise an, damit unser Dienst nie zum allgemeinen Gespött werde (...)! Als Unbekannte und doch durch und durch erkannt, als Sterbende, und siehe, wir leben, als Durchgepeitschte und doch nicht umgebracht, als Betrübte und doch voller Freude, als Arme, die viele reich machen, als die, die nichts haben und doch alles haben. 2Kor 6,39 f.

„Nicht irgendwann sollen Gnade und Glück über den Menschen hereinbrechen. Weder nach seligem Sterben noch am Sanktnimmerleinstag", ereifert sich Paulus. „Jetzt ist der Tag des Heils", wie es die Propheten ansagten (Jes 49,8). „Aber wie sieht das viel gepriesene Heil aus, bei so viel Unbill und Verfolgung, Gefängnis und Folter, die ich, ein Apostel Jesu Christi, durchmache?", fragt er. „Wo sind Heil und Heilung? Wo Geborgenheit und Hilfe? Wo das neu gewonnene Glück, der versprochene Segen? Ich, ein Berufener des gekreuzigten Messias", legt er aus, „bin ein Christusträger, trage das Leiden Christi an meinem Körper herum, stelle es öffentlich zur Schau (2Kor 4,10)! Was ich erdulde, erleide, erlebe an bösen Worten, Verdächtigungen und realen Verfolgungen, die mich an den Rand des Todes bringen, nehme ich um Christi willen auf mich. Seine Existenz geht in meine über. So verkündige ich ihn nicht nur mit Worten, sondern mit meinem Leben. Er wurde gekreuzigt, ich werde verfolgt. Mir wird wichtig: Ich will meiner Lebensaufgabe gerecht werden, Christus zu dienen. Ich will nicht Böses mit Bösem vergelten, nicht Hass mit Hass erwidern. Ich versuche christusgerecht zu leben: Ich bin Christusträger! Widerwärtigkeiten und Bedrohungen möchte ich mit Anstand begegnen. Ich gebe mir Mühe, wache, faste, versuche, so meinen Schmerz zu lindern, meine Wut zu läutern. Ich falle nicht auf jede Provokation herein. Mit dem Leiden des Messias gezeichnet, ziehe ich Christus an. Ich möchte mein Taufgewand nicht nur äußerlich tragen. Ich versuche, einen klaren Kopf zu behalten, will mich nicht von Feindbildern und Vorurteilen durchseuchen lassen, will langmütig bleiben, freundlich reagieren, möchte mich nicht bei jedem Streit zur Wut rot einfärben.

Der Heilige Geist soll mich zur Wahrheit anhalten. Ich möchte österlich leben! Darum bitte ich Gott. Ich will, wenn ich schon rechts und links austeilen muss, mit fairen Mitteln, mit sauberen Waffen kämpfen. Und kämpfe mich so durch Schande, Verleumdung und böse Gerüchte zur Ehre durch" (2Kor 6,1–10).

Gott, bleibe ich wahrhaftig, vor dir, vor mir selbst? Passion und Ostern des Messias durchatmen mich. Lass mich christusgerecht leben. Amen.

Gal 1–6

Zur Freiheit befreit

Zur Freiheit hat uns der Messias befreit! Darum steht fest, lasst euch nicht wieder in das Joch der Sklaverei zwingen (...)! Denn im Messias Jesus macht weder die Beschneidung noch das Unbeschnittensein stark. Allein der Glaube stärkt, der seine Energie in der Liebe entfaltet (...) Das Gesetz ist nämlich in dem einen Wort erfüllt (Lev 19,18): „Liebe deinen Nächsten wie dich selbst!“

Gal 5,1.6.14

Hätte Paulus den Galaterbrief vor dem Apostelkonzil 48 n. Chr. geschrieben, stimmten seine Angaben über seine Entwicklung zum Missionar (Gal 1,6–2,21) mit der Darstellung der Apostelgeschichte überein (Apg 15,1 ff.). Im Galaterbrief erzählt er nichts von einem Treffen mit allen Aposteln in der Jerusalemer Urgemeinde unter der Leitung des Herrenbruders Jakobus, das nach der ersten Reise stattfand. Die Schärfe der Auseinandersetzung, die Konterkarierung seiner Gegner in Jerusalem passt in eine frühe Zeit. Unbekümmert zieht Paulus scharfe gesellschaftliche Konsequenzen aus seiner revolutionären Messiastheologie: In Christus sind alle Klassen- und Religionsunterschiede aufgehoben. In ihm werden alle Menschen eins (Gal 3,28). Die Thora mit ihrer religiösen Praxis wird im Messiastod erfüllt. So redet eher ein begeisterter Neubekehrter! Aber wann hätte Paulus in Galatien missioniert? Wäre der Galaterbrief nach dem Apostelkonzil entstanden, passte das von Lukas geschilderte Friede-Freude-Eierkuchen-Festival mit vernünftigen Kompromissen nicht ins Bild. Das Konzil antwortet ja nicht auf die Frage: Wie steht es mit der Mahlgemeinschaft von Juden- und Heidenchristen, wenn diese irgendwo im Römerreich eine messianische Gemeinde bilden möchten? In Jerusalem gab es nur Judenchristen, aber in Korinth, in der Provinz Galatien?

Die Paulustexte aus dem Galaterbrief (Gal 4,1–5,26) fassen zusammen: Christus hat die Menschheit befreit. Eine nachträgliche Beschneidung der neu bekehrten Hellenen wäre Gift für die Gemeinde, eine Verfälschung des Evangeliums, eine erneute Versklavung der Gläubigen. Das Gesetz wird erfüllt, indem die messianische Gemeinde dem Gebot der Nächstenliebe gehorcht. Paulus zitiert aus der Bibel (Lev 19,18), nimmt prophetische Forderungen auf: „Die Liebe ist des Gesetzes messianische Erfüllung (Röm 13,10)! Liebe ist nicht imaginär, kein schwammiger Begriff des Guten. Sie zielt auf Menschen nah und fern. Ich, ich soll dem Anderen in guten und bösen Tagen beistehen!“

Wer befreit ist, kann befreien, lieben und andere zur Liebe bringen. Hilf, Herr meines Lebens, dass ich nicht vergebens hier auf Erden bin. Amen.

Geschwisterlichkeit

Brüder, wenn irgendein Mensch von irgendeiner Grenzüberschreitung übermannt wird, umtönt ihr Geistbegabten diesen Menschen in gewaltfreiem Geist aufs freundlichste! Achte dabei darauf, dass du nicht selbst der Versuchung erliegst. Gemeinsam tragt das Schwere, an dem jeder Einzelne zu tragen hat. So erfüllt ihr des Messias Gesetz. Gal 6,1 f

Paulus versuchte, in Galatien zu missionieren. Er kam in diese Gegend auf seiner zweiten Missionsreise, aber er fasste nicht Fuß. „Sie zogen durch Phrygien und die Landschaft Galatien, kamen durch diese geschlossenen Keltensiedlungen. Aber es wurde ihnen vom Geist verwehrt zu predigen", berichtet die Apostelgeschichte (Apg 16,6 f.). Dieser Hinweis könnte versteckt andeuten, dass sich die Galater nach anfänglichem Missionserfolg des Paulusteams anderen christlichen Missionaren öffneten, die nicht so revolutionär wie Paulus dachten, zur Anpassung bereit, auf der Hut, die eigene Haut zu retten.

„Wenn ihr euch beschneiden lasst", beschwört Paulus die Gemeinde, „habt ihr nichts verstanden. Das Prinzip des Evangeliums habt ihr nicht begriffen. Diese neue Religion, die nur den Ersten Bund erfüllen möchte, ist kein Messiasglaube. Was ist eine Beschneidung? Eine religiöse Handlung, ein Ritus, der verbindet! Das soll jedem heilig bleiben. Aber bewirkt die Beschneidung eines Unbeschnittenen automatisch, dass aus ihm ein Helfer würde, der einem Anderen beistünde, Aufgaben mit ihm gemeinsam trüge, Lasten des Nächsten übernähme? So ein ritueller Akt wird leicht zur Selbstbeschäftigung, Selbstbestätigung, wie ja auch eure Taufe zur Selbstbestätigung verkommt, wenn sie euch nicht in ein aktives, dienendes Christentum bringt.

Deswegen, wenn einer einen Fehler macht, bringt ihn sanft auf die richtige Bahn zurück! Denkt daran, dass jeder und jede von euch selbst in Schwierigkeiten geraten kann, aus denen er ohne fremde Hilfe nicht wieder herauskommt. Ja, dieser Kern des Evangeliums soll euch in Fleisch und Blut übergehen, für den anderen dazusein und mit ihm und für ihn zu leben. Gibt es einen Lohn, irgendeinen Ruhm? Keinen! Höchstens dies: Wenn jeder nur seine eigene Last trägt, bleibt er allein, wird er zum isolierten Egoisten, zum Autisten seiner Zukunft. Lasten mitzutragen macht reicher, macht reifer, macht frei" (Gal 6,1–18).

Gott, bewahre mich vor diesem Selbstbetrug, ich hätte etwas aus mir gemacht. Alles, was ich bin, bin ich durch dich. Bringe du mich zum Nächsten, zu seiner Lebenslast und so zu mir selbst zurück. Amen.

Wie der Messias Jesus

Diese Gesinnung entwickelt unter euch, wie sie auch im Messias Jesus
Phil 2,5 *atmete!*

Es schließt sich ein Christushymnus an, den Paulus aus einer Gemeindeliturgie aufgreift und in dieses Sendschreiben nach Philippi einflicht. Es ist ein Schreiben aus der Gefangenschaft, entweder aus der in Ephesus, 55 n. Chr., oder aus der in Rom, 61 n. Chr. Ein Hinweis auf Sympathisanten im Kaiserhaus macht die Abfassung des Briefes in Rom wahrscheinlich (Phil 4,22). Ein Gefangenschaftsbrief, der vor Freude und Mut vibriert? In Philippi hielt Paulus seine erste Predigt auf europäischem Boden. Ein Leben lang blieb er dieser Gemeinde treu, die Gemeinde ihm. Dem Brief spürt man dieses Vertrauen an. Die reichen Philipper ließen es sich nicht nehmen, Paulus finanziell kräftig zu unterstützen.

„Jeder soll sich in die Gemeinschaft mit dem Messias Jesus einfühlen", meditiert Paulus, „soll wie der Messias denken und leben, eine Messiasexistenz führen. Dieser hatte ein göttliches Amt inne, aber er klammerte sich nicht an das Bewusstsein, er sei Gott gleich, habe göttlichen Status. Er legte, wie man Kleidung ablegt und schließlich nackt und bloß dasteht, seine Göttlichkeit ab. Alles Herrschaftliche streifte er ab, stand als nackter Mensch da, ängstlich, frierend, hungrig, weinend, der Gewalt ausgesetzt, ein Wehrloser unter gewalttätigen Menschen. Niemand hätte noch sagen können, er lebe in göttlichem Auftrag. Er stieg Stufe um Stufe tiefer, bis ganz nach unten. Er gehorchte Gott bis in das Sterben, bis in den Kreuzigungstod. Weil er sich niedrig und ohnmächtig machte, sich dem Herrschaftswahn der Menschen auslieferte, erhöhte ihn Gott. Er gab ihm einen Namen, der alle Namen von Menschen, Naturkräften und Himmelsmächten übersteigt: Jesus! Der Name bedeutet *Retter, Befreier*. In diesem Gottesnamen beuge ich meine Knie, gemeinsam mit euch. Nicht nur wir, die wir ihm vertrauen, fallen vor ihm nieder. Alles, was auf und in der Erde und in den Stratosphären des Kosmos atmet, webt und lebt, soll vor ihm niederknien, in ewigem Gesang bekennen. ‚Jesus, der Messias, ist der Herr!' Nichts und niemandem soll dieser Lobgesang gelten, nur Gott, unserem Vater. Ihm allein werden Reich und Kraft und Herrlichkeit gehören, gehören ihm schon jetzt" (Phil 2,1–18).

Aus Gesang und Anbetung sollen Nachfolge und Dienst werden. Furcht und Zittern kommen mich an. Gott, du wirst beides bewirken, mein Wollen und mein Vollbringen. Danke! Amen.

Der Herr ist nahe!

Freut euch im Herrn immer und dauerhaft! Ich wiederhole: Freut euch! Eure Milde und Freundlichkeit lasst alle Menschen spüren! Der Herr ist nahe! Macht euch keine Sorgen! In jeder Lage lasst das, was euch auf dem Herzen liegt, mit Bitten und Flehen und doch voller Dank vor Gott kommen. Gottes Friede, der alle menschliche Vernunft übersteigt, bewache euer innerstes Leben im Messias Jesus. Phil 4,4–7

Paulus hat im Gefängnis Zeit zum Nachdenken. „Was wird aus mir?" Auch wenn es in der Umgebung des Kaisers, dem Paulus sich verantworten möchte, Freunde gibt, ist nichts entschieden (Phil 4,22). Die Sache des Evangeliums steht nicht schlecht, auch wenn Paulus unter Arrest bleibt; auch wenn andere jetzt in Philippi evangelisieren, selbst Gegner des Paulus. In düstere Gedanken versunken, beseelt den Apostel eine reale Sehnsucht nach dem himmlischen Christus. Er jagt dem Siegespreis seiner himmlischen Berufung nach (Phil 2,14). Und doch, so hofft er, wird er als freier Mann nach Philippi reisen (Phil 2,24). Jetzt gilt es, im Leiden kämpferisch für das Evangelium einzutreten (Phil 1,15–30). Diese Passagen münden in einen eschatologischen (i) Jubel ein: „Was euren und meinen Tag überschattet, Gemeindeintrigen oder etwaige Gerichtsprozesse – im Messias ist Freude, Freude angesagt. Der am Kreuz sterbend den Anbruch des Neuen einleitet, nimmt uns, seine Geschwister, in dieses Neue hinein, schon jetzt. Er litt und stieg nicht zum Himmel auf, um sich dort zu verstecken. Er, den Gott in die Herrschaft einsetzte, er, dessen Name hörbar und unhörbar alle Elemente ausrufen, wird kommen, nicht irgendwann einmal. Nein, der Herr ist nahe!" Darum sind Freude und Liebe, Fröhlichkeit und zärtliches Wesen der neue Atem der Christen, ihr Element, wie es die Gemeinde in Philippi im Zusammenhalt mit dem internierten Apostel demonstriert (Phil 4,1–20). Diese Welt ist von Unrecht und Krieg, vom Sterben und Vergehen gezeichnet.

Der Messias kommt? Sein Kommen meint keineswegs ein geistiges Nirwana, ein leeres Loch, auch nicht ein hilflos düsterer Weltuntergang. Sein Kommen bedeutet die reale Ankunft einer gerechten und friedvollen Herrschaft. Wie hat Gustav Heinemann gesagt: „Fremde Herren gehen, unser Herr kommt!"

Gott, meine Zukunft, die Zukunft dieses Kosmos ist die Zukunft des Gekommenen, meines Herrn Jesus. Lass mich gelassen werden im Streit um Macht und Ehre. Schenke mir Mut, mein Lachen in der Angst! Amen.

In ihm

In ihm wurden wir als Erben ausgelost, als Eigentum eingesetzt, wurden von Anfang an nach der Entscheidung dessen berufen, der alles energisch betreibt, was sein Wille beschließt: Wir leben, um seine Herrlichkeit zu loben, wir, die wir doch längst auf den Messias hofften. In ihm hörtet auch ihr das Wort seiner Wahrheit, das Evangelium eurer Befreiung! In ihm kamt ihr zum Glauben. In ihm wurdet ihr mit dem Heiligen Geist, der alle freiheitliche Zukunft verheißt, versiegelt. Der Geist gilt als eine erste Ratenzahlung auf jenen Umstand, dass wir tatsächlich Erben sind, Befreite, als sein Eigentum freigekauft, um seinen Glanz, seine Ehre zu loben. Eph 1,11 bis 14

Einige Briefe des Zweiten Testaments, abgesehen von den Johannesbriefen, dem Jakobus- und dem Judasbrief, stehen Paulus nahe, was Inhalte betrifft. Jedoch wird nicht wiedergekaut, was der Apostel in seinen Briefen niederschrieb. Es wird erweitert. In neuer Sprache, mit neuen Bildern wird die Gemeinde zum Glauben und Leben ermutigt. Dabei bilden diese im Namen des Paulus geschriebenen Briefe keinen Einheitsglauben aus. Es gibt Verwandtschaften, zugleich eine sich verzweigende Akzentuierung von Inhalten.

Können wir Paulus in den Ausführungen des Epheserbriefes wiedererkennen (Eph 1,11–14)? Der Epheserbrief wird wie der Kolosserbrief Paulus zugeschrieben. Vielleicht nahm ein Schüler, eine Schülerin des Paulus dessen Gedanken auf. Der Verfasser umschreibt das Thema: „Juden und Heiden leben gemeinsam in Christus!" Was Paulus im Römerbrief ausführt, die unaufgebbare Gemeinschaft von Juden und bekehrten Heiden (Röm 9–11), variiert der Epheserbrief: „Die Fernen sind die Nahen, die Nahen rücken uns nicht fern! Im Christusleib werden messianische Menschen aus verschiedenen Kulturen eins. Sie werden zu Bürgern in Gottes Haus. Gäste und Fremde avancieren zu Mitbürgern: Die Gemeinde (i) – der eine Christusleib! Er, Christus, lebt in uns" (Eph 2,11–22)! Ein mystisch-geistiger Christusleib umspannt die Erde, die Gemeinde, deren Haupt Christus ist! Alle Mystik hat sich jedoch in Weltverhältnissen real zu bewähren. In konkreten Vorschlägen zur dienstlichen Lebensgestaltung wird dies dargelegt (Eph 4,17–6,9). Zwar fehlt eine Mahnung an die Heidenchristen, sich den nichtmessianischen Juden gegenüber nicht arrogant zu gebärden. Allerdings wird inbrünstig zum Frieden aufgerufen. „Christus ist unser Friede!" (Eph 2,14)

Christus, dein Geist versiegelt uns zu deinem einen Leib. Amen.

Einigkeit im Geist

Ich, ein Gefangener im Herrn, bitte euch: Entwickelt euch in Menschenwürde, wie sie euch in eurer Erwählung geschenkt wurde. Zur Würde wurdet ihr berufen. Darum lebt bescheiden und gewaltfrei, lasst euch von Langmut prägen. Tragt euch in Liebe, einer den anderen! Strengt euch an, beweist Geisteseinigkeit, ein Friedensband verbinde euch! Ein Leib, ein Geist, wie auch ihr zu einer einzigartigen Erwählungshoffnung berufen wurdet: Ein Herr, ein Glaube, eine Taufe, ein Gott und Vater aller, der wirkt über allen, durch alle, in allen. Eph 4,1–6

Drei Briefe des Zweiten Testaments wurden als Paulusbriefe verfasst, die wir Pastoral-, auch Hirtenbriefe nennen (1. und 2. Timotheus, Titusbrief). Sie bevorzugen eine knappe Sprache, vermeiden Ausuferungen, betonen die Einheit des Glaubens an den einen Gott Jesu Christi und warnen vor Experimenten. Alles bleibt im Rahmen christlich-jüdischer Moral. Christen und Juden rücken zusammen, im Messias geeint.

Der Epheserbrief nimmt sich wie der Kolosserbrief vor, das In-Christus-Sein der Gemeinde und des Einzelnen – ein Bild, wie es Paulus gebraucht – weiterzudenken: Nicht aus eigener Anstrengung seien die Epheser frei geworden, sondern aus Gottes Gnade. Ihr Glaube sei Gabe, nicht Leistung. Wer von Werken spreche, müsse Gottes Befreiungswerk in den Vordergrund stellen. „Wir sind sein Werk“, sagt der Autor, „dazu bestimmt, gute Werke zu tun. Im Messias Jesus geschieht das!“ (Eph 2,8–10). Aus dieser paulinischen Haltung wächst die Herausforderung zur Einigkeit im Geist: „Der eine Gott wirkt in dem einen Christus. Der sammelt seine eine Menschheit zu einem Glauben, beruft sie zu einer Hoffnung, verbindet uns in einer Taufe zu einer Gemeinde! Die Liebe ist das Band, das uns verknüpft, nicht das Dogma!“ (Eph 4,1–24). Die eine Kirche kündigt sich an, die die vom Geist gewirkte Gemeinde bleiben will.

Gott, manchmal betone ich, ich stünde vor dir, allein dem Gewissen verpflichtet. Manchmal sehne ich mich nach einer Kirche, die in Einheit gemeinsam glaubt, lebt und wirkt. Schenke mir die Einigkeit im Geist, die mich und Menschen verschiedener Kirchen zur Liebe heute umschließt. Amen.

Wiedergeburt

Gelobt sei Gott, der Vater unseres Herrn Jesus Christus, der uns aus der Fülle seines Erbarmens nochmals zur Welt kommen ließ, zu lebendiger Hoffnung geboren, weil Jesus Christus von den Toten auferstand. Sein Weg wurde zum Erbe, unvergänglich, unverwelklich, makellos, das im Himmel für euch aufbereitet wird. Gottes Macht behütet euch durch das Vertrauen. Ihr seid darauf vorbereitet, dass jetzt, im Endzeitalter, das Heil durch euch enthüllt werde (...) Ihr wisst, ihr wurdet nicht mit vergänglichem Silber oder Gold aus nichtssagendem Leben losgekauft, wie es von Generation zu Generation lief, sondern mit dem teuren Blut Jesu Christi, des unschuldigen und unbefleckten Lammes. 1Petr 1, 3–5.18

Die Urgemeinde war erfüllt von der Hoffnung auf die Wiederkunft des Messias, vor dessen Richtstuhl alle erscheinen müssten (2Kor 5,10). So schrieb Paulus. Unser Brief akzentuiert neu. „Der Messias ist auferstanden. Wir leben in der Endzeit, in der Zwischenwirklichkeit zwischen altem und neuem Äon. Auf Erden brechen Verfolgungen an. Aber im Himmel wird unsere unauslöschliche Wirklichkeit aktiv bewahrt. Dort wird unsere eigentliche Geschichte gemacht. Wir leben hier, zur Hoffnung wiedergeborene Menschen, Zukunftsmenschen mit neuem Denkansatz. Hier, in der Fremde, führen wir aus Gottes Barmherzigkeit ein Leben in der Ehrfurcht vor ihm. Das ist notwendig. Schließlich wurde ein kostbares Lösegeld bezahlt, das Blut des Lammes (i) Jesus, fehlerlos wie das Passahlamm."

Die Gnosis (i) predigte Gleichgültigkeit gegenüber dem Leib, lebte sie aus, Askese und Libertät, Verzicht auf Genuss und zugleich Verzicht auf Heiligung im Alltag. Was ging in den Köpfen der Gnostiker vor, die alles, wie sie sagten, erkannten? Das Verb (griech.) gignoskein, *erkennen*, bezeichnet im Ersten Testament den Geschlechtsakt, auch das Erkennen Gottes. Verwirrung? Entsetzen? Wie dachten die Christen, diese Gnostiker, über die Identität des Messias Jesus von Nazaret? Hatte sich bei ihnen nicht längst der jüdische Rabbi zum pantheistischen Ideengebilde verflüchtigt? Wie kam die Christengemeinde vom obskuren Ruf los, sie sei eine staatszerstörende, familienfeindliche, zukunftsvernichtende Sekte des Judentums?

Zurück zum Glauben der ersten Stunde! Das Lamm ist der Knecht (i), der Sohn, mit kosmischer Herrschaft betraut, in Gottes Atem und Geist, für uns, in uns, durch uns! Und wir, die Freigelassenen, sollen heilig leben. Denn Gott ist heilig (1Petr 1,16; Lev 11,44).

 Christe, Lamm Gottes, Rabbi Jesus, erbarme dich. Amen.

An seinem Leibe

Christus trug unsere Sünde an seinem Leibe auf das Holz hinauf, damit wir, aus der Verfehlung weggeholt und neu geboren, für die Gerechtigkeit leben. Durch seine blutunterlaufenen Striemen wurdet ihr heil, gesund, kamt frei. Ihr wart wie umherirrende Schafe, nun aber seid ihr beim Hirten und Bischof eures Lebens daheim. I Petr 2,24 f.

In unserem Text liegt ein deutlicher Rückgriff auf das Knecht-Gottes-Lied des Jesaja vor, ohne dass das Zentralwort (griech.) pais theou, *Knecht Gottes* (i), aufgegriffen würde. Wir wissen inzwischen: Das (griech.) Wort pais bedeutete seinerzeit *Lustknabe*, was die Zitation dieses Begriffes, auch wenn der ersttestamentliche Hinweis hochmessianisch klang, verbot (Jes 52,13–53,12).

Wir erinnern uns auch: Im Jesajabuch tritt der unbekannte Prophet in der Gemeinde auf. Er wird von der Staatsmacht Babylonien wegen Volkshetze hingerichtet. Zu spät erkennt die Gemeinde ihren Fehler. Sie lässt den Propheten, dessen Zukunftspredigt sich bewahrheitet, in Stich. In unserem Text finden sich Zitatenanklänge an das Requiem des ermordeten Propheten: Er trug unsere Sünde hinauf an das Holz (Jes 53,4); durch seine Wunden seid ihr geheilt (Jes 53,5); ihr wart wie irrende Schafe (Jes 53,6).

Die Textcollage aus dem Petrusbrief zeigt, wie die frühe Urgemeinde den Tod Jesu verarbeitet: Jesus ist dieser Gottesknecht aus Jesaja, der hingerichtet wird, ein Unschuldiger, den die Gemeinde allein lässt, der stellvertretend für viele stirbt und so die Gemeinde vor Vernichtung bewahrt; einer, der Gerechtigkeit sucht, sich so dem Widerspruch der Welt aussetzt: Knecht Gottes, Messias, Hirte und Bischof unserer Seelen. Gott errettet, erhöht ihn.

Ich erinnere an die Passahhaggada (i) der Urgemeinde: „In der Nacht, da er verraten wurde (…)!“ Das (griech.) Verb paradidomi heißt *verraten, ausliefern, überliefern*. In der Nacht, als Jesus verraten, ausgeliefert wird, wird er zur rettenden *Überlieferung*. Wir sind nahe am Messiasgeheimnis. Der die messianische Zeit predigt, wird in seiner Auslieferung zur Messiasüberlieferung. Ich erinnere mich: Jenes „Das tat ich für dich! Was tust du für mich?“, diese Frage, in ein phosphoreszierendes Pappkreuz eingestanzt, aufgehängt im Wohnzimmer meiner Großmutter, half mir zur Entscheidung für diesen gekreuzigten Jesus. Er ließ sich gefangen nehmen, kreuzigen, damit viele davonkämen, auch ich. Ein Weg zu mir, mit mir, für mich, eine Einladung an mich!

Gott, mit dem Kommen deines Knechtes veränderst du die Welt, verändert sich meine Situation. Mitten in der Weltpassion beginnst du dein Ostern, für mich, mit mir. Mein Herr Jesus, dein Nahesein bringt tiefen Frieden ins Herz hinein! Amen

Ganz und gar

Ein für alle Mal starb der Messias wegen menschlicher Verfehlungen. Ein Gerechter starb für Ungerechte, damit er uns zu Gott brächte. Was das Körperliche angeht: Er wurde getötet. Im Hinblick auf den Geist: Er ist lebendig! Was den Geist betrifft: In ihm brach er auf, predigte den eingeschlossenen Geistern, die den Gehorsam verweigerten, während Gott langmütig und geduldig wartete, wie in Noahs Zeiten, als man die Arche konstruierte, in der nur acht Menschenleben gerettet wurden, aus dem Wasser heraus.

1 Petr 3,18 bis 20

Wann wurde der Rabbi Jesus zum Sohn Gottes? Paulus konnte noch unbefangen sagen: in seiner Auferstehung (Röm 1,2 f.). Für Markus festigte sich die Sohnesidentität, von Gott verliehen, in Taufe und Verklärung Jesu (Mk 1,11; 9,7). Bei Johannes stehen Vater und Sohn von Anfang an in Beziehung. Gottes Wort wird Mensch (Joh 1,14). Matthäus und Lukas legen den Beginn der Sohnschaft in vorgeburtliche Vorgänge (Mt und Lk 1–2). Beide bereiten nicht geflissentlich das Dogma von der unbefleckten Empfängnis vor. Sie stellen die Identität des Sohnes auf ihre Weise fest, in der (griech.) sarx, im *Fleisch*, genau: im *Menschen* Jesus, in der Leiblichkeit seines Lebens. Darum erhalten diese Evangelien einen Vor- und Nachbau, weihnachtliche Vor- und österliche Nachgeschichten. Bei Markus fragt Jesus mit einem Psalmgebet, warum Gott ihn verlassen habe (Ps 22,2 ff.; Mk 15,34). Markus erzählt vom leeren Grab und vom österlichen Neuanfang in Galiläa (Mk 16,1–9).

Geschichten von leiblichen Erscheinungen des Auferstandenen verdeutlichen erst bei nachfolgenden Evangelisten: Der Messias wird nicht lose mit dem Geist Gottes belegt, der ihn vor dem Sterben wieder fluchtartig verlassen hätte. So leicht sind Geist und Fleisch nach jüdischer Auffassung nicht zu trennen! So leichtfertig setzt sich der Messiasglaube nicht griechischer Philosophie aus, der Leib sei das schmerzbesetzte Gefängnis der Seele, aus dem diese befreit werde! Der Messias lässt Gott ganz und gar Mensch werden. Statt Seelenrettung Auferstehung! Statt Jenseitsflucht Wiederkunft! (Mt 28,1 ff.; Lk 24,1 ff.; Apg 1,1–14; Joh 20,1–21,25). Im gekreuzigten Auferstandenen erscheint Gottes Barmherzigkeit ein für alle Mal. Den gefangenen Engeln, den vor Ostern Verstorbenen und allen nachösterlichen Gläubigen wird Befreiung angesagt. Ich werde frei zu neuem Leben, jetzt! (1 Petr 3,18–22; 4,6)

Gott, ganz und gar wirst du Mensch, wirkst und stirbst und stehst auf und machst mit mir und allen einen neuen Anfang, der Erde und Himmel umschließt, in Wort, Taufe und Geist, ganz und gar. Amen.

Dient einander

Das Ende von allem kommt. Es wird eng. Darum lebt besonnen, betet mit nüchternen Worten. Vor allem: Hegt und pflegt untereinander eine aufmerksame, sensible Liebe. Denn Liebe hüllt vieles, was wir falsch machen, nachsichtig ein (Sprüche 10,12). Seid gastfreundlich untereinander ohne rumzustöhnen. Jeder diene dem anderen mit der Gabe, die er empfing! Werdet so zu guten Ökonomen der bunten Gottesgnade. Predigt jemand, soll er Gottes Wort auslegen! Übt jemand das Diakonenamt aus, soll es aus der Kraft sein, die Gott selbst spendet. So werde in allem Gott durch Jesus Christus gepriesen. Sein sind Ehre und Gewalt von Zeitalter zu Zeitalter! Amen. 1 Petr 4,7 bis 11

Die Angst der Urgemeinde in Jerusalem war groß, der bisherige jüdisch-messianische Weg werde verlassen, die Gemeinden könnten in eine freie Geistigkeit umschwenken, brächen die Brücken zum Wirken des Jesus von Nazareth ab, erhöben ihn zu einem Geistwesen, dessen Wichtigkeit erst mit seiner Auferstehung beginne. Weder seien Traditionen Jesu noch der Urgemeinde wichtig zu nehmen. Gemeinden schössen wie Pilze aus dem Boden, die von der jüdischen Wurzel nichts mehr wüssten. Das Erste Testament, jüdische Theologie und Tradition verschwänden von der Bildfläche.

Um 140 n. Chr. bot ein gewisser Marcion der Romgemeinde enorme Geldsummen an, wenn er ihr Bischof werden dürfe. Die Romgemeinde willigte ein, schaffte auf Marcions Geheiß jede bisherige Schrifttradition ab, ließ nur noch die Lukasschriften und Paulusbriefe als Lehrmaterial zu. Marcion war Gnostiker (i), für den die Erde, der eigene Leib nur schäbige, faulige Durchgangsstationen waren. Der reine Geist ohne alle Leiblichkeit sei das Wahre. Die römische Gemeinde erkannte rechtzeitig, was sie sich eingebrockt hatte, zahlte die Bestechungsgelder an Marcion zurück, entließ ihn und entdeckte die Juden Jesus und Paulus, die Deuteropaulinen, das urgemeindliche Bekenntnis sowie das Erste Testament neu: „Alles Fleisch, vergänglich wie Gras, wird die Herrlichkeit Gottes sehen!“ (Jes 40,5 ff.) Darum bleibt alles Leibliche wichtig, die Herkunftsgeschichte der Gemeinde im Ersten Testament, ihre Alltagsordnung, die Heiligung des Leibes. Der auferstandene Herr kommt bald, dabei bleibt es. Aber diese Erwartung fordert zu Gastfreiheit, Liebe und Versöhnung heraus. Predigt und Diakonie brauchen eine Gemeindeordnung, Besonnenheit und Nüchternheit, kein freigeistiges Drunter und Drüber!

Gott, stocknüchtern will ich leben, planen, wirken und lieben! Amen.

Gemeindeordnung

Ich, Mitältester und Zeitzeuge der Christusleiden, ermahne euch, die Ältesten. Ich bin ja zugleich ein Mitgenosse der Zukunftsherrlichkeit, die nun enthüllt wird: Weidet die Gottesherde, die bei euch ist! Nicht mit Zwang, sondern auf freiwilliger Basis, aus Gott! Nicht in schmutziger Gewinnsucht, sondern mit Herzenseifer, nicht als Machthaber über das Erbe,
1 Petr 5,1 *sondern als Vorbilder der Herde. Wenn nun der Erste der Hirten erscheint,*
bis 4 *tragt ihr den unverwelklichen Ehrenkranz der Herrlichkeit davon.*

Auch die Jüngeren sollen sich der Gemeindeordnung fügen, sollen auf arrogante Töne verzichten. Wer hochmütig lebe, müsse mit Widerständen rechnen, von Gott und Menschen; wer demütig lebe, dürfe auf das Verstehen und auf Freundlichkeit hoffen. Die Hand Gottes drücke schwer auf der Gemeinde, Verfolgung liege in der Luft? Die Gläubigen dürften hoffen und vertrauen, Gott werde sie erhöhen, wie er den Herrn erhöhte: „Alles Sorgen ist bei ihm (1 Petr 5,5–7)!" Der eschatologische (i) Antrieb ist verflogen. Aber es wird gemahnt, sich auf den Anbruch des Reiches Gottes jetzt im Leiden vorzubereiten.

Auf das Ganze gesehen ist Kirchenzeit. Die Gemeinde (i) soll in dieser heiklen Welt ein Ordnungsleben führen. Demütiger Dienst für Alt und Jung ist in der Gemeinschaft angesagt, die wir bald Kirche nennen werden. Die Gefahr, dass Chaosmatiker das Gemeindeleben aufmischen, ist groß, gerade in Verfolgungszeiten. Darum hängen Paulus und alle seine Schüler so leidenschaftlich am Gemeindedetail, kämpfen um das, was die Väter und Mütter im Glauben die Heiligung des Leibes nennen. Ein Christentum ohne Leibsorge verkommt zur Ideologie, zum leeren Dogmatikschwatz. Darum auch treten Diakonie und Fürsorge füreinander in den Briefen des Paulus und seiner geistigen Nachfahren so deutlich zutage, weil alle Schreiber den Gedanken abwehren möchten, das Christentum passiere nur im Kopf, nicht im Herzen, vielleicht auch noch in der Seele, habe aber wenig mit den Realitäten dieser Erde zu tun. Die Generation nach Paulus hat eindringlich erkannt: „Gottes Erlösungswerk ist nur halb getan, wenn es nicht unter uns zur Konkretion der Liebe, des diakonischen Dienstes am Nächsten, des vorbildhaften Gemeindeaufbaus kommt. Bindet die Schürze um, bleibt auf dem Teppich!" (1 Petr 5,1–6)

Eine Gemeindeordnung, mit der sich die Kirche vor der argwöhnischen Welt als vorbildlich präsentiert, muss sein? Gott, ich will der Gemeinde dienen, aber sie soll mich nicht beherrschen. Einverstanden? Amen.

Seid nüchtern und wacht

Seid nüchtern, wachsam! Der Durcheinanderwirbler, der das Recht umstößt, streift umher, ein brüllender Löwe, der etwas zu fressen haben will. Dem stellt euch unumstößlich entgegen, im Glauben fest. Ihr wisst, dieselben Leiden kommen nun über eure Brüder weltweit. Der Gott aller Gnade hat euch jedoch zur Herrlichkeit des neuen Zeitalters im Messias Jesus berufen. Der wird euch, die ihr kurzzeitig leidet, ausrüsten, festigen, stärken, fundamentieren. Ihm sei Macht von Zeitalter zu Zeitalter. Amen! 1Petr 5,8 bis 11

Gott, dessen Gegenwart, Wirkungsmacht im Himmel jubelt, singt und geschieht, entfaltet diese Macht und Herrlichkeit im Messias und seiner Gemeinde schon jetzt hier auf dieser Erde, auch wenn Jüngstes Gericht und Neues Jerusalem noch auf sich warten lassen. Die Anzeichen seines Ankommens werden in der Leidensgeschichte der Christen sichtbar, wie unser Brief es deutet: „Die augenblicklich schlimmen Verfolgungen sind nicht Beweise der Teufelsmacht, sondern gerade in ihrer Brutalität Beweis für Gottes ankommende Geschichte, die längst wie beim Messias, nun auch bei uns in Leiden und Märtyrertod im Vollzug ist! Was wir Christen erleiden, ist das Messiasleiden des einen Christus, das nun zum Leiden aller wird. Doch gerade darin zeigt Gott, dass es ihm Ernst mit seiner Hingabe für uns Menschen ist. Er hat sich selbst in der Kreuzigung Jesu Christi aufs Spiel gesetzt. Dieses ganz konkrete Kreuz kommt nun auch über uns, die Gemeinde“ (1Petr 4,1–5,11).

Es bleiben ein nüchternes Christsein, ein waches Leben in dieser Welt, der es nicht zu entfliehen, sondern die es zu bestehen und zu gestalten gilt. Es bleibt auch die Liturgie. Es bleibt der Segen, mit dem die Gemeinde, berufen, gekräftigt und ermutigt aus dem Gottesdienst in diesen tobenden und brüllenden Weltalltag entsandt wird.

Es sei erinnert, wie die ersten Christen ihre Gottesdienste feierten. Sie sangen und lobten Gott die ganze Nacht. Es wurde gepredigt und gelehrt. Sie erwarteten ihren Herrn in dieser Nacht, der Nacht nach dem Sabbattag, der sich in die anbrechende Woche hinein verlängerte. Wenn der Messias in dieser Nacht nicht erschien, feierten sie in die aufkommende Morgenröte hinein das Mahl des Herrn, im Brechen des Brotes, in der Darreichung des Kelches. Und übernahmen Verantwortung, überall, wo es nötig war.

Gott, zu deiner Herrlichkeit berufen, erleben wir dich, den ankommenden Herrn, in der Gemeinschaft der Gemeinde und im Dienst an dieser Welt, in Leiden und Kampf, in deiner Mahlzeit mit uns. Amen.

Ysop und Jubel

Enthüllung Jesu Christi, die Gott ihm gab, um seinen Knechten zu zeigen, was in Kürze geschehen muss. Er tat kund und deutete seinem Knecht Johannes durch seinen Engel, den er schickte. Johannes legte Zeugnis vom Wort Gottes ab und verkündete das Zeugnis von Jesus Christus, alles, was er sah: „Glücklich, wer im Gottesdienst vorliest! Glücklich die, welche den Worten der Prophezeiung lauschen und festhalten, was dort geschrieben steht: Die
Apk 1,1–3 *Zeit wird knapp!"*

Die Offenbarung des Johannes muss in ihren zeitgeschichtlichen Bezügen gelesen werden. Sie entstand um 95 n. Chr. Der älter werdende Flavierkaiser Domitian (81–96 n. Chr.) ordnete in Rom eine Verfolgung von Juden und Christen an, als er entdeckte, dass sein Vetter Flavius Clemens und andere Verwandte aus dem Kaiserhaus dem jüdisch-messianischen Glauben anhingen. Der Schreiber der Offenbarung nennt sich Johannes (Apk 1,1.4.9; 22,8), Prophet (1,1–20; 22,9). Er wurde aus kleinasiatischem Raum auf Patmos festgesetzt, auf eine beliebte Verbannungsinsel des römischen Staates (Apk 1,9). Damit rückt der Presbyter Johannes, der in Ephesus lebte, als Urheber der Schrift ins Blickfeld – von ihm berichtet Polykarp von Smyrna, ermordet 167 n. Chr. Das Griechisch dieses Johannes ist so hebräisch-holprig und die Bilder dieses Buches stammen so gedrängt aus der jüdischen Apokalyptik, dass man an den Jesusjünger als Verfasser glauben möchte. Aber diese Vorstelllung taucht erst im 4. Jahrhundert auf. So bleibt viel im Dunkeln. Hebraismen werden in Zitaten und Anspielungen auf das Erste Testament sichtbar. Sie machen sich sprachlich und theologisch bemerkbar.

Apokalypse (i) heißt *Enthüllung, Offenbarung.* Offenbart wird das Ende der Geschichte der alten Art. Gott wirkt die Geschichte, ist ihr Herr, ein lebendiger Gott, der die Bundesgeschichte seines Volkes und der Menschheit prägt. Im Messias-Lamm (i) Jesus geht er in sie ein. Dadurch verändert er sie, wie es der Gottesnamen Jahwe ansagt: „Ich werde sein, der ich sein werde" (Ex 3,14; Apk 1,8). Die Geschichte bricht nicht ab, sie wird in Gottes Neugeschichte überführt.

Gott, du machst Geschichte, wirst Geschichte und veränderst sie so! Sende deinen Engel, dass er mich in allen Weltuntergängen rettet und beschützt, im Namen deines Messias, des Lammes, das gewaltfrei gegen die Urgewalt des Bösen angeht und sie besiegt. Ach Gott, Krieg und Elend stehen auf, Menschen sind verbiestert, hilf mir. Amen.

Sieben Sendschreiben

Johannes an die sieben Gemeinden in der Provinz Asien: „Gnade sei mit euch und Frieden von dem, der ist, war und kommt! Auch von den sieben Geistern vor seinem Thron, auch von Jesus, dem Messias. Der ist ein treuer Zeuge, der Erstgeborene von den Toten und der Vorgesetzte der Könige auf der Erde! Ihm, der uns liebt und frei macht aus unseren Schuldverhältnissen durch sein Blut, der uns zum Königreich umgestaltet und uns zu Priestern macht vor Gott, seinem Vater, ihm sei Ehre und Macht von Zeitalter zu Zeitalter. Amen." Apk 1,4–6

Dass die Offenbarung konkrete messianische Gemeinden im Auge hat, wird an den Sendschreiben an sieben kleinasiatische Gemeinden deutlich: Ephesus, Smyrna, Pergamon, Thyatira, Sardes, Philadelphia, Laodizea. Sieben Leuchter werden vom Seher geschaut. Das Licht gehört nicht unter das Hohlmaß, sondern auf einen Leuchter (Mt 5,14–16)! Inmitten der Leuchter ragt der königliche Mensch auf, in dem sich vergangene und gegenwärtige Zeitalter zur Zukunft vereinen, der Erstgeborene von den Toten. „Ich bin der Erste und der Letzte, bringe allumschließend das Leben zurück. Tod und Leben liegen in meiner Hand, umleuchtet von sieben Sternen, den sieben Engeln, die das Leben der sieben angeschriebenen Gemeinden symbolisieren" (Apk 1,12–20).

Aus der apokalyptischen (i) Umwelt und der Literatur des Zweiten Testaments wird das Bild des (aram.) barnascha, des *Menschensohns*, aufgenommen und neu geformt. Jesus offenbart sich als Menschensohn (i) in Kreuz und Auferstehung. Mit ihm beginnt das österlich Neue (Dan 7,13; Mk 8,31 ff.; Apk 1,7.13 ff.).

Die Botschaft der sieben Sendschreiben? Es sind Mahnworte in ernster Zeit! Der Herr ist nahe! Umso wichtiger sind gemeindliche Reinigungsprozesse. Dabei wird der judenchristliche Habitus, den die Gemeinden unbedingt wahren sollen, hervorgekehrt. Eine gewisse Freigeisterei bedeutet satanische Verführung, zu viel Unbefangenheit gegenüber der Anpassung an heidnisches Alltagsgehabe (Apk 2,1–3,22)! „Siehe, ich stehe vor der Tür und klopfe an" (Apk 3,20).

Gott, Propheten mahnen. Kehren sich die Verhältnisse um? Kehre ich um zu dir? Hilf mir, in gnadenloser Zeit deine Gnade zu suchen, sie von dir, dem Ankommenden, zu erbitten. Amen.

Das siebente Siegel

Der dritte Engel stieß in die Posaune. Da fiel vom Himmel ein großer Stern herunter. Der brannte wie eine Fackel und fiel auf ein Drittel der Flüsse und Wasserquellen. Der Sternenname lautet Wermut. Ein Drittel des Wassers wurde zu Wermut. Viele Menschen starben wegen der Gewässer, weil sie bitter gemacht worden waren.

Apk 8,10 f.

Das Buch hat einen strengen Aufbau, ist straff durchkomponiert, auch wenn es den Eindruck überquellender, charismatischer Bilder vermittelt. Die einzelnen Visionen entwickeln sich, eine aus der anderen heraus: Die Geschichte enthüllt immer neue Geheimnisse, die aus verschiedenen Traditionen erwachsen und zusammengefügt werden, um die eine Geschichte Gottes mit seinen Menschen aus Gegenwart, Vergangenheit und Zukunft in eins zu schauen (Apk 8,1–11,19).

Die Offenbarung wird als apokalyptische Schrift bezeichnet. Apokalypse (i) heißt: Enthüllung. Verhülltes wird enthüllt! Durch verhüllende Redeweise, die sich in Bildern aus biblischen Traditionen entwickeln und ihre geheime Bedeutung haben, wird Geschichte entrollt wie eine Buchrolle. Aber jede Enthüllung ist zugleich eine Verhüllung: Gott führt seine Geschichte in den Wirren der Weltgeschichte. Die Weltgeschichte wird als geheime, noch nicht offenbare, aber dem Glaubenden einsichtige Gottesgeschichte entfaltet. Sie wird entschlüsselt und zugleich verschlüsselt. Geschehene und ankommende Geschichte werden gedeutet, Zukunftsgeschichte aus dem Bisherigen entworfen. Dieser Geschichtsentwurf verschlüsselt sich in Zahlen (i) und Symbolen. Eingeweihte können diese Geheimsprache deuten. Gott tritt in die Geschichte ein, übernimmt die Herrschaft der Welt, die er in seine messianische Welt hinein verwandelt.

Manche Christen sehen das Buch als einen Vorausentwurf der Gesamtweltgeschichte bis etwa in das Jahre 2050 an. Der Meteorit, der brennend auf die Erde stürzt, trägt den Namen Wermut. Dieses Wort heißt auf Russisch Tschernobyl. Die sich anbietende Deutung ist rasant, aber unerlaubt, da sie ein Bibel- und Weltverständnis voraussetzt, das an Magie grenzt. Endzeitsüchtige Christen deuten dieses Bild also als Weissagung auf die Katastrophe von Tschernobyl 1996. Symbolgeschichtlich stammt das Motiv des Bitterwassers wie andere Plagebilder aus der Exodustradition (Ex 15,23).

Gott, du kommst in Katastrophen und bist doch mein Rettergott. Bewahre mich vor unsinniger Spekulation, dränge mich zu mutiger Aktion aus deinem Wort, zur Liebe, zur Gerechtigkeit, zum Verzeihen. Amen.

Die Frau und der Drache

Jetzt hörte ich eine gewaltige Stimme, die tönte vom Himmel: „Nun nehmen die Befreiung und die Macht, das Reich unseres Gottes und die Herrschaft seines Messias Gestalt an. Denn der Ankläger unserer Brüder wurde niedergeworfen. Der hatte sie Tag und Nacht vor unserem Gott verklagt. Aber sie besiegten ihn durch das Blut des Lammes und durch ihr Zeugniswort und hielten ihr Leben nicht fest, bis zum Tod. Darum freut euch, ihr Himmel und alle Himmelsbewohner! Ein Wehe jedoch der Erde und dem Meer! Der Teufel steigt zu euch herunter, wutschnaubend und zornig. Er weiß, seine Zeit ist kurz." Apk 12,10 bis 12

Apokalyptisches Denken fällt nicht vom Himmel. Es wächst in biblischer Tradition. Überschäumende Bilder, die Gottes Kommen ansagen, entstehen bei den Exilpropheten: Die Wüste quillt blühend und jauchzend über, Wolf und Lamm weiden friedlich nebeneinander (Jes 40,3 ff.; 65,25). Diese Visionen deuten eine reale Veränderung der Welt, eine Geschichtsverbesserung an.

Im Danielbuch scheint sich die Geschichte zu überschlagen. Im Leiden der Gemeinde erscheint der Menschengestaltige in den Wolken des Himmels, sagt ein radikal neues Zeitalter an, erlösend, helfend, befreiend (Dan 7,13). Der Messias Jesus, der starb und auferstand, ist für die ersten Gemeinden dieser in den Wolken ankommende Menschensohn (i) (Apg 7,56). Gott selbst bewirkt diese Wende. Jetzt wütet der Teufel, für die Gemeinde sind Leiden angesagt. Es ist Kampfzeit, Drachenzeit! Menschheit und Kosmos werden in den Kampf hineingezogen, gerissen. Aber der ist schon entschieden, auch auf Erden. Im Kampfgetümmel wird die angeklagte und verfolgte Gemeinde ins Heil gestellt, symbolisiert in einer Frau. Sah nicht der Menschensohn Jesus in seinem Erdenwirken bereits den Satan aus dem Himmel fallen? (Lk 10,18)

In den zeitgenössischen Prozessen Roms um angebliche Majestätsbeleidigung und Staatsverleumdung, in denen Messiasmenschen zu Blutzeugen werden, verdeutlicht das Blut des Lammes (i) die neue Wirklichkeit, die reale Gegenwart Gottes ohne Gewalt, den Ausbruch des friedseligen Entzückens, das im Himmel Fuß fasst und auf Erden wirksam wird, obwohl der alte Drache noch wütet. Es ist eine Frage der Zeit, wann des Teufels List und Macht und alle Leiden an das Ende kommen, der Drache endgültig getötet wird (Apk 12,1–18).

Gott, es ist Kampfzeit und doch Heilszeit durch und durch, aus dir in deinem Messias. Amen.

Die beiden Tiere

Wer Ohren hat, höre zu! Wenn jemand in Kriegsgefangenschaft bringt, wird er selbst in Kriegsgefangenschaft kommen! Wenn jemand mit dem Schwert tötet, wird er selbst mit dem Schwert getötet werden. Hier ist Standfestigkeit
Apk 13,9 f. *und Glaube der Heiligen!*

Ein Tier steigt aus dem Meer auf, es hat zehn Hörner und sieben Häupter, dazu lästerliche Namen. Vom Drachen werden dem Tier Macht und Thronesherrschaft verliehen. Dafür wird der Drache angebetet, mit ihm das Tier. Wer kann sich dem Tier vergleichen? Das Tier, das großruhmige Lästerreden hält und von aller Welt angebetet wird, verfolgt die, die im Lebensbuch des Lammes (i) stehen. Es hat Macht zu dieser Verfolgung. Ein zweites Tier mit zwei Hörnern steigt aus dem Meer. Das erste Tier, dem eine tödliche Wunde zugefügt wurde, wird geheilt. Die Menschen tragen ein Brandmal an ihren Körpern, das Zeichen des Tieres. Niemand kann kaufen oder verkaufen, der nicht dieses Brandmal trägt, den Namen oder die Zahl des Tieres.

Dieser Gewalt- und Unterdrückungswelt steht die Welt des Lammes gegenüber, 144.000 Erwählte, zwölf mal zwölf, die zwölf Stämme Israels mit zwölf multipliziert: Alle Weltkulturen, mit Tausend malgenommen, was nochmals „alle" heißt. Alle sind in die Gegenwelt des Lammes eingeladen, werden zu neuem Verstehen befreit, die jungfräuliche Menschheit, deren Leben aus Lobpreis und Dank besteht – keine Aus- und Abgrenzungen. Auch wenn das Martyrium auf die zukommt, die dem Lamm in Abwehr gegen Roms Caesarentum und Macht zusingen, bleibt die Gegenwelt des Lammes die eigentliche, die wahre Wirklichkeit (Apk 13,1–14,5).

Die Offenbarung deutet die Geschichte des 1. Jahrhunderts nach dem Tod Jesu, von den ersten Gemeindegründungen in Kleinasien bis zur Verfolgung unter Domitian (81–96 n. Chr.). Die Verfolgung der Christen Roms durch Nero (i) (54–68 n. Chr.) wird eingeschlossen. Bereits geschehene Geschichte wird in Form einer Vision nacherzählt. Die Zahl des Tieres, 666, eine doppelte Verschlüsselung mit Hilfe der Zahlensymbolik (i) des hebräischen Alphabets, weist auf Domitian wie auf Nero hin, so verschiedene Ausleger (Apk 13,17): ein hochaktueller Gegenwartsbezug: Kriege eskalieren, bringen den Tod, eine Assoziation an Jesu Verhaftung in Getsemane (vgl. 27.3.), ein Aufruf heute: Wer gewaltfrei widersteht, siegt in Gott (Mt 26,52).

Gott, deine Zukunft wird entrollt, enthüllt. In Leid und Verfolgung, in Hunger, Vertreibung und Flucht erleben Menschen das Lamm, die Alternative zur Gewalt, in der messianischen Gemeinde. Halleluja! Amen.

Das Lied des Mose und des Lammes

Ich sah: Es war wie ein gläsernes Meer, mit Feuer untermischt. Die das Tier, sein Bild und die Zahl seines Namens besiegten, stehen am gläsernen Meer und tragen Gottes Harfen. Sie singen des Moses Lied, des Gottesknechtes, das zugleich des Lammes Lied ist: „Groß und wunderbar sind deine Werke, Herr, allmächtiger Gott, Jahwe Zebaoth. Gerecht und wahr sind deine Wege, König der Völker. Wer wollte deinen Namen, Herr, nicht fürchten, ihn nicht preisen? Du allein bist heilig! Alle Völker werden kommen und ihre Knie vor dir beugen. Denn deine Rechtstaten, deine unbestechlichen Urteile treten klar hervor." Apk 15,2 bis 4

Ernte und Weinlese hält der Menschengestaltige auf dem Richtstuhl. Engel bringen ihm Sichel und Winzermesser. Ähren und Trauben sind reif, Ernteschnitt und Kelterung werden nötig! Ein riesiger Blutstrom fließt 320 Kilometer weit, ein Kosmosblutbach aus der Weltkelter (Apk 14,14–20).

Während sieben Engel die letzten sieben Plagen ankündigen und Gottes Zorn über die Welt ausgießen, vernimmt der Seher den Chorgesang derer, denen Gott den Sieg über die Weltmächte gab. Die Gläubigen singen das Lied des Mose und des Lammes, zu Ehren Jahwe Zebaoths, des Gottes der Heerscharen, der machtvoller wirkt als Weltmachtheere – im *Lämmchen*! Das heißt (griech.) arnion, eine Zärtlichkeitsform, die in der Offenbarung für das Lammbild gewählt wird. Das schutzlose Lämmchen gegen das drachenhafte Rom! Es wird wie Jahwe gegen Ägypten siegen! Biblische Bildersprache, aus ersttestamentlichen Zitaten entwickelt! (Apk 15,1–4; 16,16; Dtn 32,4; Ps 111,2; 145,17)

Diese Symbole tauchen auch sonst auf. Sie wachsen über ihre Zeitgeschichte hinaus, Bilder von Angst und Hoffnung in mir, Menschheitsängste und -träume, die sich in der Offenbarung sammeln und als tröstende Geschichtsdeutung vor mir entrollen. Auch wir Heiligen heute werden bedrängt und beschützt – ein unnachahmlicher Kampf der Ohnmacht gegen die sich blind entgrenzende Weltmacht! Die Kreuzesohnmacht wird siegen! Symbol dafür ist das geschächtete Lämmchen, das den Schächtschnitt sichtbar an der Kehle trägt und doch im gewaltfreien Leiden und Sterben Herr bleibt, zum Herrn der Welt wird (Apk 6,1; 7,9; 8,1).

Gott, die Macht deiner Ohnmacht wird siegen, im Lamm, nicht die Macht der Zerstörung in einer düsteren Zukunftsschlacht von Harmagedon, in der die Achse des Bösen endlich vernichtet würde. Heilig, heilig, heilig bist du, Jahwe Zebaoth, du Heerführer aller Himmelsheere! Amen.

Hochzeit des Lammes

Halleluja! Der Herr, unser Gott, der Allmächtige, Jahwe Zebaoth, ist König geworden! Lasst uns jubeln und fröhlich singen und ihm die Ehre geben. Denn die Hochzeit des Lammes ist gekommen. Seine Frau hat sich vor-
Apk 19,6 f. *bereitet und geschmückt.*

Der Bräutigam erscheint, die Hochzeit findet statt, einige sind vorbereitet, andere nicht, so ein Endzeitgleichnis. Die sich auf die Ankunft einstellen, feiern die Hochzeit mit (Mt 25,1–13). Dieses Bild greift Johannes auf. Unfassbar, mitten in der Verfolgung durch den Römerstaat singt die Gemeinde: „Gott, der Herr, der Allmächtige, hat das Reich eingenommen. Halleluja!" Wie oft in der Offenbarung gründet die Anrede an Gott, er sei der *Allmächtige*, (griech.) Pantokrator, in Texten des Ersten Testaments, die den Gottesnamen (hebr.) Jahwe Zebaoth, *Gott der Heerscharen*, gebrauchen. Dieser Name meint Gottes Geschichtsmächtigkeit, die sich in Engelsheeren unsichtbar und doch unüberwindbar entfaltet (Jes 6,1 ff.). Mit diesem Gottesnamen wird der Herrschaftsweg Gottes in die Geschichte in Krippe und Kreuz charakterisiert. Gottes Herrschaft bedeutet die Hochzeit des geschächteten Lämmchens mit der angefochtenen Gemeinde. In der Ohnmacht liegt die Macht. Das ist mehr als Allmacht!

Und der Widerpart, die Weltmacht Rom, die die Christen verfolgt? An der Geheimzahl 666, wie sie in der Offenbarung auftaucht (Apk 13,17; 15,2), möchte ich verdeutlichen: Nero (i), dessen Name in der Verschlüsselung steckt, ist tot, als die Offenbarung verfasst wird. Die Geschichte fegte ihn weg. Die Leidenden, die der Caesar als Fackelfeuer verbrannte, sind die Sieger, die Kirche, die überlebt. Es wird von neuen Kämpfen gegen die Christen und von nachfolgenden Überwindungen erzählt. Ein Elend gebiert das nächste. Aber der Widerspruch des Bösen gegen die Gemeinde ist kein metaphysisches Ereignis, dem der Mensch ohnmächtig ausgeliefert wäre. Alles Böse, so die Offenbarung, bleibt innerweltlich. Das Tier aus der Tiefe mit der Zahl 666 ist nur ein Mensch: Nero, den die Geschichte erledigte, Domitian, der jetzt wütet. Das Böse wird nicht auf immer institutionalisiert. Es wird ihm in bösen Menschen auf Zeit Macht eingeräumt. Diese Macht vergeht aus dem Anlauf Gottes im Messias, des Lammes. Im Leiden des Lammes gerät die Geschichte zur Gegenwart des neuen Jerusalem, zu dauerndem Frieden und glaubhafter Gerechtigkeit. Dem Bösen wird die Macht genommen, es wird enttarnt.

Gott, mein Gott, Jahwe Zebaoth, Herrscher und Herr, brich in mein Leben ein, in deinem Messias, dem Bräutigam und Lamm! Amen.

Das neue Jerusalem

Ich sah einen neuen Himmel und eine neue Erde. Der erste Himmel und die erste Erde waren vergangen. So auch das Meer. Ich sah die Heilige Stadt, das neue Jerusalem, aus dem Himmel von Gott herniedersteigen, vorbereitet wie eine Braut, für ihren Mann geschmückt. Apk 21,1 f.

Hier die Frau, mit der Sonne bekleidet und den Mond unter ihren Füßen, auf dem Haupt eine Krone, die das Kind unter Qualen zur Welt bringt! Dort der Drache, der ihr Kind, wenn es zur Welt kommt, gleich fressen will. Die Frau flieht in die Wüste, wo sie sich dreieinhalb Jahre versteckt, ein Bild für die Christengemeinde, die aus Jerusalem nach Pella flieht, in die Dekapolis, das Zehnstädteland, jenseits des Jordans gelegen, wo sie den Judäischen Krieg (i) 70 n. Chr. übersteht (Apk 12,1–9).

Dann tritt die schreckliche Gegenspielerin der Frau auf, die große Hure Babylon, betrunken, auf einem scharlachrot eingefärbten Tier sitzend, die Stadt, die über die Könige auf Erden herrscht. Alle Affenliebe zu dieser Welthure, mit der die ganze Welt herummacht, sie abschleckt, ihr in den Hintern kriecht, schlägt in Hass um. Die Mächtigen der Erde rotten sich zusammen, entblößen und schänden die Hure, fressen sie auf und verbrennen sie. An einem Tag, in einer Stunde kommt ihr Ende (Apk 17,1–18,24).

Vom Tausendjährigen Reich ist nun die Rede, oft kopiert, nie erreicht, ein erträumter Zwischenzustand, der viele Reichsverweser auf den Plan ruft, die aber nichts retten. Satan entfesselt sich, kommt zurück. Das Endgericht wird eingeleitet. Satan wird endgültig entmachtet (Apk 20,1–15). Das Neue Jerusalem senkt sich aus dem Himmel zur Erde. Wie auch dieses Bauwerk, Stadt und Tempel in einem, zu einem lichtdurchfluteten Gebilde gerät, wie Preziosen es verzieren, Wasserströme es durchfluten, wie bisherige Visionen von Stadt und Tempel in der Schau des Johannes überboten werden, dies bleibt der Kern: „Siehe da, Gottes Hütte bei den Menschen!" Klage, Leid und Tod kommen zum Ende, Tränen werden getrocknet. Der auf dem Thron ruft: „Ich mache alles neu!" Der unendliche Glanz Gottes durchleuchtet die Stadt, seine Lebenswasser durchströmen sie. Diese Bilder meinen nur eins: „Gott, du bist hier und jetzt ein Gott für uns!" (Apk 21,1–22,5)

Heiliger Gott, in den Wirren der Geschichte bleibst du Herr. Das Böse führt einen widerwärtigen Tanz auf – und wird besiegt. Du gibst der himmlischen Stadt, vom deinem Geist und Glanz durchweht, auf dieser Erde eine neue Heimat. Der Himmel wird vererdet. In meinem Herzen und überall beginnst du zu wohnen, mein Bräutigam. Amen.

Ja, Herr Jesus, komm!

Wer Unrecht tut, verübe weiter Unrecht. Wer schmutzig handelt, übe sich weiter in schmutzigen Geschäften. Wer aber gerecht lebt, setze Gerechtigkeit durch, weiterhin. Wer sich heiligt, lebe heilig, weiterhin. Siehe, ich komme bald! Mit mir ist Lohn unterwegs, den ich austeile. Ich gebe jedem, wie seine Werke sind. Alpha und Omega bin ich, Erster und Letzter, Anfang und Ende.

Apk 22,10 bis 13

Christen und Juden wurden beide verfolgt, mal diese, mal jene mehr. Aber den Juden wurde doch der Status einer (lat.) Religio licita, einer *erlaubten Religionsausübung* zugestanden, trotz verschiedener Kriegs- und Verfolgungsphasen. Je mehr sich die Christen aus dem jüdischen Verbund lösten, umso strenger wurden die Maßstäbe, die Kritik der Öffentlichkeit, das Christentum huldige einem Aberglauben, sei eine religionslose, staatsfeindliche Untergrundbewegung. Deshalb war es in Verfolgungszeiten überlebensnotwendig, die christliche Botschaft, die nur noch im Untergrund gepredigt werden konnte, zu verschlüsseln.

Darüber hinaus gab es Vorerfahrungen, in die sich die Offenbarung des Johannes stellt. Ehe die biblische Apokalyptik entsteht, startet die jüdische Buchstaben- und Zahlenmystik (i), werden Namen zu Symbolen, zum Beispiel im Buch Rut. Daniel und Sacharja entwickeln die Geschichte des Volkes Gottes und der Welt zu einem geheimnisvollen Deutespiel von Zahlen und Namen. Darüber hinaus besitzt jeder Buchstabe im hebräischen Alphabet einen Zahlenwert und einen an den Buchstaben gebundenen Sinnwert. So wird das jüdische Alphabet zum Träger göttlicher Geheimnisse, wie unser Text es widerspiegelt. Zwischen A und O, dem ersten und letzten Buchstaben des Alphabets, liegt alle persönliche und kosmische Zukunft Gottes und der Menschen, des Weltalls und der Gestirne.

Johannes greift auf und führt aus. In Zahlen, Buchstaben und Bildern deutet er wie andere apokalyptische Propheten den Weltsinn, die Weltentwicklung. Aus dem Text kommen Trost und Hoffnung auf den Leser zu. Das Böse erhält schwindende Relevanz. Es taucht unter verschiedenen Namen auf, aber es bleibt innerweltlich. Die Supermacht des Bösen nimmt verschiedene Gestalt an, stirbt jedoch mit diesen Gestaltwerdungen hinweg. Es verkommt zur Unmacht, weil es sich als menschliche Macht- und Giergeschichte darstellt, die Gott zur Gottesgeschichte überwindet. So erledigt es sich selbst. Wer gewinnt die Macht?

Gott, Gewissheit und Vertrauen in mir werden stärker, fröhlicher. Ich hoffe, bete und vertraue: „Ja, Herr Jesus, komm!" Amen.

Vorausentwurf der Hoffnung

Das Volk, das im Dunkelland lebt, sieht ein großes Licht. Über denen, die im Finsterland wohnen, strahlt es hell auf. Jes 9,2

Dass Gott gegen das Unglück seines Volkes einschreiten wird, ist Israels großartige Hoffnung. Er wird kommen, Gottes Propheten künden ihn an, ihn und seinen königlichen Gesalbten, (hebr.) meschiach, *Messias.* Lange vor der Geburt Jesu werden Hoffnungsbilder der Propheten in die Zukunft verlängert. Was in eine unmessianische Situation hinein geweissagt wurde, wird zum Vorausentwurf der Messiashoffung. Das Erste Testament ist voll solcher Beispiele.

Ein Prophetentext des Jesaja, der zunächst an das gebeutelte Israel gerichtet ist, dessen Bevölkerung nach dem Zusammenbruch des Nordlandes 722 v. Chr. in die Gefangenschaft geführt wird und dessen Restbewohner im Elend stecken, dient als Beispiel (Jes 8,21–9,6). Jesaja setzt sich mit Eingriffen Assyriens in das syrisch-palästinische Staatensystem auseinander. Assur (i) ist das Werkzeug Gottes, um den Untergang des von Gott abgewandten Volkes Israel herbeizuführen. Andererseits tröstet der Prophet: „Gott wird Israel retten, wiederherstellen. Das Volk soll sich ihm anvertrauen, der Entwicklung mitarbeitend entgegensehen: Er bleibt der Herr und siegt." Eine Trostbotschaft geht von Jesaja aus, der nicht glauben kann, dass Juda, das Südreich – mit Verheißungen überschüttet – in Krisen geraten und untergehen soll, nachdem schon das Nordreich ausgelöscht wurde. Gott selbst wird handeln, mit seinen Menschen, die ihm gehören. Doch König Hiskia (i) (725–697 v. Chr.) steht unter Schock: Israel ist zerstört, jetzt wird Jerusalem belagert! Die Geburt eines königlichen Kindes ändert alles? Nicht Assur mit seiner kriegerischen Mordlust, sondern Gott in einem lächerlich schwachen Kind wird siegen, weil Gott mit diesem Kind eine gerechte, friedliche und (hebr.) olam, *dauerhafte* Herrschaft aufrichten wird? Die Geburt des Kindes, das weder Macht noch Herrschaft hat, leitet das neue Zeitalter ein.

Dieser Text, mehrfach im Ersten Testament weiterentwickelt, wird in der nachösterlichen Gemeinde als Weissagung auf den Messias Jesus empfunden, weil Befreiung und Neuanfang, Frieden und Versöhnung, Rettung und Vollendung die messianischen Themen dieser Weissagung sind, die zunächst auf Menschen und Verhältnisse um 730 v. Chr. und danach zugespitzt sind.

Gott, Friede leuchtet den Fliehenden, Versöhnung strahlt den Gegnern, Gerechtigkeit tröstet Gezeichnete. Das ist deine messianische Botschaft, eine Hoffnung ohne Abstriche, damals und heute, Hoffnung für mich. Amen.

Jes 8,21 bis 9,6

Aus ersttestamentlichen Bildern

Uns ist ein Kind geboren, ein Sohn gegeben. Er trägt die Herrschaft auf seiner Schulter. Sein Name lautet: Wunderbarer Ratgeber, Gottes Held, Vater für immer, Friedensfürst. Seine Herrschaft wird groß, Frieden findet kein Ende auf dem Davidsthron, in seinem Königreich. Er stärke und stütze es durch Recht und Gerechtigkeit von nun an für immer. Der Eifer unseres
Jes 9,5 f. *Gottes Jahwe Zebaoth wird das vollbringen.*

Jesus und die Urgemeinde leben aus der Wiederentdeckung, Wiederherstellung biblischer Bilder. Die Juden, die dem Messias Jesus vertrauen, finden ihre Messiashoffnung in der jüdischen Bibel bestätigt. Unser Text wuchs lange vor Jesus in mehreren Stufen in Israels Geschichte messianisch hinein, wurde ergänzt, erweitert. Sehnsucht nach, Hoffnung auf Frieden kommen zutage, in die Zukunft hineingedacht! Das Kind bewirkt Hoffnung und Vertrauen. Bewusst greifen Matthäus und Lukas Bilder unseres Textes auf, Lukas in der Vorgeschichte (Lk 1,32.79), Matthäus in der Antrittsrede Jesu in Nazaret (Mt 4,15 f.). Eine Paraphrase verdeutlicht die Friedenssehnsucht damals wie heute: „Menschen irren durchs Land. Wer Hunger leidet, wird traurig, böse. Menschen fluchen Gott und der Regierung, schreien zum Himmel, blicken trotzig zu Boden. Bedrängende Finsternis, glanzlose Nacht, in der wir vor Angst und Schmerz umkommen!

In der Vergangenheit kamen Katastrophen. Aber nun bricht eine Zeit an, da kommen das Meerland, das Ostjordanland und die Region von Galiläa zu neuem Glanz. Das Volk im Finstern sieht ein großes Licht. Über denen, die im Dunkelland wohnen, scheint es hell. Du bringst Menschen zum Jubeln, wie man in der Ernte jubelt, wenn Beute ausgeteilt wird. Das drückende Joch auf Menschenschultern, den Stachelstock des Treibers zerbrichst du wie am Tag der Midianiterschlacht (i), als du Sieg schenktest. Jeder Soldatenstiefel, der mit Gedröhn auftritt, jeder Kriegsmantel, der im Blut schleift, wird zum Raub der Flammen werden.

Wer macht den Frieden wahr? Ein Kind wurde geboren, ein Sohn gegeben. Auf seiner Schulter ruht die Herrschaft. Sein Name lautet: Guter Ratgeber, starker Held, beständiger Vater, Friedensfürst. Groß wird seine Herrschaft sein. Friede dauert an auf Davids Thron, in seinem Reich. Denn es wird ein Rechtsstaat aufgerichtet, gefestigt durch Recht und Gerechtigkeit, von nun an für immer. Gottes Eifersucht für seine Menschen wird dies vollbringen“ (Jes 8,21–9,6).

Messiaszeit ist Friedenszeit, Friedenszeit Messiaszeit, danke! Amen.

 Joh 1,1–18

Ein Gott im Dialog

Er war in der Welt: Die Welt wurde durch ihn geschaffen. Doch erkannte die Welt ihn nicht. Er kam in das, was ihm gehört. Die zu ihm gehörten, nahmen ihn nicht auf. Allen jedoch, die ihn aufnahmen, gab er Macht, Gotteskinder zu werden, allen, die seinem Namen vertrauen. Joh 1,10 bis 12

Paulus, der erste neutestamentliche Autor, geht einen sparsamen Weihnachtsweg. Jesus, der Messias, sei von den Propheten verheißen, stamme aus königlicher Davidlinie. Er wurde von einer jüdischen Mutter geboren und wuchs im Gesetz Gottes auf, ein beschnittener Jude. Er wurde gekreuzigt und auferweckt, von Gott zum Sohn erhöht, als solcher wirke er in Kraft (Röm 1,2–4; Gal 4,1–7). Kein Stoff für die Weihnachtsfeierlichkeiten. Paulus versagt sich Weihnachtswünschen (vgl. 15.5.).

Die Weihnachtsfrage stellt sich als Christusfrage, bei Paulus und allen. Wann wurde der Rabbi Jesus zum Sohn Gottes? In der Auferstehung, so die erste Christenheit! Dabei meint das Bild keine substanzielle Gottesmasse im Menschen Jesus, sondern den Weg des Knechtes Gottes (i), der zum Sohn erhöht wird, keine göttliche Statik, sondern einen Prozess: „In der Taufe wird Jesus in das Sohnesamt berufen, in der Verklärung im Weg an das Kreuz bestätigt", erklärt Markus (Mk 1,9–11; 9,2–7; vgl. 5.3. und 17.3.).

Paulus und Markus waren eher Kritiker als Förderer der Weihnachtsbräuche. Sie wollten nicht über Jesu Familientraditionen Theologie machen. Matthäus und Lukas gehen einen anderen Weg, wie wir sehen werden.

Und Johannes? Der sucht eine dritte Möglichkeit. Für ihn ist der Messias der Sohn Gottes vor aller Existenz. In seiner Beziehung zum Vater ist er als Gottes Wort immer schon da, als Wort Gottes, das Mensch wird (Joh 1,14). Eine Jungfrauengeburt erklärt sich wie von selbst als überflüssig. Gott redet durch sein Wort zu uns, wohnt in ihm unter uns, verändert diese Welt durch sein Wort! In Jesus aus Nazaret wird dieses Wort Mensch. Das Wort zeltete unter uns, eine Anspielung auf Israel: Gott wohnt in einem Zelt, begleitet so sein Volk durch die Wüste (vgl. 14.5. und 18.5.). Christus, Gottes Schöpfer- und Befreiungswort, in dem er mit mir und aller Welt ins Gespräch kommt. Gott ist von Anfang an nicht einsam. Er ist ein Gott im Dialog mit sich und mir. Er wird Mensch? Die Welt verweigert sich ihm? Aber ich, gehöre ich nicht doch durch ihn zu den Söhnen und Töchtern Gottes in dieser Welt? Weihnachtsfragen des Johannes an mich! (Joh 1,1–18)

Gott, du wirst Mensch, Glanz, Licht, Wärme, Liebe in Jesus, deinem Sohn! Du lädst dich in ihm zu mir ein und ich nehme dich auf? Ja, das schenke mir! Amen.

Der Name Jesus

Siehe, du wirst schwanger werden und einen Sohn zur Welt bringen. Dem sollst du den Namen Jesus geben. Der wird groß werden und Sohn des Höchsten heißen. Den setzt der Herr, unser Gott, auf den Thron seines Vaters David. Er wird ein König über das Haus Jakob werden, die Zeitalter hindurch. Seine Königsherrschaft hat kein Ende. Lk 1,31–33

Die Mitte der Bibel bleibt Gottes Hinwendung zu den (hebr.) iwrim, den *Hebräern*, was Rechtlose heißt. Er macht aus ihnen sein Volk: Israel, *Gottesstreiter*. Wenn Jesaja Rettung aus Flüchtlingselend und Kriegselend verheißt (Jes 8,21–9,6), bleibt die Verkündigung des Zweiten Testaments auf dieser Linie: Den Hoffnungslosen und Geschundenen des jweiligen Zeitalters werden Heilung, Befreiung und Frieden zugesagt (Lk 1,26–37). „Er wird", lässt Matthäus seinen Engel zu Josef über das ankommende Kind mit Namen Jesus, *Retter*, *Befreier* sagen, „sein Volk befreien von aller seiner Schuld." Ein Wortspiel: Schuld und Schulden sind im Hebräischen ein Begriff (Mt 1,21). Die Ankündigung der Geburt Jesu beinhaltet die Ankündigung neuer Weltverhältnisse. Maria bringt das Kind zur Welt, das Befreiung bewirkt. Die Wortbilder sind bei Matthäus und Lukas verschieden, aber stets sagen Engel Gottes Ankunft in einem Kind an. Eine (griech.) parthenos, *Jungfrau*, werde das Kind zur Welt bringen. Entwickelt wird die Aussage aus einer Prophetenrede des Jesaja, falsch ins Griechische übersetzt: Im hebräischen Urtext steht alma, eine *junge, gebärfreudige Frau*, das Gegenteil von Jungfrau (Jes 7,14; Mt 1,23). Aber alle berufen sich auf die Griechenbibel!

Lukas ist vorsichtig. Über Maria werde der Heilige Geist kommen und sie überschatten! Der Evangelist benutzt biblische Bildersprache, um die apokalyptisch-bedrohliche und die eschatologisch-befreiende (i) Ankunft Gottes im Messias zu charakterisieren – Passion und Ostern klingen in der Verantwortung, die Maria übernimmt, zusammen (Lk 1,35).

Eine materielle Vereinigung Gottes mit Maria ist nicht gemeint, weil es derartige Vorstellungen in der Bibel nicht gibt. Unbefangen wird Josef als Vater Jesu genannt, auch werden Brüder und Schwestern Jesu aufgezählt (Mt 13,55). Aber die Wolke, die das Heilige Zelt (i) überschattet, und der Glanz Gottes, der dieses Zelt erfüllt, kommen nun über Maria, die den Messias der Menschheit zur Welt bringt. Das wird nicht ohne Auseinandersetzung geschehen, und doch ist im ankommenden Christus alles Heil der Welt.

Gott, wie du Jakob überwindest und Mose überschattest, wie du David begeisterst, so ergreift dein Geist die Jüdin Maria, Mutter des Messias Jesus, der mein Befreier ist. Amen.

Meine Seele erhebt den Herrn

Meine Seele, mein ganzes Leben macht den Herrn groß. Mein Geist freut sich an Gott, meinem Befreier. Denn er fasste die Chancenlosigkeit seiner Magd ins Auge. Siehe, ab jetzt werden mich alle Generationen glücklich preisen. Denn er tat mir Großes, der Mächtige. Sein Name ist heilig. Lk 1,46–49

Maria ist eine Frau, die man süffisant fragt, wie sie an das Kind in ihrem Bauch gekommen sei, selbst Josef habe seine Zweifel. Diese Maria, ergriffen vom Geist Gottes, singt! Sie, eine Frau, der man dies und das anhängt, jubelt, lobt Gott für das Kind in ihrem Bauch! Maria singt ein Aufstandslied (Lk 1,46–55).

Welches Stigma zeichnet Maria? Die Thora erklärt: „Entscheidet sich ein Mann nach seiner Eheschließung, seine Frau zu verlassen, kann er dies mit der Behauptung tun, seine Frau sei bei der Eheschließung nicht mehr Jungfrau gewesen. Die Familie der Frau und die Frau selbst haben dann den Beweis der Jungfernschaft zu erbringen, das blutbefleckte Bettlaken der Entjungferung. Kann dieser Beweis nicht beigebracht werden, hat der Mann das Recht, seine Frau der Steinigung zu übergeben" (Dtn 22,13 ff.). Dieses Mannesrecht wird auf die Zeit der Verlobung ausgedehnt. Es gibt verschärfende Hinweise: Wird eine Verlobte mit einem Anderen ertappt, sollen beide gesteinigt werden (Dtn 22,23 f.).

Josef, sagt Matthäus, war gerecht (Mt 1,19): Er will seine Frau still verlassen, sie nicht der Steinigung ausliefern, nicht an den Pranger stellen. Er will ihr Leben retten – und das ihres Kindes. Diese Entscheidung ist revolutionär, ein Ereignis des heiligen Gottesgeistes, der beide ergreift. Mit allen unterdrückten, ausgebeuteten und zur Steinigung anstehenden Frauen singt Maria. Ihr Leben wird bewahrt. Gott schenkt ihr und allen Frauen die Befreiung von einem unsinnigen, frauenverachtenden Gesetz. Verstoßene Frauen kommen zu Ehren, gefallene werden erhoben. Eine Frauenrevolution bahnt sich in Maria an. Auch der Name, Maria, (hebr.) Mirjam, deutet auf einen revolutionären Zusammenhang: Die erste Maria, die Schwester des Mose, Mirjam, singt ein Revolutionslied, in dem sie Jahwe alle Ehre gibt (Ex 15,21). Nicht ohne Grund singt die zweite Maria, die Mutter Jesu, auch ein Revolutionslied, das aus dem Ersten Testament zusammengestellt wurde (1Sam 2,1–10). Mirjam, *Geliebte Gottes*, so eine der Namensdeutungen, ist Typos einer zur Befreiung anleitenden Frau.

Gott, du stößt die Gewaltigen vom Stuhl, erhöhst die Niedrigen, Frauen und Männer. Erscheine, Gott, erscheine. Halleluja! Amen.

Die Weihnachtsgeschichte

Der Engel sagte ihnen: „Fürchtet euch nicht! Siehe, ich sage euch große Freude an, die dem ganzen Volk zukommen wird. Denn heute kam euer Befreier zur Welt, der Messias, der Herr, in Davids Stadt. Dies sei euch ein Zeichen: Ihr findet das Kind gewindelt in einer Krippe liegen." Plötzlich tauchte bei dem Engel eine Menge himmlischer Heerscharen auf. Die rühmten Gott: „Ehre sei Gott in der Höhe, Friede auf Erden den Menschen, an denen Gott
Lk 2,10–14 *sich um und um freut."*

Die dreigliedrige Weihnachtsgeschichte, ein Stück Weltliteratur, entfaltet auf ihre Art, wie sich die Nachricht des Engels von der Geburt des Heilands, des (griech.) Kyrios, des *Herrn*, bekannt macht. Auf das Feinste hat Lukas herausgearbeitet, ziseliert: Das Krippenkind ist der wirkliche Herr der Geschichte, der die Welt von Fron befreit und ihr einen gerechten Frieden bringt. Wieder sind es nicht irdische Heere und Gewaltherrscher, die das Heilszeitalter einrichteten. Gottes Himmelsheere singen mit ihrem Evangelium die neue Zeit ein: „Herr der Welt, aus Davids Stamm entsprossen, ist das ohnmächtige, aber königliche Kind im Stall."

Die, denen diese gute Nachricht, das Kind in Windeln sei der König der Welt, als Ersten zukommt, sind weder die neuen noch die alten Medien, weder die Camerilla am Kaiserhof in Rom noch die Geheimdienstmitarbeiter des Hohepriesters in Jerusalem. Es sind Hirten, einfache Leute, Geächtete. Kein Hirte wird als Zeuge vor Gericht zugelassen. Er könnte ein Lügner sein. Aber gerade die Hirten werden, bevor ein einziger Jünger seinen Mund für den Messias Jesus aufmachen kann, zu Boten des neuen Zeitalters, das mit diesem Kind beginnt, das die Hirten damals und heute aus ihrem Elendsdasein befreien wird.

Und Maria und Josef, dieses Armutsehepaar? Sie, hoch schwanger, mühsam auf dem Weg nach Betlehem? Zwei Wohnungssuchende, denen man den Stall als Klinikum zuweist, weil sie arm sind und weil sowieso kein Platz in Betlehem ist? Wir spüren: Alles in der Geschichte – Orte, Namen, Erzähldetails – werden zu Symbolen, Szenen mit Hintergrund. Der mächtige Kaiser in Rom kann nicht anders, er muss mit seinen Anordnungen zur Volkszählung unbewusst dafür sorgen, dass der Messias, sein Gegentyp und alternativer Weltenherr, in Betlehem, dem Dreckloch und doch Verheißungsort mit unendlicher Qualität, zur Welt kommt (Lk 2,1–20).

Gott, ich danke für diese Geschichte. Sie entwirft Passion und Ostern voraus, mein Heil, in das du mich in diesem Kind berufen hast. Danke! Amen.

 Mt 1,1 bis 2,23

Ein aufschlussreicher Stammbaum

Buch der Geschichte Jesu, des Messias, des Sohnes Davids, des Sohnes Abrahams. Mt 1,1

Matthäus baut seine Weihnachtsgeschichte anders als Lukas auf, leitet mit dem Stammbaum Jesu ein. Lukas setzt seine Stammbaumtradition an das Ende seiner Vorgeschichte, eine andere, mit anderer Aussage. Sippe und Stamm gewähren dem Juden Schutz und verpflichten (2Kön 4,13). Wer nach der Verbannung nicht sein Geschlechtsregister nachwies, wurde nicht als Israelit anerkannt (Esr 2,59–62). Und warum gibt es in des Matthäus Stammbaum historische Ungenauigkeiten (Mt 1,8–12)? Den Grund nennt Matthäus selbst: Von Abraham bis David seien es vierzehn Geschlechterfolgen, von David bis zur Wegführung nach Babel ebenfalls vierzehn, von dort bis zu Christus wieder vierzehn (Mt 1,17). Im Hebräischen hat jeder Buchstabe einen Zahlenwert (i). Aus Zahlen und Namen werden theologische Aussagen abgeleitet. Der geheime, aber berechenbare Zahlenwert des hebräischen Wortes David ergibt 14! In der 14 stecken 2 mal 7! Zweimal Vollendung, im Ersten Bund, den Gott mit Abraham schloss, und im Zweiten, der jetzt im Messias Jesus beginnt! Im Davidnamen liegt der Schlüssel der Zukunft. Jesus, der wahre Messias, wie aus dem Zahlen- und Namensspiel in seinem Stammbaum hervorgeht!

Vier Frauen, mit sexuellen Tabus besetzt, tauchen im Stammbaum Jesu auf! Sara, eine herausragende Stammesmutter, wird nicht erwähnt, dafür Tamar, die von ihrem Schwiegervater ein Kind bekommt, um ihre sozialen Rechte zurückzugewinnen (Gen 38,1–30). Ihr folgen Rahab, eine Kultdirne, die Jericho an hebräische Einwanderer verrät (Jos 2; 6,17–25); Rut, die Ausländerin, die sich durch Verführung Zukunft sichert, Davids Urgroßmutter (Rut 4,13–17); schließlich Batseba, die Frau des Uria, von David zum Ehebruch gezwungen, deren Mann er umbringen ließ (2Sam 11,1–27). Gott ist auf der Seite unterlegener Frauen. Die wehren sich zu Recht, wie die Bibel erzählt. Matthäus schreibt also Sozialgeschichte von Frauen für Frauen, indem er Jesu Stammbaum bewusst gestaltet. Vier benachteiligte Frauen – die fünfte ist Maria – werden in die Jesuslinie einbezogen: Mit Jesus tritt das neue Zeitalter auf den Plan: Der Frau wird die von Gott gewollte Ehre zurückgeschenkt (Mt 1,1–17)!

Gott, in der Jesusrevolution beziehst du gesellschaftlich geächtete Frauen in das Gottesreich ein, räumst ihnen einen den Männern gleichberechtigten Platz ein! Danke, Gott! Danke für diese gute Nachricht, Matthäus! Amen.

Weise aus dem Morgenlande

Jesus kam in Betlehem, Juda, zur Welt, als Herodes König war. Siehe, da trafen Magier, vom Sonnenaufgangsland herkommend, in Jerusalem ein. Sie fragten: „Wo ist der König der Juden, der soeben geboren wurde? Wir
Mt 2,1 f. *sahen seinen Stern und kamen, um ihm zu huldigen."*

Die Magier sind Repräsentanten östlicher Heidenvölker, denen das messianische Heil zukommt. Sie stehen auch für Herrenvölker der Vergangenheit, die Israel unterwarfen, Assur, Babylon, Ägypten. Nun knien sie vor dem König der Juden. Sie stehen für Rom, unter dessen Herrschaft Juda derzeit leidet. Sie alle kommen in den drei Magiern zum Herrn und beten an. Die Weissagung erfüllt sich: „Judas Stern geht auf, Jakobs Glanz wird hell" (Num 24,17).

Die Magier gelangen nach Jerusalem an den Hof des Herodes (i), um den neu geborenen König der Juden zu suchen. Sie sind dessen Stern gefolgt, der im Osten aufgegangen war. Sie forschen in Jerusalem nach dem Königskind. Sie erhalten eine Antwort: „In Betlehem wird er geboren. Die Schrift beweist es" (Mi 5,1). Wie bei Lukas ist Betlehem Gegenort zu Jerusalem und Rom, Verheißungsort, trotz Armut und Verfall. Der Messias kommt aus Davids Geburtsort.

Herodes bittet die Magier, ihm Auskünfte über das Königskind zu geben. Er wolle es auch anbeten. Die Magier gelangen unter der Führung des Sterns zum Königskind. Sie huldigen dem Kind, bringen ihm ihre Gaben. Ein Traum leitet sie an, nicht zu Herodes zurückzukehren, sondern direkt in ihre Heimat zu reisen (Mt 2,1–12).

Die Gaben der Magier werden von den Kirchenvätern gedeutet: Gold symbolisiert die unmittelbare Gegenwart Gottes. Sein Thronort ist aus Gold (Ex 25,10 ff.). Weihrauch weist auf Gottes öffentliche Anwesenheit im anbetenden Volk (Ex 30,1 ff.), Myrrhe auf den Tod Jesu. Es ist ein bitteres Harzparfüm, bei Beerdigungen und als Betäubungsmittel eingesetzt. Jesus wird bei seinem Tod Myrrhe gereicht, um seine Schmerzen zu lindern (Mk 15,23). Nikodemus (Joh 3,1 ff.) lässt Jesu Leiche mit einer Mischung aus Myrrhe und Aloe einbalsamieren (Joh 19,38). Es gibt keine Messiaszeit ohne Leiden und Sterben!

Gott, dreifach sind die Gaben! Glanz und Macht deiner Gegenwart atmen im Christus. Der nimmt seinen Weg zu mir und allen Menschen, lebt deine Ökumene im Dreck der Geschichte! Im Gang an das Kreuz gibt er sich für mich und alle hin und erfüllt mich und alle mit dem Duft seines mutmachenden Geistes. Amen.

Flucht, Mord, Rückkehr

Nachdem sie aufgebrochen waren, siehe, da erschien der Engel des Herrn dem Josef im Traum. Er befahl: „Steh auf, nimm das Kind und seine Mutter, flieh nach Ägypten und halte dich dort so lange auf, wie ich es dir sage. Denn Herodes will das Kind aufspüren, um es zu töten.“ Mt 2,13

Das Kindheitsevangelium des Matthäus warnt vor falscher Idylle. Es zeichnet getreu dem Leben und Tod Jesu Flucht und Vertreibung ein. Es malt den Tod der Kinder zu Betlehem, eine Erzählung, die das rücksichtslose Wüten der Herodesfamilie (i) und die allgemeine Weltlage charakterisiert (Mt 2,16–18). In die Gottesherrschaft, die mit der Geburt des Kindes anbricht, brechen über Friedfertige Verbrechen, Gewalttat, Mord herein. Waffenstillstände, die wir zu Weihnachten schließen, halten nicht einmal die Feiertage über. Mitten im Fest stellt uns Matthäus schreckliche Zwischensiege von Tod und Verbrechen vor Augen (Mt 2,13–23). Rahel weine in Rama um ihre getöteten Kinder, wolle sich nicht trösten lassen (Mt 2,18; Jer 31,15 f.; Gen 35,19)! Grenzstadt zwischen Israel und Juda ist Rama, eine Gegend, die genug Kriegsjammer sah (1 Kön 15,17). Rama, in dem Rahels Grab verehrt wird, ist Synonym für alles Kriegselend, das Frauen und Kindern angetan wird, das zu Weihnachten nur scheinbar abbricht: Hunger, Vertreibung, Flucht, Völkermord.

Jedoch steht die Elendsprophezeiung in Hoffnungszusammenhängen: „Es gibt Hoffnung, spricht Gott, die Kinder kehren in ihre Heimatdörfer zurück“ (Jer 31,17), wie der gesamte Jeremiatext, auf den Matthäus Bezug nimmt, eine einzigartige Hoffnungsliturgie darstellt (vgl. 12.9.). So korrespondieren Flucht und Kindermord mit dem Kreuzestod Jesu, aber auch mit meiner österlichen Hoffnung. Der Messias ist ein Flüchtlingskind, das mit anderen Flüchtlingskindern in Elend und Tod kommt! Aber aus der Solidarität des Christus mit allen bedrohten und getöteten Kindern wächst mein Leben neu. Ein Hoffnungslied wird mir gesungen: „Aus Ägypten rief ich meinen Sohn“ (Mt 2,15; Hos 11,1). Wie Moses das Volk aus der Gefangenschaft herausführte, befreit mich das Kind und bringt mich aus Angstversklavung heraus, ins Graceland, von Engeln begleitet (Num 23,22; 24,8; Mt 2,19–23).

Im Feindesland, aus dem Mose floh, wuchsest du, Flüchtling Jesus, zum Heil aller Flüchtlinge heran, mein Befreier! Du, Flüchtling Jesus, ermutige mich, der ich in Angst fliehe und fliehe. Hol mich aus Ägypten heraus, mich und alle von Hunger und Sterben bedrohten Kinder! Amen.

In einem Satz

Groß ist, anerkanntermaßen, das Geheimnis der Frömmigkeit: Er, öffentlich gemacht im Fleisch, gerechtfertigt im Geist, erschienen den Engeln, den Heiden verkündigt, in der Welt geglaubt, wurde in die Herrlichkeit aufgenommen. 1Tim 3,16

Der Text ist ein nüchternes Bekenntnis zum Messias Jesus, der in seinem Weg in diese Welt Gottes Tat und Glanz verwirklicht, die Weihnachtsgeschichte in einem Satz. Diese Zusammenfassung korrespondiert mit einer anderen: „Der eine Gottes stellt sich in seinem einen Messias der einen Welt als der eine Befreier vor" (1Tim 2,4). Es ist ein Geheimnis um die Weihnachtsoffenbarung, aber es soll nüchtern betrachtet werden. Eine ordnende Theologie drängt zu einer um präzise Bilder bemühten Botschaft.

Gottes Weihnachtswahrheit von seiner Ankunft im Messias wird, statt sie in Legenden zu gießen, wie Paulus es tut, in eine Formel gefasst (vgl. Röm 1,2 f.). Der Schreiber warnt vor ausschmückenden Fabeln, verbietet den Streit um Geschlechtsregister (1Tim 1,4), wie wir sie bei Matthäus und Lukas finden. Den Gläubigen, so wird formuliert, sei die gesunde Lehre zu wenig. In ihrer Gier nach religiösen Sensationen suchten sie sich raffinierte Ausleger, nach denen ihnen die Ohren kitzeln. Die Menschen, nach Religion süchtige Wesen, wenden sich Fabeln zu. Der Angeredete, Timotheus, *Fürchtegott*, möge nüchtern bleiben, Ablehnung hinnehmen, das Werk eines sachlichen Evangelisten weiterführen (2Tim 4,3–5).

„Der Mensch Jesus aus Nazaret wurde gekreuzigt. Er stand in den Glauben der Gemeinde hinein auf, in unsere Herzen, die der Geist ergriff, auf dass unser Leben messianisch werde. Aus dem Vertrauen in diese Predigt wächst mein Messiasglaube. Der Mensch Jesus, zur Kreuzesentscheidung herausgefordert, sei mein Herr." Das, so der Schreiber, werde den Völkern gepredigt, von der Welt geglaubt. Die Engel? Menschen, die sich zu dieser Erfahrung bekennen, werden mir zu Boten der Osterwahrheit, auch Geisteswesen (Mk 16,5; Mt 28,5). So oder so gilt: Mein Weihnachtsglaube wird aus meinem Osterglauben wachsen!

Gott, deine Boten sind unterwegs, auch zu mir. Sie rufen den Messias als den Herrn aus: Das Krippenkind ist der Gekreuzigte, der aufersteht! Schick mir deinen Engel, der mir das erzählt! Berufe mich in diesen Glauben, der in mir fest werde! So fallen auch bei mir Weihnachten und Ostern auf einen Tag. Halleluja! Amen.

Frieden

Ps 76,2–13; 133,1–3

Vom Himmel her verkündetest du dein Urteil. Die Erde erschrickt und verstummt, wenn Gott zu seiner Gerichtssitzung aufbricht, um alle Unterdrückten auf Erden zu befreien. Ps 76,9 f.

„Gott, wer kennt dich nicht in Israel und in Juda und auf der ganzen Erde? Du zerbrachst den Blitz der Raketen, zerstörtest den Donner der Geschütze, vernichtetest die Wut der Panzer. Alles fiel in sich zusammen. Die Heere erstarrten in Angst und Schrecken, gehorchten nicht mehr den Befehlen ihrer Generäle. Keinem nutzten die Waffen. Das Kriegsgerät stand zwecklos herum. Wie gelähmt waren alle. Die Ideologie der Gewalt zerbrach. Soldaten verweigerten den Einsatz. Unter deinem drängenden Druck riefen sie: „Schließt Frieden!"

So kann sich auch heute die Geschichte entwickeln: Furcht und Schrecken toben über die Erde. Wer besteht vor dir, wenn du zürnst? Vom Himmel sprichst du dein Urteil. Die Erde verstummt in Angst, wenn du aufstehst, die Unterdrückten zu befreien! Du hältst Gericht, das darin besteht, dass wir „Krieg! Gewalt!" schreien. Was übrig bleibt nach dem Sterben, Jammerrest der Menschheit, wird dir dienen, vielleicht. Die aus dem Desaster lernten, sammelst du zur Gemeinde!

Darum haltet Frieden! Wenn ihr auf Gewalt verzichtet, die Eskalation der Rüstung verweigert und Frieden und Recht für Arme schafft, Reichtum gerechter verteilt, wird sich Angst in Vertrauen und Furcht in Lachen verwandeln. Aus der Angst vor der Zukunft wird die Furcht des Herrn, Ehrfurcht vor Gott: Die Menschen achten und lieben sich. Dem, der auf Gewalt setzt, wird der gewaltige Gott einen gewaltigen Schrecken einjagen. Gott gebietet den Gewaltigen der Erde, nimmt ihnen von heute auf morgen alle Gewalt" (Nachdichtung zu Ps 76,2–13).

Ein Zionslied beschwört den Gottesschrecken vergangener Tage. Jahwe Zebaoth, der Gott der Heerscharen, wird vom Kriegsgott zum Friedensgott. Die Macht der Militärs legt er lahm. Ich höre und sehe Anklänge an prophetische Bilder. Ich höre, sehe und schmecke Weihnachten, das Fest des Friedens: „Gott, komm, verwandle unsere Herzen!" Nur Frieden wird Frieden schaffen. So wird die Macht der Ohnmacht erklärt: Gott schickt das Engelheer des Friedens, legt sich als ohnmächtiger Herr auf Heu und Stroh.

Gott, du wurdest mir vom Kriegsgott zum Friedensgott. Nun befreie meinen Geist vom Gewalt- und Rachedenken, täglich neu. Mache mich zum Frieden bereit. Amen.

Wunderbar und gut

Ps 133,1 *Siehe, wie gut und schön ist es, wenn alle wie Geschwister gemeinsam miteinander leben, wohnen, feiern.*

„Es ist wunderbar und gut, wenn Menschen erkennen, dass sie Schwestern und Brüder sind, wenn sie zueinander finden, miteinander gehen und füreinander leben. Wie Öl, mit dem Priester gesalbt werden, Salböl, das niedertropft und den Körper einhüllt, wie Tau, der vom Hermongebirge fließt, belebender Tau, der Zions Gefilde netzt – so wächst der Friede, dein Segensgruß an uns Menschen, dein Lebensatem, der verweilen möchte, Leben für immer" (nach Ps 133, 1–3).

Der Psalm ist ein Pilgergesang. Das kurze Lied besingt den vom Himmel herunterfließenden Segen Gottes: Eine neue Menschheitsära kündigt sich an. Die Menschen, die aus Verschleppung und Verbannung (i) nach Israel heimziehen, singen dieses Lied, andere, die in den nachfolgenden Jahrhunderten zum Passahfest nach Jerusalem pilgern, folgen. Ein dauerhafter Frieden wird geschenkt werden. So singt sich das Lied von der Sehnsucht nach Frieden durch die Weltgeschichte, singt sich in mein Leben hinein, ein Weihnachts-, Silvester- und Neujahrslied in einem. Was wäre wichtiger als Nachklang von Weihnachten, als Zwischenmelodie zum Jahreswechsel, als Hoffnungsgesang für das ankommende Jahr, als mein persönlicher Wunsch nach und mein persönliches Gebet um Frieden?

Herr, mache mich zum Werkzeug deines Friedens,
dass ich Liebe übe, wo man sich hasst,
dass ich verzeihe, wo man sich beleidigt,
dass ich verbinde, wo Streit ist,
dass ich die Wahrheit sage, wo Irrtum herrscht,
dass ich Glaube bringe, wo Zweifel drückt,
dass ich Hoffnung wecke, wo Verzweiflung quält,
dass ich Licht anzünde, wo Finsternis regiert,
dass ich Freude bringe, wo Kummer wohnt.
Herr, lass mich trachten: nicht, dass ich getröstet werde, sondern dass ich tröste; nicht, dass ich verstanden werde, sondern dass ich verstehe;
nicht, dass ich geliebt werde, sondern dass ich liebe. Wer hingibt, empfängt; wer sich selbst vergisst, der findet; wer verzeiht, dem wird verziehen; und wer stirbt, erwacht zum ewigen Leben. Amen.

Sachregister

• Aaron

Die Namensbedeutung ist unbekannt. Aaron kommt in der jüngeren Tradition als der Bruder des Mose vor (Ex 4,14; 6,20). Er ist des Mose Begleiter und Unterstützer, sein Sprecher und Prophet (Ex 7,1; 17,10 ff., 19,24). Aaron wird auch für die Anfertigung des Goldenen Kalbes verantwortlich gemacht (Ex 32,1–6.21–24). Er lehnt sich mit seiner Schwester Mirjam gegen Mose auf (Num 12,1–15). Beiden wird verziehen.

Aaron stirbt auf dem Berge Hor (Num 20,22–29; 33,38; Dtn 32,50) oder aber in Moserath (Dtn 10,6).

• Abram / Abraham

Der erste Erzvater, kommt im Rahmen einer aramäischen Wanderungsbewegung um 1500 v. Chr. aus Ur, einer Stadt in Chaldäa, dem heutigen Irak, nach Westen, in den Negev (Gen 12,1 ff.; 15,7).

• Ägypten

Geschichte

Die Geschichte Ägyptens beginnt um 3000 v. Chr., wobei die beiden Antipoden Zweistromland, heute Irak, und Nilregion, heute Ägypten, die beiden Schwerpunkte des kulturellen und machtpolitischen Lebens in der asiatischen Antike bilden.

Ursprünge und Abgrenzungen

Die Staaten Israel und Juda sowie der biblische Glaube bilden sich im Dialog mit und in der Abgrenzung gegen beide Kulturen aus. So kommt Abraham, eine frühe, legendäre Gestalt, aus Ur in Chaldäa, einer babylonischen Nordregion. Moses, Befreier und Erstentwickler des hebräischen Ethos, wächst in Ägypten heran.

Befreiung

Die hebräischen Sklaven, aus Wüstenstämmen gewonnen, müssen die Pyramiden der Pharaonen, die Vorratsstädte Pithom und Ramses und in Chaldäa den Turm zu Babel bauen, damit die Vergottung des Pharao und des Großkönigs von Babylon umso besser vorankommt. So lebt die hebräische Religion zunächst aus einer Befreiungssehnsucht auf.

In nachfolgenden Zeiten

In nachfolgenden Zeiten wird Ägypten in Israel als das Unterdrückerland angesehen, aus dem Gott die Hebräer herausbrachte und zum Volk Israel entwickelte. Da aber Assur, Babylon und später auch das syrische Diadochenreich Israel von Norden und Osten her bedrängen, werden wechselweise Ägypten und Babylon als Übermächte angesehen, die Israel-Juda bedrohten oder auch befreien konnten.

• Amos

Amos ist ein Prophet, wirkte wie der Prophet Hosea im Nordreich Israel unter Jerobeam II. (787–747 v. Chr.) in einer Phase wirtschaftlicher Prosperität. Amos wächst im Südreich auf, tritt aber an den Heiligtümern in Bethel und Samaria auf, die beide zum Nordreich gehören. Amos ist der erste Prophet der Bibel, der seine Worte schriftlich niederlegt.

• Antichrist

Vgl. Apokalyptik

• Apodiktisches Recht in den Dekalogen

Gebotsreihe

Das (griech.) Wort apodiktisch meint *keinen Widerspruch duldend.* Eine apodiktische Setzung kann man nicht diskutieren. Sie ist gültig ohne Wenn und Aber, heilige Setzung! Charakteristisch ist auch die Kurzform, dazu die Zehnerreihe, was Einprägsamkeit garantiert. In diesem Sinne werden die Zehn Gebote, der Dekalog, apodiktisches Recht genannt.

Der Dekalog kommt zweimal im Ersten Testament vor (Ex 20,1–17; Dtn 5,6–21). Freilich wird verschieden akzentuiert, gemäß der Intention der Theologen, die den jeweiligen Schriftzusammenhang herstellten und bearbeiteten.

Auch der kultische Dekalog, eine Mischung aus bisherigen Dekalogvorschriften und weiteren religiösen Konkretisierungen, die den eigenständigen Kultuscharakter der Religion Israels und deren Abgrenzung von Fremdkulten betonen, kann als apodiktisches Recht bezeichnet werden, da Kurzform und Zehnzahl wiederholt werden (Ex 34,12–28).

Im Gegensatz zum apodiktischen Recht, das seine kurzen, hammerartigen Sätze mit „Du sollst …“ beginnt, greift das *kasuistische Recht* Einzelfälle auf und erläutert sie: „Wenn …, dann …“ (z. B. in Dtn 15,13 ff.).

Bundesschluss

Wichtig bleibt bei allen Dekalogformulierungen, dass sie eindeutig in den Bundesschluss und die Heilszusage Gottes an sein Volk eingebunden werden. Mit einem feierlichen Gottesdienst wird die Bundesidentität von Gott und seinem Volk, die sich im Einhalten der Gebote bewähren soll, von Gott geschenkt und vom Volk beschworen (Ex 19,1 ff.; 20,22 ff.; 34,1–11. 27–35; Dtn 5,1–5.22; 6,1 ff.).

• Apokalyptik

Besondere Literaturgattung

Eine besondere Literaturgattung (2. Jh. v. Chr.–1. Jh. n. Chr.), die in der Bibel mehrfach vertreten ist (Hes 1,4–28; 10,1–22; 37,1–14; 40–48; Jes 24–27; Sach 9–14; Joel 3–4; Dan 7–12;

Mk 13; 2Thes 2,1–12; Apk 1,1–22,21). Die Theologie, die in dieser Art Literatur entwickelt wird, erzählt von der baldigen Ankunft Gottes und/oder seines Messias. Mit diesem Kommen werden radikale Änderungen erwartet, die Wiederherstellung von Gerechtigkeit, Frieden und Gemeinschaft der Völker. Die Bilder sind verschieden, oft geheimnisvoll verschlüsselt, meinen aber dies: Es wird kein Jenseits für die Verstorbenen erschaffen, sondern Gott verwandelt diese Erde, diesen Kosmos zu einer neuen geschichtlichen Realität.

Dualistisches Geschichtsbild?

Auf den ersten Blick hin scheint die biblische Apokalyptik durch einen tiefgreifenden Dualismus geprägt zu sein: Hier kämpft das Gute, Gott und seine himmlischen und irdischen Wesen, gegen das Böse, den Satan, den Widersacher Gottes, der das Reich Gottes verhindern will, Gottes Boten und die Gemeinde quält und eine ungeheure Macht über Mensch und Natur gewinnt. Unendliche Leiden, die in immer neuen Schüben über die Menschheit kommen, kündigen den Endkampf an. Indem alles Böse zerstört wird, macht sich ein radikaler, sozusagen himmlischer neuer Anfang bekannt, Gott selbst. In der Schlacht bei Harmagedon (Apk 16,16), die in und um Israel stattfinden wird, kommt das Endgericht über die Menschheit. Aus der geschehenen Zerstörung wüchse ein Neues, das Tausendjährige Reich des Messias (Apk 20,1–6). Nach erneutem Kampf wird das endgültige Reich Gottes eingerichtet, ein absolutes Reich des Friedens.

Naherwartung nach Ostern

Verschiedene biblische Autoren lassen durchschimmern, dass die Urgemeinde, direkt nach Ostern, in einer lebhaften Erwartung des ankommenden Menschensohnes stand, ja, das gesamte Szenarium des urgemeindlichen Glaubens ist nicht ohne die nahe Erwartung eines himmlischen Messias vorstellbar. Je näher wir an den Tod Jesu heranrücken, aus der Rückschau betrachtet, desto lebhafter wird diese Hoffnung.

Naherwartung und Mission

Unverkennbar ist, dass die Naherwartung die Jünger in den nachfolgenden Jahren nach der Kreuzigung Jesu zur Mission schreiten ließ. Mission hatte ja nicht als geplante geistige Welteroberung angefangen. Der Missionsgedanke kam, aus ersttestamentlichen Wurzeln gespeist (Jahwist, Gen 4,26; Deuterojesaja, Jes 45,20–24; Jona), aus der Naherwartung Gottes: Wenn Gott bald kommt, er selbst in seinem Messias, dann müssen seine Knechte vorher deutlich den Versuch unternommen haben, den Völkern die messianische Frohbotschaft zu bringen.

- **Apokryphen oder auch Pseudepigraphen**

Zwischen den Testamenten

Diese Werke sind in der hebräischen Bibel nicht zu finden, kamen infolgedessen auch nicht in die von Luther begründete Bibeltradition, die sich auf den hebräischen Kanon stützt. Die katholische Kirche akzeptiert dieses Buchgeflecht, weil die frühe Kirche es in ihren Kanon übernahm. Diese Literatur steht zwischen den Testamenten, kommt aus hebräischer Tradition, bleibt vom griechischen Denken und von griechischer Sprache nicht unbeeinflusst und bereitet vieles vor, was dann im NT zur Entfaltung kommt. Zur Weisheitsliteratur zählen: *Das Buch der Weisheit* und *Jesus Sirach*. Zu den so genannten Geschichtsbüchern zählen die Bücher *Judith* und *Tobit* (zuzüglich *Esther*, das aber bereits zum hebräischen Kanon gerechnet wird), dazu das *1. und 2. Makkabäerbuch*. Die Entstehung dieser Literatur ist verwickelt.

• Aram, Aramäer

An den Oberläufen des Euphrat und Tigris

Aram, *Hochland*, heißt in der Bibel das Gebiet zwischen Libanon, Taurus Armenien, dem oberen Tigris, Eufrat und dem Wüstengebiet der Araba. Als Aramäer bezeichnen wir verschiedene Völkerschaften aus den Oberläufen des Eufrat und Tigris und im Zweistromland selbst wie auch Volksgruppen, die aus den Wüstengegenden des Vorderen Orients gegen bestehende Kulturlandschaften anbrandeten. Die Erzvätergeschichten der Bibel (Gen 12–49) betreffen diese Wanderbewegungen.

Handelssprache

Auch wenn die Aramäer, ursprünglich untereinander uneinige Nomadenstämme, nur zu gewissen Kleinreichen heranwuchsen und kein dauerhaftes Großreich ausbilden konnten (außer dem Chaldäerreich und Syrien), so nahmen sie doch durch ihre Sprache, die sich im ganzen Vorderen Orient als Handelssprache durchsetzte, einen enormen kulturellen Einfluss. Auch die Juden zur Zeit Jesu sprachen außerhalb des Gottesdienstes keineswegs mehr das biblische Hebräisch, sondern Aramäisch.

• Arme, Armut, Ebioniten

Aus den Lehren Jesu und den Ideen der Armutsbewegung vor ihm entwickelt sich auch die Gruppe der Ebioniten, der Armen, in Jerusalem, deren Evangelium, das Ebioniter-Evangelium, nur noch in Bruchstücken vorhanden ist und nicht in die Bibel gelangte. Weite Passagen dieses Evangeliums scheinen mit dem Matthäusevangelium identisch zu sein. (Hebr.) ebionim bedeutet *Arme*.

• Assur

(Griech.) Assyrien, *von den Assyrern bewohnt*, das Gebiet am mittleren Tigris mit der Hauptstadt Assur, heute der Ruinenhügel Kalat Scherkat, im Irak am rechten Tigrisufer gelegen. Die Stadt wurde 614 v. Chr. von den Medern zerstört. Schon vorher hatten Ninive und Kalach der Stadt Assur den Bedeutungsrang abgelaufen.

Seit Ende des 2. Jts. ist Assur als Zentrum eines Kleinstaates nachweisbar, der sich die Unabhängigkeit von und dann sogar die Herrschaft über Babylon unter Assuruballit (1353–1318

v. Chr.) erkämpft. Tiglatpileser I. (911–891 v. Chr.) drang bis zum Mittelmeer vor. Salmanassar V. (726–722 v. Chr.) eroberte 722 v. Chr. Samaria und deportierte Israels Bevölkerung in bis heute unbekannte Regionen. Assurbanipal (699–627 v. Chr.) konnte noch einmal das auf strikte militärische Herrschaft begründete assyrische System zusammenfügen, dann zerbrach das Reich unter dem Druck Babylons und der Meder.

Die Blütezeit Assurs fiel mit der Blütezeit der israelitischen und judäischen Prophetie zusammen. Die Propheten warnten vor dem Ansturm Assurs, den sie als heranstürmendes Gottesgericht verstanden, so vor allem Amos. Die biblischen Angaben werden durch Inschriften und übrige Kulturzeugnisse Assurs ergänzt.

• Astarte

Vgl. Kanaanäische Religion und Israel

• Auferstehung

Totenauferstehung

Die Vorstellung von der Auferstehung der Toten ist eng mit der Entwicklung des Pharisäismus im Judentum verknüpft. Der originäre Israelit weiß von keiner Rückkehr aus dem Tod (Hi 16,22). Der Tote dämmert im Totenreich vor sich hin, ausgeschlossen vom Heil (Ps 88,1 ff.). Aus dem Exil heraus entwickelt sich die Idee, Jahwe steige in die Unterwelt und errichte auch dort seine Herrschaft (Ps 139,8). Während Griechen sich bewusst die Loslösung der Seele bzw. des Geistes vom Körper vorstellen, was mit dem Sterben des Menschen beginnt, kann der Hebräer so nicht denken. Der Mensch existiert als Leib und Seele in unzertrennbarer Einheit. Mit der Schöpfung wird er eine lebendige Seele, nicht etwa: er bekäme sie (Ps 84,3; Gen 2,7).

Aus den Befreiungskämpfen heraus

Als nach dem Exil aus den Befreiungskämpfen heraus fromme Juden verfolgt und getötet werden, kommt der Gedanke auf: Derartiges Unrecht wird Gott nicht zulassen. Er wird eine ausgleichende Gerechtigkeit nach dem Tod des Einzelnen schaffen (Lk 16,23) oder aber nach einer allgemeinen Totenauferstehung Gericht halten (Mt 25,31 ff.). In der nachexilischen Literatur beginnt sich der Gedanke anfangsweise durchzusetzen, Gott werde seinen gerechten Knecht nicht im Tod lassen, sondern ihn erhöhen (Jes 52,13).

Auferstehung: Grundmuster biblischen Vertrauens

Beide Ansätze vereinigen sich im NT, indem alttestamentliche Grundmuster biblischen Vertrauens aus alttestamentlichen Texten auf den Tod und die Auferstehung Jesu gedeutet werden (Ps 22,1 ff.; 69,1 ff.; Jes 52,13 ff.): Gott habe den Messias erhöht, ihn aus der Todeszone ins Leben gebracht – und ihn damit, so alle neutestamentliche Theologie, zum Erstling der Auferstehung gemacht, dem wir übrigen Menschen folgen werden (1Kor 15,20). Alle neutestamentliche Theologie zeichnet dieses Merkmal aus: Mit Jesu Wirken bricht das Reich Gottes an (Mk 1,14). Bei Pls heißt es: „Der neue Äon ist angebrochen!" (z. B. Röm 8,31–39)!

Die Erzählungen der Evangelien, die berichten, Jesus und die Apostel hätten Tote ins Leben zurückgerufen, sind Symbolgeschichten, die auf vielschichtige Weise erzählen, wie Erstarrung, Kälte und Sterben durch den Messias aus der Seele des Menschen verbannt werden, sodass dieser wieder atmen und ins Leben zurückkehren kann.

- **Baal**

  Vgl. Kanaanäische Religion und Israel

- **Babylonien, Babylon, Babel**

  Staat und Stadt

Babel ist im Akkadischen das *Tor Gottes,* in der Bibel aus dem (hebr.) balal, *verwirren*, gedeutet (Gen 11,9); Hauptstadt der babylonischen Reiche, von großer Bedeutung bis zu Alexander dem Großen hin.

Turmbau zu Babel

Hamurapi (1688 v. Chr.) erhob den Stadtgott Marduk zum Zentralgott und erbaute diesem ein zentrales Heiligtum, den Tempelturm, (akk.) Etemenanki, ein Haus, das symbolisch das Fundament von Himmel und Erde abgibt – eine stufenförmige, begehbare Pyramide, die 91 m hoch ragte und auf einer Grundfläche von 8281 qm erbaut wurde. In der Bibel wird der Turmbau zu Babel zum Symbol der Überheblichkeit des Menschen und des eingreifenden Tuns Gottes.

Babel und Bibel

Babel wurde auch nach Auffassung einiger biblischer Autoren dadurch zur widergöttlichen Macht, dass Nebukadnezar (604–562 v. Chr.) Jerusalem eroberte, den Tempel zerstörte und große Bevölkerungsteile Judas nach Babel in die Verbannung brachte.

- **Bann**

  Vgl. Krieg

- **Bibel**

  Bibel, gesamt

Die Bibel, das Buch der Bücher, in mehr als 2.000 Jahren Menschheitsgeschichte gewachsen. Sie gilt den Juden, Christen und den Muslimen als Offenbarung Gottes an die Menschheit. Wir teilen die Bibel in das Alte und das Neue Testament ein, besser: Erstes und Zweites Testament.

Die Bibel, einzelne Bücher

Die Bibel, sowohl das Erste wie auch das Zweite Testament, ist in Bücher eingeteilt, die zu ganz verschiedenen Zeiten von ganz verschiedenen Menschen geschrieben wurden. Einiges ist in mehrfachen Bearbeitungsprozessen gewachsen. Legt man Vorformen zugrunde, reicht dieser Entstehungsprozess von rund 2000 v. Chr. bis 150 n. Chr. Erste feststellbare Festschreibungen reichen in die Anfänge der Königszeit zurück, entstanden also um 1000 v. Chr.

- **Briefe**

Briefe im Zweiten Testament

Wesentliche Bausteine zum Zweiten Testament sind die Briefe, die an Gemeinden geschrieben wurden:

Paulusbriefe

Wir unterscheiden die *echten Paulusbriefe* (Röm, 1Kor, 2Kor, Gal, Phil, Philem, 1Thess) von den *Deuteropaulinen*, die auf verschiedene Weise von Paulus abhängig sind (Eph, Kol, Pastoralbriefe: 1Tim, 2Tim, Tit). Einige Paulusbriefe wurden offensichtlich in der Gefangenschaft geschrieben (Eph, Kol, Phil, Philem, 2Tim), die inhaltlich verschieden ausgerichtet sind. Verwandt sind Eph und Kol, wie auch 1Tim, 2Tim und Tit.

Katholische Briefe

Sie heißen so, weil sie von vornherein als Rundbriefe an alle Gemeinde konzipiert wurden (Jak, Jud, 1Petr, 2Petr, 1Joh, 2Joh, 3Joh).

Hebräerbrief

Der Brief, in bestem Griechisch geschrieben, wendet sich an das Wandernde Gottesvolk der Hebräer, wobei er aus den Schriftbeweisen des Ersten Testaments seine messianische Argumentation meisterhaft aufbaut.

Zeittafel der Paulusbriefe

45–49 n. Chr.:	1. Missionsreise des Paulus
49 n. Chr.:	Apostelkonzil in Jerusalem
50–52 n. Chr.:	2. Missionsreise (1Thess)
53–58 n. Chr.	3. Missionsreise des Paulus, (Gal, 1Kor, 2Kor) Zwischenaufenthalt in Korinth
57 n. Chr.	Von Koritnth aus: (Röm)
58 n. Chr.	Ostern: Aufenthalt in Philippi, Reise nach Jerusalem, Unruhen, Schutzhaft durch die Römische Besatzungsmacht
58–60 n. Chr.	Haft in Caesarea, Berufung auf das Röm. Bürgerrecht (Phil)
60 n. Chr.	Schiffsreise nach Rom, Gefangenenreise, Schiffbruch, Überwintern in Malta
62 n. Chr.	Unruhen in Jerusalem und Rom, Jakobus, der Herrenbruder, wird in Jerusalem gesteinigt, Simeon, Sohn des Kleophas und einer Maria, wird sein Nachfolger in Jerusalem.
61–63 n. Chr.	Paulus in Rom unter römischer Bewachung. Es könnten Eph, Kol und Phlm entstanden sein, aus des Paulus Veranlassung.
64 n.Chr.	Brand Roms unter Nero, Christenverfolgung.

- **Bund**

Bündnis, das Gott mit seinen Menschen schließt. Bund heißt auch: Vermächtnis. Im hellenistischen Sprachgebrauch bildete sich der Begriff (griech.) diatheke aus, (lat.) testamentum. Wir nahmen es als Lehnwort: Testament!

- **Bundesbuch**

Gesetzessammlung (Ex 20,22–23,33). Sie leitet die dort gesammelten Gesetze vom Bundeschluss ab, daher der Name (Ex 20,22), z. T. altisraelitische Gesetzesforderungen. Das Bundesbuch insgesamt wurde im 10. Jh. v. Chr. zusammengestellt.

- **Chaldäa, Chaldäer**

Geschichtlich treten die Chaldäer ein erstes Mal mit der Gründung des Neubabylonischen Reiches (Babylon) in Erscheinung. Nach dem Tod des assyrischen Königs Assurbanipal drängen die Chaldäer unter der Leitung ihres Königs Nabuchodonosor aus dem Süden vor. Babylon steigt erneut zur Großmacht auf. Während dieser Epoche des babylonischen Reiches wird Jerusalem von Nebukadnezar erobert. Die Bewohner Jerusalems werden deportiert (597 und 587 v. Chr.). Der letzte neubabylonische Herrscher ist Nabonid (556–539 v. Chr.), dessen Mitregent Belsazzar mit Sitz in der Stadt Babylon.

Beide Herrscher werden 539 v. Chr. von Kyros, dem Herrscher des Perserreiches, gestürzt. Nach späterer Tradition stammt der Urvater der biblischen Religion, Abraham, aus Ur in Chaldäa (Gen 15,7).

- **Chasidäer, Chassidim**

Vgl. Pharisäer
Vgl. Staat, Gehorsam und Widerstand, jüdische und christliche Auffassungen

- **Church of Brethren**

Aus einer deutschen Täuferbewegung hervorgegangene Gemeinschaft, die die Vermischung von Staat und Kirche ablehnte, für Glaubensfreiheit eintrat, gegen jeden religiösen Zwang eingestellt ist und die Beteiligung an jeglichem Kriegsdienst verweigert. Gründer ist ein Franckeschüler Alexander Mack (1679–1735), der in Schwarzenau im Edertal acht Erwachsene taufte und in der so gegründeten Gemeinschaft urchristliche Grundsätze ausleben wollte.

Verfolgungen führten zur Auswanderung nach Pennsylvania. Wegen des kompromisslosen Eintretens für Gewaltfreiheit ist diese Gemeinschaft weit über ihre Wirksamkeiten in den USA bekannt. Sie hält an deutscher Sprache und Sitte fest.

- **Claudius**

Römischer Kaiser, 41–54 n. Chr.

- **Dekalog**

Vgl. Apodiktisches Recht in den Dekalogen

• Deportation

597 v. Chr. wird Jerusalem zum ersten Mal von Nebukadnezar, dem König von Babel, erobert, in einer ersten Welle werden Menschen aus Jerusalem und dem Staat Juda nach Babylon weggeführt, deportiert. Nach weiteren Wirren und Aufständen kommt Nebukadnezar mit seinem Heer ein zweites Mal nach Jerusalem, belagert die Stadt, nimmt sie ein, äschert den Tempel ein, reißt die Stadtmauern nieder und macht Jerusalem zu einem Trümmerhaufen. 587 v. Chr. findet die zweite Wegführung statt. Die Babylonische Gefangenschaft der Bevölkerung Judas dauert bis 538 v. Chr. In diesem Jahr kommt es zum berühmten Kyroserlass, der die Rückführung der verschleppten Völker anordnet.

• Deuterojesaja

Jesaja

Der Prophet Jesaja, ungefähr 770 v. Chr. geboren, wird im Todesjahr des Königs Usia 736 v. Chr. im Jerusalemer Tempel in einer Vision und Audition zum Propheten berufen (Jes 6,8). Er prangerte wie Amos vor ihm in Israel und nach ihm Jeremia in Juda soziale Missstände an (Jes 1,21 ff.). Unter dem judäischen König Manasse (696–642 v. Chr.) soll Jesaja den Märtyrertod erlitten haben (vgl. Hebr 11,37).

In der Babylonischen Gefangenschaft

Das Jesajabuch gliedert sich in drei große Teile, Kap. 1–39, 40–55, 56–66. Ab Kapitel 40 redet ein Prophet, der 100 Jahre nach dem Tod Jesajas agiert, während der Babylonischen Gefangenschaft. Dieser Prophet tritt in Babylon auf. Es handelt sich um jemanden, der aus den Traditionen des ersten Jesaja kommt, aber nun, im Exil, eine Botschaft der Freude und Hoffnung verkündet: Gott wird mit dem bedrängten und zertrümmerten Volk Israel einen neuen Anfang wagen. Die Babylonische Gefangenschaft beginnt 587 v. Chr., dauert ungefähr 70 Jahre, eine Symbolzahl. Einige Jahre vor der kommenden Umwälzung in Babylonien tritt Deuterojesaja unter den Deportierten auf, um 540 v. Chr. Gleichzeitig müht sich der Perserkönig Kyros, die babylonischen Könige vom Thron zu stoßen, was 539 n. Chr. Realität wird. Kyros war 558 v. Chr. persischer König geworden. Er hatte 553 v. Chr. auch die Macht im Reich der Meder übernommen. Das Edikt des Kyros, das erlaubt, dass die Juden zurückwandern durften, stammt aus dem Jahre 538 v. Chr. Die Rückwanderung scheint nur zögernd vorangekommen zu sein. Wir nennen diesen unbekannten Propheten den Zweiten Jesaja oder Deuterojesaja.

• Deuteronomist, Deuteronomium

Vgl. Rechabiter und Geschichtswerk

• Diadochenreiche

Alexander der Große (336–323)

Durch den Feldzug Alexanders des Großen, der in den Jahren 336 bis 323 v. Chr. die Macht im Vorderen Orient ergriff, wurde die Welt verändert, nicht nur im Hinblick auf die politische Landkarte, sondern auch im Hinblick auf den Einfluss des Griechentums in den östlichen Regionen. Es entstand eine neue vorderasiatische Kultur, der Hellenismus.

Palästina in der Diadochenherrschaft

Der kulturelle Einfluss des Hellenismus auf das Judentum war enorm, was zu gegensätzlichen und wiederum sich beeinflussenden Strömungen im Judentum führte.

• Didache

Lehre des Herrn, auch *Zwölfapostellehre*, nachbiblische Schrift, in der 1. Hälfte des 1. Jhs. n. Chr. entstanden. Ethik der Lehre von den zwei Wegen, Leben oder Tod (Kap. 1–6). Ältestes Liturgiegut zu den Stichworten Buße, Taufe und Eucharistie (Kap. 7–10), kirchenrechtliche Bestimmungen (Kap. 11–16).

• Elia

Prophet aus dem Nordreich unter Ahab (um 850 v. Chr.).

• Elohist

Vgl. Quellen und Quellenscheidung im Pentateuch

• Erstgeburt

In der Erhebung der Hebräer gegen Ägypten wird die Erstgeburt Ägyptens in der Aufbruchsnacht vernichtet (Ex 12,7–13): Alle Erstgeburt gehört Gott. Später verfestigt sich dieser Gedanke zu einer Art Steuer für Gott, die dem Priester gehört (Lev 23,20), die als Segensgabe an Gott verstanden wird (Dtn 26,5–10). Im Zweiten Testament ist Christus der Erstling der Entschlafenen, der aufersteht (1Kor 15,20.23).

• Eschatologie, eschatologisch

Letzte Dinge

Zwischen dem (griech.) eschaton, der *Zeit der letzten herandrängenden Erfahrungen*, und dem (griech.) Verb apokalypsein, *enthüllen* (Apokalyptik) bestehen Sinnbeziehungen: In der letzten, von Gott selbst messianisch durchwirkten Zeit werden neue Entwicklungen angesagt und enthüllt. Eschatologie meint im direkten Wortsinn die Lehre von den letzten Dingen. Es wird eine Endzeit beschworen, in der sich die Lage der Gläubigen in Leiden und Verfolgung zuspitzt, bis dass Gott energisch eingreift und die Verhältnisse radikal auf den Kopf stellt.

Neuer Klang

Im Zweiten Testament gewinnt das Wort (griech.) eschaton einen neuen Klang. Im Wirken des Messias werden grässliche und todesträchtige Erfahrungen im Ansatz überwunden. Der Geist leitet die Gemeinde im Namen des auferstandenen Herrn zu aktivem Tun an, wunderbare Ereignisse entwickeln sich, was jeder Evangelist, auch jeder Briefschreiber mit seinen literarischen und theologischen Möglichkeiten ausdrückt. Die Endzeit wird trotz ihrer Leiden zur Freudenzeit erklärt. Der Satan, den Jesus aus dem Himmel fallen sah, wird in diesem Symbolakt entmündigt und entmachtet. Er wirbelt noch ein wenig auf der Erde herum, (griech.) diabolos heißt *Durcheinanderbringer*. Aber grundsätzlich ist Christuszeit, Zeit der Befreiung.

- **Essener**

  Vgl. Pharisäer

- **Evangelische Räte**

Evangeliumsworte, die dem Christen nicht als Pflicht auferlegt werden, obwohl es sich doch um Anweisungen aus der Jesusbotschaft handelt: das Gebot der radikalen Armut (Mk 10,17–22), der radikalen Keuschheit, des radikalen Gehorsams (Lk 14,11). In der mittelalterlichen Kirche wurden diese Forderungen zu Räten erhoben, die nur in einer engeren Gemeinschaft, im Orden, zu verwirklichen seien. In der (lat.) Imitatio Christi, der *Nachahmung Christi*, einer frühmittelalterlichen Bußbewegung, wurden die Evangelischen Räte als Weg der Gesamtkirche gewertet, zur ursprünglichen Lebensweise Jesu und der Urgemeinde zurückzukehren, was Thomas von Kempen in seinem Werk gleichnamigen Titels herausstellte.

Die Reformation hob die Sperre zwischen dem *Volk*, (griech.) laos, also: den Laien und den Geweihten auf. Eine neue, ins Soziale umgesetzte Verpflichtung für alle tauchte auf. Heute gelten die Räte als Zeichen der absoluten Solidarität mit Armen und Unterdrückten sowie als eine deutliche Kritik an kapitalistischen, imperialistischen und sexistischen Strukturen unserer Lebenswelt.

- **Evangelium**

Das (griech.) Wort euangelion stammt aus dem politischen Raum. Es meint zunächst die Botschaft eines Regierenden, einer Regierung an das Volk, eine *gute Nachricht*, die den bevorstehenden Frieden, die Befreiung usw. ankündigt. Im Ersten Testament sagt Deuterojesaja das Evangelium an: die Heimkehr der Juden aus dem Exil wird umschrieben. Diese Botschaft hat zugleich eine politische wie auch religiöse Dimension: Das Volk kehrt heim, aber Gott zieht durch die Wüste dem Volk voran (Jes 40,1 ff.9 ff.). Wenn Markus als Erster im Zweiten Testament das Wort (griech.) euangelion aus der LXX aufnimmt, behält es bei ihm den politischen und zugleich religiösen Akzent. Gott selbst in seinem Messias sagt das neue Zeitalter an und verwirklicht es.

Es bedeutet weiterhin in diesem Sinne nicht eine Macht- oder gar Gewaltpolitik – das messianische Missverständnis der Zeloten –, aber doch die Veränderung des Einzelnen und der Gesellschaft aus dem Geist der Botschaft und des Wirkens des Messias Jesus.

• **Evangelium Veritatis**

(Lat.) *Evangelium der Wahrheit* (150 n. Chr.), 1945 in Nag Hammadi, Oberägypten, gefunden, zusammen mit zwölf weiteren gnostischen Codices in koptischer Sprache verfasst. Das Evangelium Veritatis hat große Ähnlichkeit mit dem Johannesevangelium. Auch nimmt es Bezug auf Jesus, den Offenbarer. Aber alle historisierenden Elemente, die auch nur im Entferntesten an den Juden Jesus erinnern könnten, wurden entfernt.

• **Exil**

Die Deportation hochgestellter Persönlichkeiten oder auch ganzer Volksgruppen, ein Mittel vor allem assyrischer und babylonischer Politik, bedeutete für die beiden Reiche Israel und Juda einen gewaltigen Einschnitt in ihre bisherige Geschichte und Religion. Zweimal kam es in der israelitischen Geschichte zu Deportationen. Auf die Eroberung Samarias (722 v. Chr.) erfolgte eine Deportation von Menschen des Nordreiches Israel, die nie rückgängig gemacht wurde. Diese Deportation nahmen die Assyrer vor.

Im Südreich Juda, das die Deportation der Menschen Israels und die Verwüstung dieser Region mit Schrecken wahrnahm, wurde eine Gnadenfrist gewährt. Aber das Deportationsschicksal ereilte Juda doch, rund 130 Jahre später. Diesmal war es die Großmacht Babylon, die die Unterwerfung, Zerstörung und Wegführung verfügte. Bisher herrschte der Glaube vor, Gott habe Juda und seine Stadt Jerusalem erwählt, damit seien Staat, Stadt und Tempel unantastbar. Freilich war das eine Hoffnung, die die Propheten längst hinterfragt hatten: Gott werde sich nicht sklavisch auf sein Volk fixieren.

Die so genannte Babylonische Gefangenschaft, die nun das Südreich Juda betraf, setzte in mehreren Schüben ein, wobei die endgültige Zerstörung der Stadt Jerusalem und des Tempels den größten Schock auslöste (587 v. Chr.).

Nach dem Desaster waren Vertrauen und Zuversicht ausreichend vorhanden, Gott werde sein Volk nicht für immer verstoßen, sondern Heimkehr und Neuanfang ermöglichen. Die Heimkehr aus dem Exil geschah ab 536 v. Chr. in verschiedenen Rückwanderungswellen. Mit der Rückkehr setzten der Wiederaufbau der Stadt und des Tempels sowie eine Neuorganisation der jüdischen Gesellschaft ein.

• **Feste, jüdische**

Jüdische Feste

Die jüdischen Fest begründen sich alle in biblischen Erfahrungen sowie historischen Beziehungen. Bereits in biblischer Zeit wurden drei Wallfahrtsfeste begangen, Feste, zu denen man der Sitte und Ordnung nach nach Jerusalem pilgerte, *Passah* ([hebr.] Pesach,), *Wochenfest* ([hebr.] Schawuot, Pfingsten) und *Laubhüttenfest* ([hebr.] Sukkot). Das Laubhüttenfest ist ein Erntefest, das man im Herbst feiert. In der Erinnerung an die Wüstenwanderung verbringt man es in Laubhütten, die aus großen und kleineren Ästen zu einem Laubzelt zusammengebunden werden, in denen man sich zur Festzeit aufhält (Ex 23,16; Lev 23,42 f.; Num 29,12–38).

Auch das *Neujahrsfest* ([hebr.] Rosch ha-Schana) und der *Versöhnungstag* ([hebr.] Jom Kippur) reichen in uralte biblische Zeiten zurück (Ex 23,14–17; Lev 23; Dtn 16). Das Neujahrsfest wird zwei Tage lang gefeiert. Es wird mit dem Schofarhorn angeblasen, das teils langgezogene, teils schmetternde Töne abgibt.

Jom Kippur ist ein würdiges, ernstes Fest, vielleicht der höchste Tag im jüdischen Festkalender. In biblischer Zeit trat an diesem Tag, dem einzigen im Jahr, der Hohepriester in das Allerheiligste ein, um die höchste Sühnezeremonie in Israel zu vollziehen (Lev 16,21 f.).

Das *Chanukkafest*, auch Lichterfest, das der Wiedereinweihung des Tempels im Jahre 164 v. Chr. gewidmet ist, dauert acht Tage (1Makk 4,1–59; 2Makk 10,12–8). Das *Purimfest* erinnert an die Errettung aus einer geplanten Judenverfolgung, die Esther abwendet, was im Buch Esther 1–10 ausführlich und hochdramatisch beschrieben wird. Heute ist das Purimfest eher ein Karnevalstreiben.

Hinzu kommen *Fastentage*, die auch aus biblischer Zeit stammen, wie wir aus dem Ersten und dem Zweiten Testament wissen (1Kön 21,9; Jes 58,5; Jer 36,9; Mt 4,2).

• Frauen in der Bibel

Strömungen im Ersten Testament

Eine biblische Lehre von der Frau gibt es nicht. Verschiedene Kulturauffassungen spiegeln sich in den verschiedenen Abschnitten der Bibel wider. Manches stammt aus einem Kulturkreis, in dem die Frau eine untergeordnete Rolle spielte, wie es die Urgeschichte anzuzeigen scheint (Gen 3,1, vgl. Gen 2,18–24). Gibt eine Frau z. B. ein Gelübde gegen den Willen des Vaters oder des Ehemanns ab, so ist es nichtig (Num 30,4–17). Entsprechend niedrig ist die Rechtsstellung der Frau (Dtn 21,14).

Andererseits treten Frauen im Ersten Testament auf, die in der Entwicklungs- und Befreiungsgeschichte Israels und der Völker eine wichtige Rolle spielen: Eva, Mutter alles Lebendigen (Gen 3,15.20); Sara, Fürstin (Gen 11,29 ff.); Rebekka, Stammmutter Esaus und Jakobs (Gen 22,23b ff.); Rahel, Stammmutter Benjamins und Josefs (Gen 30,1 ff.; 35,16–19); Mirjam, Israels erste Prophetin (Ex 15,21); Debora, Richterin und Prophetin in Efraim (Ri 5,1 ff.); Rut, Ausländerin, die sich zu Israels Gott bekennt, nach der Legende die Urgroßmutter Davids (Rut 1,1 ff.; Mt 5,1); Hulda, eine Prophetin, die Israels Untergang ansagt, falls keine Umkehr erfolge (2Kön 22,14 ff.); Ester, die durch Klugheit, List und Mut ihr Volk befreit (Est 1,1 ff.); Judit, eine standhafte Prophetin und Befreierin ihres Volkes (Jud 1,1 ff.). In Andeutungen und Erzählungen des Ersten Testaments ist die Befreiung der Frau, wie sie die Messiasbewegung intendiert, angelegt.

Frauenbefreiung in der Jesusbewegung
Jesus, der sich sein Leben lang für die Menschen einsetzt, die unterprivilegiert leben, hat in seinem Gefolge auch Frauen, nicht nur Männer, obwohl die Theologie des damaligen Judentums klar eine männliche Domäne war. Frauen sind Geschöpfe Gottes, den Männern ebenbürtig. Jesus heilt sie (Mk 1,29 ff.; 5,21–43; 7,24–30; Lk 13,10–17) und kümmert sich um eine Mutter, die ihren Sohn verlor (Lk 7,11–17). Frauen, vor die Entscheidung gestellt, in der Küche zu dienen oder Jesus zu lauschen, das heißt: Theologie zu betreiben, werden von Jesus zu Letzterem ermutigt (Lk 10,38–42).

Jesus hatte Jüngerinnen (Lk 8,2 f.). Er trat für die Frauenrechte in der Ehe vehement ein (Mt 5,27–32). Einer Frau, noch dazu einer Samaritanerin, offenbart sich Jesus als Erster als Messias, so Johannes (Joh 4,1 ff.). Frauen werden erste Zeuginnen des leeren Grabes (Mk 16,1 ff.) und der Auferstehung (Joh 20,1.11 ff.). So trägt die Jesusbewegung in sich ein bedeutendes frauenemanzipatorisches Element.

Emanzipatorische Bewegung unter den ersten Christen
Diese Entwicklung wird in der Urgemeinde zunächst fortgesetzt. So gab es in der Urgemeinde auch Prophetinnen (Apg 21,9; Röm 16,6). Der hohe Anteil an Frauennamen, die Paulus in den Schlüssen seiner verschiedenen Briefe erwähnt, ist ein weiteres Indiz dafür, dass sich die Frauenbefreiung in der Urgemeinde fortsetzt und weiterentwickelt.

Wir dürfen darüber hinaus annehmen, dass die erzählten Frauengeschichte, die um Jesus spielen, auch Spiegelbilder der urgemeindlichen Entwicklung sind.

Spätere Entwicklungen
Später entwickelte sich die messianische Frauenbewegung wieder rückwärts. Frauen, soeben noch von Paulus mit den Männern in eine Reihe gestellt, befreite Christusmenschen (Gal 3,28), werden, zumindest was die Praxis des Gottesdienstes anbetrifft, zum Schweigen gebracht (1Kor 14,34 f.), ein Eintrag aus späterer Zeit, aus 1Tim 2,8–15 interpoliert. So hätte sich Paulus nicht ausgedrückt!

- **Gemeinde**

Ein Zentralbegriff
Einer der Zentralbegriffe der Bibel des Ersten und Zweiten Testaments ist *Gemeinde*, (hebr.) kahal, (griech.) ekklesia. Der Bund, den Gott schließt, schließt er mit seiner Gemeinde, dem wandernden Volk Gottes (Hebr 13,14). Einzelne und Gemeinde, Gesellschaft und die Völker sind aufeinander bezogen, verweben sich zur Menschengemeinschaft, für die und mit der der Gott der Bibel seinen Befreiungsbund schließt. Mose und Propheten, Jesus aus Nazareth und seine messianische Bewegung sind unterwegs zur Verwirklichung dieses Zieles, den menschlichen Menschen zu entwickeln, wiederherzustellen. Die Gemeinde ist kein Ort der frömmelnden Besinnung, sondern Sammlung und Sen-

dung geschehen aus ihr heraus. Gemeinde ist ankommendes Reich Gottes, das in, mit und unter Gottes Menschen aufsteht.

Sammlung am Sabbat

Der Mensch, verkrüppelt und zerstört, darf sich am Sabbat sammeln, soll sich in der Versammlung der Gemeinde in die Mitte begeben, seine eigene Mitte dabei suchen und finden. Er wird so Jesus begegnen, dessen Wort und Wille Zerstörtes heilt und den beschädigten Menschen wiederherstellt. Der Sabbat ist nach jüdischer Lehre der stetige Vorausentwurf dieser Wiederherstellung des Gottes- und Menschheitsfriedens (Mk 3,1–6).

Menschheitswunder am Christustag

In, mit und durch die Gemeinde geschieht dieses Menschheitswunder. Die Aufgabe der Gemeinde ist es, das messianische Werk Jesu zu tun, zu heilen, den Menschen und den Kosmos wiederherzustellen! Weil aber nun der Messias am ersten Tage der Woche, also am Tage nach dem Sabbat aufstand, geht die Christenheit dazu über, beide Feiertage einzuhalten, dann aber sich auf den Auferstehungstag des Messias als Feiertag zu reduzieren.

- **Geschichtswerk, deuteronomistisches und lukanisches**

Namensgebung im Ersten Testament

Das deuteronomistische (dtn.) Geschichtswerk beruht auf einer religiösen Grundeinsicht: Wenn sich der Mensch innerhalb des göttlichen Gesetzeswerkes verhält, wenn er Gottes Gebote befolgt, wird es ihm gut gehen, andernfalls erfolgt statt Segen Fluch. Im Dtn wird diese Vorstellung ursprünglich verankert (Dtn 30,15 f.). Daher rührt auch der Name des dtn. Geschichtswerks, das von der Idee von Segen und Fluch durchzogen wird.

Segen und Fluch

Freilich wirken Segen und Fluch nicht automatisch. Segen quillt aus dem Tun des Gesetzes, weil das Leben unter dem Gesetz, aus dem Gesetz heraus eine Atmosphäre der Gerechtigkeit, des Vertrauens und des Friedens schafft. Ebenso meint Verfluchung nichts Magisches. Wenn Vertrauen, Gerechtigkeit und Frieden gefährdet sind, wachsen der Gesellschaft unbesehen, sozusagen wie von selbst Konflikte zu. Das Nichttun des Gesetzes schafft Räume von Gesetzlosigkeit, Angst, Revolte und Krieg. Das Gewaltpotential steigt rapide an. Bewusst aus dem Gesetz zu leben ist eine einzigartige vertrauensbildende Maßnahme, ein Zukunftsgewinn.

- **Gleichnis, Gleichniserzählungen und Gleichnisreden Jesu**

Gleichnis und Gleichniserzählung

Eine scharfsinnige Unterscheidung zwischen einem Gleichnis und einer Gleichniserzählung, einer Parabel, bringt insofern etwas ein, da so verdeutlicht wird: Ein Gleichnis hat stets nur einen einzigen Vergleichspunkt, während eine Gleichniserzählung einer Zug-um-Zug-Auslegung einen gewissen Raum gibt, wofür das Gleichnis Jesu von den beiden Brüdern (Lk 15,11–32) das beste Beispiel ist.

Dennoch, auch die Gleichniserzählungen haben zunächst einen Auslegungsschwerpunkt, dem die ganze Aufmerksamkeit zu gelten hat.

Gleichnisreden oder Gleichnisse zur Illustration von Zusammenhängen

Wie sich die Endzeitgleichnisse bei Matthäus und Markus in die Passionshaggada einfügen, so werden die Reichgottes-Gleichnisse bei diesen beiden Evangelisten, wohl der Anordnung der Logienquelle folgend, in je einer Gleichnisrede gesammelt (Mt 13,1–52; Mk 4,1–34). Lukas streut seine Gleichnisse, dem Prinzip der Veranschaulichung folgend, über das Evangelium, mit Ausnahme der Passionshaggada, in der er auf alle Gleichnispredigten Jesu verzichtet. Der Leidensweg Jesu ist für Lukas eher ein Weg in das Stellvertreterleiden des Knechtes Gottes, das nicht jenen Endzeitcharakter besitzt, wie er in den Passionsberichten des Matthäus und Markus hervortritt. Lukas fügt seine Gleichnisse und Gleichniserzählungen dort ein, wo sie am besten Wort und Tat Jesu veranschaulichen.

• Gnosis

In allen Religionen

Es ist unmöglich, das Stichwort (griech.) Gnosis, *Erkenntnis*, in Kürze voll zu entwickeln. Nach dem Gnosiskongress von Messina (1966) ist unter *Gnosis* das „Wissen um göttliche Geheimnisse, das einer Elite vorbehalten ist“, eben dem Gnostiker, dem Wissenden, zu verstehen. In allen bedeutenden spätantiken Religionen gab es gnostische Vorstellungen und Glaubenselemente, jüdische, ägyptische und christliche Elemente. Es wird ein radikaler Dualismus von Licht und Finsternis, Gut und Böse, Geist und Materie gelehrt. Alles, was auf dieser Erde geschieht, ist eher vom Bösen befleckt und durchdrungen und bedarf der immateriellen Erneuerung. Dementsprechend wurde die Erde von einem (griech.) demiurgos, einem *Handwerkergott*, hergestellt und bedarf ihrer Durchgeistigung, was einer Abschaffung der irdischen Wirklichkeit gleichkommt. Die Schöpfung ist also der Materie zuzurechnen und wird in der Endphase der Geschichte in vollkommen durchgeistigter Gestalt erneuert.

Der Körper ist bedeutungslos

Insofern interessiert am christlich-messianischen Glauben die Seele, nicht der Leib, der Geist, nicht der Körper. Auferstehung wird zu einem eher seelischen Vorgang, Plato und sein Höhlengleichnis stehen Pate: Der Tod bedeutet die endliche Befreiung der Seele aus dem Gefängnis des Leibes, der bis zum Tod die reine Seele, die zum hellen Licht strebt und nur vom Licht erlöst wird, einkerkert, andauernd verschmutzt und böse vergewaltigt. Aus dem noch reinen Grund der Seele steigt der göttliche Lichtfunke wieder zur Gottheit empor, von der er mit der Geburt (oder schon vorher) in den Seelengrund eingesenkt wurde.

Ablehnung gnostischer Ideen

Zahlreiche Entwicklungen innerhalb der Evangelien, zum Beispiel die Erzählungen vom leeren Grab, sind als Abwehr gnostischer Ideen anzusehen, Auferstehung meine, es sei nur Jesu Seele zum Licht emporgestiegen, was die Gläubigen bereits auf Erden strebend und suchend nachvollziehen sollten und könnten. Das erzählt die Geschichte vom leeren Grab anders. Sie wurde erzählt, um ein Gegengewicht gegen die Reduktion der Erneuerung auf einen Seelenvorgang oder auch auf eine Jenseitserfahrung zu reduzieren.

- **Gotteskasten**

Das (griech.) gadsophyleikon meint umfassend *Schatzkammer*, die in diesem Fall den Tempelschatz barg. Tempelbesucher wurden aufgefordert, ihren Finanzbeitrag zum Erhalt und Ausbau des Tempels zu leisten. Dieser Schatz wurde von der innerjüdischen Tempelverwaltung genutzt. Rom hatte keinen Zugriff auf dieses Geld, das auch zur antirömischen Agitation verwendet wurde. Der Spendenstock ist analog unseren heutigen Opferstöcken vorzustellen.

- **Gottesrecht**

Vgl. Apodiktisches Recht

- **Gottgeweihter**

So wurden Tempelprostituierte, Männer und Frauen, genannt. Tempelprostitution drang zeitweise auch in den Jahwekult ein und wurde in Gebäuden am Tempel von Jerusalem vollzogen. Josia beendete diese Übernahme aus dem Fruchtbarkeitskult der Astarte und des Baal (2Kön 23,4 ff.).

Vgl. Kanaanäische Religion und Israel

- **Haggada und Halacha**

(Hebr.) haggada heißt *Darstellung*. Gemeint ist die Möglichkeit, erzählend, predigend, in Gleichnisberichten usw. die Inhalte der Thora zu entfalten. (Hebr.) halacha, *Norm*, gibt die Ausdeutung und Weiterentwicklung von Gesetzesvorschriften und religiösen Anordnungen ins Leben hinein wieder.

- **Harmagedon**

Vgl. Apokalyptik

- **Hellenismus**

Kultur und Zivilisation im Vorderen Orient, die symbolhaft der Hellene, also Grieche Alexander der Große (336–323 v. Chr.) mit seinem Feld- und Kulturzug nach Osten und Süden brachte. Selbstredend ist die Ausbreitung der griechischen Kultur und Sprache nach Ost und West nicht einem einzelnen Menschen zu verdanken. Vielmehr kommen im Laufe der Jahrhunderte Millionen Händler, Seefahrer und Kolonisten hinzu, die dafür sorgen, dass (griech.) Sitte und Sprache, Denken, Philosophie und Kultur sich in die damals bekannte Welt mehr und mehr ausbreiten.
Diese Vermengung und Verschmelzung, die im 3. Jh. v. Chr. begann, war während der gesamten Epoche des Römerreiches

aktiv und umschloss neben dem Osten auch den Westen der antiken Welt. Bedeutend waren die Einflüsse des Hellenismus in Bereich vom Kultur und Philosophie, was auch auf jüdisches und christliches Denken Auswirkungen zeigte. Ein Hochzentrum des Hellenismus war Alexandria.

- **Herodes, Herodianer**

Dynastie des Herodes

Unter dem Sammelnamen Herodes wird eine gewisse Dynastie von Königen, ausnahmslos von Roms Gnaden, zusammengefasst. Es handelt sich um Könige idumäischer Abstammung, darum wird die herodianische Dynastie in ihrem Herrschaftsanspruch von frommen und gesetzesstrengen Juden kritisch hinterfragt. Begründer der Dynastie ist Herodes der Große (von 37–4 v. Chr. König), dessen Nachkommen verschiedener Namen mit verschiedenen Nachfolgerfunktionen bedacht wurden. Die Machtfunktionen der herodianischen Dynastie reichten verzweigt bis ins Jahr 100 n. Chr. Agrippa II. (27–100 n. Chr.) hatte ein relativ freies Reich nördlich von Palästina inne, inklusive der Aufsicht über den Tempel in Jerusalem. Im NT kommen die herodianischen Herrscher und ihre Angehörigen häufig vor, zunächst Herodes der Große in den Vorgeschichten bei Mt 2,1 ff. und Lk 1,5, auch in der Apg 23,35. Einer seiner Söhne, Herodes Antipas, Vierfürst in Galiläa und Peräa zur Zeit Jesu (4 v. Chr.–39 n. Chr.) wird mehrfach in den Evangelien und der Apg genannt (Mt 14,1 ff., Mk 6,14 ff., Lk 3,1 ff. usw., Apg 4,27; 13,1). Herodes Agrippa I. (40–44 n. Chr.) ließ den Apostel Jakobus töten und dehnte die Christenverfolgung aus (Apg 12,1 ff.). Agrippa II. wie auch dessen Verwandte hören sich die Predigten des Paulus an (Apg 24,1 ff.; 25,1 ff.). Später wird während der Regierungszeit Agrippas II. und in seiner Einflusssphäre Jakobus, der Bruder Jesu, Leiter der Urgemeinde in Jerusalem, getötet (ab 62 n. Chr.).

Herodianer

Parteigänger der Herodes-Familie nannte man Herodianer (Mk 3,6; 12,13). Markus stellt sie als Verfolger Jesu dar, in diesem Fall mit der Partei der Pharisäer verbündet. Immerhin hatten die Herodianer als Parteigänger Roms ein Interesse daran, dass im Land Ruhe herrschte. Aufrührer und religiöse Reformer konnte man schlecht gebrauchen. Das betraf Jesus selbst und später Leitungspersonen der Urgemeinde.

- **Hillel**

Mit Beinamen *Der Alte*, einflussreicher jüdischer Schriftgelehrter aus Babylon, der in Jerusalem von ungefähr 30 v. Chr. bis 10 n. Chr. wirkte, Vertreter einer milden, freieren Gesetzespraxis.

- **Hiskia**

Der Name bedeutet Meine Stärke ist Jahwe, König des Südreiches Juda (725–697 v. Chr.), Mitglied einer Koalition gegen das Großreich Assur, zog sich zunächst aus dem Bündnis zurück, rüstete dann doch gegen diese Großmacht. Assur reagierte auf diese

Provokation: Jerusalem wurde belagert. Jesaja bestärkte in dieser Phase Hiskia in seinem Abwehrwillen, versprach den Abzug der Assyrer, was auch, vielleicht bedingt durch eine Epidemie im Heer, unter Zahlung eines Tributs geschah. Hiskia galt als fromm. Er führte unter prophetischem Einfluss religiöse und soziale Reformen durch, zentralisierte den Kult in Jerusalem, reinigte ihn und entfernte die Schlange Nehuschtan aus dem Tempel, die Salomo aufgestellt hatte (2Kön 18,3 f.).

- **Hohepriester**

Der Hohepriester ist als Bindeglied zwischen Gott und dem Volk Gottes zu verstehen, eine Einrichtung, die erst in nachexilischer Zeit zum Blühen kam. Der Hohepriester bringt das tägliche Opfer für Gott dar (Ex 29,42). Er betritt am Großen Versöhnungstage das Allerheiligste des Tempels (Lev 6,2). Ursprünglich ein Erb-Amt (Num 20,26), wird es zur Zeit Jesu nur auf wenige Jahre verliehen. Trotzdem hat der Hohepriester großen politischen Einfluss. Er leitete das Synhedrion, den Hohen Rat und bildet mit weiteren Ältesten die jeweilige Regierungsmannschaft, *die Hohepriester* genannt (Mk 8,31).

- **Jahwist**

Vgl. Quellen und Quellenscheidung im Pentateuch

- **Jeremia**

Zur Geschichte Judas

Wie kein anderer Prophet spiegelt Jeremias Leben eine der wichtigsten Epochen des Staates Juda und des jüdischen Volkes. Der kleine Staat Juda, eigentlich nur noch ein Stadtstaat, wächst unter König Josia zu einem Reich heran, das fast die Ausmaße des Davidreiches erreicht. Der fromme König Josia reformiert das Land. Dann kommt es zur Katastrophe: Juda wird in internationale Kriegswirren hineingezogen, Josia fällt in der Schlacht bei Megiddo (609 v. Chr.), in der er sich den Ägyptern entgegenstellt. Es braucht nur noch wenige Jahrzehnte, und Juda und Jerusalem werden von den Babyloniern zweimal erobert, der Tempel wird zerstört, die Bevölkerung deportiert. Das alles erlebt Jeremia. Er hat die Katastrophe kommen sehen und vorausgesagt.

Chronologie der politischen Ereignisse, in die Jeremia verwoben ist:

629: Jeremia wird in Anatot, einem Vorort Jerusalems, geboren.

639–609: In Juda mit der Hauptstadt Jerusalem regiert Josia. Es kommt zur letzten Machtentfaltung Judas. Josias Reich gewinnt fast die Größe des Davidreiches.

Ab 621: Josia führt Reformen durch. Der Gottesdienst wird im Tempel zentralisiert, Höhenheiligtümer werden abgeschafft, soziale Verbesserungen eingeführt, Land wird unter Arme aufgeteilt.
Die Sozialreform wird bald rückgängig gemacht. Jeremia tritt erstmals öffentlich als Prophet auf.

Ab 605: Es kommt zu Unruhen zwischen Ägypten und Babylon. Israel ist Aufmarschgebiet der Ägypter. Jeremias zweite Tätigkeitsperiode.

609: Josia fällt in der Schlacht bei Megiddo, als er sich Pharao Necho entgegenstellt, während dieser nach Babylon marschiert.

608–597: Jojakim, ein Onkel des Josia, wird von den Ägyptern als König eingesetzt. Er unterwirft sich den Babyloniern, deren Macht stärker wird, fällt aber von Babel ab.
Unter ihm gerät Jeremia in lebensbedrohende Situationen, da er vor dem Ränkespiel mit Ägypten warnt. Eine Politik der Loyalität gegenüber Babylon liegt nicht auf der Linie Jojakims, der hofft, mit Ägyptens Hilfe wieder zu alter Macht zu kommen.

597: Es kommt zum Aufstand in Juda. Babylon zieht gegen Juda zu Felde. Die Stadt Jerusalem wird eingenommen. Deportation der Oberschicht, die so genannte erste Wegführung findet statt. Dritte Tätigkeitsperiode des Jeremia.

597–587: Zedekia wird König des Reststaates Juda. Zunächst herrschen politisch stabile Verhältnisse unter der Oberherrschaft Babels.

594: Es wird wieder ein geheimes Bündnis zwischen Jerusalem und anderen Stadtstaaten im Zwischenfrontenland geschlossen. Zedekia gerät in den Sog nationalistischer Erhebungsideen. Ägypten unterstützt diese Ideen.
Der Prophet, der nicht schweigt, sondern vor dieser Entwicklung abrät, gerät wieder unter Druck. Er warnt mitten im blinden Nationalismustaumel des Volkes vor dem Aufstand. Der drohende Krieg wird noch einmal zurückgenommen.

589: Der Konfrontationskurs verstärkt sich wieder. Es kommt zum Krieg Babylons gegen Juda, nachdem Juda revoltierte. Jeremias Leben ist in immer größerer Gefahr. Ihm wird Zusammenarbeit mit dem Feind vorgeworfen.

587: Jerusalem wird belagert und erobert, Stadt und Tempel werden zerstört. Die zweite Wegführung des Volkes geschieht. Gedalja wird Statthalter der babylonischen Restprovinz Juda.

um 585: Nochmals steht Juda auf, Gedalja wird ermordet. Die Aufständischen fliehen nach Ägypten. Jeremia wird von den Flüchtenden verschleppt. Vierte und letzte Tätigkeit des Jeremia als Prophet.

um 580: Jeremia stirbt als Verschleppter in Ägypten.

Jeremiabuch

Das Jeremiabuch, wie es uns heute vorliegt, stellt eine Nachschrift aus dem Gedächtnis und aus Restnotizen durch den Schüler des Jeremia, Baruch, dar. Jeremias ursprüngliche Textsammlung wurde durch Jojakim verbrannt. Baruch gestaltete das Werk dadurch plastisch, dass er Ereignisse aus dem Leben des Jeremia und weltpolitische und soziale Entwicklungen in das Jeremiabuch aufnahm.

Während uns von anderen Propheten nur ihre Worte überliefert wurden, werden bei Jeremia auch die Lebensumstände und die zeitgenössischen politischen Ereignisse geschildert. So können wir Jeremias Prophetenworte in die verschiedenen Geschichtsepochen einordnen. Ganze Passagen, vor allem die Erzählungen, aber auch Prophetentexte, kommen aus dem Umkreis des Baruch und weiterer Jeremiaschüler. Auch in späterer Zeit fügte man Texte hinzu.

Klagelieder Jeremias

Sammlung von fünf Liedern, die nach der Tradition Jeremia niederlegte, nachdem der Tempel zerstört und die Bevölkerung Judas zum größten Teil nach Babel geführt worden war (587 v. Chr.). Die Lieder beschreiben den Untergang Judas und Jerusalems als Gottes Strafgericht und beklagen das Schicksal des Propheten, der ebenso ins Leiden geschickt wird. Die Leiden des Propheten und des Volkes werden gleichgesetzt. Die Klagelieder mahnen zur Buße und bitten Gott um Vergebung und Hilfe. Während das erste Lied durchaus von Jeremia stammen kann, ist das fünfte wohl von einem nachfolgenden Dichter entworfen worden. Die Sammlung ist um 515 v. Chr. abgeschlossen. In jedem Fall handelt es sich auch um Klageliturgien, weniger um individuelle Poesie.

- **Jesus**

Nur indirekt erschließbar

Jesus ist uns nur indirekt aus den Schriften bekannt, in denen er dargestellt und zitiert wird, den Evangelien. Nach einem anfänglichen gewissen Enthusiasmus, der im 18. Jahrhundert in der Aufklärungszeit begann, man könne mit bestimmten Filtermethoden alles über Jesus aus den Evangelien, aber auch aus den Briefen des NTs herauskristallisieren, trat eine berechtigte Resignation ein. Albert Schweitzer wies in seiner berühmten „Geschichte der Leben-Jesu-Forschung" nach, dass jedes Zeitalter und jede Strömung ihr Jesusbild nach ihren Bedürfnissen forme.

Sich an Paulus halten?

Der Theologe Rudolf Bultmann hielt sich an Paulus, der von Jesus nur sagte, er sei als Mensch ein Nachkomme Davids gewesen und kraft seiner Auferstehung von Gott zum Sohn Gottes erhoben worden (Röm 1,2 f.). Paulus hält sich zweifellos streng an eine erste grundsätzliche Bekenntnislage in der Urgemeinde. Alles andere von Jesus, so Bultmann gemäß Paulus, werde aus der Osterperspektive der Gemeinde heraus entwickelt und auf Jesus übertragen.

Prophetisches Vollmachtsverständnis Jesu

Bultmannschüler wie Ernst Käsemann und Hans Conzelmann, dazu auch Joachim Jeremias fanden es realistischer, von einem begrenzten Vollmachtverständnis Jesu auszugehen, das deutlich messianisch geprägt war. Freilich verstand Jesus sein Messiastum anders als alle Messiasse vor und nach ihm. Er fühlte sich als Bevollmächtigter Gottes, der das Reich Gottes aus seinen Wurzeln, der Menschheitsbefreiung, wie sie die Thora lehrt, erneuert und es im Tun des Friedens und der Versöhnung verwirklicht.

Historischer Jesus

Teile der Bergrede sowie eine Reihe von Gleichnissen lassen den historischen Jesus hervorleuchten. Alles, was vor und nach Jesus nicht oder nicht mehr an biblischem Gedankengut existiert habe, sich aber in Texten des Zweiten Testaments vorfinde, müsse auf Anregungen und Bilder Jesu zurückgehen, so Conzelmann (Art. „Jesus Christus", in: Religion in Geschichte und Gegenwart, Tübingen ³1959, Bd. 3, Sp. 619–653, hier: Sp. 623).

• Johannes

Johanneische Literatur

Johannes, der Apostel, wird eine Säule der Urgemeinde genannt (Gal 2,9), als einer der ersten Jünger berufen (Mk 1,19 f.). Es wird eine Kategorie neutestamentlicher Schriften mit seinem Namen verknüpft, die sogenannte Johanneische Literatur, das Johannesevangelium, die Johannesbriefe und die Apokalypse des Johannes. Einige Forscher verbinden das Johanneische Werk mit einem gewissen Presbyter Johannes aus Ephesus. Tatsächlich gibt sich auch ein Ältester als Verfasser einiger Johannesschriften aus (Apk 1,1; 2Joh 1; 3Joh 1). Auch der 2. und 3. Johannesbrief gehören wie die Offenbarung des Johannes, die mit anderer Sprache und anderen Bildern spricht, zur Johanneischen Schriftengruppierung.

Der Gemeindeälteste Johannes

In und um Ephesus wirkt tatsächlich ein (griech.) presbyteros, *Ältester* Johannes, der nicht unbedingt der Apostel sein muss. Nach kirchlicher Tradition soll dieser Mensch Johannes bis ins hohe Alter in Ephesus gelebt und die Gemeinde geformt haben, so die Legende. Sein Tod wird ins 1. Viertel des 1. Jhs. gelegt. Ob Presbyter und Apostel Johannes identisch sind, ob überhaupt auf den legendenhaften Presbyter Johannes von Ephesus Anteile des Johanneischen Schrifttums zurückzuführen sind, bleibt ungewiss.

Theologische Bindungen

Es gibt aber theologische Bindungen der Johanneischen Schriften untereinander, bis in die Apk hinein, auch wenn diese in einem sehr hebräischen Stil abgefasst wurde. Zwar tun sich sprachlich wie inhaltlich Divergenzen auf. Die Sprache des Johannesevangeliums und der Briefe bleibt einfach, ist aber nicht mit unübersehbaren Hebraismen gespickt wie die Apk. Auch methodisch-inhaltlich geht die Apk andere Wege als die übrigen Johannesschriften. Doch verbindet das Bild vom geschächteten Passahlamm beide Gruppierungen. Auch wird, wie im Anhang zum Johannesevangelium, in der Apk das (griech.) aren, *Lämmchen*, durchgehend verwendet, das sonst im Zweiten Testament nicht weiter vorkommt, vgl. Lamm Gottes! Die Abfassung des Johannesschrifttums liegt spät, in den 90er Jahren n. Chr.

Niemals der Name Johannes

Zu erwähnen bleibt, dass im Johannesevangelium niemals der Name Johannes auftaucht. Es wird von einem gewissen Jünger gesprochen, den Jesus lieb hatte (Joh 13,23 u.a.). Auch kommt im Johannesevangelium der Begriff (griech.) apostolos nicht vor, außer an einer Stelle innerhalb der Fußwaschungsgeschichte, in der Jesus davor warnt, dass der Apostel nicht größer als der, der ihn gesandt habe, vielleicht ein tadelnder Hinweis auf die Kämpfe, die sich die Apostel tatsächlich untereinander lieferten (Joh 13, 16). Manche Exegeten verstehen den 1. Johannesbrief als ein Begleitschreiben zum Johannesevangelium, sozusagen als erläuterndes Vorwort.

Erweiterungen, Zusätze

Fest steht, dass in späterer Zeit, vielleicht als es um die Frage ging, ob die johanneischen Schriften in den Schriftenkanon des NT aufgenommen werden sollten oder nicht, Texte dem Korpus, vor allem dem Evangelium, hinzugefügt wurden. Diese Erweiterungen sollten den Autor Johannes kirchenfähig machen. Offensichtlich wird dies in einem sehr späteren Zusatz, dem Komma Johanneum, versucht (1Joh 5,7). Dieser Zusatz taucht erst ab der Mitte des 4. Jhs., und dann nur in lateinischer Übersetzung: „(...) im Himmel der Vater, das Wort und der Heilige Geist. Und diese drei sind eins (...)" So ist ebenso der Text Joh 7,53–8,11 später von fremder Hand eingeschaltet, die Geschichte, wie Jesus einer Ehebrecherin begegnet.

Kirchliche Korrektur

Aber auch andere Textteile im Evangelium, die nicht mit textkritischen Gründen als spätere Zusätze ausgegliedert werden können, scheinen einer nachträglichen Redaktionsschicht anzugehören, da sie sich in theologischem Geist und in der Wortwahl von Johannes unterscheiden. Das 21. Kapitel, ans Ende des Evangeliums angeheftet, ist als ein derartiger kirchlicher Korrekturtext anzusehen: Neben den „Jünger, den Jesus lieb hatte", wird Petrus deutlich ins Blickfeld gerückt (Joh 21,1 ff.). Vor allem werden Textstellen, die die Botschaft und das Sakrament in hehre Geistigkeit oder hingebende Aktion aufzulösen scheinen, brutal substantiell ergänzt. Das Brot, das Jesus geben werde, sei sein Fleisch. Wer nicht das Fleisch des Menschensohnes esse und sein Blut nicht trinke, habe kein Leben in sich (Joh 6,51b–56). Dabei verzichtet Johannes bewusst darauf, die Schilderung der letzten Mahlzeit Jesu mit seinen Jüngern als Geschichte der Einsetzung des Abendmahls zu erzählen. Bei Johannes steht die Herausforderung zu einer Ethik des Dienstes im Mittelpunkt der Schilderung der letzten Mahlzeit Jesu mit seinen Jüngern. Gerade dieser nicht aufzulösende Unterschied von den Synoptikern zu Johannes in den Abendmahlsberichten macht wahrscheinlich, dass einige Texte nachträglich eingefügt wurden (Joh 6,51–53).

• Johannes der Täufer

So genannter Vorläufer Jesu, von Herodes Antipas hingerichtet (vgl. Mk 6, 17–29), bildete selbstständig eine messianische Bewegung, die freilich auf den kommenden Messias hinwies (vgl. Apg 18,25; 19,1–7).
Nach dem plötzlichen Tod des Täufers konnte Jesus einen Teil der Täuferjünger in seine Bewegung integrieren.

• Josephus, „Geschichte des Judäischen Krieges"

Der gebildete Jude Flavius Josephus, ein Historiker, geboren 37 n. Chr., kämpfte im Judäischen Krieg 66–70 n. Chr. zunächst auf der Seite der Aufständischen, ging dann aber zu den Römern über und berichtet von den Kriegsentwicklungen sehr genau. In weiteren Werken erzählt er aus der jüdischen Geschichte, von jüdischen Bräuchen, Einrichtungen usw., insgesamt eine wertvolle Berichterstattung trotz mancher tendenziellen Schilderungen. Falls es sich bei seiner Notiz über Jesus nicht um einen späteren Einschub handelt, wurde diese Textstelle zumindest christlich überarbeitet.

• Josia

Bedeutender König im Südreich (639–609 v. Chr.), Zeitgenosse Jeremias, der die religiösen und sozialen Reformen Josias unterstützt. Josias plötzlicher Tod im Jahr 609 v. Chr. bedeutet für die Weiterentwicklung der Zukunft Judas eine Katastrophe.

• Judäischer Krieg

Vgl. Staat, Gehorsam und Widerstand, jüdische und christliche Auffassungen
Vgl. Josephus

• Judas Makkabäus

Vgl. Staat, Gehorsam und Widerstand, jüdische und christliche Auffassungen

• Kanaanäische Religion und Israel

Astarte

Astarte, auch: Aschera, Fruchtbarkeitsgöttin im ganzen Vorderen Orient, Stadtgöttin von Aschtarot (Gen 14,5) und Sidon (1Kön 11,5.33, 2Kön23, 13), eine Variante der assyrischen Göttin Ischtar, der Göttin der Liebe, der Fruchtbarkeit und des Krieges. Ischtar trägt also Züge des Lebens und des Todes, der Vernichtung in sich. Der Astarte-Kult hatte unverhüllt sexuelle Ausprägungen und war mit Tempelprostitution verbunden: Dem Gott Baal, dem männlichen Gattengott, im Fremden zu begegnen, galt als Auslöser für den Landessegen allgemein. Regen und Fruchtbarkeit des Landes wachsen aus dieser Begegnung.

Der Prophet Hosea greift diese Vorstellung auf: Er nimmt eine Tempeldirne zur Frau und deutet in seinen prophetischen Bildern und Handlungen diese Situation: Wie er mit einer Tempeldirne verheiratet ist, so hurt Israel mit fremden Göttinnen (Hos 1–3). Selbst im Tempel von Jerusalem gibt es Kammern, in denen sich die Gläubigen den Kadeschen, den heiligen Frauen, hingeben. Hosea deutet: Israel hurt unter seinem Gott Jahwe hinweg (Hos 4,12).

Baal und Anat in Ugarit

Baal, übersetzt *Herr,* weit verbreiteter kanaanäischer Göttername, ist ein Bauern- und Hirtengott, der für Bäche und Flüsse verantwortlich zeichnet. Er, ein Wettergott, schafft den Regen und symbolisiert allumfassend die männliche Seite des Lebens. In den Texten von Ugarit begegnet er seiner Schwester Anat. Sie ist Liebes- und Kriegsgöttin zugleich, auch eine Fruchtbarkeitsgöttin, die für die Quellen zuständig ist. Der Name Anat bedeutet *Quelle.* Baal erscheint in der Gestalt des Stiers, Anath als Färse, einer jungfräulichen Kuh. Anat, eine analoge Gestalt zur Astarte, verbindet sich mit Baal und wird schwanger. Anschließend kommt es zur Vernichtung Baals durch den Gott des Todes, Mot, was Anat zum Kampf gegen Mot herausfordert. Anath und Schapasch, die Sternengöttin, suchen Baal, den die beiden Frauen aus seiner tödlichen Zerstückelung wieder zum Leben zusammensetzen. Es kommt zum Kampf des zum Leben auferstandenen Baal gegen Mot, den Baal durch Els, des altbetagten Obergottes Hilfe, gewinnt.

Eine Naturreligion ist das, die die Jahreszeiten und damit das Sterben und Wiedererwachen der Natur symbolisiert.

Im Kult der Astarte und des Baal, in Phönizien und Assur beheimatet und im Land Kanaan der Königszeit mehr zu Hause als Anat, zeugt also die Muttergöttin Astarte ihren Sohn Baal, zieht ihn groß, schläft mit ihm und frisst ihn wieder auf: Die Allherrschaft der Mutter symbolisiert Liebe und Fruchtbarkeit und fordert zugleich Unterwerfung und Tod. Solch eine Erfahrung, so Israels Glaube, hat in Israels Religion und Sozialleben keinen Platz. Jedes kleinste Menschenwesen, alle Schwachen bleiben geschützt. So lautet der göttliche Urwille. Gott liebt und schützt den Raum der Familie, dort vor allem Alte und Kinder.

Auseinandersetzungen der Religion Israels mit der religiösen Umwelt

Die Vernichtung des Kindes durch die Mutter oder den Vater als religiöser Brauch ist auch aus der Bibel bekannt. Das Kinderopfer wird sogar innerhalb der biblischen Religion vollzogen (Ri 11,29–40; 2Kön 16,3). In einer Grundsatzerzählung wird diese Möglichkeit der Versöhnung mit Gott Jahwe deutlich überwunden und abgelehnt. Abraham soll seinen Sohn nicht Jahwe opfern, obwohl Abraham dazu bereit ist (Gen 22,1 ff.). Lange noch üben Rituale von Kinderopfern ihren Einfluss auf Israel aus. Dem Gott Kamosch werden in Moab, jenseits des Jordans, dem Gott Moloch in Kanaan Kinderopfer dargebracht: die Erstgeburt. Das ist ein Brauch, der sich auch im israelitischen Rechtsbewusstsein widerspiegelt. Alle Erstgeburt ist Gott heilig und muss freigekauft werden, indem den Leviten, der Priesterkaste in Israel, eine Ablösesumme gezahlt wird (Num 18,15–19; Ex 13,1 f.).

Tabuisierungen

Im israelitischen Recht wird der Intimbereich der Familie tabuisiert und scharf geschützt (Lev 18,1–6). Kinderopfer und Kindesmissbrauch werden im Rahmen der Entwicklung des israelitischen Gesetzeskodexes ausgeschlossen, ja mit dem Tod bestraft. Damit setzt sich Israel in den Gegensatz zu seiner Umwelt. Ägypten und Kanaan liefern Beispiele von Geschwisterheirat und Kinderopfer, durch die Religion dieser Völker sanktioniert und ritualisiert. Israel, punktuell dieser Religionssitte anheim gefallen, löst sich aus dieser Art von Religiosität, ja, distanziert sich heftig von ihr (Dtn 18,10; Jer 32,35).

- **Kanon**

Liste der Erst- und Zweittestamentlichen Bücher der Bibel, die als von Gott eingesetzt gelten. Diese Liste wurde für das Judentum endgültig auf der Synode zu Jamnia 90 n. Chr. festgelegt. Die LXX hat andere Normen, wie sie dann auch in das junge Christentum übernommen wurden. Die Reformatoren entschieden sich für den strengen jüdischen Kanon, während das Konzil zu Trient (1546) auch die deuterokanonischen Bücher zum Kanon der Katholischen Kirche zählte. In Bezug auf das Zweite Testament bekennen Protestanten und Katholiken einen einheitlichen Kanon, wie er uns im Neues Testament vorliegt.

- **Ketzer**

Abgeleitet von den mittelalterlichen Katharern, (griech.) kartharoi, die *Reinen*. Die Kartharer lebten in Italien und Südfrankreich als christliche Sondergruppe, die von Kirche und Staat gnadenlos verfolgt und ausgerottet wurde. Im heutigen Sprachgebrauch ein diffamierender Begriff, mit dem Andersgläubige, Abweichler von der Norm bezeichnet werden.

- **König**

Vom Richtertum zum Königtum in Israel

Samuel wird zum Richter über Israel eingesetzt (1Sam 3,1 ff.). Eli, der priesterliche Hausherr im Tempel zu Schilo, bildet Samuel aus, ein Priester, Gottesmann, Prophet und Volksführer soll aus ihm werden. Eli ist alt und müde. Seine Söhne sind für Führungsaufgaben untauglich und kommen in der Schlacht um (1Sam 8,3). So hat Samuel die Chance, zu einem gut ausgebildeten Rechtssprecher, Propheten und sogar erfolgreichen Heerführer zu werden – was auch geschieht (1Sam 7,2–17).

Jahwe ist König – Saul wird König

Und doch nimmt Israels Geschichte zu Samuels Lebensende hin eine andere Wendung. Gegen den Widerstand religiöser Kreise um den Propheten Samuel setzt sich in Israel das Königtum durch (1Sam 12,1 ff.). Warum soll sich Israel keinen König erwählen? Jahwe ist König in Israel, ist die Antwort (1Sam 8,7 ff.). Königtum bedeutet neues Untertanentum, wo doch Israel in der Herrschaft Gottes frei sein soll. Der König darf sich auf keinen Fall zum Willkürpotentaten machen, der das Volk für sich arbeiten ließe. Er ist an Gottes Gesetz gebunden und soll es im Volk durchsetzen (Dtn 17,14 ff.). Saul ist der erste König Israels (1012–1004 v. Chr.).

Davids und Salomos Königstum

Ihm folgt David (1004–965 v. Chr.). Der ist zunächst König in Juda, wird dann aber zum Herrscher über alle zwölf Stämme gewählt (um 1000 v. Chr.). Unter David erreicht das Königreich Israel und Juda eine nie geahnte Größe. Sein Sohn Salomo regiert 40 Jahre (965–926 v. Chr.). Nach dessen Tod zerfällt der Königsverbund in zwei Staaten, Israel und Juda. In Juda mit der Hauptstadt Jerusalem bleibt die Erbnachfolge des Davidgeschlechts erhalten, in Israel folgen verschiedene Dynastien. Die Königtümer dauern bis zum Zerfall beider Staaten (722 v. Chr. Nordreich; 597 v. Chr. Südreich).

Messias aus dem Geschlecht Davids

Nach dem Zerfall der Reiche wird vor allem das davidische Königtum zum messianischen Symbol. Aus dem Geschlecht Davids wird der Messias kommen, der Gesalbte Gottes, der Israel befreien und es zu altem Glanz führen wird (z. B. Hes 34,23). Die ausführliche Literatur zu Königtum (1Sam und 2Sam sowie 1Kön und 2Kön) zeigt aber auch die Schwächen der einzelnen Könige in Nord und Süd, inklusive Saul, David und Salomo.

• Krieg

Ein heiliger Krieg wird nach ersttestamentlicher Vorstellung dann notwendig, wenn z. B. das Heilige Gastrecht aufs Gröblichste verletzt wurde (Ri 19,1–21,25). Ein derartiger Krieg, im Namen der zwölf Stämme Israels ausgerufen, duldet keinen Aufschub, keine Diplomatie, keine Schonung. Er zielt auf das Gelübde, den Bann zu vollstrecken, das heiß: den Gegner vollkommen auszurotten. Diese Strafe kann nicht durch Geld- oder Viehbußen abgelöst werden (Lev 27,28; Num 18,14). Auf Beute wird verzichtet. Die Vernichtung von Vieh und Mensch sind heilige Pflicht, Beute zu machen, ist verboten (Num 21,1 ff.; Dtn 3,6; Jos 6 f.; 8,2; 11,10–15; Ri 1,17; 1Sam 15,1–35). Das Banngelübde ist aus der absoluten Entscheidung für das Gottesrecht zu verstehen. Ein heiliger Krieg kann auch gegen Israel selbst bzw. gegen Teile Israels geführt werde (vgl. Ri 19,1 ff.).

Recht bald im Ersten Testament werden Heilige Kriege durch diplomatische Akte abgelöst (1Sam 15,1 ff.). Hintergrund für diese Entwicklung ist, dass Gott selbst derartige Kriege führt. Sie beruhen also im Endeffekt nicht auf militärischer Stärke, sondern auf der Macht Gottes. Dessen Name ist Jahwe Zebaoths, Gott der Heerscharen, später Gott der himmlischen Heerscharen (Jes 6,3). Weil Gott der Gegner des Feindes ist, kann das wehrlose Israel gegen Ägypten, der kleine David gegen den hochgerüsteten Goliat gewinnen (Ex 14,14.24–29; 1Sam 17,45–47). Im Zweiten Testament führt diese Entscheidung, Gott Krieg und Sieg anheim zu stellen, zu einer radikal pazifistischen Entscheidungen, vor allem bei Jesus selbst (Mt 26,51–54).

• Lamm Gottes

Im Hintergrund dieses Bildes steht das jüdische Ritual des Passahlammes, das geschlachtet wird. Im Gebrauch des Wortes (griech.) arnion spiegelt sich eine Tradition wider, die auf Jeremia zurückgeht. Jeremia sieht sich selbst in der Rolle des zutraulichen *Lammes*, das zur Schlachtbank geführt wird (Jer 11,19). Im Requiem für den unbekannten Knecht Gottes (Jes 52,13–53,12) wird der Begriff (griech.) amnos, *Lamm*, eingesetzt, das Bild aus Jeremia jedoch beibehalten und weiterentwickelt.

Wie ein Schaf

Auch in der Tradition von Jes 53 geht der Knecht Gottes wie ein Schaf, das stumm leidet, den Stellvertreterweg. Er wird gefangen genommen und getötet, während das Volk frei ausgeht (Jes 53,7). Dieses Symbol findet Eingang in die Kultsprache des Neuen Testaments (Apg 8,32; 1Kor 5,7; 1Petr 1,18 f.).

Im Aramäischen

Im Aramäischen, der Sprache Jesu, werden darüber hinaus Lamm Gottes und Knecht Gottes mit einem Begriff belegt, sodass es in der Urgemeinde zu einem doppelten Symbol kommt: Das Lamm Gottes ist der Knecht Gottes – und umgekehrt, ein Bild, das im Johannesevangelium eine überragende Rolle spielt (Joh 1,29).

• Laubhütte, Laubhüttenfest

Das Laubhüttenfest, einmal im Jahr am Ende der Ernte als Erntefest gefeiert (Ex 23,16; Lev 23,41), wurde später zum Wallfahrtsfest (Ex 34,22) mit mehrfacher Bedeutung und umfangreichem Ritual (Num 29,13–38). Auf jeden Fall stellt es eine Erinnerung an den Aufbruch aus Ägypten dar. Auch gilt es als Allegorie auf das Zeltleben in der Wüste. Eine Laubhütte, ein aus leichtem Geäst gebautes Gebilde, durch dessen Zweige man den Sternenhimmel erkennen kann, bedeutet Aufbruch zu Neuem, Nähe zu Gott, Dank und Freude. In der Endzeit werden alle Völker zum Laubhüttenfest nach Jerusalem ziehen (Sach 14,16 ff.).

• Logienquelle

Vgl. Zweiquellentheorie

• Losorakel

Durch Los wird bestimmt, wie weiter verfahren werden soll, in einer Schlacht, in einer Personalentscheidung, während eines Gerichtsurteils, im Ersten Testament oft erwähnt (Lev 16,8; Num 33,54; Jona 1,7; Ps 22,19). Der Hohepriester trug die beiden Entscheidungselemente, Urim und Tummim in seinem Brustschild (Ex 28,30; Num 27,21).

• Makkabäer

Judas, ein Sohn des Mattathias, erhielt den Beinamen Makkabäus, der mit dem (hebr.) Wort *Hammer* in Beziehung zu setzen ist (Makk 2,4). Später wird die gesamte Nachkommenschaft und Verwandtschaft des Judas mit diesem Namen belegt. Judas organisierte einen Aufstand gegen Syrien, der einen dreißigjährigen Befreiungskrieg auslöste mit verschiedenen politischen, sozialen und religiösen Konsequenzen. Judas selbst wirkte als Anführer von 166 bis 160 v. Chr. Die Makkabäer regierten, nicht unangefochten, auch mit Mord und Totschlag in der eigenen Familie bis 67 v. Chr., bis dass Pompejus die Interessen Roms vertrat.

• Manna

Im Ersten Testament dient Manna als Wüstenspeise, wie es Ex 16,14.31 beschrieben wird. In Num 11,7 wird Manna mit Bdellion-Harz verglichen, süßlich schmeckende Kügelchen, die den Beduinen als Zusatznahrung dienen. Manna und Wachteln symbolisieren Gottes Geschenk des Überlebens in der Wüste insgesamt (Dtn 8,16). Da Israel seine Endzeithoffnung als Wiederherstellung der Frühzeit entwickelt, was Prophetentexte besagen (Jer 2,2), wird Manna als Speise der Endzeit vorgestellt, als Gottes Wort, das Menschen satt macht, als Brot vom Himmel (Ps 78,24; Sap 16,20).

Im Zweiten Testament werden dieser Gedanke fortgesetzt. Das Manna, Nahrung der Heilszeit (Apk 2,17), wird zum Brot des Lebens, Jesus selbst. „Wer von diesem Brot isst, wird leben in Ewigkeit" (Joh 6,48 ff.).

• Markus

Name und Evangelium

Mit vollständigem Namen Johannes Markus (Apg 12,12). Christen versammelten sich im Haus seiner Mutter. Paulus und des Markus Vetter Barnabas (Kol 4,10) gingen gemeinsam auf Missionsreisen, Markus verließ die Reisegruppe vorzeitig (Apg 12,25; 13,5.13; 15,37 ff.). Nach 60 n. Chr. scheint Markus bei Paulus und Petrus in Rom geweilt zu haben (Kol 4,10; Phlm 24; 1Petr 5,13). Er gilt als der Verfasser des Markusevangeliums.

Evangelium und mehrfacher Schriftsinn

Das Markusevangelium gilt als das erste verfasste Evangelium. Seine Gesamtkomposition wurde allerdings erst nach der Zerstörung Jerusalems angefertigt, so die Meinung der neueren Forschung. Dieses Evangelium enthüllt das Messiasgeheimnis Jesu, das den Jüngern zu Lebzeiten verborgen bleibt, so Markus.

• Matthäus

Einer der Zwölf, Sohn des Alphäus (Mt 9,9); sein Name taucht in zwei Apostellisten auf (Mt 10,3; Apg 1,13). Nach Markus und Lukas heißt dieser Apostel Levi (Mk 2,14; Lk 5,27 ff.). Der Legende nach wird ihm das Matthäusevangelium zugeschrieben.

• Menschensohn

Einfach nur Mensch

Menschensohn kann im Hebräischen einfach nur *Mensch* heißen, ein Bild, das auch auf das gesamte Volk, ja, die Menschheit zielt (Jes 51,12). Der Prophet Ezechiel wird von Gott in Vision und Audition als Menschensohn angeredet (Hes 2,1.3; 44,5).

Der Mensch Jesus

Im Zweiten Testament wird der Begriff Menschensohn, in ein alttestamentliches Zitat eingebunden, auf den Menschen, also den Propheten Jesus gemünzt (Hebr 2,6; Ps 8,1 ff.). Jesus hat sich gemäß der Tradition der Propheten auch selbst als Menschensohn bezeichnet (Mt 8,20) und unter diesem Titel, indem er seinen eigenen Untergang, sein Scheitern und Auferstehen ankündigt, seine innerste Bestimmung definiert (Mk 8,31–33; 9,30–32; 10, 32–34). Jesus sprach Aramäisch, eine Weiterentwicklung des Hebräischen. Er nannte sich (aram.) bar nascha, *Sohn eines Menschen*, *Mensch* schlechthin.

Offenheit: Gottes neuer Mensch

Der Titel bedeutet Offenheit, da im Ersten Testament eine im Himmel sichtbare und von dort kommende Gestalt auch Menschensohn genannt wird, dem alle Macht auf Erden zugesprochen wird (Dan 7,13) Dieser Zusammenhang wird im Zweiten Testament aufgenommen (Mt 25,31 ff.). Das Bild vom Menschensohn, der in den Wolken des Himmels erscheint, ist zunächst ein Hinweis auf die Erneuerung des Volkes Gottes, des neuen, von Gottes Licht und Geist durchströmten Menschengeschlechts. In Gottes neuem Menschen tritt Gott seine Herrschaft neu an, die zugleich auch eine Gerichtsszene für alle Welt darstellt. Die Urgemeinde wendet den Titel *Menschensohn* auf den erhöhten Herrn an. Vor allem in hellenistischen Kreisen geschieht dies. Jedenfalls geriet die Urgemeinde in Verfolgungsnot, als sie den erhöhten Herrn Jesus als Menschensohn zur Rechten Gottes schaute. Stephanus wurde wegen einer derartigen Vision gesteinigt (Apg 7,54 ff.).

- **Messias**

Titel

(Hebr.) Meschiach, *Gesalbter*, zunächst ein politischer Titel, der sich wandelt. Aus dem Gesandten Gottes, der in Gottes Namen die Befreiung ausruft, wird (und dies bereits vor den Jesuserfahrungen der Urgemeinde) der endzeitliche Messias, der Messias der Armen und Elenden, der das endzeitliche Gottesreich als Gottes Gesalbter gewaltfrei entwickelt (Jes 7–11; Mich 5,1 ff.; Jes 33,1 ff.; Sach 9,9 ff.). Das geschieht analog den Visionen des Knechtes Gottes, wie ja auch David, Gottes Gesalbter, als Gottes Knecht bezeichnet wird (Ps 18,1.51; 2Sam 22,51).

Im Zweiten Testament fließen Knecht-Gottes- und Messias-Erwartungen ineinander. Der Messias Jesus wird zu einem sanften Messias, zum Gottesknecht, der sein Leben für die Vielen hingibt und auf Gewalt verzichtet (Jes 42,1–4; 53,11; Mt 26,28).

- **Midianiter, Midianiterzeit**

Ein Wüstenstamm, bei dem Mose viel lernt

Die Midianiter, ein Wüstenstamm, den die Bibel auf einen Sohn Abrahams zurückführt (Gen 25,2), lebten auf dem Sinai, vielleicht diesseits und jenseits des Golfes von Akaba. Mose flieht in die Wüste, sucht diesen Stamm auf, so erzählt die Bibel, und findet bei ihm Zuflucht und Hilfe (Ex 2,1–15; 18,13–26). Insgesamt müssen die Wüstenzeit und der Aufenthalt in Midian Mose und damit Israel enorm beeinflusst haben. Seine wesentlichen religiösen Erfahrungen macht Mose während seines Wüstenaufenthaltes: Er lernt in der Wüste Gott Jahwe kennen (Ex 3,1–4,17). Die gemeinsame Kulttradition des Heiligen Zeltes, von Hebräern und Midianitern gepflegt, legt nahe, dass zwischen beiden Bevölkerungsgruppen enge kulturelle Beziehungen bestanden. Nicht immer waren die Midianiter Freunde der Hebräer. Als diese in Palästina siedelten, bedrängte Midian, weiterhin ein Wüstenvolk von Kamelnomaden, Israel. Gideon konnte die Räuber abwehren (Ri 6–8), woran später gern erinnert wurde (Jes 9,3; 10,26).

• Mose

Mose, historisch

Mose, der historisch kaum fassbar ist, gilt dennoch als der Begründer der jüdischen Religion im eigentlichen Sinne. Die Erzväter und ihre Traditionen gehen voraus, Mose- und Erzvätertradition vernetzen sich. Mose gilt als der Anführer der Jahweschar beim Ausbruch aus Ägypten, bei dem sich Viehnomaden und ehemalige Bauarbeiter vereinigen. Auch verknüpft der Pentateuch mit Mose die gesamte ersttestamentliche Gesetzestradition. Erste Ausbrüche aus Ägypten erfolgten um 1300 v. Chr. Wir können nicht davon ausgehen, dass sich ein ganzes Volk unter der Führung des Mose in einem eindrucksvollen Aufbruch in die Freiheit aufmachte. Es wird sich eher um eine kleinere Schar, die wir die Moseschar nennen können, gehandelt haben.

Unterdrückung und Befreiung

Erich Zenger hat diese Aufbruchzeit zwischen 1300 und 1100 v. Chr. sehr plastisch aus ägyptischen und nomadischen Quellen rekonstruiert. Besonders unter dem Pharao Ramses II. (1290–1224 v. Chr.) eskaliert die Revolte, wie sie in Tagebüchern ägyptischer Aufseher und Beamter festgehalten werden. So kann der Bau der Vorratsstädte Pitom und Ramses, bei dem Israel zum Frondienst herangezogen wurde (Ex 1,11), unter Ramses II. eingeordnet werden.

• Nachexilische Gemeinde und Dichtung

Alles, was sich nach dem Exil aus der Rückführung der Deportierten unter dem persischen König Kyros gemäß dessen Edikt von 538 v. Chr. an jüdischer Kultur in Palästina entwickelte, trägt deutlich neue Züge gegenüber dem, was an jüdischer Kultur und Bibeldichtung vor dem Exil in Juda war. Das Königtum wurde nach der Rückführung der Deportierten nicht wieder etabliert. Das Prophetentum dünnte aus und erlosch ganz. Psalmen wurden nicht neu geschrieben, sondern aus vorhandenem Gedankengut anders zusammengestellt.

Und doch gestaltete sich das Judentum: Die Apokalyptik kam auf. Die Weisheitsdichtung entwickelte sich weiter. Die Auslegung der fünf Bücher der Thora, schon in Babylon mit reicher Tradition versehen, wuchs zum Babylonischen und Jerusalemer Talmud heran und wurde in der Synagoge, die in Babylon entstand, eingeübt. Die Psalmen erhielten ihre letzte, bis heutige gültige Überarbeitung. Der

Kanon wurde zusammengestellt. Hellenismus und Bibeldenken verbanden sich – oder grenzten sich voneinander ab! Wesentliche Grundlagen für das Aufkommen des Messianismus wurden in der Nachexilszeit gelegt.

- **Naherwartung**
  Vgl. Apokalyptik

- **Naziräer, Naziräerevangelium**
  Nazoreios

In der Vorgeschichte des Matthäus wird auf einen merkwürdigen Beinamen Jesu, nämlich er sei ein (griech.) Nazoreios, hingewiesen, ein Name, der dann in der Passion Jesu wieder auftaucht (Mt 2,23; 26,71). Auch Lukas nimmt diese Bezeichnung auf. Dem Blinden von Jericho wird gesagt, Jesus Nazoreios gehe vorüber, wobei spätere Skripten in „Jesus aus Nazaret" umwandeln (Lk 18,37). In der Passionsgeschichte des Joh wird der Name ebenfalls gebraucht, die Häscher suchen in Getsemane Jesus Nazoreios (Joh 18,5.7). Auch am Kreuz wird diese Bezeichnung bei Joh angebracht: Jesus Nazoreios, König der Juden (Joh 19,19). Die Apg wählt in diversen Reden des Petrus diesen Namen (Apg 2,22; 3,6; 4,10; 6,14) und greift ihn in späten Paulusreden, vor allem vor sachkundigem jüdischem Publikum, auch vor dessen Gegnern, wieder auf (Apg 22,8; 24,5; 26,9).

Verdacht

Ein Verdacht taucht auf, Jesu Berufung sei ursprünglich als eine Berufung ins Nazirat zu verstehen. Aus Jesus Nazoreios sei dann Jesus aus Nazaret geworden. Dieser Verdacht wird dadurch genährt, dass es in der Jerusalemer Urkirche ein Naziräer-Evangelium gab.

Geweihter

(Griech.) Nazireios bedeutet *Geweihter*, die Vorschriften für ein Weiheleben stehen im Ersten Testament (Num 6,1–21). Ein Geweihter verzichtet auf Wein und Essig, lässt sich die Haare nicht scheren und darf keine Toten berühren. Wesentlich bleibt die Abwehr des Weins und all seiner Nebenprodukte. Es gibt Geweihte auf Lebenszeit (Simson, Samuel) und auf Zeit.

Ethischem Rigorismus eine Absage erteilt

Es klingt unwahrscheinlich, die Jesusbewegung sei aus einem ursprünglichem Rigorismus Jesu nach dem Neuanfang nach Ostern freiheitlich ausgebrochen. Zu deutlich sind die Beispiele Jesu und aus der Urgemeinde, dass die Messiasbewegung bereits unter dem historischen Jesus eine humane Befreiungsbewegung wurde, die fanatisierendem ethischen Rigorismen eine Absage erteilte. Wie hätte sonst der Wein im Herrenmahl zu seiner zentralen Rolle kommen können? Dennoch sind Elemente der Naziräer-Bewegung in die Evangelien eingeflossen.

- **Nero**
  Römischer Kaiser, 54–58 n. Chr.
  Vgl. Staat, Gehorsam und Widerstand, jüd. und christl. Auffassungen

- **Offenbarung**
  Vgl. Apokalyptik

- **Ostern**

Das christliche Osterfest ist eng mit dem jüdischen Passahfest verwoben. Nach den Synoptikern wird das letzte Passahfest Jesu mit seinen Jüngern zum Stiftungsmahl der neuen messianischen Gemeinschaft, in dem der gekreuzigte und auferstandene Herr zur Mitte wurde. Jesus ist unser Passah, unser Passahlamm (1Kor 5,7; 1Petr 1,19). An die Stelle des Passahmahls trat die Erinnerung an Jesu Hingabe, Auslieferung und Sterben, an Kreuzigung und Tod, aus dem er auferstand. Hier liegt die Mitte der christlichen Osterbotschaft. Das Osterfest ist zeitlich an das Passahfest der Juden gebunden. Es wird durch seine Bindung an die jüdische Tradition wie das jüdische Passah als bewegliches Fest definiert. Die Berechnung des Passah-Oster-Datums geschieht so: Passah-Ostern wird mit Beginn der 1. Vollmondwoche nach Frühlingsanfang gefeiert, eine lunar-solare Verflechtung! Also, am ersten Sonntag nach Vollmond nach Frühlingsanfang feiern wir Ostern, am Freitag vorher beginnt das Passahfest!

- **Passah**
  Passah im Ersten Testament

Größtes jüdisches Fest, das an die Befreiung aus Ägypten erinnert (Ex 13,1–16). Die verschiedenen Rituale dieses Festes erinnern an den Aufbruch aus Ägypten und den Schutz, den Jahwe Israel in der Aufbruchsnacht gewährte. Im Schlachten und Verzehren des Passahlamms und im Verzehr ungesäuerten Brotes werden Gottes Schutz und sein Neubeginn mit seinem Volk, seine Befreiung, symbolisiert. Das Mahl wird im Stehen gegessen, die Menschen sind gegürtet, tragen Sandalen an den Füßen, zum Aufbruch bereit. Das Blut des Lammes vergegenwärtigt Gottes Versöhnung und Schutz, ungesäuertes Brot die unmittelbare Aufbruchsituation, Bitterkräuter deuten auf die notvolle Lage der Aufbrechenden hin.

Passah im Zweiten Testament

Jesu letzte Mahlzeit wird von den Synoptikern als Passahmahl vorgestellt. Die in Israel üblichen vier Becher Wein, die die verschiedenen Abschnitte des feierlichen Mahls jeweils einleiten, werden in der messianischen Gemeinde zum Zeichen des Neuen Bundes, den Gott in der Auslieferung und im Tod seines Messias mit den Menschen schließt. Ungesäuertes Brot und Wein kennzeichnen so die Mahlzeit des Zweiten Bundes. Die Christen von Rom haben bis zum Beginn des 4. Jhs. beides gefeiert, das jüdische Passah und das christliche Osterfest mit seiner Eucharistie.

- **Paulus**
  Spätberufener Apostel

Paulus, der erste fassbare Literat des Zweiten Testaments, der sich auf umlaufende Liturgien und bereits vorhandenes messianisches Schriftgut beruft. Seine Bekehrung fand statt, als er von Jerusalem nach Damaskus aufgebrochen war, um dort messianische Juden im Auftrag des Synhedrions zu verfolgen. Das muss wenige Jahre nach dem Tod Jesu gewesen sein, wenn wir des Paulus Angaben im Galaterbrief glauben. Er hatte eine Vision, die er der Erfahrung der Apostel nach der Kreuzigung Jesu gleichstellt (1Kor 15,9; Apg 9,3–6; 22,6; Gal 1,12–17). Er weiß sich also vom Auferstandenen direkt zum Apostolat berufen.

Paulus bleibt nach seiner Christuserfahrung zunächst in Damaskus, geht dann in die Wüste Araba (Gal 1,17). Zurückgekehrt nach Damaskus, muss er aus dieser Stadt fliehen (Apg 9,24). Er sucht den Kontakt zur Urgemeinde in Jerusalem und ihren Leitungspersonen Petrus und Jakobus und brach anschließend zu Reisen und Aufenthalten in Syrien und Cilicien auf (Gal 1,18–21; Apg 9,30). Diese Reisen und die einzelnen Aufenthalte dienen den Gemeindegründungen, die er durch Briefe und nochmalige Besuche zu festigen sucht.

Wann starb Paulus?

Wahrscheinlich ist Paulus in der Verfolgung, die Nero unter den Christen Roms anzettelte, umgekommen, um 64 n. Chr. Dann wären zumindest die Pastoralbriefe in seinem Namen nach seinem Tode geschrieben, *vgl. Briefe.*

• Pax Romana

Der (lat.) Begriff Pax Romana meint den Kolonisations- und Besatzerfrieden, den die Römer nach der Eroberung eines Landes oder eines Landstriches mit eiserner Faust aufrichteten. Klar waren die Menschen der eroberten Provinzen Menschen einer niederen Klasse, die sich den Belangen Roms unterzuordnen hatten. Dafür wurden für Handel und Wandel Entfaltungsmöglichkeiten garantiert.

• Perser, Persien

Volk, das in der Antike das Gebiet des heutigen Iran besiedelte, die Gegend vom Kaspischen Meer bis zum Persischen Golf, die bis heute Persien heißt. Persien gewann in der Antike die Herrschaft über das Reich der Babylonier und löste so Babel als Großmacht ab. Kyros der Große (558–528 v. Chr.) baute die persische Hoheit auf. Er begründete mit seinem Sieg über die Meder (552 v. Chr.) und mit der Eroberung Babylons (539 v. Chr.) das persische Großreich. Bereits 538 v. Chr. sorgte er dafür, dass die Juden, die von den Babyloniern nach Babel in die Verbannung geschleppt worden waren, zurückkehren und den Tempel in Jerusalem wieder aufbauen durften. Die Tempelweihe fand 515 v. Chr. statt.

• Pharisäer, Sadduzäer, Qumrananhänger/Essener, Schriftgelehrte

Chassidim, die Frommen

Pharisäer, Abgesonderte, nannte sich eine jüdische Glaubensgruppe mit größtem Einfluss zur Zeit Jesu, die aus der Wurzel der (hebr.) Chassidim, der *Frommen*, hervorgeht (1Makk 2,42). Die Anhänger dieser Gruppierung innerhalb der nachexilischen jüdischen Kultur wurden auch Gerechte (Ps 1,5), die Treuen bzw. die Stillen im Lande (Ps 35,20; 101,6) genannt. Diese Gruppe der Frommen, die zunächst beim Wiederaufbau Israels mitwirkte und auch anfangs am über dreißigjährigen Befreiungskrieg der Makkabäer teilnahm (167–104 v. Chr.), zog sich aus dem Krieg und dann auch aus der Tagespolitik zurück, weil diese längst nicht mehr ihren Frömmigkeitsgrundsätzen entsprach.

Entstehung der Gruppen

Eine innerjüdische Verfolgungswelle gegen diese Frommen setzte ein (Ps 94,1). In der späten Weisheitsliteratur, die die grundlegende Idee der allgegenwärtigen Gerechtigkeit Gottes vertritt, wird das Dilemma ergreifend offenbar: Die Frommen flehen Gott an, seine Gerechtigkeit doch gegen die augenblickliche jüdische Gewaltherrschaft durchzusetzen. Da es offensichtlich derzeit keine Gottesgerechtigkeit gibt, selbst im Volk Gottes nicht, werden zwei neue Theologien geboren: die eine aus dem Gedanken, Gott werde in der Ewigkeit seine Gerechtigkeit an den Verstorbenen vollziehen, werde nach dem Tod belohnen und bestrafen (Sap 2,1–20). Eine derartige Vorstellung gab es bisher im Judentum nicht! Die andere Vorstellung, die sich entwickelte, lautet, die Weltgeschichte stehe kurz vor ihrem Abbruch, am Ende der Tage werde Gott erscheinen und alle(s) richten, was bald geschehe (Dan 7,13 f.). Beide Vorstellungen sind auch im NT zu finden (Lk 16,9–31; Mt 25,31–46).

Qumrananhänger/Essener

In den Tagen dieser innerjüdischen Verfolgung kommt es zur Sektengründung von Qumran, einer Absonderung frommer Menschen in der Wüste am Toten Meer. 1949 wurden zunächst in verschiedenen Höhlen Schriftenrollen, anschließend auch die Klosteranlagen entdeckt. Bei Josephus wird diese Gemeinschaft Essener genannt, eine Gruppe, die weisheitliche Theologie zu einem strengen asketischen Leben formt, so der antike jüdische Schriftsteller. Gütergemeinschaft ist Pflicht, Nächstenliebe stets eine notwendige und konkrete Tat an jedem, der die Barmherzigkeit eines Helfers oder einer Helferin braucht. Das Essenertum, wie es Josephus schildert, trägt auf frappierende Weise Züge urgemeindlichen Lebens. Auch erzählt er nichts von einem Wüstenzentrum dieser Gruppe. Er betont vielmehr, dass die Essener bewusst unter dem Volk leben und sich hoch sozial und kommunikativ verhalten.

Schriften von Qumran

Die Schriften, die in Qumran gefunden wurden, enthalten neben biblischem Schriftgut verschiedene Buchrollen, die den apokalyptischen Hintergrund dieser Gruppierung hervortreten lassen. Es scheint zur Ordensgründung gekommen zu sein, als angesehene Führer der jüdischen Frömmigkeitsbewegung in Jerusalem ermordet wurden. Gottes Rachetag, die Umkehr aller Verhältnisse unter den Vorzeichen eines Endkampfes, wird erwartet und vorbereitet. Zwei Messiasse werden auftreten, ein Kriegs- und anschließend ein Friedensmessias. Oder ist eine Person gemeint, die zwei Phasen durchläuft?

Pharisäer

Andere Fromme bleiben im Land, gehen in die innere Immigration, eben die Absonderung: die Pharisäer. Die strengste Einhaltung der Thora wird zu ihrem Lebensziel, die Absonderung vom (hebr.) am ha arez, dem *Volk vom Lande*, das keine Zeit und Möglichkeit hat, sich in religiösen Einzelheiten zu verlieren und darum als ungläubig gilt. Jahrhundertelang haben die Pharisäer den Christen als Prototyp der Gegner Jesu herhalten müssen und allein durch die Typisierung einen oft unglaublichen Antisemitismus hervorgerufen. Das holzschnitzartige Bild, das wir von den Pharisäern haben – sie seien die fanatischen Gegner Jesu und an seinem Tod erheblich mit schuld –, ist falsch.

So teilten die Pharisäer mit Jesus die Vorstellung, dass es nach dem Tod oder am Ende der Weltgeschichte ein Gottesgericht geben werde, das die, die im Unrecht lebten, richtet und die, die Gerechtigkeit auf Erden übten, zu Erben des Gottesreiches erklärt (z. B. Mt 25,31–46).

Sadduzäer

Eine weitere Gruppe innerhalb der zeitgenössischen jüdischen Theologie, dem Sadduzäertum verpflichtet, hält an der orthodoxen Theologie fest. Richtschnur des Handelns bleibt die Thora, übriges biblisches Schrifttum wird nicht berücksichtigt. So ist die Totenauferstehung nicht eine Vorstellung der Sadduzäer. Einem Sadduzäer fällt es leichter, einer aufgeklärten Theologie zu folgen, die sich mit einer Hellenisierung des Judentums arrangieren kann. Insofern sind die Sadduzäer auch zu politischen Kompromissen mit Rom bereit, was ihnen in Bezug auf Aufstieg und Etablierung hilfreich und nützlich ist. Sadduzäertum war vor allem in politisch hoch gestellten Kreisen zu finden. Vielleicht ist der Begriff Sadduzäer vom Namen des Priesters Zadok abzuleiten, einem Priester zur Davidszeit (2Sam 8,17–1Kön 4,2), nach dem sich ein ganzes Priestergeschlecht benannte.

Die Sadduzäer lehnten das Hinzukommen neuer Schriften zum bekannten Kanon der fünf Bücher Mose und der Geschichtsbücher der Bibel rundweg ab. Selbst die Prophetenbücher waren ihnen suspekt. Alles, was neu auf dem Religionsmarkt erschien und nach Jenseitsspekulation oder nach apokalyptischem Weltende roch und dabei auch noch Auferstehungsgedanken einfließen ließ, war ihnen ein Gräuel.

Schriftgelehrte

Schriftgelehrte gab es zur Jesuszeit und später in jeder der angedeuteten Richtungen, wie es übrigens auch in der jungen messianischen Bewegung Schriftgelehrte gab, z. B. Paulus, der aus der angesehenen Gelehrtenschule des Gamaliel stammte – und auch nach seiner Bekehrung ein Schriftgelehrter blieb (Apg 5,33 ff., 22,3).

Des alttestamentliche Gesetzes kundig und zur Auslegung schulmäßig ausgebildet, erhielten Schriftgelehrte ab 70 n. Chr., nach der Tempelzerstörung, den Titel „Rabbi“, „Meister“, ein

Ehrenname, den die Evangelisten und die übrige NT-Literatur nur auf Jesus anwendeten (Mt 26,25; Mk 9,5; Joh 1,38).

Jesus selbst

Jesus kommt aus dem Milieu des Pharisäismus, setzt sich aber mit der sektenhaften Enge, die in der Gruppe der Frommen gewachsen war, auseinander. Insofern geht Jesus auch nicht mit Lehrmeinungen aus Qumran konform, wo Berührungsängste mit der Welt zum Kult erhoben wurden und das Weltende spekulativ berechenbar erschien. Was die Totenauferstehung betrifft, so ereignet sich im gekreuzigten Auferstandenen so etwas wie eine „pharisäische Konkretion". Die Auferstehungshoffnung verbindet sich mit der Vorstellung, ein radikal neues Zeitalter sei angebrochen, ein apokalyptisches Erbe, das u. a. in Qumran gegenwärtig war. Mit dem Sadduzäismus ist Jesus u. U. durch seine Absage an Berührungsängste vor Neuem und Fremdem verbunden.

• Philister

Die Philister kamen, wahrscheinlich im Zuge der Dorischen Wanderung, die 1500 v. Chr. begann, nach Palästina, ein nichtsemitisches Handelsvolk aus dem Raum der Ägäis, das um 1100 v. Chr. den Westen Palästinas bis in das Judäische Gebirge hinein besetzt hielt und alle israelitischen Stämme kontrollierte. Ein Fünfstädtebund mit Gaza, Askalon, Asdod, Gad und Ekron schloss die Philister zusammen, die militärisch Israel haushoch überlegen waren. Saul hatte gegen Philistäa keine Chance, erst David drängte den Einfluss dieses Seevolkes zurück (2Sam 5,17 ff.; 8,1).

• Philo von Alexandrien

Philosoph und Politiker

Berühmter jüdischer Philosoph, Zeitgenosse Jesu und der Apostel, in Alexandrien lehrend. Das einzige Lebensdatum, das wir von ihm kennen, ist, dass er im Jahr 39/40 mit einer jüdischen Delegation beim Kaiser Gajus Caligula in Rom weilte, um für die jüdische Bevölkerung von Alexandrien, das einen starken jüdischen Bevölkerungsanteil aufwies, bessere Lebensbedingungen auszuhandeln und die bestehende Pogromgefahr abzuwenden.

Philo unternimmt den großartigen Versuch, zwischen stupider Hellenisierung und verbissenem Festhalten an jüdischer Tradition einen Weg des Verstehens zu finden. Das Judentum soll sich mit dem Hellenismus versöhnen, ohne seinen Kern, die Mosetradition, aufzugeben. Sein Hauptwerk ist ein scharfsinniger und tiefschürfender Kommentar zur Genesis, von denen viele Abschnitte verloren sind, wie überhaupt Philo uns nur aus der Tradition der Kirchenväter bekannt wurde, die ihn zu den Ihren zählten.

Auslegungsmethode

Philo benutzt und verfeinert eine besondere Auslegungsmethode, die Allegorese. Der Bibeltext, so Philo, hat ein vorläufiges Gesicht, auf das man schaut, der Tatbestand der Erzählung, des Berichtes, des Gebetes usw. Aber hinter dieser Oberfläche verstecken sich

Geheimnisse. Der zitierte Text erzählt auch immer seine Vor- und seine Nachgeschichte mit, seine Verästelungen in die Heilige Schrift hinein. So gewinnt der Leser andere, tiefere Erkenntnisse aus dem Text, freilich nicht im Sinne einer Geheimlehre! Denn Philo schafft keine neuen Mythen, umgibt die Heilige Schrift auch nicht mit dem Schein eines selbsterfundenen Mystizismus, sondern er entwickelt eine für alle Hellenisten verstehbare Wahrheit aus dem Gesetz Gottes heraus, das Gott dem Mose gab.

Er übersetzt so die Bücher Mose phantasievoll ins Griechische, bringt die Bibel den Hellenisten nahe. Ihm geht dabei auf, dass jedes Wort der Schrift bei der Übersetzung in eine andere Sprache eine andere Färbung annimmt, worauf man achten soll. So verwirft Philo die gängige Übersetzung ins Griechische von (hebr.) berith, *Bund*, (griech.) diatheke, und ersetzt das (griech.) diatheke, was eigentlich den *Erbvertrag* meint, mit (griech.) syntheke, weil der Bund, den Gott mit den Menschen schließt, nicht einseitig, sondern auf Partnerschaft aus ist.

Aufgegriffen

Die Idee vom mehrfachen Schriftsinn, die später Origenes aufgriff und methodisierte, fand bis ins Mittelalter, vielleicht bis heute viele Freunde. Dabei gelingt es Philo, das Wesen der jüdisch-biblischen Kultur, Sprache und Philosophie glänzend aufzuschlüsseln, sodass er auch den Boden für die messianische Version des Judentums erheblich vorbereitete. Auch könnten Philos Methoden von einigen Schreibern des Zweiten Testaments aufgegriffen worden sein. So deuten der Hebräerbrief wie auch streckenweise Paulus das Erste Testament auf ihre Weise allegorisch aus. Unter Umständen haben auch einige Evangelisten aufgrund ihres Kontaktes mit Philo ihre tiefgründigen Mehrbedeutungen in die Texte ihrer Evangelien eingebracht, wie z. B. Markus oder Johannes.

• Priesterschrift

Vgl. Quellen und Quellenscheidung im Pentateuch

• Proselythen

Vgl. Staat, Gehorsam und Widerstand, jüdische und christliche Auffassungen

• Q

Vgl. Zweiquellentheorie

• Quäker

Die sozialen Ansätze der Jesusbewegung wurden von den Quäkern, gegründet von Georg Fox (1624–1691) als spiritueller Flügel des englischen Puritanismus, aufgegriffen. William Penn (1644–1718), Begründer des Staates Pennsylvania, hochgebildeter Staatsmann und Jurist, entwarf eine Verfassung größtmöglicher Freiheiten, die schließlich zum Vorbild der Verfassung der Vereinigten Staaten wurde. Erleuchtet vom „inneren Licht" (Joh 1,9) sehen die Quäker die Weltzustände von Armut,

Krieg, Ausbeutung und Ungleichstellung und -behandlung der Menschen als ihr Aufgabenfeld an. Es gilt, diese Menschenunwürdigkeiten abzuschaffen. Sklavenbefreiungen in den USA, Neuansätze in der Psychiatrie, Gründung des Weltfriedensbundes, Weltfriedenskonferenzen, Quäkerspeisung nach dem 1. und 2. Weltkrieg in Deutschland. Auch die Entstehung von Gesetzen in der BRD, die es uns ermöglichen, Zivildienst zu leisten, gehen auf Initiativen dieser Bewegung unter uns zurück.

- **Quellen und Quellenscheidung im Pentateuch**

Übersicht

Die ersten elf Kapitel der Genesis sind nicht die ältesten Texte der Bibel, im Gegenteil. Es handelt sich bei der Gestaltung der Urgeschichte um eine symbolhafte Deutung der Erd- und Menschheitsgeschichte, die in Teilen auf die Salomozeit zurückgeht, aber erst in der Gefangenschaft des jüdischen Volkes in Babel oder kurz danach seine jetzige Gestalt fand. Die Urgeschichte und weite Teile der Thora stammen grob gesagt aus vier Traditionen, die im oder nach dem Exil zur endgültigen Einheit verbunden wurden, durch Einschübe erweitert. So kommt es zu verschiedenen Akzentuierungen, die sich nicht ohne Brüche, aber insgesamt zu einem beeindruckenden, mehrschichtigen Ganzen zusammenfügen. Vor allem im Pentateuch, in den fünf Büchern Mose, wurde versucht, die einzelnen Quellen voneinander zu trennen.

Hintergrund dieser Entwicklung

An den verschiedenen Heiligtümern in Israel und Juda wurden die religiösen Erzähl- und Liturgietraditionen gesammelt und gemäß den verschiedenen Einigungsprozessen zu laufenden Sammlungen zusammengefügt. Dies geschah vor allem in der Salomozeit, im Nordreich in der Jehuzeit, aber auch im Südreich zu Zeiten Hiskias und Josias. Das waren judäische Könige, die religiöse und soziale Reformen durchführten. Auch nach der Zerstörung des Nordreiches Israel (722 v. Chr.) und des Südreiches Juda (587 v. Chr.) drängten fromme Eliten, hier vor allem die im babylonischen Exil lebenden Juden, darauf, allem nachzuspüren, was es an Traditionen gab und diese zu einer Einheit des Pentateuch zusammenzufügen.

Seine endgültige Gestalt erhielt das Erste Testament erst nach dem Exil unter Esra und Nehemia.

Details

Die fünf Bücher der Thora wachsen so aus verschiedenen Quellen zusammen. Sie werden durch nachexilische Einschübe ergänzt und zu einer großen, kunstvollen Komposition zusammengebunden: Eine *Nomadische Urschrift* (aus der Wüstenzeit, ab 13. Jh. v. Chr.) und Texte des *Jahwisten* (im Südreich um 970 v. Chr.) werden zunächst unter Salomo zusammengeschlossen. Die Texte des *Elohisten*, wohl aus dem Nordreich Israel stammend (ab 930 n. Chr.), werden u. U. während der Hiskiazeit mit den im Südreich Juda existierenden Erzählungen zusammengebunden. Eine weitere Überarbeitung tritt hinzu, die wir die *deuteronomistische* nennen, abgeleitet von Deuteronomium, dem Zweitgesetz, wie es im Südreich unter Josia zur Geltung kam: „Wenn Israel auf Gottes Wegen bleibt und die soziale Komponente der Thora beachtet, wird es ihm gut gehen, ansonsten droht der Untergang!" Ein Urdeuteronomium wurde vielleicht ursprünglich für das Nordreich unter Jehu konzipiert und gelangte erst nach der Zerstörung der Stadt Samaria in den Süden.

Die *Priesterschrift* wurde im Exil entwickelt und als letzte große Überarbeitung eingefügt (ab 587 v. Chr.). Im Exil oder gleich nach dem Exil erfolgte die Endredaktion der uns vorliegenden fünf Bücher Mose, des Pentateuchs.

Verschiedene theologische Intentionen

Der Erzähler, den wir den *Jahwisten* nennen, gebraucht den Gottesnamen Jahwe von Anfang der Menschheitsgeschichte an. (Hebr.) Enosch, der *erste Mensch* nach Abel, Kain und Seth, ruft diesen Gottesnamen aus (Gen 4,26). Der *Elohist* lehrt, dieser Gottesname werde erst Mose offenbart (Ex 3,14). Vorher habe der Mensch für Gott den Namen *Elohim* gebraucht, eigentlich: Götter, also eine Mehrzahl, die aber längst in der Bibel als Einzahl gedacht wird. Die *Priesterschrift* ist an Kultischem interessiert, darum auch ihr Name, Priesterschrift! Der *Deuteronomist* greift das bekannte Schema von Segen und Fluch auf.

Bedeutung der Quellenscheidung heute

Im 20. Jh. wurde in der Forschung ein enormer Wert auf die Quellenscheidung gelegt. Abgesehen davon, dass die Quellenscheidung nicht bis ins Letzte festgelegt werden kann, rücken wir heute den ganzheitlichen Sinn eine Thoraerzählungen in den Vordergrund. Dass die einzelnen Erzählelemente so und nicht anders angeordnet wurden, wird wichtig. In der Erzählabfolge und der Komposition des Ganzen liegt ein Sinn, den es herauszustellen gilt, wobei die theologische Intention der jeweiligen Ersterzähler nicht außer Acht gelassen werden soll. Insofern ist Quellenscheidung bis heute aktuell.

• Qumran, Qumrananhänger

Vgl. Pharisäer

• Rechabiter

Wer ist Rechab?

Nach Jer 35,6 werden die Rechabiter nach ihrem Stammvater Rechab genannt, der einen Verbund gesetzestreuer Israeliten anführt, die alle Veränderungen des altisraelitischen Glaubens, die der Einzug in das Kulturland mit sich brachte, verschmähten. Sie lebten in Zelten, am Rand der Wüste, lehnten Acker- und Weinbau und den Bau fester Häuser ab. Rechabs Sohn Jonadab verbündete sich mit Jehu, einem Revolutionskönig in Israel (2Kön 10,15–17; 845–818 v. Chr.), der einen scharfen Jahwekurs steuerte und alle Religiosität der Baals- und Astartekulte vernichtete (2Kön 10,18–25; 13,6–11).

Deuteronomium
Die Herkunft des Dtn wird biblisch so erklärt, dass dieses Gesetzbuch im Tempel aufgefunden und zum König Josia gebracht worden sei. Der habe es gelesen und aus der Begegnung mit diesem vergessenen Gesetz sich selbst und das Volk zur Buße gerufen (2Kön 22,1 ff.). Merkwürdigerweise gibt sich dieses Gesetzbuch als eine Sammlung gegensätzlicher Gesetze. Sie könnten aus dem Nordreich stammen, aus der Zeit, da der Revolutionskönig Jehu mit Jonadab koalierte. Eine Reihe von Gräuelgesetzen, wie sie im Dtn niedergelegt sind, scheinen das Tun Jehus zu stützen, inklusive eines hohen Maßes an Fremdenhass (Dtn 13,12–18; 16,21–17,8), während Humanitätsgesetze, auch im Dtn gesammelt, Flüchtlinge und Verarmte schützen und Fremden die Gleichberechtigung mit den Juden gewähren und vor Übergriffen eines sich absolut verstehenden Königsregimes warnen.

Auch der Schutz des Soldaten, der sich aus persönlichen Gründen zum Kampf nicht in der Lage sieht, ist hier verankert (Dtn 10,18; 14,28 f.; 16,11; 27,19; 24,15 f.19–22).

Deuteronomium und Josianische Reform
Unbestritten erscheint der Wissenschaft aber auch, dass das Deuteronomium die Handschrift der Josianischen Reform trägt. Die Züge des Entweder-oder, wie sie die dtn. Theologie auszeichnet, könnten in das aufgefundene Urdeuteronomium eingebracht worden sein, das dann für die Josianische Reform eine Grundlage bildete. Ursprünglich jedoch könnten diese Gesetze innerhalb des Dtn, dabei bleibt es, gemäß der Wüstentradition Israels auf Rechab und seine Bewegung zurückgehen.

- **Redenquelle, Redensammlung Jesu**

  Vgl. Zweiquellentheorie

- **Reich**

  Königsherrschaft Gottes

Der zweittestamentliche Begriff (griech.) basileua thou theou, *Königsherrschaft Gottes,* bedeutet eine Übersetzung des (hebr.) malkut Jahwe, *Königsherrschaft Gottes*, ein Zentralbegriff in der Verkündigung Jesu, wie er vor allem in den Gleichnissen Jesu, aber auch durchgehend in seiner Predigt zum Tragen kommt: „Das Reich Gottes ist nahe herbeigekommen!“ (Mk 1,15). Das Bild schildert die Durchsetzung einer göttlichen Gerechtigkeit für den Menschen auf dieser Erde, auf dass der Mensch in Freiheit, von Leiden und Unterdrückung befreit, leben könne, auf Gottes Geheiß hin.

Aus ersttestamentlichen Vorstellungen heraus
Das Bild vom Reich Gottes, wie es Jesus gebraucht, fiel nicht vom Himmel. Vorbild ist die Zeit der Anfänge Israels, aber auch der Könige und Propheten, die das Gottesrecht durchzusetzen versuchten. Zu diesen Rechten, die der Israelit aus der mosaischen Befreiung herleitet, gehören die Befreiung vom Sklavendasein, von der Zinsknecht-

schaft, auch die Befreiung zu einer Chancengleichheit aller. Diese Reformen erstrebte Israel seit seiner Zeit als Staat, als innerweltlich durchzusetzende Befreiung.

Aus der Erinnerung heraus

Vor allem in späterer Zeit wurden in der Erinnerung die Reiche Davids und Salomos als glanzvolle Erfüllung des Gottesreich-Gedankens angesehen, wobei sich das Großreich Israel sofort nach dem Tod Salomos 926 v. Chr. in zwei Reiche teilte. Israel im Norden umfasste ein Gebiet von zehn Stämmen, Juda im Süden eines von zwei: Juda und Benjamin. Auch wird durch eine schonungslose Dokumentation im 1. und 2. Samuelbuch, wie in den beiden Königsbüchern klargestellt, wie stark Rechtsbrüche im Volk und bei den Regierenden im Schwange waren. Von idealen Zuständen ist man weit entfernt. Jedoch gab es die romantische Sehnsucht, einen Hirten zu erwecken, nämlich David (Hes 34,23).

Gottes Reich und weltliche Reiche

Als Jesus seine Losung vom Reich Gottes vorstellt, regierten in Juda die Römer. Das Römische Reich ist das größte politische Gebilde zur Jesuszeit. So ist es zu verstehen, dass an Jesus die Forderung, sich der politisch-messianischen Bewegung zuzuordnen, herangetragen wurde. Hier haben sich Jesus und die Urgemeinde anders entschieden. Die Forderung nach Wohl, Heil und Gerechtigkeit auf Erden bleibt, aber sie wird nicht mit Mitteln der Gewalt, sondern mit den Möglichkeiten der messianischen Gemeinde, die ihr verbleiben, durchgesetzt. Jesus selbst erfüllt die Forderungen nach dem Wohl und dem Heil der Menschen auf seine Weise, lehnt aber entschieden eine Durchsetzung seiner Ideen im Kampf ab. Dem römischen Caesar, der die Staatsgewalt in Juda letztendlich innehatte, müsse das zukommen, was ihm zustehe (Lk 20,20–26).

Gottes Reich und die Gewaltfreiheit

Eine entscheidende Entwicklung ergibt sich in dem Augenblick, als Jesus gefangen genommen und verurteilt wird. In dieser Lage ging es zugespitzt um die Frage, ob sich die Jesusbewegung auf gewalttätige Gegenwehr gegen diesen Unrechtsakt einlassen solle. Sowohl die Synoptiker wie auch das Johannesevangelium beziehen Stellung, wie es vor ihnen schon Paulus tut. Bei Matthäus erklärt Jesus bei seiner Verhaftung, als Petrus ihn mit dem Schwert verteidigen will: „Wer das Schwert nimmt, wird durch das Schwert umkommen!“ (Mt 26,52).Vor Pilatus stehend, stellt Jesus im Johannesevangelium fest: „Mein Reich ist nicht von dieser Welt“ (Joh 18,36).

Entmilitarisierung des Begriffes Gottesherrschaft schon vorher

Auch vorher schon, spätestens nach der Zerstörung Jerusalems, wurde die politische Dimension des Reiches Gottes durch eine geistig-religiöse abgelöst, ohne dass die Bibelauslegung die Erdenwirklichkeit aus den Augen verlor. Schon Jahwe Zebaoth, der *Gott der Heerscharen*, der Jesaja erscheint und ihn zum Propheten beruft, ist Herr der Engelheere und dokumentiert Herrschaft durch sein Wort, nicht durch Attacken israelitischer Gotteskrieger (Jes 6,1–13). Der Knecht Gottes des Zweiten Jesaja redet mit sanfter Stimme und ruft so fernste Völker zu Gott (Jes 42,1–4). Der Messias, von dem Sacharja träumt, reitet gewaltfrei, sanftmütig, auf einem Esel in die Heilige Stadt ein (Sach 9,9). Wie Jesus.

• Sabbat

Der 7. Wochentag der Juden, ein Ruhetag für Mensch, Vieh und Natur, im Dekalog erstrangig verankert (Ex 20,8–11). Das (hebr.) Wort schabat hängt mit dem (hebr.) schebe, *sieben*, zusammen. Der Siebenerrhythmus ist eine Eigenart des biblischen Glaubens (Ex 23,12). Wer den Sabbat bricht, bricht den Gottesbund, wer ihn feiert, bekennt sich in diesem Tun zu ihm (Ex 31,16 f.). Der Sabbat ist ein Tag der Freude und des Gottesdienstes (Num 28,9 f.). Später wird der Sabbat als Zeichen der Erinnerung an den Auszug aus Ägypten (Dtn 5,12–15) und als Tag der Ruhe Gottes nach der Schöpfungsarbeit gedeutet (Gen 2,1–3). Es ist der Tag, der die Gleichheit aller ins Auge fasst. Alle haben das Recht auf Arbeitsruhe an diesem siebenten Tage. Gerechtigkeit und Frieden werden wiederhergestellt, auch für den Sklaven, auch für das Vieh: ein Vorgeschmack des Paradieses.

Für Jesus und andere Rabbiner ist der Sabbat der Tag, an dem Schöpfung und Mensch zumindest ansatzweise in die *Wiederherstellung* geraten können, wenn sie sich in die Nähe Gottes wagen (Mk 3,1–6).

• Sadduzäer

Vgl. Pharisäer

• Samariter, Samaritaner

Geschichte

Biblischer Name für die Bewohner Samarias. Genauer ist wohl die Bezeichnung Samaritaner. Neben dem Jahwekult existierten schon vor der Zerschlagung des Staates Israel im Nordreich heidnische Kulte (2Kön 17,34–41). Nach der Eroberung Israels 722 v. Chr. durch die Assyrer und der Wegführung der jüdischen Bevölkerung wuchs in den Landstrichen des ehemaligen Nordreiches eine Multikultibevölkerung heran. Nach dem Exil wurden Samaritaner nicht zum Tempelkult zugelassen (Esr 4,1 ff.). Sie erbauten daraufhin auf dem Berg Garizim, innerhalb ihrer Landesgrenzen bei Sichem gelegen, einen eigenen Tempel (2Makk 6,2), den der Hohepriester und Fürst in Juda Hyrkanus I. im Jahr 107 v. Chr. mutwillig zerstören ließ, was die Kluft zwischen den beiden Bevölkerungsgruppen deutlich vertiefte (Sir 50,20). Der Berg Garizim blieb weiterhin samaritanischer Kultort (Joh 4,20). Bis heute.

Jesus und die Samaritaner

Jesus trat freundlich gegen Samaritaner auf, zeigte dauerhaft Sympathien für sie, auch unter Enttäuschungen (Lk 9,51–56; 17,16–19). Sein Auftrag, den Völkern zu predigen, wurde von den griechischsprachigen Christen in Jerusalem zuallererst auf Samarien bezogen. Philippus, einer der sieben Diakone, predigte dort (Apg 8,5–8).

- **Sanherib**
  Vgl. Assur

- **Schöpfung**
  Schöpfungsbericht der Priesterschrift

Die Bibel sieht die Schöpfung als einen ganzheitlichen Vorgang an, der zwar innerhalb eines siebenrhythmischen Schöpfungsvorgangs seinen Abschluss findet, wie es die Priesterschrift darstellt. Auf keinen Fall möchte aber dieser Bericht wissenschaftlich zu beweisende Weltperioden abbilden oder naturwissenschaftliche Feststellungen treffen, sondern eher den Schöpfungssabbat Gottes als Urbild allen Sabbatfeierns vorstellen (Gen 1,1–2,4a).

Schöpfungsbericht des Jahwisten

Der gleich folgende zweite Schöpfungsbericht des Jahwisten verdeutlicht, wie wenig Vergangenheit in diesen Texten schwingt, eher aktuelle Zukunft. Was dort von der Natur und dem Menschen sowie von Gott erzählt wird, ist bis heute als Menschheitsbestimmung aktuell. Der Mensch ist in die Verantwortung gestellt, den Garten Gottes, Natur und Welt, zu *bewahren*, zu *behüten*, zu *bewachen*, gemäß den Bedeutungen des (hebr.) schamar (Gen 2,15; insgesamt Gen 2,4b–25).

Weitere Schöpfungsberichte

Darüber hinaus bietet die Bibel, vor allem in den Psalmen, ein buntes Bild, was die Schöpfungstheologie betrifft. Es wird das Lob des Gottes gesungen, der zugleich der Retter und Befreier Israels und aller unterdrückten Menschen sowie der Schöpfer und Erhalter des Erdkreises und des Kosmos ist, ein Gott, der ein wunderbares Miteinander von Mensch, Natur und Kosmos schafft, erhält und mit seinem Geist beatmet (Ps 46; 47; 104; 146; 147; 148).

- **Schriftgelehrte**
  Vgl. Pharisäer

- **Septuaginta, LXX**
  Die Bibel der Siebzig

Die Siebzigerbibel: Nach einer Legende das Aristeasbriefes (1. Jh. v. Chr.) haben 72 Autoren in 72 Tagen die (griech.) Übersetzung des Ersten Testaments geschaffen, häufig mit LXX wiedergegeben. Die LXX wurde im hellenistischen Judentum zur sanktionierten Heiligen Schrift, an der nichts mehr verändert werden durfte. So kam es weder zu Fehlerkorrekturen noch zu Zusätzen.

Die ersten Christen und die LXX

Den ersten Christen müssen ersttestamentliche Schriftsammlungen vorgelegen haben, die messianisch geprägt waren, Zusammenstellungen verschiedener Textstellen, die bereits im Verbund existierten, vor allem aus der LXX. Die LXX – auch mit ihren Fehlübersetzungen – war maßgeblich am Entstehen christlicher Legenden und Dogmen beteiligt, da sie als authentische, verbindliche Übersetzung galt.

• Sikarier

Vgl. Staat, Gehorsam und Widerstand, jüdische und christliche Auffassungen

• Sinai

Sinai oder Horeb oder einfach nur Berg bezeichnen nach je verschiedenen Überlieferungen des Pentateuch jeweils den Berg, auf dem Jahwe dem Mose erschien und ihm, so die Tradition, die Zehn Gebote überreichte (Ex 19 und 20). Nach den verschiedenen Vorstellungen liegt der Sinai im unteren Drittel der Sinaihalbinsel, nach einer anderen Überlieferung im Gebirge Seir südöstlich vom Toten Meer. In jedem Fall spielen in die verschiedenen Erzählungen verschiedene Traditionen hinein.

• Sohn, Sohnesopfer

Opferung Isaaks?

Die Erzählung von der Opferung Isaaks (Gen 22,1 ff.), oft attackiert, will gerade das Kindesopfer Gott Jahwe gegenüber ein für alle Mal aufheben! Im Zweiten Testament wird die Erzählung von der Opferung des einzigen, geliebten Sohnes zum Modell für Gottes Sohnesopfer für uns. Die LXX übersetzt (hebr.) jahid in Ri 11,34 mit (griech.) monogenes, in Gen 22,2 ff. mit (griech.) agapätos, *geliebt*, wohl im Hinblick darauf, dass Abraham noch einen anderen Sohn hat, Ismael (Gen 16,1 ff.; 21,8 ff.). Im NT nehmen die Synoptiker das Wortspiel (griech.) hüios agapätos, *geliebter Sohn* (Mk 1,11 u. a.), Johannes (griech.) monogenes auf (Joh 1,14; 3,16). Dabei zitiert Johannes (griech.) monogenes z. T. auch ohne das Wort (griech.) hüios. Er stellt einige Male (griech.) monogenes allein (Joh 1,14; 3,16; anders Joh 3,18!), der *Einziggeborene*, mit Bezug darauf, dass Gott noch andere Söhne und Töchter hat: uns messianische Menschen (Mt 5,9 u. a.).

Verweigerung von Menschenopfern

Indem diese Wortbilder und -spiele aus dem Ersten Testament aufgenommen werden, wird im Zweiten Testament betont unterstrichen, dass es sich beim Tod Jesu nicht um ein Satisfaktionsopfer Gottes, um eine göttliche Genugtuung für menschliche Sündenschuld handelt, sondern um die unaufhebbare Solidarität Gottes mit dem leidenden und sterbenden Menschen. Wenn Gott im Ersten Testament auf das Sohnesopfer Abrahams verzichtet, wieso soll er es für sich und die Menschheit wieder einführen? Mit dem Begriff (griech.) agapäthos huios, *geliebter Sohn*, spielen die Synoptiker auf die Verweigerung dieses Menschenopfers an. Zunächst einmal ist das Opfer Jesu im Sinne seiner ersttestamentlichen Vorlage zu verstehen (Jes 53): Wie der unbekannte Gottesknecht schweigend sich dem Urteil stellt, keine Namen von Mitverschwörern preisgab, so schwieg auch Jesus – und rettete durch seinen Tod seinen Anhängern das Leben (Jes 53,7.9; 1Petr 2,24).

Gewalt mit Gewaltfreiheit erwidern?

Eher ist das Sterben Jesu ein Signal, auf Gewalt mit Gewaltfreiheit zu reagieren. Wie Jesus lebte und predigte, so starb er. Diesen Weg sollen seine Jünger erinnern und gehen.

Sakramentale Vorstellungen
Natürlich schwingen bei der Zitation und Anspielung im 1. Petrusbrief (Jes 53,7.9; 1Petr 2,24) auch sakramentale Vorstellungen mit. Aber es ist doch gut zu wissen, woher die Bilder kommen, um sie demjenigen, der nicht gleich sakramental denken möchte, aufschlüsseln zu können.

- **Staat, Gehorsam und Widerstand, jüdische und christliche Auffassungen**

Von Gott gegeben
Da sich der jüdische Staat in der Bibel als eine Gesellschaft vorstellt, in der Freiheitswerte und Menschenrechtsnormen von Gott gegeben und auch durch ihn beobachtet und kontrolliert werden, galt es als rechtens, im Fall von Unterdrückung durch Fremdmächte für die von Gott gewollte Befreiung zu kämpfen, vor allem, wenn die ungestörte Ausübung des jüdischen Kultus gefährdet war.

Makkabäerbewegung
Deshalb entstand, nachdem das Diadochenreich Syrien Israel besetzt (167 v. Chr.) und Antiochus Epihanus, König von Syrien, ein Edikt erlassen hatte, mit dem viele jüdische Bräuche abgeschafft und von nun an dem Zeus Olympios im Tempel zu Jerusalem auf einem neuen Altar gehuldigt werden sollte, die *Makkabäerbewegung,* begründet von einem Priester Mattatias und seinen fünf Söhnen. Mattatias war ein Enkel des Hasmonäers Simeon, eines Hohnpriesters, der den Tempel erweitert hatte.

Nach dem Tod des Mattatias (166 v. Chr.) ergriff sein Sohn Judas Makkabäus, Judas, *der Hammer*, die Initiative (166–160 v. Chr.), von dem die nachfolgende Makkabäerdynastie und -herrschaft ihren Namen erhielt, von Flavius Josephus, dem jüdischen Schriftsteller, auch Hasmonäerherrschaft genannt, die von 167 bis 37 v. Chr. dauerte.

Als Judas fiel, setzten seine Brüder das Befreiungswerk fort. Der Makkabäer Simon (142–134 v. Chr.) errang nach jahrzehntelangem Freiheitsringen praktisch die Unabhängigkeit der jüdischen Nation und wurde zum Herrscher und Hohepriester für alle Zeiten ausgerufen (1Makk 13, 33–51).

Spaltungen im Inneren
Innenpolitisch stürzten jedoch die Kriege, die durchaus nicht nur zur Befreiung Judas, sondern auch zur Eroberung von Nachbarstaaten geführt wurden, das Land in immer neue innere Konflikte. So setzten sich die *Chasidäer*, die Frommen – Anhänger einer Frömmigkeitsbewegung, die zunächst die Befreiungsfront unterstützt hatten –, ab und gerieten prompt in die Ungnade des neuen Staates Juda (vgl. Ps 11,2; 37,14; 64,5). Unter dem Hohepriester Bakchides wurden (um 160 v. Chr.) 60 *Chasidäer* getötet. Diese religiöse Erneuerungsbewegung wollte Staat und Gesellschaft wie auch den Einzelnen neu unter die Herrschaft des jüdischen Gesetzeskodexes bringen, wie er sich in der Geschichte entwickelt hatte.

Geistesbewegungen in Juda

Aus den Makkabäerkriegen und den daraus erwachsenden Sinnkrisen (167–142, Anschlusskriege bis 102 v. Chr.) bildeten sich letztendlich drei bestimmende Geistesbewegungen in Juda, Pharisäer, Sadduzäer und Essener. Hinzu kam, dass einer der Makkabäer, Johannes Hyrkanus I., das Heiligtum der Samaritaner auf dem Garizim 107 v. Chr. brutal zerstören ließ.

Rom soll helfen

Im Jahr 67 v. Chr. waren die jüdischen Parteiungen so sehr zerstritten, dass die beiden verfeindeten Brüder, Aristobul II. und Hyrkanus II., Söhne des Hasmonäers Alexander Jannäus und seiner Frau Alexandra, die Römer ins Land holten. Pompejus vertrat die Römermacht nur allzu gern, gab Weisungen, regierte in das Land hinein und eroberte schließlich Jerusalem (63 v. Chr.). Die Römerherrschaft dauerte bis 324 n. Chr.

Faktoren

Die römische Herrschaftsepoche ist durch verschiedene Faktoren gekennzeichnet:

1. Es kommt zu immer neuen Unruhen gegen Rom, die zunächst eingegrenzt und aufgelöst werden können, bis es zu großen Aufständen kommt:

Im *Bellum Judaicum* werden Jerusalem und der Tempel zerstört (66–70 n. Chr.). Nach dem *Bar-Kochba-Aufstand* wird die Ansiedlung von Juden in und um Jerusalem herum von Rom verboten (135 n. Chr.). Hinter diesen Aufständen steckt die Angst des jüdischen Volkes, eine immer weiter vordringende Überfremdung durch den Hellenismus werde jüdisches Denken und Leben verfälschen oder gar zerstören. Auch trägt die soziale Not verarmter jüdischer Gruppen zur revolutionären Stimmung bei. Diese Revolutionäre setzen auf die radikale Wende durch die Ankunft Gottes und seines Reiches.

2. Die Juden erkämpfen sich auf dem Verhandlungsweg von Rom, dass ihre Religion als eine (lat.) Religio licita, als im Römischen Reich *zugelassene Religion*, anerkannt wird. Diese Erlaubnis war die Grundlage dafür, dass sich die jüdische Religion im gesamten Reichsgebiet ausbreiten konnte.

3. Die Auswanderung jüdischer Familien in verschiedene Städte des Römerreiches trug erheblich zur Verbreitung des Judentums bei. So gab es in Alexandria (Ägypten) und in Kyrene, Hafenstadt in der Cyrenaika und deren Hauptstadt (Afrika) wie auch in Rom größere Judenviertel, in denen freilich der jüdischen Bevölkerung von Seiten des Staates eine geringere Religionsfreiheit zugestanden wurde als im jüdischen Mutterland. Die Zahl der Juden im Mittelmeerraum zur Blütezeit des Römerreiches soll 1.000.000 Menschen betragen haben.

4. Zu den Auswanderern gesellten sich Sympathisanten des Judentums, in der Bibel *Gottesfürchtige,* (griech.) proselytoi, *Hinzugekommene,* auch Proselythen genannt. Die Sympathien für das Judentum waren in der Antike nicht unerheblich.

Zeloten, Eiferer, (hebr.) kanajim

Nahezu zeitgleich mit dem Eingreifen der Römer entwickelten sich jüdische Widerstandsgruppen, die im Sinne der Makkabäer nun den Guerillakrieg gegen die Römer aufnahmen. *Zeloten,* (griech.) zelotes, *Eiferer,* (hebr.) kanajim, und *Sikarier, Dolchmänner,* waren die bekanntesten Gruppen, die schon vor der Jesuszeit agierten. Auch in der Jesusbewegung tauchten Namen auf – sogar in den Apostellisten –, die aus diesen Bewegungen kamen, *Simon, der Zelot,* und *Judas Iskariotes, Judas, der Dolchmann* werden genannt (Mt 10,1.2–5; Mk 3,13–19; Lk 6,12–16; Apg 1,13). Sie könnten zur Gruppe der Untergrundkämpfer gehört haben. Bezeichnend ist, dass Simon, der Zelot, in zwei der Listen auch Simon, der Kanaanäer, genannt wird, was als Verbalhornung von (hebr.) kanajim, *Eiferer,* angesehen werden muss.

Kanajim-Aufstand um Christi Geburt

Einen Kanajim-Aufstand gab es bereits aus Anlass des römischen Census, der Volkszählung, die die römischen Besatzer veranlasst hatten, 4 v. Chr. Volkszählungen sind nach heiligem Gottesrecht verboten, da hier die Regierung in sehr persönliche Rechte des Einzelnen eingreift, was nicht Gottes Wille ist (2Sam 24,1–25). Der Anführer dieses Kanajim-Aufstandes hieß Judas, der Galiläer. In der Bibel wird dieser Aufstand in der lukanischen Tradition zweimal erwähnt (Lk 13,1–3; Apg 5,37).

Jesus von Nazaret

Jesus lehnt Gewaltanwendung ab (Mt 5,5.9; 26,52 ff.), damit auch die Volkserhebung gegen den Römerstaat, der willkürlich im Land herrscht. Er steht damit in einer prophetischen Tradition, die jeglichen religiösen Nationalismus Judas ablehnt und dafür eher Gehorsam gegen die Gesetzgebung des Mose forderte, Amos und Jeremia vertreten diese Positionen deutlich. Gott bindet sich nicht an eine Menschengruppe, sein Volk, schlechthin, sondern er erwartet, dass dieses Volk die sozialen Forderungen, wie sie aus der Mosetradition erwuchsen, erfüllt. Dem stimmt Jesus zu (Mt 3,7–10).

Der Judäische Krieg

Der Widerstand gegen die römischen Besatzungstruppen eskalierte in Juda 30 Jahre nach dem Tod Jesu in immer neu aufflackernden Aufständen, wie sie schon vor seiner Zeit aufloderten, sodass es ab 66 n. Chr. zum großen Judäischen Krieg kam, der mit der Zerstörung Jerusalems in 70 n. Chr. endete. In diesem Krieg spielen die Zeloten eine erhebliche Rolle, wie Josephus weiß, der ausführlich berichtet. In den römischen Provinzen Afrika, in Kyrene sowie in Alexandrien wird der jüdische Aufstand gegen Rom eine Weile weitergeführt.

Messianisches Desaster

Wichtig bleibt, dass diese wie alle übrigen Erhebungen einen messianischen Anstrich haben: Ein Kriegsmessias wird kommen und das göttliche Befreiungswunder vollbringen. So standen auch im Rahmen dieser Erhebung gegen Rom verschiedene Messiasse auf, deren Lockruf Gruppen von Kampfeswilligen ins Verderben folgten. Im belagerten Jerusalem bekämpfen sich schließlich zwei jüdisch-messianische Gruppen: Die Zeloten und Sikarier setzten sich in der Oberstadt Jerusalems, also im Tempelbezirk, dazu in den Festungen Herodeion, Massada und Machärus fest. Simon Ben Giora, ein Räuberhauptmann aus dem Westjordanland, wütete in der Unterstadt. Die Eroberung, die Vespasian seinem Sohn Titus überließ, da er selbst zur Kaiserkrönung nach Rom gerufen wurde, endete mit der Zerstörung der Stadt und des Tempels.

Die Christen und der Krieg

Die Christen scheinen sich aus diesem Aufstand aus prinzipiellen Erwägungen herausgehalten zu haben. Jedenfalls weiß die Tradition von der Flucht der Judenchristen aus Jerusalem, ehe dort das Belagerungsdesaster begann, nach Pella, das jenseits des Jordans, nordöstlich von Jerusalem, in der Region des Zehnstädtelandes liegt.

Bar-Kochba-Aufstand

Simon Ben Kosiba, genannt (hebr.) Bar Kochba, *Sternensohn*, wurde zum Führer des zweiten judäischen Aufstandes gegen Rom, 132–135/6 n. Chr. Sein Ehrentitel lässt den messianischen Anstrich durchschimmern: Aus Jakob werde ein Messiasstern aufgehen, so die biblische Weissagung, die Bar Kochba auf sich bezog (Num 24,17). Diese Tradition wird freilich nur durch christliche Tradenten belegt, während die jüdische Überlieferung den Ehrennamen verbalhornte, (hebr.) Bar Koz(i)ba, *Lügensohn*. Diese Umbenennung wird zum sicheren Zeichen dafür, dass sich der jüdische Messiasglaube nunmehr deutlich aus seiner militaristischen Umklammerung befreit hat, eine Sinnesänderung, die in der Jüngergemeinde aus der Lehre und dem Weg Jesu 100 Jahre früher geschehen war.

Eine verfolgte Kirche?

Für die Römer waren die Christen zunächst eine jüdische Sekte. Wie der Umgang mit den Juden nicht einfach war, so auch nicht der mit diesen jüdischen Sektierern. Aber zunächst galt die Regel, der neue, messianische Glaube falle unter die Religionslizenz der Juden, die Rom erteilt hatte. Selbst als es im Jahre 49 n. Chr. in Rom zwischen orthodoxen und messianischen Juden im Verbund mit der entstehenden Christengemeinde zu Unruhen kommt, wies Kaiser Claudius (41–54 n. Chr.) beide Gruppen aus Rom aus, weil er diesen Streit als innerjüdische Angelegenheit betrachtet (vgl. Apg 18,2 f.18 f.; Röm 16,3 f.; 1Kor 16,19).

Nero und der Brand Roms

Nero (54–58 n. Chr.), über den Sueton urteilt, ein solches Scheusal habe der Erdkreis vierzehn Jahre auf dem Kaiserthron ertragen, darf als der erste Christenverfolger gelten, wobei sich die Verfolgung eher auf den engen Kreis der Stadt Rom beschränkte und nicht in das Reich überschwappte. Nero habe, so die Gerüchte, im Jahre 64 n. Chr. in Rom einen Brand gelegt, um diese Stadt noch schöner wieder aufbauen zu können. Darüber berichtet Tacitus in seinen Annalen (15,44). Um von seiner Schandtat abzulenken, habe Nero die Christen beschuldigt, sie hätten den Brand gelegt. Die Anklage lautete auf (lat.) flagitia, *Übeltaten*. Sie wurde dadurch begünstigt, dass man den Christen (lat.)

odium gentium, *Menschenhass*, genauer: *Völkerhass* nachsagte; sie seien wegen ihrer Schandtaten bekannt gewesen, so Tacitus.

Domitians Verfolgung der Christen

Domitian (81–96 n. Chr.) wurde von den frühen christlichen Schriftstellern als besonders grausamer Verfolger der Christenheit dargestellt. Ein Blick in die Apk zeigt, wie sehr sich die Christen in dieser Lage vom römischen Staat bedroht sahen. Aber auch hier wurden die Christen nicht verfolgt, weil sie den Christusnamen bekannten, sondern man warf ihnen *Gottlosigkeit* vor, (griech.) aseboia. Schließlich weigerten sich die Christen, den Herrscher in Rom als (lat.) dominus et deus, *Herr und Gott*, anzuerkennen, wie dieser es verlangte. Die Juden waren von jener Anordnung ausgenommen, dem Kaiser am Neujahrsmorgen vor dem ihm geweihten Altar als Gott zu huldigen, indem sie drei Salzkörnchen unter Anrufung des Kaisernamens als (griech.) Kyrios, *Herr*, auf den Altar legten. Aber da die Christen keine Juden mehr waren und eine Erweiterung der Ausnahmeregel auf die Christen undenkbar erschien, kam es zu Anklagen und Todesurteilen. Auch gab es hier und dort pogromartige Stimmungen, die in der eschatologischen Radikalität des Christenglaubens begründet lagen: Keine Götterhimmel und keine Göttermythen, kein Tempel und keine Opfer für die Gottheit, deren Vertreter am Kreuz elend gestorben war, keine Gottesdienstzeremonien, keine Prozessionen und Opfergänge, nur eine Tischgemeinde mit Gesängen und einer Mahlzeit! Tatsächlich, sie waren (griech.) aseboi, *Gottlose*!

Trajans Haltung

Der Statthalter Roms in Bithynien, Plinius, zugleich ein bekannter Geschichtsschriftsteller, schreibt an Kaiser Trajan (98–117 n. Chr.), er habe einige Christen ihrer (lat.) superstitio, ihres *Aberglaubens*, abschwören und sie dann laufen lassen. „Man soll sie nicht aufspüren“, schreibt Trajan zurück. Freilich, wenn es trotzdem zur Anzeige komme, müsse es ein Urteil geben. Jedoch sei niemals einer anonymer Anzeige stattzugeben.

Paulus in der Apostelgeschichte

Paulus blieb streng auf der Linie der Loyalität gegenüber dem Staat. Er war römischer Bürger und pochte auf seine Rechte. Er vertraute dem Staat, wollte vor dem Kaiser und durch ihn zu einem Präzedenzurteil gelangen: „Freiheit und freie Glaubensentfaltung für alle Messiasgläubigen!“ Darum drängte er darauf, unbedingt vor den römischen Kaiser zu treten. So legt Lukas des Paulus Intention dar (Apg 21,18–26,32). Insgesamt, bis zum Ende der Apostelgeschichte hin, zeigt Lukas: Das Christentum ist eine Glaubensmeinung jüdisch-hellenistischer Ausrichtung, die sich Rom gegenüber loyal verhalten wird, wie sich Rom gegen die Christen loyal verhalten möge! Während Juden Bedenken gegen den Messiasglauben haben, tun sich die Herzen der Heiden auf (Apg 28, 17–30).

Die Tragik des Paulus ist, dass er dem römischen Staatsprinzip zu sehr vertraut. In den neronischen Verfolgungswirren wurde er umgebracht.

Johannes in der Apokalypse 13

In der Apokalypse des Johannes zeigt sich ein anderes Bild (Apk 13,1–18). Der Römerstaat hat sich von einer Institution, von der sich die Christen Gerechtigkeit und Befreiung von Verdacht und Verfolgung erhoffen, zu einer völlig unberechenbaren, bösartigen Macht verwandelt, die widergöttlich agiert, ja, sich selbst an die Stelle Gottes setzt, so empfindet der Schreiber der Apk. Diese selbst ernannten Gottheiten jedoch, Bilder der Menschen Nero und Domitian, vergehen, werden gestürzt. Ihre Macht ist schon am Ende, ehe sie so recht beginnt.

- **Synhedrion**

Der Hohe Rat von Jerusalem umfasste 70 Personen, dazu ein freier Stuhl für den eventuell ankommenden Messias.

- **Synoptiker**

Matthäus, Markus und Lukas nennen wir Synoptiker, *Zusammengucker*. Sie entwickeln ihre Evangelien nach gleichem Schema (Vgl. K, S. 132).

- **Talmud**

Lehre oder *Studium*, innerhalb der jüdischen Religion entstanden, um den jüdisch-biblischen Glauben mehr und mehr in das alltägliche Leben zu verästeln. Eine ausführliche Gesetzessammlung, die Mischna, wird um 200 n. Chr. abgeschlossen und durch nachfolgende Erklärungen, die Gemara, ergänzt. Mischna und Gemara fügen sich zum Talmud zusammen.

Wir unterscheiden zwei Talmude, den Talmud aus Palästina, der um 400 n. Chr. abgeschlossen erscheint, und den Babylonischen Talmud, der sich um 500 n. Chr. abrundet. Mit der Bibel bildet er die Grundlage des jüdischen Glaubens bis heute. Der Talmud erklärt nicht nur die Thora, er enthält auch Philosophisches und erläutert wissenschaftliche Fragen.

- **Tempel**

Tempelbau und Glaube Israels

Der Tempel in Jerusalem wurde unter Salomo erbaut. Schon David hatte derartige Pläne erörtert und vorbereitet, was durch prophetischen Einspruch Nathans verhindert wurde: Gott wohne nicht in einem Haus, sondern allerhöchstens in einem Zelt, wie es seit des Mose Zeiten Praxis war. Die Lade, Thronsitz des unsichtbaren Gottes, gehöre eben nicht in einen Tempel, sondern in das Heilige Zelt, das von Stamm zu Stamm wandert.

Tempel gab es bereits in Bet-El und Dan, als Salomo mit seinem Neubau begann. Auch Schilo, Mizpa, Gilgal, Rama, Gibea und Betlehem sind Kultorte, die aber nicht unbedingt einen Tempel beherbergen, sondern das Wanderheiligtum, die Lade, im heiligen Zelt von Zeit zu Zeit aufnahmen. Grundsätzlich gab es in Israel immer wieder eine vehemente Tempelkritik, vor und lange nach dem Tempelbau. Zum einen warnten die Propheten, der Tempel und sein Kult garantierten nicht den Bund Gottes mit Israel, sondern allein der Gehorsam Israels gegen seinen Gott (Jer 7,14). Und wie könne Gott, der Himmel und Erde erschaffen habe, in einem Haus wohnen? (Jes 66,1 ff.) Andererseits hat der Prophet Hesekiel vom Bau eines neuen Tempels geträumt (u. a. Hes 43,1–12).

Salomos Tempelbau, Wiederaufbau nach dem Exil,
Erweiterung unter Herodes, Zerstörung

Salomo baute den Tempel in Jerusalem, der direkt neben dem Königspalast stand und eher als „Hauskapelle" gedacht war, um 970 v. Chr. in einer siebenjährigen Bauzeit, dazu Tempel in Bet-El, Hebron, Arad u. a. Der Tempel in Jerusalem ist nach kanaanäischem Vorbild in Vorhof, Heiligstes und Allerheiligstes unterteilt. Er wurde trotz riesiger Steuerlasten mit großer Freude eingeweiht und spätestens seit König Josia als Kultort von ganz Juda angesehen. Der Zerstörung durch die Babylonier 587 v. Chr. folgte der Wiederaufbau unter Persiens Oberhoheit, wobei die Tempelweihe unter Esra in das Jahr 515 v. Chr. fiel.

Herodes der Große erweiterte den Tempel, nachdem er 37 v. Chr. Jerusalem im Auftrag der Römer erstürmt hatte. Der herodianische Tempel wurde 70 n. Chr. durch Titus zerstört und bis heute nicht wieder aufgebaut.

• Thomasevangelium

Das Thomasevangelium wurde als eine Publikation von 13 Bänden und insgesamt 49 Traktaten einer gnostischen Bibliothek 1946 in einem Grab bei Nag Hamadi bei Luxor von einem ägyptischen Bauern gefunden.

Es ist nicht mit dem Kindheitsevangelium des Thomas zu verwechseln, einer Sammlung höchst legendenhafter Wundergeschichten über die Kindheit Jesu. Das gnostische Thomasevangelium, aus dem 4. Jh. n. Chr. stammend, enthält 114 lose, durch Stichwortassoziationen aneinandergefügte Jesusworte, teils unbekannt, teils bekannt, die vor allem durch die Parallelen zur kanonischen Jesusüberlieferung interessant werden.

• Vulgata

Vom Tridentinum für authentisch erklärt

(Lat.) editatio vulgata, die *allgemein verbreitete Ausgabe* der Bibel, seit dem Mittelalter in der Kirche mehr und mehr gebräuchlich. Das Konzil von Trient erklärte sie im Rahmen der Gegenreformation für authentisch, das heißt, sie wurde zur Grundlagenbibel der zeitgenössischen römisch-katholischen Dogmatik gemacht, die der Heilige Geist inspiriert habe.

Hieronymus

Hieronymus (gest. 420 n. Chr.) war vom römischen Bischof Damasus (366–384 n. Chr.) beauftragt worden, eine gereinigte Übersetzung aus dem Griechischen ins Lateinische zu schaffen. Er erkannte, dass es nicht genüge, aus der LXX ins Lateinische zu übertragen. Er zog sich in ein Kloster in Betlehem zurück, knüpfte Beziehungen zu jüdischen Rabbinern und begann so für das Erste Testament eine Übertragung aus dem Hebräischen. Diese wurde 405 n. Chr. vollendet. In Bezug auf das Zweite Testament war Hieronymus zurückhaltend. Er übernahm viele Übersetzungen, wie sie bereits umliefen, inklusive deren Übertragungs- bzw. Übersetzungsfehler.

- **Weisheitsliteratur**

Was wir früher etwas sehr schematisch die Lehrbücher des Alten Testaments nannten, ist eine bunte Zusammenstellung der Weisheitsliteratur Israels. Auch der Titel Poetische Bücher trifft nicht ganz. In diesen Kanon der Weisheitsliteratur gehören: das *Buch Hiob*, die *Psalmen*, die *Sprüche*, der *Prediger Salomos*, das *Hohelied Salomos*.

In der hebräischen Bibel wird auch das *Buch Ruth* hierher gestellt, das in der LXX und so auch in unserer Bibel unter den Geschichtsbüchern zu finden ist, dazu weitere Bücher, die die Protestanten aus der Bibel entfernten, weil sie nicht zum jüdischen Kanon gehören, die aber gemäß den Traditionen der LXX in der Vulgata und damit in der katholischen Tradition auftauchen. Diese Literatur, die so genannten Apokryphen bzw. mit anderem Titel Pseudepigraphen, enthalten viele Stoffe, die bei der Entwicklung des jüdisch-christlichen Messianismus eine wichtige Rolle spielten.

- **Wochenfest**

(Hebr.) Schawuot, anderer Ausdruck für Pfingsten.

- **Zahlensymbolik in der Bibel**

In der Bibel spielt, überdeutlich in der Apokalypse des Johannes, ebenso in der Lehre Platons und seiner Schüler, die Zahl eine gewaltige Rolle. Zahlensymbolik wird auch in den Bauten der Kathedralen des Mittelalters, vor allem in der Gotik, spürbar. Wir können aber davon ausgehen, dass eine derartige Symbolik bereits in Texten des Ersten Testaments anklingt, zumal jeder Buchstabe im Hebräischen auch einen Zahlenwert besitzt, was oft zu weiteren Spekulationen Anlass gibt. Innerhalb dieser Auslegung werden immer wieder Beispiele biblischer Zahlensymbolik aufgegriffen und entfaltet.

- **Zeloten**

Vgl. Staat, Gehorsam und Widerstand, jüdische und christliche Auffassungen

- **Zweiquellentheorie**

Höchstwahrscheinlich zwei Quellen

In der Urgemeinde entwickelten sich höchstwahrscheinlich zwei Quellen der messianischen Tradition, die sich rasch ausformten, nachdem Jesu Auferstehung von den Messiasanhängern geglaubt wurde. Seine Legitimation erhält Jesus freilich nicht aus diesen Quellen direkt. Sie erwächst als erstes aus der Jüngergewissheit, die aus ihrer Ostererfahrung zur messianischen Deutung vieler Passagen des Ersten Testaments gelangen. Jesus ist der Gottesknecht, der leidet und erhöht wird und so stellvertretend viele befreit, als der Sohn, der auf die Erde gekommen ist. Zu dieser Deutung gelangten die Messiasanhänger, nachdem Jesus gestorben und ihnen erschienen war. Dieser Glaube ließ sich aus Texten des Ersten Testamentes bestätigen.

Passionshaggada und Markus

Eine der zwei Quellen, die *Leidenshaggada* des Messias Jesus, aus Texten des Ersten Testaments heraus entwickelt, nimmt Markus auf und gestaltet sie zu seinem Evangelium weiter, wie überhaupt der Begriff Evangelium von Markus erstmals benutzt wird, um die Frohbotschaft von Jesus, dem Messias, vorzustellen! Markus begnügt sich nicht mit einer kürzeren Leidensliturgie, die ihm vorgelegen haben wird. Er baut umlaufende Textsammlungen ein, Redentexte, dazu Taten und Symbolhandlungen Jesu.

Die Logienquelle

Wahrscheinlich eher als das erzählerische Element, die Passions-Haggada, scheinen Sammlungen von Worten Jesu in Umlauf gekommen zu sein, wie Redenkompositionen, Sammlungen von Gleichnissen usw. Wir nennen diese vermutete Quelle, die sogar als Rekonstruktion vorliegt (mit Fragezeichen natürlich!), *Redenquelle, Logienquelle* oder einfach *Q*, ein Kürzel für Quelle. Markus hat Q im Gesamtvolumen nicht benutzt, aber doch auszugsweise zitiert. Es lag um 70 n. Chr., als Markus entstand, kein Grund vor, Q insgesamt zu rezipieren. Denn Q war derzeit bei der Gemeinde in voller Nutzung. Und doch musste das Eine oder Andere aus umlaufenden Sammlungen oder aus Q direkt aufgenommen werden, um zu verdeutlichen, was Jesus wollte und wurde, wie Markus ihn verstand.

Matthäusevangelium

Dieses Evangelium wird in hohem Maße aus der Logienquelle gespeist, der früh umlaufenden Sammlung der Worte Jesu. Unter Umständen enthielt diese Sammlung der Logien, der *Worte* Jesu, eine knappe Leidenserzählung. Auf jeden Fall können wir heute die Logienquelle aus den Synoptikern rekonstruieren. Die Logienquelle enthält keineswegs nur Worte des historischen Jesus. Vielmehr entstehen Gleichnisse, Apercus und so genannte Apophtegmata, *Worte Jesu aus bestimmten Situationen heraus*, erst nach Ostern. Aller Glaube an Jesus ist Osterglaube. Alle Berichte über Jesus sind von Ostern her zu verstehende Geschichten. Im Sinne des Auferstandenen werden Erfahrungen mit dem historischen Jesus weiterentwickelt. Das ist schon bei Markus so. Die übrigen Synoptiker nehmen also von Markus Folgendes auf: „Der auferstandene ist der irdische Jesus und umgekehrt!" Diese Zusammenhänge entwickeln die Jünger nach der Auferstehung Jesu und predigen so aus ihrer urgemeindlichen Situation heraus den lebendigen Christus, erzählen ihn weiter. Auch die Logienquelle lebt von dieser österlichen Christushoffnung. Worte des historischen Jesus und eine Gemeindeprophetie, die verkündet, was Jesus jetzt sagen wird, werden ineinander verschränkt. Für den Glaubenden gilt: Was Jesus durch den Mund des Propheten, der Prophetin jetzt sagt, fließt mit seiner historischen Verkündigung ineinander.

Darüber hinaus benutzt Matthäus den Markusaufriss. Er übernimmt das markinische Muster und formt es in seinem Sinne aus.

Das Lukasevangelium, das Gesamtwerk des Lukas

Das Lukasevangelium übernimmt aus Markus das Muster der Passionshaggada und deren Aufbau. Darüber hinaus kennt Lukas Q, nutzt diese Quelle aber auf eigene Weise und fügt Neues hinzu. Lukas sammelt, was noch fehlt – und entwickelt dabei seine eigene Theologie. Das Evangelium des Matthäus scheint Lukas nicht zu kennen.

- **Zweiter Jesaja**

Vgl. Deuterojesaja

- **Zwölfzahl**

Bund von zwölf Stämmen

Die Zwölfzahl spiel in der Geschichte Israels bis ins Zweite Testament hinein eine wichtige Rolle. Immerhin bildet sich zu Lebzeiten Jesus (oder doch erst nach Ostern?) ein Zwölferapostolat heraus, in Analogie zu den zwölf Stämmen Israels, die sich nach der Überlieferung aus den Familien der zwölf Söhne Jakobs gebildet hatten. Fest steht, dass es eine bis in die Erzväterzeit zurückreichende (oder zurückdatierte?) Entwicklung gibt, die zwölf Stämme Israels aus der Erzvätertradition heraus neu zu entwickeln. In der Landnahme- und Richterzeit hatte sich ein Bund von zwölf Stämmen herausgebildet, deren Stammesangehörige sich dem Jahweglauben verpflichtet sahen.

Jahwerecht und Jahwebund

Jahwerecht und Jahwebund griffen ineinander. Wenn das Jahwerecht verletzt wurde, musste der Heilige Krieg ausgerufen werden, um das erlittene Unrecht in Jahwes zu sühnen. Alle zwölf Stämme waren verpflichtet, sich an diesem so ausgerufenen Krieg zu beteiligen. In der Königszeit trat die Stammestradition politisch zurück. Bei der Reichsteilung (926 v. Chr.) bilden zehn Stämme den Staat Israel, das Nordreich, aus, zwei, Juda und Benjamin, das Südreich mit der Tempelstadt Jerusalem.

Im Zweiten Testament

Die Berufung zum (griech.) apostolos, *Abgesandter*, erfolgt ebenfalls in der Zwölfzahl, einem Kollegium, das Jesus Auf einem Berg einberief, analog der Mosetradition (Mk 3,13–19). Es gibt drei weitere Listen, die fast identisch sind (Mt 10,1–4; Lk 6,12–16; Apg 1,13). Bereits zu Lebzeiten Jesu werden die Zwölf wie Rabbinenjünger ausgesandt – und zwar in die Stammlande der zwölf Stämme Israels (Mt 10,5; Lk 9,2; Mk 3,14). Sie richten ihr Amt umso ausdrücklicher nach dem Tode Jesu aus (Apg 1,15–26; 2,42–46). Die Zwölfzahl symbolisiert nach wie vor die zwölf Stämme Israels. Der Begriff Apostel wird in den Evangelien nur sparsam verwandt (Mt 10,2; Mk 6,30; Lk 11,49). In der Apg wird der

Begriff umso breiter gestreut. Interessant sind die Nuancen bei der Namensgebung, vor allem die Beinamen. Simon, der Zelot, wird zu Simon, der Kananäer, eine Verballhornung, da hier das (hebr.) kanajim, *Eiferer*, also auch *Zelot,* zugrunde liegt, wie auch Judas (griech.) iskariotes, der *Sikarier*, ein *Dolchmann,* zu den Untergrundkämpfern zu zählen ist.

Stichwortregister

Bibelstellenregister

• **Erstes Testament**

• Neues Testament

Literaturverzeichnis

• Lexika, Zeitschriften

- Die Religion in Geschichte und Gegenwart (RGG), hg. v. Kurt Galling, Bände 1–6, Tübingen 1957/62.
- Herder-Lexikon Symbole, Freiburg 1978.
- Kleines Bibellexikon, Konstanz 1991 (1961).
- Mohr, Gerd Heinz: Lexikon der Symbole, Freiburg 1991.
- Schmoldt, H. (Hrsg.): Kleines Lexikon der biblischen Eigennamen, Stuttgart 1990.
- Texte und Kontexte, Exegetische Zeitschrift. Hg. v. Lehrhaus e. V. Berlin, ab 1978, Schriftleitung A. Bedenbender.
- The International Standard Bible Encyclopedia, Bände 1–4, Fully Revised, 1979 ff., hg. v. Geoffrey W. Bromiley.
- Theologisches Wörterbuch zum Neuen Testament (ThWNT), begr. von G. Kittel, fortgeführt von G. Friedrich, 1933/1979.
- Urech, Edouard: Lexikon christlicher Symbole, Konstanz ^{6}1989.

• Einleitung und Exegese

- Baumann, Arnulf (Hrsg.): Was jeder vom Judentum wissen muss, Gütersloh 1990.
- Bedenbender, Andreas: Der Gott der Welt tritt auf den Sinai, Berlin 2000.
- Bomann, Thorleif: Das hebräische Denken im Vergleich mit dem griechischen, Göttingen ^{3}1959.
- Fohrer, Georg, Die Propheten des Alten Testaments, Bände 1–7, Gütersloh 1974/1977.
- Fohrer, Georg: Geschichte Israels, Heidelberg 1990 (5. Aufl.).
- Fohrer, Georg: Vom Werden und Verstehen des Alten Testaments, Gütersloh 1986.
- Grollenberg, Luc. H.: Kleiner Bildatlas zur Bibel, Gütersloh 1960.
- Josephus, Flavius: Geschichte des Judäischen Krieges, Leipzig 1977.
- Käsemann, Ernst: Exegetische Versuche und Besinnungen, Göttingen, Bd. 1 (1960); Bd. 2 (1965).
- Marxsen, Willi: Einleitung in das Neue Testament, Gütersloh ^{3}1964.
- Meier, Johann; Schubert, Kurt: Die Qumran-Essener, Heidelberg 1992.
- Ohler, Annemarie: Grundwissen Altes Testament, Werkbücher Bände 1–3, Pentateuch (1986), Deuteronomistische Literatur (1987), Propheten-Psalmen-Weisheit (1988), Stuttgart 1986 ff.
- Sider, Ronald: Jesus und die Gewalt Witten 1982.

- Sitarz, Eugen: Kulturen am Rande der Bibel, Stuttgart 1983.
- Stork, Dieter: Ich glaube, Konstanz 1994.
- Yoder, J.: Die Politik Jesu – Der Weg des Kreuzes, Maxdorf 1981 (1972).
- Zenger, Erich: Der Gott der Bibel, Stuttgart 1979.
- Dazu einschlägige Bibelkommentare, auch Internetartikel, z. B. über das Evangelium Veritatis, u. a.